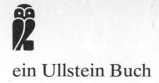

ein Ullstein Buch

ein Ullstein Buch
Nr. 20481
im Verlag Ullstein GmbH,
Frankfurt/M – Berlin – Wien
Titel der englischen und amerikanischen
Originalausgabe:
»Ingrid Bergman – My Story«
Ins Deutsche übertragen
von Bernd Lubowski

Ungekürzte Ausgabe

Umschlagentwurf:
Hansbernd Lindemann
Umschlagfoto: Norman Hargood
Alle Rechte vorbehalten
© 1980 by Ingrid Bergman
und Alan Burgess
Auszüge aus Briefen und Memoranden
von David O. Selznick,
hrsg. von Rudy Behlmer:
© 1972 by Selznick Properties, Ltd.
Mit freundlicher Genehmigung von
Viking Penguin, Inc.
Briefe von Robert Capa:
© 1980 by Estate of Robert Capa
Übersetzung © 1980 Verlag Ullstein GmbH,
Frankfurt/M · Berlin
Alle Rechte vorbehalten
Printed in Germany 1984
Druck und Verarbeitung:
Clausen & Bosse, Leck
ISBN 3 548 20481 3

Oktober 1984

CIP-Kurztitelaufnahme
der Deutschen Bibliothek

Bergman, Ingrid:
Ingrid Bergman, mein Leben /
von Ingrid Bergman u. Alan Burgess.
[Ins Dt. übertr. von Bernd Lubowski]. –
Ungekürzte Ausg. – Frankfurt/M; Berlin;
Wien: Ullstein, 1984.
   (Ullstein-Buch; Nr. 20481)
   Einheitssacht.: Ingrid Bergman –
   my story ⟨dt.⟩
   ISBN 3-548-20481-3

NE: Burgess, Alan [Bearb.]; GT

Ingrid Bergman   Mein Leben

Von Ingrid Bergman
und Alan Burgess

ein Ullstein Buch

Nachdem ich den Telefonhörer aufgelegt und wie schon unzählige Male in den letzten zwanzig Jahren erklärt hatte, daß ich keine Memoiren schreiben würde, sah mich mein Sohn Roberto nachdenklich an. Dann sagte er: »Bist du dir darüber klar, Mutter, daß Dutzende von Leuten sich daran machen werden, deine Lebensgeschichte zu schreiben, wenn du einmal tot bist? Sie werden dein Leben aus Klatsch, Gerüchten, Zeitungskolumnen und Interviews rekonstruieren – und wir, deine Kinder, können nichts dagegen tun, denn auch wir kennen die Wahrheit nicht. Mir wäre es deshalb lieber, du würdest deine Erinnerungen selber schreiben.«

Über diese Sätze habe ich lange nachgedacht. Und deshalb, meine Kinder – Pia, Roberto, Isabella und Ingrid –, hier ist die Wahrheit.

PROLOG

Sie spürte die kalte Luft auf dem La Cienega Boulevard in Hollywood, als sie das Kino verließ. Sie fühlte sich wie durchgeschüttelt. Sie blickte um sich, erkannte die aufleuchtenden Neonlichter an den Hausfassaden und die Scheinwerfer des vorbeiflutenden Verkehrs. Sie nahm Petters Arm und zog ihn zu den Schaukästen des Kinos. »Wir müssen sehen, wie sich dieser Regisseur schreibt«, sagte sie. »Jemand, der so etwas auf die Leinwand bringen kann, muß ein begnadeter Mensch sein.«

Ihre Augen suchten den Namen auf dem Plakat, und schließlich fand sie einen Hinweis: »Musik: Rossellini.«

»Unglaublich«, rief sie. »Er hat sogar die Musik geschrieben!«

Der Zeitpunkt, von dem an es kein Zurück mehr gab, wird sich wohl nicht mehr genau bestimmen lassen, vielleicht aber war es dieser Augenblick, nachdem sie den Film *Rom, offene Stadt* gesehen hatte, der das Leben von Ingrid Bergman – und das von Roberto Rossellini und Dr. Petter Lindström – veränderte.

Der Realismus und die Einfachheit von *Rom, offene Stadt* griffen mir ans Herz. Niemand sah in diesem Film wie ein Schauspieler aus, und niemand sprach wie ein Schauspieler. Es gab Dunkelheit und Schatten auf der Leinwand. Manchmal konnte man kaum etwas verstehen und manchmal kaum etwas erkennen. Aber genau so ist es im Leben – man sieht nicht immer alles und hört nicht immer alles, aber man spürt, daß etwas vor sich geht, das man nicht erfassen kann. Es war, als hätte man die Häuserwände fortgenommen und könnte direkt in die Zimmer hineinschauen. Mehr noch – es war, als befände man sich selbst in den Räumen und nähme am Schicksal dieser Menschen teil, würde mit ihnen hoffen und um sie bangen...

Als Ingrid Bergman an jenem Frühlingsabend des Jahres 1948 mit ihrem Ehemann Dr. Petter Lindström das kleine Filmtheater betrat, war sie eine der berühmtesten und erfolgreichsten Filmschauspielerinnen der Welt. Es genügten genau neunundachtzig Minuten – die Vorführdauer von *Rom, offene Stadt* –, um jene Stürme zu wecken, die ihre Popularität zerstören und Ingrid Bergman ins Zentrum eines der größten Skandale rücken sollten, die es in diesem Jahrhundert gegeben hat.

Ihre Karriere, die 1934 in Schweden begonnen hatte, war nun, vierzehn Jahre später, auf ihrem Höhepunkt angelangt. Ingrid Bergman war seit drei Jahren Hollywoods Kassenmagnet Nummer eins. Eine Umfrage der Fachzeitschrift »Daily Variety« nannte Greta Garbo die größte Schauspielerin der Stummfilmzeit, erkor jedoch Ingrid Bergman zur größten Schauspielerin des Tonfilmzeitalters. In jenen Tagen gab es in Hollywood ein geflügeltes Wort, das ihren Bekanntheitsgrad verdeutlichte: »Stell dir vor, gestern habe ich tatsächlich einen Film gesehen, in dem Ingrid Bergman nicht mitspielte…«

Für die Filmkönige von Hollywood, die über die Existenz von Tausenden von Menschen in jenem sonnigen Fleck Kaliforniens bestimmten, war sie ein Schatz, den Goldreserven von Fort Knox vergleichbar, und dies trug zweifellos zur »Vergöttlichung« ihrer Person bei.

Und tatsächlich war sie drei Jahre zuvor dieser gefährlichen »Göttlichkeit« sehr nahe gekommen, als sie zusammen mit Bing Crosby in dem Film *Die Glocken von St. Marien* die Rolle der Schwester Benedict gespielt hatte, jener Nonne, die überzeugt war, daß ein Gebet alle Probleme löst. Es war ein Status der Göttlichkeit, den viele erzürnte katholische Mütter nicht akzeptierten, da sie Ingrid Bergman vorwarfen, ihre Darstellung habe ihre Töchter bewogen, sich hinter die Pforten eines Klosters zurückzuziehen.

Als ich auf dem Plakat nach dem Namen des Regisseurs suchte und feststellte, daß auch die Musik von Rossellini stammte, ahnte ich nicht, daß ich mich versehen hatte. Die Musik stammte von *Renzo* Rossellini, Robertos jüngerem Bruder. Petter und ich fuhren nach

Hause, und ich erzählte jedem, was für einen großartigen Film ich gesehen hatte und was für ein Genie Roberto Rossellini sein müsse. Ich wollte mehr über ihn erfahren, aber niemand wußte etwas von ihm. 1948 zählten ausländische Filme in Hollywood kaum. Sie wurden vorwiegend für europäische Emigranten in kleinen Kunstkinos gezeigt. Dort verstand das Publikum die Dialoge, und man brauchte keine Untertitel; aber natürlich brachten diese Filme kein Vermögen ein. Ich fand mich also damit ab, daß dieser Mann zwar einen guten Film gemacht hatte, daß man aber wohl nie wieder etwas von ihm hören würde. Das war schade, aber so war es nun einmal.

Einige Monate später hielt ich mich einer Rundfunkaufnahme wegen in New York auf, hauptsächlich aber wollte ich ins Theater gehen. Wenn ich nicht gerade einen Film in Hollywood drehte, versuchte ich, so oft wie möglich nach New York zu fahren, wo ich mich viel wohler fühlte. Als ich über den Broadway ging, sprang mir plötzlich völlig unerwartet wieder der Name Rossellini in einem Kino-Schaukasten ins Auge. Es wurde ein Film gezeigt, der *Paisa* hieß. Ich betrat das kleine Kino und saß wieder wie gefangen in meinem Sessel.

Er hatte also einen zweiten wunderbaren Film gemacht. Und niemand kannte ihn! Ich sah mich um. Das Kino war fast leer. Ich konnte das nicht verstehen. Dieser Mann hatte zwei großartige Filme gedreht, und sie wurden in leeren Kinos gezeigt. Ich glaube, in diesem Moment kam mir die Idee. Wenn dieser Regisseur einen bekannten Darsteller verpflichtete, dann würde auch das Publikum kommen, um seine Filme zu sehen. Ich wußte natürlich, daß er mit Anna Magnani arbeitete, dieser großartigen Schauspielerin, die in *Rom, offene Stadt* mitgespielt hatte. Sie mochte in Europa ein Star sein, in Amerika war sie damals unbekannt. Mehr und mehr wünschte ich mir, daß Filme wie dieser von Millionen Menschen nicht nur in Italien, sondern in der ganzen Welt gesehen würden. Plötzlich hatte ich den Einfall, Rossellini zu schreiben.

An jenem Abend war ich mit Irene Selznick verabredet. Irene war die Ehefrau von David O. Selznick, meinem ersten Hollywoodproduzenten, und einer meiner besten Freundinnen. Ich erzählte ihr, was mich bewegte und daß ich den Wunsch hätte, Rossellini zu schreiben. »Ich habe zehn Jahre lang immer die gleichen Rollen in den gleichen schönen, romantischen Filmen gespielt. Jetzt möchte ich etwas anderes machen, etwas, das realistischer ist, wahrhaftiger. Etwas wie *Paisa*.«

Sie sah mich an, als wäre ich verrückt geworden. »Aber das geht nicht«, sagte sie. »Das geht einfach nicht.«

»Warum nicht?«

Sie antwortete nicht. Sie neigt dazu, ihr Gegenüber lange und nachdenklich anzusehen, bevor sie sich zu einer Antwort entschließt. Also wartete ich.

»Er wird es mißverstehen. Es wird einen merkwürdigen Eindruck machen. Du kannst doch nicht einfach schreiben: Hören Sie zu, ich möchte nach Italien kommen...« Dann sah sie mich an und unterbrach sich. »Einen Moment. Vielleicht geht es doch. Vielleicht bist *du* die einzige, die einen solchen Brief schreiben kann, ohne daß er mißverstanden wird.«

Also schrieb ich einen Brief, von dem ich hoffte, daß er ein bißchen lustig klang und nicht zu aufdringlich. Ich schrieb ihm, daß ich sehr gut schwedisch und englisch sprechen könne, daß ich gerade dabei sei, Französisch zu lernen, und daß ich auf italienisch nur »Ti amo« – »Ich liebe dich« – sagen könne, weil ich gerade eine Italienerin in dem Film *Triumphbogen* gespielt hätte, der nach dem Roman von Erich Maria Remarque gedreht worden war. Ich hoffte, daß es ein Brief war, der von Herzen kam und aussagte, was ich fühlte, und als ich ihn, nach Hollywood zurückgekehrt, Petter zeigte, fand er ihn auch in Ordnung.

Lieber Herr Rossellini,
ich sah Ihre Filme *Rom, offene Stadt* und *Paisa*, und sie gefielen mir sehr. Wenn Sie eine schwedische Schauspielerin gebrauchen können, die sehr gut englisch spricht, die ihr Deutsch nicht vergessen hat, aber im Französischen nicht besonders gut zu verstehen ist und die auf italienisch nur »Ti amo« sagen kann, dann bin ich bereit zu kommen und einen Film mit Ihnen zu drehen.

Ingrid Bergman

Ich hatte den Brief mit zurück nach Hollywood gebracht, weil ich keine Adresse von Roberto Rossellini hatte und niemanden kannte, der mir helfen konnte. Einige Wochen später wurde ich auf der Straße um ein Autogramm gebeten, und während ich meine Unterschrift gab, sagte mir der Mann, daß er Italiener sei.

»Kennen Sie jemanden namens Roberto Rossellini?« fragte ich ihn spontan.

»Natürlich. Er ist unser größter Filmregisseur.«

»Wissen Sie, wie ich ihn in Italien erreichen kann?«

»Natürlich. Schreiben Sie an Minerva Films, Rom, Italien. Dort wird man wissen, wo er zu erreichen ist.«

Der Brief, adressiert und mit einem neuen Datum versehen, begab sich nun auf eine der eigenartigsten Reisen, die man sich vorstellen kann. Minerva Films war eine Firma, mit der Roberto oft arbeitete. Aber im Moment hatte er sich mit ihr verkracht; es war sogar ein Prozeß anhängig. Roberto liebte nichts mehr als eine Gerichtsverhandlung. Jeden Morgen, wenn er das Telefon abnahm, dachte er: Mit wem kann ich heute streiten? Zu dem Zeitpunkt hatte Roberto jeden Kontakt zu Minerva Films eingestellt. Das konnte ich natürlich nicht wissen. Dazu kam, daß in der Nacht nach dem Eintreffen meines Briefes bei Minerva Films ein Brand ausbrach. Es blieb nicht viel mehr als Asche übrig.

Als man jedoch an die Aufräumungsarbeiten ging, fand man meinen Brief. Ein bißchen angesengt, aber sonst in Ordnung. Die Leute im Büro öffneten ihn und lasen, was zu lesen war. Sie fanden den Brief lustig: Ingrid Bergman schreibt Rossellini, daß sie nach Italien kommen möchte, um mit ihm einen Film zu drehen, und »Ti amo«...

Sie riefen Roberto an, doch der brüllte: »Ich spreche nicht mit euch!« und knallte den Telefonhörer auf die Gabel.

Sie riefen wieder an und sagten sehr schnell: »Wir haben hier einen sehr komischen Brief für Sie...«

»Ich will nichts davon wissen«, brüllte Roberto und knallte erneut den Hörer auf.

Doch das Telefon klingelte wieder, und wieder warf Roberto den Hörer auf die Gabel.

Schließlich schickten sie ihm den Brief mit einem Boten, und Roberto, der nicht ein Wort Englisch verstand, sah sich genötigt, einen Blick darauf zu werfen. Er zeigte ihn Liana Ferri, die damals alle Übersetzungen für ihn erledigte. »Was steht in dem Brief?« fragte er. »Und wer ist diese Ingrid Bergman?«

Ich denke, ich muß hier erklären, daß Roberto Rossellini, einer der größten Filmregisseure Italiens, einige eigenartige Ansichten hatte: Er konnte Schauspieler absolut nicht leiden, er interessierte sich auch nicht besonders für Filme, und er ging sehr, sehr selten ins Kino.

Liana begann also zu erklären, wer ich sei und was ich wolle. Nein, er hatte nie einen Film mit mir gesehen und nie meinen Namen gehört. Doch als Liana ihm schließlich den Filmtitel *Intermezzo* nannte, überfiel Roberto eine Ahnung.

»Moment, Moment... Kurz vor Kriegsende war ich im Norden in einer kleinen Stadt... Es gab einen Bombenangriff... Niemand wußte, ob es die Amerikaner oder die Deutschen waren, und ich stürzte in das erstbeste Haus. Es war ein Kino, und man zeigte *Intermezzo*. Ja, ich habe den Film gesehen, die schwedische Fassung, dreimal sogar. Aber nicht des Mädchens wegen, sondern wegen des Angriffs. Es war ein ziemlich langer Angriff. So, so... das blonde Mädchen, das war sie also?«

»Ja. Sie war das blonde Mädchen. Sie sollten ihr ein Telegramm schicken«, sagte Liana.

Das Telegramm traf am 8. Mai 1948 in 1220 Benedict Canyon Drive, Beverly Hills, dem Haus von Petter Lindström und Ingrid Bergman, ein:

ICH HABE GERADE MIT GROSSER FREUDE IHREN BRIEF ERHALTEN DER MIR AN MEINEM GEBURTSTAG ZUGESTELLT WURDE UND DAS WUNDERVOLLSTE GESCHENK VON ALLEN WAR. ICH TRÄUME SCHON LANGE DAVON MIT IHNEN EINEN FILM ZU DREHEN UND VON DIESEM AUGENBLICK AN WERDE ICH ALLES VERSUCHEN UM ES MÖGLICH ZU MACHEN. ICH WERDE IHNEN AUSFÜHRLICH SCHREIBEN UM IHNEN MEINE VORSTELLUNGEN ZU ERKLÄREN. ROBERTO ROSSELLINI HOTEL EXCELSIOR ROM.

Wenig später kam sein Brief:

Liebe Mrs. Bergman,
ich habe lange damit gezögert, Ihnen zu schreiben, denn ich wollte
mir der Sache, die ich Ihnen vorschlagen möchte, sicher sein. Aber
zuallererst muß ich Ihnen sagen, daß die Art, wie ich Filme mache,
sehr persönlicher Natur ist. Ich bereite kein Drehbuch vor, weil ich
glaube, daß es die Kraft der Aussage einschränkt. Aber natürlich
habe ich sehr genaue Vorstellungen davon, wie ich meine Geschichte
erzählen will. Ich sammle Dialoge und Ideen, die ich mir notiere,
wenn ich mich mit den Vorbereitungen für einen Film beschäftige,
die aber im Laufe der Arbeit durchaus Veränderungen erfahren
können. Ich brauche Ihnen gewiß nicht zu sagen, wie sehr ich mich
schon jetzt darauf freue, mit Ihnen arbeiten zu dürfen.

Vor einiger Zeit, es muß Ende Februar gewesen sein, hatte ich im
Norden Italiens zu tun. Ich war mit dem Wagen unterwegs, als ich
plötzlich eine sehr ungewöhnliche Szenerie bemerkte. In einem Feld,
umgeben von einem Stacheldrahtzaun, wanderten mehrere Frauen
umher, die wie eine Gruppe Lämmer auf mich wirkten, wie sie da so
ruhig und still ihrer Wege gingen. Ich fuhr näher heran und fand
heraus, daß es sich um Ausländerinnen handelte: Frauen aus Jugoslawien, Polen, Rumänien, Griechenland, Deutschland, Lettland,
Litauen und Ungarn. Aus ihrer Heimat vertrieben, waren sie während des Krieges durch halb Europa gewandert und hatten die
Schrecken dieser Zeit erlebt und überlebt. Jetzt waren sie von der
Polizei in dieses Lager eingewiesen worden und warteten auf ihren
Rücktransport in die Heimat.

Ein Wächter bedeutete mir, zu gehen und nicht mit diesen Frauen
zu sprechen, doch als ich zurücktrat, sah ich am anderen Ende des
Lagers eine Frau, die zu mir herübersah. Sie stand allein, abseits von
den anderen Frauen, ganz in Schwarz gekleidet. Trotz der Warnung
des Wächters ging ich zu ihr. Sie sprach nur wenige Worte Italienisch
und errötete dabei. Sie stammte aus Lettland. Ich streckte meine
Hände durch den Zaun, und sie ergriff sie wie eine Ertrinkende. Ihre
Augen waren voller Verzweiflung. Dann erschien der Wächter, und
ich mußte fort.

Die Erinnerung an diese Frau ließ mich nicht mehr los. Ich erhielt schließlich eine offizielle Genehmigung, das Lager zu besuchen. Sie war nicht mehr dort. Der Lagerleiter teilte mir mit, daß sie geflüchtet sei. Eine der anderen Frauen erzählte, sie sei mit einem Soldaten fortgegangen. Sie würden heiraten, und mit ihm zusammen dürfe sie dann in Italien bleiben. Er stamme von den Liparischen Inseln, sagte die Frau.

Wollen wir uns aufmachen und sie suchen? Wollen wir sehen, wie sie in dem kleinen Dorf bei Stromboli lebt, wohin der Soldat sie gebracht hat? Sie werden die Liparischen Inseln wahrscheinlich nicht kennen. Viele Italiener kennen sie nicht einmal. Sie erlangten in der Zeit des Faschismus traurigen Ruhm, weil dort die Gegner des faschistischen Regimes gefangengehalten wurden. Nördlich von Sizilien, im Tyrrhenischen Meer, gibt es sieben Vulkane. Einer von ihnen ist noch immer aktiv – Stromboli. Am Fuße des Vulkans, in einer kleinen Bucht, liegt das Dorf – einige kleine weiße Häuser, alle von Erdbeben beschädigt. Die Einwohner leben hauptsächlich vom Fischfang.

Ich habe versucht, mir das Leben dieser lettischen Frau dort vorzustellen – groß und stolz schreitet sie auf dieser Insel des Feuers und der Asche zwischen den kleinen dunkelhäutigen Fischern und den blassen, von zahlreichen Geburten erschöpften Frauen einher. Es gibt kaum eine Verständigungsmöglichkeit für sie dort, nicht einmal mit dem Mann, der sie aus dem Lager herausgeholt hat. Als sie einander in die Augen sahen, erkannten sie ihre Seelen. Sie hatte in seinen unruhigen, intelligenten Augen einen einfachen, starken und zärtlichen Mann entdeckt.

Sie ist ihm gefolgt in dem Glauben, ihren Retter gefunden zu haben, der ihr nach all den Jahren der Flucht und Angst Geborgenheit und eine neue Heimat geben würde.

Aber statt dessen ist sie auf dieser wilden, vom Vulkan geschüttelten Insel gestrandet, wo die Erde schwarz ist und die See schäumt und lärmt. Und der Mann neben ihr ist in Wirklichkeit kein Held, sondern wehrlos der Verzweiflung und dem Lebenskampf ausgesetzt, wie ein Tier.

Sogar der Gott, dem die Leute dienen, scheint sich von ihrem zu unterscheiden. Wie läßt sich der Gott, zu dem sie als Kind gebetet hat, mit diesen vielen, so unterschiedlichen Heiligen vergleichen?

Die Frau versucht, gegen ihr Schicksal anzukämpfen, sie wehrt sich, sie hat nicht überlebt, um auf dieser Insel dahinzuvegetieren. Voller Verzweiflung hofft sie auf ein Wunder, das sie retten soll.

Und plötzlich versteht die Frau den Wert der ewigen Wahrheit, die das menschliche Leben bestimmt: sie versteht, wie stark derjenige ist, der nichts besitzt, und daß in ihm die Kraft ruht, die uneingeschränkte Freiheit schenkt. Ein tiefes Glücksgefühl ergreift ihr Herz, eine ungeheure Freude am Leben.

Ich weiß nicht, ob es mir gelungen ist, Ihnen deutlich zu machen, was ich ausdrücken möchte. Ich weiß, es ist schwer, Dinge zu erklären, die nur in der Vorstellung existieren. Beim Film muß die Kamera diese Arbeit leisten, aber ich bin sicher, ich fühle es, daß ich gemeinsam mit Ihnen diese Figur mit Leben erfüllen kann, die nach harten und bitteren Erfahrungen endlich fern aller Selbstsucht Frieden und Glück findet. Denn das ist die einzige wahre Glückseligkeit auf Erden, die das Leben einfacher macht und es näher an die Schöpfung heranführt.

Könnten Sie nach Europa kommen? Ich kann Sie nach Italien einladen, und wir können die Sache gemeinsam ausarbeiten. Wollen Sie, daß ich diesen Film mache? Und wann? Was halten Sie davon? Entschuldigen Sie alle diese Fragen, aber ich könnte Sie immer weiter fragen.

Bestärken Sie mich in meinem Enthusiasmus.

Ihr Roberto Rossellini

Eine Reise nach Italien? Ein Film in einer völlig anderen Umgebung? Ingrid schien das nicht unmöglich. In den zwanziger, dreißiger und vierziger Jahren waren zwar Flugreisen selten, Schiffsreisen dauerten Jahre, lebensrettende Medikamente waren noch keine Selbstverständlichkeit. Der Tonfilm aber war überall. Im Dschungel, in Wüsten, auf Inseln und in Bergwäldern – wo immer Menschen lebten, war auch das Kino, und sein Einfluß war unbestreitbar.

Das amerikanische Kino lebte von seinen Stars. Und einer der größten Stars war Ingrid Bergman. Über ihre daraus erwachsende Verantwortung hatte sie sich nie Gedanken gemacht. Sie war sich nie bewußt geworden, daß es ein wirkliches Privatleben für sie nicht gab. Ihr Leben gehörte ihren Millionen Verehrern. Sie wurde mit ihren

Rollen identifiziert. »Als es zu dem großen Skandal kam, war ich überzeugt, meinen Beruf aufgeben zu müssen. Denn ausgerechnet ich – so hatte es den Anschein – hatte die ganze Menschheit verdorben.«

Arglos, wie sie war, hatte sie geglaubt, über ihr Leben selbst entscheiden zu können – eine Fehleinschätzung, die ihr in den kommenden Jahren viel Kummer und Leid bringen sollte.

ERSTES KAPITEL

Sie war scheu, voller Angst vor fremden Menschen, vor der ganzen Welt. Das junge Mädchen im Tweed-Rock und in dem beigen selbstgestrickten Pullover, das an jenem Morgen durch das sonnige Stockholm seinem Ziel zustrebte, hatte einen besonderen Grund, noch aufgeregter als sonst zu sein. Dieser Tag war ohne Frage der bisher wichtigste in ihrem achtzehnjährigen Leben. Es war ein Tag der Entscheidung. Würde sie scheitern, könnte sie all die Tagträume der letzten Jahre vergessen, in denen sie sich vor einem begeisterten Publikum verneigte und Ovationen entgegennahm.

Schließlich hatte sie es Onkel Otto versprechen müssen – wenn sie die Prüfung nicht bestand, würde sie Verkäuferin werden oder Sekretärin, und die Träume vom Theater, vom Ruhm und vom Glanz würden für immer vergessen und begraben sein. Im übrigen war Onkel Otto ohnehin überzeugt, daß es zwischen Schauspielerinnen und Prostituierten kaum einen Unterschied gab. »Du brauchst mir gar nichts zu erklären, mein Fräulein. Ich habe diese Liebesszenen auf der Bühne und auf der Leinwand gesehen. Du kannst mir nicht erzählen, daß sie dasselbe nicht auch nachher tun...«

Sie hatte nie versucht, mit ihm darüber zu argumentieren. Sie wußte, daß er sein Bestes tat, um den Platz ihres Vaters auszufüllen, sie ordentlich zu erziehen und ihr eine angemessene Ausbildung angedeihen zu lassen. Um so irritierter war er von der Tatsache, daß sie sich zum Theater hingezogen fühlte. Er sah es als seine Pflicht an, sie vor einem Leben in Schande zu bewahren. Aber er wußte auch, daß sie hartnäckig und dickköpfig sein konnte und sich nicht so schnell von ihren Träumen abbringen lassen würde, und so hatte er ihr eine Chance gegeben.

»Nun gut, du kannst dich bei der Schauspielschule des Königlich Dramatischen Theaters bewerben«, hatte er gesagt. »Aber wenn du durch die Prüfung fällst, ist es vorbei. Dann will ich nichts mehr von diesem albernen Schauspielerkram hören. Das mußt du mir versprechen.«

Sie tat es mit Freuden. Aber ohne professionelle Hilfe waren ihre Chancen von vornherein eingeschränkt, und für einen Lehrer mußte sie bezahlen. Es war Onkel Otto, der die Hinterlassenschaft ihres Vaters für sie verwaltete. Sie mußte also Erfolg haben. Gott konnte sie doch nicht in ihren Wünschen und Sehnsüchten so beeinflußt haben, um sie jetzt durchfallen zu lassen. Fünfundsiebzig Bewerber hatten sich in diesem Jahr zur Aufnahmeprüfung der Schauspielschule gemeldet, und nur wenige würden genommen werden. Aber auch wenn die Juroren nur eine einzige Schülerin auswählen würden: Sie mußte diese eine sein. Sonst wäre ihr Leben verfehlt.

Sie hielt einen Moment vor der massiven grauen Fassade des Theaters inne. Hinter dem Gebäude war der Fluß zu sehen mit den großen Wohnhäusern, die am Ufer entlang erbaut waren, den Geschäfts- und Bürohäusern. Dies war ihre Heimat. Nur wenige hundert Meter von hier war sie geboren worden, in der Wohnung über dem Fotogeschäft ihres Vaters an der Strandvägen. Sie atmete noch einmal kräftig durch und betrat das Theater.

Zu beiden Seiten des Eingangs standen vergoldete Statuen, die die Musen des Schauspiels und der Dichtung verkörperten. Sie öffnete die Tür zum Bühneneingang und ging zum Büro, wo der Portier die Liste der Bewerber durchsah.

»Fräulein Bergman? Sie sind Nummer sechzehn. Sie haben noch eine Menge Zeit, bevor Sie drankommen.«

Sie ging wieder hinaus, überquerte die Straße und betrat den kleinen Park an der Uferseite. Sie blickte der riesigen Bronzebüste von John Ericsson, dem schwedischen Ingenieur, ins Auge, sprach noch einmal ihre Anfangszeilen vor sich hin, probierte mit ein, zwei angedeuteten Sprüngen ihren entscheidenden Auftritt, ging ein wenig im Park auf und ab, beobachtete die vorbeifliegenden Möwen und betrat schließlich erneut das Theater – noch immer fünfzehn Minuten zu früh.

Einige Wochen zuvor hatte sie einen großen braunen Briefumschlag im Königlich Dramatischen Theater abgegeben, in dem sie sich um die Aufnahme in die Schauspielschule beworben hatte. Sie hatte drei Vorsprechstücke eingereicht, aus denen die Prüfer zwei Texte auswählen würden. Sollte sie bei der ersten Probe durchfallen, würde ihr der Portier den großen braunen Briefumschlag zurückgeben, und das wäre dann das Ende. Sollte sie beim erstenmal jedoch Erfolg haben, würde sie einen kleineren weißen Umschlag erhalten mit dem Datum ihres nächsten Vorsprechtermins und dem gewünschten Probetext.

Die Auswahl ihrer Texte hatte sie mit ihrem Schauspiellehrer Gabriel Alw besprochen. »Das erste Vorsprechen muß besonders einprägsam sein«, hatte sie gemeint. »Wahrscheinlich wird jeder zuerst etwas sehr Dramatisches vortragen, die Kameliendame oder Lady Macbeth. Die Jury wird schon kaum mehr hinhören vor soviel Dramatik und Herzeleid. Kann ich die Prüfer nicht zum Lachen bringen?«

»Eine gute Idee«, stimmte Gabriel Alw zu. »Ich kenne ein Stück eines ungarischen Autors, das genau das Richtige sein könnte. Es handelt von einem Bauernmädchen, das einen jungen Mann, der mit ihr flirtet, an der Nase herumführt und ihn schließlich auslacht. Das wäre ein guter Auftritt. Du fliegst geradezu auf die Bühne, dann stehst du da, Hände in den Hüften, als wolltest du sagen: ›Hier bin ich. Seht mich an! Und paßt auf!‹«

Ich arbeitete diesen Auftritt aus. Und dann war es soweit. Ich stand in der Kulisse und hörte meinen Namen. Ich laufe los, mache einen Sprung, und da bin ich, mitten auf der Bühne, und lache los, als wollte ich Tote erwecken. Ich mache eine kurze Pause und spreche meinen ersten Satz. Dann werfe ich einen schnellen Blick in den dunklen Bühnenraum auf die Jury – und glaube, meinen Augen nicht zu trauen. Sie sehen mich nicht einmal an. Ja, einige der Prüfer unterhalten sich sogar mit Kollegen in der Reihe hinter ihnen. Ich habe unbeschreibliche Angst, und vor lauter Aufregung bekomme ich kein Wort mehr heraus, habe ich den nächsten Satz völlig vergessen. Die Männer sprechen laut miteinander. Ich bin ganz blaß vor Verzweiflung. Ich kann mich nicht mehr konzentrieren. Und dann höre ich jemanden sagen: »Genug, genug. Das wär's. Vielen Dank, Fräulein... Die Nächste, bitte...«

Ich wanke von der Bühne. Ich sehe niemanden, nehme nichts mehr wahr. Ich verlasse ganz einfach das Theater. Und ich denke daran, daß ich jetzt Onkel Otto gegenübertreten muß, um ihm zu sagen, daß man mich nach dreißig Sekunden von der Bühne gewiesen hat. »Sie haben mir nicht einmal zugehört. Sie fanden, ich sei es nicht einmal wert, daß man mir zuhört.« Das ist die Wahrheit. Das Leben ist sinnlos. Ich gehe hinüber zum Ufer. Es gibt nur noch einen Ausweg – in den Fluß zu springen und zu sterben.

Sie stand an dem kleinen Kiosk, wo die Fährtickets nach Djurgarden und Skansen verkauft wurden. Niemand war zu sehen, nur ein paar Möwen kreischten in der Ferne. Drüben konnte sie den goldenen Turm des Nordiska-Museums erkennen. Sie starrte ins Wasser. Es war schwarz und ölig und – schmutzig. Sie würde mit Schmutz bedeckt sein, wenn man sie herausfischte – nicht wie Ophelia, die in kristallklaren Fluten in den Tod ging...

Sie machte ein paar Schritte vom Ufer fort und schlug den Weg zu den Wohnhäusern ein. Zu Hause warteten ihre Cousinen auf sie. Die beiden wollte sie jetzt am allerwenigsten sehen! Sie hatte plötzlich Sehnsucht nach ihrem Zimmer, in dem sie sich aufs Bett werfen konnte, um nur noch zu weinen, zu weinen und endlos zu weinen... Wenn doch ihre Eltern noch lebten und ihr helfen könnten! Warum hatten sie so früh sterben müssen? Denn Britt und Margit würden sie gerade jetzt nicht in Ruhe lassen. »Warum kommst du so spät?« »Wo warst du?« Dumme Fragen! Wie sollte sie diesen beiden grinsenden Mädchen erklären, daß, wäre das Wasser nicht so schmutzig gewesen, sie jetzt eine romantische Leiche abgäbe?

»Lars Seligman hat angerufen...« Lars? Was wollte er? Sie waren gute Freunde, auch er hatte sich zur Aufnahmeprüfung angemeldet. »Er sagte, er war im Büro, um seinen weißen Umschlag abzuholen. Und er fragte, was du für einen Umschlag bekommen hättest. Und man sagte ihm, du hättest auch einen weißen Umschlag bekommen...«

Einen weißen Umschlag? Konnte das möglich sein? Sagten die beiden die Wahrheit? Dann war keine Zeit zum Diskutieren mehr. Sie drehte sich um und lief los. Sie rannte die Treppen hinunter, auf die Straße, durch den Park, in das Theater hinein, ins Büro. »Was für einen Umschlag habe ich?« fragte sie atemlos. Der Portier lächelte. »Einen weißen, Fräulein Bergman. Wir haben uns schon gewundert, wo Sie geblieben waren. Hier ist er. Viel Glück!«

Sie riß den Umschlag auf. »Ihr nächster Vorsprechtermin ist am...« Sie konnte das Datum nicht erkennen. Aber sie begriff, daß sie zum zweiten Vorsprechen zugelassen war. Das Leben war wunderbar!

Ich war so glücklich, daß ich bestanden hatte, daß ich nicht mehr wissen wollte, weshalb die Prüfungskommission so abweisend gewesen war, als ich auf der Bühne gestanden hatte. Erst Jahre später, als ich in Italien Alf Sjöberg traf, der damals ein Mitglied des Prüfungsausschusses gewesen war, erfuhr ich die wirkliche Ursache für ihr Verhalten.

»In dem Augenblick, als du auf die Bühne gesprungen kamst und uns an-, beziehungsweise auslachtest, drehten wir uns zueinander um und sagten: ›Die hat's geschafft!‹ Wir brauchten dir nicht weiter zuzuhören. ›Schaut sie euch an‹, haben wir gesagt, ›wie sie dasteht, wie sie die Bühne füllt. Diese Impertinenz.‹ Du kamst auf die Bühne gesprungen wie eine Tigerin. Du hattest absolut kein Lampenfieber. So schien es uns wenigstens. Wir brauchten nicht weiter zuzuhören, und nach dir warteten noch viele andere. Deshalb unterbrachen wir dich. Es war unvergeßlich, und vielleicht hast du seitdem niemals wieder einen so überzeugenden Auftritt gehabt.«

Aus Rostands *L'Aiglon* hatte sie sich die Rolle eines verrückten Jungen gewählt. Ihre dritte Vorsprechrolle war ein Abschnitt aus Strindbergs *Traumspiel*. Es war ihr wichtig gewesen, den Prüfern ihre Vielseitigkeit zu beweisen, die von der Komödie bis zur Tragödie reichte, und sie ließen sich beeindrucken und überzeugen. Im Herbst 1933 wurde Ingrid Bergman als Schülerin der Schauspielschule des Königlich Dramatischen Theaters in Stockholm angenommen. Und Onkel Otto zeigte sich als guter Verlierer. Er erhob nie wieder seine Stimme gegen ihre Berufswahl. Er war zwar überzeugt davon, daß ihr dieser Beruf nur Unglück bringen würde, aber er gab zu, daß er sich in ihrer Begabung geirrt hatte. Leider hat er ihre ganz großen Erfolge nicht mehr erleben dürfen.

Ohne Zweifel hat der frühe Tod ihrer Eltern Ingrid Bergmans Leben stark geprägt. Sie war erst drei Jahre alt, als ihre Mutter starb, und dreizehn, als sie ihren Vater verlor. Der Vater, Justus Bergman, hat zwölf Jahre lang versucht, ihr Liebe und Geborgenheit zu geben. Er war der Mittelpunkt ihres Daseins, und Ingrid Bergman erinnert sich an diesen Abschnitt ihres Lebens sehr genau.

Ich war sehr stolz auf ihn, während er wohl nicht immer stolz auf mich sein konnte. Als kleines Mädchen wechselte ich ständig meine Identität – mal war ich ein Vogel, dann ein Laternenpfahl, ein Polizist oder Briefträger oder auch ein Blumentopf. Ich erinnere mich noch genau an den Tag, als ich ein kleiner Hund sein wollte. Ich weiß, daß Vater sich weigerte, mir ein Halsband umzubinden und mich hinauszuführen. Also ging ich allein, bellte alle Spaziergänger an und hob mein Bein an jedem Baum. Ich glaube nicht, daß ihm diese kleine Vorstellung sehr gefallen hat.

Ich liebte es auch, mich zu verkleiden, und das machte Vater ebenfalls Spaß. Er stülpte mir verrückte Hüte auf, steckte mir eine Pfeife in den Mund, setzte mir eine Brille auf, und dann fotografierte er mich. Oder ich stand vor dem großen Spiegel und spielte verschiedene Rollen – vom großen Bären über eine alte Dame bis zu einem jungen Prinzen. Ich mußte mir alle Abenteuer selbst ausdenken, denn ich konnte noch nicht lesen. Dann meinte Vater, es wäre doch viel schöner, wenn ich die Worte singen würde. Ich sollte Opernsängerin werden. Also bekam ich Gesangunterricht, als ich acht Jahre alt war. Und ich sang und sang, und Vater wollte, daß ich Klavier spielte, und er zwang es mir schließlich auf, denn Klavierspielen gefiel mir eigentlich gar nicht.

In anderer Hinsicht erzog ich ihn. Ich wollte so sein wie die anderen Kinder und Taschengeld bekommen wie sie: eine Krone die Woche. Als ich das Vater sagte, griff er in die Tasche, holte eine

Handvoll Münzen heraus und hielt sie mir hin. »Nimm, soviel du brauchst«, sagte er. Aber ich erklärte: »Nein, nein, das ist zuviel, viel zuviel. Ich will nur eine Krone die Woche.«

Er erwiderte: »Sei doch nicht dumm. Geld ist dazu da, daß man es ausgibt. Nimm es.«

Doch ich blieb hart. Ich nahm zwei Kronen, hielt sie ihm unter die Nase und sagte: »Hier, sieh, ich nehme nur zwei Kronen. Den Rest mußt du wieder einstecken. Du mußt lernen, auf dein Geld aufzupassen.«

Ähnlich war es mit der Schule. Vater meinte, zuviel Unterricht sei verlorene Zeit. Man sollte statt dessen lieber Dinge tun, die man gern tat. Als ich zehn oder elf Jahre alt war, sagte er lachend: »Warum gehst du noch zur Schule? Du kannst jetzt rechnen, lesen und schreiben. Du vergeudest dort nur deine Zeit. Du solltest besser zur Oper gehen. Du hast Gesangstunden und spielst ein Instrument – das ist das Leben, das wahre Leben, ein Künstler zu sein, kreativ zu sein. Das ist viel wichtiger, als in der Schule herumzusitzen und Geschichte und Geographie zu pauken.«

Er liebte die Künste, und er war sicher, daß seine Tochter eine große Opernsängerin werden würde. Er wäre wahrscheinlich enttäuscht worden, wenn ich seinem Wunsch nachgegeben hätte, denn meine Gesangskünste waren alles andere als bedeutend. Aber ich war zu jung, um sein Boheme-Leben zu akzeptieren. Ich sagte ihm, daß es nicht richtig sei, mit der Schule aufzuhören, daß ich weiter lernen müsse, hatte aber deswegen immer wieder Auseinandersetzungen mit ihm.

Ich wußte schon damals von meinen Schulfreundinnen, wie man sein Leben zu planen hatte. Wenn man etwas erreichen, wenn man heiraten wollte – und alle Mädchen in der Schule waren von dieser Zukunftsvorstellung fasziniert –, mußte man erst einmal von sieben Jahren an die Schule besuchen, elf Jahre lernen und seinen Abschluß machen. Danach mußte man sich entscheiden, ob man studieren wollte. Ich wollte nicht zur Universität. Ich wollte einen normalen Schulabschluß machen und dann die Schauspielschule besuchen. Aber Papa sah mich immer verschmitzt lächelnd an und sagte: »Du könntest in der Oper beginnen! Es würde dir viel mehr Spaß machen. Warum fängst du nicht in der Oper an?«

Wenn ich jetzt an ihn zurückdenke, sehe ich deutlich, was für unmögliche Ideen er hatte, aber auch, wie wundervoll er war. Ich liebte ihn sehr. Und meine Mutter liebte ihn ebenfalls.

Als ich mich mit Petter Lindström verlobte, räumte ich den Boden der Wohnung auf, in der ich mit meiner Tante Ellen, der Schwester meines Vaters, gewohnt hatte. Sie starb in meinen Armen, als ich fast vierzehn war, und ich war so verzweifelt, daß ich das Haus verließ und nie mehr dorthin zurückkehrte. Alle persönlichen Dinge waren auf den Boden geschafft worden. Nun aber wollte ich mit Petter einen Hausstand gründen, und so bekamen wir den Schlüssel, um nachzusehen, ob es dort Möbel und andere Dinge gab, die wir gebrauchen konnten. Unter den wahllos zusammengestellten Gegenständen fand ich etwas sehr Wichtiges – eine Schachtel mit Briefen, die meine Mutter aus Deutschland an meinen Vater geschrieben hatte, als sie verlobt waren. Sie hatten sich heimlich verlobt, weil die Eltern meiner Mutter strikt gegen eine Heirat gewesen waren. Meine Mutter war während eines Sommers aus Hamburg zu Besuch nach Schweden gekommen und ging jeden Tag in den Wäldern spazieren, in denen Vater malte. Während dieser täglichen Begegnungen verliebten sie sich ineinander.

Ich nahm die Briefe in jener Nacht mit ins Bett und las bis in die frühen Morgenstunden. Es war das erste Mal, daß ich meine Mutter als Frau kennenlernte, als eine Frau, die meinen Vater geliebt hatte, und ich konnte meine Tränen nicht zurückhalten, als ich las, wie schwer sie es gehabt hatten. Die Familie meiner Mutter war überzeugt, daß Vater nicht gut genug für ihre Tochter wäre. Er war ein Künstler ohne eine feste Arbeit. Sie waren reich, und er war arm. Die beiden Schwestern meiner Mutter, Tante Mutti und Tante Lulu, waren gut verheiratet, und es war undenkbar, daß Friedel – meine Mutter – einen *Künstler* heiratete. Und dazu noch einen Schweden!

Für meine Mutter war das, wie ich ihren Briefen entnahm, kein Problem. In einem Brief schrieb sie über ihren Verlobungsring: Am Tage trug sie ihn an einem Band um den Hals und steckte ihn nur nachts auf den Finger, wenn sie ins Bett ging. Eines Abends kam ihre Mutter ins Zimmer, sah den Ring am Finger ihrer schlafenden Tochter und verlangte eine Erklärung. Es kam zu einer furchtbaren

Auseinandersetzung, doch meine Mutter blieb fest: »Ich will diesen Mann heiraten und keinen anderen. Und wenn ich mein Leben lang auf ihn warten muß.«

Sie ging strategisch vor. Wenn er sie wirklich heiraten wollte, mußte er eine feste Arbeit annehmen. Er konnte nicht einfach nur malen. Das schien nicht seriös genug. Gewiß, man konnte ab und zu ein Gemälde verkaufen, aber wie oft gelang das einem Künstler wirklich? Er suchte sich also eine Arbeit, und es klappte vorzüglich.

Als ich die Briefe las, konnte ich meine Mutter sehr gut verstehen, denn ich war in ihrem Alter, und ich stand vor meiner Hochzeit mit Petter, wenn wir auch nicht die Schwierigkeiten hatten wie meine Eltern. Meine Mutter mußte sieben Jahre warten, bevor sie Vater heiraten konnte. Als sie heirateten, hatte er sich ein Fotogeschäft auf der Strandvägen in einer guten Gegend von Stockholm eingerichtet und war sehr erfolgreich. Er entwickelte auch Filme und kolorierte Fotos, verkaufte Kameras und Bilderrahmen. Und in seiner Freizeit malte er weiterhin Porträts. Er hatte sich schließlich eine solide Existenzgrundlage geschaffen, so daß meine Großeltern gegen eine Heirat keine Einwände mehr hatten.

Sie kamen aus zwei grundverschiedenen Welten. Mein Vater war ein Bohemien, meine Mutter war sehr bürgerlich erzogen worden. Trotzdem waren sie glücklich miteinander. Sie hatten drei Kinder. Das erste Kind starb bei der Geburt, das zweite eine Woche nach der Geburt. Ich kam sieben Jahre später zur Welt und habe an meine Mutter überhaupt keine Erinnerungen. Vater fotografierte mich auf ihrem Schoß, als ich ein Jahr alt war, und noch einmal an meinem zweiten Geburtstag. An meinem dritten Geburtstag fotografierte er mich, als ich Blumen auf das Grab meiner Mutter legte.

Mein Vater war nicht nur an den stehenden, sondern auch an den »laufenden« Bildern interessiert. Vielleicht wäre er ins schwedische Filmgeschäft eingestiegen, wenn er länger gelebt hätte. Er experimentierte mit Schmalfilmkameras und nahm auch meine Mutter auf. Als ich in Hollywood war, bat ich David O. Selznick, die alten Filme meines Vaters zu entwickeln. Als er sie mir vorführte, sah ich meine Mutter gehen, sich hinsetzen und wieder aufstehen. Sie schien lebendig, und ich sah sie zum erstenmal in meinem Leben sich bewegen.

Es war Tante Ellen, die versuchte, mir die Mutter zu ersetzen. Sie war die einzige von vierzehn Geschwistern, sieben Jungen und sieben Mädchen, die nicht geheiratet hatte. Als meine Mutter starb, kam Tante Ellen zu uns. Ich liebte sie sehr und sagte sogar Mama zu ihr. Ihr war das immer ein bißchen peinlich, vor allem in Geschäften, wo man sie als Fräulein Bergman kannte.

Tante Ellen war klein, ein wenig pummelig und hatte einen Herzfehler. Sie war sehr lieb und rücksichtsvoll, hatte aber ähnliche Ansichten über meine Theater-Ambitionen wie Onkel Otto und hielt die Schauspielerei für eine Sünde.

Vater nahm mich jedes Jahr nach Deutschland mit, wo wir die Eltern meiner Mutter und meine beiden Tanten besuchten. Vater blieb eine Weile mit mir bei ihnen und fuhr dann allein weiter nach England oder in andere Gegenden Europas. Ich blieb in der Obhut meiner Großeltern, und das waren schreckliche Wochen für mich. Sobald mein Vater abgereist war, ging ich in die Toilette und weinte. Wenn meine Großmutter bemerkte, daß ich lange fortblieb, rief sie: »Was machst du so lange? Was ist los?« Und ich versuchte, mein Schluchzen zu unterdrücken, weil ich wußte, daß sie mich hören konnte. Sie würde böse mit mir sein, wenn ich weinte, weil ich bei ihr bleiben mußte. Die Wahrheit war, daß ich vor ihr und vor meinem Großvater, der sehr streng war, Angst hatte und nie wirklich glücklich bei ihnen war. Sie hatten ihre Kinder in der gleichen strengen Weise erzogen. Das Problem aber war, daß ich meinen Vater über alles liebte. Ich war so sehr an ihn gewöhnt; er war für mich wie ein großer Bruder.

Ich vermute, daß ich die Erziehung genoß, die in jener Zeit bei deutschen Kindern üblich war; wahrscheinlich bin ich deshalb auch heute so ordentlich. Meine Großmutter weckte mich einmal mitten in der Nacht auf, weil ich eines meiner Kleider über einen Stuhl geworfen hatte, statt es ordentlich zusammenzufalten. Ich mußte aufstehen – ich war damals ungefähr zehn Jahre alt – und mein Kleid und meine Wäsche ordentlich auf einem Stuhl zusammenlegen. Dann zeigte meine Großmutter vorwurfsvoll auf meine Schuhe. Ich sagte: »Aber ich habe sie doch unter den Stuhl gestellt, Großmutter, und sie sind sauber!«

»Ja, mein Kind, aber sie stehen nicht ordentlich. Sie müssen genau zusammenstehen, beide Schuhspitzen nebeneinander, und sie müssen in die gleiche Richtung zeigen.«

Das sind Eindrücke, die einen fürs ganze Leben beeinflussen. In mir weckten sie einen starken Ordnungssinn. Ich kann in keinem Haus leben, in dem Unordnung herrscht. Es macht mich ganz krank.

In Italien pflegte ich in Robertinos Zimmer Ordnung zu machen, sobald er in der Schule war. Wenn er zurückkam, sagte er: »Schau, Mama, ich kann meine Sachen in meiner Unordnung finden, aber ich finde sie nicht mehr in deiner Ordnung!« Natürlich gewann er den Kampf. Er konnte mich zunächst nicht von seinem Zimmer fernhalten, weil man die Tür nicht abschließen konnte. Doch schließlich nahm er den ganzen Türgriff in die Schule mit. Das setzte mich außer Gefecht. Heute ist er Gott sei Dank viel ordentlicher.

Aber ich war gern mit meiner jungen und schönen Tante Mutti zusammen. Sie hatte einen reichen Franzosen geheiratet, dem Kaffeeplantagen auf Haiti gehörten. Sie besaßen in Hamburg ein großes Haus mit Garten, hatten Diener und ein Privatboot auf der Alster. Mit anderen Worten: Es ging ihnen sehr gut. Die meiste Zeit war der Mann meiner Tante in der Karibik. Das erste Mal ging sie mit ihm, aber sie mochte die Hitze und das Klima nicht, und sie hatte Angst vor den Eingeborenen, ihren Tänzen und ihrer Musik. So kam es zur Trennung. Was ihre Ehe schließlich wirklich beendete, war – glaube ich – der Tod ihres ältesten Sohnes, der an einer tropischen Infektion starb. Sie haben sich nie scheiden lassen, aber ihre Ehe bestand nur noch auf dem Papier.

Als ich klein war, liebte ich sie sehr. Sie hatte sich immer eine Tochter gewünscht. Deshalb nannte ich sie Tante Mutti und sprach sie nie mit ihrem richtigen Namen – Elsa – an. Da ich das einzige Kind ihrer Schwester war, bedachte sie mich mit vielen Aufmerksamkeiten. Aber sie hatte auch Eigenarten, die mir nicht gefielen. Ich war zum Beispiel der Ansicht, daß sie zu streng mit ihrem Personal umging, und ich schwor mir, wenn ich je ein solches Haus führen sollte, mein Personal niemals so zu behandeln, wie Tante Mutti es tat. Ich weiß auch, daß ich nicht gern mit ihr einkaufen ging. Sie sah in einem Geschäft etwas, das ihr gefiel – »Ja, das dort oben im Regal« –, und das arme Mädchen mußte hinaufklettern und es herunterholen, bis schließlich die Hälfte aller Waren vor Tante Mutti ausgebreitet waren. Doch sie war immer noch nicht überzeugt und sagte: »Nein, das ist doch nicht ganz das Richtige, vielen Dank, ich komme ein andermal wieder.« Ich konnte direkt sehen, was das Mädchen dachte: »Bitte, bitte, kommen Sie bloß nie wieder her...«

Auch solche Erlebnisse bleiben haften. Heute gehe ich so gut wie nie aus einem Geschäft heraus, ohne etwas zu kaufen. Manchmal kaufe ich sogar Dinge, die ich gar nicht brauche – nur weil die Angestellten sich soviel Zeit für mich genommen haben und ich ihnen nicht das Gefühl geben möchte, undankbar zu sein.

Dennoch – ich war viel lieber bei Tante Mutti als bei meiner Großmutter. Ich erinnere mich, wie ich eines Tages allein im Garten saß – sehr damenhaft und ordentlich – und versuchte, an schöne Dinge zu denken. Vater war schon lange fort, und plötzlich hörte ich hinter mir eine Pfeife – jene kleine Lockpfeife, mit der er mich im Gedränge wiederfand, mit der er mir mitteilte, wo er war. Ich drehte mich nicht um, denn ich glaubte zu träumen. Dann flötete er wieder, und ich drehte mich um – und da war er. Und ich flog in seine Arme. Papa war zurück! Und auf einmal war das Leben wieder schön.

Ich muß elf Jahre alt gewesen sein, als Vater mich zum erstenmal in ein Theater mitnahm. Ich hatte vorher schon verschiedene Opernvorstellungen mit ihm besucht, aber sie waren mir nicht besonders im Gedächtnis geblieben. Bei meinem ersten Theaterbesuch jedoch gingen mir die Augen über.

Da gab es erwachsene Leute, die das gleiche auf einer Bühne taten wie ich zu Hause ganz allein für mich, nur so zum Spaß. Und sie wurden sogar noch dafür bezahlt! Sie konnten davon leben! Ich verstand überhaupt nicht, warum diese Schauspieler die gleichen Dinge tun konnten wie ich: eine Traumwelt Wirklichkeit werden lassen, und das auch noch Arbeit nannten! Und ich drehte mich zu meinem Vater um – wahrscheinlich hat man mich im ganzen Theaterparkett gehört – und sagte laut: »Papa, das will ich auch einmal machen!«

Dieses Gefühl, das ich damals verspürte, habe ich nie verloren. Ich stehe um sechs Uhr auf und fahre ins Studio, und es ist eine Arbeit, die mir Freude macht und die ich liebe. Ich bin glücklich. Ich fahre ins Theater, sitze in meiner Garderobe, lege Make-up auf, ziehe mein Kostüm über und sage: »Und dafür wirst du auch noch bezahlt!«

Der Tod meines Vaters war ein schrecklicher Schock für mich. Ich war zwölf Jahre alt und verstand nicht, daß er Krebs hatte, und natürlich wußte ich auch nicht, was Krebs bedeutete. Er versuchte, mich langsam und schonend mit seinem Leiden vertraut zu machen. Er zeigte mir die Röntgenaufnahmen seines Magens und sagte: »Siehst du, hier wächst der Krebs. Sehr bald, mein Liebling, werde ich nicht mehr in der Lage sein, irgend etwas in meinen Magen zu bekommen, und dann wird es sehr ernst.«

Ich erinnere mich, wie ich auf die Röntgenaufnahmen blickte und nach einem Weg suchte, um ihm ein wenig Hoffnung zu geben. »Sieh hier, Papa, hier, auf dieser Seite ist sehr viel Platz. Dein Essen kann doch diesen Weg in den Magen nehmen, meinst du nicht? Natürlich kann es das!«

Er wurde sehr dünn und schwach, und ich erfuhr später, daß er seinen besten Freund aufsuchte, den ich Onkel Gunnar nannte, und zu ihm sagte: »Ich will nicht, daß Ingrid ihren Vater sterben sieht. Wer weiß, wie lange ich noch zu leben habe, und sie ist erst zwölf Jahre alt. Ich gehe nach Deutschland. In Bayern soll es einen Wunderdoktor geben, der mich vielleicht heilen kann. Wenn nicht, komme ich in einer Kiste zurück.«

Er fuhr nach Bayern, und er nahm ein Mädchen mit, das er liebte. Ich wußte, daß er Greta liebte. Ich hatte alles miterlebt. Zuerst war sie meine Gouvernante, und dann hatten sie sich ineinander verliebt. Meine Tanten sahen diese Verbindung gar nicht gern. Wie konnte sich dieser Mann wieder verlieben, nachdem er doch mit meiner Mutter verheiratet gewesen war! Und wie jung diese Greta war – dreißig Jahre jünger als er! Sie verstanden nicht, daß meine Mutter seit zehn Jahren tot war und daß mein Vater Liebe brauchte. Meine reichte nicht aus. Und da kam Greta!

Ich liebte sie ebenfalls. Sie war sehr schön. Mein Vater hat sie oft gemalt. Aber ich glaube, er hatte des Altersunterschieds wegen Schuldgefühle, und schließlich kam es soweit, daß meine Tanten Greta mehr oder weniger aus dem Haus jagten.

Wenn meine Tanten schlecht über Greta sprachen, verteidigte ich

29

sie. Fragten sie mich: »Weißt du, wo dein Vater ist? Er ist nicht zu Hause, nicht wahr?«, dann antwortete ich: »Nein, er ist nicht zu Hause. Aber das ist nicht schlimm. Ich habe genug zu tun, und ich weiß, er ist später wieder bei mir.« Und dann sagten sie manchmal: »Aber du weißt, wo er ist? Er ist mit dieser Person zusammen!« Ich hätte sie dafür umbringen mögen, daß sie meinen Vater kritisierten, und ich sagte: »Es ist mir recht! Ich bin sehr froh, wenn er bei Greta ist, denn dann ist er glücklich!«

Als er nach Bayern fuhr und Greta mitnahm, waren sie alle schockiert. Nur ich nicht. Greta fuhr mit ihm, und sie half ihm, glücklich zu sein. Und glücklich zu sterben. Dafür liebte ich sie.

Der Wunderdoktor konnte ihm nicht helfen. Mein Vater malte wieder ein wenig, und Jahre später bekam ich von Greta das letzte Bild, das er gemalt hatte, ein Blick aus dem Fenster des Hauses, in dem sie gelebt hatten. Als er nach Hause kam, war er ausgemergelt. Es war schrecklich. Aber als Kind will man nicht glauben, daß der Vater sterben wird. In seinen letzten Tagen kam meine Tante Mutti aus Hamburg zu Besuch, und sie sagte zu den anderen Verwandten: »Greta hat das Recht, zu kommen und an seiner Seite zu sein. Erlaubt es bitte.« Sie kam, und wir waren beide in den letzten Stunden bei ihm, jede an einer Seite seines Bettes. Ich erinnere mich, daß mein Vater seinen Kopf wendete und Greta ansah und dann zu mir herübersah und ich ihn anlächelte. Dann war es zu Ende.

Greta verschwand fast völlig aus meinem Leben. Aber als ich fünfzehn war, tat sie etwas sehr Wichtiges für mich: Sie verschaffte mir meinen ersten Filmjob. Erst viele Jahre später habe ich sie wiedergesehen, als sie verheiratet war und selber Kinder hatte.

Der Tod meines Vaters war ein furchtbarer Moment in meinem Leben. Und dann, nur ein halbes Jahr später, starb meine Tante Ellen. Sie rief mich eines Nachts zu sich. Sie bekam kaum Luft, atmete schwer und flüsterte: »Es ist sehr schlimm. Ruf Onkel Otto.« Mein Cousin Bill war am Telefon und sagte, er werde sofort kommen.

»Lies mir aus der Bibel vor«, bat meine Tante. Ich schlug die Bibel auf, ich weiß nicht mehr wo, und begann zu lesen, ohne meine Stimme zu hören, ohne zu wissen, was ich las. Sie verfiel zusehends.

Zuletzt sagte sie: »Ich werde sterben, ich werde sterben. Warum kommen sie nicht? Warum kommen sie bloß nicht?«

Sie war fast schwarz im Gesicht, und plötzlich stammelte sie: »Der Schlüssel...«

Ich verstand sofort, was sie meinte. Unsere Wohnung lag sehr hoch, und anstatt hinunterzulaufen und die Tür zu öffnen, warfen wir oft den Haustürschlüssel aus dem Fenster, damit die Besucher selbst aufschließen konnten. Ich hatte das in der Panik ganz vergessen. Bill wartete wahrscheinlich schon unten. Ich lief zum Fenster. Da stand er; er hatte bereits mehrfach gerufen, aber ich hatte ihn nicht gehört. Während er gewartet hatte, waren zufällig zwei Krankenschwestern vorbeigekommen, und er hatte sie gebeten, ihn zu begleiten. In diesem Moment öffnete ich das Fenster, warf den Schlüssel hinunter und lief zurück zu meiner Tante. Sie konnte kaum noch atmen, ihr Gesicht war völlig schwarz. Ich nahm sie in die Arme, beruhigte sie, und schließlich kamen die Krankenschwestern und zogen mich fort. Aber es war bereits zu spät, sie hätten ohnehin nicht mehr helfen können. Bill legte einen Mantel um mich und sagte, ich solle mit ihm kommen.

Ich brauchte sehr lange, um ihren Tod zu verwinden – nur sechs Monate, nachdem mein Vater gestorben war.

Ich zog zu Onkel Otto und Tante Hulda. Sie arbeiteten hart, waren eine typische schwedische Bürgerfamilie und taten ihr Bestes, um mir über den Verlust meines Vaters hinwegzuhelfen. Bei ihnen und meinen fünf Cousinen und Cousins begann ein neuer Abschnitt meines Lebens.

Nicht weit von unserer Wohnung entfernt gab es Wiesen und Felder, und meine jüngste Cousine Britt und ich spielten dort. Wir wurden sehr enge Freundinnen, denn meine anderen Cousins und die Cousine waren wesentlich älter als ich. Jeden Abend machten wir einen Spaziergang. Im Winter war es bereits um vier Uhr nachmittags dunkel, aber damals brauchte sich niemand Sorgen zu machen, wenn zwei kleine Mädchen im Dunkeln spazierengingen. Im Sommer, während der Schulferien, lebten wir in dem kleinen Sommerhaus, das mir Tante Ellen in ihrem Testament hinterlassen hatte und das nur eine Stunde Bootsfahrt von Stockholm entfernt war.

Oft waren Britt und ich eine ganze Woche allein dort. Die Jungen und Tante Hulda kamen nur zu den Wochenenden. Es gab dort einen eiskalten See, der Mälaren hieß. Wir schwammen viel und sonnten uns.

In der Stockholmer Wohnung hatte ich ein schönes Zimmer mit dem Klavier meiner Mutter, dem Schreibtisch meines Vaters und einigen seiner Gemälde. Britt und ihre Schwester teilten sich ein Zimmer, die Jungen schliefen in einem anderen Raum. Tante Hulda schlief auf dem Korridor in einem Klappbett, das jeden Morgen hochgeklappt wurde. Der Korridor hatte kein Fenster, aber Tante Hulda war jeden Morgen die erste, die aufstand, einkaufen ging, das Frühstück bereitete und uns Kinder in die Schule schickte. Ich weiß nicht, wie sie es schafften, uns alle großzuziehen. Sie hatten ein Geschäft für Bilderrahmen, und der Fotoladen meines Vaters wurde jetzt von Tante Hulda geführt. Ich habe nie eine Frau schneller Geld zählen sehen. Sie rechnete wie ein Computer. Vor allem aber bestand sie darauf, daß wir Kinder eine gute Ausbildung bekamen.

Britt und ich wurden auf die teuerste Mädchenschule von Stockholm geschickt. Die Jungen haben alle später Karriere gemacht, beim Militär, als Zahnarzt, als Professor, aber niemand in der Familie war künstlerisch interessiert. Sie hatten auch keine Zeit dafür, denn sie mußten alle hart arbeiten. Nur ich spielte noch immer meine kleinen Einakter in meinem Zimmer.

Gunnar Spangberg, der beste Freund meines Vaters und Inhaber eines Blumengeschäfts, in dem auch bekannte Schauspieler und Schauspielerinnen einkauften, ermunterte mich, meine künstlerischen Interessen nicht zu vernachlässigen. Fast jeden Sonntag lud er sich Freunde zum Essen ein, und er bat auch mich zu kommen. Nach dem Essen fragte er mich, ob ich ein Gedicht vortragen würde. Natürlich tat ich es mit Freuden. Doch es blieb nicht beim Rezitieren. Bald begann ich, dramatische Studien vorzutragen. Jeden Sonntag hatte ich meinen Auftritt – und mein Publikum. Ich verstellte meine Stimme, sprach alle Rollen eines Stückes, gestikulierte wie wild mit den Armen und legte eine perfekte Show hin. Seine Freunde waren alle zwischen fünfzig und sechzig, was mir unsagbar alt vorkam, aber es machte mir Freude, ihnen etwas vorzuspielen, und manchmal brachte ich sie sogar zum Lachen oder zum Weinen. Es schien ihnen zu gefallen, und ich war stolz, wenn sie mich baten, eine

Szene zu wiederholen. Und ob ich am nächsten Sonntag wiederkommen würde? Natürlich wollte ich das. Ich freute mich die ganze Woche auf diese Vorstellung und übte mir ein ganzes Repertoire von Szenen und Geschichten ein. Und die Freude meines Publikums war mir die schönste Belohnung.

Onkel Gunnar war es auch, der mir eines Tages ein Tagebuch schenkte, ein großes, in Leder gebundenes Buch. Es hatte ein Metallschloß mit einem Schlüssel, und auf dem Deckel stand mein Name. Es war ein aufregendes Geschenk für ein vierzehnjähriges Mädchen, und ich entschloß mich, dem Buch meine innersten Gedanken, meine Sehnsucht nach dem Theater anzuvertrauen, und meine erste Eintragung sollte beweisen, wie ernst es mir war:

Liebes Buch! Von klein auf habe ich das Theater geliebt, aber ich habe nie geglaubt, selbst eine Schauspielerin werden zu können. Es war im Herbst 1929, als ich feststellte, daß ich mich ganz dem Theater hingeben wollte. Onkel Gunnar sagte, ich müsse Schauspielerin werden, das sei gar keine Frage. Er sagte mir, ich solle mehr Gedichte lernen, und dann entschloß ich mich, zu Thalia zu gehen, einer der Göttinnen des Theaters.

Ich träumte davon, eines Tages im Oscar-Theater zu stehen – und das Publikum würde dasitzen und diese neue Sarah Bernhardt bewundern. Ich habe niemals irgend jemandem etwas von diesen Wünschen verraten. Ich behielt sie für mich. Ich weiß, daß ich davon träumte, eines Tages vielleicht mit Gösta Ekman spielen zu können, meinem Idol.

Papa wollte, daß ich zur Oper gehe, weil er die Musik so sehr liebte. Aber ich glaube, der Unterschied zwischen der Oper und dem Schauspiel ist nicht so groß. Und ich bin sicher, er hätte es mir nicht verboten, mich auf den dornigen Weg zum Himmel der Stars zu wagen...

Die Diskrepanz zwischen meinen Sonntagsvorstellungen und meinem Alltag konnte kaum größer sein. Ich war ein sehr scheues Mädchen, wahrscheinlich der scheueste Mensch auf der Welt. Wenn man mich nach meinem Namen fragte, wurde ich rot. In der Schule wagte ich es kaum, eine Frage zu beantworten, weil ich sofort anfing zu stammeln, obwohl ich die Antwort wußte. Auch aus diesen Gründen schien es Onkel Otto und meinen Cousins unverständlich, daß ich Schauspielerin werden wollte. Heute weiß ich, daß viele Schauspieler und Schauspielerinnen sehr scheue Menschen sind. Wenn sie spielen, sind sie nicht sie selbst. Sie sind jemand anders, der *andere* spricht die Sätze, die aus ihrem Munde kommen, und erst, wenn der Vorhang gefallen ist, sind sie wieder sie selbst.

Mir ist es jedenfalls so ergangen, als ich zum erstenmal auf einer Bühne stand. Mein erster öffentlicher Auftritt fand in der Schule statt. Unsere Sportlehrerin hatte vergessen, daß in der Turnhalle eine Bühne für die Weihnachtsaufführung der höheren Klassen errichtet worden war. Jedenfalls konnten wir unsere Turnübungen nicht machen. Die Lehrerin sagte, wir sollten uns ruhig verhalten, sie würde nachsehen, was zu tun sei, und dann würden wir mit dem Unterricht fortfahren. Sie verließ die Klasse, und ich blickte auf die Bühne – meine erste richtige Bühne, und plötzlich ging etwas in mir vor. Ich sprang auf die Bühne und war so glücklich wie noch nie in meinem Leben. In der Woche zuvor hatte ich ein Theaterstück mit dem Titel *Der grüne Fahrstuhl* gesehen. Ich erzählte meinen Klassenkameradinnen davon und fragte sie, ob ich es ihnen vorspielen solle. Sie stimmten begeistert zu. Ich überredete einige von ihnen mitzuspielen, und ich bin sicher, daß alle dachten, ich sei verrückt geworden. In dem Stück, einer typischen Boulevard-Komödie, ging es um sieben Personen, und ich wußte genau, was nacheinander passierte. Ich erinnerte mich sogar an einige Dialoge. Es ging um einen verkaterten Ehemann, seine Frau und seine Freundin. Und ich, das schüchternste Mädchen der Klasse, spielte und dirigierte die anderen, und meine Klassenkameradinnen brüllten vor Vergnügen.

Sie lachten so laut, daß unsere Lehrerin zurückgelaufen kam. Ich glaube, sie fiel fast in Ohnmacht, als sie hörte, daß Ingrid Bergman auf der Bühne stand und ein Stück spielte. Jedenfalls schickte sie uns für die restliche halbe Stunde in den Park hinaus, und meine Mitschülerinnen bettelten, ich solle ihnen das Stück zu Ende vorspielen. Also stellte ich mich auf eine Parkbank und spielte weiter. Und es blieben sogar einige Spaziergänger stehen und sahen sich meine Vorstellung an.

Wenig später traf ich Greta wieder. Sie studierte Musik und

Gesang, und weil sie so gut aussah, verdiente sie sich häufig etwas Geld als Filmstatistin. Sie stand auf einem Bahnhof oder saß während einer Party an einem Tisch oder ging durch eine Hotelhalle. Ich war fasziniert. Und ich bettelte, ihr einmal dabei zusehen zu dürfen. Doch Greta tat noch mehr. Sie schaffte es, daß ich für einen Tag ebenfalls engagiert wurde.

Ich kam ins Studio, wo bereits eine Anzahl anderer junger Mädchen geschminkt wurden. Gegen zehn Uhr mußten wir uns alle in einer Reihe aufstellen. Die meisten Mädchen waren älter als ich, und ich war sehr aufgeregt. Der Regisseur erklärte uns, daß wir alle versuchen sollten, verfroren und hungrig auszusehen; dann fuhr die Kamera ein paarmal auf uns zu, und schließlich sagte der Regisseur: »Vielen Dank. Das war's für heute. Sie sind fertig.«

Um Viertel nach zehn schon fertig? Ich war doch gerade erst angekommen. So schnell wurden sie mich nicht los, dazu war ich viel zu begeistert. Ich behielt mein Make-up, damit man glaubte, daß ich noch immer auf meinen Auftritt wartete, und streifte im Studio umher. Ein kleines Mädchen mit einem gelben Gesicht. Wenn es mir zu langweilig wurde, den Aufnahmen zuzusehen, ging ich in die Requisitenkammer oder zu den Kostümen. Oder ich sah mir die Kulissen an.

Dann war es plötzlich sechs Uhr abends, und alle gingen nach Hause. Natürlich war ich die letzte, die das Studio verließ, und natürlich behielt ich mein gelbes Make-up auf dem Gesicht. Als ich zum Ausgang kam, stand dort der Portier, der mich sehr böse ansah und mich anbrüllte: »Wo bist du den ganzen Tag gewesen? Ich habe hier mit deinem Scheck auf dich gewartet, und du kamst und kamst nicht. Wir haben dich überall gesucht und uns Sorgen gemacht.«

»Es hat mir hier so gut gefallen. Ich wollte mir alles genau ansehen«, antwortete ich etwas beschämt.

Er beruhigte sich und gab mir den Scheck: zehn Kronen! Ich sprang in die Luft vor Freude. Zehn Kronen für einen der schönsten Tage in meinem Leben. Ich war fünfzehn Jahre alt, und diese zehn Kronen waren mein erstes selbstverdientes Geld.

In der Schule hatte Ingrids Schüchternheit ein nervöses Leiden, eine Allergie zur Folge, für die ihr Arzt keine Erklärung fand. Ihre Finger schwollen derart an, daß sie sie nicht mehr krümmen konnte. Auch ihre Lippen und Augenlider schwollen an.

Sie spürte förmlich, wie die Schwellungen begannen. Niemand wußte, wodurch sie ausgelöst wurden oder was man gegen sie unternehmen konnte. Sie wurde ins Krankenhaus geschickt, wo sie leichte Bestrahlungen erhielt, aber meistens gingen die Schwellungen von selbst wieder zurück.

Die Schauspielschule setzte all dem ein Ende. Ihre Leiden verschwanden – und ihre Hemmungen.

ZWEITES KAPITEL

Auf der Schauspielschule war es wundervoll. Ich wurde von Tag zu Tag freier und unbeschwerter, weil ich endlich das tun konnte, wovon ich immer geträumt hatte. Alles schien so einfach. Ich verlor meine Ängste und meine Schüchternheit. Und ich verstand sofort, worauf es ankam. Wir hatten Ballettstunden, Fechtunterricht, Theaterwissenschaft, Stimmübungen und – wir spielten. Die Schule selbst war nicht sehr beeindruckend. Sie bestand aus mehreren großen Räumen; in einem Zimmer stand ein großer Tisch, in den jeder seinen Namen ritzte. Namen, die damals schon berühmt waren, und solche, die erst noch berühmt werden sollten: Greta Garbo, Signe Hasso, Viveca Lindfors, Mai Zetterling... Ich fühlte mich nun der Welt des Theaters zugehörig. Ich war akzeptiert! Ich erinnere mich, wie ich durch den kleinen Bühneneingang des Königlich Dramatischen Theaters trat und einfach nur dastand und glücklich war dazuzugehören. Dies war meine Heimat, mein Zuhause. Und darauf war ich sehr stolz.

Dazu kam, daß alle Studenten die Aufführungen besuchen durften, ohne dafür bezahlen zu müssen. Natürlich saßen sie nicht im Parkett, sondern auf dem obersten Rang. Die Proben durften wir allerdings nicht besuchen, aber wir gingen heimlich hinein. Zwar hatten nur die Platzanweiserinnen die Schlüssel zum oberen Rang, aber eine Haarnadel tat die gleichen Dienste. Und natürlich wußten die Regisseure, was vor sich ging, sie hatten in ihrer Studentenzeit nichts anderes getan. Manchmal riefen sie nach oben: »Ist dort jemand? Hallo?« Und wir mußten unser Lachen unterdrücken. Es war sehr aufregend, in der Dunkelheit zu sitzen, unter den Lüstern, dem Glitter und dem Gold, und an dieser wundervollen Welt auf der Bühne teilzuhaben...

Es gab aber auch noch andere Aufregungen in jener Zeit. Kurz nach meinem achtzehnten Geburtstag hatte ich endlich mein erstes richtiges Rendezvous. Im Schweden der frühen dreißiger Jahre gingen die meisten jungen Mädchen mit vierzehn, fünfzehn und sechzehn Jahren tanzen, flirteten, spazierten Hand in Hand mit ihren Auserwählten und verliebten sich unsterblich – für vierundzwanzig Stunden. Ich erlebte das ein paarmal, als ich etwa fünfzehn war, aber dann machte ich eine schreckliche Entdeckung – ich hatte absolut keinen Erfolg bei Jungen. Ich war zu groß für sie oder zu ungelenk. Ich war zu ernst oder zu langweilig. Ich errötete und wußte nicht, worüber ich mich mit ihnen unterhalten sollte. Mit einem Wort: Ich war ein Versager. Es gab nur einen Ausweg – so zu tun, als könne ich sie nicht ausstehen. »Ich hasse die Männer« war der großartige Ausspruch, den ich dann und wann tat, und er umgab mich mit einer gewissen Aura. Eine Männerhasserin war fast schon wieder interessant. Aber ich hatte auch kaum Freundinnen, und so zog ich mich mehr und mehr in mich selbst und in meine Träumereien vom Theater zurück.

Zu meinem ersten Rendezvous mußte ich von meinen Cousinen und Cousins geradezu überredet werden. Man lud mich zu einem Abend zu viert ein. Es würde noch ein gutaussehender Zahnarzt namens Petter Lindström mitkommen. Er sei schon sehr alt, hieß es, über fünfundzwanzig bereits, aber sehr charmant, und er habe sogar einen eigenen Wagen!

Ich zierte mich zunächst, fand eine Entschuldigung nach der anderen, sagte, ich hätte nichts anzuziehen. Ausgerechnet ins »Grand-Hotel«... dort sei ich noch nie gewesen... in einem Lokal, wo man zu Abend ißt und tanzt... nein, nein, nein! Ich sträubte mich. Aber ich war auch neugierig. Und so brauchte es schließlich doch nicht viel Überredungskunst, bis ich gnädig einwilligte.

Wir fuhren ins »Grand-Hotel«, wo Petter zu uns stoßen sollte. Wir nahmen Platz und behielten die Drehtür im Auge. Zehn, zwanzig Minuten vergingen, und kein Petter erschien. Man fand Entschuldigungen, er sei sehr beschäftigt, er könne seine Patienten ja nicht mitten in der Untersuchung sitzenlassen. Nach ungefähr einer halben Stunde sah ich einen jungen Mann durch die Tür kommen, und ich wußte sofort, daß es nur Petter sein konnte.

Wir wurden einander vorgestellt, und Petter setzte sich neben mich. Das erste, was er sagte, war: »Ihre Haare gefallen mir.« Und nach einer Weile fügte er hinzu: »Und Ihre Stimme mag ich auch.«

Nicht schlecht, dachte ich, er mag mein Haar, er mag meine Stimme. Und ich fühlte mich schon sehr viel wohler.

Dann tanzten wir, und es wurde ein sehr schöner Abend. Später fuhren wir gemeinsam heim. Ein paar Tage danach lud Petter uns drei wieder ein. Ich war sehr von ihm beeindruckt.

Wir trafen uns von nun an regelmäßig. Er rief mich an, lud mich zum Essen ein, ich war geschmeichelt und fühlte mich in seiner Gegenwart sicher. Es war eine Freundschaft, aus der langsam eine Liebe erwuchs.

Natürlich unterstützten Onkel Otto und Tante Hulda diese Verbindung. Sie mochten Petter. Er war seriös, hatte einen angesehenen Beruf, in dem er sich bereits bewährt hatte, und war außerdem eine sehr sportliche, fröhliche Erscheinung. Alle hatten ihn gern, und ich fühlte mich mehr und mehr zu ihm hingezogen.

Ich begann, auf seine Ratschläge zu hören, und obwohl er sehr beschäftigt war, trafen wir uns regelmäßig an den Wochenenden und fuhren aufs Land, wo wir lange Spaziergänge unternahmen oder Ski liefen. Aber ich glaube nicht, daß Petter sich je erträumt hatte, sich in eine Schauspielerin zu verlieben. Er war zwar sehr am Theater interessiert – viele seiner Freunde waren Schauspieler –, und wir gingen gemeinsam ins Theater oder ins Kino, aber ich glaube nicht, daß er wußte, was ihn erwartete, wenn er eine Schauspielerin heiratete. Er verliebte sich in mich, ohne es wirklich zu bemerken.

Was für ein Mensch war Petter Lindström, der Mann, der eine so große Rolle in Ingrid Bergmans Leben spielen sollte? Er war groß, hatte mittelblondes Haar und sah sehr gut aus. Er war ein guter Mittelgewichtsboxer, ein hervorragender Skiläufer und ein ausgezeichneter Tänzer. Er lachte gern und spielte zuweilen den Possenreißer, war immer zu einem Scherz aufgelegt. Und er liebte Ingrid. In ihren frühen Jahren kamen sie sehr gut miteinander aus.

Petter war ein in sich gefestigter Mensch. Er bot Ingrid eine starke Schulter, an die sie sich anlehnen konnte. Mit ihm konnte sie über ihre Probleme sprechen, und er war jemand, der die Ehe sehr ernst nahm. Er wußte, was er wollte, und er wußte, wie er sein Ziel erreichen konnte. Diese Überlegenheit und Entschlossenheit imponierten Ingrid, waren aber für ihre späteren Schwierigkeiten mit verantwortlich. Petter selbst änderte sich nie. Seine Richtlinien, von denen er nicht abwich, standen sehr früh für ihn fest. Sie waren sich in jenen Jahren in ihren Ansichten sehr ähnlich, später aber verspürte Ingrid den Wunsch, sich zu verändern und weiterzuentwickkeln.

Petter Lindström wurde in Stöde, einem kleinen Dorf in Nordschweden, geboren, das an einem See gelegen und von Kiefernwäldern umgeben war. Er wuchs in einer Gemeinschaft von einfachen, ehrlichen und arbeitsamen Menschen auf – Bauern, Wald- und Holzarbeitern. Petters Vater bewirtschaftete eine Gemüsegärtnerei.

Weiter nördlich wurde die Landschaft wilder, felsiger, unwirtlicher, eine Gegend, in der nur noch Lappländer leben und überleben konnten.

Im Winter kam ein kalter Wind von Norden. Schon Ende August gab es Frost, und im November war der Boden tief gefroren. Richtig hell wurde es erst um die Mittagszeit, und nach vier Uhr schwand das Tageslicht wieder. Dafür brachte der Frühling die wärmende Sonne, begann das Gras wie von Zauberhand zu grünen, schmolz das Eis und strömte der Fluß mit einer großen, alles klärenden Gewalt durch das Land. Die Sommermonate waren lang und heiß, und die Sonne hing wie ein riesiger Ball am Himmel.

Es war eine glückliche Kindheit. Petter beendete seine Schulzeit und entschloß sich, Zahnarzt zu werden, obwohl sein Herz der Medizin gehörte. Mit Anfang Zwanzig erhielt er eine Professur an der Zahnmedizinischen Fakultät in Stockholm, und als er Ingrid traf, studierte er bereits seit zwei Jahren Medizin.

Drei Monate nach ihrem Eintritt in die Schauspielschule kam es zu einer Begegnung, die für die junge Ingrid Bergman entscheidend sein sollte. Sie kam auf ihrem Weg zum Unterricht an Alf Sjöberg vorbei, jenem Mitglied des Prüfungsausschusses, der ihr später in Italien erklären sollte, wie erfolgreich ihr Vorsprechen gewesen war. Er sah

40

ihr nach und betrat fünf Minuten später das Büro von Olof Molander, dem Direktor des Königlich Dramatischen Theaters. Er teilte ihm mit, daß er die junge Studentin, der er eben begegnet war, für sein neues Stück engagieren wolle. Molander winkte ab, erklärte, daß Ingrid erst seit September die Schule besuche, eine absolute Anfängerin ohne jegliche Bühnenerfahrung sei und daß Sjöberg sich eine andere, erfahrenere Schülerin auswählen solle.

»Aber ich will *dieses* Mädchen«, meinte Sjöberg hartnäckig. »Sie entspricht genau der Rolle. Sie hat die Unschuld, die diese Rolle verlangt. Man kann eine Schule doch nicht wie eine Militärakademie führen. Du mußt eine Ausnahme machen. Schieb alle Schuld, alle Verantwortung auf mich, aber ich will dieses Mädchen für mein Stück haben.« Schließlich gab Olof Molander nach. Ingrid Bergman konnte ihr Glück kaum fassen. Nach drei Monaten schon erhielt sie die erste richtige Rolle – neben Stars wie Inga Tidblad und Lars Hanson. Jetzt mußte sie sich beweisen. Doch die Freude war von kurzer Dauer.

Die ersten drei Tage waren wundervoll. Ich nahm wie alle anderen Schauspieler an den Leseübungen und Proben teil. Jeder hatte sein Textbuch dabei, und ich konnte vor Freude kaum atmen. Man schien mich zu akzeptieren, mich, die kleine Anfängerin. Alf Sjöberg ließ mich wissen, daß er mit mir sehr zufrieden sei. Aber dann kam alles anders. Meine Mitschülerinnen, die schon viel länger Unterricht hatten als ich, begannen über mich herzuziehen, mich zu schneiden, ja, sie attackierten mich fast körperlich. Sie waren voll Haß und Eifersucht. Ich wurde herumgeschubst und angerempelt, sie erfanden die unmöglichsten Geschichten, wie ich es angestellt hätte, die Rolle zu bekommen. Onkel Otto wäre einem Herzanfall erlegen, wenn er sie gehört hätte. Jedenfalls verlangte Olof Molander daraufhin von Alf Sjöberg, daß er mir die Rolle wieder abnahm, da er eine Palastrevolution befürchtete, wenn ich weiter an den Proben teilnahm. Und so mußte Alf Sjöberg schließlich verzichten.

Ich nahm also wieder am normalen Unterricht teil und wurde weiter von meinen Mitschülerinnen angefeindet. Natürlich war ich entsetzlich enttäuscht, aber in diesem Alter vergißt man Enttäuschungen noch leichter, kommt schneller über Niederlagen hinweg. Und außerdem war ich mir auch über folgendes klar: Das Studium an der Schauspielschule dauerte drei Jahre. Danach erhielt man, falls man für brauchbar erachtet wurde, vielleicht einen Zweijahres-Vertrag und durfte kleine Rollen spielen und so bedeutende Sätze von sich geben wie »Der Tee ist serviert« oder »Das Taxi wartet«. Das war das Ergebnis von fünf langen Jahren, und deshalb waren meine Mitschülerinnen aufgebracht gewesen. Ich verstand ihre Gefühle. Vielleicht hätte ich mich ebenso verhalten.

Schließlich kam der Sommer, die Schule wurde für drei Monate geschlossen. Die meisten meiner Mitschülerinnen fuhren auf dem billigsten Weg nach Rußland, um dort die Theater zu besuchen. Natürlich hätte auch ich fahren sollen, aber ich hatte mich in Petter Lindström verliebt und wollte mich nicht von ihm trennen.

Ich blieb also in Stockholm. Aber Petter arbeitete den ganzen Tag, und deshalb wollte auch ich etwas tun. So kam ich auf die Idee, wieder als Statistin beim Film zu arbeiten, wie ich es schon einmal, mit fünfzehn, getan hatte. Allerdings konnte ich nicht einfach in die Studios gehen und hoffen, daß jemand sagte: »Schön, dich zu sehen. Wir haben auf dich gewartet.« Ich brauchte jemanden, der mich protegierte.

Ich kannte eine Schauspielerin namens Karin Swanström, die oft bei Onkel Gunnar Blumen kaufte. Wenn er ihr ein paar Rosen extra gab, ein Wort über mich fallen ließ, könnte sie mir vielleicht behilflich sein. Ich bat Onkel Gunnar um Hilfe.

Nur wenige Tage später teilte er mir mit, daß Karin Swanström mich im Filmstudio erwarte. »Ich habe ihr gesagt, daß du eine Waise bist, daß dein Vater und ich Freunde waren und daß ich mich jetzt ein wenig um dich kümmere. Sie war so gerührt, daß sie sofort bereit war, dich zu empfangen.«

»Nun, was kannst du?« fragte mich Karin am nächsten Tag, als ich aufgeregt ins Filmstudio kam. Sie sah mich prüfend an, lächelte und bat mich, ihr etwas vorzutragen. »Ich kann Gedichte rezitieren«, sagte ich. »Und ich kann kleine Szenen spielen.«

»In Ordnung«, sagte sie. »Ich bin gespannt.«

Also begann ich. Ich weiß nicht mehr genau, was ich vortrug, aber Karin hörte mir aufmerksam zu und schien nicht irritiert zu sein.

»In Ordnung«, sagte sie schließlich. »Ich werde mich um einen Filmtest für dich bemühen. Am besten, wir versuchen es gleich!« Sie ging zum Telefon und wählte eine Nummer. »Hallo, Gustav! Ich weiß, du hast viel zu tun, aber vielleicht hast du dennoch Zeit, einen kleinen Test für mich zu machen? Es geht um ein junges Mädchen, eine Schauspielschülerin, die einen Ferienjob sucht. Vielleicht kannst du ihr helfen? Du würdest mir damit einen großen Gefallen tun.«

Gustav Molander, der Bruder des Direktors der Schauspielschule, war ein bekannter Filmregisseur. Er war nicht gerade begeistert von der Idee, eine junge Unbekannte zu testen, doch Karin verstand es, ihn zu überreden und einen Termin für den nächsten Morgen zu vereinbaren.

Wie üblich machte sich Ingrid zeitig auf den Weg, um pünktlich im Studio zu sein, eine Angewohnheit, die sie auch später beibehielt. Die Straßenbahn fuhr an dem kleinen Friedhof vorbei, auf dem ihre Eltern begraben waren. Sie stieg aus, ging zum Grab, kniete nieder, sprach ein kleines Gebet und bat ihre Eltern um Hilfe.

Ingrid war niemals wirklich gläubig. Sie hatte immer Schwierigkeiten mit der Existenz eines Gottes gehabt, der doch die Kranken und Geknechteten beschützen sollte. Sie glaubte nicht daran, daß er die Schrecken und Brutalitäten der Welt beenden könnte. Aber wenn sie schon nicht zu Gott beten konnte, so konnte sie doch ihren Vater um Hilfe bitten.

Wann immer sie das Grab ihrer Eltern besuchte, war es stets ihr Vater, zu dem sie sprach. Ihre Mutter war zu früh gestorben, lange bevor Ingrid alt genug war, um sich ihr anzuvertrauen. Mit ihrem Vater aber konnte sie über ihre Probleme sprechen. Auch jetzt, nach seinem Tode.

Als sie schließlich Gustav Molander gegenüberstand, war sie erstaunlich wenig aufgeregt, und sie hatte die feste Absicht, soviel wie möglich zu lernen.

Es war nicht schwer, sich vor der Kamera zu bewegen, sich nach rechts und nach links zu drehen, zu lachen, zu sprechen und eine Grimasse zu schneiden.

Wovor ich wirklich Angst hatte, war nicht der Augenblick der Aufnahme, sondern der nächste Tag, an dem ich das Ergebnis sehen sollte. Und es war ein großer Schock für mich. Ich kannte mein Gesicht aus dem Spiegel und von Fotos, aber als ich mich das erste Mal auf der Leinwand sah, war das doch etwas ganz anderes. Ich erkannte mich nicht wieder... ich empfand mich als fremde Person, obwohl ich wußte: das dort ist meine Nase, das mein Mund – aber sie gehörten einer Fremden. Ich fand mich ungelenk, häßlich, befremdend und war sicher, daß niemand mich auf der Leinwand würde sehen wollen...

Doch Gustav Molander war anderer Meinung. Sein anfängliches Desinteresse war verflogen. Er war sicher, in diesem jungen, unbekannten Mädchen ein Leinwandtalent entdeckt zu haben. Es mochte hübschere und talentiertere Mädchen geben, aber er war überzeugt, daß diese Ingrid Bergman jenes gewisse Etwas hatte, das ein Gesicht auf der Leinwand zum Leben erweckt, daß sie alle Qualitäten besaß, ein Filmstar zu werden.

Er amüsierte sich insgeheim über die Ängste seiner Entdeckung, über ihr Erschrecken, als sie sich auf der Leinwand sah. »Ich sehe entsetzlich aus«, stöhnte sie. »Aber beim nächstenmal wird es besser sein.«

Ein Satz, der zur stehenden Redewendung werden sollte. Nach jeder Szene, die Ingrid Bergman im Verlauf ihrer Karriere drehte, klagte sie, daß sie sich nicht gut fände, daß sie es später aber ganz gewiß besser machen werde. Und so hieß sie bei jedem Aufnahmeteam Frau »Späterbesser«.

Gustav Molander sprach ihr Mut zu, hieß sie ihre Ängste vergessen: »Der Test war sehr gut. Du siehst hervorragend aus, hast Persönlichkeit und Ausstrahlung, also die besten Voraussetzungen, um Filmkarriere zu machen.«

»Schön und gut«, sagte Karin Swanström. »Aber was machen wir nun mit ihr?«

»Die Dreharbeiten für den *Graf von der Mönchsbrücke* haben gerade begonnen«, überlegte Molander. »In dem Film tritt ein Dienstmädchen auf. Eine kleine, aber wichtige Rolle. Und ich selbst beginne demnächst mit den Aufnahmen zu meinem neuen Film...«

Ingrid akzeptierte, betonte aber sofort, daß sie nach den Ferien ihre Ausbildung fortsetzen wolle. Allerdings schien jetzt, im Hochsommer des Jahres 1934, der Herbst noch in weiter Ferne zu liegen.

Als Ingrid eine Woche später die Filmstudios betrat, um in Edvin Adolphsons Film *Der Graf von der Mönchsbrücke* zu spielen, konnte sie nur einmal ihre Szene probieren, bevor alle Mitarbeiter zur Mittagspause aufbrachen. Als sie eine Stunde später ins Studio zurückkehrte, sah sie, daß ihr Platz im Studio mit kleinen Blumentöpfen geschmückt war. Eine Notiz war darangeheftet: »Där du går, där blommar jorden. – Wo Du gehst, beginnt die Erde zu blühen.«

Es ist nicht anzunehmen, daß Ingrid Bergman im Verlauf ihrer Karriere eine ähnlich lyrische Geste wie diese von Gustav Molander erlebt hat, der in Ingrid ein großes göttliches Talent zu sehen glaubte.

Der Graf von der Mönchsbrücke war eine Komödie über einen Tag im Leben junger Künstler, die es verstehen, das strenge Alkoholverbot, das im Stockholm des Jahres 1933 herrschte, zu umgehen. Ingrid spielte das Zimmermädchen Elsa, auf das einer der Künstler, gespielt von Edvin Adolphson, der auch die Regie führte, ein Auge geworfen hatte. Etwas ungelenk, mit einem runden Gesicht und in einem schwarz-roten Kleid eilte sie in ihrer ersten Szene zum Fenster, um Edvin etwas hinterherzurufen – kaum ein Debüt, das eine Weltkarriere versprach.

In ihr Tagebuch schrieb sie über den Regisseur Adolphson:

Edvin sagt mir wenig, meint aber, ich sei unmöglich, weil ich ihn ständig kritisiere und mich viel zu sehr darum kümmere, was die anderen tun. Wahrscheinlich meint er die Szene mit Tollie Zellman.

In dieser Szene sollte Tollie, eine von Schwedens großen Charakter-komikerinnen, einen Fisch einpacken, während ich das Fischgeschäft betrat. Ich fand, daß sie es völlig falsch machte, und zeigte ihr, wie man Fische richtig einpackt. Tollie war sehr überrascht. »Wer ist das Mädchen?« fragte sie mit lauter Stimme, und Edvin erklärte, ich sei die junge Anfängerin. Worauf Tollie meinte, ich würde es noch weit bringen...

Inzwischen waren die Produzenten der schwedischen Filmindustrie auf die Anfängerin aufmerksam geworden. Ivar Johansson bot ihr eine Rolle in seinem Film *Die Brandung* an, und Karin Swanström, Gustav Molander und Edvin Adolphson beschworen Ingrid, ihre Chance zu nutzen. Weshalb sollte sie ihre Zeit auf der Schauspiel-schule vertun, wenn sie die Möglichkeit hatte, eine Filmkarriere zu beginnen? Dieser Weg schien viel direkter zum Erfolg zu führen, und sie konnte bei der Filmarbeit genausoviel lernen wie auf der Schau-spielschule.

Sie schrieb in ihr Tagebuch:

Ich habe einen Vertrag angeboten bekommen, der mir 75 Kronen pro Drehtag zusichert, mit einer Garantie von 5000 Kronen im ersten Jahr, 6000 Kronen im zweiten und 7500 Kronen im dritten Jahr. Außerdem 2000 Kronen jährlich für privaten Schauspielunterricht. Ich kann alle Kostüme behalten, die ich in den einzelnen Filmen trage, und sie werden auch versuchen, mir ein Theaterengagement zu besorgen. Wie könnte ich einen solchen Vertrag ablehnen? Aber ich will nicht meine Theaterkarriere aufgeben!

Schließlich sprach Ingrid beim Direktor der Schauspielschule vor. Olof Molander war außer sich. »Wollen Sie mir sagen, daß Sie die Schule verlassen möchten, um Filme zu drehen?«

Ingrid hatte diese Reaktion erwartet. »Sie mögen recht haben. Filme sind vielleicht wirklich nicht so künstlerisch wie das Theater. Das ist Ansichtssache. Aber ich glaube, daß ich eine echte Chance habe. Ich kann spielen und sehr viel dabei lernen, und ich könnte trotzdem weiter Unterricht nehmen.«

Doch Olof Molander ließ sich nicht überzeugen: »Sie haben Talent. Ich weiß das. Aber Sie werden es verlieren, wenn Sie Filme drehen. Wenn Sie auf der Schule bleiben, können Sie eine hervorragende, ja sogar eine bedeutende Schauspielerin werden. Im Filmgeschäft aber werden Sie verschlissen, weil Sie noch zu wenig Erfahrung haben. Sie wissen Ihre Stimme, Ihre Bewegungen, Ihre Emotionen noch nicht einzusetzen. Sie kennen noch zuwenig vom Leben, von der Literatur, von all den Dingen, die für eine Schauspielkarriere wichtig sind. Dies alles würden Sie in den nächsten beiden Jahren bei uns lernen.«

Damit hatte er jede Möglichkeit eines Kompromisses ausgeschlossen. Sie war gekommen, um mit ihm über ihre Probleme zu sprechen, und er hatte sie wie ein kleines, dummes Schulmädchen behandelt.

Doch Ingrid blieb fest: »Es tut mir leid, aber ich habe mich entschieden.«

Olof Molander sah sie an, und dann brach ein Orkan los: »So, Sie haben sich entschieden! Und ich sage Ihnen, Sie werden diese Schule nicht verlassen! Ich verbiete Ihnen zu gehen. Haben Sie mich verstanden – ich verbiete Ihnen, die Schule zu verlassen!«

Ingrid faßte sich und hielt dem Blick von Olof Molander stand. »Ich sehe nicht, wie Sie mir etwas verbieten können«, sagte sie ruhig. »Wir haben keinen Vertrag miteinander geschlossen. Der Unterricht ist kostenlos, ich habe nichts zu bezahlen, und ich werde nicht bezahlt. Wenn ich dem Unterricht fernbleibe, können Sie mich dafür nicht ins Gefängnis bringen. Und im übrigen haben Sie mir die Entscheidung leichtgemacht. Ich gehe.«

Gustav Molander zog eine Augenbraue hoch, als Ingrid ihm von der Auseinandersetzung mit seinem Bruder berichtete, unterließ aber jeden Kommentar.

Olof Molander hatte Ingrid auf ein Problem hingewiesen, das ihr sehr wohl bewußt war. Er hatte recht, wenn er meinte, daß sie ihren Unterricht vermissen würde. Sie brauchte ihn dringend. Aber schließlich beinhaltete ihr Filmvertrag jährlich 2000 Kronen für privaten Schauspielunterricht. Das gab den Ausschlag.

Ich nahm also Privatunterricht bei Anna Norrie, einer Schauspielerin, die schon hoch in den Siebzigern war und von der ich sehr viel lernte. Sie erklärte mir, wie wichtig die kleinen Dinge waren. Ein wesentlicher Unterschied zwischen der Arbeit beim Film und der auf der Bühne war, daß man auf der Bühne große Gesten, große Schritte, große Bewegungen machen mußte. Was auch immer man tat – es mußte groß sein.

Und natürlich lernte ich auch eine Menge, indem ich mich selbst auf der Leinwand beobachtete. Ich war sehr groß, und wie alle großen jungen Mädchen schämte ich mich ein wenig meiner Größe. Ich lief herum wie eine Bucklige. Also lernte ich, mich richtig zu bewegen... richtige Aussprache... richtiges Atmen. Ich hörte nie auf zu lernen. Ich lerne auch heute noch. Ich liebe es, neue Dinge zu erfahren. Spielen lernt man vom Leben, und das hört nicht auf, solange man lebt.

Liebes Buch! Jetzt springe ich mitten in meinen nächsten Film, *Die Brandung*. Wir drehten im Norden, bei Söderhamn und auf der Insel von Prästgrund, und ich habe jede Sekunde genossen. Jetzt bin ich zurück – gesund, kräftig, braungebrannt und fünf Kilo schwerer als vorher.

Es war wunderbar. Ich kam mir vor wie eine Primadonna. Zum erstenmal haben mich Leute um ein Autogramm gebeten. Ivar Johansson ist der lustigste und beste Regisseur der Welt. Ich sah manchmal häßlich wie eine Hexe aus, aber Ivar meinte, das sei für meine Rolle genau richtig. Sie haben mich alle sehr gelobt, und ich wünschte, ich wäre wirklich so gut. Bei den Proben ist alles in Ordnung, aber wenn sie dann Szene für Szene drehen, ist alles wieder anders. Gelacht habe ich, als mein Partner Sten Lindgren meinte, unsere Liebesszenen seien so leidenschaftlich, daß sie bestimmt nicht durch die Zensur kommen würden...

Die Brandung war ein gefühlvolles Melodrama. Ein Pfarrer verführt ein junges Fischermädchen, das von Ingrid gespielt wurde. Überwältigt von seinen Schuldgefühlen flieht er in Sturm und Wetterleuchten hinaus. Er wird halbtot geborgen und in ein entferntes Krankenhaus gebracht. Die arme schwangere, unwissende Ingrid bleibt zurück, bekommt ihr Kind und gibt den Namen des Vaters nicht preis. Schließlich kehrt der Pfarrer ins Dorf zurück. Durch den Unfall hat er sein Gedächtnis verloren, erinnert sich aber nach und nach an die Geschehnisse. Er bekennt sich zu Ingrid und zu dem Kind, verläßt die Kirche, um Landmann zu werden, und gemeinsam beginnen sie ein neues Leben.

Liebes Buch! Wir haben November 1934, und ich drehe einen Film nach dem anderen. Es hört nicht auf. Eine Rolle folgt der anderen. Mir gefällt das nicht. Ich meinte, ich hätte im Moment genug gefilmt. Dann boten sie mir eine Rolle in *Die Swedenhielm-Familie* an, und nur die Tatsache, daß Gösta Ekman mein Partner sein würde, hat mich umgestimmt. Er und ich in demselben Film. Das ist wunderbar!

Schon Tage zuvor war ich wahnsinnig aufgeregt, weil ich jenen Mann, der für mich ein Gott ist, treffen sollte. Ich mochte ihn sofort. Er ist ein begnadeter Künstler, und ich bin wie benebelt, daß man mich zu seiner Partnerin gewählt hat.

Zuerst sagte er, ich sei sehr süß. Aber ich bin sicher, daß er das zu jedem Mädchen sagt. Mir kam es vor, als hätte ich ihn mein Leben lang gekannt, als wäre er mein Vater. Er hat mich in einer sehr mystischen Form inspiriert. Und ich war unbeschreiblich glücklich, als er mir später sagte, daß ich wirklich sehr talentiert sei und daß ich ihm geholfen hätte, weil mein Gesicht alles widergespiegelt habe, was er sagte. Das sei heute sehr selten.

Als sie ohne mich eine Großaufnahme mit ihm drehen wollten, bestand er darauf, mich anzusehen, um sich inspirieren zu lassen. Er meinte auch, ich solle mich ruhig an ihn wenden, wenn ich in einem Theaterstück spielen wolle, denn er sei überzeugt, daß ich eine große Schauspielerin werden würde. Das sagt er vermutlich auch anderen, aber ich bin trotzdem sehr glücklich. Hoffentlich erinnert er sich daran und mag mich auch später noch. Ich bewundere ihn mehr denn je...

19. Januar 1935. Meine erste Premiere – *Der Graf von der Mönchsbrücke*. Ich kann kaum noch klar denken, sitze herum und starre vor mich hin. Ich hoffe nur, Gott hat mich nicht vergessen. Was würden

Mama und Papa zu all dem sagen? Sie fehlen mir sehr. Morgen schreibe ich über die Premiere.

Was hatte ich von den Kritikern erwartet – Lob? Daß ich die größte Schauspielerin sei, die sie je gesehen hätten? Sie schreiben: »Ingrid Bergman hinterläßt keinen starken Eindruck.« Und: »Eine übergewichtige Kopie der vielversprechenden Birgit Tengroth...« Und: »Sehr selbstsicher!« Ein anderer Kritiker meinte: »Ein schönes, statuenhaftes Mädchen.« Also beim erstenmal – ein Reinfall.

Hätte sie gewußt, daß jenes schwarz-rot gestreifte Kleid, in dem sie ihr Leinwanddebüt gab, noch heute im Kostümfundus von Svensk Filmindustri zusammen mit einem grauen Abendkleid, das Greta Garbo in ihrem ersten Film trug, aufbewahrt wird, vielleicht wäre Ingrid Bergman weniger deprimiert gewesen.

Über den Vergleich mit Birgit Tengroth war sie jedenfalls nicht begeistert, doch Gösta Ekman erklärte ihr: »Solange sie über dich schreiben und sprechen, ist es gut. Bedenklich wird es erst, wenn sie nicht mehr über dich schreiben und sprechen.«

Nach der Premiere von *Die Swedenhielm-Familie* begann die Kritik auf die Anfängerin aufmerksam zu werden. »Svenska Dagbladet« erklärte: »Die schwedische Filmproduktion hat hier zum erstenmal seit Jahren wieder nicht nur internationales, sondern *hohes* internationales Niveau erreicht.«

Ich fand es herrlich, mit Gustav zu arbeiten. Er hatte dieses wunderbare Gespür für leichte Komödien, aber darunter waren die ernsteren Töne nie zu überhören, die seiner Arbeit eine realistische Basis gaben, wie Chaplins Komödien eine dokumentarische Realität besaßen. Gustav lehrte mich besonders, wie ich zu unterspielen hatte, um absolut glaubhaft und natürlich zu wirken. »Versuch niemals, niedlich zu sein«, sagte er. »Sei immer du selbst und lerne immer deinen Text.« Bei der Arbeit gab er mir ein Gefühl der Sicherheit. Er verließ nie den Drehort, um zu telefonieren oder ähnliches wie viele andere Regisseure, die ich kannte. Er war stets konzentriert bei der Arbeit und stellte sich auf die Schauspieler ein.

Ihr nächster Film hieß *Walpurgisnacht* unter der Regie von Gustaf Edgren. Sie spielte eine Sekretärin, die sich in ihren Chef verliebt. In der Komödie *Auf der Sonnenseite* spielte sie erneut unter der Regie von Gustav Molander. Nun, 1936, nach achtzehnmonatiger Tätigkeit beim Film, begeisterte sich die schwedische Presse über die junge Schauspielerin: »Der große Durchbruch eines jungen Talents... ein perfekter Leinwandgewinn... Vor ihrem Talent und ihrer Schönheit muß man einfach kapitulieren...« Und sogar das amerikanische Fachblatt »Variety« wurde auf die junge Schwedin aufmerksam: »Dieser Film gehört zu den erfolgreichsten schwedischen Filmen des Jahres. Ingrid Bergman trägt viel zu diesem Erfolg bei. Sie ist schön, talentiert und könnte sogar Hollywood beeindrucken.«

Einer der bedeutendsten Filme, die sie mit Gustav Molander drehte, war das Drama *Ein Frauenantlitz*, das 1941 in Hollywood mit Joan Crawford in der Hauptrolle erneut verfilmt wurde.

Dies war eine Rolle, die ich besonders gern spielen wollte. Das Gesicht der Frau war durch eine Brandwunde zur Hälfte verunstaltet. Die Produktionsfirma wollte mich diese Rolle nicht spielen lassen. Es hieß, mein Publikum wolle mich so nicht sehen, nicht mit einem verunstalteten Gesicht. Ich sollte eine Rolle in einem anderen Film übernehmen, der *Nur eine Nacht* heißen sollte.

Schließlich machte ich einen Vorschlag. Ich würde den einen Film drehen, wenn ich in dem anderen ebenfalls spielen durfte. Wir einigten uns, und ich bekam auch die Rolle in *Ein Frauenantlitz*. Petter half mir sehr dabei. Er fertigte mir einen Mundeinsatz an, der meine eine Gesichtshälfte veränderte, dann zog er mir ein Augenlid herunter und befestigte es mit Klebstoff, danach erst begann der Maskenbildner mit seiner Arbeit. Ich sah aus wie Frankenstein und erschrak selbst, als ich mich sah. Im Verlauf des Films mußte ich mich verschiedenen Operationen unterziehen und war am Schluß schöner als je zuvor.

»Die Schwierigkeiten mit der Maske ließen sich lösen«, erinnerte sich Gustav Molander, »aber wir hatten Probleme mit der Story. Nachdem die junge Frau, Anna Holm, ihre Schönheit wiedererlangt hat, erschießt sie im Affekt einen Erpresser. Wie aber sollten wir den Film nun zu einem Happy-End bringen? Da machte Ingrid einen Vorschlag, den wir sofort akzeptierten, da er der Hauptfigur entsprach, in die sie sich gänzlich verwandelt hatte. Sie schlug vor, den Film mit einer Gerichtsverhandlung enden zu lassen, bei der Anna Holm unter Mordanklage steht. Das Urteil über sie sollte dem Zuschauer überlassen werden.«

DRITTES KAPITEL

Als Petter Lindström und Ingrid Bergman am 10. Juli 1937 in Stöde heirateten, war dies die glückliche Verbindung eines hübschen einundzwanzigjährigen Mädchens mit einem gutaussehenden dreißigjährigen Mann, die füreinander geschaffen schienen.

Wenn ich jetzt darüber nachdenke, dann habe ich in meinem ganzen Leben nur ein einziges Jahr gehabt, das mir allein gehörte, in dem ich frei war. Ich war damals einundzwanzig und hatte eine Karriere als Filmschauspielerin begonnen. Ich verdiente nicht schlecht und konnte mir eine kleine Wohnung im Zentrum von Stockholm leisten. Ich war sehr stolz auf mein Heim. Und ich war unsagbar in Petter verliebt. Ich erinnere mich genau an das Geschenk, das er mir zu meinem einundzwanzigsten Geburtstag machte. Es war ein wunderschöner Silberfuchs, und ich legte ihn mir um die Schultern und war hingerissen. Ein Silberfuchs war das eleganteste, was man sich in den dreißiger Jahren vorstellen konnte. Ich stürmte zum Telefon, um mich zu bedanken, stolperte dabei und brach mir das Fußgelenk. Ich kroch zum Telefon und rief Petter an und weinte vor Schmerzen.

Er kam sofort vorbei und brachte mich ins Krankenhaus. Ich bestand darauf, meinen Silberfuchs mitzunehmen. Das Gelenk wurde geschient und ich ins Bett gesteckt; den Fuchs behielt ich bei mir. Ich weiß nicht, was der Arzt gedacht haben mag, als er mich sah – aufrecht im Bett sitzend, das Nachthemd an und den Silberfuchs um die Schultern gelegt.

Elf Tage vor ihrer Hochzeit schrieb Ingrid:

Mein Goldiger, mein Einziger auf der Welt, mein wunderbarer, einzig Geliebter. Wenn Du nur hier in meiner Garderobe sein könntest und ich auf Deinem Schoß sitzen könnte. Wie schön wäre das, denn ohne Dich ist alles so trostlos. Es sind noch fünf Stunden, bis ich Dich sehe, und elf Tage bis zu unserer Hochzeit. Das ist schrecklich lang! Wie soll ich das bloß aushalten? Wenn ich Dich nur küssen und immer wieder küssen könnte! Du wirst mich niemals verlassen, nicht wahr? Ich werde Dich niemals verlassen.

Ich will immer bei Dir sein, immer und immer. Bald sind es nur noch elf Tage bis zur Hochzeit. Jetzt muß ich zum Fotografen gehen, aber ich denke immer nur an Dich. Wie gut Du bist und wie lieb im Gegensatz zu anderen Männern. Wie verrückt ich nach Dir bin. Ich glaube, ich explodiere. In fünf Stunden und elf Tagen komme ich...

Sie hatten sich, wie es sich in jener Zeit gehörte, ein Jahr vor ihrer Hochzeit verlobt.

Wir verlobten uns im Juli, am siebenten Tag des siebenten Monats. Die Sieben war die Glückszahl meiner Mutter, und ich war überzeugt, daß sie auch meine Glückszahl war. Wir fuhren nach Hamburg und besuchten die kleine Kirche, in der meine Eltern getraut worden waren; dort wechselten wir die Ringe. Es waren Platinringe, ungeheuer romantisch. Sie hatten zwei parallele, wellenförmig auf und ab laufende eingravierte Linien, die alle Höhen und Tiefen symbolisierten, die man in einer Ehe zu erwarten hatte, Parallelen, die einander niemals verloren.

Und natürlich wollte ich ein Jahr später wieder am siebenten Tag des siebenten Monats getraut werden. Aber der Film, den ich mit Gustav Molander drehte, *Dollar*, wurde erst einige Tage nach dem geplanten Drehzeitende fertig, und so konnten wir erst am 10. Juli heiraten.

Am Hochzeitstag gab es einige Probleme. Petter liebte es nicht, im Blickfeld der Öffentlichkeit zu stehen. Er wollte eine ruhige, private

Hochzeit. Aber er heiratete nun einmal eine Schauspielerin. Und da hatte sich doch tatsächlich jemand im Garten versteckt, um heimlich Fotos von uns zu machen. Petter wurde sehr böse und war drauf und dran, den Eindringling – es war eine junge Frau – zu vertreiben, als sein Vater einschritt und meinte, man solle an seinem Hochzeitstag doch charmanter zu einer Dame sein. Er lud die Reporterin ins Haus ein.

So lernte ich Bang kennen. Ihr richtiger Name war Barbro Alving, aber sie schrieb unter dem Pseudonym Bang. Wir stellten fest, daß wir beide eine Art Premiere hatten – ich heiratete, und sie hatte ihre erste Reportage. Wir verstanden uns auf Anhieb und wurden gute Freunde – sind es bis heute geblieben.

Wir richteten uns eine Wohnung in Stockholm ein. Mollie Faustman, eine Freundin, schenkte uns eine kleine Katze, die sofort damit begann, die Möbel zu zerkratzen. Ich war nie besonders am Kochen interessiert, und wir hielten uns ein Hausmädchen. Erst später, in Hollywood, machte ich meine ersten Erfahrungen im Kochen. Meine Tochter Pia kam eines Tages aus der Schule und sagte, daß sie die Aufgabe bekommen habe, ein Ei zu kochen. Ich kaufte also ein Kochbuch, und wir machten uns gemeinsam an die Arbeit. Im Saubermachen aber war ich gut. Wischen und Schrubben machten mir tatsächlich Spaß und erfüllten meine skandinavische Seele mit Befriedigung. Ein Freund sagte später einmal: »Wie konntest du deine Zeit nur mit Schauspielerei vertrödeln, wo du die beste und gefragteste Putzfrau der Welt hättest werden können?«

Petter und ich verfolgten fleißig weiter unsere Karrieren. Petter führte eine sehr erfolgreiche Zahnarztpraxis und arbeitete außerdem an seiner Doktorarbeit. Ich drehte weiter Filme. Wir hatten viele gemeinsame Freunde – Mollie Faustman und Bang, Einar Nerman, der bekannte Zeichner, und viele andere aus dem Film- und Theatermilieu. Wir arbeiteten hart, waren beide sehr ineinander verliebt, und unser Glück schien vollkommen.

Ich wußte aber auch, daß meine beruflichen Chancen begrenzt waren. Gewiß, ich war in Schweden sehr erfolgreich, doch es gab kaum etwas, was ich als Filmschauspielerin in meiner Heimat noch erreichen konnte. Außerhalb Schwedens aber gab es Hollywood, wo man große internationale Filme drehte, gab es Frankreich, wo in den dreißiger Jahren einige der schönsten und bedeutendsten Filme entstanden, und es gab natürlich auch Deutschland. An Amerika wagte ich kaum zu denken, und mein Französisch war nicht sehr gut, aber Deutsch war meine zweite Muttersprache. Und eines Tages erhielt ich ein Angebot von der UFA in Berlin.

In dieser Zeit lernte ich eine neue Seite an Petter kennen, die mich sehr glücklich machte: Ich stellte fest, wie sehr er sich um mich sorgte. Ich war nach Berlin gefahren, um Probeaufnahmen bei der UFA zu machen, und fühlte mich in dem großen Hotel, in dem ich untergebracht war, sehr allein und verloren. Als ich zur Rezeption hinunterging, sah ich plötzlich Petter in der Halle, der sich hinter einer Zeitung versteckte.

Er erklärte: »Ich dachte, du würdest dich allein nicht wohl fühlen, deshalb bin ich gekommen. Aber sag es niemandem. Ich kenne diese Filmfritzen. Ehemänner mögen sie nicht gern. Aber ich bin in der Nähe, wenn du mich brauchst.«

So blieb Petter die ganze Zeit über in dem kleinen drittklassigen Hotel um die Ecke, und ich wohnte in dem Erste-Klasse-Hotel, in dem mich die Filmgesellschaft einquartiert hatte. Petter war wunderbar. Er verstand meine Probleme und verstand es ebenso, sie auf die einfachste Weise zu lösen.

Natürlich könnte man ihm den Vorwurf machen, er habe mich nicht selbständig werden lassen, emanzipiert, wie man heute sagt, aber die Schuld lag nicht bei ihm. Ich war immer, mein Leben lang, auf die Hilfe von Männern angewiesen. Es lag also nicht an Petter, sondern ganz allein an mir. Nur in meiner Arbeit war ich sicher, in meinem Privatleben aber habe ich immer Männer entscheiden lassen. Zuerst war es mein Vater, dann Onkel Otto und dann Petter, die für mich Entscheidungen trafen. Ich richtete mich schon vor unserer Ehe nach Petters Ratschlägen. Er war es, den ich in meinen frühen Jahren immer um Rat fragte und von dem ich Hilfe erwartete.

Das UFA-Angebot enthielt Verträge für drei Filme. Der erste trug den Titel *Die vier Gesellen* und erzählte von vier Mädchen, die in einer Werbeagentur arbeiten, und von ihren Abenteuern mit den Männern. Es war kein großer, teurer Film, aber eine hübsche Komödie und für mich eine Herausforderung. Ich sollte zum erstenmal in einer anderen Sprache arbeiten. Würde ich es schaffen? War ich in der Lage, all meine Stimmungen – Glück und Unglück – in einer anderen als der schwedischen Sprache auszudrücken und glaubhaft zu machen? Es war etwas anderes, auf einer Cocktailparty eine Unterhaltung in Deutsch zu führen, als vor der Kamera eine Situation in einer fremden Sprache glaubhaft zu machen.

Schon bald nachdem ich 1938 in Berlin mit meiner Arbeit an *Die vier Gesellen* begonnen hatte, bemerkte ich, was in Deutschland vor sich ging. Der Film wurde von Carl Froelich inszeniert, einem überaus ängstlichen Mann. Ich stellte sehr schnell fest, daß jeder, der eine Position in der Filmbranche bekleidete, ein Mitglied der Nazi-Partei sein mußte. Man spürt die Atmosphäre eines Studios sofort – ob in Amerika, England, Italien, Frankreich, Deutschland oder in Schweden. Der Unterschied zwischen der Atmosphäre in einem amerikanischen und einem italienischen Studio ist dem zwischen einem Hamburger und Spaghetti vergleichbar. In der Regel aber ist die Atmosphäre gut. Die Berliner Atmosphäre war jedoch alles andere als gut – und nicht nur die im Studio. Man fühlte sich überall unwohl, verängstigt und beobachtet.

Carl Froelich nahm mich eines Tages zu einer Sportveranstaltung mit. Wahrscheinlich wollte er Eindruck auf mich machen. Wir gingen in ein riesiges, mit Flutlicht erleuchtetes Stadion voller Fahnen und behelmter Sturmtruppen. Und schließlich erschien Hitler, umringt von kleinen Mädchen, die ihm Blumensträuße reichten. Hitler streichelte ihre Wangen und küßte sie. Man kann derlei Szenen noch heute in alten Wochenschauen sehen. Die Menschen hoben ihren Arm zum Hitlergruß. Ich sah mich um und konnte es kaum fassen. Ich war beeindruckt, aber auf andere Art als Carl Froelich es wohl erwartet hatte. Er flüsterte mir zu, daß auch ich meinen Arm zum Hitlergruß zu heben hätte, und ich antwortete: »Weshalb? Sie machen das auch ohne mich ganz gut!«

»Sie sind verrückt. Sie müssen es tun! Wir werden beobachtet«, flüsterte er, jetzt schon sehr aufgeregt.

»Wer beobachtet uns? Sie schauen doch alle auf Hitler«, meinte ich ruhig.

»Ich werde beobachtet. Jeder kennt mich hier. Ich könnte Ihretwegen Schwierigkeiten bekommen. Wir stehen alle unter Kontrolle. Sie müssen sehr vorsichtig sein mit dem, was Sie tun und sagen. Hier werden keine Späße gemacht. Es ist alles bitter ernst.«

Ich hob meinen Arm nicht, und als wir später unter vier Augen in seinem Büro waren, sagte ich zu ihm: »Ich habe nichts zu befürchten. Ich bin Schwedin und nur für wenige Wochen in Deutschland.«

»Aber Sie sind eine halbe Deutsche. Sie haben Verwandte hier. Es gibt überall Augen und Ohren. Und noch etwas. Wenn Sie eine Einladung von Dr. Joseph Goebbels zum Tee bekommen – und Sie werden sehr wahrscheinlich eine bekommen –, dann werden Sie sie akzeptieren. Da gibt es keine Ausreden wie Kopfschmerzen und ähnliches. Sie gehen! Er mag junge Schauspielerinnen, und da gibt es keine Diskussionen.«

»Weshalb sollte ich? Ich bin an einer solchen Einladung nicht interessiert. Ich bin Schauspielerin und keine Politikerin. Was soll ich beim Propagandaminister? Ich wüßte nicht, worüber ich mit ihm reden sollte.«

Carl Froelich wurde sehr nervös. Ich glaubte, meinen Augen nicht zu trauen, daß ein Mann in seiner Position so voll Angst sein konnte. »Wenn Sie ablehnen, werde ich Schwierigkeiten bekommen. Verstehen Sie denn nicht?«

»Nein. Ich werde ja sehen, was passiert, wenn ich die Einladung erhalte.«

Aber ich brauchte mich nicht zu entscheiden, und Carl Froelich brauchte sich nicht zu fürchten. Ich erhielt nie eine Einladung von Goebbels. Wahrscheinlich war ich nicht sein Typ. Aber ich spürte doch, daß Carl Froelich recht hatte mit seinen Warnungen. Überall wurde Zwang ausgeübt. Ich denke da an meine Dialoglehrerin. An besonderen Tagen, wenn Hitler durch die Straßen fuhr oder eine Nazifestivität angesagt war, mußte jeder Deutsche die Naziflagge aus dem Fenster hängen. Sie tat es nicht. Die Nazis kamen zu ihr in die Wohnung und fragten: »Warum haben Sie keine Flagge hinausgehängt?« »Ich habe keine«, erklärte sie. »Dann kaufen Sie eine«, hieß es. Und sie antwortete: »Ich verdiene sehr wenig mit meinem Unterricht und habe einen kleinen Sohn...« Sie aber sagten: »Das ist keine Entschuldigung. Das nächste Mal hängen Sie eine Flagge aus dem Fenster.«

Sie tat es nicht. Sie kaufte keine Fahne. Als es wieder soweit war, wurden ihr die Fensterscheiben eingeschlagen. Sie räumte die Scherben beiseite, aber sie kaufte keine Fahne. So ging das eine Weile. Dann erfuhr sie, daß ihr kleiner Junge in der Schule verprügelt wurde. Scheinbar ohne Grund. Da ging sie und kaufte eine Fahne, ließ die Fensterscheiben reparieren und hängte ihre Fahne aus dem Fenster. Sie hatten erreicht, was sie wollten.

Mein Partner Hans Söhnker nahm mich eines Tages beiseite und sagte: »Weißt du, Ingrid, wir sind alle nicht glücklich über das, was in Deutschland passiert. Aber was können wir tun? Wo sollen wir anfangen? Jeden Tag verschwinden Menschen. Wer protestiert, riskiert dabei nicht nur sein eigenes Leben, sondern auch das der Familie und der Freunde. Wir wissen, daß die Juden in großer Gefahr sind, aber so geht es vielen, die sich widersetzen. Es gibt Gerüchte, daß Menschen in Lager gebracht werden. Was für Lager, fragt man, aber man bekommt keine Antwort. Und man wagt kaum noch, etwas zu fragen, weil man die Antwort fürchtet. Ganz Deutschland ist vor Furcht wie gelähmt. Jeder hat Angst und ist zu Tode erschrocken.«

Als der Film beendet war, verließ ich Deutschland. Leichten Herzens, denn ich wußte, daß ich schwanger war. Und Carl Froelich beeilte sich sehr mit seinen Szenen, weil mein Bauch immer dicker wurde und weil er wohl auch fürchtete, ich könnte doch noch eine Einladung zum Tee bekommen, die ich ablehnen würde.

Hans Söhnker, Ingrids Partner aus *Die vier Gesellen*, hat seine berühmte Kollegin Jahre später noch einmal wiedergesehen. Im Frühherbst 1945 lebte Söhnker in der Garage seines ehemaligen Hauses in Zehlendorf, da sein Haus bei einem Bombenangriff zerstört worden war.

»Eines Morgens stand ich in meinem Garten«, erinnert sich Söhnker, »als zwei amerikanische Offiziere zu mir kamen. Sie sagten mir, daß Miss Bergman am nächsten Tag zur Truppenbetreuung nach Berlin käme und den Wunsch geäußert habe, mich zu sehen. Wir trafen uns, und ich erkannte Ingrid kaum wieder. Sie war fraulicher geworden, trug amerikanische Uniform und ein Käppi auf dem schönen blonden Kopf. Auch Ingrid mußte erst zweimal hinsehen, bevor sie mich identifizieren konnte. Ich war ja, wie viele deutsche Hungerleider jener Jahre, nur noch ein Strich in der Landschaft. Kaum war sie wieder in Hollywood, machte sie sich ans Paketepakken. Von nun an trafen oft Carepakete bei mir ein. Das war natürlich eine große Hilfe in jener Zeit, in der wir nicht viel zu beißen hatten. Auch einige andere Kollegen, zum Beispiel Ursula Herking und Erich Ponto, wurden von Ingrid versorgt. Diese selbstverständliche Hilfsbereitschaft einigen Kollegen gegenüber, mit denen sie viele Jahre zuvor einen einzigen Film gedreht hatte, sagt wohl genug über die menschlichen Qualitäten dieser Frau.«

In seinem kleinen Wagen holte Petter Ingrid in Berlin ab. Sie reisten durch Europa, durch den letzten friedlichen Sommer, den es für viele Jahre geben sollte. Es waren unvergeßliche Ferienwochen. Zuerst fuhren sie nach Paris, wo Ingrid das Geschäft besuchte, in dem Charlotte Corday das Messer kaufte, mit dem sie ihr Opfer niederstach. Charlotte Corday, die 1793 in Paris ein Attentat auf Marat verübte, sollte Ingrids zweite UFA-Filmrolle sein. Dann ging es nach Monte Carlo. Jung, glücklich und fröhlich drehten sie sich beim *thé-dansant* im Casino, und als sie zwischen Foxtrott und Walzer eine Pause einlegten, machten sie die Bekanntschaft von zwei Landsleuten. Die beiden Schweden waren sehr angetan von dem jungen Paar, bewunderten, wie gut Petter und Ingrid miteinander tanzten, wie strahlend und gesund sie waren und was für eine gute Figur Ingrid hatte. Heute noch muß Ingrid lachen, wenn sie an diese Episode denkt. »Gute Figur! Ich war im achten Monat schwanger!«

Die Engländer hoben bereits Schützengräben im Londoner Hyde Park aus. Flugzeuge begannen Testmanöver. Aber es schien außer Frage, daß Ingrid ihren Vertrag erfüllen und einen zweiten UFA-Film drehen würde; eine Rolle war für sie so lebensnotwendig wie die Luft zum Atmen; ein einmal unterschriebener Vertrag mußte erfüllt werden.

Es war richtig, daß sie bald ein Kind haben würde, aber bei ihrer robusten Gesundheit würde es ihr nicht schwerfallen, ihre Dialoge zu lernen, während sie ihr Baby fütterte.

Natürlich würde die UFA auf Einhaltung des Vertrages bestehen. Sollte sie die Rolle der Charlotte Corday tatsächlich erhalten, würde sie schon bald wieder nach Deutschland reisen müssen. Man mußte kein Militärexperte sein, um zu begreifen, daß Hitler einen Krieg vorbereitete und daß Europas Armeen schon im Sommer mobil machen würden. Und Ingrid würde im Nazi-Deutschland sein.

Den UFA-Vertrag hatte sie über ihren Agenten Helmer Enwall erhalten, der die angesehene internationale Konzert- und Theateragentur Konsertbolaget leitete, die auch Richard Tauber, Jussi Björling, Laurence Tibbett, Rachmaninow, Strawinsky, Fritz Kreisler, Leopold Stokowski, Pablo Casals und viele andere bedeutende Künstler vertrat.

Um Ingrid eine erneute Reise nach Deutschland zu ersparen, mußte ihr Vertrag »vergessen« und – wenn möglich – aufgelöst werden. Helmer Enwall bemühte sich außerdem, Ingrid ein Engagement in England oder in Amerika zu verschaffen, möglichst weit weg vom Kontinent.

Die UFA gab schließlich ihre Pläne für einen Film über Charlotte Corday auf.

Ich brauchte unbedingt ein Filmangebot. Es hatte zwar schon einige Anfragen aus Hollywood gegeben, aber es hatte sich dabei nur um Vertragsangebote verschiedener Studios wie Paramount, RKO und Twentieth Century-Fox gehandelt, nicht um konkrete Filmangebote. Die Studios hatten Agenten überall in der Welt, die beobachten sollten, welche Talente außerhalb Amerikas auf sich aufmerksam machten. Den Künstlern wurde keine spezielle Rolle angeboten, sondern ein Vertrag, was bedeutete, daß sie meist für sieben Jahre an ein Studio gebunden waren. Sie wurden nach Hollywood geholt und mußten spielen, was ihnen angeboten wurde – kleine Rollen in unbedeutenden Filmen. Es konnte durchaus vorkommen, daß sie die sieben Jahre damit verbrachten, als Nebendarsteller durch zweitrangige Filme zu stolpern. Das wollte ich nicht, und deshalb hatte ich alle bisherigen Vertragsangebote abgelehnt.

Inzwischen bereitete ich mich auf die Geburt meines Kindes vor. Es war mir nie in den Sinn gekommen, daß die Öffentlichkeit sich darüber verwundern könnte, wenn eine junge Schauspielerin, die glücklich verheiratet war, ein Kind bekam. Ich hatte auch nicht erwartet, daß es Leute geben könnte, die der Meinung waren, daß ein Kind der Karriere einer Schauspielerin schadete. Ich war sehr überrascht, als in Amerika alle darüber schockiert waren, daß ich ein Kind hatte. »Mein Gott, sie hat ein Kind«, riefen sie entsetzt. »Sie hat ihre Figur ruiniert! Und ihr Image als jugendliche Heldin. Du darfst dich nie mit deinem Kind fotografieren lassen, und erwähne Journalisten gegenüber nie, daß du Mutter bist«, riefen die Hollywoodbosse entsetzt. In jenen Tagen adoptierten Hollywoodstars Kinder, um ja keine eigenen bekommen zu müssen.

Ich fand es ein wenig merkwürdig, daß Petter mich darin bestärkte, nach Amerika zu gehen. Er war sehr großzügig und bestand darauf, daß ich die Chance wahrnahm. Wenn er gesagt hätte: »Ich möchte nicht, daß du gehst«, wäre ich sicherlich nicht gefahren, denn ich richtete mich damals in allem, was ich tat, völlig nach ihm. Ich hatte keine eigene Meinung. Wenn er gesagt hätte: »Bleib hier. Wenn der Krieg ausbricht, werden sie dich vielleicht als Krankenschwester brauchen« – ich wäre geblieben. Wenn er gesagt hätte: »Wir sind verheiratet, wir sollten zusammenbleiben. Du willst doch nicht wirklich nach Hollywood gehen, oder...?« – ich wäre natürlich nicht gefahren. Aber er sagte genau das Gegenteil. Er wollte unbedingt, daß ich nach Hollywood ging, um *Intermezzo* zu drehen – ja, er und seine Mutter würden sich um Pia kümmern, wenn ich fort wäre.

Für die Einladung Ingrid Bergmans nach Hollywood mögen verschiedene Faktoren bestimmend gewesen sein, einer der wesentlichsten war aber gewiß der Erfolg ihres Films *Intermezzo*, bei dem erneut Gustav Molander Regie geführt hatte. Er hatte auch das Drehbuch geschrieben, und dieser, ihr sechster Film sollte derjenige werden, der aus der Schauspielerin Ingrid Bergman einen Weltstar machte.

Intermezzo ist eine melodramatische Liebesgeschichte. Ingrid spielte eine Konzertpianistin, die eine Liebesaffäre mit einem verheirateten Geiger hat. Ihr Partner war der von ihr so geliebte und verehrte Gösta Ekman.

Liebes, liebes Buch! Heute ist der 19. Juni 1936. Meine Verehrung für Gösta wächst und wächst. Gustav Molander ärgert sich oft über ihn, und ich kann das sogar verstehen, aber dennoch ist er für mich so etwas wie der liebe Gott persönlich. Jetzt haben wir *Intermezzo* abgedreht. Gösta sagt, ich sei nun ein großer Star, und Gustav ist sehr, sehr zufrieden mit mir. Er hat mir Blumen geschickt und dazu geschrieben: »Du trägst und verschönst meinen Film.«

Am letzten Abend, als wir die letzten Szenen abgedreht hatten, sagte Gösta, daß er mich sehr vermissen werde. Er sei sehr glücklich darüber, daß wir einander nicht überdrüssig geworden seien, jedenfalls sei dies bei ihm nicht der Fall. Wir verabschiedeten uns. Ich küßte und umarmte ihn. Ich schreibe das so ausführlich, weil ich von ihm wie besessen bin. Ich möchte mich gern an alles erinnern, was er mir gesagt hat. Ich würde am liebsten nur noch mit ihm arbeiten. Ich weiß, daß er verheiratet und zwanzig Jahre älter ist als ich. Ich weiß, daß er einen Sohn in meinem Alter hat, und es wäre schon himmlisch, wenn ich nur seinen Sohn heiraten könnte...

Ich habe ihm einen Affen geschenkt – keinen richtigen, nur ein kleines Andenken. Wenn er wüßte, wie sehr ich ihn mag! Ich hoffe, der Affe wird es ihm erzählen. Lieber Gott, ich danke Dir, daß Du mir erlaubt hast, diesen wundervollen Mann kennenzulernen.

Der Film beschreibt, wie sich die Liebenden in eine heftige, aber hoffnungslose Affäre stürzen, die dadurch beendet wird, daß Gösta zu seiner Frau und seinen Kindern zurückkehrt. Von leisen Violinklängen und romantischem Klavierspiel begleitet, erleben die beiden die Erschütterungen ihrer Herzen, sehen ihrer Zukunft jedoch gefaßt entgegen.

Intermezzo erzählte die übliche Dreiecksgeschichte, traf aber mitten ins Herz von Millionen Zuschauern, die ähnliches erfahren hatten oder davon träumten, es zu erleben.

Jahre später sagte Gustav Molander, daß er zwar ohne weiteres behaupten könne, Ingrid Bergman entdeckt zu haben – er habe den ersten Filmtest mit ihr gemacht, habe sie beschworen, eine Filmkarriere zu beginnen, habe *Intermezzo* für sie geschrieben und inszeniert –, aber das alles seien nur äußerliche Schritte und Entscheidungen gewesen. »Schön, ich habe *Intermezzo* für sie geschrieben, aber *sie* war es, die den Film zum Erfolg führte. Sie konnte sprechen, sich bewegen, sie füllte die Leinwand mit Leben. Die Wahrheit ist, daß niemand sie entdeckt hat. Sie hat sich selbst entdeckt.«

Liebes Buch! 12. Januar 1938. Gösta Ekman ist tot. Wie ist es möglich, daß ich ihn nie wiedersehen werde, nie wieder zu ihm sprechen werde? Er hat mir so viel bei meiner Arbeit bedeutet – mein geliebter Gösta! Er war seit Neujahr krank. Jeden Tag habe ich in der Zeitung über ihn gelesen, habe gehofft und gebetet, daß er sich erholen möge. Jetzt ist er fort. Ich fühle mich so leer. Ich finde keine Worte für meinen Schmerz. Lieber Gott, gib ihm Frieden und hilf uns armen Menschen, die wir jetzt ohne ihn leben müssen.

VIERTES KAPITEL

Als die schwedische Version von *Intermezzo* mit amerikanischen Untertiteln in den Vereinigten Staaten anlief, schrieben die »Daily News« in Los Angeles, dieser Film sei nicht nur der beste, der jemals aus Schweden herübergekommen sei, er könne es auch durchaus mit jedem Hollywoodfilm aufnehmen. Ingrid Bergman galt ein besonderes Lob: »Sie ist nicht nur schön, was in Hollywood nichts Außergewöhnliches ist, sie hat auch die seltene Qualität, in Schlichtheit zu überzeugen. Sie hat das Zeug zu einem internationalen Star, und Hollywoods Produzenten sollten alles daransetzen, sie nach Amerika zu holen, und wenn auch nur aus dem Grunde, sie dem schwedischen Film zu entziehen, der ganz allgemein einfach zu gut wird.«

Es läßt sich heute nicht mehr feststellen, ob der Filmproduzent David O. Selznick diese Kritik gelesen hat, aber er hatte jedenfalls eine aufmerksame Mitarbeiterin, die sein New Yorker Büro führte und stets ein Auge auf ausländische Filme hatte, um Stoffe für Selznick zu finden, die dieser für den amerikanischen Markt verfilmen könnte.

Katherine Browns Büro lag an der Park Avenue. In dem großen Bürohaus Nr. 230 arbeitete auch ein junger schwedischer Fahrstuhlboy, dessen Eltern sich eines Abends ausführlich über den Film *Intermezzo* unterhielten, von dem sie begeistert waren. Der Junge informierte Kay Brown über diesen wundervollen schwedischen Film, und Kay, ebenso überrascht wie neugierig gemacht, sah sich eine Vorstellung an.

»Ich war begeistert«, berichtete sie. »Weniger von der Geschichte als von Ingrid. Ich schrieb an Selznick und schlug ihm *Intermezzo* für eine amerikanische Filmversion vor, aber hauptsächlich schrieb ich über Ingrid. Ich fand, sie war die Verkörperung all dessen, was auf der Leinwand an Realität möglich war. Ich schickte David den Film.

Damals waren wir eine kleine, fast familiäre Firma und einander alle freundschaftlich verbunden. David erzählte seinen Freunden in Hollywood: ›Ihr kennt doch diese Verrückte, die in New York für mich arbeitet? Sie soll Filme testen, aus denen sich eventuell eine amerikanische Fassung machen läßt. Sie überschlägt sich vor Begeisterung über ein Mädchen in einem dieser Filme und schickt mir bei der Gelegenheit eine der besten Filmgeschichten der Welt.‹

Ich fand die Story nicht ganz so überwältigend, aber Selznick beauftragte mich, nach London zu fahren, um die Rechte einzukaufen; doch die Filmrechte hatten nichts mit Ingrid zu tun. In London traf ich Jock Whitney, den Präsidenten von Selznick International, der ebenfalls *Intermezzo* gesehen hatte und von Ingrid genauso hingerissen war wie ich, und wir entschlossen uns, mit ihr Verbindung aufzunehmen. Ich erinnere mich noch genau, wie wir in der Halle des Londoner ›Claridge Hotels‹ standen, die Hände voller Münzen, und versuchten, nach Schweden zu telefonieren. Nach endlosen Versuchen hatten wir schließlich Petter Lindström am Apparat, der uns mitteilte, daß wir seine Frau im Moment nicht sprechen könnten. Sie war, wie wir erst später erfuhren, schwanger. Also flogen Jock und ich zurück nach New York – und das war damals ein aufwendiges Unterfangen. Als ich in meinem Büro ankam, fand ich ein Telegramm von Selznick vor, in dem er mich beauftragte, Ingrid Bergman zu verpflichten. Er hatte sich entschlossen, nicht nur den Film, sondern auch die Schauspielerin in die Vereinigten Staaten zu holen.

In dem Telegramm stand außerdem: ›Im Zusammenhang mit den Vertragsverhandlungen möchte ich darauf hinweisen, daß sie vor *Intermezzo* vermutlich noch kein Star war, denn als Star werden Gösta Stevens und Gustav Molander genannt. Womöglich bemühen wir uns um die falsche Person. Vielleicht heißt das Mädchen, das wir suchen, Gösta Stevens. Das müßte unbedingt geklärt werden...‹

Ich klärte die Angelegenheit und fand das ›Mädchen‹. Tatsächlich war Gösta Stevens der Mann, der zusammen mit dem Regisseur Gustav Molander das Drehbuch geschrieben und noch niemals in einem Film mitgespielt hatte.

Ich flog also nach London zurück, fand einen Anwalt, und gemeinsam flogen wir nach Stockholm – durch einen fürchterlichen Schneesturm in einem dieser kleinen Flugzeuge, die man damals für groß genug hielt. Es war fürchterlich kalt, und meine Ohren froren fast ab. In meinem Hotelzimmer fühlte ich mich so elend wie selten zuvor in meinem Leben. Schließlich klopfte es an meiner Zimmertür, und als ich öffnete, standen Petter und Ingrid vor mir. Sie hatte einen kleinen Strauß in den schwedischen Farben, gelbe und blaue Blumen, in der Hand und sagte schüchtern: ›Willkommen in Schweden!‹ Dann erklärten sie mir, daß sie leider nicht mit mir zu Abend essen könnten, da sie mit Verwandten verabredet seien. Aber zwei Tage später, als wir uns schon ein wenig besser kannten, beichteten sie mir, daß sie gar nicht verabredet gewesen waren. Sie hatten nur so schreckliche Angst davor gehabt, sich mit mir zu treffen. Bei der Vorstellung, wie ich bei meiner Ankunft ausgesehen haben mochte, konnte ich das sehr gut verstehen.

Am nächsten Tag trafen wir uns dann in ihrer Wohnung, zusammen mit unserem Anwalt und ihrem Agenten Helmer Enwall, und setzten den Vertrag auf. Ingrid sprach kein Wort. Sie saß in einem Sessel und häkelte einen Strampelanzug für ihr Baby. Wir handelten den Vertrag aus, der beinhaltete, daß Ingrid einen Film für Selznick drehen würde. In einer Zusatzklausel wurde festgehalten, daß die Möglichkeit für eine weitere Zusammenarbeit bestand. Selznick hatte den üblichen Siebenjahresvertrag mit Ingrid abschließen wollen, aber er kannte Petter Lindström nicht, der darauf absolut nicht eingehen wollte. Ich sah Ingrid an, die sich überhaupt nicht um die Verhandlungen kümmerte, sondern mit ihrer Häkelarbeit beschäftigt war, und ich dachte: ›Wer weiß, ob es gut für sie ist, daß ich sie aus ihrer Umgebung heraushole.‹ Sie schien dort so sehr zu Hause, daß ich auf einmal Gewissensbisse bekam, sie nach Amerika zu verpflanzen...«

Kay sagte mir, daß der Produzent der amerikanischen Fassung von *Intermezzo* David O. Selznick sein würde, der Filme wie *Der Gefangene von Zenda*, *Rebecca* und *Vom Winde verweht* gemacht hatte, und daß man William Wyler als Regisseur und Leslie Howard als meinen Partner verpflichten würde. Und ich erinnere mich, daß sie sagte, ich möge es mir gut überlegen, denn ich sei sicher sehr glücklich hier. Und ich dachte: Wenn alle Leute in Amerika so nett sind wie sie, dann werde ich es versuchen.

Hätte David O. Selznick gewußt, was Kay Brown seiner Neuerwerbung an Rat zuteil werden ließ, hätte er sie sicher von der Spitze des Empire State Building gestoßen.

Klein und schlank von Gestalt, mit einem klugen Kopf und viel Humor und Herzenswärme wurde Kay Brown schnell Ingrids enge Vertraute, und als Ingrid Bergman am 6. Mai 1939 an Bord der »Queen Mary« in New York eintraf, war Kay dort, um sie zu empfangen.

Kay half mir, mich zurechtzufinden. Sie brachte mich im »Chatham Hotel« unter, zeigte mir die Stadt und schlug vor, daß ich einige Wochen in New York bliebe, um meine Sprachkenntnisse zu vervollkommnen. Ich hatte in Stockholm zusätzliche Englischstunden genommen, aber jetzt war mir, als verstünde ich kein Wort. Also entschloß ich mich, jeden Abend ins Theater und so oft wie möglich ins Kino zu gehen, um mich mit der Sprache vertraut zu machen. Und das erwies sich als hervorragende Lehrzeit.

Kay Brown hatte inzwischen eine Nachricht von Selznick erhalten, in der er ihr mitteilte, was er mit Ingrid vorhatte:

Ich habe heute mit Mr. Whitney gesprochen und ihm erklärt, daß wir Miss Bergmans Namen ändern sollten, und ich habe ihn gebeten, mit Ihnen darüber im Gespräch zu bleiben. Seither hatte ich auch noch einige andere Ideen, die vielleicht hilfreich sein könnten.

Sie sollten sich bei einigen ausländischen Firmen erkundigen, was für ein Gewicht ihr Name bereits in Übersee hat. Aber nichts könnte uns daran hindern, ihren richtigen Namen in Europa zu benutzen und ihren neuen im Rest der Welt – ich glaube es wenigstens nicht, aber dieser Punkt müßte überprüft werden.

Wenn wir ihren Namen nur für einen Teil der Welt ändern,

brauchen wir den Gedanken, eventuell die Schreibweise zu verändern, nicht weiter zu verfolgen, denn ich glaube nicht, daß Ingrid Berjman eine gute Lösung wäre. Ingrid Berriman wäre schon besser, läßt aber auch auf keine bedeutende Persönlichkeit schließen.

Ingrid Lindstrom ist, glaube ich, ebenfalls schwer zu behalten. Vielleicht ist es wirklich das beste, so lange zu warten, bis sie hier ist. Ich bin nicht der Meinung, daß wir vor ihrem Eintreffen einen großen Reklamefeldzug starten sollten, schon allein, um zu vermeiden, daß man uns vorwirft, wir würden nach Vivien Leigh schon wieder eine Ausländerin importieren. Zumal das Ressentiment gegenüber ausländischen Künstlern einen Punkt erreicht hat, bei dem das Publikum nicht mehr mitspielt. Ich glaube, es ist besser, wenn das Publikum sie selbst entdeckt, so wie es Hedy Lamarr in *Algiers* entdeckt hat. Ich meine also, es wäre am besten, sie in aller Stille ins Studio zu bringen und das Informationsbedürfnis erst zu stillen, wenn es in der Öffentlichkeit entstanden ist.

In diesem Sinne bin ich der Ansicht, daß sie bei ihrer Ankunft keine Interviews geben, sondern in aller Stille nach Los Angeles kommen sollte. Das gibt uns die Möglichkeit, alles weitere – auch die Frage eines eventuellen Namenswechsels – mit ihr zu besprechen, sobald sie angekommen ist...

Kay und ich fuhren mit dem Zug quer durch Amerika nach Los Angeles. David O. Selznick war nicht am Bahnhof. In meiner Naivität hatte ich geglaubt, er würde dort auf mich warten und mich in seine Arme schließen. Immerhin war ich den ganzen Weg von Schweden herübergekommen, hatte diese endlose Fahrt durch Amerika hinter mir, und nun war nur ein Pressevertreter des Studios erschienen, der uns in eine Limousine verfrachtete. Wir fuhren nach Hollywood, wo Selznick wohnte. Dort sollte ich für einige Tage sein Gast sein. Dies war durchaus ungewöhnlich, denn normalerweise beherbergten die Selznicks keine Schauspieler oder Schauspielerinnen. Aber vielleicht hatte Irene Selznick Mitleid mit diesem armen, kleinen und naiven schwedischen Mädchen verspürt, das sich nicht allein zurechtfand, die Landessprache nicht allzugut beherrschte und womöglich im »Beverly Hills Hotel« verlorenging.

Kay und ich betraten das Haus, um Irene Selznick zu begrüßen. Sie saß am Radio und hörte einem Pferderennen zu. Ich sagte in meinem besten Englisch »Guten Tag«, aber Irene zischte nur und widmete sich weiter aufmerksam dem Radio. Also setzte ich mich und fand mich damit ab, daß ich halb um die Erde gereist war, um einem Pferderennen zuzuhören und zurechtgewiesen zu werden, wenn ich den Mund aufmachte.

Kay und ich blieben still sitzen, bis das Ergebnis des Pferderennens feststand. Dann drehte Irene sich zu uns um und sagte: »Guten Tag. Möchten Sie etwas essen?« Sie war sehr freundlich. Dann ließ uns Kay allein, und ich fragte nach Mister Selznick.

»Er ist im Studio. Aber kommen Sie nur mit, ich zeige Ihnen das Gästezimmer.«

Ich trug meinen Koffer nach oben. Irene musterte ihn und fragte: »Kommen Ihre anderen Koffer später?«

Zuerst glaubte ich, nicht richtig verstanden zu haben, dann erklärte ich: »Das ist mein ganzes Gepäck.«

»Aber Sie werden drei Monate hierbleiben!«

»So ist es.«

»Glauben Sie, daß Sie genug Kleidung mithaben?«

»Wofür brauche ich Kleider?« antwortete ich. »Ich arbeite die Woche über im Studio, trage dort Kostüme, und für die Wochenenden habe ich leichte Kleidung mit und einen Badeanzug. Das reicht völlig.«

»Aber wir geben morgen eine Party für Sie, um Sie unseren Freunden vorzustellen. Haben Sie wenigstens ein Abendkleid mitgebracht?«

»Ja.. In meinem letzten Film trug ich ein sehr schönes Abendkleid, und da es mir so gut gefiel, habe ich es anschließend der Filmgesellschaft abgekauft.«

»Und wo ist Ihr Schminkkoffer?« fragte Irene mit unüberhörbarer Nervosität.

»Ich habe keinen, weil ich kein Make-up benutze.«

»Sie meinen, Sie legen nichts auf?« fragte Irene.

»Nein«, erwiderte ich.

»Oh«, sagte Irene und sah mich ungläubig an. »Willkommen in Hollywood!«

Dann erklärte sie mir, daß sie am Abend von Freunden zu einem Essen eingeladen sei. Grace Moore, Miriam Hopkins und Richard Barthelmess würden auch da sein, und es wäre schön, wenn ich mitkäme. Ihr Mann würde sowieso bis spät in die Nacht hinein im Studio arbeiten. Das klang alles sehr aufregend, und ich war sehr gespannt darauf, all diese großen Hollywoodschauspieler kennenzulernen.

Das Abendessen fand im »Beachcomber«, einem bekannten Hollywoodrestaurant statt, und ich war sehr beeindruckt. Ich hatte so ein Restaurant noch nie gesehen und verstand auch nicht, was auf der Speisekarte stand. Die Getränke wurden in Kokosnußhälften und Früchten serviert... Ich fühlte mich in eine fremde Welt versetzt. Neben uns saßen tatsächlich richtige Filmstars, und Irene stellte mich ihnen vor und erklärte, ich sei die neue Schauspielerin aus Schweden. Ich saß neben ihr, damit sie mir helfen konnte, falls ich etwas nicht verstand. »Ich bin sehr groß«, sagte ich im Laufe des Gesprächs, und Richard Barthelmess meinte: »Sie sehen gar nicht so groß aus.« »Wenn ich sitze, fällt es nicht so auf«, erklärte ich, »aber ich habe sehr lange Beine.« Als wir aufbrechen wollten, stand Richard Barthelmess zuerst auf, und als ich dabei war, mich zu erheben, stellte er fest: »So groß sind Sie nun auch wieder nicht. Nein, Sie sind eigentlich gar nicht so groß.« Und ich erwiderte: »Ich bin noch nicht fertig. Warten Sie nur, bis ich mich zu voller Größe aufgerichtet habe.« Dann stand ich wirklich, und ich war einen ganzen Kopf größer als er, und ich stellte fest, daß auch alle anderen recht klein waren. Ich merkte außerdem, daß alle über meine Größe sehr schockiert waren.

Nach dem Essen fuhren wir in das Haus von Miriam Hopkins. Dort befanden sich noch mehr Gäste, die gekommen waren, um sich einen Film anzusehen, den sie in ihrem privaten Vorführraum zeigen wollte. Ich hatte nie zuvor von einem solchen Raum gehört. Zwischendurch fragte ich immer wieder Irene, ob ihr Mann nicht bald käme. Sie vertröstete mich auf später, und dann wurde der Film so interessant, daß ich David O. Selznick völlig vergaß, bis mir jemand auf die Schulter klopfte und mir mitteilte, daß Mister Selznick sich in der Küche aufhielte und mich gern kennenlernen würde.

Ich erhob mich und ging in die Küche. Es muß etwa ein Uhr

morgens gewesen sein, und da fand ich ihn – auf dem Küchentisch liegend. Jedenfalls sah es für mich so aus, als ob er quer über dem Tisch lag, während er Unmengen von Speisen in sich hineinstopfte. Als ich zur Tür hereinkam, starrte er mich an und sagte: »Mein Gott! Ziehen Sie die Schuhe aus.«

Inzwischen wußte ich bereits, daß meine Größe ein Problem darstellte. »Es würde nichts helfen«, erwiderte ich. »Ich trage schon sehr flache Schuhe.«

Er gab einen Seufzer von sich, und ich dachte: ›Sie scheinen mich alle für ein Monster zu halten.‹ Ich fragte ihn, ob er etwas dagegen hätte, wenn ich mich setzte. »Natürlich nicht«, antwortete er. Dann erkundigte er sich, ob ich eine angenehme Reise gehabt hätte.

Nach einer Weile sagte er: »Ich nehme an, Sie teilen meine Ansicht, daß wir Ihren Namen ändern müssen.«

Ich sah ihn überrascht an und schüttelte den Kopf.

»Nun«, fuhr er fort, »fangen wir mit Ihrem Vornamen an. Ingrid hört sich unmöglich an. Jeder Amerikaner wird ihn wie Ein-grid aussprechen. Und dann erst Bergman! Viel zu deutsch, wenn Sie verstehen, was ich meine... Es wird sicher Ärger mit Deutschland geben, und dann wird jeder denken, wir hätten eine deutsche Schauspielerin engagiert, und niemand wird Ihren Film sehen wollen. Der Name Ihres Mannes, Lindström, hört sich an wie Lindbergh – Sie wissen, der große Flieger. Er ist ein Volksheld, jeder nennt ihn hier Lindy. Wie wäre es, wenn wir Sie Lindy nennen?«

Ich schüttelte den Kopf. Ich war sehr kühl und ruhig geblieben, aber ich merkte, wie ich von Minute zu Minute wütender wurde. »Ich will nicht den Spitznamen von irgend jemandem. Ich will meinen Namen überhaupt nicht ändern. Ich heiße nun einmal Ingrid Bergman, und die Leute müssen eben lernen, meinen Namen richtig auszusprechen. Wenn ich meinen Namen ändere und man mich in Amerika nicht mag, wie stehe ich dann da, wenn ich nach Schweden zurückkomme!«

Selznick nahm sich noch etwas zu essen, lächelte mich leicht irritiert an und spielte die Angelegenheit herunter: »O.K., O.K., wir können darüber später noch einmal sprechen. Wir werden ohnehin noch einiges an Ihnen korrigieren müssen: Ihre Augenbrauen sind zu dick, Ihre Zähne sind nicht ganz in Ordnung und überhaupt...«

Jetzt war ich endgültig wütend. So sollte mein Boß nun doch nicht über mich verfügen können.

»Ich glaube, Sie machen einen großen Fehler, Mr. Selznick«, sagte ich. »Ich kann nichts dafür, daß Sie die Katze im Sack gekauft haben. Ich glaubte, Sie hätten meinen Film *Intermezzo* gesehen, ich hätte Ihnen gefallen und Sie hätten Kay Brown geschickt, um mich nach Amerika zu holen. Jetzt, wo Sie mich gesehen haben, wollen Sie alles an mir ändern. Dann verzichte ich lieber. Wir werden über gar nichts mehr sprechen, und ich werde Ihnen keinen Ärger mehr machen. Wir vergessen es ganz einfach. Ich nehme morgen den nächsten Zug und fahre zurück.«

Ich weiß nicht, woher ich den Mut nahm, so mit ihm zu sprechen. Ich war erst dreiundzwanzig und daran gewöhnt, mich nach den Entscheidungen von Männern zu richten. Jetzt aber hatte ich zum erstenmal ganz entschieden nein zu den Vorschlägen eines Mannes gesagt. Wir saßen einander gegenüber und starrten uns sprachlos an. Er hatte sogar aufgehört zu essen.

FÜNFTES KAPITEL

David O. Selznick war einer der imponierendsten und erfolgreichsten Filmproduzenten in Hollywoods goldenen Jahren. Er war verheiratet mit Irene, der Tochter von Louis B. Mayer, einem der größten und einflußreichsten Produzenten Hollywoods. David O. Selznick arbeitete in Mayers Filmproduktion, Metro-Goldwyn-Mayer, und eines Tages, nachdem sie gemeinsam verschiedene Filmthemen bearbeitet und diskutiert hatten, sagte er zu Irene: »Ich trage mich schon längere Zeit mit dem Gedanken, Sie zu heiraten. Ich bin in den besten Jahren, habe Ideen und will Karriere machen. Ich schnarche ziemlich laut, trinke gelegentlich, arbeite wie besessen, spiele für mein Leben gern, bin schlank, jüdischer Konfession und liebe Sie.«

1936 gründete er seine eigene Filmfirma, Selznick International, und gehörte innerhalb kürzester Zeit zu Hollywoods erfolgreichsten Produzenten. Er war ein Allround-Genie; er verstand es, Drehbücher zu schreiben und umzuschreiben, er kämpfte und diskutierte mit anderen Produzenten um seine Meinung, förderte Regisseure, entdeckte Schauspieler und kannte sich in seinem Imperium besser aus als die jeweils Verantwortlichen. Er war durchorganisiert bis ins kleinste Detail, es gab nichts, was seiner Aufmerksamkeit entging, und er hatte die seltene Fähigkeit, aus jedem talentierten Künstler die größtmögliche Kreativität herauszuholen. Er war besessen vom Film. Er schaffte es, aus großen Theaterschauspielern ebenso große Filmschauspieler zu machen. Er hatte die Gabe, aus unbekannten Tänzern Weltstars zu machen, weil er ihre Fähigkeiten und Möglichkeiten sofort erkannte. Dieser Mann saß nun Ingrid Bergman in der Küche des Hauses von Miriam Hopkins gegenüber und war sprachlos.

Eine Weile saßen wir uns still gegenüber – wie zwei Raubkatzen, die einander beäugen und auf das Zeichen zum Angriff warten. Dann sagte er plötzlich: »Ich habe eine Idee, die so einfach ist, daß noch niemand in Hollywood darauf gekommen ist. Wir werden nichts an Ihnen ändern. Nichts wegnehmen und nichts hinzufügen. Sie bleiben, wie Sie sind. Sie werden auch Ihren Namen behalten. Sie werden Hollywoods erste ›natürliche Schauspielerin‹ sein. Morgen früh reden wir weiter darüber.«

Am nächsten Morgen saß ich im Schminkraum des Studios, um mich herum all die Spezialisten, die nur darauf warteten, mit ihren Quasten und Scheren, Kämmen und Wässerchen an mir herumzuhantieren. Und David O. Selznick sagte: »An diesem Mädchen wird nichts verändert! Sie bleibt, wie sie ist. Sie wird sogar ihren Namen behalten, denn bisher hat noch niemand in Hollywood mit seinem richtigen Namen gearbeitet. Wer es wagen sollte, auch nur die kleinste Kleinigkeit an ihr zu verändern, den bringe ich um. Sie wird keine Interviews geben, und es werden keine Fotos von ihr veröffentlicht, bevor ich es genehmige. Verstanden?«

Ich war glücklich, daß er sich so entschieden hatte, denn ich hatte am Abend zuvor noch lange mit ihm in der Küche gesessen und immer wieder erklärt, daß ich nicht so vermarktet werden wollte wie viele andere Schauspielerinnen aus Europa, die nach Hollywood gekommen waren. »All diese großen Stars aus Polen, Frankreich oder Bulgarien«, hatte ich gesagt, »kamen nach Hollywood und waren in diesem oder in jenem Film großartig. Aber sechs Monate später waren sie verschwunden. Niemand hat jemals wieder etwas von ihnen gehört. Sie konnten diese ganze Publicity einfach nicht mehr ertragen, sie sind gestorben, bevor sie ihr neues Leben beginnen konnten. Warum machen wir nicht einfach unseren Film? Wir können doch abwarten, und wenn das Publikum mich mag, können wir mit Interviews und Publicity beginnen. Ich möchte ganz allmählich auf das Publikum zugehen.« Und David O. Selznick hatte einen Moment überlegt und dann gesagt: »Das gefällt mir, ja, die Idee gefällt mir.«

Dann machten wir einen Filmtest. Ich sah ihn erst viele Jahre später, nach dem Tode von Selznick, als man einen Dokumentarfilm über ihn zusammenstellte, und da war plötzlich dieser Test im

Material: »Ingrid Bergman – kein Make-up – erste Klappe.« Die Klappe fällt, und da bin ich, knallrot im Gesicht, denn ich wurde immer rot, wenn man etwas zu mir sagte. Dazu die Hitze der Scheinwerfer und die Aufregung, zum erstenmal in Hollywood zu arbeiten. Kein Wunder, wenn mich schon der kleinste Dialog erröten ließ. Damals filmte man in Schwarz-Weiß, und man mußte mir einen Filter vorhalten, damit ich auf der Leinwand nicht schwarz aussah wie ein lebender Hummer.

Am selben Abend gaben die Selznicks eine Party, deren Ehrengast ich war. Ich saß in meinem kleinen Abendkleid, das ich der schwedischen Filmgesellschaft abgekauft hatte, auf einer Couch und fühlte mich sehr wohl. Da kamen all diese berühmten Leute, die ich nur von der Leinwand her kannte, begrüßten mich und wünschten mir Glück: Clark Gable, Joan Bennett, Gary Cooper, Cary Grant, Ann Sheridan, Norma Shearer, Claudette Colbert, Ronald Colman und wie sie alle hießen. Neben mir saß ein kleiner Mann, der sich sehr freundlich mit mir unterhielt und schließlich sagte: »Lassen Sie sich von dem Gerede nicht beunruhigen... So ist es uns allen ergangen.« Aber ich war viel zu aufgeregt, um dem Mann neben mir zuzuhören, und auch viel zu aufgeregt, um die Gesprächsfetzen um mich herum zu verstehen. Hätte ich sie verstanden, wäre ich wahrscheinlich vor Scham in den Erdboden versunken, dann die meisten Gäste waren der Ansicht, daß sich David O. Selznick da eine große fette, gesunde Kuh aus Schweden geholt habe. Wenn er aus ihr eine zweite Greta Garbo machen wolle, so würden sie Tausende von Dollars dagegensetzen. Sie könne vielleicht eine schwedische Masseuse spielen oder eine Köchin, aber nicht einmal in einem völlig unbedeutenden Film könne man ihr eine größere Rolle anvertrauen...

Das alles hörte ich – gottlob – nicht. Ich unterhielt mich mit meinem Nachbarn, der sein Bestes tat, um mich von meiner Nervosität zu befreien. »Wir haben alle erlebt, wie es ist, wenn man ankommt. Zuerst sprechen sie nicht mit einem, aber später ist man plötzlich der Liebling. Sie werden es erleben. Übrigens, ich gebe nächsten Sonntag eine Party am Swimmingpool. Wenn Sie Lust haben, kommen Sie doch vorbei. Und bringen Sie Ihren Badeanzug mit.« Ich fragte den freundlichen Mann nach seinem Namen und seiner Adresse. »Ich bin Ernst Lubitsch!« Und ich war schon wieder erschrocken, denn Ernst Lubitsch war ein berühmter Filmregisseur, und ich hatte ihn nicht erkannt.

Ich vermißte Leslie Howard, meinen Filmpartner in der amerikanischen Fassung von *Intermezzo*, auf der Party. Als ich Irene nach ihm fragte, erschrak sie: »Oh, mein Gott, ich habe ganz vergessen, ihn einzuladen.«

Ich lernte Leslie Howard bald kennen, und er war mir sehr sympathisch. Er trug jedoch stets jene Reserviertheit zur Schau, die man Engländern so oft nachsagt. Er machte sich nichts aus Partys und lebte sehr zurückgezogen. Seiner Frau bin ich nie begegnet. Sie lebte auch in Hollywood, aber man sah ihn nur mit seiner Sekretärin, in die er sehr verliebt war. Sie kam bei einem Luftangriff in London ums Leben, und Leslie Howard verunglückte wenig später bei einem Flugzeugabsturz.

Eine Woche nach meiner Ankunft in Hollywood verließ ich das Gästezimmer der Selznicks und bezog ein eigenes Haus. Ich bekam eine Haushälterin, die für mich kochte und mich ins Studio und wieder nach Hause fuhr. Am nächsten Sonntag lud ich sie ein, mit mir zu der Swimmingpool-Party von Ernst Lubitsch zu fahren. Während sie den Wagen parkte, betrat ich das Haus, wo bereits viele Gäste versammelt waren. Ich suchte Lubitsch, konnte ihn aber nirgendwo finden. Ich fragte einige andere Gäste, die im Haus oder im Garten herumstanden, tranken, aßen, sich unterhielten oder in den Swimmingpool sprangen, aber niemand wußte, wo er war. Also verließ ich die Party und fuhr mit meiner Haushälterin wieder nach Hause.

Ich habe Ernst Lubitsch nie wiedergesehen.

An meinem ersten Drehtag stellte mir David O. Selznick eine junge Frau vor und erklärte: »Diese Dame ist Ihre Sprachlehrerin, sie wird mit Ihnen leben, mit Ihnen essen, Tag und Nacht mit Ihnen zusammen sein, und Sie werden sehen, wie schnell Sie Ihre Dialoge lernen, Ihr Englisch verbessern und Ihren Akzent loswerden.« So lernte ich Ruth Roberts kennen. Zusammen mit Kay Brown und Irene Selznick gehörte sie zu meinen ersten wichtigen Bezugspersonen in Hollywood und wurde mir eine Freundin fürs Leben.

Kay mochte ich vom ersten Augenblick an, als ich ihr in Schweden begegnete und wir darüber diskutierten, ob ich den Vertrag annehmen sollte oder nicht. Und Irene brauchte nur einen Blick auf mich, meinen Koffer und mein Abendkleid aus zweiter Hand zu werfen, um zu wissen, daß sie die größte Unschuld der Welt vor sich hatte. Sie faßte den Entschluß, mich über die Eigenheiten Hollywoods aufzuklären, damit ich nicht vom Wege abkam.

»Sie sollten einige Tage bei uns bleiben«, hatte sie gesagt. Also saßen wir jeden Abend lange zusammen, und sie erklärte mir, worauf ich in Hollywood gefaßt sein müßte. Sie hatte viele hoffnungsvolle Schauspielerinnen untergehen sehen. »Sie werden vielen berühmten Produzenten begegnen«, sagte sie. »Jedenfalls nennen sich die meisten so, auch wenn sie in ihrem ganzen Leben noch kein Filmstudio von innen gesehen haben. Sie werden glauben, sie hätten die Rolle Ihres Lebens für Sie, und sie werden Sie fragen, ob sie nicht ein paar Fotos von Ihnen am Strand machen könnten, denn mit irgend etwas müsse man ja anfangen.«

Natürlich war man damals nicht nackt, aber es war dennoch immer ein wenig schockierend, sich im knappen Badeanzug fotografieren zu lassen. Ich wurde darüber aufgeklärt, was mich noch erwarten könnte: Beim Abendessen würde man mir eine fabelhafte Rolle anbieten – und ob man sich nicht in der Wohnung des Produzenten noch ein wenig allein, unter vier Augen darüber unterhalten könne... Irene wußte, worüber sie sprach, und deshalb erkannte und durchschaute ich diese Tricks später immer und sagte stets nein.

Ich war keine besondere Schönheit, als ich jung war, und gehörte ganz gewiß nicht zu jenen Schauspielerinnen, die »sexy« waren. Ich war weder ein Pullovermädchen noch eine Badeschönheit. Man nannte mich immer »Das Mädchen von nebenan«, was wohl bedeuten sollte, daß ich natürlich war – heute absolut keine Sensation, aber damals alles andere als üblich in Hollywood.

Ich mochte Irene sehr und David ebenfalls, nachdem ich ihn näher kennengelernt hatte. Er war sehr amüsant, besonders wenn er ein wenig getrunken hatte und man bei ihm zu Hause unter Freunden war. Er redete ununterbrochen, war ein sehr interessanter Unterhalter. Er steckte voller Ideen und ließ seine Gäste nur ungern gehen. Wenn man erklärte, daß man müde sei und daß es an der Zeit sei, nach Hause zu fahren, lief er zur Tür, breitete die Arme aus und versuchte, einen am Verlassen der Party zu hindern. »Du darfst noch nicht gehen. Ich lasse dich nicht gehen. Ich habe eine wunderbare Idee, die ich dir unbedingt noch erzählen muß.« Also blieb man und hörte ihm zu, und die Idee, die er da für eine neue Rolle hatte, war wirklich großartig.

Wenn man ihn aber am nächsten Morgen darauf ansprach und ihm sagte, daß einem die Idee sehr gut gefallen habe und daß man sie gern mit ihm ausarbeiten würde, sah er einen durch seine großen Brillengläser überrascht an und fragte: »Was für eine Idee? Ich kann mich an keine Idee erinnern!«

An jenem ersten Tag im Studio begannen Ruth und ich sofort mit der Arbeit. Wir setzten uns hin und gingen die Dialoge durch. Währenddessen nahm ich eine lautstarke Auseinandersetzung im Büro von Selznick wahr. Es fielen so heftige Worte, daß ich mich schließlich erhob, um nachzusehen, was da vor sich ging. Ich sah jenen William Wyler, der meinen ersten Hollywoodfilm inszenieren sollte, aus dem Büro stürmen. Und dann stand ich vor David O. Selznick, der mir sehr freundlich erklärte: »Sie haben gerade Ihren Regisseur verloren.«

Ich war sprachlos. Dies war mein erster Tag im Atelier, und schon hatte mein Produzent meinen Regisseur gefeuert. Aber ich lernte schnell, daß so etwas durchaus nicht ungewöhnlich war. Es gehörte zu Selznicks Temperament, sich mit seinen Mitarbeitern anzulegen, weil er glaubte, alles selbst am besten machen zu können.

David O. Selznick war sehr schnell von Ingrid Bergman beeindruckt. In ihr hatte er jemanden gefunden, der seiner Arbeitsweise und Auffassung entsprach. Er war überrascht, wie intensiv sie sich auf ihre Rolle vorbereitete, und er bewunderte sie für die Ernsthaftigkeit, mit der sie an die Arbeit ging, etwas, das er zuvor kaum bei einem Schauspieler oder einer Schauspielerin festgestellt hatte. Unter seinen Papieren fand sich das folgende Manuskript eines Briefes, den er an den Pressechef seines Unternehmens sandte:

22. Juni 1939

Lieber Mr. Herbert,

ich glaube, jetzt den richtigen Ausgangspunkt gefunden zu haben, von dem aus wir Ingrid Bergman publicitymäßig aufbauen können und den wir für die nächsten Jahre beibehalten sollten.

Miss Bergman gehört zu den gewissenhaftesten Schauspielerinnen, mit denen ich je gearbeitet habe; sie denkt an nichts anderes als an ihre Arbeit und stellt, während sie einen Film dreht, ihr Privatleben gänzlich zurück, unterläßt alles, was sie auch nur für eine Minute von ihrer Arbeit abhalten könnte. Sie verläßt praktisch nie das Studio und hat sogar vorgeschlagen, daß man ihre Garderobe weiter ausstattet, damit sie dort wohnen kann, während sie an einem Film arbeitet. Sie äußert nie den Wunsch, rechtzeitig mit der Arbeit aufzuhören, und ist, ganz im Gegenteil, sehr unglücklich, wenn das Team nicht bis Mitternacht durcharbeitet, denn sie behauptet, am Ende eines harten Tages besonders gute Arbeit zu leisten.

Sie sträubt sich mit Händen und Füßen, wenn es darum geht, Geld der Produktionsfirma auszugeben. Sie war sehr unglücklich darüber, als wir ein Kleid auswechseln mußten, nachdem ein Test gezeigt hatte, daß es ihr nicht stand. Sie schlug vor, einen neuen Kragen anzunähen, um es attraktiver zu machen, oder irgend etwas anderes zu verändern, um eine unnötige Geldausgabe zu vermeiden.

Sie war überrascht, durch ein Lichtdouble ersetzt zu werden, und betonte, in Schweden zehn Filme ohne jedes Lichtdouble gedreht zu haben.

Da wir in *Vom Winde verweht* vier Hauptdarsteller hatten, waren unsere Stargarderoben alle belegt, und wir mußten ihr eine kleinere Garderobe geben. Sie war vor Freude schier außer sich und erklärte, niemals zuvor eine derartige Suite zur Verfügung gehabt zu haben.

Als ich es für notwendig erachtete, den Kameramann auszuwechseln, weil ich jemanden für *Rebecca* brauchte, hatte sie Tränen in den Augen und fragte, ob dies seinem Ansehen nicht schaden würde, denn schließlich sei er ein sehr guter Kameramann; aber es würde sie auch nicht stören, wenn sie etwas schlechter fotografiert werden würde – sie würde lieber dies in Kauf nehmen, als seine Gefühle zu verletzen.

Diese Unaffektiertheit ist vollkommen ungewöhnlich. Ich glaube,

81

es würde ihr sehr viel positive Resonanz einbringen, wenn man dergleichen in die Presse lancierte. Ihre Natürlichkeit, ihre Rücksichtnahme und ihre Gewissenhaftigkeit könnten zu einer Legende werden. Es dürfte wohl kaum etwas geben, das mehr Aussicht auf Popularität hätte und ihr mehr Freunde gewinnen könnte, wenn man bedenkt, welchen Unsinn Filmstars sonst über sich verbreiten lassen. Und es würde auch ein gutes Gegengewicht für all das sein, was die Öffentlichkeit allgemein von ausländischen Stars hält – daß sie ihrer Anssprüche und ihres Temperaments wegen ein großes Ärgernis sind.

Das wäre die einzige Art von Publicity, der ich noch vor dem Einsatz ihres Films meine Zustimmung geben würde. Sie entspricht ihrer frischen und unverdorbenen Persönlichkeit und ihrem Erscheinungsbild, die mich zu dem Vertrag mit ihr bewogen haben. Sie ist das genaue Gegenteil der Garbo, der Dietrich und all der anderen exotischen Damen, mit denen sie keinesfalls verglichen werden sollte – genausowenig wie sie, meiner Meinung nach, mit ihr verglichen werden können.

Mein neuer Regisseur war Gregory Ratoff, ein gebürtiger Russe, der seine Mitarbeiter häufig durch sein lautes Gebrüll erschreckte. Es war sein Temperament, das mit ihm durchging. Er war auch der Regisseur meines nächsten Films, *Adam Had Four Sons*, und er schrieb mir nach Abschluß der Dreharbeiten einen Brief, den ich aufgehoben habe:

Mein süßes schwedisches Baby,
Dein Mann wird es vielleicht nicht mögen, daß ich Dich so nenne, aber Du bist für mich der süßeste Engel, und wenn ich an unsere Zusammenarbeit denke, dann kann ich Dir nur sagen, daß diese Wochen zu meinen schönsten Erinnerungen gehören...

In dieser Zeit fand ich auch heraus, daß Ruth, die fleißig und hartnäckig mit mir Englisch paukte, eine gebürtige Schwedin war. »Warum hast du das nicht gleich gesagt?« fragte ich sie ungläubig. Sie lächelte und erwiderte: »Weil wir hier sind, um englisch zu sprechen.

Hättest du es gewußt, hätten wir sicher pausenlos schwedisch geschwatzt.«

Der Unterschied zwischen meinen bisherigen Filmerfahrungen und dem, was ich jetzt in Hollywood kennenlernte, war enorm. In Hollywood war jeder, der im Studio arbeitete, ein Spezialist, ein Perfektionist seiner Zunft. Die Techniker vollbrachten wahre Wunder. Was auch immer verlangt wurde, sie schafften es heran, und wenn es blaue Elefanten waren – man konnte sicher sein, sie zu bekommen. Alles war möglich. In Schweden hatte man von solchen Dingen nie gehört. Dort filmte man Winterszenen im Winter und Sommerszenen natürlich nur im Sommer.

Und dann meine erste Szene in *Intermezzo*. Mein erster Hollywoodauftritt und David O. Selznicks Vorrede: Dies sei meine erste Begegnung mit dem amerikanischen Publikum, und sie müsse sensationell werden – sensationell!

Ich sah noch einmal ins Drehbuch. Ich sollte durch eine Tür kommen, Hut und Mantel in der Halle aufhängen und den Flur entlanggehen. Ich schaue in eines der Zimmer, und was sehe ich? Diesen weltberühmten Violinvirtuosen, wie er von seiner entzückenden kleinen Tochter am Klavier begleitet wird. Aber wie soll man seinen Mantel aufhängen, im Flur stehenbleiben, heimlich diese kleine künstlerische Szene beobachten – und all dies sensationell erscheinen lassen?

»Nun«, meinte David zum zehntenmal. »Ich möchte, daß die Stärke der Emotion in diesem neuen Gesicht, das ich nach Amerika geholt habe, zum Ausdruck kommt, so daß der Zuschauer Luft holt und ›Ahhh‹ sagt.«

»Aber wie soll ich das machen? Mit welchen Mitteln? Ich sehe doch nur einem Mann und seiner Tochter zu, wie sie musizieren«, erwiderte ich.

»Ich weiß es nicht. Laß es uns versuchen.« Also versuchten wir es. »Noch einmal.« Wir machten es wieder. Wir versuchten es etwa zehnmal. Er sah sich die Szenen an und sagte, wir sollten es weiter versuchen, vielleicht würde irgend etwas passieren, das uns überzeugte. Ich wußte, daß David O. Selznick alles bis zur Perfektion trieb, Szenen immer wieder umschrieb und sie unzählige Male wiederholen ließ; und so drehten wir diese Szene immer und immer

83

wieder, ich weiß nicht mehr, wie oft, aber wenn ich sage, dreißigmal, so übertreibe ich wohl nicht. Wir hatten den ganzen Film abgedreht und spielten die erste Szene immer und immer wieder. Es war mein letzter Arbeitstag, meine allerletzte Stunde. Im Jahr 1939 bestieg man in Los Angeles einen Zug, der einen quer durch Amerika nach New York brachte. Von dort aus nahm man das Schiff nach Europa. Vor dem Atelier wartete schon der Wagen, der mich zum Bahnhof bringen sollte. »Noch einmal, bitte«, sagte David. »Aber ich muß noch mein Gepäck holen«, wandte ich ein. »Wir lassen es herbringen«, beruhigte er mich. »Reg dich nicht auf, du wirst deinen Zug schon erreichen.«

Ich rannte aus dem Studio, noch im Filmkostüm, rief dem Team ein hastiges »Auf Wiedersehen« zu und warf mich in den Wagen, der mich in allerletzter Minute zu meinem Zug nach New York brachte... So war David O. Selznick!

Der Erfolg von *Intermezzo* machte alle Anstrengungen wett. Graham Greene, damals Filmkritiker von »Spectator«, schrieb im Januar 1940: »Den Film sollte man unbedingt gesehen haben, um Ingrid Bergman kennenzulernen, den neuen Star, der so natürlich ist wie sein Name.« Ingrid Bergman war dabei, Hollywood zu erobern. Aber mit dreiundzwanzig sah sie noch immer wie sechzehn aus, und in den meisten Bars und Restaurants von Hollywood hätte man ihr keinen Alkohol ausgeschenkt.

Am 5. August 1939, im »Super Chief« unterwegs nach New York, schrieb sie an Ruth Roberts:

Der Zug rattert in atemberaubendem Tempo. Er bringt mich weiter und weiter von Hollywood fort. Ich habe ihn im allerletzten Moment noch erreicht und hatte nicht einmal Zeit, den Wagen mit meinem Abteil zu suchen, weil der Zug schon den Bahnhof verließ. Im letzten Augenblick kam ein Junge und brachte mir ein Geschenk von Selznick. Anschließend saß ich wie gelähmt und starrte aus dem Fenster, dachte noch einmal an alles, was ich erlebt hatte, und daß ich mich nun auf dem Weg nach Hause befand. Was für eine wunderbare Zeit ich doch in Hollywood hatte! So viele nette Menschen – dank Deiner Aufzeichnung habe ich all ihre Stimmen in meinem Gepäck. Was für ein Geschenk, Ruth! Ich kann Dir gar nicht sagen, wie glücklich ich darüber bin! Kannst Du mir bitte noch einmal den Namen des Tontechnikers schreiben? Ich habe letzte Nacht kaum geschlafen, obwohl ich so müde war. Es ging mir zu vieles durch den Kopf. Wenn Du ins Studio kommst, grüß bitte alle von mir. Dir möchte ich noch einmal für all Deine Freundschaft danken und für die schönen Abende, die wir zusammen verbracht haben. Ist mein Schwedisch schwer zu verstehen? Ich bin einfach zu faul. Wenn Du damit nicht einverstanden bist, werde ich Dir einen sehr eleganten, fehlerlosen Brief in Englisch schicken...

Sie wußte nicht, ob sie ihre neuen Freunde, ob sie Amerika und Hollywood je wiedersehen würde. Aber sie hatte sich dort wohl gefühlt und hoffte, daß man sie erneut rufen würde. Selznick hatte sich immerhin das Recht ausbedungen, mit ihr weiterarbeiten zu können. Und noch auf der »Queen Mary«, die sie nach Europa zurückbrachte, erhielt sie ein Telegramm von ihm:

LIEBE INGRID. DU BIST WUNDERVOLL UND HAST UNSER ALLER HERZEN EROBERT. VERLEB EINE HERRLICHE ZEIT DAHEIM ABER KOMM SCHNELL ZURÜCK. DEIN BOSS.

Mitten auf dem Atlantik schrieb sie über David O. Selznick in ihr Tagebuch:

Ich mochte ihn von der ersten Minute an, und meine Bewunderung für ihn wuchs von Tag zu Tag. Er kennt sein Metier ganz genau; er ist ein Künstler und arbeitet hartnäckig und unermüdlich. Manchmal arbeiteten wir bis fünf Uhr morgens. Ich konnte mit allen Problemen zu ihm kommen. Er unterbrach wichtige Besprechungen, um mit mir über ein Paar Schuhe zu diskutieren. Ich vertraute seinem Urteil, das hart, aber gerecht war. Mit ihm zu arbeiten ist oft sehr anstrengend und geht an die Nerven, aber immer hat man das Gefühl, jemanden zur Seite zu haben, der einen versteht, der einem Kraft gibt und der sein Wissen vermittelt, und das ist einfach unbezahlbar. Als ich Hollywood verließ, bat er mich, ein großes Foto für ihn zu signieren, und ich schrieb: *Für David – ich habe keine Worte, Ingrid.* Und das ist nur zu wahr.

Ich war mehr als drei Monate fort gewesen. Petter freute sich sehr, daß ich zurück war. Was ich von Pia nicht behaupten konnte. Sie sah mich nur einmal an und schrie sich die Lunge aus dem Hals. Sie wollte nichts von mir wissen, aber nach einer Weile gewöhnte sie sich wieder an mich. Wir setzten unser Leben fort wie zuvor. Petter arbeitete als Zahnarzt und studierte weiter Medizin. Ich drehte wieder Filme in Schweden.

Kurz bevor ich nach Hollywood gegangen war, waren wir in ein schönes gelbes Haus am Meer gezogen, im Djurgården-Park in der Nähe von Stockholm. Aber bevor wir dort heimisch werden konnten, kam der Krieg, der unser aller Leben verändern sollte. Ich erinnere mich, daß ich gerade die neuen Fenstervorhänge nähte, als ich im Radio hörte, daß Deutschland in Polen einmarschiert war und England und Frankreich Deutschland den Krieg erklärt hatten.

Das war ein großer Schock für mich, denn ich war oft in Deutschland gewesen, um meine Tanten und meine Großeltern zu besuchen. Ich wußte, daß die Nazis gefährlich waren, aber ich hatte nicht geglaubt, daß sie uns in einen zweiten großen europäischen Krieg hetzen würden. Ich war so glücklich darüber gewesen, daß ich, aus Hollywood zurückgekehrt, in Schweden gleich mit meinem nächsten Film, *Eine Juninacht*, beginnen konnte, daß ich nicht gesehen hatte, wie der Krieg heranzog. Da war er nun, direkt vor unserer Tür. Im Herbst 1939 schrieb ich an Ruth:

Ich sitze in meiner alten schwedischen Garderobe und warte auf die nächste Einstellung. Es ist so einfach, in seiner Muttersprache zu arbeiten. Mir kommt es vor, als träume ich. Keine Probleme mit meinen Kleidern. Ich habe sie selbst gekauft, und man hat sie akzeptiert, ohne irgendwelche Testaufnahmen zu machen. Und auch keine Probleme mit meiner Figur, obwohl ich alles esse, was ich möchte. Aber trotzdem – ich war sehr glücklich bei Selznick, sehr, sehr glücklich. Und vielleicht komme ich schon bald zurück. Ich bin sehr froh, daß unser Film ein Erfolg geworden ist, wie ich gelesen und gehört habe. Ich möchte Dir noch einmal danken, denn ohne Deine Hilfe wäre dieser Erfolg sicher nicht zustande gekommen. Aber ich habe Angst vor einer erneuten Reise während des Krieges. Dieser schreckliche Krieg! Wir spüren ihn hier in Schweden noch nicht so sehr, aber viele Leute meinen, daß wir diesmal mit hineingezogen werden. Hier sind die Fotos, die ich Dir letztes Mal versprochen habe. Ich hoffe, sie gefallen Dir. Ich bin in ein altes, unmodernes Haus gezogen, das aber sehr gemütlich ist.

Alles Liebe, Ingrid

Es dauerte nicht lange, und ich hörte wieder von Selznick. Er schrieb, ich solle meine Abreise vorbereiten. Ich solle mein Kind und meinen Mann mitbringen und schnellstens Europa verlassen, solange es noch möglich sei. Er wußte nicht genau, was er mit mir in Hollywood anfangen sollte, aber er wollte mich in Sicherheit wissen. Vier Monate nach meiner Rückkehr bereitete ich also erneut meine Abreise vor. Petter entschied, daß ich allein mit Pia reisen sollte. Er selbst würde in Schweden bleiben. Er sei Arzt und müsse außerdem eventuell Militärdienst leisten. Und er würde nicht fortlaufen, wenn sein Land ihn brauche.

Es war nicht leicht. Ich wollte nicht, doch ich ließ mich überzeugen. Petter begleitete uns in dem Zug, der ganz Europa durchquerte. Die französischen und englischen Häfen waren für Passagierschiffe bereits gesperrt. Wir mußten bis Italien mit dem Zug fahren. Überall waren die Lichter gelöscht. Wir kamen nach Berlin, und die ganze Stadt war verdunkelt, Menschen liefen wie Geister durch die Dunkelheit, und jedermann hatte Angst. Über Österreich kamen wir nach Italien. Italienische Schiffe fuhren noch nach New York.

Wir blieben über Nacht in Genua. Es war der 31. Dezember 1940. Wir wohnten in einem Hotel, und es war der traurigste Silvesterabend, den ich je erlebte. Pia war ein Jahr alt. Sie schlief oben bei einem jungen schwedischen Mädchen, das mit uns reiste, und Petter und ich saßen unten im Speisesaal, und die Leute feierten das neue Jahr. Man lachte und tanzte, obwohl jeder wußte, daß draußen vor der Tür Krieg herrschte. Alle versuchten, dies für einige Stunden zu vergessen. Wer wußte schon, was das neue Jahr bringen würde? Wer wollte es wissen? Und wir tanzten und waren unendlich traurig und versuchten ebenfalls, alles um uns herum zu vergessen. Und ich dachte daran, daß ich am nächsten Morgen mit Pia abreisen würde, daß ich Europa und Petter zurücklassen würde, Petter, um den ich Angst hatte und von dem ich nicht wußte, wann und ob überhaupt ich ihn wiedersehen würde...

Und ich sehe mich an Deck der »Rex« stehen, ich höre den Lärm im Hafen. Die Leute lachen, weinen, verabschieden sich voneinander. Ich höre irgendwo an Bord eine Musikkapelle spielen und bin unendlich traurig und voller Angst. Und Petter läuft an der Kaimauer entlang und winkt uns zu; ich winke zurück und weiß plötzlich nicht mehr, warum ich an Bord dieses Schiffes bin, warum Petter und ich uns überhaupt getrennt haben...

Und dann bekomme ich an Bord ein weiteres Telegramm von David O. Selznick, in dem er mir mitteilt, daß ich der Presse bei meiner Ankunft sagen soll, daß ich die Heilige Johanna in einem Film spielen werde. Und ich bin überglücklich. Ich wollte schon immer die Heilige Johanna spielen, und jetzt sollte dieser Wunsch in Erfüllung gehen. Aber als ich in New York ankomme, nimmt mich ein Pressebetreuer von Selznick beiseite und flüstert mir zu: »Sagen Sie nichts von der Heiligen Johanna. Wir können den Film jetzt nicht drehen; später natürlich. Wir werden sehen. Lächeln Sie nur schön, lächeln Sie und sagen Sie, Sie werden einen neuen Film in Amerika drehen und wie sehr Sie sich freuen, wieder in Amerika zu sein.«

Und Ingrid lächelte – sie war zurück in Amerika, zurück in New York. Und sie liebte New York.

SECHSTES KAPITEL

In Hollywood gab es nichts für mich zu tun. David O. Selznick wollte mich in Sicherheit wissen, aber ansonsten war er mit dem Krieg beschäftigt. Schließlich meinte er, es sei vielleicht besser für mich, für einige Wochen oder Monate nach New York zu gehen. Ich könnte die Theater besuchen, mit Pia in den Zoo gehen, er würde sich schon etwas einfallen lassen. Also fuhr ich nach New York, wo ich Kay wiedersah. Sie wußte, daß ich versessen darauf war zu arbeiten und bemühte sich, für mich etwas zu finden. Eines Tages rief sie der Theaterproduzent Vinton Freedley an. Er hätte eine Rolle, die mir gefallen könnte: Burgess Meredith würde *Liliom* von Franz Molnar spielen. Er sagte nicht, welche Rolle er für mich vorgesehen hatte, aber er würde mir das Stück schicken. Ich besaß nur wenig Bühnenerfahrung. Ich hatte zwei Wochen lang zwischen zwei Filmen in Stockholm in einer Komödie gespielt und ziemlich gute Kritiken bekommen, aber ich hatte noch nie auf einer Bühne englisch gesprochen. Und dann erfuhr ich, daß ich die weibliche Hauptrolle in *Liliom* spielen sollte. Ich bekam furchtbare Angst. »Aber ich kann die Julie nicht spielen«, rief ich ins Telefon. »Mit dem vielen Text, den ich zu sprechen habe. Dafür reicht mein Englisch überhaupt nicht aus.«

Doch Vinton Freedley ließ sich nicht erschüttern. »Das macht gar nichts. Dann werden Sie eben einen Lehrer bekommen und fleißig lernen.« Ich akzeptierte und bekam eine neue Lehrerin, weil Ruth Roberts in Hollywood unabkömmlich war.

Sie schrieb an Ruth:

Große Dinge gehen hier vor. Meinst Du nicht auch, daß *Liliom* zu schön ist, um wahr zu sein? Kay ist großartig, und gestern am Telefon wußte David nicht, wie er sich gegen uns zwei Frauen durchsetzen sollte, und gab nach. Er hat ja gesagt, und jetzt werde ich spielen. Ich bin so glücklich, Ruth. Ich liebe das Stück, und es ist wunderbar, wieder auf der Bühne zu stehen. Natürlich habe ich auch Angst, aber vielleicht vergesse ich sie in meiner Freude. Natürlich vergesse ich Johanna nicht, aber ich denke und träume mehr von Julie. Ich hoffe, daß David jetzt wirklich mit den Vorbereitungen für *Johanna* beginnt und nicht länger über einen anderen Film nachdenkt.

Die Premiere ist am 24. Mai. Wenn es dem Publikum gefällt, werden wir sechs bis acht Wochen spielen. Ich werde also nicht so bald in Hollywood zurück sein...

Jock Whitney und Kay waren ein wenig im Zweifel, ob meine Stimme das Theater füllen würde. Also kamen sie eines Tages etwas früher, setzten sich in den Rang, und ich sprach ihnen meinen Text vor. Vinton Freedley war sehr überrascht, als er davon erfuhr, und ich erklärte ihm, daß ich sehr wenig Theaterpraxis hätte und mich sicher fühlen wollte. Er schien überrascht und sagte, ich hätte doch in *Maria Stuart* und *Mädchen in Uniform* und in einigen anderen Stücken in Schweden gespielt. Ich schüttelte den Kopf und erklärte, daß er mich mit Signe Hasso verwechseln müsse.

Mir war klar, wie es zu dieser Verwechslung hatte kommen können. Signe war sechs Monate nach mir nach Amerika gekommen und hatte viel Publicity gehabt. Zuvor hatte sie in Schweden in mehreren Bühnenstücken gespielt. Nach einer endlosen Pause sagte Vinton schließlich: »Mein Gott, ich habe das falsche Mädchen engagiert!« Er drehte sich aufgeregt zu Kay um, aber sie erwiderte: »Wie sollten wir wissen, wen Sie haben wollten? Sie haben nach Ingrid gefragt. Signe arbeitet im Moment in Kalifornien, und Sie fragten nach Ingrid...«

Vinton wurde aschfahl im Gesicht und murmelte: »Mein Gott! Und jetzt ist es zu spät, um noch etwas zu ändern!«

Und da stand ich, kurz vor meiner ersten New Yorker Theaterpremiere, und mußte feststellen, daß man mich verwechselt hatte. Und mit meinem Englisch stand es wirklich nicht zum besten.

Liliom, 1908 von dem ungarischen Dramatiker Franz Molnar geschrieben, sollte in New York seine fünfte Aufführung erleben. Das Stück, das später zu dem Musical *Carousel* umgearbeitet wurde, erzählt die Geschichte des liebenswerten Taugenichts Liliom, hinter dem alle Mädchen her sind und der von dem Serviermädchen Julie geliebt wird.

Um unsere Verwirrung zu steigern, kam auch noch Franz Molnar kurz vor der Premiere angereist. Er besuchte die Proben, sah Burgess Meredith und mich als Liebespaar, stellte fest, daß ich wesentlich größer als Burgess war, und meinte sarkastisch dazu: »Warum spielen Sie nicht Liliom?«

Nun, auch dieses Problem wurde gelöst. Wann immer Burgess sich mir näherte, setzte ich mich, und er beugte sich über mich. Später habe ich diese Tricks oft auch vor der Filmkamera anwenden müssen, denn ich hatte nur selten das Glück, mit einem Partner zu spielen, der größer war als ich.

Und dann kam der Tag der Premiere. Eine Stunde bevor der Vorhang hochgehen sollte, hörte ich aus Burgess' Garderobe Musik. Neugierig ging ich nachschauen und sah ihn inmitten einer Zigeunergruppe sitzen, die ihn mit Musik inspirieren sollte. Dann warf ich einen Blick ins Publikum. Vinton Freedley wußte nicht, ob er dabei war, sich den größten amerikanischen Theaterreinfall einzuhandeln oder nicht. Ich wußte es auch nicht. Ich war meiner selbst absolut nicht sicher. Ich mußte in einer fremden Sprache spielen, und es konnte passieren, daß ich die schlimmsten grammatikalischen Fehler machte. Und dazu das Lampenfieber! Kameras waren immerhin geduldig, und man konnte wiederholen, wenn man etwas verpatzt hatte, aber auf der Bühne war das nicht möglich. Und da vor mir saß das Publikum – wie würde es sich verhalten, wenn ich einen Fehler machte? Würde ich überhaupt ein Wort herausbringen? Würde ich nicht plötzlich alles vergessen haben, was ich gelernt hatte?

Und dann bin ich auf der Bühne, der Vorhang öffnet sich, und ich höre mich den ersten Satz sprechen. Es geht los, es gibt kein Zurück mehr, ich bin mittendrin.

Ihr Lampenfieber sollte sie nie verlieren. Auch in späteren Jahren nicht. Nur die Erfahrung kam Ingrid Bergman zu Hilfe. Sie wußte später, daß in dem Moment, da sie auf der Bühne stand, alle Angst verflogen sein würde. Es konnte vorkommen, daß sie einen Satz oder ein Wort vergaß, aber sie wußte, sie würde sich immer wieder zurechtfinden, und das Publikum würde es nicht bemerken. In dem Augenblick, da sie auf der Bühne oder vor einer Filmkamera stand, fühlte sie sich sicher und allen Anforderungen gewachsen. Mochte es in ihrem privaten Leben Momente geben, in denen sie sich verunsichert fühlte, auf der Bühne oder im Filmatelier, das wußte sie, würde ihr kein Fehler unterlaufen. Bei ihrem Debüt auf der New Yorker Bühne war sie sich dessen allerdings alles andere als sicher.

Die erste positive Reaktion kam von Franz Molnar. Er erklärte, daß er von Ingrid Bergmans Leistung sehr angerührt sei. Und das Wunder geschah: Auch die Kritiker waren begeistert. Der Theaterkritiker Walter Winchell schrieb: »...Burgess Meredith als Liliom ist wunderbar, und Ingrid Bergman verbreitet einen Zauber, dem sich niemand entziehen kann.« Die »Daily News« schrieb: »...Ingrid Bergmans Julie ist die überzeugendste Darstellung dieser Figur, die man sich vorstellen kann.« Und ein anderer Kritiker schrieb: »Burgess Meredith und Ingrid Bergman lassen das Publikum lachen und weinen. Sie bringen gemeinsam einige der schönsten Momente auf die Bühne, an die man sich erinnern kann.«

Burgess Meredith war einer der besten Schauspieler am Broadway. Er war sehr freundlich zu mir und lud mich häufig zum Essen ein. Irene Selznick hatte mich gewarnt. Sie hatte mir gesagt, daß ein Mann nicht ohne Absicht nett ist. Wenn mich ein Mann zum Essen einladen würde, müßte ich am Schluß die Rechnung bezahlen. Das waren ihre Worte gewesen, ich hatte sie noch deutlich im Ohr. Aber mit Burgess war das anders. Er führte mich herum und zeigte mir ein New York, das ich noch nicht kannte. Er war sehr lieb zu mir. Aber nicht nur zu mir. Er war lieb zu jedem, den er mochte. Er hat mir die Mentalität der Amerikaner sehr nahe gebracht, die ihnen eigene Generosität, ihre Offenheit und Freundlichkeit, ihren Humor, das

Über-sich-selbst-lachen-Können. Schweden, Italiener oder Franzosen können nicht über sich selbst lachen. Die Amerikaner können das. Und sie lieben den Erfolg und sind nicht neidisch auf ihren Nachbarn. Schweden können sehr neidisch sein, sehr ärgerlich, wenn der Nachbar mehr verdient als sie selbst, wenn jemand einen besseren Job hat als man selbst. In Amerika sagt man: Wie schön für dich! Sie freuen sich über den Erfolg, den ein anderer hat. All dies lernte ich durch Burgess Meredith kennen.

Sie schrieb an Ruth:

Ich bin froh, daß Du nach Deinem letzten Film etwas Ruhe hattest. Es wäre himmlisch, wenn wir in einem Monat gemeinsam an einem neuen Film arbeiten könnten. Aber nichts geschieht. David und Kay suchen noch immer nach einem Drehbuch. Im Moment ist mir das aber ziemlich egal, denn heute in einer Woche verläßt Petter Schweden und schifft sich am 1. Juni in Italien auf der »Washington« ein. Ich kann es noch gar nicht glauben, daß es jetzt wirklich endlich soweit ist und er bald mit seiner Tochter und seiner Frau vereint sein wird. Wenn nur Italien nicht auch noch in den Krieg hineingezogen wird oder etwas anderes im letzten Moment passiert! Er hörte sich am Telefon sehr zuversichtlich an. Wir hatten am Sonnabend die letzte Vorstellung, und es tat mir so leid. Es ist immer schrecklich, von einem Stück Abschied nehmen zu müssen. Erinnerst Du Dich an *Intermezzo*? Ich weinte.

Zuerst dachte ich daran, zu Dir zu fahren, die Kinderfrau und Pia in einen schönen Bungalow einzuquartieren und erst nach New York zurückzukehren, wenn Petter ankommt. Aber das würde alles zu teuer werden. Also fahre ich jetzt mit ihnen irgendwo aufs Land außerhalb von New York und warte dort auf Petter. Mit dem Geld, das ich bis jetzt gespart habe, werde ich uns ein schönes Apartment im 34. Stock mieten, von dem aus man den Central Park überblicken kann. Ich bin gespannt auf sein Gesicht, wenn er auf diese wundervolle Stadt mit ihren acht Millionen Einwohnern hinuntersieht, auf diese Stadt, von der ich nie genug bekommen kann...

Doch Petter war ganz und gar nicht begeistert. Er fand New York schmutzig und die Stadt viel weniger faszinierend als Ingrid. Er reiste bald darauf zurück nach Schweden, um seine endgültige Übersiedlung nach Amerika vorzubereiten. Ingrid selbst war nicht sehr glücklich in dieser Zeit.

Am 20. August 1940 schrieb sie aus Windmill Cottage, Amagansett, an Ruth:

Ich fühle mich sehr einsam, seit Petter abgereist ist, und Long Island langweilt mich unendlich. Ich habe mich entschlossen, nächste Woche nach New York zu fahren. Wenn ich bis zum 15. September immer noch kein Theaterangebot habe, werde ich direkt zu Dir kommen. Dan O'Shea, Selznicks Vertreter in New York, meint, mir eine Filmrolle verschaffen zu können, aber daran glaube ich nicht mehr. Ich will nicht wieder enttäuscht werden. Hast Du übrigens gelesen, daß ich angeblich nicht arbeite, weil ich mit Selznick Krach gehabt habe und er jetzt Joan Fontaine die Rolle der Johanna von Orleans angeboten hat? Empfindlich, wie ich im Moment bin, hat dies nicht gerade dazu beigetragen, meine Stimmung zu heben. Soweit ich weiß, ist daran kein wahres Wort, aber was weiß man heutzutage schon?

Am 2. September schrieb sie aus dem »Hotel Volney« in New York:

Jetzt sind wir also wieder zurück, Gott sei Dank, nachdem wir den ganzen Sommer aus Koffern gelebt haben. Ich werde nun versuchen, eine Schule zu finden, um mein Englisch aufzufrischen, und ich werde etwas unternehmen müssen, um die fünf Pfund wieder loszuwerden, die ich meiner Verzweiflung verdanke. (Ich nehme zu, weil ich mich selbst bemitleide und mir deshalb Eiscreme gönne.) Vielleicht werde ich schon bald ein braves Mädchen sein, das wieder unter Menschen gehen kann.

Kay sagt, David wird *Johanna* in der nächsten Zeit nicht machen. Er hätte all ihre Vorschläge verworfen. Mein Gott, wenn ich nur Johanna zum Leben erwecken könnte, dann müßte ich nicht ständig Eiscreme futtern! Es muß nicht unbedingt eine Bühnenrolle sein. Ich

94

würde ebensogern einen Film drehen; denn ich gehöre zu den wenigen Schauspielerinnen, die wirklich davon überzeugt sind, daß Filmen wunderbar ist (ohne dabei nach dem Geld zu schielen). Eine gute Rolle in einem Film ist für mich ebenso wichtig wie eine auf dem Theater. Die Hauptsache ist, daß ich überhaupt arbeiten kann.

Ich nahm Pia nach Hollywood mit, während sich das schwedische Kindermädchen entschloß, in ihre Heimat zurückzukehren. Gleich nach der Ankunft stellte ich fest, daß David und das Studio ihre Meinung über die *Heilige Johanna* geändert hatten. »Es gibt darin keine Liebesgeschichte... und außerdem kämpfen die Engländer und Franzosen zur Zeit gemeinsam gegen die Nazis; der Film wäre eine schlechte Propaganda für sie. Und überhaupt ist es eine langweilige Geschichte.« Aber da ich nun in Hollywood war, mußte David sich etwas mit mir einfallen lassen, ich hätte sonst auf seiner Veranda übernachtet. Also lieh er mich an die Columbia-Filmgesellschaft für einen weiteren Film unter der Regie von Gregory Ratoff aus. Der Film entstand nach dem Roman *Legacy* und sollte *Adam Had Four Sons* heißen. Ich spielte die Gouvernante, die sich um Warner Baxters kleine Söhne kümmern soll. Kurz darauf stirbt seine Frau, der Börsenkrach ruiniert ihn, und er schickt mich nach Frankreich zurück. Zehn Jahre später, nach dem Ersten Weltkrieg, hat Adam erneut ein Vermögen gemacht und engagiert mich zum zweitenmal. Die Jungen kehren aus dem Krieg zurück, und Adam wird sich darüber klar, daß er mich liebt. Es gibt ein Happy-End.

In mein Tagebuch schrieb ich:

Oktober–Dezember 1940: Immerhin etwas, in das ich hineinbeißen konnte, auch wenn der Apfel nicht besonders gut war. Wir hatten ein Drehbuch als eine Art Richtlinie, aber die Dialoge entstanden immer erst in letzter Minute, weil niemand wußte, wie der Film ausgehen sollte. Ruth Roberts war eine große Hilfe, und ich mußte auch dem verrückten Gregory Ratoff meine Bewunderung zollen, und so habe ich immerhin einige angenehme Erinnerungen.

Die Kritik zeigte sich zumindest Ingrid Bergman gegenüber wohlwollend. »Man glaubt ihr«, schrieb Mary Ellen Leary in »San Francisco News«. Kay Brown meinte, daß jede Schauspielerin, die einen solchen Film überlebte, vor einer großen Karriere stehen müsse. Ingrid Bergman war aus einem ganz besonderen Grund mit sich zufrieden – sie fand, daß ihr Englisch endlich überzeugend klang: »Zumindest ich selbst konnte mich nun verstehen.«

Noch während sie *Adam Had Four Sons* drehte, begann sie mit den Aufnahmen zu einem weiteren Film. Sie beendete die Aufnahmen zu *Adam Had Four Sons* morgens um drei Uhr und stand schon sieben Stunden später für *Gefährliche Liebe (Rage in Heaven)* neben Robert Montgomery und George Sanders im Metro-Goldwyn-Mayer-Studio vor der Kamera. David O. Selznick hatte begriffen, daß er seiner schwedischen Schauspielerin Arbeit verschaffen mußte, um sie zu beschwichtigen.

Aber er hatte ihr nicht nur Arbeit verschafft, sondern auch Ärger.

Robert Montgomery kam am ersten Drehtag in meine Garderobe und erklärte, daß er sich weigern würde, seine Rolle zu spielen. Er würde nur die Dialoge sprechen, ohne jede Aktion. Er entschuldigte sich dafür. Er habe es mir selbst sagen wollen, damit ich bei der ersten gemeinsamen Szene nicht allzu überrascht sei. Er hatte einen dieser Siebenjahres-Verträge mit Metro-Goldwyn-Mayer, bekam jede Woche sein Geld und mußte dafür spielen, was ihm angeboten wurde. Zu dem Zeitpunkt, als wir den Film drehten, war er sehr beliebt, und kaum daß er einen Film beendet hatte, mußte er schon mit dem nächsten beginnen. Das war reine Geschäftemacherei. Robert aber brauchte eine Pause. Er war müde, wollte mit seiner Familie Ferien machen. Doch das Studio wollte davon nichts wissen. Hätte er die Rolle abgelehnt, hätten sie ihm so lange seine Gage gekürzt, bis er einwilligte. Also zeigte er seinen Protest auf diese Weise.

Er gab George Sanders gegenüber die gleiche Erklärung ab. Der nickte und schaute klug drein, verstand aber wahrscheinlich auch nicht mehr als ich. Bis wir mit den Dreharbeiten begannen. Da begriffen wir. Der Regisseur erklärte Bob etwas, doch der sah in die Luft, als verstünde er kein Wort, und antwortete auf die Fragen des Regisseurs nur: »Fangen wir jetzt endlich an zu drehen? Laßt uns anfangen.« Und dann legte er eine Blah-blah-blah-Szene hin ohne jede Nuancierung, immer im gleichen Rhythmus, im gleichen Schritt.

Der erste Regisseur bekam nach zwei Wochen einen Nervenzusammenbruch. Sie holten einen anderen, aber Robert änderte sein Verhalten nicht. Der zweite Regisseur gab ebenfalls nach einer Woche auf, und schließlich holten sie W. S. Van Dyke II. »Woody« Van Dyke II war ein gefürchteter Hollywoodveteran, ein Mensch, mit dem sehr schwer auszukommen war. Ich konnte ihn vom ersten Tag an nicht leiden. Robert Montgomery war es absolut egal, wer Regie führte, aber ich wollte so gut wie möglich sein. George Sanders schlief die meiste Zeit, kam nur aus seiner Garderobe, wenn er gebraucht wurde, und ging schnurstracks dorthin zurück, um weiterzuschlafen. Für ihn war dieser Film nur ein weiterer schlechter Film, der in Hollywood gedreht wurde.

Für mich wurde die Atmosphäre unerträglich. W. S. Van Dyke war mir keine Hilfe. Er kommandierte ohne Rücksichtnahme. Ihm schien es völlig egal, was aus dem Film wurde, Hauptsache, er war im Kasten. Ich ging zu Selznick und bat ihn, auf das Studio einzuwirken, entweder noch einmal den Regisseur zu wechseln oder mich umzubesetzen. Ich erklärte ihm, daß ich unter diesen Bedingungen nicht arbeiten könne. Doch David meinte, er könne sich nicht in die Angelegenheiten eines anderen Studios einmischen. Er sagte, ich solle versuchen, den Film so gut wie möglich hinter mich zu bringen, danach würde er schon etwas Richtiges für mich finden.

Ich mußte mich fügen. Aber ich wollte W. S. Van Dyke meine Meinung sagen. Als er in meine Garderobe kam, sagte ich: »Warum sind Sie nicht in der Armee geblieben? Sie kümmern sich überhaupt nicht um die Gefühle Ihrer Mitarbeiter. Und Sie wissen ganz und gar nicht, wie man mit Schauspielerinnen arbeitet. Ihr einziges Interesse besteht darin, den Film – egal wie – zu einem Ende zu bringen. Und Sie geben mir keine Möglichkeit zu spielen.«

Meine Worte überraschten ihn, und er meinte, wenn ich so mit meinem Regisseur spräche, könnte er mich hinauswerfen. Und ich sagte ihm, daß ich mich dafür noch bedanken würde, daß es mein größter Wunsch sei, nicht eine Minute länger als nötig in diesem Film mitzuspielen, und daß er mir keine größere Freude machen könne, als mich hinauszuwerfen.

Schließlich ging er, kam aber nach einer Weile zurück und fragte: »Bin ich wirklich so ein unfreundlicher Mensch?«

»Ja. Ich habe noch nie mit jemandem gearbeitet, der sich so benimmt.«

»In Ordnung. Ich weiß nicht wie, aber ich werde versuchen, mich zu ändern. Und übrigens – Sie sind sehr gut in dieser Rolle.«

Ich arbeitete also weiter. Der Film wurde schließlich beendet, und Robert Montgomery, der sich geweigert hatte, auch nur für eine Sekunde schauspielerische Aktionen von sich zu geben, erhielt brillante Kritiken, weil sein Nicht-Spielen einen so ungewöhnlichen Eindruck auf der Leinwand machte.

Die Kritiker hatten sonst nicht viel Gutes über den Film zu berichten. Howard Barnes meinte in der »Herald Tribune«: »*Gefährliche Liebe* hat alle unerfreulichen Aspekte der Geschichte eines Wahnsinnigen, ohne melodramatischen Hintergrund. Ingrid Bergman allein gelingen einige überzeugende Szenen. Die Leinwandgewaltigen sollten ihr großes Talent nicht länger brachliegen lassen.«

Die gefürchtete Hollywood-Kolumnistin Louella Parsons schrieb über Ingrid Bergman: »Sie ist eine hervorragende Schauspielerin, und es ist mir unverständlich, daß man sich bei Metro-Goldwyn-Mayer mit Greta Garbos Eigenheiten herumplagt, wenn es hier in Hollywood eine andere schwedische Schauspielerin gibt, die ihr in nichts nachsteht.«

Ingrid Bergman hat ihre weltberühmte Kollegin immer bewundert, hat sie aber nie richtig kennengelernt.

Ich fand sie auf der Leinwand wundervoll. Aber Greta Garbo war nicht daran interessiert, mich kennenzulernen. Vielleicht sah sie in mir eine Konkurrentin, weil ich auch aus Schweden war und weil man in Hollywood aus jeder europäischen Schauspielerin, die in die

Filmmetropole kam, eine neue Garbo machen wollte. Als ich das erste Mal in Hollywood war, meinte Petter, daß es eine nette Geste wäre, wenn ich ihr ein paar Blumen schickte. Ich tat es und erhielt ein Telegramm, in dem sie sich bedankte und mich um meine Telefonnummer bat. Sie würde mich anrufen, falls ich Zeit hätte. Ich war drei Monate lang in Hollywood und schickte ihr die Blumen gleich in der ersten Woche nach meiner Ankunft, das Telegramm aber erhielt ich erst kurz vor meiner Abreise.

Ich erzählte diese Begebenheit später dem Regisseur George Cukor, der ein guter Freund der Garbo war. Ich sagte ihm, wie traurig ich gewesen sei, daß wir uns nicht getroffen hätten, weil ihr Telegramm erst so spät gekommen sei. Und George lachte und sagte: »Natürlich hat Greta das Telegramm erst abgeschickt, als sie sicher war, daß du bald wieder abreisen würdest.«

Ich sah Greta Garbo, als ich *Adam Had Four Sons* im Metro-Goldwyn-Mayer-Studio drehte. Meine Garderobe befand sich im Gebäude der Nebendarsteller. Ich galt zwar als Hauptdarstellerin, aber die Stargarderoben waren alle belegt. Mir war das gleichgültig, aber natürlich hatte Greta ihre Garderobe im Gebäude der Stars. Zwischen den Gebäuden lag der Parkplatz, wo auch die Wagen standen, die Greta und mich zu den manchmal sehr weit vom Studio entfernten Drehorten fuhren. Zuerst war es mir unangenehm, einen Wagen zu nehmen, wenn die Entfernung zum Aufnahmeort nicht so groß war und man sie auch zu Fuß hätte bewältigen können, aber Ruth klärte mich auf: »Wenn du zu Fuß gehst, verliert der Chauffeur seinen Job, und er hat eine Familie, die er ernähren muß. Also nimm den Wagen – auch wenn du nur über die Straße mußt.«

An einem Morgen geschah es, daß Greta und ich im selben Moment aus unseren Gebäuden kamen und auf unsere Wagen zugingen. Wir waren nur wenige Meter voneinander entfernt, aber sie nahm nicht die geringste Notiz von mir, so daß ich dachte, es sei besser, sie nicht anzusprechen, ihr nicht auf schwedisch einen guten Morgen zu wünschen und sie nicht anzulächeln, weil ich sie damit in Verlegenheit bringen könnte. Nach dieser Begebenheit wartete ich stets, bis sie in ihren Wagen gestiegen war, erst dann lief auch ich hinunter.

Das nächste Beinahe-Treffen fand statt, als Einar Nerman, der schwedische Zeichner, den ich gut kannte, nach Hollywood kam. Er kannte die Garbo ebenfalls und wollte uns zusammenbringen, da es ihm undenkbar erschien, daß wir uns noch nicht wirklich begegnet waren. Er wollte uns gemeinsam zum Essen einladen. Wenige Tage später erklärte er mir traurig, daß ihm die Garbo geantwortet habe, sie sei noch nicht darauf vorbereitet, mich zu treffen... Ich war über diese Bemerkung mehr als erstaunt und wußte nicht, was sie damit sagen wollte. Einige Zeit später, als ich wieder einmal bei Einar zu Besuch war, erzählte er mir, daß er die Garbo erwartete. Er fügte hinzu: »Geh bitte nicht fort. Ihr müßt euch treffen. Ihr seid euch so ähnlich, habt so viele Dinge gemeinsam.« Aber ich erklärte, ich würde gehen: »Ich kann nicht bleiben. Ich weiß, daß sie mich nicht sehen will. Und ich würde sie mit meiner Anwesenheit so erschrecken, daß wir doch nicht miteinander sprechen könnten.«

Viele Jahre später, als ich mit meinem Mann Lars Schmidt auf Barbados war und wir eine große Party besuchten, tauchte sie plötzlich inmitten der Gäste auf. Was sollte ich tun? Würden wir eine weitere unserer kühlen Nicht-Begegnungen haben? Ich ging in den Garten hinunter, um ihrem Blickwinkel zu entkommen, aber ich schaute mich doch nach ihr um und sah sie mit Lars und einigen anderen Leuten reden. Plötzlich verließ sie die Gruppe und kam zu mir herunter. Sie setzte sich zu mir, und ich war so nervös, daß ich nicht wußte, was ich sagen sollte. Sie war es, die das Gespräch begann.

»Ich habe gehört, daß Sie Barbados mögen und sich hier ein Stück Land kaufen wollen«, sagte sie.

Ich antwortete: »Ja, der Strand ist wunderschön, und wir wollen eventuell ein kleines Haus kaufen.«

»Das würde ich nicht tun«, erwiderte sie. »Die Leute stehlen hier wie die Raben.«

»Aber es soll keine Luxusvilla sein, nur ein kleines Haus, damit wir ein Dach über dem Kopf haben, wenn wir uns hier erholen wollen. Wir werden es wohl nur einige Monate im Jahr benutzen und es für den Rest des Jahres vermieten. Und wir werden es auch nur ganz einfach einrichten...«

»Aber sie stehlen sogar die Kleidungsstücke.«

»Kleidung? Alles, was wir hier haben werden, sind Badeanzüge, ein paar Shorts und ein paar lange Hosen für kühlere Abende. Das kann man uns gern stehlen, wenn man will.«

Sie sagte nichts mehr, erhob sich und ging zurück. Das war das Ende unserer Begegnung. Vielleicht erklärt sich daraus ein wenig ihre Lebenseinstellung – sie ist voll Angst, daß man ihre eigene Person, ihr Leben stehlen könnte. Für mich wie für so viele Menschen blieb Greta Garbo ein ewiges Rätsel. Später ist mir aufgefallen, wieviel Ironie in unserer Begegnung im Metro-Studio lag. Ich arbeitete dort, um meine Karriere zu beginnen, und sie arbeitete dort zur gleichen Zeit, um ihre Karriere zu beenden. Sie drehte damals den Film *Die Frau mit den zwei Gesichtern*, und er wurde ein Mißerfolg. Die Garbo war so bestürzt darüber, daß sie nie wieder vor die Kamera trat. Ich konnte das nicht begreifen. Sie war erst fünfunddreißig Jahre alt, war wunderschön, eine beliebte und gefeierte Schauspielerin – und sie arbeitete nie wieder, trat nie wieder vor die Kamera. Tag für Tag stand sie auf – aber was tat sie, was gab es für sie zu tun? Hätte sie Kinder oder Enkelkinder gehabt, wäre es vielleicht einfacher für sie gewesen. Aber sie blieb einsam, scheu, zurückgezogen...

David O. Selznick hatte sich inzwischen Gedanken darüber gemacht, wie er Ingrid einsetzen könnte. Er war sich klar darüber, daß sie auf dem besten Wege war, ein gefeierter Hollywood-Star zu werden, und so war es nur logisch, daß sie von nun an nur die besten Rollen bekam. Er schlug ihr vor, neben Spencer Tracy in der Neuverfilmung von Robert Louis Stevensons klassischer Horrorgeschichte *Dr. Jekyll and Mr. Hyde (Arzt und Dämon)* eine Hauptrolle zu übernehmen. Und außerdem wollte er, daß sie auf seiner Sommerbühne in Santa Barbara in Eugene O'Neills *Anna Christie* spielte. Es gab aber noch eine Überraschung besonderer Art. Das »Life«-Magazin hatte berichtet, daß der Schriftsteller Ernest Hemingway eigene Vorschläge für die Besetzung der Hauptrollen in der geplanten Verfilmung seines Bestsellers *Wem die Stunde schlägt (For Whom the Bell Tolls)* gemacht habe. Und er hatte Ingrid Bergman für die Rolle der Maria ausgewählt, jenes jungen spanischen Mädchens, das im Bürgerkrieg von den Faschisten vergewaltigt wurde und bei Widerstandskämpfern in den Bergen Zuflucht fand. Er hatte Ingrid Bergman in *Intermezzo* gesehen und war überzeugt, daß es für die Maria keine bessere Darstellerin geben könnte.

Ingrid war überglücklich. Natürlich wollte sie bei *Arzt und Dämon* dabeisein, und natürlich würde sie in *Anna Christie* spielen. Aber vor allem wollte sie die Maria sein. Maria war zwar ein spanisches Mädchen und müßte dunkelhaarig sein und einen dunklen Teint haben, aber wenn Hemingway der Ansicht war, daß sie die Idealbesetzung für diese Rolle war, so war sie mehr als bereit zu allem. Und Selznick versprach, sich besonders für sie zu verwenden: »Ja, ich habe ›Life‹-Magazin gelesen. Du bist genau die Richtige für die Rolle. Aber der Film wird bei Paramount gemacht. Ich werde alles versuchen, und wenn Hemingway selbst dich schon vorgeschlagen hat, so ist das natürlich eine große Hilfe. Aber erst kommen die beiden anderen Rollen...«

Selznick hatte Ingrid Bergman in *Arzt und Dämon* für die Rolle von Dr. Jekylls Verlobter vorgesehen, und Lana Turner sollte die Ivy spielen, ein Barmädchen, das dem Doktor schöne Augen macht. Er wußte nicht, daß Ingrid selbst eine andere Vorstellung hatte, und er wußte auch nicht, daß sie sich bereits mit dem Regisseur Victor Fleming darüber unterhalten hatte.

Ich hatte bisher immer die braven jungen Mädchen gespielt. Die Filme hatten zwar stets andere Titel und erzählten andere Geschichten, aber ich spielte immer die Rolle des braven, anständigen und gutmütigen Mädchens. Und jetzt sollte ich wieder das liebe Mädchen spielen; ich hatte keine Lust mehr dazu. Also schlug ich Victor Fleming vor, daß Lana Turner und ich die Rollen tauschten. Er lachte mich aus und meinte, daß dies ganz unmöglich sei, ich würde viel zu brav aussehen. »Aber ich bin eine Schauspielerin«, beharrte ich. Und er sagte, daß er sich nicht vorstellen könne, daß ich eine Barfrau spielen könnte. Ich fragte ihn, ob er einen Test mit mir machen würde, und er erwiderte, daß Selznick einen solchen Test niemals erlauben würde. So schlug ich vor, ihn heimlich zu machen. Und Fleming willigte ein. Ich glaube mehr, weil er sich einen Spaß davon versprach. Und weil er mir beweisen wollte, wie unmöglich

mein Vorschlag war. Also nahm er sich eines Abends einen Kameramann und ein Technikerteam und machte den Test mit mir. Viele
Leute haben mich später gefragt, warum ich darauf bestanden hätte.
Ich glaube zuallererst, weil mir die Figur der Ivy sehr sympathisch
war. Und dann natürlich, weil ich beweisen wollte, daß ich mehr
konnte, als nur brav und hübsch zu sein. Fleming war jedenfalls nach
dem Test überzeugt und erklärte Selznick, daß er die Rollen von
Lana und mir austauschen werde. Selznick glaubte, nicht richtig
verstanden zu haben. »Eine derartige Rolle kann sie nicht spielen«,
war seine Überzeugung, weil er zu jenen Leuten gehörte, die an die
alte Hollywoodlegende glaubten, daß jemand, der einen Fahrstuhlführer spielt, immer einen Fahrstuhlführer spielen muß. Eine Krankenschwester ist in Hollywood immer eine Krankenschwester, ein
Trinker immer ein Trinker. Hat man mit einer Rolle Erfolg, spielt
man sie für alle Zeiten. So will dich das Publikum sehen, sagte man
den großen Stars, wenn man ihnen immer und immer wieder das
gleiche Rollenschema anbot. Fleming jedenfalls blieb hart, und
Selznick gab schließlich nach. Ich spielte die Ivy.

In Europa war Krieg, und Petter Lindström entschloß sich, ebenfalls
nach Amerika zu gehen. Er hatte einen Flug von Lissabon nach New
York gebucht, doch dann waren alle Plätze für amerikanische Staatsbürger reserviert worden, und so traf er an Bord eines portugiesi-
schen Frachters mit sechswöchiger Verspätung in New York ein. Als
er Hollywood erreichte, kam er gerade zum Weihnachtsfest 1940
zurecht.

Anfang 1941 machten wir einige Tage Urlaub in Sun Valley, als mich
David O. Selznick anrief und mir mitteilte, daß Hemingway in San
Francisco sei. Er bereitete mit seiner Frau seine Abreise nach China
vor und würde sich freuen, mich kennenzulernen. Petter und ich
trafen Hemingway und seine Frau Martha Gellhorn in einem Restaurant in San Francisco. Ich war vom Skilaufen in Sun Valley gebräunt,
und das erste, was Hemingway sagte, war, daß er sich wohl keine
Gedanken zu machen brauche, wenn ich die Maria spielen würde. Er

fragte mich, wie meine Ohren aussehen, denn Marias Haare seien sehr kurz. Ich sagte ihm, wie überrascht ich sei, daß er mich für die Rolle vorgeschlagen habe, denn ich käme aus dem Norden, und Maria sei eine Frau des Südens. »Ich habe Spanierinnen gesehen, die genauso blond und groß waren wie Sie«, sagte er. Und er setzte hinzu, daß er sicher sei, daß ich die Rolle bekommen würde. Ich war mir jedoch nicht so sicher, denn der Film wurde von der Paramount-Gesellschaft gedreht, und die hatten letztendlich zu entscheiden, wer die Rolle bekam. Da war es ganz egal, was der Autor richtig fand. Und ich wußte auch, daß sie bereits andere Schauspielerinnen testeten. Und Hemingway würde in China sein...

Petter Lindström mietete ein Haus in Rochester in der Nähe von New York, wo er in einem Zweijahreskursus sein amerikanisches Arztdiplom machte, während Ingrid Bergman auf der anderen Seite des Kontinents, in Beverly Hills, eine kleine Wohnung mietete, in der sie mit ihrer zweieinhalb Jahre alten Tochter und einem schwarzen Hausmädchen namens Mabel wohnte. Pia lernte schneller Englisch als ihre Mutter, und eine Journalistin berichtete in jenem Jahr, daß sie den Filmstar Ingrid Bergman zu Hause besucht und miterlebt habe, wie sie von ihrer kleinen Tochter praktischen Englischunterricht erhielt, indem sie einen Löffel hochhob und das kleine Mädchen der Mutter erklärte, was Löffel auf englisch heißt.

Manchmal fuhr ich morgens um sechs die Berge von Beverly Hills hinauf, und unter mir, im aufgehenden Sonnenlicht, lagen die Filmstudios, und ich stellte fest, wie glücklich ich hier war und daß alle meine Träume sich erfüllt hatten. Ich konnte mein Glück kaum fassen.

Arzt und Dämon bot mir zum erstenmal in einem amerikanischen Film eine Rolle, in der ich mich von einer ganz anderen Seite zeigen konnte.

Ich war sehr froh, die Ivy spielen zu dürfen, mein Partner Spencer

Tracy war allerdings weniger glücklich. Er liebte die Doppelbödigkeit seiner Rolle nicht – den Arzt und das Monster Mr. Hyde. Er wollte immer nur sich selbst spielen, seine eigene wunderbare und sehr menschliche Persönlichkeit, die ihn zu einem der größten Schauspieler Hollywoods gemacht hatte. Er haßte die böse Seite seiner Rolle und wehrte sich gegen diese Darstellung. Persönlich verstand ich ihn sehr gut, arbeitsmäßig aber war ich ganz anderer Ansicht. Ich wollte immer anders sein, von Rolle zu Rolle verschieden, mal gut, mal böse. Ich wollte alle Schattierungen des Lebens verkörpern.

Spencer gefielen manche Szenen gar nicht, vor allem nicht jene, in denen er mich die Stufen hinauf ins Schlafzimmer tragen mußte, um dort seinen Gelüsten zu frönen. Victor Fleming spielte die Szene vor. Groß und kräftig, wie er war, hob er mich hoch und lief mit mir die Stufen hinauf, als wäre ich federleicht. Spencer erinnerte an seinen Leistenbruch. Also fertigten die Techniker eine Schlinge an, mit der sie mich hochzogen, während Spencer sich anhängte und hinter mir herlief, so daß es aussah, als würde er mich tragen.

Aber es war nicht so einfach, wie es sich anhört. Zuerst zogen sie mich zu schnell hoch, so daß Spencer nicht hinterherkam. Immer wieder ging es hinauf und hinunter. Die Proben schienen endlos. Dann, bei der zwanzigsten Probe, riß die Schlinge. Ich fiel in Spencers Arme. Er konnte mich nicht halten, und so stürzten wir beide kopfüber die Treppe hinunter. Wir saßen völlig außer Atem am Fuße der Treppe und lachten. Victor Fleming kam erschrocken auf uns zugelaufen und konnte es nicht fassen, daß wir uns nicht verletzt hatten. Es war wie ein Wunder, und wir konnten weiterarbeiten.

Victor Fleming war einfach großartig. Ich hatte zwar auch in Schweden viele gute Regisseure kennengelernt, aber an Victor war etwas Besonderes. Wenn ich ihn ansah, wußte ich, wie er eine Szene gespielt haben wollte. Dieser direkte Kontakt war neu für mich, und ich habe ihn nur bei sehr wenigen Regisseuren gespürt. Er hat mich zu Leistungen inspiriert, die ich mir selbst nicht zugetraut hätte. Die Szene, in der ich voller Angst und Entsetzen dem schrecklichen Mr. Hyde ins Gesicht sehen sollte, konnte ich einfach nicht spielen. Victor Fleming nahm mich schließlich bei der Schulter, drehte mich herum und schlug mir immer wieder ins Gesicht – so kräftig, daß es weh tat. Ich spürte meine Tränen. Tränen der Überraschung, des Schamgefühls? Sie liefen mir über die Wangen. Ich stand da und weinte, während er zur Kamera lief und »Aufnahme!« rief. Sogar die Kameraleute waren erschrocken, als ich die Szene weinend zu Ende spielte. Aber er hatte, was er wollte. Bei Schluß der Dreharbeiten war ich sehr in ihn verliebt. Er aber nicht in mich. Für ihn war ich nur ein Teil eines Films, bei dem er Regie geführt hatte.

Sie schrieb in ihr Tagebuch:

Januar–März 1941. Man kann nicht alles haben, und man muß für alles bezahlen. Ich habe mit *Gefährliche Liebe* für *Arzt und Dämon* bezahlt. Ich hätte jeden Preis gezahlt, um diesen Film zu drehen. Kann ich je glücklicher in meiner Arbeit sein? Werde ich je eine bessere Rolle als die der kleinen Ivy Petersen bekommen, einen besseren Regisseur als Victor Fleming, einen besseren Partner als Spencer Tracy und einen besseren Kameramann als Joe Rothenberg? Ich war nie glücklicher. Nie habe ich mich so völlig hingegeben. Zum erstenmal bin ich aus dem Käfig ausgebrochen, der mich umschlossen hält, und habe einen Spalt zur Welt geöffnet. Ich habe Dinge berührt, die in mir schlummerten und die zu zeigen ich vorher nie gewagt hatte. Ich bin glücklich über diesen Film. Es ist, als könnte ich fliegen. Ich fühle keine Fesseln. Ich kann höher und höher fliegen, weil die Schlösser meines Käfigs gebrochen sind...

SIEBENTES KAPITEL

Am 1. August 1941 schrieben die »Santa Barbara News«: »Ein Publikum, von dem jeder Theaterbesitzer und jeder Filmproduzent träumt, bahnte sich am Mittwoch abend seinen Weg zum Lobero-Theater, wo David O. Selznick die Sommersaison mit Eugene O'Neills Stück *Anna Christie* eröffnete. Lana Turner erschien am Arm von Tony Martin, der elegante George Raft kam allein. Samuel Goldwyn führte die Reihe der Hollywoodproduzenten an. Alfred Hitchcock und Rouben Mamoulian vertraten die Garde der Hollywoodregisseure. Robert Benchley war da und Kay Francis, Olivia de Havilland und Alan Marshal, Geraldine Fitzgerald und Richard Barthelmess. Und sie alle kamen, um ihre Kollegin Ingrid Bergman auf der Bühne zu erleben.«

Ingrid Bergman schrieb über den Premierenabend an Jock Whitney:

Das Theater war überfüllt. Überall wurden Extrastühle aufgestellt. Die Autogrammsammler krochen sogar auf das Dach. Ich kam mir wirklich wie ein Star vor. Aber mein Auftritt war für das Publikum verblüffend. Zuerst trat der Vater auf, der von seiner Tochter berichtet, die er über alles liebt und die ihn nun besuchen wird. Und was sieht das Publikum – eine ganz gewöhnliche Hure. Der erste Satz, den ich zu sagen habe, ist: »Gib mir einen Whisky, einen doppelten!« Und das Publikum schnappt nach Luft – und lacht. Sie dachten wohl, ich würde ein Glas Milch verlangen. Aber wir haben es geschafft.

Die Sympathie, die Amerikas Presse Ingrid Bergman entgegenbrachte und die einen Punkt überhöhter Idealisierung erreichen sollte, bis sie einige Jahre später im Vulkanausbruch von Stromboli zusammenbrach, begann nun zu wachsen. Sie war der Traum jedes amerikanischen Reporters. Sie wurde zur schönsten Schauspielerin Amerikas gekürt, eine Frau, die kein Make-up benutzte, die ohne Presseagenten auskam, die sich in die Schlange an der Kasse einreihte, wenn sie Theater- oder Kinokarten kaufen wollte, die sich sogar in Shorts wie eine Lady benehmen konnte. Sie war der schwedische Schneeball, der Hollywood erwärmte. David O. Selznick nannte sie die »Palmolive-Garbo«. Die Filmkritiker schrieben hymnisch über ihre Leistungen und zeigten sich sogar von ihrem Rollenwechsel in *Arzt und Dämon* überzeugt.

1940 und 1941 waren die aufregendsten Jahre in Ingrids bisheriger Karriere gewesen. Sie war erfolgreich am Broadway in *Liliom* aufgetreten, hatte *Anna Christie* auf der Sommertheaterbühne gespielt und drei Hollywoodfilme gedreht, darunter einen, von dem sie auch heute noch sagt, daß er zu einer Wende in ihrer Karriere geführt hat: *Arzt und Dämon*. Und sie bereitete sich auf die Rolle der Maria in der Hemingway-Verfilmung *Wem die Stunde schlägt* vor.

Im Herbst 1941 ging Ingrid Bergman nach Rochester, um mit ihrem Mann und ihrer Tochter Urlaub zu machen. Sie wollte sich erholen, ein Wunsch, der ihr bisher unbekannt gewesen war. Aber nach und nach wurde sie von einer inneren Unrast erfaßt. Sie war nicht dazu geboren, die Füße auszustrecken. Sie sehnte sich danach, wieder zu arbeiten, und sie hoffte auf die Rolle der Maria in der Hemingway-Verfilmung. In ihren Briefen an Ruth Roberts wird diese Stimmung deutlich:

Liebe Ruth,
ich bin hier in Rochester Hausfrau und Mutter, ob Du es glaubst oder nicht. Die ersten Tage habe ich nur saubergemacht. Jetzt arbeite ich im Garten. Viel wird es nicht helfen, aber Pia spielt gern darin. Seit Petter und ich verheiratet sind, waren wir oft getrennt – 1938, 1939, 1940, 1941, und wir haben höchstens zwölf Monate zusammen gelebt wie andere Familien. Und vielleicht wird es so weitergehen, wenn ich wieder in Hollywood arbeite, denn Petter liebt Rochester mehr als alle anderen Plätze in Amerika...

Ich fürchte, ich werde zu dick. Ich esse zuviel. Ich sollte Diät halten. Ich versuche es mit allen Tricks. Ich denke an die Rolle der

Veronica in *Schlüssel zum Himmelreich*, von der David gesprochen hat. Und ich denke natürlich auch an die Maria. Aber alle meine guten Vorsätze helfen nicht viel...

Petter fuhr jeden Tag ins Krankenhaus. Mabel ging mit Pia spazieren, und Ingrid versuchte, sich selbst zu betrügen, indem sie sich einredete, daß ein Hausfrauendasein gar nicht so schlecht war. Doch nun wurden auch die Nachbarn auf den Filmstar aufmerksam, der sich in ihrer Nähe niedergelassen hatte. Das Telefon stand nicht mehr still. Anrufer erzählten von ihrer wunderschönen kleinen Tochter und ob Ingrid Bergman ihr nicht eine Filmrolle verschaffen könne. Andere wollten ihr selbstverfaßte Drehbücher zusenden oder sie zum Nachmittagstee einladen. Touristen standen schließlich in langen Schlangen vor ihrem Haus. Und dann drangen Verehrer oder Diebe in ihr Haus ein und stahlen Souvenirs – darunter auch Ingrids Unterwäsche. Die Polizei war ebenso machtlos wie die Feuerwehr. Sie bekam eine geheime Telefonnummer, aber das half nur wenig. Ingrid wurde sich schließlich darüber klar, daß sie in ihrem eigenen Haus eine Gefangene war. Und es gab nur ein Mittel zur Befreiung: Sie mußte wieder arbeiten. Doch es gab noch immer keine konkreten Filmpläne. So nahm sie das Angebot für eine Radiosendung mit Spencer Tracy in New York an.

Am 6. Dezember schrieb sie an Ruth:

Die Radiosendung war ein Reinfall. Kay befahl mir, so etwas nie wieder zu tun. David meinte, ich würde im Radio viel von meiner Persönlichkeit einbüßen. »Du warst nicht schlecht«, sagte er, »aber ich mag dich lieber auf der Leinwand.« Petter meinte, es sei ganz in Ordnung gewesen – er benutzte sogar das Wort »gut«.

Wußtest Du, daß Signe hier in New York Premiere hatte? Petter und ich waren dort. Zu dritt gingen wir anschließend aus und unterhielten uns bis zwei Uhr morgens... Petter und ich waren übereinstimmend der Ansicht, daß es einiges gab, was sie noch verbessern konnte. Wir diskutierten darüber, bevor wir Signe trafen, und Petter meinte, ich solle es ihr sagen. Ich fürchtete, daß sie wütend werden und es mir bis ans Ende ihres Lebens nachtragen würde. Sie sei schließlich meine Freundin! »Wenn du nicht willst«, sagte Petter, »werde ich es ihr sagen. Es gibt ja sonst niemanden, der es tun könnte.« Also fing er an, mit Signe über dieses und jenes zu diskutieren, wie ich es zur Genüge kannte. Ich hätte unter den Tisch kriechen mögen und wand mich vor Verlegenheit. Ich wußte, daß er es gut meinte, aber ich hätte ihm jedesmal eine Ohrfeige geben können, wenn er mir »die Wahrheit sagte«. Signe war unglaublich. Sie war so dankbar und bat mich, ihn nicht zu unterbrechen und ruhig zu sein. Kannst Du Dir das vorstellen? Ich bekam fast keine Luft mehr. Und er hörte nicht auf. Ich stellte mir nur immer wieder vor, was ich gesagt hätte, wenn Signes Ehemann so zu mir gesprochen hätte.

Mein Gott, wie oft habe ich das mit Petter erlebt: »Du hast ein Bein nachgezogen... Die Furche zwischen deinen Augen ist sehr tief... Halt deine Finger still, wenn du sprichst, halt dich gerade, warum drehst du den Kopf immer nach links, warum drehst du ihn nicht zur Abwechslung mal nach rechts...«

Ich finde, er ist wunderbar. Niemand auf der Welt würde mir so etwas sagen. Ich habe ihm gesagt, daß ich niemals ohne ihn leben könnte, selbst wenn ich aufhörte, ihn zu lieben. Ich habe in ihm mehr gefunden, als ich verdiene. Wie sehr liebe ich ihn! Und wie sehr liebe ich Dich, Ruth, die Du alle meine Verrücktheiten verstehst.

Ich gehe jetzt zu Schrafft's. Vielleicht kaufe ich mir Eiscreme, weil heute Sonntag ist. Aber ich bin nicht sicher. Letztes Mal, als ich welches aß, bemerkte Petter gleich das eine Pfund, das ich zugenommen hatte, und meinte, er verstünde es gar nicht, da ich doch soviel Gymnastik triebe... Immer noch fünf Pfund zuviel, die ich loswerden muß...

Pia ist ein Engel. Als ich am Abend aus New York zurückkam, setzte sie sich im Bett auf und fragte, ob es wahr sei, daß ich am nächsten Tag auch noch hier wäre. Ich fühlte mich ihr gegenüber schuldig!

Ich stricke für Pia Puppenkleider. Ich habe ihr gesagt, daß wir Weihnachten alle Spielsachen, die sie nicht mehr mag, weggeben wollen. Sie solle diejenigen aussuchen, die ihr nicht mehr gefallen. Und was geschah? Sie trennte sich unglaublich schnell und leicht von den neuen, schönen Dingen, aber eine alte, kaputte, sehr schmutzige Puppe wollte sie behalten. Ich fragte sie, ob sie sie wirklich behalten wolle. Und sie nickte und meinte, daß die Puppe zwar sehr schmutzig, aber stets ein liebes Mädchen gewesen sei. Und das von einer Dreijährigen!

Ich habe keine Hoffnung mehr auf eine Produktion im Februar. Nichts ist geschehen, nichts ist gekauft worden. Kay wird Dan O'Shea während seines Urlaubs vertreten. Vielleicht kann sie ein Wunder vollbringen...

12. Januar:

Ich weiß immer noch nicht, wie es weitergehen soll. Ich habe zu tun, kümmere mich um das Haus, meinen Mann und mein Kind, und das sollte für eine Frau ja wohl genügen. Dafür gibt es uns Frauen doch angeblich, das ist unsere Glückseligkeit, heißt es. Aber ich halte jeden Tag für verloren. Als wäre nur eine Hälfte von mir am Leben. Die andere Hälfte aber stirbt ab. Was soll ich tun? Ich sehe kein Ende ab...

27. Januar:

Ich plane meinen Tagesablauf wie seinerzeit in der Schule. Ich schreibe Briefe und lese Zeitungen, gehe mit Pia im Park spazieren, bereite das Mittagessen, spiele Klavier, nehme Englischunterricht, esse zu Abend, lese und schlafe. Wir sind völlig eingeschneit, und Pia ist überglücklich. Petter arbeitet hart. Er bereitet sich auf seine Prüfungen vor. Er liest bis spät in die Nacht, und ich sitze neben ihm und lese auch. Das sind die schönsten Stunden des Tages. Gegen ein oder zwei Uhr nachts nehmen wir noch einen kleinen Imbiß, und dann gehen wir schlafen.

Ernest Hemingway und Gary Cooper waren seit jener Zeit befreundet, als Cooper den jungen Soldaten in der ersten Verfilmung von Hemingways Roman *In einem anderen Land* gespielt hatte. Für Hemingway war klar, daß nur Cooper die Rolle des Robert Jordan in *Wem die Stunde schlägt* spielen konnte, jenen Amerikaner, der sich idealistisch den spanischen Widerstandskämpfern anschließt und sich in Maria verliebt. Es bedurfte harter Verhandlungen, bis Paramount Cooper von den MGM-Studios für die Rolle freibekommen konnte. Die Produzenten wußten, daß Hemingway Ingrid Bergman als Maria haben wollte, aber sie hatten bereits eine andere Besetzung vorgesehen. Die junge Schauspielerin und Tänzerin Vera Zorina besaß einen Vertrag mit der Paramount-Gesellschaft, und man wollte ihr die große Chance geben. Niemand in Amerika hatte Vivien Leigh gekannt, die durch *Vom Winde verweht* berühmt geworden war, weshalb sollte mit Vera Zorina nicht ein ähnliches Wunder geschehen? Der Regisseur Sam Wood wollte zwar ebenfalls Ingrid Bergman als Maria, aber er sah ein, daß er sich den Wünschen der Produktion fügen mußte.

Ingrids Brief an David O. Selznick zeigt ihre damalige Stimmung:

Ich weiß genau, wie meine Situation ist. Ich bin traurig, daß ich die Rolle verloren habe, nicht, weil sie sehr gut ist, sondern weil wir beide viel dadurch gewonnen hätten. Die Gründe, die Wood in seinem Interview genannt hat, sind lächerlich. Zum Beispiel meine Größe – ich habe mit Burgess Meredith, Spencer Tracy und mit Warner Baxter keine Probleme gehabt, obwohl sie kleiner sind als ich. Ich bin Dir dankbar für alles, was Du für mich in dieser Angelegenheit versucht hast. Dein letzter Satz läßt mich hoffen: »Zusammenkommen, um Ingrids Zukunft ohne Komplikationen zu besprechen.« Ja, ich hoffe, wieder in Deinem Stall arbeiten zu können, anstatt zu den unzuverlässigen Nachbarn zu gehen. Wenn ich nur das schwedische Sprichwort vergessen könnte: »Während das Gras wächst, stirbt die Kuh.« Ich denke, alles wird dennoch gut werden.

Am 21. Februar schrieb sie an Ruth:

Ich habe genug von Rochester. Ich könnte nur noch heulen. Es gibt Momente, wo ich glücklich bin, wo ich die Stadt und mein Leben hier liebe. Aber jetzt sitze ich seit vier Tagen neben Pia und Petter und sage kaum ein Wort. Petter ist so oft fort, daß er gar nicht bemerkt, wie mir zumute ist. Ich habe keine Kraft. Für nichts. Ich gehe nicht einmal mehr mit Pia spazieren. Mabel ist böse, daß sie jetzt zweimal pro Tag mit ihr spazierengehen muß, aber mir ist das egal. Petter ist böse mit mir, weil ich meine Gymnastikübungen nicht mehr mache. Aber mir ist das alles so gleichgültig... Mein Englischlehrer kommt jeden Tag, und ich kenne jetzt 466 neue Wörter. Aber wofür werde ich sie brauchen...?

Und wieder schrieb sie an Selznick, daß sie hoffe, bald für ihn arbeiten zu können:

Ich fühle mich völlig am Ende. Es sieht so aus, als wenn Du Dich überhaupt nicht um mich kümmerst. Ich bin hier, um Filme zu drehen, und seitdem Du mir telegrafiert hast, daß Du *Die heilige Johanna* mit mir drehen willst, habe ich nichts als eine Serie von Plänen erlebt, die immer und immer wieder geändert oder verworfen wurden. Monat für Monat höre ich, daß Du etwas mit mir planst, aber es passiert nichts. Ich kann das nicht mehr aushalten. Ich muß arbeiten, sonst fühle ich mich überflüssig.

27. Februar:

Meine liebste Ruth, ich möchte niemanden hassen, ich möchte nicht, daß mein Kopf sich wie ein Karussell dreht vor Wut, aber genau das geschieht, und ich kann es nicht ändern. Ich beginne David und seine Leute zu hassen. Was soll ich tun? Ich finde, sie behandeln mich immer schlechter. Ich sollte Dir das vielleicht nicht sagen, aber ich bin eine Frau. Du kennst unseren Favoriten *Gaslight* oder *Angel Street*, wie das Stück hier auf der New Yorker Bühne heißt. David könnte die Filmrechte erwerben, und er ist auch dazu bereit, wenn, wenn, wenn... Sie wollen meinen Vertrag völlig ändern! Die Bedingungen sind unglaublich! Ich fühle mich wie im Gefängnis. Sogar eine Reise nach Schweden wäre die reinste Wohltätigkeit von ihrer Seite. Und das für sieben Jahre!!!! Ich glaube, sie haben allen Anstand verloren, aber sie wissen, daß sie mich kleinkriegen können, denn ich bin fast soweit, zu Kreuze zu kriechen und Davids Fußböden zu schrubben.

Du weißt, wie sie mich bedrängen. Von einem Tag zum anderen

muß alles entschieden sein, aber wenn du eine Frage stellst, kannst du froh sein, wenn du überhaupt eine Antwort bekommst. Damit lassen sie sich viel Zeit. Kay muß bis heute die Unterschriften haben, denn heute ist der Kaufvertrag für *Angel Street* fällig. Wenn ich mich weigere, kaufen sie nicht.

Zu meiner Freude haben wir entschieden nein gesagt. Es war nicht einmal eine Konferenz nötig. Wir werden niemals solche Bedingungen akzeptieren. Ich wollte viel schroffer sein, aber Petter ist immer so verdammt verbindlich. Ich wollte sagen: »Zur Hölle mit euch«, aber sicher ist Petters Art richtiger.

Ich werde also hier ein weiteres Jahr und vielleicht noch zwei herumsitzen. Ich habe Vorbereitungen getroffen. Ich werde Unmengen von Pullovern stricken und Bücher lesen. Aber ich werde mich niemals zu unlauteren Bedingungen verkaufen. Ich hätte nie geglaubt, daß ich jemals so etwas über David sagen könnte, den ich so sehr gemocht habe. Aber die Zeiten ändern sich.

Am 22. März 1942 schrieb sie an Ruth:

Liebling, es ist alles geregelt! Ich bin so aufgeregt, daß ich die ganze Tinte über mein Bett gieße. Wir haben mit dem Agenten Charles Feldman einen Vertrag abgeschlossen mit der Zusicherung, daß er selbst mich vertreten wird, zumindest so lange, bis er zur Armee muß. Petter und ich sind sehr erleichtert, daß wir ihm alle Vertragsverhandlungen überlassen können. New York sieht wieder freundlicher aus, seit ich bei Kay all meinen Ärger abgeladen habe. Sie hielt sich auch nicht gerade zurück, und nun sprechen wir einfach nicht mehr über die Selznick-Gesellschaft und kommen wunderbar miteinander aus. Ich habe so laut gebrüllt, daß man bestimmt in allen sechzig Etagen hören konnte, daß ich hoffte, David würde sein Vorkaufsrecht im nächsten Jahr nicht wahrnehmen.

Die folgenden Monate waren für Ingrid Bergman die schlimmsten ihres Lebens. Im Frühjahr 1942 fiel sie von einer Depression in die andere. Als Kay Brown aus Hollywood zurückkehrte, sagte sie ihr, daß sie absolut nicht vergessen sei, daß sie aber nicht mehr zu den

114

fünf beliebtesten Stars in Hollywood gehöre. Ingrid war das egal. Sie wollte arbeiten. Sie las Drehbücher, Manuskripte, Kurzgeschichten, Romane und suchte nach Stoffen. Sie las in englisch, schwedisch und deutsch.

Ingrid konnte nicht warten und dabei ruhig bleiben. Sie würde bereits Großmütter spielen können, bevor sie auch nur ein Drittel der Rollen bekommen hätte, die ihrem Alter entsprachen. Jedes Jahr wurden in Hollywood Hunderte von Filmen gedreht – Filme, die das Publikum amüsierten und zu Tränen rührten. Sollte es in all diesen Filmen wirklich nicht die kleinste Rolle für sie geben? Dieses ganze Gerede, was für ein »wertvoller Besitz« sie sei, den man mit einem einzigen schlechten Film ruinieren könne, ging ihr auf die Nerven.

Ingrid wurde zornig. Sie war niemandes »Besitz«! Sie brauchte Unterstützung. Die Gerüchte und Dementis nahmen kein Ende. »David will dich für *Ein Schlüssel zum Himmelreich*, Drehbeginn Herbst 1941 ... keine Hauptrolle, aber eine gute Rolle ... Nein, nein, nicht 1941, vielleicht im Frühling 1942 ... Tut uns leid, aber Verschiebungen kommen vor.« »Wie wäre es mit Mary Webb's *Precious Bane*?« »Aber die Heldin hat eine Hasenscharte! Du meinst, du willst Ingrid Bergman eine Hauptrolle mit einer Hasenscharte spielen lassen? Und sie hat bereits zugesagt? Einfach unmöglich! Davon will David nichts mehr hören ...« »Hör mal, Ingrid, Hal Wallis von Warners hat schon seit einigen Monaten eine Idee. Eine Geschichte, die in Nordafrika spielt. Er meint, du wärest dafür wie geschaffen. Ein Drehbuch? Ich glaube, es gibt noch keines. Besetzung? Nun, ich glaube, soweit sind sie auch noch nicht. Aber sie sprechen von Bogart. Ja, Bogey. Großartiger Schauspieler.«

Am 21. April 1942 erhielt sie endlich die langersehnte Nachricht:

O Ruth, ich habe eine Rolle bekommen! Die ganze Zeit habe ich versucht, mir vorzustellen, was ich empfinden würde, wenn dies eintrifft. Jetzt weiß ich es. Mir war warm und kalt zugleich. Ich war so aufgeregt, daß ich dachte, ich werde krank. Ich habe versucht, mich aus Freude zu betrinken, aber ich habe es nicht geschafft. Ich versuchte, vor Freude zu weinen, aber es ging nicht. Ich versuchte dreimal einzuschlafen und stand dreimal wieder auf. Aber jetzt ist ein Tag vergangen, und alles ist in Ordnung. Der Film soll *Casablanca* heißen, und ich habe keine Ahnung, worum es dabei geht...

Ingrid Bergman vertauschte die Rolle der Hausfrau wieder mit der der Schauspielerin. Im Mai 1942 fuhr sie zurück nach Hollywood, um mit den Dreharbeiten zu beginnen.

In *Casablanca* war ich wieder dort angekommen, wo ich begonnen hatte. Selznick mochte die Geschichte, weil ich wunderschön aussehen, elegante Kleider, Hüte und Schmuck tragen sollte. So wollte er mich, so wollte mich angeblich mein Publikum sehen. Ich aber wollte immer anders sein. Doch Michael Curtiz, der aus Ungarn stammende Regisseur von *Casablanca,* meinte, daß ich mir darüber nicht den Kopf zerbrechen solle. Ein Star wäre man, wenn man immer das spielte, was von einem erwartet würde. Das Publikum würde dafür bezahlen, daß Gary Cooper immer Gary Cooper und nicht der Glöckner von Notre-Dame sei. Er sagte, ich würde meine Karriere ruinieren, wenn ich das nicht begriffe. Und von nun an sollte ich nur noch Ingrid Bergman sein, dann würde das Publikum mich bis in alle Ewigkeit lieben. Ich schüttelte jedoch den Kopf und erklärte, daß ich das nicht tun würde. Ich würde versuchen, mich so oft wie möglich in meinen Rollen zu ändern. Michael Curtiz erklärte mich wahrscheinlich zu einem hoffnungslosen Fall, aber wir verstanden uns dennoch hervorragend. Er war ein sehr guter Regisseur, aber die Dreharbeiten begannen unter sehr unglücklichen Umständen.

Heute, da der Film in der ganzen Welt immer und immer wieder gezeigt wird, kann man sich kaum vorstellen, daß die Produzenten, die Drehbuchautoren und der Regisseur sich nicht darüber im klaren waren, wie die Geschichte eigentlich ausgehen sollte. Ingrid Bergmans Partner waren Humphrey Bogart, Paul Henreid, Claude Rains, Sydney Greenstreet, Conrad Veidt, Peter Lorre und in einer kleinen Rolle auch Curt Bois. Und einer ihrer beiden Partner – Humphrey Bogart oder Paul Henreid – sollte am Ende Ingrid Bergman für sich gewinnen. Aber wer?

Es war völlig verrückt. Michael Curtiz wußte nicht, was er machen sollte, weil er nicht wußte, wie die Geschichte ausgehen würde. Der Produzent Hal Wallis und die Autoren, die Brüder Epstein, änderten ständig das Drehbuch. Jeden Tag erhielten wir neue Anweisungen, neue Dialoge. Jeden Morgen hieß es, man wisse es immer noch nicht genau, aber man werde erst einmal anfangen. Humphrey Bogart war sauer, weil er nicht wußte, was er machen sollte, und ich wußte nicht, in wen ich mich laut Drehbuch nun zu verlieben hatte – in Bogart oder in Henreid. Michael Curtiz sagte, er wisse es auch nicht, aber ich solle so spielen, daß beide Möglichkeiten offenblieben. Ich traute mich nicht, Bogart (laut Drehbuch) verliebt anzusehen, weil ich dann Henreid nicht mehr verliebt in die Augen sehen durfte. Schließlich hieß es, wir würden den Film mit zwei Schlußfassungen drehen, weil man sich nicht darüber klar werden konnte, mit wem ich mein Happy-End haben würde. Also sagte ich in der ersten Fassung Bogart adieu und flog mit Henreid davon. Danach gingen Claude Rains und Bogart zusammen fort, und Rains sagte, während sie im Nebel verschwanden: »Ich denke, das ist der Anfang einer wunderbaren Freundschaft.« Und alle riefen: »Halt, das ist es! Wir brauchen keine zweite Fassung zu drehen. Das ist genau der richtige Satz, um den Film zu beenden.« Sie hatten es nicht gewußt, bevor sie den Satz hörten. Und mit Sicherheit hat niemand gewußt, daß der Film ein Klassiker werden würde und die Drehbuchautoren und der Regisseur einen Oscar erhalten würden.

Alle Kollegen, die in *Casablanca* mitwirkten, waren hervorragende Schauspieler, aber wegen der vielen Unklarheiten bei den Dreharbeiten haben wir uns kaum richtig kennengelernt. Gewiß, ich habe Humphrey Bogart geküßt, aber ich habe ihn kaum gekannt.

Er war freundlich und höflich, aber ich spürte immer eine Distanz zwischen uns. Er schüchterte mich ein. Sein letzter Film, *Die Spur des Falken*, war gerade in den Kinos angelaufen, und ich sah mir den Film mehrfach an, während wir *Casablanca* drehten. Ich hoffte, ich würde ihn auf diese Weise besser kennenlernen.

Ein weiterer Grund für den außerordentlichen Erfolg von *Casablanca* war wahrscheinlich auch der Umstand, daß der Film direkt auf die Ereignisse des Zweiten Weltkrieges ansprach, auf die Millionen von Flüchtlingen, die verzweifelt versuchten, dem Hitler-Regime zu entkommen. Selten hatten Filmschauspieler damals die Möglichkeit, in ihrer Arbeit so direkt auf die aktuellen schrecklichen Geschehnisse in der Welt einzugehen wie bei diesem Film.

Hätte ihr damals jemand gesagt, daß sie mit diesem Film zu einer Legende werden würde – Ingrid Bergman hätte es sicherlich nicht geglaubt.

Während sie noch an *Casablanca* arbeitete, hörte sie Gerüchte, daß die Vorbereitungen für die Hemingway-Verfilmung *Wem die Stunde schlägt* nicht so verliefen, wie die Paramount-Produktion es sich vorgestellt hatte. Das Problem, das den Beginn der Dreharbeiten verzögerte, hieß Vera Zorina. Die ersten Testaufnahmen hatten ergeben, daß die Tänzerin Angst um ihre Beine hatte und durch die Berglandschaft tänzelte, um sich nicht zu verletzen. Man gab also kurzentschlossen Vera eine andere Filmrolle und fragte bei Ingrid Bergman an, ob sie die Maria spielen wolle.

Sie wollten einen Test mit mir veranstalten. Keinen Schauspieltest, sie wollten sehen, wie ich mit kurzen Haaren aussah. Ob ich meine Haare denn überhaupt abschneiden lassen würde? Ich sagte, daß ich es für die Rolle der Maria tun würde. Für den Test banden sie mir die Haare zurück. Danach schwebte ich einen Tag im ungewissen. Jedesmal, wenn das Telefon klingelte, glaubte ich: Jetzt, jetzt ist es soweit. Ich konnte nicht mehr ans Telefon gehen vor Aufregung und bat Petter, den Hörer abzunehmen. Als ich am nächsten Tag Standfotos für *Casablanca* machen lassen wollte, läutete das Telefon. David O. Selznick war am Apparat und sagte: »Hallo, Maria!« Ich hatte die Rolle! Ich war Maria! Nach all dieser Ungewißheit, nach all meiner Verzweiflung und Verlorenheit war es endlich doch noch wahr geworden: Ich war Hemingways Maria.

Zwei Tage später wurde sie 450 Meilen mit dem Wagen in die Berge der Sierra Nevada gebracht, wo die Außenaufnahmen für *Wem die Stunde schlägt* gedreht werden sollten. Im Winter zuvor, als Sam

Wood sich dort nach Drehorten umgesehen hatte, war er fast erfroren, und jetzt war Ingrid Bergman auf dem Weg in die Landschaft, die als Versteck der spanischen Widerstandskämpfer dienen sollte.

Wir fuhren durch Sonora, durch das Tal und erreichten schließlich das Lager des Filmteams. Und dann sah ich diesen wunderbaren Mann aus der Berglandschaft auf mich zukommen. Als ich aus dem Wagen stieg, reichte er mir die Hand, lächelte und sagte: »Guten Tag, Maria«, und ich wurde rot vor Verlegenheit. Dann sagte Gary Cooper: »Komm, wir wollen unseren Regisseur suchen.« Wir fanden Sam Wood, und sie brachten mich gemeinsam zu meinem Wohnwagen, in dem ich mit Ruth Roberts während der Dreharbeiten leben sollte. Sam zeigte auf einen Statisten, der einen der vielen namenlosen Soldaten spielte und ein Schild trug, auf das er geschrieben hatte: »Willkommen, Maria!« Ich war sehr gerührt. Später trat ich mit meinem Textbuch in der Hand vor meinen Wohnwagen und sah Cooper an einen Wagen gelehnt stehen, und er sah auf mich herunter, und ich war sehr überrascht, denn es gab nicht viele Leute in Hollywood, die auf mich heruntersehen konnten. Er fragte, ob wir ein wenig die Dialoge üben wollten. Er fing an, und ich glaubte, er unterhalte sich noch mit mir, aber er sprach bereits seinen Text. Er hatte seine Stimme überhaupt nicht verändert. Er veränderte nie seine Stimme, nie sich selbst. Er war kein Schauspieler, der spielte, er war immer er selbst. Das war seine ganz persönliche Gabe. Er veränderte weder seine Haltung noch sein Gesicht oder den Ausdruck. Er schien bei der Arbeit nie angestrengt, schien sich überhaupt nicht vorzubereiten. Ich fürchtete, es würde schiefgehen, aber als ich die ersten Szenen sah, glaubte ich, meinen Augen nicht zu trauen. Es stimmte alles genau. Es war so überzeugend, so plausibel, wie er sprach und wie er sich bewegte. Seine Persönlichkeit war so stark, daß sie ohne Schwierigkeiten jede Rolle annahm, die er spielte. Nicht er veränderte sich, sondern die Figur, die er spielte, wurde Gary Cooper. Er war der natürlichste Schauspieler, den ich kennengelernt und mit dem ich je zusammengearbeitet habe.

Ich liebte diese Maria. Ich las alles, was Hemingway über das Mädchen geschrieben hatte. Ich schloß mich für Tage ein, um mit

Maria eins zu werden. Maria mußte sich in Robert Jordan, den Amerikaner, verlieben. Und ich ertappte mich dabei, wie ich in den Drehpausen Gary Cooper beobachtete, in ihm den Mann sah, in den sich Maria verliebt. Ich konnte meine Augen nicht mehr von ihm lassen.

Ich erinnere mich, daß mir ein Reporter berichtete, Gary habe zu ihm gesagt, ich sei eine der angenehmsten Schauspielerinnen in der Zusammenarbeit. »Ich habe nie das Gefühl herumzustehen, während sie überlegt, ob ihr Make-up in Ordnung ist. Oder ihr Haar richtig sitzt. Sie denkt absolut nicht an solche Dinge. Sie hebt jede Szene über sich hinaus. Das liegt daran, daß sie so vollkommen natürlich ist.«

Und ich bewunderte die selbstverständliche Natürlichkeit, mit der *er* Robert Jordan wurde. Schließlich sagte Ruth zu mir: »Hör auf, ihn so anzusehen. Ich weiß, du mußt dich als Maria in ihn verlieben, aber das heißt nicht, daß Ingrid sich in ihn verlieben muß!«

Es war eine wundervolle Rolle. Mein kurzes Haar wurde der letzte Modeschrei in Amerika. Alle Frauen wollten plötzlich Haare wie Maria haben. Dabei machten sie aber einen entscheidenden Fehler. Sie wußten nicht, daß ich einen Friseur hatte, der den ganzen Tag hinter mir herlief und meine Haare während der Drehpausen immer wieder aufdrehte. Vor jeder Szene wurden sie wieder ausgekämmt. Das gab meinen kurzen Haarlocken ihr typisches Aussehen. Die Frauen aber, die sich die Haare kurz schneiden und in Locken legen ließen, mußten schnell feststellen, daß ihre Lockenpracht schon nach wenigen Stunden zusammenfiel.

Wir hatten eine wunderschöne Zeit miteinander in jenem Sommer 1942. Doch wir hatten nicht vergessen, daß die Welt sich in einem furchtbaren Krieg befand. Ich machte mir Sorgen um meine Heimat. Viele Schauspieler in unserem Team waren Flüchtlinge aus Rußland, Polen, Frankreich, Griechenland und Jugoslawien – Vladimir Sokoloff, Akim Tamiroff und die wundervolle Griechin Katina Paxinou, die die Pilar spielte. Sie war in letzter Minute den Nazis entkommen und kochte uns voller Heimweh ein herrliches Abendessen, eine griechische Spezialität, und am nächsten Abend kochte Ruth und dann wieder jemand anders.

Es war sehr primitiv und zugleich sehr romantisch dort unter den

Sternen zu Füßen der hohen Berggipfel, bevor der Winterschnee die ganze Gegend mit einer weißen Decke überziehen würde.

Das Klima war unglaublich. Wir fröstelten am Morgen, schwitzten in der Nachmittagssonne und froren in der Nacht. Ich liebte meinen Aufzug: Ich trug eine alte Männerhose, die mit einer Schnur zusammengehalten wurde, und ein altes Hemd. Wir drehten ziemlich lange, den ganzen Sommer über, bis in den Herbst hinein, neun oder zehn Wochen insgesamt.

Ich erinnere mich besonders an die Schlußszene, in der die Widerstandskämpfer flüchten und Gary Coopers Pferd stürzt, auf ihn fällt und ihm ein Bein bricht. Es gab nicht viele Pferde, die diesen Trick beherrschten, und schließlich fand man ein Spezialpferd, mit dem man es versuchen wollte. Das Problem war nur, daß dieses Pferd braun war und Cooper in allen anderen Szenen immer ein graues Pferd geritten hatte. Also strich man es grau an. Aber jetzt wollte das Pferd nicht mehr. Vierundzwanzig Stunden lang stand es da und ließ den Kopf hängen. Wahrscheinlich war es beleidigt, weil man es angemalt hatte. Schließlich legte es aber doch die Szene hin, und kaum hatte man ihm die Farbe abgewaschen, wurde es wieder lebendig.

Während der Dreharbeiten las Sam Wood den Roman *Saratoga Trunk* von Edna Ferber. Danach gab er ihn mir zu lesen, und ich gab ihn Gary Cooper. Wir drei waren so gut miteinander ausgekommen – warum sollten wir nicht noch einen Film gemeinsam drehen?

Casablanca und *Wem die Stunde schlägt* waren kurz nacheinander gedreht worden, kamen aber in einem Abstand von neun Monaten in die Kinos. *Casablanca* war ein Erfolg von Anfang an und ist es bis heute geblieben.

Als die ersten Kritiken von *Wem die Stunde schlägt* herauskamen, schickte David O. Selznick Ingrid ein Telegramm:

ES GIBT NICHTS WAS SIE JETZT SAGEN WAS ICH NICHT SCHON SEIT JAHREN BEHAUPTET HÄTTE. ICH HOFFE DU KANNST DIR MEINE FREUDE UND MEINEN STOLZ VORSTELLEN SONNTAG ABEND HABE ICH 25 LEUTE DARAUF HINGEWIESEN DASS DU BINNEN EINES JAHRES DIE GRÖSSTE SCHAU-

SPIELERIN ALLER ZEITEN SEIN WIRST. WENN DIR DAS NICHT IN DEINEN
SCHÖNEN SCHWEDISCHEN KOPF STEIGT. JAHRELANG HABE ICH DARAUF
GEWARTET. DEIN SCHWEDEN-LIEBHABER.

Aber die Kritiken waren gemischt. Die »Herald Tribune« sprach von
einer überaus gelungenen Literaturverfilmung. In »The Daily News«
hieß es hingegen, daß der Film zu lang sei und zu überladen mit Aussagen. Die »New York Times« schrieb: »Hemingways Buch ist überzeugend auf die Leinwand gebracht worden«, während es in »Screen«
hieß: »Die Aussage des Films hat wenig mit der brutalen Realität zu
tun, in der wir leben.« Doch das »Time«-Magazin befand immerhin:
»Die 27jährige Ingrid Bergman schlägt die Glocke mit einem derart
überzeugenden Klang, wie er seit den Tagen von Greta Garbo nicht
mehr zu hören war.«

Ernest Hemingways Buch ist sehr umfangreich, so daß für die
Verfilmung Kürzungen unvermeidlich waren. Was im Film nicht klar
genug herauskam, war die politische Situation, denn man war in
Hollywood ängstlich darauf bedacht, alle Seiten zu jeder Zeit zufriedenzustellen. Also bezog man keine Stellung. Aber natürlich wußte
Hemingway sehr genau, auf wessen Seite er stand. Als er aus China
zurückgekehrt war, fragte ich ihn, ob er den Film schon gesehen
habe. »Ja«, sagte er zu meiner Überraschung, »fünfmal.« Ich sei
überglücklich, erwiderte ich, daß er ihm also gefallen habe.

»Nein«, sagte er. »Ich ging hinein, um ihn mir anzusehen, aber
nach den ersten fünf Minuten war ich wieder draußen. Sie haben
meine besten Szenen am Anfang weggelassen. Später ging ich wieder
hinein, weil ich mir sagte, ich müsse schließlich den ganzen Film
sehen, bevor ich urteilte. Ich sah wieder etwas und ging wieder
hinaus, und so weiter. Es hat mich fünf schmerzvolle Besuche
gekostet, bis ich schließlich den ganzen Film gesehen hatte. Jetzt
wissen Sie, wie sehr mir der Film gefallen hat!«

Ihrem Tagebuch vertraute Ingrid Bergman ihre eigenen Ansichten
an:

Es war mein erster Farbfilm. Wir arbeiteten zwölf Wochen in den Bergen und zwölf Wochen im Studio. Die Gesellschaft steckte drei Millionen Dollar in die Dreharbeiten. Mir machte es Spaß, und vor allem freute ich mich über die Zusammenarbeit mit Gary Cooper. Der Fehler war, daß ich diese Freude im Spiel zeigte – ich war zu glücklich, um die Tragik, die in der Figur der Maria liegt, deutlich werden zu lassen.

Ingrid machte nur noch wenige Eintragungen in ihr Tagebuch. Ende 1943 war sie zu beschäftigt. Die letzten Seiten blieben leer...

ACHTES KAPITEL

Nach *Wem die Stunde schlägt* hoffte Ingrid Bergman, zusammen mit Gary Cooper und Sam Wood den Film nach dem Roman von Edna Ferber, *Saratoga Trunk*, drehen zu können, den sie alle drei während der Arbeit am Hemingway-Film gelesen hatten. Ingrid teilte David O. Selznick ihren Wunsch mit; der aber zögerte. Er erklärte, daß ihm das Buch zwar gefalle, daß er jedoch vom Drehbuch nicht überzeugt sei. Außerdem sei ihm absolut nicht klar, weshalb die Verantwortlichen der Warner-Brothers-Studios Ingrid für die weibliche Hauptrolle haben wollten. Die Rolle sei eher etwas für Vivien Leigh, und er wolle sie vor einem Mißerfolg bewahren.

Ingrid schrieb an ihre Freundin Ruth:

David sagte mir, ich müsse sehr vorsichtig mit meiner nächsten Rolle sein. Was immer ich nach der Maria spielte, würde größte Beachtung finden. Er sprach mit Sam Wood und versuchte, ihm seinen Standpunkt klarzumachen. Ich konnte diese ganzen Diskussionen einfach nicht verstehen. Natürlich bin ich anders als Vivien Leigh. Die Frau, die ich spielen sollte, war eine Kreolin. David meinte, die Warner-Leute müßten verrückt sein, mich engagieren zu wollen. Ich wirke absolut nicht kreolisch, nicht frivol genug. Ich könne die Rolle auf keinen Fall spielen. Ich sei Schwedin, und niemand würde mir diese Figur abnehmen.

Er will sich in ein paar Tagen entscheiden. Was kann ich anderes tun, als herumzusitzen und zu warten? Hal Wallis rief heute aus New York an. Er war besorgt, befürchtete, ich könnte nach dem Gespräch mit David das Interesse verloren haben. Ich konnte ihn aber beruhigen. Er erzählte, er habe gestern mit Gary gesprochen; die Sache sei so gut wie perfekt – denkt er! Ich wette, Gary wartet ab, was mit dem Drehbuch und mit mir wird. David hingegen ist der Meinung, Gary würde nicht im entferntesten daran denken, eine so kleine Rolle zu übernehmen. Sie würden mich nur an der Nase herumführen, und zum Schluß würde Errol Flynn der Held sein. Ich sitze wie auf glühenden Kohlen. Ich werde versuchen, Davids Argumente einzusehen, wenn ich die Rolle nicht bekomme. Dann kann ich mir sagen, es wäre noch schlimmer, zu etwas gezwungen zu werden, das man ganz und gar nicht tun will.

Alles Liebe – Ingrid

Rochester, Dienstag früh, während alle schlafen:

Liebe Ruth,
meine Liebe, ich kann nicht schlafen. Ich gehe später ins Bett als alle anderen und sitze jetzt schon wieder hier, um Dir zu schreiben. Draußen ist es still und dunkel, aber ich bin innerlich aufgewühlt. David rief gestern abend an. Er hat noch einmal mit Sam gesprochen, und der versprach, die Rolle des Mädchens so zu ändern, daß sie besser zu mir paßt. David sagte lachend, Sam sei wie von Sinnen, wenn die Rede auf mich käme, er würde kämpfen wie ein Löwe, um mich zu bekommen.

Wenn David schon halbwegs überzeugt ist, kann ich vielleicht den Rest dazu tun. Sam kommt Sonntag nach New York, um mich zu sehen. David hat mich beschworen, nicht zuzusagen, bevor die Änderungen nicht garantiert seien. Wenn Sam mit meinen Vorstellungen einverstanden sei, würde David ebenfalls zustimmen. Ich bin sicher, daß Sam mit allem einverstanden sein wird.

31. Januar 1943:

Ich verlasse Rochester endgültig am Sonntag, um für das Kriegs-Informations-Ministerium in Minnesota einen Dokumentarfilm zu drehen, der *Schweden in Amerika* heißen soll.

Später:

Ruth, es ist wundervoll! Dan hat gerade angerufen und mir mitgeteilt, daß Gary seinen Vertrag unterschrieben hat. Jetzt ist alles klar. Ich weiß nicht, was ich anderes schreiben soll als: Jetzt gehört

Saratoga Trunk mir! Nun geht es mir wieder gut. Im Augenblick allerdings gerade nicht so sehr, weil Petter böse wurde, als er sah, daß ich schon wieder an Dich schrieb. Er meinte, es gäbe noch so viele andere Dinge, die ich vor der Abreise zu erledigen hätte, und er hat ja recht. Ich verlasse Dich also, um meinen Pflichten nachzukommen. Alles Liebe, ich bin so glücklich, daß wir es geschafft haben. Du wirst Dich erinnern, vor wie langer Zeit wir die Geschichte in den Bergen gelesen haben...

Am 4. Februar 1943 schrieb Ingrid an Ruth:

Es ist eine wunderbare Reise. Ich verstehe mich so gut mit den Schweden, die ich hier treffe. Ich habe auf einer Farm bei der Familie Swenson gelebt, die aus Schweden stammt. Der Hausherr ist dreiundsiebzig und hat sechs große, kräftige Söhne. Ich wußte gar nicht, daß es solche wunderbaren Menschen in Amerika gibt, obwohl ich natürlich die Amerikaner auch sehr mag.

Ich habe Pia und Mabel auf der Farm gelassen und lebe wie eine Königin im größten Hotel von Minnesota. Es wirkt eher chinesisch als nordeuropäisch. Joe Steele, David Selznicks neuer Pressechef, hat mich abgeholt und kümmert sich um mich. Ich fühle mich hier wie zu Hause, und ich glaube, die Leute haben auch das Gefühl, daß ich zu ihnen gehöre. Ich habe ein Altersheim besucht und eine Frau gesprochen, die 1865 nach Amerika kam. Sie spricht noch genauso gut Schwedisch wie ich. Sie hat mir wunderbare Geschichten erzählt, wie dieses Land aussah, als sie hier ankam. Ich bin so glücklich, auch in Gedanken an den nächsten Film, *Saratoga Trunk*. Viele Skåls...

Ingrid

Joe Steele begegnete Ingrid Bergman bei den Dreharbeiten zu diesem Dokumentarfilm zum erstenmal. Der vom Kriegs-Informations-Ministerium in Auftrag gegebene Film sollte zeigen, wie erfolgreich sich schwedische Einwanderer in ihrer neuen Heimat eingelebt hatten und was für eine starke Nation die Vereinigten Staaten geworden waren, die jetzt gegen den Feind in Europa Krieg führten. Joe hatte von Ingrid Bergman keine Vorstellung gehabt, bevor er sie traf, und war höchst überrascht. Sie war ungewöhnlich groß und reiste mit einem schwarzen Mädchen und ihrer kleinen, vier Jahre alten Tochter. Seine Erfahrungen mit Schauspielerinnen waren bisher ganz anderer Art gewesen. Sie störte sich nicht an den kleinen Unbequemlichkeiten, die sie hinnehmen mußte, oder an der Kälte; sie war sehr diszipliniert bei der Arbeit und führte mit natürlichem Charme durch den Film. Ihr Einsatz war echt, entsprang ihrem eigenen Interesse. Wenn sie unterwegs waren und der Zug an einer Station hielt, lief Ingrid hinaus und kaufte Sandwiches und zeigte überhaupt keine Staralüren.

Joe schrieb damals in einem seiner ersten Publicity-Artikel über Ingrid: »Manchmal denke ich, daß sie die schönste Frau ist, die ich je gesehen habe. Wenn das, wovon ich spreche, nicht Schönheit ist, dann habe ich mit meinen etwas mehr als vierzig Jahren nichts erfahren und nichts gelernt.« Aus dieser ersten Begegnung erwuchs eine Freundschaft die sich über viele Jahre bewähren sollte.

Diese Reisen im Auftrag des Kriegsministeriums waren mir sehr wichtig. Sie waren auch eine Flucht aus dem Alltag, aus der Routine. Ob ich an Veranstaltungen teilnahm, auf denen Geld gesammelt wurde, oder Soldateneinheiten in Alaska besuchte und dort Vorstellungen gab – ich empfand das als eine Selbstverständlichkeit. Es war Petter, der mich auf die Idee gebracht hatte, etwas zu tun, was die Moral der Truppen stärken könnte. Er arbeitete in einem Krankenhaus, ich aber drehte nur Filme. So machte ich mich auf die Reise durchs Land, erzählte Geschichten, las Gedichte und hielt Vorträge. Petter fand immer noch, es sei nicht genug, und das war auch meine Meinung.

Für die Truppenbetreuung zu arbeiten war etwas ganz Neues für mich. Ich war Schauspielerin, nicht Sängerin oder Tänzerin. Ich nahm also Unterricht und wurde schließlich gefragt, ob ich auch nach Alaska gehen würde, weil niemand freiwillig dorthin gehen wollte. Fast alle Künstler, die für die Truppenbetreuung arbeiteten, zogen den Südpazifik vor. Ich überlegte mir: Im Südpazifik gibt es Insekten und Schlangen, und das ist nicht meine Sache. Also sagte ich für Alaska zu. Aber ich wußte nicht, womit ich die Soldaten unterhalten sollte. Ruth schlug vor, eine Geschichte von O'Henry zu dramatisieren. Sie würde mir außerdem eine schwedische Volkstracht nähen, und ich sollte einfach Lieder meiner Heimat singen. Pia mit ihren sechs Jahren war mir eine große Hilfe. »Du kannst so gut Geschichten erzählen«, sagte sie, »und natürlich kannst du singen. Denke immer, daß du für mich singst, dann wird es schon gehen. Ich gebe dir auch einige meiner Puppen mit, und die gibst du den Soldaten, dann werden sie dich schon mögen.« Und genauso geschah es. Ich erzählte von Pia und von ihrer Idee, mir Puppen für sie mitzugeben, und die Soldaten lachten und freuten sich und vergaßen für einige Augenblicke, wo sie sich befanden und weshalb sie dort waren.

Mit mir waren noch drei andere Mädchen und der Schauspieler Neil Hamilton unterwegs. Das Programm war sicher nicht besonders gut, aber die Soldaten in Alaska hatten nicht viel Abwechslung und freuten sich. Neil Hamilton machte Zauberkunststücke, eines der Mädchen sang, das andere tanzte, das dritte spielte auf dem Akkordeon – aber die Hauptsache war, daß wir weibliche Wesen waren.

In einem Brief vom 28. Dezember 1943 an Ruth Roberts schildert Ingrid Bergman Eindrücke dieser Fahrt:

Wir sind irgendwo im Schnee von Alaska begraben. Du verdankst den glücklichen Umstand, von mir zu hören, der Tatsache, daß ich Frühaufsteherin bin und die anderen Mädchen noch dabei sind, sich zurechtzumachen. Wir befinden uns irgendwo in schneebedeckter Wildnis. Manchmal unterbrechen wir zweimal pro Tag unsere Reise. Morgens fliegen wir los, landen irgendwo, haben mittags eine Vorstellung, geben Autogramme und posieren für Fotos, dann geht es zu einem anderen Camp, wo wir abends eine oder zwei Vorstellungen geben. Meine Stimme wird heiser, und wahrscheinlich werde ich bald zu tanzen anfangen müssen, weil ich nicht mehr singen kann...

Die ersten drei Tage verbrachten wir in Anchorage. Das war der bisher größte Ort. Wir waren immer mit den Soldaten zusammen – vor und nach der Show. Du wirst es nicht glauben, aber ich habe mit einem Jungen aus Hollywood in der Mitte des Soldatenclubs Jitterbug getanzt, und 500 Soldaten haben uns zugesehen. Dann habe ich einen Volkstanz mit einem norwegischen Jungen getanzt. Die Soldaten waren überglücklich und sagten, wir wären die ersten, die sich zu ihnen und nicht zu den Offizieren gesetzt hätten. Wir haben auch zwei Lazarette besucht. Ich habe 5000 Fotos von mir signiert, und ein Soldat sagte zu mir: »Um eine Frau wie Sie sehen zu können, möchte man weiterleben.«

Die Soldaten sind innerlich und äußerlich wie erfroren. Meistens setzte ich mich zu ihnen, bevor die Show begann, und unterhielt mich mit ihnen. Das ist ihnen fast wichtiger als die ganze Show. Das hört sich schrecklich pathetisch an, aber es ist die Wahrheit. Es ist für sie so unwirklich, daß wir bei ihnen sind.

29. Dezember: Wir beginnen gleich mit der Show, und ich weiß nicht, wie viele Soldaten an der Vorstellung teilnehmen. Wir sitzen in einem Lazarettwagen, und ein LKW fungiert als Bühne. Es ist furchtbar kalt, ich huste und fühle mich nicht wohl. Wir fahren so schnell von einem Ort zum anderen. Ich denke immer, wir müßten einmal haltmachen und uns für den Rest des Tages ausruhen. Natürlich ist das, was wir machen, wichtig, aber man hat seine Grenzen. Und es ist schrecklich laut. Die Soldaten stehen um uns herum, und die Akustik ist miserabel. Ich schrie mich buchstäblich durch die erste Vorstellung, und es war ein solcher Lärm, daß ich nicht einen Satz in Ruhe zu Ende sprechen konnte. Vor Kälte kann man fast nicht atmen.

Alles Liebe, Ingrid

Wir tanzten mit den Soldaten, aßen mit ihnen, besuchten Lazarette und machten die Shows, und dann bekam ich schließlich eine Erkältung, denn in unseren Unterkünften war es zum Verrücktwerden heiß. Ich ging vor die Tür und hinaus in den Schnee, weil ich der Meinung war, ich würde diese Hitze nicht überleben, und schließlich mußte ich mit einer Lungenentzündung in ein Hospital.

Wir flogen in fünf kleinen Flugzeugen. Immer ein Pilot und noch eine Person. Es gab keine Straßen, nur Schnee, und plötzlich hieß es: Was ist das dort unten...? Man sah kleine Hütten und rund 200 Soldaten, die herumsaßen und nicht wußten, was sie tun sollten. Sie hatten seit Monaten keine anderen Menschen mehr gesehen. Sie waren auch nicht in den Krieg gezogen, denn in Alaska kam es nicht zum Krieg, und wenn sie die fünf kleinen Flugzeuge ankommen

sahen, glaubten sie ihren Augen nicht zu trauen und waren überglücklich...

Ingrid Bergman schloß schnell Freundschaften. Während ihrer
Alaska-Tournee freundete sie sich mit einem Berufssoldaten an, der,
wie es sich herausstellte, Kommandeur der Truppen in Alaska war:
Generalleutnant Simon Bolivar Buckner. Er schien von eiserner
Gesundheit, und seine Stimme und sein Lachen waren unüberhör-
bar. In seinem Büro hing das Fell eines Bären, das nicht einen
Einschuß zeigte, und im Camp erzählte man sich, daß, als der Bär
eines Tages aufgetaucht sei, Buck ihn nur angeknurrt habe und der
Bär vor lauter Angst tot umgefallen sei.
    Auch nachdem Ingrid Bergman ihre Alaska-Tour beendet hatte,
blieb der Kontakt zwischen Buck und ihr bestehen.

Ich erinnere mich, wie er nach unserer Show auf die Bühne kam und
sich bei uns bedankte. Er sagte, wie glücklich er sei, Ingrid Bergman
bei sich zu haben. Und dann zeigte er auf die drei Sterne an seiner
Schulter und sagte: »Diese drei Sterne sind genauso gut wie Brandy.
Und sie haben eins gemeinsam – sie sind sehr alt.«

Am 1. Februar 1944 schrieb Buck:

Ich habe gerade alle Berichte von Deinen Auftritten erhalten, und
Du wärest sicher sehr glücklich, wenn Du all diese Lobpreisungen
lesen würdest. Wir hatten hier noch keine Show, die so begeistert
aufgenommen wurde, und der Eindruck, den Du bei den Soldaten
hinterlassen hast, ist ungeheuer groß.

Und Ingrid Bergman schrieb zurück:

Wie wäre es mit einer One-Woman-Show? Ich habe meine Stimme
wieder, nehme weiter Gesangunterricht und lerne täglich neue Tanz-
schritte – nicht nur Volkstänze, auch Hula-Hula oder was immer Du

vorschlägst. Und ich spiele zur Verzweiflung meiner Nachbarn Klavier. Vielleicht ergäbe das eine neue Show für die Jungs...?

Im Juli 1944 schrieb er ihr, daß er, nachdem er mit Eskimos gejagt habe, nun im herrlichen klaren Meer tauche, mit Lagunen voller Korallen vor Augen – die Sicherheitsbestimmungen erlaubten ihm nicht, seinen genauen Aufenthaltsort mitzuteilen. Ob sie sich entschließen könne, statt einer Alaska-Tour eine Reise in den Pazifik zu unternehmen...?

Sie schrieb zurück, daß sie Insekten und Schlangen nicht ausstehen könne, daß sie es sich aber dennoch durch den Kopf gehen lassen wolle.

Am 2. Mai 1945 schrieb er:

Liebe Ingrid, als ich heute abend verdreckt und verschwitzt in mein Zelt zurückkehrte, fand ich Deinen Brief mit den erfreulichen Neuigkeiten vor... Wir kämpfen jetzt seit mehr als einem Monat auf dieser wunderschönen Insel mit ihrem herrlichen Klima, den interessanten Dörfern und den merkwürdigen Sitten. Die Einwohner sind den Japanern sehr ähnlich, allerdings von chinesischer Kultur und Tradition beeinflußt. Wir haben viele Japaner getötet, kämpfen aber gegen einen sehr starken Feind. Ich hoffe, daß ich bald in Tokio sein werde, daß der Krieg vorüber ist und ich Dich als Heilige Johanna am Broadway sehen kann...

Sein Wunsch sollte nicht in Erfüllung gehen. Ihr nächster Brief an ihn blieb ungeöffnet. Er hatte ihr nicht schreiben dürfen, daß die wunderschöne Insel, auf der er kämpfte, Okinawa war, wo neunundsiebzig Tage lang erbitterte Kämpfe tobten. Am 18. Juni kam er in einer der Entscheidungsschlachten ums Leben.

Ingrid war nicht mehr als eine Brieffreundin für ihn gewesen. Sie hatten miteinander getrunken und gelacht und die Vertrautheit einer Freundschaft erlebt. Es gab nur einen sehr schwachen Trost: Buck war Berufssoldat gewesen und hatte die Gefahren seines Berufs gekannt, hatte gewußt, daß auch Generäle nicht unverwundbar sind.

Der Krieg ging weiter, aber auch das Leben ging weiter, und Ingrid begann mit den Dreharbeiten zu *Spiel mit dem Schicksal (Saratoga Trunk)*. Die Figur der Cleo Dulaine mit ihrer hochfrisierten schwarzen Perücke, den Satin-Petticoats, dem enggeschnürten Mieder und den grell geschminkten Lippen stand im krassen Gegensatz zu der schlichten, kurzhaarigen Maria aus *Wem die Stunde schlägt*, und Ingrid war sehr stolz darauf, daß ihr Agent Charles Feldman in der Studiokantine an ihr vorbeiging, ohne sie zu erkennen. Obwohl niemand es ihr zugetraut hatte, spielte sie mit Bravour eine Hexe aus New Orleans, und die Kritiken waren des Lobes voll.

Nachdem *Spiel mit dem Schicksal* abgedreht war, fuhr Ingrid Bergman zurück nach Rochester, um den Umzug nach Kalifornien vorzubereiten. Petter war an ein Krankenhaus in San Francisco versetzt worden. Er war also in der Nähe von Hollywood, und David O. Selznick hatte ihr bereits weitere Filmangebote unterbreitet.

Im April schrieb Ingrid an Ruth:

Wir geben eine Abschiedsparty nach der anderen. Ich arbeite wie eine Sklavin und bin glücklich, wenn wir Rochester endlich verlassen.

David hat mir ein Drehbuch geschickt. *Tal der Entscheidung* heißt der Film. Was für eine Rolle! Genau wie in *Adam Had Four Sons*: ein tapferes, gütiges Frauchen, zum Sterben langweilig! Sie ist so gut, daß man es kaum ertragen kann! Eine dieser herzensguten Gouvernanten, die ganze Haushalte in Ordnung bringen, unglücklich verliebt sind und sich selbst kreuzigen, um andere glücklich zu machen... Wo ist mein Gewehr?

Aber es kam auch ein Angebot, auf das sie schon lange gewartet hatte: Selznick hatte schließlich die Filmrechte des Bühnenstücks *Gaslight* erworben, das Ingrid Bergman in New York gesehen hatte und das in Deutschland *Das Haus der Lady Alquist* heißen sollte. Aber zunächst gab es wieder einmal Schwierigkeiten.

David rief an und teilte mir mit, daß wir den Film nicht drehen würden. Ich verstand kein Wort, zumal Charles Boyer mein Partner sein sollte. »Das ist es ja«, sagte David, »er will, daß sein Name im Vorspann zuerst genannt wird.«

»Das macht nichts. Laß ihn doch zuerst genannt werden!«

»Das kommt gar nicht in Frage! *Du* bist der Star! Ich habe hart genug dafür gearbeitet! Du wirst zuerst genannt – oder gar nicht!«

»Aber der einzige Unterschied ist doch der, daß Charles Boyers Name auf der linken und meiner auf der rechten Seite der Leinwand stehen wird.«

»Richtig, und genau das kommt nicht in Frage!«

»Aber beide Namen sind doch gleich groß und werden beide über dem Titel stehen. Mir ist das völlig egal. Mir macht es auch nichts aus, wenn mein Name erst nach dem Titel genannt wird. Ich will den Film drehen, und ich will mit Charles Boyer arbeiten!«

»Nicht, solange ich lebe. Das ist eine Prestigefrage! Wenn dein Name nicht an erster Stelle genannt wird, werden wir den Film nicht drehen!«

Fast wäre der Film wirklich nicht zustande gekommen. Jedenfalls nicht mit mir, denn Charles Boyer dachte gar nicht daran, klein beizugeben, er war schließlich schon viel länger ein Star als ich. Ich tobte, weinte, bettelte, und schließlich gab David brummend nach.

Dann gab es eine weitere Schwierigkeit. Ich hatte meine Regisseure immer gebeten, als erste Szene, die wir für einen neuen Film drehten, keine Liebesszene auszuwählen. Die einzelnen Szenen eines Films werden nicht immer in der Reihenfolge der Handlung gedreht. Dafür gibt es verschiedene Gründe. Manchmal liegt es an den Außenaufnahmen, die nur an bestimmten Tagen möglich sind, oder an den anderen Schauspielern, die nicht die ganze Drehzeit über zur Verfügung stehen, oder an technischen Problemen. Ich erinnere mich, daß ich, als ich Jahre später *Lieben Sie Brahms?* in Paris drehte, Anthony Perkins, der meinen jungen Liebhaber spielte, in meine Garderobe zog und zu ihm sagte: »Um Himmels willen, küssen Sie mich, sofort!« Anthony bekam einen Riesenschreck, fing dann an zu lachen und fragte nach dem Grund. Ich erklärte ihm, daß wir in den nächsten Tagen eine Liebesszene drehen müßten. Ich würde ihn doch aber kaum kennen und sei schrecklich schüchtern und würde bestimmt rot werden. Es sei also sicher besser, wenn wir es zuerst unter vier Augen, jetzt, sofort, in meiner Garderobe probierten, dann hätte ich nicht mehr so schreckliche Angst, wenn wir uns vor der Kamera küssen müßten, wo hundert Techniker dabei wären. Und er lachte, er verstand mich, küßte mich und sagte dann: »Das hat doch nicht weh getan, oder?« Anthony Perkins war sehr lieb und hat es mir sehr leicht gemacht. Denn wenn mir die Kamera auch sonst keine Angst einflößte, so war ich doch immer sehr nervös, wenn ich derartige Szenen zu drehen hatte – besonders, wenn mir mein Partner völlig unbekannt war.

Mit Charles Boyer verlief die Liebesszene am ersten Drehtag sehr komisch. Ich mußte auf einem Bahnhof ankommen, zu ihm laufen, ihm hingebungsvoll in die Arme sinken und ihn küssen. Keine Frau hätte etwas dagegen gehabt, von Charles Boyer geküßt zu werden – aber er stand auf einer Kiste (was man im Film nicht sieht), denn er war kleiner als ich, und ich mußte darauf achten, daß ich vor lauter Aufregung nicht die Kiste umstieß. Die ganze Szene war so albern, daß wir uns vor lauter Übermut anlachten, aber jeder, der den Film sah, meinte später, wir hätten uns aus lauter Liebe angelacht.

Charles Boyer war der intelligenteste Schauspieler, mit dem ich jemals gearbeitet habe, und einer meiner liebsten Partner. Er war sehr belesen und hatte eine hervorragende Erziehung genossen. Er gründete die Französische Bibliothek am La Cienega Boulevard in Hollywood und rief eine französische Kolonie ins Leben. Er hatte eine wundervolle Stimme, in die man sich sofort verlieben mußte, und sprach mit einem unvergeßlichen Akzent... Und dann seine Augen, diese wundervollen Augen...

Charles war mit Pat Patterson verheiratet, einer englischen Schauspielerin, die ihm zuliebe ihre Karriere aufgegeben hatte. Seit zehn Jahren wünschten sie sich ein Kind, und dann, einige Monate vor Drehbeginn von *Das Haus der Lady Alquist*, war Pat schwanger. In den Drehpausen lief Charles immer wieder zum Telefon, um zu hören, ob zu Hause alles in Ordnung sei. Und ich werde nie vergessen, wie er eines Tages tränenüberströmt vom Telefon zurückkam – er hatte einen Sohn! Es gab für uns alle Champagner, er floß in Strömen, und immer mehr Tränen rollten in Charles' Glas. An diesem Tag wurde keine einzige Szene mehr gedreht, und man hätte glauben können, daß dies die erste Geburt eines Sohnes überhaupt war.

Er war so glücklich über seinen kleinen Sohn. Vier Jahre später, als wir miteinander *Triumphbogen* drehten, brachte er ihn mit ins Atelier. Er sah seinem Vater sehr ähnlich, hatte die gleichen wunderschönen samtenen Augen, und Charles war sehr stolz auf ihn.

Charles und ich haben uns dann jahrelang nicht mehr gesehen, erst wieder in den sechziger Jahren, als ich in Frankreich lebte. Aber da war er nur noch ein Schatten seiner selbst. Ich kannte einen Teil der schrecklichen Geschichte, die sich ereignet hatte. Michael war zu einem hübschen, athletischen jungen Mann herangewachsen, der wie sein Vater sensibel und verletzbar war. An seinem einundzwanzigsten Geburtstag erhielt er von seinem Vater den Schlüssel für sein erstes eigenes Apartment.

Michael verliebte sich in ein junges Mädchen. Sie hielt sich eines Tages in Michaels Wohnung auf, als ein anderer junger Mann hinzukam, mit dem sie angeblich auch eine Affäre hatte. Was auch immer geschah – Michael hatte jedenfalls plötzlich einen Revolver in der Hand; es kam zu einer Auseinandersetzung, und – ob aus Absicht oder Dummheit oder ob sie Russisches Roulette spielten, niemand hat es je erfahren – Michael setzte den Revolver an die Schläfe und erschoß sich.

Charles und Pat haben sich von dem Schock nie erholt. Sie verließen Hollywood und versuchten, in Genf ein neues Leben zu beginnen. Doch Pat wurde krank, und so zogen sie nach Arizona, wo das Klima für sie besser sein sollte. Pat starb dort 1978 an einem Gehirntumor. Charles blieb allein zurück. Die beiden Menschen, die ihm soviel bedeutet hatten, waren tot. Er sah keinen Sinn mehr im Leben. Er weigerte sich, mit irgend jemandem zu sprechen oder auch nur irgend jemanden zu sehen. Drei Tage später nahm er eine Überdosis Schlaftabletten.

Er war ein unvergleichlicher Schauspieler. Ich sah ihn in New York, in einer Broadway-Inszenierung von Jean-Paul Sartres *Die schmutzigen Hände*. In der Reihe hinter mir saßen zwei Frauen, und ich hörte sie sagen: »O Gott, das soll Charles Boyer sein? So klein, mit einem Bauch und fast mit einer Glatze?« Ich drehte mich zu ihnen um und sagte: »Warten Sie nur ab! Warten Sie nur, bis er anfängt zu spielen!« Und so war es. Er spielte – und er spielte wie immer, mit diesem Zauber, mit dem er stets sein Publikum in Bann schlug. Die beiden Frauen sagten kein Wort mehr. Und am Schluß haben sie kräftig geklatscht und mich nicht mehr angesehen, als sie hinausgingen.

Ingrid Bergman und Petter Lindström ließen sich in einem der elegantesten Viertel von Beverly Hills nieder. Daß sie sich das Haus Nummer 1220 am Benedict Canyon Drive leisten konnten, war hauptsächlich Ingrids Gagen zu verdanken. Es hatte einen großen Wohnraum mit einem offenen Kamin; von hier aus ging es in die anderen Räume. In den nächsten fünf Jahren bauten sie einen Swimmingpool und eine Sauna an. Es war ihr Zuhause, und sie versuchten, dort heimisch zu werden. Petter arbeitete Tag und Nacht in der Neurologischen Station in einem Krankenhaus von Los Angeles, und Ingrid war im Filmstudio oder auf Tournee. Niemand hätte ernsthaft behaupten können, daß sie ein ganz normales Ehepaar mit einem ganz normalen Alltagsleben waren.

Bevor wir das Haus bezogen, spotteten unsere Freunde, daß wir nur deshalb eine so glückliche Ehe führten, weil wir praktisch nie zusammen gelebt hatten. Petter war immer irgendwo, und ich war immer irgendwo anders. »Wartet nur, bis ihr erst richtig zusammen wohnt, dann wird man sehen«, meinten sie.

Ich plante eine Einzugsparty und erlebte eine große Überraschung. Ich stellte eine Liste von Leuten zusammen, die ich einladen wollte – Ruth Roberts, Irene u. David O. Selznick, den Kameramann des Films, den Drehbuchautor, die Kollegen. Irene sah die Liste und sagte: »Das ist unmöglich. Das ist ganz unmöglich! Du kannst nicht die Produzenten mit diesem kleinen Schreiberling zusammen einladen, und du kannst nicht die Stars mit unbekannten Schauspielern zusammenbringen.«

»Aber es ist doch nur eine Party«, erwiderte ich.

»Es geht nicht«, entgegnete Irene. »Niemand wird sich wohl fühlen. Es ist einfach unmöglich.«

137

Das war meine erste Lektion. Ich mußte also eine komplett neue Liste machen, die nur die berühmtesten Leute enthielt. Wenn ich die anderen auch einladen wollte, mußte ich eine zweite Party geben. Das war ein ziemlicher Schock für mich. Ich erfuhr, daß es sehr darauf ankam, zu welcher Gruppe, zu welcher Garnitur man gerechnet wurde. Gehörte man zur ersten Gruppe, wie die Selznicks, die Goetz, die Mayers, die Johns und die Warners, dann blieb man unter sich. Aber Gott sei Dank gab es in Hollywood auch die Hitchcock-Gruppe. Hitch und seine Frau Alma kümmerten sich keinen Deut um dieses Prestigegehabe. Sie brachten alle möglichen Leute zusammen, und es war ihnen egal, ob sie Stars waren oder nicht. Jean und Dido Renoir, ebenfalls gute Freunde von mir, waren der gleichen Ansicht. Und auf diese Weise fand ich mich zum Schluß in drei verschiedenen Gruppen wieder.

Die erste Gruppe gab riesige und aufwendige Partys in Restaurants oder Privathäusern, mit Buffets am Swimmingpool und Butlern. Alles nur vom Besten. Dazu gehörte Sam Spiegels Silvesterparty – wer zu Sam eingeladen wurde, wußte, daß er zur ersten Garnitur gehörte. Ich konnte Petter überreden, mit mir hinzugehen, denn ich wollte einmal eine solche Party miterleben.

In Schweden ist Silvester eine reine Familienangelegenheit. Man erwartet Mitternacht zu Hause und hat all diese guten Vorsätze, die man dann doch nicht einhält – daß man nicht mehr rauchen wird und so weiter. Um Mitternacht läuten die Kirchenglocken, und im Radio liest Anders de Wahl, ein berühmter Schauspieler, eine Kurzgeschichte von Tennyson, die man im ganzen Land hören kann – sogar über Lautsprecher auf den Straßen. Man braucht nicht mal am Radio zu sitzen. So feierte man damals in Schweden Silvester.

Welch ein Unterschied zu Amerika mit seinem Lärm und Getöse, seinen Trinksprüchen, wo man die Neujahrsglocken durch den Partylärm kaum noch hörte! Petter und ich blieben bis Mitternacht zu Hause und fuhren dann zu Sam Spiegels Party. Ich war damals sehr neugierig darauf, diese echte amerikanische Party mitzuerleben. Ich ging gerne aus und war sehr gespannt darauf, all diesen berühmten Leuten zu begegnen. Aber wir kamen an das Haus gar nicht erst heran. Die Straße war mit Limousinen verstopft. Wir beschlossen, zu Fuß weiterzugehen. Aber auch zu Fuß schafften wir es nicht. Überall waren Menschen, bis in den Garten hinein. Also kehrten wir um und gingen nach Hause.

In all den Jahren, die ich in Hollywood verbrachte, habe ich nie versucht, ein solches Fest auf die Beine zu stellen. Meine Partys waren kleine, intime Zusammenkünfte, bei denen ich ein schwedisches Essen reichte, wo man zusammensaß, sich unterhielt, lachte und diskutierte. Ich liebte auch die Zusammenkünfte im Haus von Jean Renoir, der in der Küche an einem Holztisch saß und die verschiedensten kalifornischen Weinflaschen öffnete, um ihren Geschmack mit dem französischer Weine zu vergleichen. Seine Freundschaft, seine Wärme und die Unterhaltungen, die wir mit ihm führten – ich werde sie nie vergessen.

Genauso war es bei Hitch, der nie mehr als acht Leute einlud. »Mehr als acht ist eine Beleidigung für meine Freunde«, pflegte er zu sagen.

Es gab verschiedene Gesetze in Hollywood, die mir absolut fremd waren. Ich wollte zum Beispiel nie einen Nerzmantel haben, aber als ich nach Hollywood kam und David O. Selznick feststellte, daß ich keinen besaß, glaubte er, seinen Augen nicht zu trauen. Jeder Star hatte einen Nerzmantel! Die Tatsache, daß man aufgrund des wunderbaren Klimas nie einen benötigen würde, wurde völlig ignoriert. Wenn man zu einer Party kam, war es Sitte, seinen Nerz auf das Bett der Gastgeberin zu werfen. Das Bett ächzte geradezu unter Nerzmänteln.

Also wurde Dan O'Shea, als ich einmal in New York war, damit beauftragt, mir einen Nerzmantel zu kaufen. Das heißt, ich bezahlte ihn natürlich selbst. Aber als ich nach Hollywood zurückkehrte und zur nächsten Party ging und meinen Nerz auf all die anderen im Schlafzimmer der Gastgeberin warf, stellte ich fest, daß meiner nicht halb so elegant war wie die anderen. Ich hatte es einfach nicht übers Herz gebracht, den teuersten zu kaufen. Also verkaufte ich meinen Nerzmantel wieder.

David aber meinte, ich hätte noch immer nicht das richtige Auftreten, das einem amerikanischen Filmstar gebührte, und so schenkte er mir zu Weihnachten einen Persianer. Ich mochte den Mantel sehr und hatte zu guter Letzt endlich einen Pelz, konnte David also keine Schande mehr machen.

Das gleiche wiederholte sich zehn Jahre später in Rom. Roberto Rossellini fragte mich ungläubig: »Hast du denn keinen Nerzmantel?« Ich schüttelte den Kopf. »Aber jede Frau hat einen Nerzmantel. Wie kommt es, daß du keinen hast? Ich meine, jede Frau *in Amerika* hat einen Nerzmantel.« Und ich sagte, das sei genau der Grund, weshalb ich keinen wollte. Also schenkte er mir zum nächsten Weihnachtsfest einen. Ich besitze ihn immer noch und habe ihn inzwischen als Innenfutter in meinen Regenmantel eingenäht; vielleicht gefällt er eines Tages einer meiner Töchter.

Mit Schmuck ist es mir ähnlich ergangen. Ich wollte nie Diamanten, kostbare Broschen, Ohrringe oder Halsketten besitzen. Aber ich habe das eine oder andere Schmuckstück, an dem mein Herz hängt und das ich seit Jahrzehnten trage und immer wieder aufbessern lasse, denn es erinnert mich an kostbare Augenblicke in meinem Leben.

Noch etwas schockierte mich in Hollywood: Ich haßte die Macht der beiden Klatschkolumnistinnen Louella Parsons und Hedda Hopper. Ich hielt es für einen großen Fehler der Filmindustrie zuzulassen, daß diese beiden Frauen die Karriere und das Leben von Künstlern ruinierten.

Ich erinnere mich an eine Party für Louella Parsons, vermutlich anläßlich ihres Geburtstags. Wir waren aufgefordert worden, fünfundzwanzig Dollar für ein Essen zu bezahlen, das zu ihren Ehren gegeben werden sollte. Sie schickte mir eine Einladung, und ich warf sie fort. Dann bekam ich eine zweite. Auch die wanderte in den Papierkorb. Schließlich sprach mich mein Produzent Walter Wanger darauf an, daß er gehört habe, ich hätte Louellas Einladung noch nicht beantwortet. Ich sagte, daß ich nicht hingehen würde. Wenn ich die Einladung nicht beantwortete, würde sie wissen, daß ich nicht käme. Er meinte, daß ich mich so nicht verhalten könne. Mein Film, den er damals produzierte, *Johanna von Orleans*, würde bald herauskommen, und sie könnte ihn vernichten; denn sie würde sich sehr genau an die Leute erinnern, die ihrer Einladung nicht Folge geleistet hatten. Ich sagte, ich würde keinesfalls fünfundzwanzig Dollar nur dafür bezahlen, in einer großen Halle mit vielen anderen Leuten zu sitzen, um Louellas Geburtstag feiern zu dürfen. Walter schlug vor, das Eintrittsgeld für mich zu bezahlen. Ich erklärte ihm, daß es mir nicht um die fünfundzwanzig Dollar ginge. Ich wollte einfach nicht. Darauf sagte er, ich müsse mich wenigstens damit entschuldigen, daß ich erkrankt sei, und ihr Blumen schicken. »Ich will aber nicht«, erwiderte ich. »Auf der Einladung steht: Ich komme oder ich komme nicht, und ich komme eben nicht.« Nun, er schickte in meinem Namen Blumen und entschuldigte mich wegen Krankheit oder ähnlichem, nur um seinen Film zu retten. So groß war die Angst vor diesen beiden Frauen.

Ich war einmal zugegen, als Hedda Hopper Gene Tierney zusammenstauchte. Es war auf einer Party für Sonja Henie, und ich saß mit Gene Tierney zusammen, die damals schwanger war, obwohl man es ihr kaum ansah. Da erschien Hedda Hopper und war tödlich beleidigt: »Was höre ich, Gene! Du erwartest ein Kind und hast mir nichts davon gesagt?« Gene Tierney sah sie überrascht an und erwiderte: »Ich habe es selbst bis vor wenigen Tagen noch nicht gewußt, und es gibt ein paar Dinge, von denen ich meine, daß sie nur mich etwas angehen.« Hedda fand das gar nicht komisch und zischte zurück: »Warte nur, bis dein nächster Film herauskommt, und glaube ja nicht, daß du von mir noch irgend etwas Gutes erwarten kannst.«

Man konnte nicht eine Minute mit Louella Parsons oder Hedda Hopper zusammensitzen, ohne daß sie zu irgendeinem Telefon rasten, um schnell einen Satz durchzugeben, den man gerade von sich gegeben hatte.

Ich glaube, es war zu der Zeit, als wir in Benedict Canyon lebten, daß ich zum erstenmal feststellte, daß unsere Ehe nicht mehr in Ordnung war oder zumindest einen kleinen Riß bekommen hatte. Vielleicht lag es wirklich daran, daß wir jetzt zusammen lebten.

In meinem Privatleben – im Gegensatz zu meinem Berufsleben – war ich, wie schon gesagt, immer etwas unsicher; Petter traf alle Entscheidungen für mich. Er sagte mir, was ich zu tun oder zu lassen hatte, und ich fragte ihn in allen Dingen um Rat. Er tat es gern, nahm mir alle Last von den Schultern, damit ich mich ungestört auf meine Arbeit konzentrieren konnte. Aber das bedeutete natürlich auch, daß es viele Dinge im Leben gab, von denen ich nicht nur nichts wußte, sondern vor denen ich auch Angst hatte.

Hatte ich zum Beispiel ein Interview gegeben, so erklärte Petter mir oft hinterher, daß ich nicht das Richtige gesagt hätte. Ich erzählte zuviel, meinte er. Weshalb könnte ich mir nicht an Greta Garbo ein Beispiel nehmen? Die Garbo gab nie ein Interview, sagte nie etwas über sich. Ich versuchte, ihm zu erklären, daß ich anders sei, daß ich nicht die Ansichten und die Qualitäten der Garbo besäße. Ich sprach gern mit Menschen, erklärte ihnen gern meine Ansichten. Ich dachte, sie würden mich dann besser verstehen. Die Erfahrung sollte mich allerdings lehren, daß dies ein Trugschluß war.

Manchmal, wenn wir von einer Party zurückkamen, sagte Petter zu mir, ich hätte nicht soviel reden sollen. »Du siehst intelligent aus«, sagte er, »laß doch die Leute in dem Glauben, daß du es auch bist. Wenn du aber anfängst zu erzählen, redest du eine Menge Unsinn.« Ich versuchte also, mich in seiner Gegenwart zusammenzunehmen, um ihn nicht zu reizen.

Ich glaube, Petter hatte Angst, daß Hollywood mich zu sehr beeinflussen könnte. Er wollte nicht, daß ich mir einbildete, ein großer Star zu sein. Er wollte, daß ich mich als ganz gewöhnliche Schauspielerin fühlte. Er hielt deshalb mit Lob immer sehr zurück. Da es schon so viele Leute gab, die mich mit Komplimenten überschütteten, versuchte er, einen Ausgleich zu schaffen, damit ich nicht den Kopf verlor. »Nicht schlecht« war das Äußerste, das ich von ihm erwarten konnte. »Gut« war schon fast umwerfend.

Um mich zu schützen, sagte er mir auch, daß ich mit all diesen gutaussehenden Männern um mich herum sehr vorsichtig sein müsse. Von Irene hatte ich dasselbe gehört. Sie würden alle nur so tun, als seien sie in mich verliebt. Sie würden sich mit mir verabreden wollen, aber ich müßte mir darüber klar sein, was sie in Wirklichkeit wollten: Publicity. Sie würden alles tun, um in die Klatschspalten zu kommen – Hauptsache, man redete über sie. Ich sollte mich also vorsehen.

Ich sagte zu Petter: »Willst du damit sagen, daß du der einzige Mann auf der Welt bist, der sich ohne Hintergedanken in mich verliebt hat, nicht, weil ich eine berühmte Schauspielerin bin?« »Ja«, sagte Petter, »da bin ich sicher.« Und ich glaubte es ihm lange.

Er war überzeugt davon, daß ich mit meinen Partnern Affären hatte. Sie sähen alle viel zu gut aus. Ich fand einige von ihnen tatsächlich sehr nett, war von einigen auch hingerissen, und ich glaube, einige auch von mir. Aber Affären hatte ich keine. Ruth sagte einmal ganz richtig, daß ich gerade nur soviel in meinen jeweiligen Partner verliebt sei, daß ich die Liebesszenen überzeugend spielen könne. Und wer würde sich schließlich nicht in Cary Grant, Gary Cooper oder Spencer Tracy verlieben? Die Hälfte aller Frauen würde es vermutlich tun.

Ich sah meine Partner nur sehr selten außerhalb der Studios. Mit Cary Grant ging ich nur einmal in New York aus, als wir Howard Hughes trafen. Gary Cooper und seine Frau wurden unsere Freunde. Sie besuchten uns, und wir besuchten sie, hauptsächlich, weil Pia mit Coopers Tochter Maria befreundet war, die im gleichen Alter war wie sie und in dieselbe Schule ging.

Manchmal versuchte Petter, mich zu reizen. War ich gerade dabei, ihm eine Begebenheit aus dem Studio zu erzählen, von der ich meinte, daß sie ihn interessieren könnte, sagte er plötzlich: »Leg deine Stirn nicht in Falten!« Ich nahm es zur Kenntnis und erzählte weiter. Doch schon nach wenigen Sätzen machte er mich darauf aufmerksam, daß ich noch immer die Stirn runzelte und mich außerdem gerade hinsetzen sollte.

Ich versuchte, seinen Wünschen zu entsprechen, hatte aber das unbestimmte Gefühl, daß er mir gar nicht mehr zuhörte, sondern vollauf damit beschäftigt war zu beobachten, ob ich wieder die Stirn runzelte oder mit meinen Fingern spielte. Ich pflegte dann zu sagen: »Du wirst noch an meinem Sterbebett sitzen und mir erklären, ich solle die Stirn nicht in Falten legen.«

Natürlich haben mir seine Vorhaltungen aber auch geholfen. Ich sitze heute gerade und stehe aufrecht auf der Bühne; ich geniere mich meiner Größe wegen nicht mehr. Petter hat mir, indem er mich auf dieses oder jenes aufmerksam machte, ganz zweifellos einen guten Dienst erwiesen, aber damals reizte er mich damit bis aufs Blut.

Was Petter absolut nicht verstehen konnte, war der Umstand, daß ich trotz aller Diät kaum an Gewicht verlor. Was er nicht wußte, war, daß ich mich beim Essen zwar strikt an die Diät hielt, nur Salat aß und Saft trank, daß ich aber in meinem Schlafzimmer jede Menge Süßigkeiten hatte, die ich nach dem Abendessen vertilgte. Zuweilen stand ich auch nachts auf, ging an den Kühlschrank und aß alles, was da war, um meinen knurrenden Magen zu besänftigen. »Ich nehme ja ab«, erklärte ich ihm, »aber es dauert eben seine Zeit.« Daraufhin kaufte er eine Waage, stellte sie vor mich hin und verlangte, daß ich mich in seiner Gegenwart wog. Er zwang mich fast auf die Waage. Und man sah deutlich, daß ich zugenommen hatte. Ich war aufs äußerste verletzt und fühlte mich gedemütigt. Ich glaube, daß all diese kleinen, scheinbar unbedeutenden Begebenheiten in den fünf Jahren in Hollywood dazu beitrugen, daß wir uns mehr und mehr entfremdeten.

Daß wir so oft getrennt waren, machte es auch nicht leichter. Die meisten meiner Freunde hatten in der Filmbranche zu tun, waren Schauspieler und Produzenten. Wenn wir eine Party besuchten, trafen wir in der Regel nur Freunde und Bekannte von mir, und es konnte vorkommen, daß sie fragten, wen ich denn da mitgebracht hätte. Ich erklärte, daß Petter mein Mann sei, ein Arzt. Petter hatte nichts mit diesen Leuten gemein. So kam es, daß er sich bald im Kreis der Ehefrauen wiederfand, deren Männer mit all den Kinoköniginnen herumschwirrten, um Geschäftliches zu besprechen. Die Ehefrauen genossen Petters Gesellschaft sehr. Sie unterhielten sich gern mit ihm, berichteten ihm von ihren kleinen Sorgen und tanzten mit ihm. Manchmal tanzte er dicht an mir vorbei und sagte auf schwedisch, so daß kein anderer ihn verstehen konnte, zu mir: »Das ist bereits dein vierter Martini.« Aber ich nehme an, daß viele Ehemänner und Ehefrauen von Zeit zu Zeit einander so etwas sagen.

Ich war auf diesen Partys häufig von Produzenten und Regisseuren umgeben, die mit mir arbeiten oder über ihre Filme sprechen wollten. Ich versuchte, so wenig wie möglich zu sagen, denn ich wußte, daß Petter mich beobachtete und der Meinung war, ich würde wieder viel zuviel erzählen.

In den Artikeln, die über ihn geschrieben wurden, wurde oft betont, daß er ein passionierter Läufer sei. In Schweden war Petter einer der ersten Jogger. Aber laufen allein genügte ihm nicht. Er hängte sich noch einen Rucksack um, den er mit Steinen oder schweren Holzscheiten gefüllt hatte, um das Körpertraining zu intensivieren. Die Reporter machten sich darüber lustig.

Heute würde man dabei nichts Besonderes finden. Aber man darf nicht vergessen, wie es damals in Hollywood aussah. Wenn man sich nicht anpaßte, wurde man scheel angesehen.

Natürlich liebte ich unser Haus. Wir hatten es gemeinsam ausgesucht, einen Swimmingpool und eine Sauna angebaut. Wir hatten unsere Tochter, einen Hund, und ich besaß einen kleinen Wagen. Aber irgendwie schien es mir nicht zu genügen. Ich wollte immer fort... nach New York, auf eine Tournee, mir war alles recht, um dieser Idylle zu entfliehen. Ruth zeigte mir einmal einen Brief, den ich ihr geschrieben hatte, bevor ich wieder einmal nach Hause zurückkehren mußte: »... auf Wiedersehen, Freiheit«, hatte ich geschrieben.

Petter war der Ansicht, daß man sein Geld durch harte Arbeit verdiente. Deshalb gab man es auch nicht mit vollen Händen aus. Ich verstand diese Philosophie sehr gut und warf nie Geld zum Fenster hinaus. Wir erzogen auch Pia in diesem Sinne, erklärten ihr, daß man nicht immer Geld haben werde und sich nicht immer alles werde leisten können. Pia wünschte sich ein Fahrrad. Ich wollte es ihr kaufen, doch Petter sagte: »Selbstverständlich soll sie ein Fahrrad haben, aber nicht, weil sie es gerade jetzt will. Sie soll ein wenig warten und von ihrem Fahrrad träumen, damit sie es auch richtig zu schätzen weiß, wenn sie es schließlich bekommt.« Also diskutierten Pia und ich über das Fahrrad, sahen uns einige Räder an, besprachen die Farbe und waren dabei, das Geld zu sparen, wie wir ihr erzählten. Und so kam es zu einem sehr komischen Zwischenfall.

Eines Tages, als ich mit dem Auto unterwegs war, übersah ich eine rote Ampel. Gott sei Dank kam kein anderes Auto, aber als ich die Kreuzung überquert hatte, hielt mich ein Polizist an. Ich entschuldigte mich, und er zückte sein Buch und meinte, das würde mich fünf Dollar kosten. Pia, die hinten saß, hörte das und begann zu jammern: »Arme Mama, was sollen wir bloß tun? Das ist ja schrecklich! Meine Mama hat keine fünf Dollar. Und was wird Papa sagen...« Der Polizist, der mich erkannt hatte, sah mich irritiert an und fragte, ob ich wirklich keine fünf Dollar hätte. Ich erklärte ihm schließlich die Situation, stellte aber auch fest, daß wir mit unserem Gerede, wie sparsam und vorsichtig man mit Geld umgehen müsse, vielleicht doch etwas zu weit gegangen waren.

Natürlich gehörte auch die Geldfrage zu den Problemen, die sich zwischen Petter und mich schoben. Ein Freund erzählte mir später, Petter sei davon überzeugt gewesen, daß ich zu dick werden und meine Karriere deshalb sehr schnell beendet sein würde. Deshalb sollten wir mit dem Geld vorsichtig umgehen. Er legte meine Gagen sehr gewissenhaft an, schloß verschiedene Versicherungen ab und versuchte, soviel wie möglich für unser Alter zu sichern. Mir war das recht, ich sträubte mich nicht dagegen und machte nur sehr selten größere Ausgaben. Aber ich erinnere mich an einen Zwischenfall in New York, an dem Joe Steele beteiligt war.

Joe war der Ansicht, ich sei zu sehr auf Petter fixiert und könne mich nicht frei entscheiden. »Machen wir dieses Interview?« fragte Joe, und ich erwiderte: »Warten Sie, ich werde Petter anrufen.« Er schnappte nach Luft und fragte, ob ich das nicht selbst entscheiden könne. Er wollte, daß ich in diesen Dingen von Petter unabhängig würde, und das gefiel nun wieder Petter ganz und gar nicht. Eines Tages war ich zu einem Fest eingeladen, und ich erklärte, daß ich nichts anzuziehen hätte. Joe fragte, weshalb nicht, und ich sagte, daß ich dafür kein Geld ausgeben könne. Joe bekam fast einen Herzschlag. »Sie können dafür kein Geld ausgeben?« wiederholte er ungläubig. »Sie verdienen so viel Geld, daß es kaum zu fassen ist, und jedesmal, wenn Sie irgendwo eingeladen sind oder irgendwo erscheinen müssen, sagen Sie, Sie hätten nichts anzuziehen. Wir gehen jetzt los und kaufen Ihnen ein paar Kleider. Sofort!« Mir kam das fast unmoralisch vor. Ich glaube, es war mir nie bewußt geworden, daß ich mir sogar Kleider hätte kaufen können, die ich niemals anziehen würde. Joe schleppte mich in die schicksten und teuersten Geschäfte von New York, und ich war unvorstellbar nervös. Aber ich kaufte verschiedene Kleider. Am selben Abend nahm ich all meinen Mut zusammen und rief Petter an. Ich bat ihn, mir das Geld für den Einkauf zu schicken, und er war alles andere als erfreut. »Wofür brauchst du all diese neuen Kleider?« wollte er wissen.

Meistens hielt ich mit meiner Meinung hinter dem Berg, weil ich sicher war, daß es sowieso nichts nützen würde, wenn ich den Mund aufmachte. Aber ich glaube auch zu wissen, wann die Wende in unserer Beziehung eintrat. Petter war eines Tages sehr zornig, weil er meinte, ich hätte ihn hintergangen. Er hatte mich gebeten, ihn nie in einem Interview zu erwähnen, nie ein Interview in unserem Haus zu geben, nie ein Foto von mir zu Hause aufnehmen und niemals Pia fotografieren zu lassen. Ich respektierte seine Wünsche, und auf diese Weise wußten viele Leute nicht einmal, daß ich verheiratet war und eine Tochter hatte. Ein einziges Mal willigte ich ein, daß ein Foto von mir zu Hause aufgenommen wurde. Es handelte sich um ein Porträt, und ich sollte in einem Sessel sitzen. Ich meinte, es wäre einfacher, das Porträt zu Hause machen zu lassen, statt dafür extra in ein Studio zu gehen. Ich sah das auch nicht als einen Verrat an, denn außer meinem Kopf würde auf dem Foto kaum etwas zu sehen sein, und niemand würde erkennen können, daß es sich bei dem Hintergrund um meine Wohnung handelte. Aber als das Foto erschien, erkannte Petter die Sesselkante und wurde sehr böse. »Nun gut«, sagte ich, »da habe ich eben mal wieder einen Fehler gemacht, aber jeder Mensch macht Fehler. Du machst Fehler, und ich mache Fehler.« Er sah mich fragend an: »Ich mache Fehler?« Und ich antwortete: »Ja, natürlich, machst du etwa keine Fehler?« Und er sagte: »Nein, weshalb sollte ich? Ich denke gründlich nach, bevor ich etwas tue. Ich überlege und prüfe genau, und dann entscheide ich mich.«

Und ich sagte mir: Ich kann mit einem Menschen, der glaubt, daß er nie in seinem Leben einen Fehler gemacht hat und nie einen machen wird, nicht zusammen leben. (Petter hat übrigens stets geleugnet, diesen Ausspruch getan zu haben.)

Ich spielte mit dem Gedanken, mich zeitweise von Petter zu trennen, um irgendwohin zu gehen, wo ich keine Angst zu haben brauchte. Denn so merkwürdig es auch klingen mag: Ich war ausgerechnet mit dem einzigen Mann verheiratet, vor dem ich Angst hatte. Es gab nicht einen Produzenten, Regisseur oder Partner, vor dem ich Angst hatte. Ich fühlte mich im Studio immer sehr wohl, neckte alle und erntete immer ein Lächeln dafür – bis es Zeit war heimzufahren.

Ich bot Petter die Scheidung an. Er war höchst überrascht. Weshalb sollten wir uns scheiden lassen, meinte er. Wir hätten keine Kämpfe, keine Mißverständnisse. »Nein«, sagte ich, »wir haben das alles nicht, weil ich keinen Sinn darin sehe, mich mit dir zu streiten. Wir können nicht über unsere unterschiedlichen Ansichten diskutieren, weil du niemals versuchen würdest, die Angelegenheit von meiner Warte aus zu betrachten. Deshalb diskutiere ich auch nicht mit dir, aber ich will fort.«

Ich tat es dann doch nicht, denn ich fand es albern, die Sachen zu packen, einen großen Krach heraufzubeschwören, sich um Pia zu streiten und allein in einem Haus zu sitzen, während er allein in einem anderen saß. Also blieb ich, aber ich glaube, ich wartete nur auf jemanden, der mir aus dieser Ehe heraushalf, weil ich selbst nicht die Kraft dazu hatte. Das war mehr als drei Jahre, bevor ich Roberto Rossellini traf.

Ingrid Bergmans Karriere hatte sich in der Mitte der vierziger Jahre stetig nach oben entwickelt. Ihr Wunsch, sich mit jeder Rolle und jedem Film zu verändern und sich jeweils von einer anderen Seite zu zeigen, hatte sich – trotz aller Bedenken von David O. Selznick und aller guten Ratschläge von Michael Curtiz – als richtig erwiesen. Und jetzt sollte ihr eine Rolle angeboten werden, die sich vollkommen von den bisher gespielten unterschied.

Leo McCarey hatte gerade einen Film mit Bing Crosby in der Rolle eines Priesters fertiggestellt, der in Amerika ein Riesenerfolg war. Der Film hieß *Going My Way*, und nun hatte McCarey die Idee für einen ähnlichen Stoff, aber anstelle eines zweiten Schauspielers neben Bing Crosby wollte er mich haben. Ich sollte eine Nonne spielen! Es gab eine richtige Nonne, die dieser Figur als Vorbild gedient hatte, ein Mensch, der sehr gern lachte, Tennis spielte, sogar boxte, der Kinder über alles liebte und sich um sie kümmerte. Leo hat nie den Anblick vergessen, wie die Nonne in ihrem langen Gewand über den Tennisplatz lief, um einen Ball zurückzuschlagen. Wir hatten zwar keine Tennisszene im Film, dafür aber eine Boxszene.

Ich sollte also Schwester Benedict spielen. Selznick war außer sich. »Unmöglich. Wenn es einen Erfolg gab«, sagte er zu Leo, »war die Fortsetzung immer ein Reinfall. Und ich werde nicht zulassen, daß Ingrid in einem todsicheren Mißerfolg mitspielt.«

Also erschien ein sehr niedergeschlagener Leo McCarey mit seinem Drehbuch bei mir. Ich las es und war hingerissen. Ich ging zu Selznick. Er begann mit der gleichen Argumentation: Es sei nicht gut, sich an einen anderen Erfolg anzuhängen. Ich würde mein Talent vergeuden und so weiter. Ich blieb hartnäckig.

»Was machst du in der Zeit, wenn Bing Crosby singt?« fragte Selznick.

»Ich werde ihn ansehen. Das ist alles. Ich habe nichts anderes zu tun, also werde ich ihn ansehen.«

»Ihn ansehen? Du bist eine großartige Schauspielerin und willst ihn nur ansehen?«

»Ja, ich werde in meinem Gesicht all das ausdrücken, was er singt.«

Aber natürlich hatte David O. Selznick auf seine Weise recht, und ich war verzweifelt. Schließlich sagte er: »Wenn du Leo bereits gewisse Zusagen gemacht hast, werde ich versuchen müssen, es ihm auszureden, ohne dich zu kompromittieren.«

Mit anderen Worten: Er würde eine derart hohe Gage verlangen, daß man sie mit Sicherheit nicht zahlen würde. Aber Leo sagte überglücklich: »Wunderbar. Das geht in Ordnung.« David stellte noch zwei oder drei sehr überzogene Forderungen, und Leo war mit allem einverstanden. Schließlich fragte David fast außer Atem: »Du willst das alles wirklich machen, nur um Ingrid Bergman zu bekommen?«

»Ich bin ja so froh, überhaupt eine Chance zu haben«, antwortete Leo. Und er bekam mich. Er erfüllte alle Bedingungen, und ich war mit der Rolle überglücklich, und der Film wurde ein großer Erfolg. Ich freute mich auch darüber, daß David sich geirrt hatte. Und selbstverständlich wußte hinterher, nachdem wir *Die Glocken von St. Marien (The Bells of St. Mary's)* abgedreht hatten, jeder, was ich in Zukunft spielen sollte – eine Nonne nach der anderen.

Am besten gefiel mir an der Nonnenrolle, daß man nur mein Gesicht sah. Mein Körper war unter einem langen schwarzen Gewand versteckt. Ich konnte soviel Eiscreme und so viele Süßigkeiten essen, wie ich nur wollte. Niemand kümmerte sich darum. Niemand sagte mir, ich müsse auf meine Figur achten.

Es machte mir sehr viel Spaß, endlich einmal in einer Komödie zu spielen und zu beweisen, daß ich auch komisch sein konnte. Bing Crosby lernte ich so gut wie gar nicht kennen. Er war zwar sehr freundlich und hilfsbereit, aber stets von einer Gruppe von drei oder vier Männern umgeben, mit denen er zusammensaß, lachte und scherzte und die ihn von allen anderen Mitarbeitern des Teams abzuschirmen schienen. Leo erklärte mir, dies seien Bings »Gagmen«, die ihm Witze, lustige Bemerkungen und komische Einfälle lieferten.

Am Schluß der Dreharbeiten ließ ich mir für Leo und Bing einen besonderen Witz einfallen. Es war die letzte Szene, die wir zu drehen hatten, und auch die letzte Szene des Films. Ich habe als Schwester Benedict sehr unglücklich zu sein, denn sie wird versetzt und glaubt, der Grund dafür sei, daß sie in ihrer Arbeit versagt habe und mit den Kindern, die sie zu betreuen hatte, nicht zurechtgekommen sei. Alle anderen wissen, daß sie fortgeschickt wird, weil sie an Tuberkulose erkrankt ist und erst wieder mit den Kindern arbeiten kann, wenn sie geheilt ist. Vater O'Malley meint schließlich, es sei besser, ihr die Wahrheit zu sagen. Er beginnt also mit seiner Erklärung, und mein Gesicht hellt sich vor Freude auf, denn für Schwester Benedict ist Tuberkulose weit weniger schlimm als die Tatsache, nicht mehr mit Kindern arbeiten zu dürfen. Ich sage: »Ich danke Ihnen aus vollem Herzen, Vater.« Und Bing erwidert: »Wenn Sie in Schwierigkeiten sind, Schwester, rufen Sie einfach die Nummer O für O'Malley an.« Ich gehe von dannen, und das ist das Ende des Films.

Leo war sehr zufrieden mit der Szene, doch ich bat ihn, sie noch einmal zu drehen; ich sei der Meinung, ich könne sie noch besser spielen. Leo sah mich erstaunt an, aber da es die letzte Szene war, willigte er ein.

Und ich sagte wieder zu Bing: »Ich danke Ihnen aus vollem Herzen, Vater.« Und dann legte ich meine Arme um ihn und küßte ihn mitten auf den Mund. Bing fiel fast in Ohnmacht vor Schreck, und alle Anwesenden sprangen auf. »Halt, stoppt die Kameras! Um Gottes willen, stoppt die Kameras!« Ein Priester, der die Aufnahmen betreute und uns bei unserer Arbeit viele wichtige Hinweise gegeben hatte, kam auf uns zugelaufen und sagte: »Das geht zu weit, Frau Bergman. Das können wir nicht erlauben. Eine katholische Nonne, die einen katholischen Priester küßt... Das können Sie nicht auf die Leinwand bringen...«

Ich lachte aus vollem Hals. Bing war dabei, sich mühsam von meinem Anschlag zu erholen, und ich sah mich um, und Leo begann ebenfalls zu lachen, und zuletzt lachte das ganze Team, weil sie kapiert hatten, daß ich nur einen Scherz hatte machen wollen.

Die Dreharbeiten zu *Die Glocken von St. Marien* fielen mit Hollywoods größtem Spektakel zusammen, der Oscarverleihung. Ingrid Bergman war bereits ein Jahr zuvor für ihre Darstellung der Maria in *Wem die Stunde schlägt* nominiert worden, hatte aber gegen Jennifer Jones, die den Preis für *Das Lied von Bernadette* erhielt, verloren. Jetzt, 1944, war sie für *Das Haus der Lady Alquist* nominiert worden. Die Verleihung fand im berühmten Grauman's Chinese Theater statt, Bing Crosby und Leo McCarey erhielten je einen Oscar für ihre Arbeit an *Going My Way*. Und dann wurde Ingrid Bergman aufgerufen, um ihren Oscar als beste Schauspielerin des Jahres in Empfang zu nehmen. Als sie die Bühne betrat, gab sie eine der schönsten und witzigsten Erklärungen ab, die man anläßlich einer Oscarverleihung je gehört hat. »Ich bin sehr dankbar für diesen Preis. Und ich bin sehr glücklich, ihn gerade jetzt zu bekommen, denn ich drehe zur Zeit einen Film mit Bing Crosby und Leo McCarey. Und ich hatte schon befürchtet, die beiden würden nicht mehr mit mir sprechen, wenn ich morgen ohne einen Oscar ins Atelier käme.«

NEUNTES KAPITEL

Als ich am 6. Juni 1945 in Paris eintraf, um mit Jack Benny, Larry Adler und Martha Tilton auf eine Tournee für die amerikanischen Truppen zu gehen, war der Krieg seit knapp einem Monat zu Ende. Paris war wunderbar. Trotz der schwierigen Zeiten, die es durchgemacht hatte, und des Schwarzmarktes war sein Geist ungebrochen. Ich war seit acht Jahren nicht in Europa gewesen, und es war, als würde ich von neuem zu leben beginnen.

Das »Ritz-Hotel« war das Hauptquartier der amerikanischen Kriegskorrespondenten, zugleich Pressebüro und Unterkunft für die Künstler. Kurz nach meiner Ankunft fand ich eine sehr ungewöhnliche Nachricht vor, die unter der Tür durchgeschoben worden war.

Betrifft: Abendessen am 28. Juni 1945, Paris, Frankreich.

An: Ingrid Bergman.

1. Es handelt sich um eine Gruppeninitiative. Die Gruppe besteht aus Bob Capa und Irwin Shaw.
2. Wir wollten Ihnen zusammen mit dieser Einladung Blumen schicken – aber nach reiflicher Überlegung stellten wir fest, daß unsere finanziellen Mittel entweder die Blumen oder das Abendessen, nicht aber beides erlaubten. Wir würfelten, und die Entscheidung fiel zugunsten des Abendessens.
3. Es besteht noch die Möglichkeit, Ihnen die Blumen zu schicken, falls Sie an einem Abendessen nicht interessiert sein sollten. Dieser Punkt ist noch offen.
4. Außer Blumen haben wir beide noch viele andere überzeugende Qualitäten.
5. Wenn wir noch mehr schreiben, haben wir keinen Gesprächsstoff mehr fürs Abendessen. Außerdem ist unser Charme begrenzt.
6. Wir werden Sie um 18.15 Uhr anrufen.

7. Wir schlafen nie.
Unterschrift: Ängstlich.

Meine Entscheidung war klar. Selbstverständlich zog ich das Abendessen einem einsamen Abend in meinem Zimmer vor – mit der
Aussicht darauf, als einzige Abwechslung einen Blick auf einen
Blumenstrauß werfen zu können. Ich hatte noch nie von Irwin Shaw
und Bob Capa gehört, aber als sie anriefen, ging ich zu ihnen
hinunter in die Hotelbar und erfuhr, daß Bob Fotograf war, Kriegsberichterstatter, und Irwin Shaw Soldat.

Ich verstand mich mit beiden auf Anhieb. Es wurde ein herrlicher
Abend. Wir aßen in einem kleinen Restaurant, und ich lernte ihre
Freunde kennen. Wir lachten und tanzten.

Vom ersten Augenblick an gefiel Bob Capa mir sehr. Er war
Ungar, lustig und sehr charmant. Der Beginn meiner Tournee hätte
nicht großartiger sein können.

Wir versuchten, unser Programm so komisch wie möglich zu
gestalten. Wir sollten die Soldaten zum Lachen bringen; denn sie
hatten in den letzten Jahren nicht viel zu lachen gehabt. Jack Benny
erzählte Witze, Larry Adler spielte Harmonika, Martha sang, und
ich spielte verschiedene Szenen der *Jungfrau von Orleans*, die ich
noch in diesem Jahr auf dem Broadway darstellen wollte. Außerdem
spielte ich eine Szene mit Jack Benny aus *Gaslight*.

Ich traf Capa in Berlin wieder. Die Stadt schien in unzählige
Stücke zerfallen. Es war unglaublich. Die Häuser hatten keine
Dächer mehr. Alles stand im Freien. Capa entdeckte eine Badewanne auf der Straße. Er sagte, ich solle mich hineinsetzen, und er
würde Fotos machen. Das wären dann die ersten Fotos von Ingrid
Bergman in der Badewanne – auf einer zerstörten Straße und in
voller Bekleidung. Er war so hingerissen von seiner Idee, daß er
sofort in sein Labor lief, um die Filme zu entwickeln. Aber er
beschädigte in der Eile den Streifen, und so tauchten diese Schnappschüsse nie in einem Magazin auf.

Sehr oft gab es in Deutschland keine Straßen mehr, und man
mußte über Felder fahren. Wir lebten in Privatunterkünften oder in
Baracken. Wir waren die erste Künstlergruppe, die durch Deutschland reiste. Jedenfalls glaubten wir das, bis wir Marlene Dietrich in

154

Paris trafen. »Aha«, sagte sie mit einem breiten ironischen Lächeln. »Jetzt, wo der Krieg vorbei ist, kommt ihr.« Sie war die Tapferste von uns allen gewesen, denn sie war schon während des Krieges von einer Front zur anderen gefahren und hatte die alliierten Truppen mit ihrer Show begeistert, während die Kämpfe weitergingen. Sie erzählte mir, daß sie sich ihre Haare mit Benzin in einem Stahlhelm hatte waschen müssen, weil es kein Wasser gab.

Dergleichen Probleme hatte ich nicht, aber dennoch war diese Tournee eine Erfahrung, die ich nicht missen möchte. Wochenlang reisten wir durch Deutschland und weiter in die Tschechoslowakei. Wenn wir in unserem Wagen eine Stadt erreichten, sahen wir meist nur die Kirche aus den Ruinen herausragen. Und wenn die Kirche ebenfalls zerstört war, gab es immer noch irgend etwas, das darauf hindeutete, daß hier einmal Menschen gelebt hatten. Es waren entsetzliche Eindrücke.

Wohin wir auch kamen, zimmerten uns die Soldaten eine Plattform und saßen um uns herum zu unseren Füßen. Meistens wurden wir von einer Band begleitet, die es in jeder Einheit gab. Wir probten ein wenig mit den Musikern, und dann ging es los. Nachdem wir unsere Sachen zusammengepackt hatten, tanzten wir mit den Soldaten und tranken mit ihnen. Wir versuchten immer, unsere Aufmerksamkeit gerecht zu verteilen, uns nicht nur mit den Offizieren abzugeben. Irgend jemand hatte sich beschwert, daß die Künstler sich nach der Show nur mit den Offizieren unterhielten. Genau wie in Alaska. Also bemühten wir uns um die Soldaten. Sie zeigten uns Fotografien von ihren Frauen, Freundinnen oder Schwestern und erklärten meist, daß ich wie sie aussähe. Das war sehr rührend; aber das einzige, was mich mit diesen unbekannten Frauen verband, war die Tatsache, daß wir Frauen waren...

Einen meiner tiefsten Eindrücke hatte ich in Heidelberg. Wir spielten in dem alten Theater, und Jack Benny hatte eine Idee: »Wenn ich bis drei gezählt habe, zündet alle ein Streichholz oder eure Feuerzeuge an...« Es war ein wundervoller Moment, als sich das Riesenrund plötzlich mit Licht füllte und lebendig zu werden schien.

Wir waren eine sehr fröhliche Truppe. Jack Benny war einer der menschlichsten Künstler, die mir begegnet sind. Er war ungeheuer freundlich. Obwohl er sehr erschöpft war, wurde er es nicht müde, mit den Soldaten zu sprechen, ihnen Abwechslung und gute Laune zu vermitteln.

Wir waren ständig unterwegs. Eine Show an jedem Ort. Dann ging es weiter. Wir konnten im Wagen ein wenig schlafen, aber das war auch das einzige.

Natürlich gab es auch furchtbare Augenblicke. Alle außer mir wollten die Konzentrationslager sehen. Wir spielten in der Nähe eines Lagers, und General Eisenhower war anwesend. Er lud die ganze Truppe zu einer Besichtigung ein. Alle sagten, man müsse die Lager gesehen haben. Aber ich ging nicht mit. Als sie zurückkamen, waren sie alle krank. Sie wollten nicht darüber sprechen, aber ich konnte mir vorstellen, was sie gesehen hatten, denn ich kannte die Fotos, und die genügten mir. Ich wollte die Lager nicht sehen, weil ich die Erinnerung nie hätte vergessen können. Es gibt Dinge, von denen man wünscht, sie nie gesehen zu haben. Mit diesem Grauen konfrontiert zu werden hätte mich vollständig gelähmt. Ich hätte keine Kraft mehr gehabt, die Soldaten weiter zu unterhalten, überhaupt weiterzuarbeiten.

Und dann kam es zu dem Zwischenfall, bei dem Larry Adler »erschossen« wurde. Fast alle jungen Soldaten waren überreizt und nervös. Sie riefen nur einmal »Halt«, und wenn man nicht sofort anhielt, konnten sie schon im nächsten Moment zur Waffe greifen. Wir kamen zu einem Straßenposten. Der sagte etwas zu unserem Fahrer, der Deutscher war und einfach weiterfuhr. Dann hörten wir einen Schuß. Wir hörten ihn sehr nahe, und Larry fühlte ihn geradezu in seinem Rücken. Er fiel im Wagen auf die Knie und schrie: »Ich bin erschossen worden! Ich bin erschossen worden!« Ich nahm ihn in die Arme, hielt ihn an mich gepreßt, und er murmelte: »Sag meiner Frau und meinen Kindern von mir Lebewohl!« Und ich versprach es und beschwor ihn, nicht zu sterben. Ich sah auf seinen Rücken und erklärte, daß ich keinen Einschuß sehen könne. Larry war einen Moment ganz ruhig. Ich sah noch einmal nach und sagte: »Der Schuß müßte eine Wunde hinterlassen haben. Aber du blutest gar nicht.« Er beruhigte sich, zog seine Jacke aus und suchte nach einem Einschuß. Natürlich hatte der Fahrer inzwischen angehalten. Der Wachtposten war herbeigeeilt, und es kam zu einem erregten

Wortwechsel. Jack Benny, der im anderen Wagen fuhr, kam ebenfalls herbeigelaufen und suchte die Rückseite unseres Fahrzeugs ab. Und wir fanden die Kugel im Polster unseres Sitzes. Sie war auf eine Feder getroffen, die Feder hatte sich gelöst und Larry in den Rücken gestochen. Larry behielt die Kugel als Andenken.

Als ich mit Jack Benny, Larry Adler und den anderen nach Paris zurückkam, traf ich auch Bob Capa wieder. Ich glaube, daß ich mich zu diesem Zeitpunkt in ihn verliebte.

Japan hatte kapituliert, und Paris feierte. Man tanzte auf den Straßen, fremde Menschen lagen sich in den Armen, lachten und weinten. Junge Mädchen liefen auf die Soldaten zu und küßten sie. Es war eine sehr große, sehr menschliche, sehr befreiende Geste. Ich saß mit Bob Capa in einem Jeep auf den Champs-Élysées und sah all die Menschen vor Glück und Erleichterung durch die Straßen taumeln, und ich sagte Bob, daß ich auch auf einen Soldaten zustürmen und ihn küssen werde.

»Auf welchen?« fragte Bob, und ich zeigte auf den nächstbesten Soldaten, der gerade vorbeikam. Ich stürzte auf ihn zu, warf mich in seine Arme und küßte ihn mitten auf den Mund. Und er überlegte es sich nicht zweimal – er erwiderte den Kuß.

Robert Capa hatte seine Karriere als Fotograf kurz vor Kriegsausbruch in Paris begonnen. Er war in Ungarn geboren und 1932, mit achtzehn Jahren, nach Deutschland gekommen, um sich als Fotojournalist ausbilden zu lassen. Doch dann kamen die Nazis an die Macht. Capa war Jude, und er ging nach Paris. Das Interesse an der Fotografie war seine größte Leidenschaft und kam einer Liebesbeziehung gleich. Er sprach fünf Sprachen, doch als er einmal gefragt wurde, in welcher Sprache er denke und träume, antwortete er: »In Bildern.« Hätte er ein wenig überlegt, hätte er vielleicht hinzugefügt, daß er »in gefährlichen Bildern« denke und träume, denn er war überall dort, wo es gefährlich wurde. Im Spanischen Bürgerkrieg machte er seine ersten aufsehenerregenden Fotos. Als Frankreich von den Nazis besetzt wurde, floh er nach Amerika. Als staatenloser Ungar wäre er in New York beinahe interniert worden, aber er schaffte es, einen Auftrag vom »Colliers«-Magazin für eine Fotoserie über das bombardierte England zu bekommen. Er fotografierte auch Flugeinsätze der amerikanischen Einheiten. Als von vierundzwanzig Flugzeugen nur siebzehn zurückkehrten und Capa Fotos von den Verwundeten und Toten machte, herrschte ihn einer der Piloten an: »Das sind wohl die Fotos, auf die Sie gewartet haben, nicht wahr?«

Diese Bemerkung verletzte Capa sehr, und er vergaß sie nie. Er bannte auf seine Fotos das Leid der zivilen Bevölkerung, die vom Krieg überrollt wurde, hielt aber ebenso die Schrecken und Ängste der Soldaten fest. Und er entschloß sich, nicht länger nur Fotos im sicheren Hinterhalt zu machen, sondern mit an die Front zu ziehen. Wo die Einsätze stattfanden, waren von nun an auch Bob und seine Kameras.

Da er Geld brauchte, verkaufte er die Fotos des amerikanischen Flugeinsatzes an das »Illustrated«-Magazin. Der hocherfreute Chefredakteur teilte ihm mit, daß sie eines der Fotos auf das Titelblatt setzen würden. Aber drei Tage vor Auslieferung des Heftes erschienen ein weniger erfreuter Chefredakteur und eine Gruppe hoher amerikanischer Sicherheitsbeamter bei Capa. Sie fragten ihn, ob er wisse, daß er nicht nur einen Leutnant, sondern gleichzeitig eines der am besten gehüteten Geheimnisse der Bombereinheit aufgenommen habe – ein Bombenzielgerät! Alle 400000 Exemplare des Magazins mußten vernichtet werden.

Capa ging nach Nordafrika. Ohne jemals Unterricht im Fallschirmspringen gehabt zu haben, sprang er eines Nachts, angespornt vom Kommandeur der 82. Airborne Division, über Sizilien ab. Den Rest der Nacht verbrachte er in einem Baum, nur wenige Meter über dem Erdboden schwebend, und dachte darüber nach, daß ihn sein ungarischer Akzent, mit dem er beim weiblichen Geschlecht soviel Erfolg hatte, kaum davor bewahren würde, von Freund oder Feind erschossen zu werden.

Er wechselte zum »Life«-Magazin und begleitete die Armee durch Italien. Er gehörte zu den vier Fotografen, die die Invasion in der Normandie miterlebten. Und er sagte: »Wenn mein Sohn mich eines Tages fragen sollte, was der Unterschied zwischen einem Kriegskorrespondenten und einem Soldaten ist, würde ich ihm antworten: Der Kriegsberichterstatter bekommt mehr Drinks, mehr Mädchen, mehr Geld und hat mehr Freiheiten, aber diese Freiheit ist auch eine Qual.

Der Kriegsberichterstatter hat die freie Wahl, sein Leben selbst in die Hand zu nehmen; er kann auf dieses oder jenes Pferd setzen, und er kann sich im letzten Moment immer wieder zurückziehen. Ich bin ein Spieler, und ich entschloß mich, immer in der vordersten Linie zu sein.«

Er war bei den Kämpfen an der Omaha-Beach dabei, er kroch zwischen Toten und Verwundeten herum, machte Fotos und überlebte. Es waren wohl die schrecklichsten Augenblicke seines Lebens. Er kam in einem Boot zurück, das mit Toten und Verwundeten überfüllt war, und erholte sich nur schwer von diesem Schock. Die Fotos, die er mitbrachte, waren die besten und wahrhaftigsten, die er je aufgenommen hatte. Aber sein Mitarbeiter im Labor machte einen Fehler, und nur acht Fotos konnten gerettet werden. Sie zeigten das Drama dieses Einsatzes realistischer und erschreckender, als man es sich je hätte vorstellen können.

Auf einem Panzer rollte Capa in das befreite Paris. Er nahm noch einmal an einem Fallschirmeinsatz über dem Rhein teil und erlebte das Kriegsende und das Zusammentreffen der Amerikaner und der Russen. Mit Irwin Shaw zog er ins »Ritz-Hotel« und hielt sich dort auf, als Ingrid Bergman eintraf. Und natürlich hatte er keine Ahnung, was aus dem kleinen Scherz, der mit einer Einladung zum Essen verbunden war, werden würde.

Er war einunddreißig, als er Ingrid begegnete, ein Jahr älter als sie, ein Mann, der überall zu Hause war, lebhaft, gewandt, umsichtig und voller Humor, aber auch verwundbar. Seine großen dunklen Augen unter den buschigen Augenbrauen, sein charmanter Akzent, sein vitaler Humor und die Gabe, alle Menschen mit seiner Fröhlichkeit anzustecken, machten ihn zu einem idealen Gesellschafter. Er war eine Spielernatur, er ahnte, daß ihm nur ein kurzes Leben beschieden sein würde, und wollte es nicht damit verschwenden, hinter Normen herzulaufen, die ihm nichts bedeuteten. Andererseits war ihm natürlich klar, daß er sich seinen Lebensunterhalt verdienen mußte.

Er sagte zu Ingrid: »Du bist verrückt, so zu leben. Du bist deine eigene Industrie, dein eigenes Unternehmen, eine Institution. Du solltest wieder anfangen, ein Mensch zu werden. Du wirst von allen manipuliert – von deinem Mann, von den Filmgesellschaften. Dein

Leben ist Arbeit, Arbeit, Arbeit. Du vergißt darüber die anderen Dinge, die es lebenswert machen. Du hast gar keine Zeit mehr fürs wahre Leben. Du bist wie ein Auto, das nur noch auf drei Rädern fährt, aber du hast noch nicht mitbekommen, daß du das vierte Rad längst verloren hast.«

Ingrid widersprach: »Ich fühle mich ausgefüllt. Ich werde in Hollywood weiterarbeiten. Ich werde Theater spielen. Vor allem *Johanna von Orleans*. Ich brauche die Disziplin des Theaters.« Aber sie fragte sich insgeheim doch, ob sie wirklich glaubte, was sie sagte.

Sie wußte, daß auch Capa Probleme hatte. Sie wußte, daß sich hinter seinem Zynismus, seinem breiten Lachen, hinter den Wolken von Zigarettenqualm, der Hand, die stets ein gefülltes Glas hielt, eine Unsicherheit verbarg, die die Frage nach der Zukunft nicht beantworten konnte. Wie für viele andere Männer seines Berufes war auch für Capa der Alkohol zu einer Bestätigung seiner Männlichkeit geworden, ein überlebensgroßes Erkennungszeichen, das von Ernest Hemingway geprägt worden war, dem Vater aller jungen Schriftsteller, Journalisten und besonders aller Kriegsberichterstatter. Oft erschien ihnen das Leben wie eine nicht endenwollende Serie ermüdender Alltäglichkeiten.

1945 war für Capa das Jahr der Entscheidung, wie er sein Leben im Frieden fortzusetzen gedachte. Natürlich konnte er weiter in den Krieg ziehen. Krieg gab es immer irgendwo auf der Welt. Aber würde das auf die Dauer nicht ebenso eintönig werden, wie ihm jetzt der Frieden erschien? Wie so viele Männer seiner Generation mußte er nun nach einem neuen Beginn Ausschau halten. Und welche Rolle, wenn überhaupt, würde Ingrid Bergman in diesem Spiel übernehmen?

ZEHNTES KAPITEL

Auf der Liste von Ingrids guten und langjährigen Freunden findet sich auch der englische Filmregisseur Alfred Hitchcock, der Meister des Gruselfilms. Hitch, wie er genannt wurde, saß nach einem anstrengenden Arbeitstag gern bei einem Glas Martini mit ihr zusammen, rührte allerdings mit britischer Starrköpfigkeit vor sechs Uhr nachmittags nie einen Tropfen Alkohol an.

Eines Abends hatte er mich zum Essen eingeladen. Er war mit Kochen beschäftigt, wir tranken ein Gläschen und unterhielten uns. Dann erklärte ich, daß ich ein wenig müde sei, und er meinte, ich solle mich ruhig hinlegen, bis das Essen fertig sei. Ich wachte irgendwann in der Nacht auf, sah mich in der Wohnung um und fand Hitch, zusammengerollt wie ein Baby, auf einem Sofa liegen. In dem Moment öffnete er ein Auge.

»Was ist aus unserem Essen geworden?« fragte ich.

»Verflucht«, antwortete er und schreckte auf, »du bist eingeschlafen. Und dann, verflucht noch mal, muß ich auch eingeschlafen sein.«

Das Essen war kalt und ungenießbar.

Eines Tages wurde sie von einem Journalisten, der einen Artikel über Alfred Hitchcock schreiben sollte, gebeten, ihm etwas über seine Persönlichkeit, seine Eigenarten, mitzuteilen. Sie schrieb:

Hitch gehört zu den am besten vorbereiteten Regisseuren, mit denen ich je gearbeitet habe. Es gibt nichts, was er über den Film nicht weiß, wenn er mit den Dreharbeiten beginnt. Jede Wendung in der

Geschichte ist genauestens vorbereitet, alle Aufbauten, die er zu Hause im Modell angefertigt hat, sind im Studio perfekt nachgearbeitet worden. Er sieht nicht einmal in die Kamera, denn er meint, er wisse längst, wie die Szenerie aussieht. Ich kenne niemanden, der so gewissenhaft arbeitet wie er. Natürlich will er, daß alles nach seinen Vorstellungen abläuft, aber wenn ein Schauspieler einen Vorschlag hat, ist er bereit, ihn auszuprobieren. Manchmal dachte ich, daß er eine Szene nach meinen Vorstellungen ändern würde, aber schließlich lief es doch darauf hinaus, daß er auf seiner Idee bestand; er meinte, wenn ich es nicht so spielen könne, wie er es sich denke, dann müsse ich eben ein wenig »schummeln«. Das hat mir später oft bei der Arbeit mit anderen Regisseuren geholfen.

Sein Humor und sein scharfer Witz sind erfrischend. Er mag einfache, geradlinige Menschen. Schwätzer kann er wunderbar der Lächerlichkeit preisgeben. So wurde er viele unliebsame Besucher während der Dreharbeiten los.

Derjenige, der Ingrid Bergman und Alfred Hitchcock zusammenführte, war David O. Selznick, dessen Karriere als Produzent sich in der Mitte der vierziger Jahre mehr und mehr ihrem Ende zuneigte. Zwischen 1924 und 1940 hatte er alle großen Stars unter Vertrag gehabt und rund sechzig Filme produziert, darunter das Meisterwerk *Vom Winde verweht*. Mit diesem Film setzte er sich mit siebenunddreißig Jahren sein eigenes Denkmal; ein Erfolg, den er nicht mehr wiederholen konnte. Der Film machte ihn international berühmt, zum Millionär und setzte zugleich auch den Schlußstrich. Mehr konnte er einfach nicht erreichen. Er liebäugelte mit einer politischen Karriere, aber im Grunde war und blieb er vom Film und vom Filmemachen besessen.

Er war voller Begeisterung, voller Energie. Er brannte die Kerze seines Lebens von beiden Seiten ab. Es stimmte, er lieh mich für große Summen an andere Filmgesellschaften aus, kaum daß ich nach Hollywood zurückgekehrt war, und viele meiner Freunde sagten: »Du hast einen sehr interessanten Agenten. Die Rollen sind merkwürdig verteilt. Er nimmt neunzig Prozent, und du bekommst nur zehn.«

Von 1940 bis Ende 1945 hatte Ingrid elf Filme gedreht, und ihr Jahreseinkommen lag bei etwa 60000 Dollar. Seit *Adam Had Four Sons* lieh David O. Selznick sie an andere Filmgesellschaften aus. Sie drehte *Casablanca* für Warners, und er bekam 110000 Dollar. Von Paramount bekam er für ihren Einsatz bei *Wem die Stunde schlägt* 150000 Dollar; für *Spiel mit dem Schicksal* 100000 Dollar, und die Zahlen erreichten astronomische Höhen, als er über *Die Glocken von St. Marien* verhandelte.

Ich lachte darüber. Mir war das gleichgültig. Ich hatte einen Vertrag unterzeichnet. Ich verdiente mehr, als ich in Schweden je hätte verdienen können. Und schließlich wußte er ja nicht, ob ich erfolgreich sein würde. Wenn er gutes Geld damit verdiente, mich an andere Firmen auszuleihen, dann war das seine Sache. Ich wollte nur arbeiten und gute Filme drehen, denn ich liebte meine Arbeit. Und er produzierte *Ich kämpfe um dich (Spellbound)* mit Hitch als Regisseur.

In *Ich kämpfe um dich* spielte Ingrid Bergman eine junge Psychiaterin in einem teuren Sanatorium, die herausfindet, daß ihr neuer Chefarzt mindestens ebenso gestört ist wie ihre Patienten. Sie verliebt sich in den Arzt, versucht, ihm zu helfen, und kann ihn schließlich von seinen Alpträumen und einem lebensgefährlichen Geheimnis befreien. Ingrid war sehr überrascht, als sie feststellte, daß sie es zum erstenmal in ihrer Karriere mit einem Partner zu tun haben würde, der jünger war als sie. Der junge Schauspieler war in *Schlüssel zum Himmelreich* aufgefallen und wurde innerhalb kürzester Zeit zu einem der vielversprechendsten Talente Hollywoods. Und Gregory Peck erfüllte alle in ihn gesetzten Erwartungen.

In der Fachwelt wurde viel von der Zusammenarbeit zwischen Selznick, Hitchcock, Ingrid Bergman und Gregory Peck erwartet.

Zudem hatte man Salvador Dali engagiert, der die Traumsequenzen von Gregory Peck illustrieren sollte. Der Alptraum beginnt mit 400 Augen, die Peck ansehen, und Dali verwandte so viele surrealistische Elemente in diesen Szenen, daß sie fast zu einer Geschichte in der Geschichte wurden. Allerdings schienen sie sich nicht mehr in das Gesamtkonzept des Films einzufügen. Schließlich wurden die Traumszenen stark gekürzt, und Selznick war auf Dali nicht mehr so gut zu sprechen.

»Time«-Magazin schrieb: »Der Film fällt angenehm aus der üblichen Schablone der Kriminalgeschichten heraus.« Und die »Herald Tribune« befand: »Hervorragende Leistungen von Ingrid Bergman und Gregory Peck; der Film ist ein meisterhafter Psycho-Krimi.« Ingrid Bergman erhielt den Preis der New Yorker Filmkritiker.

Der Film war sehr erfolgreich und brachte so viel Geld ein, daß Selznick sofort daran ging, einen zweiten Kriminalfilm mit Hitchcock zu planen, *Notorious*. Er verkaufte seine Idee an die Firma RKO und zusammen mit der Geschichte auch Hitchcock als Regisseur, Ingrid Bergman und Cary Grant als Hauptdarsteller sowie Ben Hecht als Drehbuchautor. Selznick bekam 800 000 Dollar und fünfzig Prozent der Einnahmen. Da der Film 8 Millionen Dollar einspielte, waren alle zufrieden.

In *Weißes Gift*, wie der Film *Notorious* in der ersten deutschen Fassung hieß, spielt Grant einen Geheimagenten, der in Ingrid Bergman, der Tochter eines überführten Nazis, eine Verräterin sieht, sich jedoch in sie verliebt. Um ihre Glaubwürdigkeit unter Beweis zu stellen, heiratet sie einen geflohenen Nazi, gespielt von Claude Rains, um ihn gemeinsam mit Grant zu überführen. Claude Rains ist außerdem im Besitz von Uran-Erz, und diese Tatsache rief das FBI auf den Plan; denn man befürchtete, daß vom geheimgehaltenen Manhattan-Projekt, das die Atombombe entwickelte, etwas durchgesickert war. Hitch konnte die ganze Aufregung nicht verstehen, doch seine Proteste gegen eine Beaufsichtigung der Dreharbeiten durch das FBI verklangen ungehört.

In Deutschland kam der Film nur verstümmelt Anfang der fünfziger Jahre ins Kino, hauptsächlich, weil Ingrid die Tochter eines überführten Nazis spielte und diese Tatsache den Interessen der Filmkontrolle entgegenlief. So ging es in der deutschen Fassung des

Films um eine Rauschgiftaffäre, worauf auch der deutsche Titel anspielt. Erst Jahre später wurde der Film in einer neuen Synchronisation unter dem Titel *Berüchtigt* erneut gestartet.

Die Nachfragen des FBI hatten Hitch so geärgert, daß er auf Rache sann. So kam er auf die Idee, die Zensurbestimmungen, die in Amerika für gewisse Filmszenen galten, zu umgehen und einen Kuß zwischen seinen beiden Hauptdarstellern zu zeigen, der fünfmal länger dauern sollte, als offiziell erlaubt war.

Ein Leinwand-Kuß durfte bis zu drei Sekunden dauern. Also küßten Cary und ich uns, unterhielten uns, küßten uns wieder, dann wurden wir durch das Läuten des Telefons gestört. Es war ein Kuß, der unterbrochen und wieder fortgesetzt wurde. Und die Zensurbehörde konnte nichts unternehmen, denn wir küßten uns nie länger als jeweils drei Sekunden hintereinander. Wir knabberten am Ohrläppchen des anderen, küßten uns auf die Wangen, und dadurch wirkte dieser Kuß endlos und wurde zu einer Sensation auf der Leinwand.

Mit diesem Film begann eine lebenslange Freundschaft zwischen Cary Grant und Ingrid Bergman. In diese Zeit fiel auch der berühmte Satz, den Cary Grant über seine Partnerin sagte: »Ich bin der Meinung, daß das Oscar-Preisgremium ihr jedes Jahr einen Sonderpreis überreichen sollte – unabhängig davon, ob sie einen Film gedreht hat oder nicht.« Und nach diesem Film erfüllte sich auch endlich ein langersehnter Rollenwunsch für Ingrid.

Johanna von Orleans hat mich immer sehr beeindruckt. Ich weiß nicht genau, woher diese starke Beziehung rührt, vielleicht schon aus den Träumen und Spielen meiner Kindheit, aber seit jenem Tag, an dem David O. Selznick mir in seinem Telegramm diese Rolle vorgeschlagen hatte, beschäftigte ich mich sehr intensiv mit dieser Figur. Das war zur Zeit des Kriegsausbruchs gewesen, und David hatte das Vorhaben verschoben. Dennoch, auf fast jeder Party, die ich in Hollywood besuchte, hielt ich nach Regisseuren und Produzenten

Ausschau, um sie zu fragen, ob sie nicht die Jungfrau von Orleans mit mir verfilmen wollten. Doch niemand wollte Johanna von Orleans auf die Leinwand bringen. Nach und nach verließ mich der Mut, aber ich gab die Hoffnung nie ganz auf.

Dann erhielt ich einen Anruf von Maxwell Anderson aus New York. Ich wußte nicht sehr viel über ihn, außer daß er ein Bühnenautor war. Ich weiß nicht, wie er es geschafft hat, mich ans Telefon zu bekommen, ohne einen Agenten einzuschalten, jedenfalls sagte er: »Ich habe gerade ein Stück geschrieben. Ich weiß, daß Sie viele Filme drehen, aber vielleicht möchten Sie auch einmal am Broadway spielen...«

Ich sagte, daß ich sehr gern am Broadway spielen würde. Was denn das für ein Stück sei, das er geschrieben habe.

»Johanna von Orleans«, sagte er, und ich ließ fast den Telefonhörer fallen.

»Johanna von Orleans? Mein Gott, schicken Sie es mir sofort! Natürlich muß ich es erst lesen, aber ich kann fast jetzt schon schwören, daß ich es spielen werde. Ich bin begeistert.«

Nun, er war nicht weniger begeistert und sagte, daß er mir das Stück persönlich nach Kalifornien bringen werde.

Er kam, und ich las das Stück. In seiner Version ging es um eine Theaterinszenierung der *Johanna von Orleans*. Die Schauspieler sind alle unsicher, wie sie ihre Rollen anlegen sollen, und der Regisseur hat ebenfalls Probleme. Es war durchsetzt mit aktuellen politischen Fragen, die die Freiheit des Theaters im allgemeinen betrafen und sich immer wieder mit der wahren Geschichte der Johanna überschnitten. Für meinen Geschmack war zuwenig von der Persönlichkeit Johannas darin enthalten und zuviel politische Aussagen, aber ich dachte, das könne man später alles klären. Hauptsache, es ging um Johanna.

Ich sprach mit Selznick und fragte ihn, da es ja im Moment kein neues Filmprojekt für mich gäbe, ob ich das Stück spielen könne. David hatte nichts dagegen. Mein Vertrag mit ihm würde in Kürze auslaufen, und vielleicht wollte er mich bei Laune halten, denn er glaubte nicht, daß ich ihn je verlassen würde. Wir errechneten, daß die Probenzeit, der Start in der Provinz und die Premiere in New York etwa neun Monate beanspruchen würden.

Es kam zu endlosen Vertragsverhandlungen. Maxwell Anderson war sehr deprimiert, weil er nicht mehr daran glaubte, daß ich die Johanna spielen würde. Er hätte sich nie mit Filmleuten einlassen sollen, die ganz andere Probleme hätten, meinte er. Er wollte nach New York zurück, fand seine Anwesenheit sinnlos und bat mich, ihm einen letzten Gefallen zu tun und ihn noch einmal an den Pazifik zu fahren.

Wir fuhren an den Strand von Santa Monica. Wir machten einen Spaziergang, setzten uns in den Sand, und ich fragte ihn, ob er den Vertrag für *Johanna von Orleans* bei sich hätte. Er klopfte auf seine Jackettasche. »Geben Sie ihn mir«, sagte ich. »Ich werde ihn unterschreiben.«

Also unterschrieb ich, am Strand von Santa Monica sitzend, den Vertrag. Maxwell Anderson sah mich an und fragte mich, ob ich auch wisse, was ich da getan hätte. Ich hätte mich fest verpflichtet.

»Ja«, sagte ich. »Und das ist gut so. Das ist genau richtig. Ich will das Stück um jeden Preis spielen.«

Die Verhandlungen liefen weiter. Maxwell fuhr zurück nach New York. Und eines Tages berichtete Petter mir, daß die Verhandlungen zum Abschluß gekommen seien und ich meinen Vertrag jetzt unterzeichnen könne, und ich erwiderte, daß ich bereits unterschrieben hätte.

Ich habe nie nur für Geld gearbeitet. Ich wollte hauptsächlich tun, woran ich glaubte und was ich für richtig befand. Für mich kam immer erst die Rolle und nicht die Gage. Wie auch immer – als mein Filmvertrag mit David auslief, war ich der Ansicht, daß ich nun auch bessere Bedingungen für mich beanspruchen könnte. Etwas von dem Geld, das David an mir verdiente, indem er mich an andere Gesellschaften auslieh, wollte ich nun auch für mich haben. Er wurde sehr wütend, denn seiner Meinung nach war er es gewesen, der aus mir einen Star gemacht hatte. Ich fühlte mich bei dieser Auseinandersetzung sehr unglücklich, denn ich hatte David immer wie einen Vater, als Freund und Helfer betrachtet und war nun sehr betroffen, daß er nicht einmal mehr mit mir sprechen wollte und sehr unschöne Dinge über mich erzählte, wie undankbar ich sei und ähnliches.

1946 machte Ingrid Bergman ihren ersten Film als freie Schauspielerin: *Triumphbogen* nach dem Roman von Erich Maria Remarque. Die Proben zu *Johanna von Orleans* sollten erst später beginnen.

Das Filmangebot war von einer neuen Firma gekommen, die auf ungewöhnliche Weise arbeitete – Enterprise Films. Man wollte künstlerische Filme drehen, und die Einnahmen sollten zwischen der Produktionsgesellschaft, den Autoren, dem Regisseur, den Schauspielern und den Technikern geteilt werden – falls es Einnahmen geben sollte. *Triumphbogen* war der Start. Remarque, der den Roman geschrieben hatte, war gebürtiger Deutscher und durch sein Buch *Im Westen nichts Neues* international bekannt geworden. Er lebte jetzt in Paris und bemühte sich um die amerikanische Staatsbürgerschaft. Er bewunderte Ingrid Bergman sehr, was aus den vielen Briefen hervorgeht, die er ihr geschrieben hat:

Diese Septembertage. Sie sind voller namenloser Abschiede, unerfüllter Hoffnungen und Versprechen, golden und still, ohne Reue. Dieser mysteriöse neunte Monat des Jahres, der noch die Frische der Jugend enthält, aber auch den Beginn des zweiten Abschnitts im Leben spüren läßt – ganz ohne Resignation, ohne Trauer. Es gibt einen Wein, der diese Stimmung trifft. Ein Oppenheimer, Jahrgang 1937, von dem ich in einer glücklichen Stunde einige Flaschen ergatterte. Ich habe sie noch. Rufen Sie mich an, wenn Sie hier sind, und sagen Sie mir, daß Sie bleiben – und lassen Sie uns eine dieser Flaschen des Septemberweines probieren.

Aber kommen Sie nicht zu spät. Das Leben und der Wein warten nicht – der Oktober ist auch noch ein schöner Monat. Aber danach kommen die harte Wirklichkeit und die nicht endenden Regenfälle des November...

Triumphbogen ertrank fast im Regen. Die Geschichte spielte in Paris, in einem Paris voller Regen und Straßenlaternen. Charles Boyer spielte den Ravic, der wie Remarque auf der Flucht vor den Nazis ist, nur von dem Wunsch besessen, jenen Gestapochef umzubringen, der seine Frau getötet hat. Und Ingrid Bergman spielte Joan Madou, eine Nachtklubsängerin, die mit Ravic eine unglückliche Liebesgeschichte erlebt.

Triumphbogen gehört zu den wenigen Filmen, von denen ich nicht hundertprozentig überzeugt war. Ich wollte ihn eigentlich nicht machen, aber man überzeugte und überredete mich, und schließlich sollten Charles Boyer und Charles Laughton meine Partner sein. Ich wollte nicht gern auf die Zusammenarbeit verzichten, war aber meiner selbst nicht sicher. Ich fürchtete, in der Rolle der Joan Madou unglaubwürdig zu wirken. Dann stellte sich heraus, daß der Film zu lang geworden war, und man kürzte ihn sehr grob zusammen. Als die Szenen herausgeschnitten waren, war der Film nur noch wenig glaubhaft.

Mit *Triumphbogen* sollte der Erfolg von *Das Haus der Lady Alquist*, in dem Ingrid Bergman und Charles Boyer gespielt hatten, wiederholt werden. Doch auf einer so einfachen Rechnung läßt sich Erfolg nicht aufbauen. *Triumphbogen* brachte weder den künstlerischen noch den geschäftlichen Erfolg von *Das Haus der Lady Alquist*. Bosley Crowther in der »New York Times« schrieb: »Aus der Kamerasicht von Lewis Milestone beobachten wir die Liebesgeschichte zweier Filmidole und müssen feststellen, daß die Szenen sich ständig wiederholen und endlos lang sind. Auf die Frage, ob dies denn schlecht sei, läßt sich nur antworten, daß zuviel des Guten – selbst von Bergman und Boyer – eben zuviel ist.«

Bob Capa kam nach Hollywood. Nicht nur meinetwegen, sondern auch, weil viele andere Freunde von ihm dort waren. Ich drehte *Triumphbogen*, und er fragte den Regisseur Lewis Milestone, ob er einige Fotos machen dürfe. Milestone war einverstanden, und Bob schoß einige großartige und ungewöhnliche Fotos. Aber er fand sich in Hollywood nicht zurecht.

Das Problem war weniger Hollywood, als daß sich Capa und Ingrid Bergman ineinander verliebt hatten.

Diese Rolle lag mir überhaupt nicht. Es war für mich nicht leicht, weil ich sehr moralisch, sehr treu, vielleicht sogar prüde war. Auch für ihn war es, glaube ich, sehr schwer; denn unsere Beziehung war inzwischen sehr wichtig für uns geworden. Ich liebte ihn sehr und wollte mit ihm zusammen sein. Er war einer dieser abenteuerlichen, ihre Freiheit liebenden Männer. Geld war ihm völlig unwichtig, er war sehr großzügig. Als wir im Hydepark in London einmal einen Stadtstreicher im Gras schlafen sahen, legte er ihm eine Fünf-Pfund-Note hin und sagte, er wolle ihn überraschen, wenn er erwache. Für mich war das eine unvorstellbare Großzügigkeit; denn ich zählte während meiner Ehe jeden Dollar. Ich war so erzogen worden. Als ich einen großen Karton vor meine Garderobe stellte, in den die Kollegen ihre alten Kleidungsstücke legen sollten, die ich ins leidgeprüfte Frankreich schicken wollte, warf Bob einen Anzug hinein. Ich meinte, der Anzug sei noch zu neu, er aber erwiderte, daß er drei Anzüge habe und ohnehin nicht wisse, wofür er drei benötige. Andere Kollegen, die vielleicht zweihundert oder mehr Anzüge besaßen, hätten nicht eine Sekunde gezögert, sondern erwidert, daß man nie wisse, wozu man sie einmal gebrauchen könne. Das eben war der Unterschied zwischen Bob und dem Rest der Welt...

Wenn Capa zu ihr gesagt hätte: »Komm, laß uns unsere Chance nutzen, laß uns weggehen, dieser Welt eine Absage erteilen« – sie wäre ihm vielleicht gefolgt. Wenn er ihr gesagt hätte: »Komm, laß uns heiraten und alle Freuden des Lebens auskosten«, wäre sie ihm sicherlich gefolgt. Aber er sagte es nicht.

Er sagte, daß er mich nicht heiraten könne, da er sich nicht binden wolle. »Wenn ich morgen nach Korea fahren müßte, und wir wären verheiratet und hätten ein Kind, wäre es mir nicht möglich zu fahren. Und das geht nicht. Ich bin kein Typ für die Ehe.« So wie ich erzogen war, heiratete man den Mann, den man liebte. Und da lag das Problem. Er ging und kam zurück, ging wieder fort und kam wieder zurück, und nichts würde sich daran ändern. Das verstand ich sehr gut.

Ingrid Bergman verstand Bob Capas Lebensanschauung, aber ihre Beziehung wurde durch diese Einstellung belastet. Capa würde niemals im Schatten eines internationalen Filmstars leben, Ingrid Bergman sich niemals seinen gefahrvollen und entbehrungsreichen Abenteuern anschließen können. Aber Capa beeinflußte Ingrids Leben und ihre Ansichten sehr stark.

Nachdem die Aufnahmen zu *Triumphbogen* beendet waren, ging Ingrid Bergman nach New York, um mit den Proben zu *Johanna von Orleans* zu beginnen. Capa fuhr nach Frankreich, um ein Buch über seine Kriegserlebnisse zu schreiben. An Ingrid schrieb er:

Heute habe ich eine Schreibmaschine und ein Haus gekauft. Die Schreibmaschine ist klein, das Haus etwas größer. Es liegt in einem Wald, außerhalb von Paris, und hat eine Küche mit einem großen Tisch, ein Zimmer mit einem großen Bett, sehr viel Sonne und einen großen Kamin. Die »Ritz«-Bar, das »El Morocco« und die Ecke am Place Vendôme fragen nach Dir. Ich verlange mehr. Schreib ein Wort, sag, daß Du brav sein willst und herzzerreißend schön und daß Du eine Flasche Champagner für den 15. März kalt stellen wirst. Morgen klettere ich in den kleinen BMW, den ich mit Zigaretten, Büchern und Flaschen füllen werde. Ich will Ski laufen, dünn und braun innen und dünn und braun außen werden.

Ich hoffe, Du hast nicht Hunderte von Verträgen abgeschlossen, um weniger und weniger ein Mensch und mehr und mehr eine Institution zu werden. Du mußt vorsichtig sein, denn der Erfolg ist gefährlicher und korrumpiert Dich mehr als der Mißerfolg, und das würde ich nicht ertragen...

Ich höre jetzt auf. Das war ein schwieriger, fast pompöser Satz. Meine Tinte ist ausgetrocknet, und ich habe gerade mit Dir telefoniert, Du liebes Mädchen aus Hollywood via Schweden. Ich werde Johanna Mitte März sehen, wenn die Götter und Deine Wächter es erlauben.

Ich liebe Dich sehr.

Capa schrieb ein sehr gutes Buch, das *Slightly Out of Focus* hieß und 1947 erschien.

Kurz bevor ich in New York mit den Proben zu *Johanna von Orleans* begann, traf ich David O. Selznick auf einer Party. Er grüßte mich nicht. Als er allein an seinem Tisch saß, während die anderen Gäste tanzten, ging ich zu ihm und sprach ihn an. Ich sagte ihm, daß ich ungern aus Hollywood fortgehen würde in der Gewißheit, daß er mit mir böse sei. Ich wünschte ihm alles Gute. Und er wünschte mir viel Glück. Eine Woche später las ich in der Zeitung, daß er einen Film mit Jennifer Jones als Johanna von Orleans vorbereitete.

Aber schließlich wurden wir doch wieder Freunde, und er schrieb mir:

Liebe Ingrid,
ich bin traurig über unsere »Scheidung«, nachdem wir so lange Jahre glücklich miteinander verheiratet waren. Du sagtest mir einmal, daß Du zwei Ehemänner hättest, Petter und mich. Petter hatte die älteren Rechte, und er konnte immer sicher sein, daß seine Wünsche schließlich doch Gehör fanden. Ich bereue unsere Mißverständnisse, aber das ist auch alles, was ich in unserer Beziehung zu bereuen habe, die mich ansonsten mit soviel Stolz erfüllt. Du sollst wissen, daß ich weiter an Dich und an Deine Karriere glaube und daß Du Dein großes Talent noch oft beweisen wirst. Meine guten Wünsche werden Dich immer begleiten, was Du auch tun magst. Auf Wiedersehen, Ingrid! Ich wünsche, daß Dir alle kommenden Jahre das bringen, wovon Du träumst.

David

ELFTES KAPITEL

Maxwell Anderson war fast sechzig, sehr groß und breit, sehr höflich und sehr scheu. Zusammen mit ihrer Freundin Ruth versuchte Ingrid, ihn zu beeinflussen, die Figur der Johanna von Orleans mehr und mehr nach ihren Vorstellungen umzuformen.

Während der Probenzeit aßen Ruth und ich täglich mit ihm. Ich glaubte, alles über Johanna zu wissen. Ich hatte ein Buch, das ich mit Notizen über sie gefüllt hatte, und ich machte Maxwell pausenlos Vorschläge. »Hör mal«, begann ich, »ist das nicht sehr interessant, was sie hier sagt? Das ist doch nicht in deinem Stück, oder? Meinst du nicht, man sollte etwas davon nehmen?« Und Maxwell antwortete: »Oh, davon habe ich noch nichts gehört. Wo hast du das denn gefunden? Sehr interessant! Vielleicht können wir es hier oder da einfügen. Warte mal... Vielleicht in dieser Szene...?«

Dann saßen Ruth und ich am nächsten Tag wieder ganz unschuldig bei einem Kaffee mit ihm zusammen, und ich fand wieder etwas, das ich ihm vorschlug, und so ging es weiter.

Maxwell hörte geduldig zu. Bei einigen Dingen blieb er hart, aber er änderte eine ganze Menge. Das Stück befaßte sich mehr und mehr mit der Person Johannas, als er es ursprünglich vorgesehen hatte. Zum Schluß ging es zu siebzig Prozent um die tatsächliche Geschichte der Johanna, und die restlichen dreißig Prozent waren Überbrückungen. Vielleicht war es nicht richtig, ihm diese Vorschläge zu machen, aber ich muß gestehen, daß mich an dem Stück nur die Johanna interessierte. Ich war seit Jahren so besessen von dieser Figur, daß ich sie nun endlich auch spielen wollte.

Kurz nach unserer Ankunft in Washington erfuhr ich, daß es der schwarzen Bevölkerung nicht erlaubt war, das Theater zu besuchen.

Da war ich also in die Hauptstadt der Vereinigten Staaten gekommen, mit einem Stück, dàs von Freiheit, Menschenrechten und Verantwortung sprach, nach einem Krieg, der um die Freiheit geführt worden war – und Menschen mit schwarzer Hautfarbe war das Betreten des Theaters verboten. Ich wollte nicht glauben, daß jemand an die Theaterkasse kam, sein Eintrittsgeld hinlegte und keine Karte erhielt, weil er von schwarzer Hautfarbe war. Ich war außer mir. Und ich sagte zu Maxwell: »Du solltest dich schämen. Du bringst dieses Stück nach Washington und weißt doch, daß so etwas geschieht. Wenn ich gewußt hätte, daß Schwarze nicht in die Vorstellung dürfen, hätte ich meinen Fuß nie in diese Stadt gesetzt.«

Maxwell war sehr bedrückt: »Ich weiß, daß es schlimm ist, aber du kannst es nicht über Nacht ändern. So etwas braucht Zeit. Jetzt nimm dich zusammen und mach kein Aufsehen und erwähne nichts davon, wenn du interviewt wirst.«

»Das werde ich doch, wenn ich die Gelegenheit dazu habe«, sagte ich.

»Damit wirst du Ärger machen und das Stück ruinieren. Laß es. Im Augenblick können wir ja doch nichts daran ändern. Wir sind nur zwei Wochen in Washington, dann fahren wir nach New York. Laß es also...«

Ich wußte, daß ich es nicht lassen konnte. Ich mußte etwas unternehmen. Einen Tag vor der Premiere gab es eine Pressekonferenz, und ich wartete nur auf die richtige Frage, um mich ins Zeug legen zu können. Maxwell Anderson und der Pressesprecher der Produktion waren so nervös, daß sie – symbolisch – an ihren Nägeln kauten. Aber niemand stellte mir die richtige Frage. Es gab keinen Anlaß, das Thema anzuschneiden.

Und dann erhob man sich. Man sagte: »Vielen Dank, Miss Bergman, auf Wiedersehen, Miss Bergman«, und ich sagte: »Vielen Dank, meine Herren, aber es wird kein Wiedersehen geben. Ich komme nie wieder nach Washington zurück.«

Die Reporter setzten sich wieder. Der arme Maxwell schlug die Hände vors Gesicht. Die Reporter fragten erstaunt: »Nicht wieder nach Washington zurück? Warum kommen Sie nicht mehr nach Washington, Miss Bergman?«

Ich sagte ihnen, daß ich nie hierhergekommen wäre, wenn ich

vorher gewußt hätte, daß den schwarzen Amerikanern der Theaterbesuch verboten sei. Ich sei jedoch an meinen Vertrag gebunden, also müsse ich auftreten. Aber ich würde nicht zurückkommen, bevor nicht auch schwarze Menschen – genau wie weiße – das Theater betreten dürften. »Wir spielen für alle Menschen. Für alle.«

Nun, am nächsten Tag stand es in den Zeitungen, und Maxwell Anderson wurde fast hysterisch. Aber das Publikum kam in Scharen, und die Aufführung wurde ein riesiger Erfolg. Natürlich wurde ich auch von vielen angegriffen. Vor dem Theater standen Leute herum, spuckten mich an und nannten mich »Niggerliebchen«.

Aber das machte nichts. Wie hätte ich sonst jeden Abend auf der Bühne stehen und die Worte Johannas sprechen können, die ihr Maxwell Anderson in den Mund gelegt hatte: »Jeder Mann gibt sein Leben für das, woran er glaubt. Jede Frau gibt ihr Leben für das, woran sie glaubt. Manche Menschen glauben an sehr wenig oder gar nichts, dennoch geben sie ihr Leben für das wenige oder gar nichts. Wir haben nur ein Leben, und wir leben es, wie wir es leben, wie wir glauben, es leben zu müssen. Aber ein Leben ohne Glauben ist schrecklicher als der Tod, schrecklicher, als sehr jung zu sterben...«

Johanna von Orleans war achtzehn, als sie auf dem Scheiterhaufen verbrannt wurde. Was ist dagegen schon ein bißchen Spucke?

Ich bekam Briefe aus der ganzen Welt, von Schauspielern, Kollegen und fremden Leuten, sogar von Kollegen aus Schweden, die mich bestärkten. Aber es sollte noch sieben Jahre dauern, bis man auch schwarze Besucher im Theater duldete.

Natürlich waren wir alle bei der Premiere besonders nervös. Die meisten dachten doch, ich hätte bei der Pressekonferenz der Aufführung den Todesstoß versetzt. Es gab vor dem Theater Proteste, aber ansonsten lief alles gut. Danach fuhr ich in mein Hotel. Es gab keine Premierenfeier, wenn ich mich richtig erinnere – vielleicht ein paar belegte Brote und etwas zu trinken. Ich lag schon im Bett, als es an meiner Tür klopfte. Es waren Maxwell, seine Frau und sein Sohn Allan, der Bühnendirektor, und sie berichteten mir, daß sie gerade Margo Jones, die Regisseurin, entlassen hätten.

Ich sah sie ungläubig an.

Sie seien nicht mit ihr zufrieden, sagten sie. Sie werde zwar noch in New York den Erfolg der Produktion für sich verbuchen können, aber zufrieden sei man nicht gewesen.

Ich dachte: Wie kann man nur so roh sein, am Premierentag jemanden hinauszuwerfen! Aber ich erinnerte mich auch an die Worte Irene Selznicks kurz nach meiner Ankunft in Hollywood: »Hüte dich vor ihnen allen... es kann dir auch passieren... jedem von uns. Ja, alles sei ganz großartig, sagen sie, du wärest ganz großartig, aber dann – aus heiterem Himmel – beginnt man hinter deinem Rücken zu intrigieren, und du wirst gefeuert.«

Margo fuhr ab, ohne sich von jemandem zu verabschieden. Sie nahm einfach den erstbesten Zug, der Washington verließ. Ich kann mir vorstellen, wie sie sich gefühlt haben muß.

Sam Wanamaker übernahm die Regie. Er war noch sehr jung, und ich sagte zu ihm: »Sie sind erst siebenundzwanzig. Sie können nicht in diesem Ton mit den erfahrenen Schauspielern sprechen. Das geht nicht gut.« Aber Sam meinte: »Ich habe jede Vorstellung gesehen, seit wir unterwegs sind. Ich weiß also, was faul ist, und da ist eine Menge faul.«

Sam spielte den Boß, war sogar ziemlich arrogant, obwohl es seine erste Regie war. Aber ich muß gestehen, daß seine Arbeit dem Stück gutgetan hat – nun hatte es mehr Leben, war vitaler. Die Premiere in New York war einer meiner größten Theaterabende...

Folgt man einer Reihe von Vertretern der Lehre vom »reinen« Theater, hätte man Ingrid Bergman kurz nach dem Krieg als »nur ein Filmstar« bezeichnen können. Deshalb warf sie im November 1946 ihr Können und ihren Ruf in die Waagschale – sie trat vor dem mit Sicherheit anspruchsvollen, oft gelangweilten und höchst kritischen New Yorker Theaterpublikum auf der Bühne auf. Sie hatte ihr eigenes Credo, das ihr half: »Auf der Bühne bist du ein anderer Mensch. Du spielst einen anderen Menschen und schlüpfst in seine Haut. Das ist in gewisser Hinsicht eine Ablenkung von den eigenen Problemen. Du mußt hinaus und deinen Job tun. Mach das nicht halbherzig. Denke nicht: Ich bin dazu gezwungen worden, also was soll's, bringen wir es hinter uns! Wenn du deinen Mund öffnest, tu es richtig – so gut wie möglich. Mach keine halben Sachen. Geh bis an deine äußerste Grenze. Sonst kannst du nicht überzeugen.«

Um Johanna von Orleans zu werden, um dieser Rolle Überzeugungskraft zu verleihen, bedarf es einer außergewöhnlichen Persönlichkeit. Ingrid hat es immer verstanden, ihr Publikum zu überzeugen, indem sie mit der Figur, die sie darstellte, eins wurde – eine Tatsache, die auch die Kritiker überzeugte.

In der New Yorker »Herald Tribune« schrieb Howard Barnes: »Ingrid Bergmans Ausstrahlung verlieh dem weitschweifigen Text von *Johanna von Orleans* jenen Zauber, den das Theater braucht. Ihre Jungfrau von Orleans ist eine Figur, die man mit Dankbarkeit und tiefer Befriedigung in Erinnerung behält. Eine gefeierte Filmschauspielerin bewies, daß man ihrer Johanna glauben darf.« Und der »New Yorker«: »Eine Darstellung, die vielleicht unerreicht bleiben wird.« Robert Sherwood, einer der besten amerikanischen Bühnenautoren, sagte schlicht: »Sie ist die Heilige Johanna.«

Diesen Abend werde ich nie vergessen. Es war unbeschreiblich, einfach unglaublich. Ich erinnere mich daran, wie ich mich für die Premierenfeier im »Astor Hotel« fertigmachte. Ich zog mein Abendkleid an, erreichte das Hotel und lief erst einmal auf die Damentoilette. Dort setzte ich mich auf einen Stuhl und fing an zu heulen. Immer wieder fragte ich mich, was das denn eigentlich sollte. War das meine Reaktion auf meinen Erfolg? Daß ich hier auf der Toilette saß und mir die Seele aus dem Leib schluchzte? Aber ich konnte einfach nicht damit aufhören.

Ich lernte sehr viel über das Theaterpublikum, während wir *Johanna von Orleans* spielten. Die Leute kommen nicht, weil sie lästern oder miterleben wollen, daß man versagt. Sie kommen in der Hoffnung, eine gute Aufführung zu sehen, an einem ganz besonderen Abend etwas ganz Besonderes miterleben zu können. Aber an einem dieser Abende ging alles schief. Ich hatte meine Rüstung an. Ich unterhielt mich gerade mit meinen himmlischen Stimmen. Dazu hatte ich auf einer Holzbank mit vier dünnen Füßen zu sitzen. Nun gut – entweder hatte ich mich verschätzt, oder die Bank stand nicht am gewohnten Platz –, jedenfalls setzte ich mich nicht in die Mitte, sondern an den Rand. Die Bank kippte hoch, und ich landete mit Donnergetöse auf meinem Allerwertesten. Da saß ich nun und wartete auf das brüllende Gelächter des Publikums. Aber nein – nichts kam. Alles, was ich hörte, war ein tiefer Seufzer der Bestürzung... ein wundervoller Ton des Mitleids. Dann absolute Stille. In diesem Augenblick begriff ich, daß das Publikum nicht wirklich will, daß einem etwas Unvorhergesehenes passiert – es hat Mitleid, es ist auf der Seite der Schauspieler. Die Zuschauer lachen dich nicht aus, sondern weinen mit dir. Ja, sie lachen, wenn es wirklich lustig ist, wenn man sie zum Lachen ermuntert – aber wenn es ernst wird, halten sie den Atem an, bis man sich wieder gefangen hat.

Capa schrieb – vielleicht spürte er intuitiv, daß ihre Arbeit, ihr Leben sie von ihm entfernen würde: »Geh nicht fort. Es gibt nur wenige Dinge im Leben, die wirklich kostbar sind – nicht das Leben an sich, wohl aber ein fröhliches Gemüt. Es war, es ist Dein fröhliches Gemüt, das ich liebe, und es gibt nur sehr wenige fröhliche Gemüter im Leben eines Mannes...«

Seine Intuition täuschte ihn nicht. Eine Flut von Telegrammen und Glückwunschbriefen brach herein. Von Petter, der die Premiere besucht hatte, aber nun wieder in Los Angeles im Krankenhaus arbeitete, kam ein Telegramm: »Du hast mich zum Weinen gebracht.« Ein weiteres von einem sehr beschäftigten Schulmädchen: »Du Glückliche. Glückliche Johanna. Ich Glückliche. Pia.«

Nach außen hin war ihre Ehe glücklich und stabil, wenn auch Ingrids Liebe zu Capa ihr gezeigt hatte, wieviel sie in ihrem Leben entbehrte. Aber Ingrid und Petter deckten diese Wahrheit zu, indem sie sich völlig in ihrer Arbeit vergruben.

An Ruth schrieb Ingrid:

Das war vielleicht eine elende Woche. Die letzte Woche des Jahres 1946 – mußte wohl so sein. Am Montag verlor ich meine Stimme. Mittwoch kam sie wieder. Dann flog mir Schmutz ins Auge, und es schwoll an. Donnerstag und Freitag waren grauenvoll. Dann war das überstanden, und am Sonnabend erwischte mich eine böse Erkältung. Selbst in der ersten Reihe war ich kaum zu verstehen. Jetzt liege ich im Bett und hoffe, morgen alles überstanden zu haben, denn morgen ist Neujahr. Ich hoffe, es wird ein gutes Jahr für uns beide. Wenn es für Dich gut wird, dann auch für mich, sagt mir mein Gefühl... Steinbeck und Hemingway waren in der Vorstellung. Hemingway sagte, ich sei die größte Schauspielerin der Welt. Es kamen so viele hinter die Bühne, ich weiß gar nicht, wer alles...

Einer, der hinter die Bühne kam, war Victor Fleming. Ingrids Bewunderung für ihn, die sie während ihrer gemeinsamen Arbeit an *Arzt und Dämon* empfunden hatte, war unverändert. Fleming hatte sich bemerkenswert zurückgehalten. Aber nun hatte er die Vorstellung gesehen und platzte in ihre Garderobe.

Er war nach New York gekommen, um mir ein Buch zu zeigen, das er mit mir verfilmen wollte. Er kam in meine Garderobe gefegt, warf das Buch in eine Ecke, zog mich in die Arme und sagte: »Das ist es. Du solltest nur noch die Johanna spielen. Johanna und nur noch Johanna. Und du mußt sie im Film spielen.«

Da waren sie endlich, die Worte, auf die ich gewartet hatte, solange ich mich erinnern konnte. Ich war überglücklich, denn es war ein ernsthaftes Angebot. Victor Fleming wollte mit Walter Wanger eine Produktionsgesellschaft gründen und mich zu einem ihrer Partner machen.

Maxwell Anderson begann, eine Filmversion seines Stückes zu schreiben. Victor Fleming eilte zwischen Los Angeles und New York hin und her, und Ingrid Bergman, die jetzt als Mitproduzentin auftrat, fühlte eine neue Verantwortung, die sie zuvor nicht gekannt hatte.

Sie schrieb an Ruth:

Ich bin von unserem Drehbuch tief enttäuscht. Was denkt sich Maxwell eigentlich? Die Dinge, denen er zugestimmt hat, als wir in Hampshire House zusammensaßen, scheint er völlig vergessen zu haben. Warum haben wir einen Autor, der nur in der Kategorie

Anderson denken kann? Capa schlägt als Titel »Die Hexe« vor. Ein sehr guter Titel für einen Film, nur nicht für diesen. Ich habe das Gefühl, daß Johanna mir zuruft: »Ich war aber doch keine Hexe, Ingrid!«

Nichts scheint zu klappen! David O. Selznick war gestern in der Vorstellung. Ich versuchte, mein Bestes zu geben, aber dieses »Gefühl« will sich nicht mehr einstellen. Ich bin sehr müde. Zu viele Leute, zuviel Essen und Trinken in letzter Zeit. Vielleicht ist das tödlich für jenes »Gefühl«. Aber es sind nur noch drei Wochen, und ich versuche, soviel wie möglich von allem zu haben. Dann gehe ich zurück in meinen Käfig, sitze in der Sonne, gehorche Petter, bin brav und sehe aus, als wäre ich achtzehn.

Capa hat endlich etwas gefunden, was ihm Spaß macht. Er geht mit Steinbeck nach Rußland. Er nimmt eine 16-Millimeter-Kamera mit und will Kurzgeschichten schreiben, während Steinbeck nach Anregungen für ein neues Buch sucht. Ich bin glücklich, denn ich glaube, es ist für beide genau das Richtige.

Capa hatte versucht, seßhaft zu werden, den Frieden zu akzeptieren und sich in ihm einzurichten. Auch ohne Krieg gab es für ihn jetzt Reisen, fremde Gegenden, neue Menschen. Die Reise nach Rußland wurde abgesagt. Statt dessen fuhr er in die Türkei, um dort einen Dokumentarfilm zu drehen. Er unterbrach seine Reise in England und schrieb an Ingrid:

London ist still und leer, aber immerhin Europa und daher viel echter und erfrischender als die Staaten. Jedesmal, wenn ich in eine Kneipe gehe, in ein Theater oder wenn ich durch die nebligen Straßen bummle, will ich Dich dicht neben mir haben...

Aus Istanbul schrieb er:

Es ist Sonntag nachmittag. Ich sitze auf der Terrasse meines Zimmers und sehe über den Bosporus und die Minarette und sehe doch immer nur Dein Gesicht. Ich sagte Dir doch das letzte Mal, daß ich wissen möchte, was ich fühle, wenn ich weit weg bin – allein und isoliert.

Jetzt weiß ich es. Ich spreche mit mir selbst. Unsere Welt hat die falschen Werte und kann Niederlagen nicht ertragen. Jetzt sage ich wieder etwas, was ich nicht mit der Feder erklären kann. Du mußt auf eine Flasche, festen Boden, einen Kamin, eine Zigarette warten können... Ich bin wieder Zeitungsmensch, und das ist gut so. Ich schlafe in eigenartigen Hotels, lese nachts und versuche, die Probleme eines Landes so schnell wie möglich zu begreifen. Es ist gut, zu arbeiten, nachzudenken, allein zu sein. Ich hatte die Rechnung der letzten Jahre zu begleichen, und um das tun zu können, mußte ich fortgehen. Jetzt bin ich zufrieden und glücklich, daß ich in Berlin gelebt habe, daß ich nach Hollywood ging und dann wieder ausbrach, als es an der Zeit war. Du siehst, ich schreibe sogar für mich selbst. Es gibt überhaupt keinen Champagner in der Türkei. Alles, was ich hier trinken kann, ist Arak, ähnlich dem Absinth oder Pernod. Ich bin ein sehr braver Junge. Und Du? Benimmst Du Dich auch gut unter Deiner Rüstung? Ich hoffe, Du kannst den Film über Johanna schnell beenden und dann im Sommer in Frankreich drehen. Bitte, höre auf *meine* Stimmen...

Ingrid schrieb an Ruth:

Ich werde so wütend, wenn ich Flemings Briefe lese. Es sieht so aus, als ob er seine Tage damit verbringen muß, alles mögliche zu versuchen, um die Dollars für den Film zusammenzukriegen. Ich weiß, daß Victor mehr über die geschäftliche Seite gesprochen hat als über die Geschichte, aber auch das muß schließlich geregelt werden. Er sagte mir, als wir zuletzt miteinander telefonierten, daß er sich jetzt auf das Drehbuch konzentrieren würde. Wenn ich nur wüßte, was ich eigentlich will, Ruth. Ich bin sicher, ich könnte es hinkriegen. Aber Du siehst, ich bin mir nicht sicher. Ich höre auf Capa und die anderen, aber ich weiß nicht, wie man Ideen in Dialoge und Szenen umsetzt. Ich fürchte auch, daß ihre Gesichtspunkte niemals von der Zensurbehörde und von Kardinal Spellman akzeptiert werden würden. Wenn ich doch nur einmal selbst wüßte, was ich will, anstatt immer nur auf andere zu hören. Wenn ich nach Kalifornien komme, werde ich Dir zuhören, und weil ich an Dich glaube, werde ich für Deine Ideen kämpfen. Ich werde die Brücke für alle sein, die Victor Ideen antragen wollen. Glaube ja nicht, ich könnte Victor um meinen kleinen Finger wickeln, aber ich versuche, wie ein Engel zu sprechen, stark wie Gott und gefährlich wie der Teufel zu sein. Nur zu, meine Freunde! Der Kampf um Johanna hat begonnen!

Doch im Augenblick spielte sich da noch ein ganz anders gearteter Kampf ab. Ingrid wußte zwar, daß sie Victor Fleming »nicht um den kleinen Finger wickeln« konnte, aber sie wußte ebenso gut, daß sie beträchtlichen Einfluß auf ihn hatte. Und das aus einem überzeugenden Grund: Er hatte sich in sie verliebt.

Eine erste, zurückhaltende Offenbarung seiner Gefühle erhielt sie auf einem Briefumschlag, auf den er gekritzelt hatte:

Dieser Brief war in meiner Tasche, als ich ankam. Andere habe ich längst vernichtet. Gott mag wissen, was in dem hier steht. Doch sicher ist in diesem Punkt auch *sein* Hirn ein bißchen benommen – er hatte keinen großen Einfluß auf mich, als ich die Zeilen schrieb. Wir waren ganz leicht im »Abseits«. Ich habe eben mehr auf den Alkohol als auf Gott vertraut. Und nun setze ich mein ganzes Vertrauen in Dich, indem ich diesen Brief – ohne ihn zu öffnen – an Dich absende, auch auf die Gefahr hin, daß Du mich für verrückt halten könntest.

Der Brief in dem Umschlag war kurz:

Nur ganz schnell, um Dir zu sagen – ja, was eigentlich? Daß es Abend ist? Daß wir Dich vermissen? Daß wir auf Dein Wohl getrunken haben? Nein – um Dir zu sagen, wie es sich für einen Liebhaber gehört, daß ich Dich liebe! Es über Meilen und Stunden der Dunkelheit hinweg hinauszuschreien, daß ich Dich liebe – daß Du über mich gekommen bist wie die Wellen über den Strand. Wenn es Dir etwas bedeutet, oder auch nicht – diese Worte sage ich Dir voller Liebe. Ich bin Dein ergebener – Dein närrischer – ICH.

Ja, es bedeutete ihr etwas. Dieser hochgewachsene, gutaussehende, vitale Mann bedeutete ihr sogar sehr viel. Vielleicht gab das Gefühl, ineinander verliebt zu sein, den riesigen Anforderungen, die sie sich beide gestellt hatten, eine Richtung, ein Ziel? Den Anforderungen, dieses Drama voll Leidenschaft und Überzeugung, das auf der Bühne des Alvin Theaters so überzeugend gewirkt hatte, genauso überzeugend auf die Leinwand zu bringen.

Viele, sehr viele Bücher sind über Johanna geschrieben worden. Sie alle versuchten, die Frage zu klären: Was für ein Mensch war sie eigentlich? Hatte sie den Thronfolger von Frankreich geliebt? Hatte sie überhaupt je einen Mann geliebt? Machte es ihr Spaß, wirklichen Spaß, auf dem Schlachtfeld zu sein? George Bernard Shaw machte aus ihr ein kluges, schlichtes, kämpferisches kleines Mädchen – eine Art politische Agitatorin des 15. Jahrhunderts. Bei Maxwell Anderson war sie süß und scheu und sehr weiblich, aber er benutzte sie auch dazu, seine eigenen Ansichten zum Glauben und zu aktuellen Problemen darzustellen. Wir dagegen versuchten in unserem Film, die wirkliche Johanna zu zeigen, wie sie sich aus Dokumenten und Prozeßberichten ergibt – das Mädchen, das in die Schlacht zieht und aufschreit, als sie die Grausamkeiten des mittelalterlichen Krieges erlebt. Schon immer war ich davon überzeugt gewesen, daß sich Johanna am besten in ihren eigenen Worten widerspiegelt – jenen Worten, die sie vor Gericht ausgesagt hat und die überliefert sind.

Wir versuchten, alle Seiten zufriedenzustellen – vor allem die kirchliche. Seit jeher hatte es Einwände gegen Johannas »Stimmen« gegeben. Manche Leute sind davon überzeugt, sie hätten nur in ihrer Phantasie existiert. Mir war das völlig egal. Mir kam es nur darauf an, daß Johanna versichert hatte, diese Stimmen gehört zu haben, und daß sie sich von ihnen beauftragt fühlte. Nur das war wichtig.

»Engel«, schrieb Victor Fleming – er nannte sie Engel, seit ihm Ingrid eine Beschreibung der Heiligen Johanna als trunkener Engel gezeigt hatte:

Zum Drehbuch: Es ist nicht gut. Viel zu lang. Max hat sich nicht an seine Versprechen gehalten, hat unsere Idee nicht weitergeführt, klebt zu sehr an seinem eigenen Stück. Walter Wanger und ich haben mit verschiedenen Autoren gesprochen – wir sind entschlossen, jemand anders zu beauftragen. Gestern war ich bei Walter. Ich habe ihn über den aktuellen Stand der Dinge informiert. Heute war ich im Roach-Studio. Unsere Truppe arbeitet hart – wie die Biber; die Leute machen aber einen durchaus glücklichen Eindruck. Montag müssen wir, beziehungsweise wirst Du mit unserem neuen Manager sprechen müssen. Er hat sehr gute Empfehlungen, war für die Columbia-Filmstudios verantwortlich. Walter und ich hoffen, daß er die Gesellschaft auf die Beine stellt und den Film rechtzeitig beginnen kann.

Engel, Engel – warum habe ich nur keine Kette, dreitausend Meter lang, mit einer guten Winde am Ende? Besser, ich höre jetzt auf, bevor ich Dir noch sage, daß ich Dich liebe – ich sage Dir, Engel, ich liebe Dich – ja – ja – ja – ich bin's. ICH.

Sie protestierte nicht einen Augenblick gegen diese Liebeserklärung. Sie war überzeugt, daß dieses Gefühl ein Teil jener Flut war, die sie beide kreativ sein ließ. Sie war sich aber nicht darüber klar, daß Victor Fleming nicht nur in sie verliebt war, sondern dabei war, sich zu verlieren. Schon nannte er sich »die Schlange«, und seine Schuldgefühle – seit seinem ersten Brief – ließen ihn nicht mehr zur Ruhe kommen.

Lieber und geliebter Engel! Wie gut, Deine Stimme gehört zu haben. Wie einsilbig und dumm ich geworden bin. Wie schade für Dich. Als Du den Hörer auflegtest, war das Klicken wie eine Revolverkugel. Totenstille. Erstarrung und dann Überlegungen. Überlegungen, die wie Trommeln in meinem Kopf hämmern. Mein Herz, mein Hirn. Ich hasse und verabscheue beide. Wie sie mir weh tun und mich peinigen, mein Fleisch und meine Knochen quälen. Wenn sie dann genug haben, kämpfen sie miteinander. Mein Hirn läßt mein Herz erstarren, dann tritt es das Herz zu Tode. Und ich? Ich kann gar nichts dagegen tun.

Für Victor Fleming war es zu spät. Er war fast sechzig, sie halb so alt. Das war eine unwiderrufliche Tatsache, und sie brach ihm das Herz. Er war an seine Vorstellungen von Pflicht und Verantwortung gebunden, er hörte bereits die höhnischen Worte: Alt genug, ihr Vater zu sein.Er schrieb:

In Tausendundeiner Nacht heißt es: Tu, was deine Männlichkeit dir gebietet. Erwarte von niemandem als dir selbst Beifall. Es lebt am besten und stirbt am edelsten, wer sich an seine eigenen Gesetze hält.

Victor Fleming hatte seine eigenen Gesetze gebrochen. Fleming, dieser starke, aktive Mann, der Mann, der seine eigenen Entscheidungen traf und sie auch verantwortete, stand jetzt neben sich selbst, sah seine Schwäche, seine Unfähigkeit, Probleme zu lösen, den Schmerz zu stillen, die Verzweiflung zu lindern. Nach seinem letzten Aufenthalt in New York, kurz bevor Ingrid dort ihre Auftritte beendete, schrieb er:

Die Zeit stand still, als ich den Zug bestieg. Es wurde dunkel, und in der Dunkelheit bin ich verloren. Ich ging für vierzehn Stunden zu Bett und schlief doch nur vierzehn Minuten. Ich vergaß, Frühstück zu bestellen, und hatte dann bis ein Uhr mittags nichts zu essen und zu trinken. Daran erinnere ich mich. Jemand sprach mich im Zug an. Ich fürchte, sie hat mich weinen sehen. Hundert Jahre alt und weint um ein Mädchen! Ich glaube, es gibt keinen größeren Narren als einen alten Narren.

Als er wieder in Hollywood war, schrieb er nicht mehr. Er war verheiratet, hatte Kinder. Ingrid war wieder bei Petter und Pia in Benedict Canyon. Während der wochenlangen Dreharbeiten trafen sie sich zwar täglich, aber die konzentrierte Arbeit ließ keinen Raum für anderes.

Victor Fleming gab alles für den Film. Er war hier und da und überall. Ich liebte es, ihn einfach zu beobachten; er bewegte sich herrlich, er war so anmutig und brachte jedem große Wärme entgegen – immer freundlich und hilfsbereit. Und er war ein harter Arbeiter. Er hatte vor langer Zeit als Kameramann bei D.W. Griffith und Douglas Fairbanks begonnen. Seit 1919 war er Regisseur, und die Praktiken der Gewerkschaften gingen ihm oft auf die Nerven. Nie konnte er auf einen Arbeiter warten, der kommen wollte. Wenn es darum ging, irgendwo einen Dübel einzuschlagen, tat er es selbst; wenn etwas transportiert werden sollte, trug er es fort. Das alles waren gewerkschaftlich genau festgelegte Arbeiten, aber er tat sie alle selbst, ohne Schwierigkeiten zu bekommen – weil wir alle ihn so unendlich schätzten. Wir hatten ein sehr schmales Budget, und es war schwierig, denn in Hollywood glaubte man nicht, daß aus dem Film überhaupt etwas würde – obwohl es ein gutes Stück war und wir in New York damit Erfolg gehabt hatten. Man glaubte nicht, daß jemand ins Kino gehen würde, nur um mitzuerleben, wie ein junges Mädchen sein Land retten will – und das Ganze auch noch ohne jede Liebesgeschichte... Ich bin davon überzeugt, daß diese Situation Victor Fleming sehr zu Herzen gegangen ist.

Bevor *Johanna von Orleans* in die Kinos kam, meinten unsere Werbefachleute, es wäre gut, wenn ich Johannas Spuren folgte. Während der Dreharbeiten hatten wir als Berater zwei Priester, Pater Doncoeur aus Frankreich und den amerikanischen Pater Devlin. Sie saßen den ganzen Tag zusammen und schwatzten Lateinisch miteinander. Mit Pater Doncoeur als Reisebegleiter und Informanten starteten wir also unsere Tour durch Frankreich. Wir begannen in Domrémy, wo Johanna geboren wurde. Heute ist es ein Wallfahrtsort, ein bißchen wie Lourdes. Es gab schulfrei, und die Kinder standen an den Straßen und streuten Blumen. Ich sah Johannas Geburtshaus, ich sah die Kirche. Dann fuhren wir weiter nach Reims, wo sie dem Dauphin begegnet war. Dann zum Schlachtfeld bei Orléans.

Es war unglaublich. Wo immer wir ankamen, wurde ich behandelt, als wäre ich eine wiedergeborene Johanna, als hätte man auf ihre Rückkehr gewartet. Ich wurde von Menschenmassen bedrängt – nicht, weil ich ein Filmstar war, sondern weil ich für sie alle Johanna war. Das war wirklich bewegend. Wir beendeten unsere Reise in Rouen, und dort wurde das letzte Foto von mir aufgenommen. Ich lege kniend Blumen vor dem Gedenkstein nieder, wo sie verbrannt worden ist. Noch Jahre später, mindestens fünfzehn weitere Jahre, wann immer ich in Frankreich war, sagten die Paß- und Zollbeamten: »Ah, Johanna von Orleans... willkommen daheim.«

Ich fand das sehr erstaunlich. Ich bin Protestantin und Schwedin, spielte in einem Technicolor-Farbfilm, der in Hollywood gedreht worden war, geschrieben von einem Amerikaner – aber die Franzosen waren hingerissen und erschüttert. Allerdings gab es auch einen offenen Brief, den der französische Regisseur Jean Delannoy in einer Zeitung veröffentlichte und in dem er schrieb, daß nun auch Jean Anouilh ein Drehbuch über die Jungfrau von Orleans geschrieben habe und ich unsere Produktion stoppen solle, denn nur die Franzosen hätten das kulturelle und traditionelle Recht, ihre Volksheldin darzustellen. Aber unser Film war bereits in den Kinos. Es war ein bißchen spät...

Die Premiere von *Johanna von Orleans* fand in New York statt. Ingrid sah sie sich zusammen mit Victor Fleming an. Als das Licht wieder anging, wußte Ingrid, wußte Victor, daß sie ihr großes Ziel verfehlt hatten.

Die meisten Kritiken waren freundlich und höflich. Einige Kritiker zeigten sich angetan von Ingrids Leistung. Erich Maria Remarque schrieb:

Seltsam, seit ich Johanna auf der Leinwand gesehen habe, kann ich mir ihr Gesicht nicht wieder in meine Phantasie zurückrufen. Es wird von nun an immer Ihr Gesicht sein. Tatsächlich, wenn ich mir das Kreuzigungsfoto in Ihrem Brief ansehe, bin ich überzeugt davon, daß sie wie Sie ausgesehen hat. Das ist keine Anklage geistigen Totschlags, sondern eine Sache von Tod und Wiedergeburt.

Von nun an wird niemand mehr an sie denken können, ohne sich der Stürme, Blitze und Landschaften in Ihrem Gesicht zu erinnern. Und ich nehme mich da nicht aus. Also Glück zu und Lebewohl! Sie starb einen herrlichen Tod in Ihren Armen.

Kurz nachdem ich aus Frankreich zurückgekehrt war, schickte mir Pater Doncoeur ein Päckchen mit einer kleinen hölzernen Madonna. Sie war auf dem Transport beschädigt und von der Post mit dem Vermerk versehen worden: »Jungfrau in Hollywood angekommen. Leicht beschädigt. Hat ihren Kopf verloren.«

Ich dachte: Typisch Hollywood! Ich klebte den Kopf wieder an, und seither habe ich sie immer bei mir.

Wenige Wochen nach der Premiere saß Victor Fleming zu Hause im Sessel, als er unerwartet zusammenbrach. In rasender Eile wurde er ins Krankenhaus gebracht, aber er starb, bevor er die Intensivstation erreicht hatte. Der Totenschein wies als Ursache eine schwere Herzattacke auf.

Tieftraurig und erschüttert ging Ingrid zu seinem Begräbnis. In ihrem Sprachgebrauch gibt es Unterschiede. Entweder ist man »verliebt«, oder man »liebt«. In Bob Capa war sie verliebt, Victor Fleming liebte sie, wie sie viele ihrer Freunde geliebt hatte. Sie hatte keine Ahnung, daß Victor solch traumatische Stürme in sich selbst entfachen würde. Dennoch fühlte sie sich verantwortlich. Hatten ihn die Arbeiten an dem Film vielleicht doch allzu sehr belastet? Niemand wird das je erfahren.

Aber sie wußte auch, daß sie sich nun auf sich selbst besinnen mußte. Eine Zeitlang war sie ein wenig aus dem Ruder gelaufen. Und sie hatte die Entscheidung auch bereits getroffen. Sie hatte ihre Beziehung zu Capa sorgfältig überprüft und würde sie wahrscheinlich beenden. Sie mußte wieder in die Rolle der Mutter einer bezaubernden Tochter, der Bewohnerin eines eleganten Hauses und der Ehefrau eines hart arbeitenden Arztes zurückkehren.

Als der *Johanna*-Film kürzlich wieder im Fernsehen lief, sah ich deutlich den ganzen bunten Zuckerguß, mit dem er in Hollywood überzogen worden war. Alle Schlachtszenen waren im Studio entstanden, alle Orte des Geschehens waren Kulissen aus Pappmaché. Ich selbst sah überhaupt nicht wie ein Bauernmädchen aus, sondern wie eine Diva, die ein Bauernmädchen darstellt – sauberes Gesicht, adrette Frisur. Ich mache den Masken- und Kostümbildnern keine Vorwürfe, wenn sie mich auch oft genug zur Verzweiflung getrieben haben. In letzter Minute rauschten sie heran, bürsteten mein Haar zu perfektem Sitz, ordneten hier und da an meiner Kleidung, puderten mir die Nase – und das alles, während ich mich angestrengt auf meinen Auftritt konzentrierte. Aber für gewöhnlich schaffte ich es, dieses ganze nervöse Drumherum einfach zu ignorieren. Allerdings – ich muß es gestehen – war ich auch häufig verblüfft, wenn ich mich auf der Leinwand wiedersah: So eine perfekte Frisur, so ein brillantes Make-up, selbst wenn der Auftritt nicht ein Zehntel soviel Glamour verlangte.

Ich glaube, wenn ich so zurückblicke, daß genau an diesem Punkt meine langsame, stille Rebellion begann und sich meine Vorstellungen veränderten. *Triumphbogen* wirkte im Studio sehr echt, war aber dennoch nicht realistisch. Für *Johanna* wäre ich gern nach Frankreich gegangen und hätte an den Originalschauplätzen gedreht, um den Film glaubwürdiger gestalten zu können. Zuvor, als wir mit *Weißes Gift (Notorious)* begannen, hatte ich Alfred Hitchcock gefragt, ob wir für die Außenaufnahmen nicht nach Südamerika gehen könnten, in das Land, in dem der Film spielte. Doch die Verhältnisse, sie waren nicht so.

Aber nun war der Krieg zu Ende. Der Film, der auf *Johanna* folgte, war *Sklavin des Herzens (Under Capricorn),* wieder mit Hitchcock. Ich flehte ihn an, die Außenaufnahmen in Australien zu machen. Es gelang mir jedoch nicht, Hitchcock so weit zu bringen. Aber immerhin war er mit England einverstanden. England war mir recht. England bedeutete für mich neue Gesichter, neue Gegenden, neue Erfahrungen.

ZWÖLFTES KAPITEL

Liebe Ruth! (Im Studio, 6. August 1948) Oh, Du Gute! Nun warte ich schon sieben Wochen. Die Dreharbeiten haben zwar am 19. Juni begonnen, aber bei Hitch mit seinen Zehn-Minuten-Aufnahmen hinkte man bereits nach dem ersten Drehtag eine Woche dem Zeitplan hinterher. Die Techniker hier haben wenig oder gar keine Erfahrung. Ihnen scheint auch alles egal zu sein. Ich warte und warte, werde von Tag zu Tag vertröstet. Schließlich sagte man mir, ich sei endlich an der Reihe. War ich glücklich! Und tatsächlich drehten wir eine kleine Szene. Als die zweite an der Reihe war, ging plötzlich das Licht aus. Die Beleuchter kamen die Leitern herunter und verschwanden. Streik! Wir warteten den ganzen Nachmittag darauf, daß sie ihre Besprechung endlich beendeten. Aber sie ließen sich nicht mehr blicken. Heute früh war ich um sechs Uhr auf den Beinen. Um neun sagte man mir, daß sie noch immer nicht wieder da wären. Ich sollte mich doch einfach in meiner Garderobe ein bißchen entspannen.

Ich drehe hier durch, aber die anderen tragen alles mit Fassung. Für sie ist das nichts Neues. Seit Kriegsende wird überall mal gestreikt. Diesmal war der Grund die Entlassung zweier Männer, die nicht gut gearbeitet hatten und oft zu spät gekommen waren.

Hitch versucht, ein neues Beleuchter-Team zu bekommen. Vorher wird es wohl keine Ruhe geben. Das Kamerateam und die Leute vom Ton sind nett. Dennoch herrscht hier eine merkwürdig feindselige Stimmung, die einen umbringt. Man geht einander aus dem Wege. Bei meiner ersten Probe begann die Crew sogar, ihre Witzchen zu machen. Ich konnte es kaum fassen. Du weißt doch, wie nett diese Leute sonst immer sind. Denk ja nicht, daß alle so mies sind. Aber ein paar schwarze Schafe verderben eben den Gesamteindruck. Das Drehbuch ist jetzt gut, wir haben einen sehr guten Schluß. Aber

Hitchs neue Technik gefällt mir nicht so recht. Noch fehlt mir allerdings die Erfahrung, um das genau beurteilen zu können. Mein erster Auftritt war nur kurz. Aber ich beobachte ihn bei seiner Arbeit. Es ist ziemlich beängstigend für Schauspieler und technisches Personal. Wenn da auch nur das Geringste falsch läuft, weißt Du...? Ich befürchte, es wird Auseinandersetzungen zwischen Hitch und mir geben. Er will eine ganze Filmrolle verschießen – die Kamera folgt mir überall hin, während alle Requisiten beiseite geräumt sind. Das bedeutet doch, daß wir einen ganzen Tag lang nur proben, während die Szenen dann am nächsten Tag gedreht werden. Das macht jeden nervös. Aber was hilft's? Er besteht darauf. Zu Beginn hatten wir schon eine kleine Kontroverse miteinander, und ich habe meinen Willen bekommen. Ich weiß, daß ich ganz gut mit ihm auskomme, aber ich hasse Streitereien... Und um das Unglück vollzumachen, habe ich auch noch eine langsame Friseuse. Um halb sieben morgens muß ich hier sein. Das Make-up geht sehr schnell, wenn man das überhaupt Make-up nennen kann. Also kein Lippenstift, keine Eistücher und den Rest von Jack Pierces Scherzchen. Aber die Frisur dauert! Um neun habe ich schon Angst, zu spät zu kommen.

Ich habe Noel in Paris getroffen. Noel Howard, den technischen Berater bei *Johanna von Orleans*. Er hatte vor, mit Capa zusammen nach Capri zu fahren, und war betroffen über Capas leichtsinnigen Umgang mit Geld. Noel ist völlig pleite. Zu dumm. Um Capa mache ich mir keine Sorgen. Er arbeitet an einem neuen Buch und hat die Rechte an dem alten bereits beim Film verkauft. Manchmal hat er beim Fernsehen zu tun – ich schätze, er wird Noel auf seine unbeschwerten Zigeunerschultern nehmen.

Sieh nur, welch einen langen Brief Du dem Streik verdankst! Es ist jetzt halb zwölf. Alles unverändert. Ich fürchte, hier werde ich noch das Weihnachtsfest verbringen müssen. Pia und Petter kommen heute abend. Das arme Kind – diese lange Reise. Mit dem Zug von Los Angeles nach New York. Acht Tage auf dem Schiff. Fünf Stunden Eisenbahnfahrt von Liverpool nach London. Aber ich wollte nicht, daß sie herüberfliegt. Ich möchte, daß sie erfährt, wie groß die Welt eigentlich ist. Nun wird sie es wissen. Ich werde Ärger bekommen. Ich rauche ununterbrochen. Ich trinke mehr denn je. Ich habe wenigstens zehn Pfund zugenommen. Petter wird sich freuen!

Nun gibt mein Kugelschreiber den Geist auf. Es hat keinen Sinn, einen neuen Bogen zu beginnen. Schöne Grüße an Hollywood... ein herrlicher Ort, da gibt's keine Streiks. Beim nächstenmal berichte ich von meiner Begegnung mit George Bernard Shaw.

Diese Begegnung begann mit einem Telefonanruf von Gabriel Pascal, dem übersprudelnden ungarischen Produzenten, der in den dreißiger Jahren als Emigrant nach England gekommen war und dort sehr schnell Erfolg gehabt hatte. In seinen Anfangsjahren hatte Pascal – damals noch recht mittellos – das Geld für eine Eisenbahnfahrkarte nach Ayot St. Laurence aufgebracht und war mit einem Taxi zu Shaws Haus gefahren. Die Haushälterin öffnete ihm.

»Ich bin extra den weiten Weg aus London gekommen, um Mr. Shaw in einer überaus wichtigen Angelegenheit zu sprechen«, erklärte Gabriel.

»Wie schade«, erwiderte die Haushälterin. »Mr. Shaw schläft und möchte vor drei Uhr nicht gestört werden.«

Gabriel machte eine Pause. »Oh«, sagte er schließlich. »Das schafft ein kleines persönliches Problem. Könnten Sie vielleicht so freundlich sein, mir das Geld für die Taxifahrt zurück ins Dorf zu leihen, damit ich pünktlich um drei wieder zurück sein kann?«

Leicht verblüfft überreichte ihm die Haushälterin eine Pfund-Note. Shaw, über diese Transaktion informiert, zeigte sich höchst amüsiert über die Impertinenz dieses Ausländers, sich von seiner Haushälterin Geld zu leihen. Bei Gabriels Rückkehr empfing er ihn in seinem Arbeitszimmer.

»Weshalb haben Sie es denn so eilig?« fragte er.

Gabriel Pascal lehnte sich vor, legte eine Hand auf Shaws Knie und versicherte im Brustton der Überzeugung: »Mr. Shaw, ich bin gekommen, um Sie weltberühmt zu machen!«

Am Ende dieses langen, fesselnden Nachmittags verließ Gabriel das Cottage in Ayot St. Laurence mit den Filmrechten für alle Shaw-Stücke in der Tasche.

Gabriel Pascal hatte mich oft in Kalifornien besucht. Er wollte immer, daß ich die *Candida* im Film spiele. Und als ich das ablehnte, wollte er mich in dieser Rolle auf die Bühne bringen. Auch das lehnte ich ab und war daher leicht verblüfft, als er erklärte: »Mr. Bernard Shaw lädt Sie zum Tee in sein Cottage in Ayot St. Laurence ein.«

»Wie reizend. Ich würde Mr. Shaw sehr gern kennenlernen.«

»Er möchte Sie kennenlernen«, warnte mich Gabriel, »weil er davon gehört hat, daß Sie in Amerika eine Johanna von Orleans gespielt haben, die nicht aus seiner Feder stammt, obwohl er Ihnen sein Stück geschickt hat.«

Wir fuhren zu dem Cottage, und da war Mr. Shaw – zweiundneunzig Jahre alt, lächelnd wie ein Gnom, hing er da über dem Gartentor und wartete bereits auf uns. Ich stieg aus dem Auto. Noch bevor er die Gartentür für mich geöffnet hatte, entfuhr es ihm: »Warum haben Sie nicht mein Stück gespielt?«

Ich sagte: »Ich habe es nicht gespielt, weil es mir nicht gefallen hat.«

Mr. Shaw erstarrte buchstäblich zur Salzsäule. Ich war überzeugt davon, daß er mich auf der Stelle von seiner Schwelle weisen würde. Mir war klar, daß es noch niemand gewagt hatte, Mr. Shaw ins Gesicht zu sagen, daß ihm seine Heilige Johanna nicht gefiel. Vielleicht hatten sie es über andere Stücke sogar gesagt – aber doch nicht ausgerechnet über die Heilige Johanna!

Er starrte mich an. »Was haben Sie da eben gesagt? Wissen Sie denn nicht, daß es ein Meisterwerk ist?«

»Ich bin überzeugt davon, daß es ein Meisterwerk ist, aber Ihre Johanna ist nicht das einfache französische Mädchen. Sie haben sie viel zu klug angelegt. Sie haben ihr Reden geschrieben. Sie lassen sie Dinge sagen, die die wirkliche Johanna sich nie hätte träumen lassen.«

Immer noch waren wir draußen, gingen gerade auf die Eingangstür zu. Ich dachte: Er ist so wütend, daß er uns nie im Leben ins Haus läßt, geschweige denn mit uns Tee trinkt.

Aber er begann zu lachen und nahm uns mit hinein. Er konnte gar nicht mehr aufhören zu lachen, selbst nicht, als wir Tee tranken. »Niemand würde wagen, so etwas zu mir zu sagen. Aber Sie, ein kleines Mädchen aus Hollywood – wie war doch gleich Ihr Name? Oh, man sagte mir, daß Sie eine große Schauspielerin sind, und Sie wollten also meine Heilige Johanna nicht spielen. Aber gut, in welchen anderen Stücken von mir sind Sie aufgetreten?«

»In überhaupt noch keinem.«

»Mein liebes Mädchen, dann haben Sie noch nicht einmal angefangen.«

Wir saßen da und unterhielten uns, sprachen über verschiedene Stücke und die Schauspielerinnen, die er kannte. Und was hatte ich getan? Wer war eigentlich dieser Maxwell Anderson? Wir hatten doch bestimmt sehr ernsthaft über Johanna diskutiert.

Ich sagte: »Ich habe Johanna als einfaches, schlichtes Bauernmädchen dargestellt. Ihre Worte sind herrlich, aber es sind eben George Bernard Shaws Worte – nicht Johannas. Ich kenne Jeanne d'Arcs Worte auswendig, ihre Aussagen vor Gericht sind überliefert, es gibt Dokumente. Sie besaß keine Bildung, nur ihre angeborene Vernunft gab ihr Mut. Sie hatte vor keinem der Männer Angst, die sie zuerst aufgehetzt und dann vor Gericht geschleppt haben. O ja, die waren klug und weise, wußten auf alles eine Antwort – aber sie doch nicht. Dennoch stand sie auf und widersprach. Sie lassen sie sagen: ›Ich bin gern unter Männern. Ich verabscheue es, in Röcken zu stecken und daheim am Spinnrad zu sitzen!‹ Aber das war es doch, was sie wirklich gewollt hat – zu Hause zu sitzen, ihre Schafe zu hüten, zu spinnen und zu weben. Sie hat sich nicht danach gerissen, den Soldaten voran in die Schlacht zu ziehen.«

Schließlich verabschiedeten wir uns. Ich bemerkte, daß Mr. Shaw große Schwierigkeiten hatte, aus seinem Stuhl aufzustehen. Aber ich sagte mir: Du hilfst ihm nicht! Er ist ein alter, stolzer Mann. Meine Hilfe wäre das letzte, was er sich wünschen würde.

Und so bemühte er sich, kämpfte mit sich selbst – und da kam ihm Gabriel zu Hilfe. Shaw wurde wütend – schlichtweg wütend. Als wir zum Auto gingen, fragte er mich: »Wollen Sie mich wieder einmal besuchen?«

»Sehr gern. In der nächsten Woche kommt mein Mann. Es wäre sehr schön, wenn er Sie kennenlernen dürfte.«

Da sah er mich mit diesen verschmitzten, glänzenden Augen an und sagte: »An Ihrem Mann bin ich nicht im geringsten interessiert. Sie will ich wiedersehen!«

Er flirtete ganz offen. Seine Augen sagten soviel darüber aus, wie

gern er gerade *diese* Frau wiedersehen wollte. Und er war zweiundneunzig! Es tut mir so leid, daß ich ihn nie wiedergesehen habe.

Bob Capa schrieb oft an Ingrid während seines langen Aufenthalts in
der Türkei.

Ich habe Fotos gemacht. Wenn wir zurück sind, will ich versuchen,
die Geschichte zunächst an meine Londoner Zeitung zu verkaufen,
um das Geld für die Fahrt nach New York zu haben, und dann auch
noch an ein New Yorker Blatt, um zwei Wochen lang leben zu
können. Das wäre dann zwischen dem 21. Januar und dem 10.
Februar. Wie sehen Deine Pläne aus? Lernst Du immer noch Französisch? Was machst Du eigentlich mit Deiner Zeit, jetzt, wo Du ein
bißchen Routine bekommen hast? Wie fühlst Du Dich als Bühnen-
schauspielerin? Wer führt Dich in die Bistros? Wie entwickelt sich
das Mädchen aus Lothringen? Frohe Weihnachten! Letztes Jahr gab
es kein Neujahr, diesmal kein Weihnachten. Ich werde mich also an
letztes Weihnachten erinnern müssen. Was hältst Du von einem
Frühling in Paris? Heute abend besuche ich den Champagne Room
in Ankara. Da sitzt Sacha am Piano. Vor langer Zeit war er in Wien
Partner des Pianisten vom »El Morocco«. Bist Du eigentlich ein
Champagne-Room-Mädchen? Es gibt so viele Orte, die ich allein
besuchen muß. Prosit und ein großartiges Neues Jahr! Gott, wie
sehne ich mich nach Deinem Gesicht.

Der Harmonie zwischen Petter und Ingrid war es nicht gerade
dienlich, daß während ihres kurzen Ski-Urlaubs 1947 ausgerechnet
Bob Capa auftauchte. Auf den Pisten stellte sich sehr schnell heraus,
daß Petter der bessere Skiläufer war. Und Petter wurde bewußt, als
er Ingrid und Capa zusammen lachen und trinken sah, daß da mehr
als nur Freundschaft zwischen den beiden war. Ingrid leugnete das
auch gar nicht ab.

Wir waren Ski laufen in Sun Valley. Capa war auch da. Ich wollte so
gern beweisen, wie gut ich Ski laufen kann, aber ich bin nun mal kein

As auf diesem Gebiet. So stürzte ich natürlich schon am Anfang so unglücklich, daß ich mir den Knöchel verstauchte. Das war das Aus für mich. Man brachte mich ins Hotel zurück. Da lag ich nun – das Bein in der Luft. Eines Abends besuchte mich Capa, bevor er zum Spielen ging. Er liebte das Spiel. Wenig später kam er mit seinem Gewinn zurück, breitete ihn vor mir aus und sagte: »Sieh mal, was ich gewonnen habe« und: »Nun gehe ich wieder hinunter, um noch mehr zu gewinnen.« Er kam noch ein paarmal herauf. Immer hatte er gewonnen – kleinere Summen zwar, aber immerhin.

Dann erschien Petter und meinte: »Ich war gerade unten im Spielsaal. Capa verliert Haus und Hof. Er ist ganz außer sich.«

Ich antwortete: »So ist es eben beim Spielen – man gewinnt, man verliert.«

Petter ging und kam wenig später zurück. »Capa ist total verrückt geworden. Die Unsummen, die er da verliert! Jemand sollte ihm ins Gewissen reden.«

Ich sagte: »Gut. Ich werde sehen, was ich tun kann.«

Auf einem Bein humpelte ich hinunter. Es war schon spät – vielleicht eins oder zwei. Ich sprach mit Capa, aber es war absolut sinnlos. »Entweder gewinne ich, oder ich verliere alles«, sagte er.

Also ging ich zu Bett. Am Morgen sah Capa natürlich aus wie ein Wrack. Er hatte alles verloren. Zweitausend Dollar, alles, was er gespart hatte. Und was sagte er dazu? »Was macht das schon aus? Ist ganz gut für mich. Nun muß ich wenigstens ein bißchen härter arbeiten.«

Capa erinnerte sich an seinen früheren Plan, mit John Steinbeck nach Rußland zu fahren. Ingrid beschloß, daß ihre Beziehung ein Ende haben mußte. Sie schrieb an Ruth, die sich über das Verhältnis immer große Sorgen gemacht hatte:

Ich kenne den Zauber der Ungarn – dafür werde ich immer dankbar sein. Ich glaube, daß er viel in mir verändert hat, aber ich muß der Zukunft ins Auge sehen – ich hoffe, zum Besseren, aber natürlich wird es welche geben, die sagen, zum Schlechteren. Capa weiß, daß wir dieses Kapitel schließen. Es ist eine traurige Sache, weil auch andere Dinge für ihn nicht zum besten stehen. Aber schließlich kann man sich den Zeitpunkt nicht immer aussuchen. Wir werden eine letzte Flasche Champagner miteinander trinken. Ich trenne mich von einem sehr kostbaren Teil meines Lebens. Doch wir lernen immer noch dazu und werden die Operation erfolgreich zu Ende führen, damit beide Patienten glücklich weiterleben können... Was für ein Osterfest... Zum Glück gibt's nur eines im Jahr.

Ende August 1948 schrieb Ingrid an Ruth:

Petter und ich haben am Wochenende meinen Geburtstag in Paris gefeiert. Es war eine herrliche Zeit. Wir sind jeden Morgen erst um fünf zu Bett gegangen...
Sklavin des Herzens ist zur Hälfte fertig. Neulich bin ich aus der Haut gefahren. Die Kamera sollte mir elf Minuten lang folgen, was bedeutete, daß wir einen ganzen Tag proben mußten – ohne Kulissen und Requisiten, die natürlich nie schnell genug beiseite geräumt werden konnten. Ich sprach mit Hitch und machte ihm klar, wie sehr ich seine neue Arbeitsweise ablehnte. Wie sehr ich litt und jeden Augenblick im Studio verabscheute. Meine Partner Michael Wilding und Joseph Cotten saßen nur da und sagten kein Wort. Ich wußte, daß sie meiner Meinung waren, aber... Nun, ich habe für die ganze Truppe gesprochen. Klein-Hitch ging einfach davon. Sagte kein einziges Wort. Ging nach Hause... oh, ich sage Dir...

Doch schon einen Monat später ließ sie in einem weiteren Brief an Ruth durchblicken, daß Hitchcocks neue Methode vielleicht doch nicht so schlecht sei:

Der Film ist fast fertig. Einige dieser verdammt langen Szenen sind ganz gut geworden. In einer Neuneinhalb-Minuten-Einstellung rede ich ohne Pause; die Kamera läßt mich nie aus dem Auge – und es ist tatsächlich gut. Ich muß sagen, viel besser als geschnitten und bearbeitet...
Ich habe inzwischen von Roberto Rossellini gehört. Der Film, den er mit mir plant, soll jetzt den Titel *Die Erde Gottes* erhalten (den Titel *Stromboli* bekam er erst nach dem Skandal; man nannte sogar

einen Cocktail so...). Ich habe ihm geantwortet, daß mich sein Film interessiere, daß ich aber auf das Drehbuch warte. Wie lange würden die Dreharbeiten dauern? In welcher Sprache müßte ich sprechen? Am besten sei es wohl, wir würden uns treffen und in Ruhe über alles sprechen. Roberto antwortete, daß er zu Filmaufnahmen nach Amalfi müsse, sich aber jederzeit mit mir in Paris treffen würde. Vielleicht im Hotel »George V«? Ich schickte ihm ein Telegramm nach Amalfi und schlug einen Termin vor, an dem ich mit meinem Mann in Paris sein würde und ihn im Hotel treffen könnte.

Am 23. September schrieb sie an Ruth:

...am Wochenende treffe ich Roberto Rossellini. Ich verspreche mir so viel davon.

Ich hatte natürlich keine Ahnung, daß ich mit meinem Telegramm ein mittleres Erdbeben verursachen würde. Ich wußte nicht, daß Anna Magnani bei ihm war, und sie wußte wenig oder gar nichts von mir. Aus Gründen, die heute ganz offensichtlich sind, hatte Rossellini unser Treffen geheimgehalten. Aber Anna war eine Frau. Sie spürte, daß etwas in der Luft lag.

Nach der Ankunft in Amalfi hatte er den Empfangs-Chef seines Lieblingshotels, des »Albergo Luna Convento«, klammheimlich beauftragt, jeden Brief, der englische Briefmarken trug, aber auch jedes Telegramm unter keinen Umständen »anderen Leuten« zu zeigen, sondern sie ihm diskret persönlich auszuhändigen. Der Speisesaal im »Albergo Luna Convento« ist groß, formell und sehr altmodisch – angefüllt mit eng nebeneinanderstehenden Tischen und hochlehnigen Stühlen. Zur Mittagszeit dieses Tages war er gedrängt voll mit Touristen, die froh waren, der Hitze Roms entkommen zu sein. Der Empfangs-Chef bahnte sich verschwörerisch seinen Weg durch die Menge der Speisenden – offenbar hatte er die Worte »andere Leute« nicht auf Anna bezogen. Kein Wunder bei dem engen Verhältnis, das die beiden hatten... Er beugte sich zum Ohr des Maestro hinunter. Sein Bühnengeflüster war sogar noch in der Küche zu hören.

»Signor Rossellini... Sie sagten, wenn ein Telegramm aus England für Sie ankommt, soll ich es Ihnen persönlich übergeben. Hier ist es.«

»Ah, grazie.« Roberto wirkte absolut gleichgültig. Ohne auch nur einen Blick auf das Telegramm zu verschwenden, ließ er es in die Tasche gleiten.

Ein Blitz aus Annas dunklen Augen begleitete diese Transaktion, aber sie fuhr fort, den Berg von Spaghetti mit Öl, Pfeffer, Salz und dicker Tomatensauce zu mischen. Rom ist eine Stadt, in der Gerüchte so alltäglich sind wie der Sonnenschein. Das Summen über Robertos Beziehung zu dieser neuen schwedischen Schauspielerin namens Ingrid Bergman hatte Annas kleine, feine Ohren längst erreicht.

»Hier«, meinte sie leutselig und gab noch einen Löffel Tomatensauce dazu. »Ist das gut so – eh, Roberto?«

Robertos Gesicht hatte seinen gewohnten abwesenden Ausdruck. Aber Anna täuschte er nicht einmal für den Bruchteil einer Sekunde.

»Ah, si, si, grazie.«

»Gut, dann kannst du sie ja haben.«

Ohne Zögern nahm Anna die volle Schüssel in die Hand und schüttete den Berg Spaghetti über Robertos Kopf.

Ich glaube, man kann diesen Moment den Beginn unserer eigentlichen Beziehung nennen. Ich wußte damals nicht viel über Anna Magnani. Ich wußte lediglich, daß sie in *Rom, offene Stadt* die Hauptrolle gespielt hatte und daß sie einfach hinreißend war. Vermutlich hat es nach dieser Szene im Speisesaal einen entsetzlichen Krach zwischen ihnen gegeben, aber sie stritten ja pausenlos miteinander. Kräche gehörten zu ihrem gemeinsamen Leben. Aber zu jener Zeit wußte ich praktisch nichts über ihn, nichts über sie. Ich hielt Rossellini ganz einfach für einen großen Regisseur, mit dem ich zusammenarbeiten wollte. Mit dieser Einstellung ging ich zu unserem ersten Treffen.

Wir flogen also nach Paris. Petter und ich trafen Rossellini im Hotel »George V«. Roberto hatte zwei Begleiter dabei, einen Übersetzer und einen, der sich um das Finanzielle kümmerte. Wir wurden einander vorgestellt. Petter sagte etwas zu mir, aber ich hörte gar nicht hin. Ich sah nur in Robertos dunkle Augen.

Ich schätzte ihn etwa zehn Jahre älter als mich. Er war sehr scheu – wirkte überhaupt nicht wie ein Film-Mann, jedenfalls nicht wie die, die ich kennengelernt hatte. Auch unser Dialog unterschied sich sehr von dem, was ich von Hollywood her gewöhnt war.

Zum Beispiel fragte ich: »Wie lange werden wir drehen? Wie viele Wochen?«

Roberto sah mich verblüfft an. »Wochen? Nun – vier, fünf?«

»Aber wie ist das denn möglich? In Hollywood dauert jeder Film drei Monate. Darunter schließt man doch gar keinen Vertrag ab. Und selbst der enthält noch die Möglichkeit einer Verlängerung von zehn Tagen, wenn nötig.«

Er sah ein bißchen unglücklich aus und meinte: »Gut, wenn Sie es wünschen, kann ich ja versuchen, den Film in die Länge zu ziehen. Ich weiß zwar noch nicht, wie ich das machen soll, aber ich werde es versuchen.«

Ich dachte über diese komische Antwort nach. Dann fragte ich: »In welcher Sprache drehen wir?«

»Sprache? Nun, in der Sprache, in der Sie am liebsten drehen. Wäre Schwedisch nicht das einfachste?«

Vermutlich war ich zu diesem Zeitpunkt bereits mehr als irritiert. »Aber wie kann ich denn Schwedisch sprechen? Sie würden doch gar nicht verstehen, was ich sage. In welcher Sprache werden Sie denn das Drehbuch schreiben?«

»In Italienisch. Aber die Dialoge spielen doch gar keine Rolle. Sie können sagen, was Sie wollen. Es wird doch ohnehin synchronisiert.«

Ich dachte wieder über seine Worte nach und fuhr dann fort: »Was ist mit der Garderobe?«

»Garderobe? Ist die denn wichtig? Wir kaufen die billigsten Sachen, die Sachen, die sich diese arme Frau kaufen würde ... die sie im Vertriebenenlager tragen würde.«

Später erfuhr ich, daß er bei dem Film zunächst an Anna Magnani gedacht hatte. Dann trat ich in Erscheinung, und er gab mir die Rolle. Kein Wunder, daß sie ihm die Spaghetti über den Kopf schüttete. Aber ich mochte ihn vom ersten Augenblick an. Wahrscheinlich deshalb, weil er das genaue Gegenteil der Filmleute in Hollywood war, die so sprachen, als wüßten sie ohnehin alles besser.

Man kann nicht sagen, daß er ein umwerfend gut aussehender Mann war, aber er hatte einen feingeschnittenen Kopf und ein sehr intelligentes, bewegliches Gesicht. Und mehr als alles andere gefiel mir, was er sagte. Seine Worte und Vorstellungen, die er entwickelte, unterschieden sich so sehr von allem, was ich bisher gehört hatte.

Dann griff Petter ein. Er wollte wissen, wie ich während der Drehzeit untergebracht sein würde und wer für meinen Unterhalt aufkommen würde. Er argumentierte sehr schroff, und so sagte ich ihm auf schwedisch, er möge doch für einen Moment ins Nebenzimmer kommen. Dort sagte ich zu ihm: »Bitte, Petter, geh doch nicht so hart mit ihm um. Ich will mit diesem Mann arbeiten. Ich mag, was er sagt. Er ist so anders... Also mach keine unnötigen Schwierigkeiten! Was bringt das schon? Ich weiß nur, daß ich unbedingt nach Italien will, um diesen Film zu machen. Und diese Chance möchte ich nicht deinetwegen verlieren.«

»Du wirst sie ja auch nicht verlieren. Aber ich will einen ordentlichen Vertrag für dich. Es wäre doch idiotisch, wenn sie dich unter Wert haben könnten. Schließlich bist du die Nummer eins in Amerika. Wie albern, nach Italien gehen zu wollen und praktisch umsonst zu arbeiten.«

»Das ist mir auch klar, Petter. Aber du weißt doch, wie kompliziert all diese Klauseln sind.«

»Sie sind aber wichtig.«

»Gut. Aber vergiß ja nicht, daß mir sehr viel an diesem Film liegt.«

Wir kehrten nach England zurück, und ich beendete *Sklavin des Herzens*. Dann fuhr ich wieder nach Kalifornien. Ich hatte noch immer keinen Vertrag, erhielt aber Anfang November einen Brief von Rossellini.

Liebe Mrs. Bergman,
ich schicke Ihnen hier die versprochene Kurzfassung meines Films. Drehbuch darf ich das eigentlich gar nicht nennen. Ich bin gewohnt, ein paar grundsätzlichen Ideen zu folgen und sie dann – bei der Arbeit – Stück für Stück weiter auszubauen. Szenen entspringen oft der direkten Inspiration durch die Wirklichkeit. Ich weiß nicht, ob meine Worte die Kraft meiner Vorstellung besitzen – wie auch

immer, ich versichere Ihnen, daß meine Gefühle während der Vorbereitungen für diesen Film so stark und intensiv wie noch nie zuvor waren. Ich wünschte, ich könnte mit Ihnen darüber sprechen, über SIE und IHN, die Insel, die Männer und Frauen dieser Insel, diese Menschlichkeit, so primitiv, obwohl doch schon so alt – weise gemacht durch die Erfahrungen der Jahrhunderte. Man könnte glauben, daß sie so einfach und arm leben, weil sie genau wissen, wie vergänglich das ist, was wir Zivilisation nennen und für unverzichtbar halten.

Ich bin sicher, daß Sie einige Passagen grob finden werden, daß Ihre Persönlichkeit durch einige Reaktionen der handelnden Personen verletzt und beleidigt sein wird. Sie dürfen nicht glauben, daß ich die Handlungen von IHM billige. Ich beklage nur die ungezügelte und brutale Eifersucht dieser Inselbewohner, die – wie ich glaube – das Relikt einer elementaren und überkommenen Mentalität ist. Ich beschreibe es, weil es ein Teil des Ambiente ist, wie der Vulkan, die Pinien und die Ziegen. Aber ich kann nicht verhehlen, daß ich in tiefster Seele einen geheimen Neid empfinde, so leidenschaftlich lieben zu können, so wild und ungezügelt, daß man darüber jede Zärtlichkeit vergißt und alles Mitleid für den geliebten Menschen. Sie werden nur von dem tiefen Verlangen geleitet, Körper und Seele der Frau zu besitzen, die sie lieben. Die Zivilisation hat die Stärke der Gefühle nivelliert. Unbestreitbar ist es bequemer, den Gipfel eines Berges mit der Seilbahn zu erreichen. Aber wahrscheinlich brachte es größere Freude, ihn auf gefährlichen Pfaden zu Fuß zu erklimmen.

Ich bitte Sie um Verzeihung für die vielen Abschweifungen, aber ich bin erfüllt von so vielen Gedanken, und ich fürchte, daß Sie mich nicht richtig verstehen können – so per Brief. Ungeduldig erwarte ich Ihre Meinung zu meinen Film-Vorstellungen. Ich bitte um Ihr Verständnis, daß die Übersetzung in aller Eile von Leuten besorgt wurde, die Ihre Sprache nicht hundertprozentig beherrschen.

Ich möchte, daß Sie wissen, wie gern ich diese Vorstellungen in Bilder übersetzen würde – und sei es auch nur, um den Aufruhr in meinem Hirn zu besänftigen.

Auf Ihr Urteil wartend bin ich Ihr treuergebener

R. Rossellini

Roberto erhielt den Preis der New Yorker Filmkritiker 1948 für seinen Film *Rom, offene Stadt* als bestem ausländischen Film. Er wurde natürlich eingeladen, ihn in Empfang zu nehmen. Und da es noch keinen Vertrag gab, schien es sinnvoll, die Lindströms in Kalifornien zu besuchen und die Verhandlungen fortzusetzen. Ingrid fand die Idee wunderbar. Aus New York telegrafierte Rossellini: »Komme in freundlicher Absicht.« Ingrid lächelte, als sie das las, und telegrafierte zurück: »Warten auf Sie im Wilden Westen.«

Zu dieser Zeit wußte ich noch nicht, wo das Geld für den Film eigentlich herkommen sollte. Daher fand ich es ganz gut, daß Rossellini zu uns kam und wir alles besprechen konnten. Ich wußte, daß Sam Goldwyn mit mir einen Film drehen wollte. Ich hatte ihn durch David O. Selznick kennengelernt. Wir sprachen oft miteinander, und jedesmal betonte er: »Ich muß mit Ihnen einen Film machen. Mir fehlt nur noch das Drehbuch.« Er rief sogar verschiedene Autoren an und sagte: »David O. Selznick hat da dieses Mädchen. Ich könnte es mir von ihm leihen, aber mir fehlt eine gute Story.« Es klappte nie. Da rief ich kurzerhand bei Goldwyn an und sagte, ich hätte die Story selbst gefunden. Ob er daran interessiert sei.

Er sagte: »Sicher« und sah sich die paar Seiten an, die mir Roberto geschickt hatte. »Klingt ziemlich artifiziell«, sagte er, und ich spürte förmlich, daß er es ablehnte, einen sogenannten künstlerisch wertvollen Film zu finanzieren. »Ich muß mit dem Burschen sprechen.«

Also sprach er mit ihm. Roberto zunächst auf französisch, aber dann, sehr schnell – smart, wie er war –, in englisch mit einem schauderhaften Akzent. Da er Latein konnte, nahm er einfach ein lateinisches Wort, ließ das Ende weg – und schon war es ein englisches Wort, allerdings mit einem falschen Akzent. Aber man konnte wenigstens verstehen, was er sagen wollte. Und so sprach er mit Goldwyn, der sich auf der Stelle in ihn verliebte. Alles lief gut, Goldwyn würde den Film produzieren – es würde ein großes Werk von Sam Goldwyn werden. Es gab eine Pressekonferenz. Es gab Schnappschüsse von uns, von Goldwyn, wie er die Verträge unterzeichnet, alle machten ganz glückliche Gesichter – da saßen wir nun wie eine Schulklasse aufgereiht, unten statt der Eltern die Presse. In diesem Augenblick fühlte ich mich ausgesprochen deplaciert – als Lehrerin auf dem Katheder. Aber da saßen wir nun einmal – Goldwyn in der Mitte, Roberto und ich an seinen Seiten. Und was sie für Fragen stellten!

»Mr. Goldwyn, wovon handelt der Film eigentlich? Wieviel wird er kosten? Wo wird gedreht?«

Und Goldwyn beantwortete all diese Fragen falsch.

Schließlich hatte ich genug. Ich sagte: »Sam, du erzählst da eine ganz falsche Geschichte. So ist der Film doch nicht, und so etwas werden wir doch gar nicht machen. Wir fahren auf eine Insel; sie heißt Stromboli. Bitte, laß doch Roberto sprechen, er weiß, was er will. Laß ihn doch etwas dazu sagen.«

Das war ausgesprochen schlecht.

Nach dem Ende der Pressekonferenz sagte Sam zu mir: »Ich habe *Rom, offene Stadt* gesehen, aber ich würde gern noch einen anderen Film von Rossellini sehen. Hat er einen?«

Natürlich hatte er. *Deutschland im Jahre Null*, den dritten Teil seiner Trilogie über den Krieg in Europa nach *Paisa* und *Rom, offene Stadt*.

Ich habe mal zu Roberto gesagt: »Das verstehe ich einfach nicht. Die anderen beiden sind so warm und menschlich – damit hast du mich zum Weinen gebracht. Aber *Deutschland im Jahre Null* bringt mich überhaupt nicht zum Weinen.«

Er hatte erwidert: »Nun, ich konnte dich damit ja auch nicht zum Weinen bringen. Nach allem, was Italien durchmachen mußte, verabscheue ich die Deutschen. Kurz nach Kriegsende bin ich dorthin gefahren und filmte, was ich sah. Es gefiel mir überhaupt nicht, was ich da zu sehen bekam.«

Und so wurde der Film sehr kühl, sehr brutal – aber auch ungewöhnlich interessant. Und er steht durchaus in einer Beziehung zu den beiden anderen Filmen.

Sam Goldwyn gab zur Premiere von *Deutschland im Jahre Null* eine Dinner-Party. Dazu lud er eine Menge wichtiger Leute aus Hollywood ein.

Nach dem Essen sahen wir den Film. Die Vorführung war beendet, das Licht ging an – und niemand sagte ein Wort. Niemand applaudierte. Absolutes Schweigen. Spontan stand ich auf, ging zu

Roberto, umarmte ihn und küßte ihn auf die Wange. Ich weiß nicht, was ich damit demonstrieren wollte, auf jeden Fall hatte ich das Gefühl, ihn beschützen zu müssen. Und dann begann die Diskussion.

»Nun, es war nicht gerade das, was wir erwartet hatten!« »Wann haben Sie ihn gedreht?« »Wie lange haben Sie gebraucht?« Ich wußte, wie unglücklich Roberto war, denn sie verstanden seinen Film nicht.

Einige Tage später rief mich Sam Goldwyn zu sich. Er sagte: »Es tut mir leid, aber ich kann seinen Film nicht machen. Ich verstehe diesen Mann nicht. Ich weiß nicht, was er will. Ich weiß nicht, wovon er spricht. Er hat keine Ahnung von den Kosten oder von Terminen. In diese Art von Filmen stecke ich kein Geld.«

Ich ging nach Hause und sagte Roberto, daß aus dem Geschäft nichts werden würde.

Es ist wirklich komisch, wieviel Ärger und Mißverständnisse alberne kleine Zwischenfälle auslösen können. Als Roberto im Januar 1949 nach Amerika kam, konnte er wegen der italienischen Ausfuhrbestimmungen nur wenig Geld mitbringen. Also luden wir ihn ein, bei uns zu wohnen.

Kurz vor Weihnachten war ich mit Pia einkaufen. Sie sollte nun endlich ihr Fahrrad bekommen. Wir gingen in ein Geschäft, und da stand in einer Ecke eine große alberne Spielzeugkuh mit Namen Elsie. Pia sah Elsie – und das Fahrrad war vergessen.

Elsie kostete 75 Dollar! Also fragte ich Petter, ob ich Pia zu Weihnachten Elsie schenken könnte; Petter sagte nein. »Alberne Idee! Eine Kuh für fünfundsiebzig Dollar? Wozu? Damit sie in der Ecke herumsteht?«

Und ich gab nach, sagte, ein Fahrrad sei praktischer, vernünftiger. Also bekam Pia ihr Fahrrad anstelle von Elsie. Dann besuchte uns Roberto. Da er kein Geld hatte, borgte er sich 300 Dollar von Petter, um ein Geschenk für seinen Sohn aus erster Ehe, Renzo, zu kaufen. Ihm schwebten Cowboystiefel und ein Indianer-Federschmuck vor.

Also gingen wir wieder in das Spielzeuggeschäft, und da stand immer noch Elsie herum. Und Roberto warf nur einen Blick auf sie und war hingerissen.

»Diese Kuh bekommt Pia«, sagte er, ohne zu überlegen.

Um Himmels willen! Petter würde doch denken, ich hätte sie ihm aufgeschwatzt. Ich wehrte ab, aber wenn sich Roberto erst einmal etwas in den Kopf gesetzt hatte, konnte nichts in der Welt ihn davon abbringen. Und so gab er 75 Dollar aus – 75 Dollar von dem Geld, das ihm Petter geliehen hatte –, um so etwas Nutzloses wie Elsie zu kaufen. Geld hat für Rossellini nie eine Rolle gespielt, hat nie seine Entscheidungen beeinflussen können. Er wollte uns danken, daß wir ihn eingeladen hatten, bei uns zu wohnen, und was war da liebenswerter, als unserer Tochter etwas zu schenken, was sie sich von Herzen wünschte?

Ingrids fester Entschluß, eine gute Frau und Mutter zu sein, geriet nun ins Wanken. Sie wußte schon lange, wenn der richtige Mann im richtigen Moment die richtigen Worte zu ihr sagte, würde sie ihm folgen. Innerhalb eines Monats war Roberto Rossellini dieser Mann geworden. Er sagte nicht, sie hätten an Petter und Anna Magnani zu denken. Er sagte einfach: »Komm mit mir!«

Um einen Film auf der armen, dürren Insel Stromboli zu drehen, ließen sie sich auf ein großes gemeinsames Abenteuer ein.

Aus Ingrids Tagebuch, das am Dienstag, den 25. Januar 1949, die Eintragung »Rossellini ist hier« enthält, geht auch hervor, daß sie am Abend zusammen aßen und daß sie am Mittwoch zu einem Essen mit Billy Wilder, dem berühmten Filmregisseur und Drehbuchautor, an den Pazifik fuhren.

Der Film verursachte uns große Kopfschmerzen. Wer würde ihn finanzieren? Das war unser größtes Problem.

Petter schlug vor, ich solle Howard Hughes fragen. Seine Firma RKO würde den Film sicher produzieren.

»Ich traue mich nicht«, erwiderte ich. Ich hatte eine seltsame Angst vor dem Mann.

Daraufhin meinte Petter, sehr kühl, sehr knapp, er sei überzeugt davon, daß ich mit ihm klarkommen würde.

Ich hatte Howard Hughes durch Cary Grant und Irene Selznick in

New York kennengelernt. Das muß ein Jahr zuvor gewesen sein. Wir waren alle zusammen ins »El Morocco« gegangen. Er war sehr nett, wir tanzten, und ich erinnere mich, daß er zwischendurch immer wieder sagte, wie schrecklich einsam er sei, daß er überhaupt keine Freunde habe.

Ich fand das ziemlich albern. Dieser reiche und berühmte Mann wollte einsam sein? Ich lachte und sagte: »Das muß an Ihnen liegen. Warum bemühen Sie sich denn nicht darum, Freunde zu finden? Ich amüsiere mich; und heute abend sind Sie doch auch nicht allein, oder?«

Er muß wohl beschlossen haben, mich zu seiner Freundin zu machen, denn immer häufiger klingelte das Telefon. Immer war Cary Grant dran und sagte: »Er ist versessen darauf, dich wiederzusehen!« Schließlich sagte ich zu Cary: »Ich habe keine Lust. Aber warum kümmerst du dich darum? Kann er nicht selbst anrufen?«

Dann wurde auch noch Joe Steele in die Angelegenheit verwickelt. Man sagte mir, daß Howard Hughes Cary, Joe Steele und mich nach Kalifornien zurückfliegen wollte. Später erfuhr ich, daß er sämtliche Flugtickets für diesen Tag aufgekauft hatte, so daß wir gezwungen waren, mit ihm zu fliegen.

Cary, Joe und ich schliefen die meiste Zeit während des Fluges, aber als es hell wurde, weckte mich Hughes, sagte, ich solle zum Fenster hinaussehen, und gab mir eine exakte Erklärung des Grand Canyon. Es war ein phantastisches Erlebnis, und ich dankte ihm sehr. Aber damit war die Sache für mich erledigt. Für ihn nicht. Howard Hughes wollte für mich eine Party geben, aber ich lehnte ab. Joe Steele versuchte, mich zu überreden: »Aber du magst doch das Essen im ›Beachcomber‹. Außerdem sind viele Bekannte da. Du brauchst doch nicht mit ihm allein zu sein.«

Aber ich blieb fest. »Ich will ihn nicht wiedersehen, Joe.«

Er gefiel mir einfach nicht. Ich wußte, was er wollte. Jedermann versuchte, mein Interesse an ihm zu wecken. Aber es gelang ihnen nicht.

Es ist fraglich, ob es je einen amerikanischen Millionär gegeben hat, der exzentrischer und egoistischer war als Howard Hughes. Und er gab nicht so leicht auf.

Eines Tages rief er selbst an. Es war komisch. Ich hatte mir gerade die Haare gewaschen, saß auf dem Fußboden und trocknete sie. In einer Hand hielt ich den Fön, mit der anderen griff ich zum Telefonhörer. »Hier ist Howard Hughes«, sagte er. »Ich habe gerade ein Filmstudio für Sie gekauft.«

Ich knipste den Fön aus. »Was haben Sie gemacht?«

»Ich habe ein Filmstudio für Sie gekauft. Ich habe RKO gekauft. Es gehört Ihnen. Mein Geschenk für Sie. Freuen Sie sich?«

Ich meinte: »Sie haben mir also ein Filmstudio gekauft. Wie nett von Ihnen. Vielen Dank.«

Ich wußte wirklich nicht, ob er sich einen Scherz erlaubte oder nicht – aber da er Howard Hughes war, scherzte er wahrscheinlich nicht. Wenn er ein Studio gekauft hatte, ein gutes Drehbuch bekam, wenn wir einen meiner Lieblingsregisseure, einen oder zwei meiner Lieblingspartner fanden, warum sollte ich dann eigentlich keinen Film machen? Also sagte ich: »Aber das ist nicht genug.«

»Nicht genug?«

»Ich weiß nicht, was ich mit einem Studio anfangen soll. Was ich brauche, ist ein gutes Drehbuch und ein guter Regisseur...«

»Okay, okay, also geben Sie mir die Namen der Autoren und Regisseure, die Sie haben wollen, und ich werde sie engagieren.«

Ich vermute, wenn ich RKO wirklich gewollt hätte, hätte ich ihn an jenem Abend nur für einen Martini zu mir zu bitten brauchen. Aber ich nahm die Sache nicht ernst. Zumindest nahm ich Howard Hughes nicht ernst. Und ich hatte die ganze Episode fast vergessen, als Roberto Rossellini in mein Leben trat und Petter Hughes' Namen ins Spiel brachte, um unseren Film zu finanzieren. Ich gab mir innerlich einen Stoß und rief ihn an.

Damals lebte er in einem Bungalow des »Beverly Hills Hotel«, Tür an Tür mit Arthur Miller und Marilyn Monroe und nicht weiter als fünfzehn Minuten von uns entfernt. Und mehr brauchte er auch nicht, um vor meiner Tür zu stehen.

Er trug einen weißen Tennisdress und weiße Schuhe. Er setzte sich, sah mich an und sagte in seinem silbenverschluckenden texanischen Dialekt: »Sicher, ich mache den Film.«

Roberto war auch da. Ich stellte sie einander vor, aber Howard Hughes nahm Rossellini kaum wahr. Für ihn existierte er nicht.

»Wieviel Geld brauchen Sie?« wollte er wissen.

»Wollen Sie denn nicht erst die Story hören?« fragte ich.

»Nein. Ich will die Story nicht hören. Kein Interesse. Völlig egal, was es für eine Geschichte ist. Sind Sie schön in dem Film? Werden Sie tolle Kleider tragen?«

Ich mußte lachen. Ich sagte ihm, daß ich buchstäblich in Lumpen herumlaufen und in einem Lager leben würde.

»Zu dumm«, meinte er. »Aber egal. In Ihrem nächsten Film werden Sie großartig aussehen. Es wird ein herrlicher RKO-Film werden, mit jedem Regisseur – sein Blick flog zu Roberto hinüber –, den Sie wollen. Aber erst sollen Sie Ihren kleinen Spaß haben. Danach kommen Sie zu mir zurück, und wir machen einen großartigen Film.«

Natürlich ging ich nie zu ihm zurück, und ich glaube, er haßte *Stromboli*. Er hat ihn nach seinen Vorstellungen zusammengeschnitten, und zu der Zeit hatte er dafür die Unterstützung des weltweiten Skandals.

Dennoch schrieb er mir, aber ich steckte seinen Brief ungelesen fort. Erst fünfundzwanzig Jahre später, als ich meinen Haushalt in Choisel in Frankreich auflöste, ging ich alte Unterlagen durch, und da – ich glaubte meinen Augen nicht zu trauen – war ein Brief, den mir Howard Hughes nach Italien geschickt hatte, genau zur Zeit des großen Skandals. Es war ein so liebevoller Brief von einem Mann, den ich bitter enttäuscht und von mir gestoßen hatte. Es tat mir sehr leid, daß ich dem Schreiben damals nicht die Aufmerksamkeit gewidmet hatte, die es verdiente.

Der Brief ist vom 10. Februar 1950 datiert, acht Tage nach Robertinos Geburt.

Er schrieb ihr, er habe zunächst gezögert, ihr zu schreiben, denn »ich hatte nie das Glück, Sie wirklich gut zu kennen und mich als Ihren Freund zu bezeichnen«.

Er wollte ihre Entscheidung nicht verurteilen, sondern ihr sagen, wie tief ihn ihr »Mut, Ihre absolute Klarheit ohne jeden Arg« beeindruckt habe und die Haltung, mit der sie den Skandal ertrage, ohne jemand anders dafür verantwortlich zu machen. »Die Realität ist eine Sache des Willens«, schrieb er. Es seien Absichten, die Wahrheiten schafften, keine noch so offiziellen Dokumente.

Er hoffe und glaube, daß, wenn Robertino alt genug sei zu verstehen, das Verhalten der Welt »ein bißchen ehrlicher und toleranter« sein werde. Ihr Sohn würde keinen Makel tragen, sondern das Vermächtnis einer Mutter, die »wenn sie auch nicht so schrecklich schlau, klug oder weise ist, doch eine der prachtvollsten und mutigsten Frauen unserer Generation ist«.

Jetzt, fünfundzwanzig Jahre später, wußte ich nicht, was ich tun sollte. Dann hörte ich, daß er in London war. Da schrieb ich ihm ganz einfach, daß mich sein Brief nach all diesen Jahren zu Tränen gerührt hätte.

Am 28. Februar 1949 fuhr Ingrid mit Petter zu einem Skiurlaub nach Aspen, und Roberto Rossellini flog nach Rom zurück. Aber der Auflösungsprozeß hatte bereits begonnen.

Als ich mit Petter in Aspen war, bat ich ihn, mich früher nach Rom fahren zu lassen. Aber er sagte, daß die Dreharbeiten erst in ein paar Wochen beginnen würden. Ich versuchte, ihm zu erklären, daß ich Rom sehen, die italienische Sprache und die Menschen kennenlernen wolle. Ich nervte Petter, weil ich unbedingt mit Roberto zusammen sein, seine Worte hören wollte – und wie er sie sagte.

Sein Telegramm vom New Yorker La Guardia-Flughafen lautete nur: »Ich reise ab. Auf Wiedersehen. Roberto.«
Aber Ingrid war für jede Art von Kommunikation dankbar.
Aspen, am 4. März 1949:

Ich bin so froh, daß Du in Rom gelandet bist. Ich hatte Dein Telegramm schon gestern erwartet, und als es nicht kam, wurde ich unruhig, suchte in den Zeitungen nach einem Unglück. Ich laufe Ski, aber ich bin vorsichtig, damit ich heil bei Dir eintreffe. Ich würde so gern jetzt schon kommen. Mir geht's gut, kein Ärger, aber Petter meint, eine Abreise am 19. sei früh genug. Ich erzählte ihm von unserer geplanten Reise nach Capri, Amalfi und Messina, doch er wurde ärgerlich und meinte, er sei gegen eine solche Vergnügungsfahrt. Aber keine Sorge, wir fahren. Wir sollten den Film pünktlich beginnen, denn RKO bezahlt mich vom 1. April an.

Vor fünf Tagen bist Du abgereist. Bleiben noch fünfzehn. Schreib mir über alle Deine Probleme. Ich glaube, wir werden am 7. März aus Aspen abfahren.

Am 7. März schrieb sie:

Heute fahren wir ab. Ich bin sehr undankbar, ich weiß, denn der Schnee ist herrlich. Ich habe gute Fortschritte beim Skilaufen gemacht. Aber meine Gedanken sind ganz woanders. Bitte schreib mir alle Neuigkeiten.

Wenn ich zu Hause bin, kann ich Dir telegrafieren. Ich esse pausenlos und werde so fett werden, wie Du es gern hast. Wenn ich nicht bald arbeiten kann, werde ich noch verrückt. Wenn ich nicht bald abfahren kann... Beeile Dich bitte mit den Vorbereitungen.

J'ai fini! Meine letzte Abfahrt, und ich habe mir nichts gebrochen! Jetzt bestelle ich mir einen doppelten Martini, feiere und packe! Heute ist Montag, nächsten Montag bin ich in New York und noch in derselben Woche, wenn alles klappt, in Rom. Bist Du bereit? Dein Sohn hat sich sicher über all die Geschenke gefreut. Ich möchte mit Dir reden.

Am 7. März 1949 reisten die Lindströms aus Aspen ab. Zwei Tage später waren sie in Beverly Hills. Wieder zwei Tage später fuhr Ingrid mit dem Zug nach New York. Sie hatte nicht viel Gepäck mit und nur 300 Dollar in Traveller-Schecks. Wenn ihr jemand prophezeit hätte, daß sie erst nach sieben turbulenten Jahren wieder in die Vereinigten Staaten zurückkommen würde, hätte sie es einfach nicht geglaubt. Ihr Telegramm an Roberto war ekstatisch:

HÖRE NICHTS VERSTEHE NICHTS KANN NICHTS SAGEN. ANKUNFT 12. IN NEW YORK HOTEL HAMPSHIRE HOUSE. ABFLUG 19. TREFFE 23.30 UHR SONNTAG ABEND IN ROM EIN. TWA FLUG NR. 916.

Am 12. März, nachdem Roberto sie in ihrem New Yorker Hotel angerufen hatte, schrieb sie ihm:

Meinetwegen ruf mich zehnmal am Tag an, wenn Du so verrückt bist! Ich liebe es, nachts wach zu sein und zu reden – genau wie Du. Aber wo ist die Freiheit, von der Du gesprochen hast, wenn ich jeden Tag um zwei Uhr nachts zu Hause sein muß? Es ist außerdem unvorsichtig, in einem Hotel anzurufen, das so gute Beziehungen zur Presse hat. Es ist schon zuviel über uns geschrieben worden. Meine Ehe sei kaputt, von nun an würde ich nur noch mit Dir filmen, ich würde Dir nachreisen, Hollywood habe eine neue Dreiecks-Tragödie und so weiter und so weiter. Die Klatschspalten sind voll! Ich bin sehr unglücklich darüber, und ich will diesen Details nicht noch tägliche Telefongespräche hinzufügen. Versteh mich bitte und hilf mir.

Ich hatte keine Zeit, mich von Bekannten und Freunden zu verabschieden oder sentimental zu werden, bis ich Petter auf dem Flughafen stehen sah, so einsam und still. Wieder einmal wurde mir mein Egoismus bewußt, und jetzt, wo ich hier bin, habe ich nichts anderes zu tun, als ins Theater zu gehen und wieder zu warten.

Jeder fragt mich hier nach den Gerüchten über uns. Ich fuhr nach Hause und sah mir Dein Foto an. Ich sehe es noch immer an.

Roberto telegrafierte:

ALLES KLAR. ICH BIN SEHR GLÜCKLICH. NUR DIESE DREI TAGE SIND ZU LANG. ICH FAHRE FÜR FILMVORBEREITUNGEN NACH NEAPEL. ICH BIN SONNABEND WIEDER IN ROM. MEINE ADRESSE IST DAS HOTEL EXCELSIOR. DIO, DIO, ROBERTO.

In Ingrids Tagebuch vom 20. März 1949 steht ein einziges Wort: »Roma.« Es ist zweimal unterstrichen.

DREIZEHNTES KAPITEL

Meine Ankunft in Rom kam mir wie ein Traum vor. Nirgendwo auf der Welt war ich je so empfangen worden. Es war eine Fiesta – man lachte, schrie, winkte und spielte verrückt. Es waren so viele Menschen am Flughafen, daß man denken konnte, eine Königin würde erwartet. Roberto drückte mir einen großen Blumenstrauß in die Arme, und wir kämpften uns zu den Wagen durch. Roberto schubste mich in seinen roten Sportwagen, und wir fuhren direkt zum Hotel »Excelsior«. Auch da standen unzählige Menschen. Es gelang uns einfach nicht, durch sie hindurch zum Empfang zu kommen.

Roberto geriet sofort mit den Fotografen aneinander, aber das war nichts Neues. Er schlug zu und versuchte so, uns einen Weg freizukämpfen. Er riß einem Fotografen den Ärmel vom Jackett, aber am nächsten Tag tat es ihm schon wieder leid, und er schickte ihm ein neues Jackett. Schließlich schafften wir es, bis in Robertos Suite vorzudringen, wo uns eine Party erwartete. Alle Freunde von Roberto waren da. Federico Fellini hatte zauberhafte kleine Karikaturen von Roberto, mir und Stromboli an die Wände gehängt. Es gab Champagner, alles lachte und schwatzte. Roberto hatte überall kleine Geschenke verteilt. Ich war überwältigt.

Mehr als jeder andere verstand wohl Liana Ferri, die Ingrids ersten Brief an Roberto übersetzt hatte, was eigentlich vorging:

»Um wirklich zu begreifen, wie sich die Menschen in Rom benahmen, muß man sich an das erinnern, was sie durchgemacht hatten. Wir hatten einen Krieg durchlitten, den keiner von uns gewollt hatte. Wir waren von diesem Idioten Mussolini in den Krieg gehetzt worden. Wir waren von den Deutschen besetzt, Tag und Nacht hatten wir ihre Stiefel auf den Straßen dröhnen hören – wir hatten Angst,

215

große Angst. Neun Monate lang wurden die Straßen in den Norden und in den Süden, alle Straßen, die aus Rom herausführten, täglich bombardiert, und wir waren völlig abgeschnitten. Besonders von Lebensmitteln. Wir waren auf die Lebensmittel aus dem Norden und Süden angewiesen, aber wir bekamen sie nicht. Also hungerten wir. Wir hungerten entsetzlich. Und zum erstenmal in unserem Leben verstanden wir die wirkliche Bedeutung des Vaterunser: ›Unser täglich Brot gib uns heute.‹ Aber wir erhielten es nie. Oh, ich glaube nicht, daß irgendein Historiker schlaflose Nächte darüber haben wird, daß Rom neun Monate lang gehungert hat und ich neun Kilo verloren habe. Vermutlich dachten die Alliierten, das täte mir ganz gut...«

Liana Ferri lächelte. »Natürlich erwarteten wir, daß die Alliierten anders sein würden als die Deutschen. In einigen Dingen waren sie es auch. Zunächst einmal hatten die amerikanischen Soldaten Stiefel mit Gummisohlen, also konnten wir nachts schlafen. Aber der Lack war schnell ab, und schon bald fielen wir in die vertrauten Klagen des befreiten Europa über die Yankees ein – überfüttert, überbezahlt, übersext, einfach alles ›über‹... Sie besetzten Hotels, ganze Straßenzüge voller Hotels, und sagten uns, was wir zu tun hatten, wie sie es gern hätten. Ein ganzes Bordell-Viertel wuchs neben der Spanischen Treppe aus dem Boden. Und die Faschisten – bescheiden, umerzogen, geläutert – waren auch wieder da, erhielten die alten Machtpositionen. Die römischen Frauen gingen mit jedem amerikanischen Soldaten ins Bett. Jede Frau in Rom war – so schien es – in einen amerikanischen Soldaten verliebt.

Vor diesem Hintergrund entstanden Rossellinis Filme *Paisa* und *Rom, offene Stadt*. Dann hatte er Ingrid eingefangen. Diese große Schauspielerin, die jetzt in Italien war, um einen Film zu drehen, und die in unseren Roberto Rossellini verliebt war. Bravo, Roberto, bravo! Sie hatte ihren kühlen nordischen Ehemann verlassen. Jetzt würde sie endlich das wahre Leben, die wahre Liebe kennenlernen. ›Bravo, Roberto, bravo, Ingrid!‹

Es war eine Entschädigung für das, was wir durchgemacht hatten, den Hunger, die Erniedrigungen. Oh, ja, sie riefen: ›Hurra, Roberto!‹ Ich nicht, denn ich kannte ihn zu gut. Ich hatte alle seine Briefe an sie übersetzt, ich war am Flughafen, und ich war auf der

Party. Ich war sehr berührt von ihrer Schlichtheit und Aufrichtigkeit. Sie war verliebt, ohne jede Arglist.

Ich sagte zu Roberto: ›Paß auf, ich kenne dich. Ich kenne die Geschichten mit deiner Frau, mit diesem griechisch-russischen Mädchen, mit der deutschen Tänzerin, mit Anna Magnani. Ich kenne deine Tricks. Hör zu, ich bin deine Freundin, aber wenn du Ingrid weh tust, wenn du ihre Einfachheit und Schüchternheit ausnutzt, dann bin ich nicht mehr deine Freundin und werde nie mehr mit dir sprechen.‹ Und Roberto entgegnete, ich müßte andere Leute immer kritisieren. Ich sei allzu vorsichtig und pragmatisch. Er liebe sie, ob das nicht in meinen Kopf ginge. Er liebe sie.

Aber er hatte ständig irgendwelche Probleme – Geldprobleme, Vertragsprobleme, Probleme mit Frauen. Er war immer in Hektik, ohne Aufregungen konnte er nicht leben. Ein ruhiges Leben? Lieber wäre er gestorben! Er brauchte stürmisches Wetter. Wenn kein Hurrikan wehte, wenn er keine Barrikaden baute und keine Kämpfe zu bestehen hatte, war er gelangweilt – total gelangweilt. Das Leben war ein Kampf, Filme waren Kämpfe. Ohne Kämpfe blieb er einfach im Bett und wartete auf einen neuen Kampf, maulte herum, beschwerte sich und klagte über Kopfweh, Bauchschmerzen und alles mögliche.

In einem Artikel für eine italienische Illustrierte habe ich ihn einmal einen Renaissancemenschen genannt. Er hatte alle Fehler und Vorzüge eines Renaissancemannes. Er war ein Erweckungspriester, ein Mann für alle Jahreszeiten, er konnte eine ungeheure Episode beginnen, voller Enthusiasmus darüber fast verrückt werden und sie am nächsten Tag total vergessen haben. Er liebte einen, küßte einen, tat alles mögliche für einen, konnte aber am nächsten Tag seinem besten Freund in den Rücken fallen, aus bloßer Freude an der Sache.

Seine Persönlichkeit war einfach nicht zu begreifen. In einer Minute tat er für einen wildfremden Menschen alles nur Mögliche, und zwei Minuten später hatte er ihn total vergessen.

Ingrid wußte nichts von Roberto. Sie kam nach Rom wie ein kleines Unschuldslamm. Jemand mußte sie beschützen. Ich war entschlossen, das zu tun.«

Wie Petter Lindström war auch Roberto Rossellini ein bemerkenswerter und ungewöhnlicher Mann. Wenn es geheißen hätte: »Würde der richtige Petter Lindström bitte aufstehen?«, wäre Petter ohne Zögern aufgestanden, fest, resolut, sicher. Wäre die gleiche Aufforderung an Rossellini ergangen, hätten mindestens zwölf verschiedene Rossellinis aufstehen müssen, um wenigstens ein ungefähres Bild seiner Persönlichkeit darzustellen. Seinen Geldgebern, Anwälten und Helfern zeigte er eine Seite seines Wesens. Für seine Kinder war er ein Bollwerk der Liebe, Zärtlichkeit und Hingabe. Für seine Filmkollegen war er jemand, der abwechselnd Verrat schrie, sie mit Lob überschüttete oder aber einfach ignorierte. Für Anna Magnani war er der Mann, der sie durch viele großartige Rollen geführt hatte und mit dem sie durch eine leidenschaftliche Welle gegensätzlicher Willenskräfte verbunden war. Und für Ingrid war er zuerst ein bedeutender Filmregisseur, der ihrer Karriere eine neue Richtung geben, ihr frischen Atem einhauchen würde und der vielleicht – vielleicht – jemand sein könnte, der ihre bisher unterdrückten Wünsche erfüllen würde. Aber eines war absolut sicher: Wenn zu diesem Zeitpunkt ein unparteiischer Richter gefragt worden wäre, ob Roberto in Ingrid und Ingrid in Roberto verliebt sei, wäre das Urteil ein klares und vernehmliches »Ja« gewesen.

Für Rossellini war Ingrid Bergman eine Herausforderung. Sie war schön, sie gehörte einem anderen, sie war lebensprühend und amüsant, wenn sie auch zeitweise eine feierliche Größe an sich hatte, die er nicht verstand. Ganz im Gegensatz zu Rossellini warf sie nie zehn Bälle auf einmal in die Luft, unsicher, ob sie sie in der Luft halten würde, sorglos, ob sie herunterfielen. Ingrid konzentrierte sich immer nur auf eine Arbeit; für ihr persönliches Glücksgefühl wäre es undenkbar gewesen, sich anders zu verhalten. Ihr Lächeln veränderte ihre ganze Erscheinung, ihr plötzliches Lachen war fröhlich und unaffektiert. Wie alle italienischen Männer brauchte Rossellini die Versicherung, daß er über Frauen nichts mehr zu lernen hätte; Ingrid Bergman allerdings schaffte es immer wieder, ihn zu überraschen.

Es war nicht Rossellinis Art zu versuchen, die Liebe zu mäßigen. Er zahlte sie nicht in kleiner Münze. Es machte ihm gar nichts aus, sich zum Narren zu machen; angelsächsische Zweifel oder Vorsicht fehlten ihm völlig. Die Liebe griff ihm ans Herz, erschütterte ihn und drängte ihn an die Seite der Frau, die er liebte. Rossellini war der verwegenste Liebhaber der Welt; er würde all seine Überzeugungen aufs Spiel setzen, war bereit, sich hinzugeben, zu gewinnen oder zu verlieren. Für seine Liebe war er zu allem bereit. Er war leidenschaftlich und verzweifelt in Ingrid Bergman verliebt. Er würde sie weder aus den Händen noch aus den Augen lassen.

Ich glaube, daß ich Roberto schon geliebt habe, nachdem ich *Rom, offene Stadt* gesehen hatte, denn er ging mir einfach nicht mehr aus dem Kopf.

Wahrscheinlich auch, weil ich glaubte, daß er mir helfen könnte, mein Privatleben und meine Situation in Hollywood zu verändern. Aber das war mir damals natürlich absolut nicht klar. Wenn mich Leute auf Italien ansprachen, sagte ich ziemlich indigniert, daß ich nach Italien fahre, um dort einen Film zu drehen.

Am Tag nach Ingrids Ankunft schien es, als wollten alle Römer beweisen, daß sie außer sich vor Freude waren. Das Hotel »Excelsior« war von Menschenmassen belagert, die ganze Via Veneto verstopft. Niemand konnte das Hotel betreten oder verlassen, und Ingrid war in ihrem Hotelzimmer gefangen.

Rossellini und der Hoteldirektor waren Experten in Sachen Umwege. Wenn Miss Bergman hier entlangkommen würde, die Hintertreppe hinunter, durch die Hintertür und auf die enge Straße... Ein paar Drehungen und Wendungen, und Ingrid und Roberto schlenderten durch die Straßen, genossen den Sonnenschein. Natürlich waren sie bald erkannt, natürlich waren sie schnell von Fotografen und Autogrammjägern umringt. Aber die Menge blieb überschaubar, die Menschen waren gutmütig und glücklich, Ingrid zu sehen.

Rom nahm Ingrid Bergman völlig gefangen – sein Lärm, sein Verkehr, seine Menschen, seine kleinen verwinkelten Straßen, gesäumt von hohen, blassen Terracotta-Mauern, die sich unerwartet zu anmutigen Plätzen öffneten. Überall rieselten Brunnen, sprangen

Fontänen hoch in die Luft. Nichts hatte ihre nordische Seele auf eine derartige Stadt vorbereitet. Sie gab sich den Farben, der Musik, der Fröhlichkeit und der Anteilnahme hin, die ihr überall entgegengebracht wurde.

Roberto wollte, daß ich alle seine Freunde kennenlernte. Er wollte mir Neapel und Capri zeigen, Amalfi und ein gutes Dutzend weiterer Orte, deren Namen ich noch nie gehört hatte. Alles war so neu für mich: das Land, seine Menschen, ihre nach außen orientierte Lebensart, die Schönheit. Und Roberto schien alles zu wissen, was man wissen sollte.

Am Wochenende verließen sie Rom über die Via Appia und fuhren in dem spritzigen kleinen Cisitalia Richtung Süden. Sie flitzten an den Grabmälern und kleinen Tempeln am Straßenrand vorbei, den antiken Erinnerungen an das heidnische Rom. Ingrid war begeistert von der Geschwindigkeit des Wagens, dem Wind in ihrem Haar, der Sonne auf ihrem Gesicht; sie war sich bewußt, daß das Wort Ekstase nicht ausreichte, ihre Gefühle wiederzugeben.

Sie fuhren weiter nach Süden, vorbei an Monte Cassino hoch droben, der zerbombten Abtei, die zum Friedhof für viele Männer aus zahlreichen Nationen geworden ist. Sie erreichten die frühlingsgrünen Felder vor Neapel, fuhren vorbei an Bauern auf ihren langsamen hochrädrigen Karren. Sie hielten am Kai der großen blauen Bucht, bevor sie sich mit einer sie durchrüttelnden, rollenden Fähre, die nach Knoblauch und Tabak roch, nach Capri übersetzen ließen. Das Gekreische der Möwen begleitete sie, das Rauschen der Wellen und der heisere Gesang italienischer Tenöre, die über einen Lautsprecher »Amore« feierten.

Auf Capri verbanden sich Vergangenheit, Träume und Gegenwart.

Ich habe ein Foto, das auf dieser Fahrt aufgenommen wurde und auf dem ich so glücklich aussehe, daß es unglaublich ist. Wir waren in einem kleinen Tanzlokal. Ich glaube, es war das einzige Mal, daß ich mit Roberto tanzte, denn er ist überhaupt kein Tänzer. Aber an diesem Abend tanzte er mit mir. Ich glaube, er hätte alles getan, um mich zu gewinnen.

Es war wunderbar, was er mir alles über Italiens Geschichte erzählte. Er schien einfach alles zu wissen. Und was er nicht wußte, erfand er. Mir war, als würde er nicht nur die Geschichte Italiens en detail kennen, jeden Stein und jeden Baum, sondern praktisch auch jeden Einwohner Italiens. So kam es mir jedenfalls vor.

Die Fotografen waren immer in unserer Nähe. Aber Roberto war so ruhig und lieb, daß er sich diesmal nicht mit ihnen anlegte. Und dann wurde dieses berühmt-berüchtigte Foto geschossen, das im »Life«-Magazin erschien: das Foto, als wir an der Amalfi-Küste die Treppen zu einem dieser runden Türme hinaufgehen. Wir beide, Hand in Hand, und das Bild ging um die ganze Welt und zeigte, was für eine lockere Frau ich doch war...

Wenn man eine zerklüftete Küste sucht von einmaliger Schönheit, geschichtlicher Bedeutung, geschaffen, Herz und Seele voll in Besitz zu nehmen, kommt man fast selbstverständlich auf die Amalfi-Küste.

1949 floß nur wenig Verkehr durch die Haarnadelkurven der Straßen oder die kleinen Orte, die sich in die schützenden Buchten duckten. Außerhalb Amalfis steigt die Straße steil an, und auf der Hügelkuppe, nur ein paar hundert Meter von der Stadt entfernt, steht das Hotel »Albergo Luna Convento«. Vom 12. bis zum 16. Jahrhundert war es ein Kapuzinerkloster gewesen und hatte sich viel von seiner mönchischen Schlichtheit bewahrt. Es war schon immer eines von Rossellinis Lieblingshotels gewesen, und dort hatte ihn Anna Magnani mit Spaghetti beworfen. Mit Ingrid hatte er diese Aufregungen nicht.

Von ihrem Fenster aus sah sie auf eine weite Bucht, gesäumt von Bergen, die steil in das tiefdunkle Wasser abfielen. Wenn Vollmond war, nistete er über der schimmernden See.

Roberto erklärte ihr die geschichtliche Vergangenheit dieser Gegend; er erzählte ihr von dem verwegenen Odysseus, der bei seiner Rückkehr aus dem Trojanischen Krieg von widrigen Winden gegen diese Küste geworfen wurde und die schöne Zauberin Circe traf. Und er konnte es nicht unterlassen, die klassische Schönheit Circes mit der Ingrid Bergmans zu vergleichen.

In Salerno erlebte Ingrid zum erstenmal, wie Rossellini sich Darsteller für seine Filme auswählte. Er hielt plötzlich in der Nähe des Hafens an, wo ein paar Fischer ihre Boote reparierten. Seit ihrer Ankunft in Rom hatten sie in einer Mischung aus Französisch und Englisch miteinander gesprochen. Und als Roberto nun entwaffnend einfach erklärte: »Warte einen Moment, ich hole dir schnell deinen Filmpartner«, glaubte sie an einen Scherz und lachte fröhlich, als er zu den Booten hinunterging. Nach zwanzig Minuten kam er zum Auto zurück und sagte beiläufig: »Ich habe dir zwei ausgesucht. Einen großen, gutaussehenden jungen Mann und einen kleinen. Du kannst deine Wahl treffen, wenn wir auf Stromboli sind.«

Ingrid glaubte noch immer an einen Scherz. Aber als sie auf Stromboli waren, erkannte sie, daß er durchaus nicht gescherzt hatte. Er hatte beide Männer auf die Lohnliste gesetzt und ihnen den Namen des Hotels genannt, wo er sie erwarten würde.

Die Reise wurde fortgesetzt. Sie fuhren landeinwärts und kamen nach Cantanzaro, wo Rossellini übernachten wollte. Offenbar war der Bürgermeister bereits davon informiert, daß Rosselini und Ingrid kommen würden. An den Straßen der kleinen Stadt standen die Menschen in Sechserreihen, um das Paar zu begrüßen. Der Cisitalia kroch durch einen menschlichen Tunnel, um vor dem Hotel vorfahren zu können.

Es war unglaublich. Die Kinder hatten schulfrei, und alle Einwohner waren auf den Beinen, um uns zuzuwinken und hochleben zu lassen. Es war wie ein Staatsbesuch. Wir hielten vor dem Hotel. Überall waren Blumen. Die Eingangshalle war überfüllt, und als wir die Treppe hinaufgingen, stand man in Dreierreihen Spalier. Mein Zimmer war ein Traum. Das riesige Bett hatte spitzenverzierte seidene Bettwäsche! Der Bürgermeister zeigte auf mein Bett und erklärte, ich würde in den Laken schlafen, in denen er mit seiner Frau vor vielen Jahren die Hochzeitsnacht verbracht habe. Und ob ich so liebenswürdig sein könnte, sie mit einem Autogramm zu schmücken, wenn ich abreisen würde?

Damals gab es in den kleinen italienischen Hotels keine Zimmer mit eigenem Bad. Nach einer Weile, als der Bürgermeister fort war, wollte ich ins Badezimmer gehen. Es war schon spät, und ich dachte, alle hätten sich inzwischen zurückgezogen oder das Hotel verlassen. Aber als ich auf den Flur kam, starrte ich in Dutzende von Gesichtern. Sie waren alle noch da und applaudierten, als sie mich erblickten. Ich lächelte und ging wieder in mein Zimmer zurück, wartete zehn Minuten und versuchte es noch einmal. Wieder höflicher Beifall. Ich lächelte und schloß die Tür zum zweitenmal. Nach weiteren verzweifelten zehn Minuten ging ich einfach hinaus. Mir war inzwischen alles egal. Ich ging zum Badezimmer und wurde auf dem Hin- und Rückweg begeistert beklatscht. So etwas hatte ich noch nicht erlebt.

Es war eine spontane und ereignisreiche Reise gewesen. Wenn sie auch vieles erlebt hatte, was ihr Sicherheit gegeben hatte – schließlich ist Italien dafür bekannt, Verliebten gegenüber sehr verständnisvoll zu sein –, schlug Ingrid doch das Gewissen, das von kompromißlosen Pfarrern der Schwedisch-Lutherischen Kirche geprägt war. Seit sie die Amalfi-Küste erreicht hatten, fühlte sie sich schuldbewußt.

Während ihres Aufenthaltes in Rom hatte sie regelmäßig Post von Petter bekommen. Anfang März schrieb er, wie froh er sei, daß sie ihre Reise und den Ansturm der Italiener lebendig überstanden habe. Am 31. März dankte er für ihren Brief mit der Schilderung Roms. Er habe Roberto Geld überwiesen. Jedermann warte nun begierig auf eine Nachricht, welche Fortschritte die Dreharbeiten machten.

In Amalfi wußte Ingrid, daß der Moment gekommen war, wo sie Petter gegenüber absolut ehrlich zu sein hatte, auch wenn es der schmerzlichste und schwierigste Brief sein würde, den sie jemals schreiben mußte. Sie unternahm mehrere Anläufe. Und schließlich schrieb sie ihm auf Briefpapier des Hotels »Albergo Luna Convento«:

Petter lilla,

es wird schwer für Dich sein, diesen Brief zu lesen, und es ist schwer
für mich, ihn zu schreiben. Aber ich glaube, es ist der einzige Weg.
Ich würde Dir gern alles von Anfang an erklären, aber Du weißt
genug. Ich möchte Dich um Verzeihung bitten, aber das erscheint so
unsinnig. Es ist nicht allein meine Schuld, und wie könntest Du mir
vergeben, daß ich bei Roberto bleiben will?

Ich hatte nicht vor, mich zu verlieben und für immer in Italien zu
bleiben. Nach all unseren Plänen und Träumen – Du weißt, daß das
die Wahrheit ist. Aber was kann ich tun? Was könnte ich ändern? Du
hast in Hollywood selbst bemerkt, wie meine Zuneigung zu Roberto
wuchs, wie ähnlich wir uns sind, mit der gleichen Sehnsucht für die
gleiche Arbeit, den gleichen Vorstellungen vom Leben. Ich dachte,
ich könnte mein Gefühl für ihn vielleicht besiegen, wenn ich ihn in
seiner Umgebung sah, die so ganz anders ist als meine. Aber genau
das Gegenteil geschah. Ich hatte nicht den Mut, Dir früher mehr
über ihn zu sagen, darüber zu reden. Ich kannte die Tiefe seiner
Gefühle nicht.

Petter, ich weiß, daß dieser Brief wie eine Bombe auf unser
Zuhause stürzt, auf Pia, unsere Zukunft und unsere Vergangenheit,
in der Du so aufopfernd und hilfreich warst. Und nun stehst Du allein
in den Ruinen, und ich kann Dir nicht helfen. Ich frage nur noch
nach mehr Aufopferung, nach mehr Hilfe.

Liebster, nie dachte ich, daß dieser Moment kommen würde, nach
allem, was wir gemeinsam durchgestanden haben, und jetzt weiß ich
nicht, was ich machen soll. Armer kleiner Papa, aber auch arme
kleine Mama.

Nach italienischem Recht wäre Petter – wenn er sofort nach Italien
gefahren wäre und zur Waffe gegriffen hätte und wenn auch nicht
Ingrid, so doch Roberto erschossen hätte – vielleicht des Mordes für
schuldig befunden worden, aber keines anderen Verbrechens schuldig außer dem des tiefen und verständlichen menschlichen Ge-
fühls.

Aber Petter war anders. Er war vernünftig, klarsichtig und anständig. Die Zeitungen waren bereits voll von Gerüchten über eine
Romanze zwischen Ingrid und Roberto. Doch er konnte nicht glau-

1 Die Eltern: Friedel und Justus Bergman.

2 Fröhliche Künstlerfigur: Justus Bergman, Maler und Fotograf, hätte seine Tochter gern als Opernsängerin gesehen.

3 und 5 Kindheit in Stockholm: Ingrid im Alter von fünf (rechts oben) und sechs Jahren.

4 Familienfoto: Justus Bergman mit der dreijährigen Ingrid und einem Porträt der kurz zuvor verstorbenen Mutter.

6 Begehrtes Objekt für Papas Kamera: Ingrid liebte es, sich zu verkleiden.

7 Besuch in Deutschland: Fünfzehnjährig mit der Großmutter auf dem Weg zum Hamburger Zoo.

8 Seltener Anblick: Die siebzehnjährige Ingrid im Badeanzug. Sie weigerte sich, Fotos dieser Art in Hollywood aufnehmen zu lassen.

9 Der erste Film: In einer Szene von *Der Graf von der Mönchsbrücke* (1934). Das Filmkostüm wird noch heute im Fundus von Svensk Filmindustri aufbewahrt.

10 Junge Liebe: Mit Petter Lindström während ihrer Verlobungszeit.

11 Selbstporträt: Im Fotogeschäft des Vaters ließen sich Selbstporträts herstellen. Ingrid nutzte die Gelegenheit häufig.

13 Der große Erfolg: Mit Gösta Ekman in einer Szene der schwedischen Version von *Intermezzo* (1936).

12 Aus dem Privatalbum: Hochzeit in Stöde am 10. Juli 1937.

14 Elegant: In dem schwedischen Film *Auf der Sonnenseite* (1936).

15 Wunschrolle: Mit einer entstellten Gesichtshälfte in dem schwedischen Film *Ein Frauenantlitz* (1938).

16 Der einzige UFA-Film: Sabine Peters, Ursula Herking, Carsta Löck und Ingrid Bergman (von links) spielten die weiblichen Hauptrollen in dem Film *Die vier Gesellen*, der 1938 in Berlin gedreht wurde.

17 Die junge Mutter: Mit Tochter Pia.

18 Gute Freundinnen: Mit Ruth Roberts, ihrer Sprachlehrerin in Hollywood. Das Foto entstand 1939 in einer Drehpause zu *Intermezzo*.

19 Besuch in der Vergangenheit: Bei den Dreharbeiten zu dem Propagandafilm *Schweden in Amerika* mit einer schwedischen Emigrantin, die ihre Arbeit am Spinnrad erklärt.

20 Der erste Hollywoodfilm: Regisseur Gregory Ratoff mit Leslie Howard und Ingrid Bergman (von links) bei den Dreharbeiten zu *Intermezzo*.

21 Spaß in der Drehpause: Regisseur Victor Fleming (links) albert während der Dreharbeiten zu *Arzt und Dämon* mit Spencer Tracy und Ingrid Bergman herum.

22 Ein Klassiker der Filmgeschichte: Mit Humphrey Bogart in *Casablanca* (1942).

23 Schwedenmädel in Alaska: Bei einem Auftritt im Rahmen der Truppenbetreuung.

24 Ein Höhepunkt der Karriere: Mit Charles Boyer in einer Szene von *Das Haus der Lady Alquist* nach dem Bühnenstück *Gaslight*. Für diese Rolle erhielt Ingrid Bergman ihren ersten Oscar als beste Schauspielerin des Jahres 1944.

25 (vorherige Seite) Erkämpfte Rolle: Als Maria mit Gary Cooper in einer Szene des Films *Wem die Stunde schlägt* nach dem Roman von Ernest Hemingway. Der Autor hatte sich Ingrid Bergman für die weibliche Hauptrolle gewünscht.

26 Oscar-Sieger: Mit dem Regisseur Leo McCarey (links) und Bing Crosby. Die drei Künstler erhielten im selben Jahr einen Oscar, während sie gemeinsam den Film *Die Glocken von St. Marien* drehten.

27 Ungewöhnliche Rolle: Mit Bing Crosby in *Die Glocken von St. Marien* (1945).

28 Truppenbetreuung 1945: Bei ihrem ersten Wiedersehen mit Deutschland nach dem Zweiten Weltkrieg. Neben ihr: Buddy Adler, rechts außen: Jack Benny.

29 Sportliches Paar: Mit Gregory Peck in einer Szene des Alfred-Hitchcock-Films *Ich kämpfe um dich*.

30 Berühmte Liebesszene: Mit Cary Grant in dem Film *Berüchtigt*, der in den fünfziger Jahren in Deutschland unter dem Titel *Weißes Gift* lief. Um die Zensurbehörde zu überlisten, wandte Regisseur Alfred Hitchcock einen Trick an und brachte den längsten Kuß in der Filmgeschichte auf die Leinwand.

ben, was Ingrid ihm geschrieben hatte. Nicht, daß er es nicht glauben *wollte*, er *konnte* es nicht. Zehn Jahre glücklich verheiratet – mit Höhen und Tiefen, aber wo gab es die nicht? Ein schönes Haus, eine entzückende kleine Tochter, die sie über alles liebten... irgend etwas konnte mit Ingrid nicht stimmen. Er kannte doch seine Frau. Er mußte mit ihr sprechen. Wenn es wahr war, was sie da geschrieben hatte, dann würde sie zurückkommen und Pia selbst erklären müssen, daß alles vorbei war. Dann könnte er es auch glauben. Er schickte ein Telegramm und flog nach New York.

VIERZEHNTES KAPITEL

Ich wollte, daß Petter wußte, daß ich ihn betrogen hatte und ihn verlassen würde.

Nachdem ich Petter diesen ersten Brief geschrieben hatte, schickte ich einen zweiten ab. In ihm schrieb ich, daß ich den Platz gefunden hätte, an dem ich leben wollte; hier sei mein Volk, hier wolle ich bleiben. Es täte mir unendlich leid. Nach diesem Brief fühlte ich mich frei. Das war meine Scheidung. Ich war ehrlich gewesen. Wenn die Kirche darauf bestand, daß ich noch immer verheiratet sei, so würde mich das nicht wirklich bekümmern. Schon drei Jahre zuvor hatte ich Petter um die Scheidung gebeten, aber er hatte es überhaupt nicht zur Kenntnis genommen. Doch damals hatte ich keinen wirklichen Grund, ihn zu verlassen. Zu jener Zeit gab es keinen anderen Menschen, den ich heiraten wollte. Es gab keinen anderen Menschen, mit dem ich leben wollte. Also blieb damals alles beim alten.

Lange Jahre hatte ich darauf gewartet, daß jemand kommen und mich dazu bringen würde, Petter zu verlassen. Roberto hatte es getan. Aber ich hatte nicht geglaubt, daß die Welt darüber so in Aufregung geraten würde...

Doch das war ein frommer Selbstbetrug, der die Tatsache ignorierte, daß die Weltpresse im zwanzigsten Jahrhundert die Möglichkeit hatte, alle romantischen Tagträume zu zerstören und das Leben in einen Alptraum zu verwandeln. Ingrid hatte nicht geglaubt, daß sie und Roberto »wichtig« genug für diese Art von Behandlung waren. Schließlich ließen sich täglich Hunderte von Paaren scheiden.

In den ersten zehn Tagen ihrer Reise bedrückten sie diese Probleme jedoch noch nicht.

Nur wenige Reisen vermitteln Eindrücke wie die letzten Kilometer durch Kalabrien, die Schuhspitze Italiens und die Straße von Messina. Der Wagen rollte die Küstenstraße entlang, die Berge hinab, durchquerte felsiges Hochland über einem Meer von kristallener Klarheit. Und hinter der breiten Straße von Messina Sizilien. Ein warmer Wind strich über die Fähre. Hinter ihnen lagen die blaugrauen Umrisse Italiens, verschwommen im Dunst verloren. Messina mit seinen weißen Häusern schlang sich die Küste entlang, im Hintergrund lagen die Berge.

Am 4. April verließen sie Sizilien auf einem Fischerschoner, zusammen mit der Filmcrew, Tomatenkisten, der Kameraausrüstung, Toilettenpapier-Rollen und Mehlsäcken. Die nach Fisch riechende »San Lorenzo« mit ihrem rasselnden, störanfälligen Motor schaukelte sie ins Tyrrhenische Meer hinaus, den Liparischen Inseln entgegen, der nördlichsten von ihnen – Stromboli.

Heutzutage fahren schnelle Tragflächenboote in regelmäßigen Abständen zu den Inseln, aber 1949 war das wöchentliche Postboot von Neapel die einzige Verbindung zum Festland.

Nach zwei Stunden tuckerte die »San Lorenzo« zunächst an der kleinen Insel Vulcano vorbei, auf der Anna Magnani kurze Zeit später einen »Gegen«-Film zu *Stromboli* machen sollte, ironischerweise mit Aufnahmen des nahen Vulkans Stromboli.

Nach zwei weiteren Stunden auf offener See kam der hohe Kegel des Stromboli in Sicht, gekrönt von weißem Rauch, der in den Himmel aufstieg. Als die »San Lorenzo« näher heranfuhr, starrten sie siebenhundert Meter zum schwarzen Schlund des aktiven Vulkans empor. Ein scharlachroter Halbkreis lag wie eine blutende Lippe um den rauchenden Krater, und eine riesige Rutschbahn kürzlich ausgespiener schwarzer Felsbrocken ergoß sich im steilen Winkel direkt ins Meer. Sie wurden bei diesem Anblick aus der Bahn geworfen – körperlich und seelisch.

Großer Gott, wer wollte hier leben, an einem so desolaten und gefährlichen Ort? Oder besser: Wie *konnte* man hier leben? Die Insel war auffallend dramatisch – sicher, aber es gab auch genügend unberührte Landstriche auf dem Festland, die einem die Illusion eines Paradieses vorgaukeln konnten. Gab es denn keinen einfacheren Platz zum Filmen? Aber wenn Roberto Rossellini »dokumenta-

risch« sagte, dann meinte er auch dokumentarisch, keine Kulisse, die
»so ähnlich« aussah.

Der Ort Stromboli lag hinter der nächsten Lava-Ebene. Der
Krater war diesem Teil der Insel abgewandt. Über dem schwarzen,
wenig einladenden Strand hatten sich die älteren Lavaschichten zu
beachtlichen Abhängen aufgetürmt. Die Jahrhunderte hatten sie mit
Gestrüpp, Gras und Bambus bedeckt. Die reiche vulkanische Erde
brachte eine üppige Vegetation hervor: Gemüse, Blumen, Feigen,
Wein, Bougainvillea, Geranien gediehen hier, während nur dreihundert Meter höher die Vegetation abrupt endete. An diesen niedrige-
ren Hängen hatten die Dorfbewohner ihre quadratischen weißen
Häuser im maurischen Stil gebaut, mit kurzen Schornsteinen und
vergitterten Fenstern. Sie drängten sich dicht an dicht in schmalen
Gassen, die oft nur anderthalb Meter breit waren und sich zu dem
offenen Platz mit seiner weißen Kirche und dem hohen Turm hin-
schlängelten. Aber der Kegel des Stromboli beherrschte alle Lebens-
bereiche. Manchmal ließ er sogar die Sonne verschwinden. Nachts
war er ein zerstörerisches Stück Dunkelheit vor den funkelnden
Sternen. Tag und Nacht kamen aus seinem unterirdischen Bauch
gurgelnde Laute und dumpfe Explosionen.

Sie warfen Anker im tiefen, bewegten Wasser, etwa hundert Meter
vom pudrigen, kohlschwarzen Strand. Schauspieler und Techniker
stiegen in kleinere Boote um und wurden ans Ufer gebracht. Dann
wateten sie durch die seichte Brandung. Ingrid sah sich verblüfft um.
Diese Insel sah wirklich nicht wie ein Paradies aus. Aber es war eine
aufregende Kulisse für einen Film.

Von dem Moment an, als wir Stromboli erreichten und mit den
Dreharbeiten begannen, merkten die Mitarbeiter, daß Roberto und
ich mehr Zeit miteinander verbrachten, als nötig war. Dann kamen
die Zeitungsleute und begannen mit ihren Nachforschungen, sprachen mit allen möglichen Leuten, zählten die Zahnbürsten in meinem Badezimmer. Und wo schlief Roberto? Und wo seine Schwester? War ich allein in meinem Schlafzimmer? Erst kamen die
italienischen Journalisten, dann ihre Kollegen aus aller Welt.

Ingrids Hoffnung, daß ihre Entscheidung die Welt bestimmt nicht in Aufregung versetzen würde, war nur von kurzer Dauer. Die italienischen Journalisten wittern »Amore« wie die Haie das Blut. Sie kamen als Fischer, Touristen und einmal sogar als Mönch verkleidet auf die Insel.

Die ersten Spekulationen waren entstanden, als Ingrid in Rom eintraf und Roberto verliebt angesehen hatte. Die Gerüchte nahmen zu, als sie nach Capri fuhren, und erhielten weiteren Auftrieb, als im »Life«-Magazin das ganzseitige Foto von Roberto und Ingrid Hand in Hand in Amalfi erschien. Die Explosion erfolgte, als Petter ihren Brief erhielt.

Dieses Schreiben kreuzte sich mit einem seiner ausführlichen Briefe. Darin bedankt er sich für das Telegramm, das sie ihm geschickt hatte, bevor sie Rom verließ, und fragt, wann die Dreharbeiten beginnen würden. Ausführlich berichtet er, welche Fortschritte Pia beim Skilaufen mache und daß sie bereits wie ein Profi die Hügel hinunterschieße.

Aber am 9. und 12. April trafen Telegramme von Petter ein, in denen er darum bat, ihn sofort anzurufen. Er wußte nicht, daß es auf der Insel kein Telefon gab. Und bevor sie ihn anrufen konnte, kam seine Antwort auf ihren Brief aus Amalfi. Sein Brief begann mit »Katt«, seinem Kosenamen für sie. Er schrieb, daß er sehr leide, seit er ihren Brief erhalten habe, aber hoffe, aus allem als ein besserer Mann hervorzugehen.

Aber eines sollte sie wissen: »Eine Frau, die nicht mit mir leben will, ist nicht meine Frau.« Er würde nicht zu Hause herumsitzen und ihr erlauben, sich so skandalös zu benehmen. Sie müsse wissen, daß der einzige Weg, eine Scheidung zu erreichen, darin bestehe, zurück nach Amerika zu kommen und die Angelegenheit mit ihm zu besprechen. Warum also die widerwärtige Zurschaustellung in der Öffentlichkeit?

Er sei überzeugt, sie habe sich anfangs keine Gedanken über die Folgen gemacht; schließlich sei Rossellini ein verheirateter Mann, lebe in einem katholischen Land, und sie würde doch nur Anna als seine Geliebte ablösen. Eine neue Ehe Rossellinis würde niemals in Italien anerkannt werden.

Sie hatte gesagt, daß sie in Italien bleiben wolle. Das wäre eine moralische Ohrfeige für Hollywood und das Land, das sie aufgenommen habe.

Nur sie, er und Rossellini allein kannten den Brief, den sie ihm geschickt hatte. Wie konnte sein Inhalt also einer New Yorker Zeitung bekannt werden? Aufgrund der Informationen, die aus Italien kämen, braue sich ein Skandal ungeheuren Ausmaßes zusammen. Er habe sein Büro schließen müssen, um den Zeitungshyänen zu entgehen. Pia sei mit Mrs. Vernon, der Frau von Ingrids Manager, in Minnesota.

Roberto Rossellini – Petter nannte ihn nur »Dein Italiener« – mochte ja durchaus Charme und Talent haben, aber war er auch vertrauenswürdig? Hatte er etwa nicht sofort versucht, an Geld zu kommen, indem er ihren ersten Brief, in dem sie ihm geschrieben hatte, daß sie mit ihm arbeiten wolle, fotokopiert hatte?

Sie kannte Petter seit vierzehn Jahren. Sie wußte, daß er absolut vertrauenswürdig war. Nun schwor er beim Andenken seiner Mutter, daß »Dein Italiener« an dem Tag, an dem er ihr Haus verlassen hatte, Petter versichert habe, sein einziges Interesse bestehe darin, einen großen Film zu machen. Petter könne ihm Ingrid anvertrauen, er würde sie vor allem Klatsch beschützen. Er schätze Petter wie einen Bruder. Er würde Ingrid so schnell wie möglich mit Anna Magnani bekannt machen, wie Petter verlangt hatte.

Statt dessen hatte es Roberto verstanden, Anna nach London zu schicken, bevor Ingrid in Rom eintraf. Er hatte Ingrid außerdem von ihren Freunden und Kontakten abgeschnitten, und er hatte Petter hintergangen, der ihm jeden Morgen in Hollywood das Frühstück serviert und ihm Geld geliehen hatte, um seine persönlichen Schulden zu bezahlen.

Petter war überzeugt, daß dies keine Affäre für eine Frau war, die grundsätzlich gut und fair sei. Aber er sagte auch, daß es für sie Zeit sei, auch einmal an andere Menschen zu denken, daß es »höchste Zeit« sei, erwachsen zu werden. Hatte sie zum Beispiel je an ihn gedacht? Er habe all die Jahre, die sie verheiratet waren, damit verbracht, ihr zu helfen, er habe alle ihre Verantwortlichkeiten und Bürden auf seine Schultern genommen. Wahrscheinlich wäre es klüger gewesen, wenn sie selbst hätte damit fertig werden müssen. Er beklagte sich darüber, daß sie nie einen Gedanken daran verschwendet hatte, daß auch er seine Zweifel, seine Seelenqualen haben könnte. »Kein Mann, der seine Frau liebt, hat ihr mehr Freiheit gegeben als ich Dir.« Erst vor wenigen Wochen habe sie ihm noch gesagt, wie glücklich sie sei, habe mit einem Architekten die neue Küche und das Kinderzimmer geplant für das »freudige Ereignis«. Aber nach nur zwei Wochen in Italien habe sie die ganze Welt auf den Kopf gestellt. Jetzt könne nur noch Gott ihm, Pia und ihr helfen.

Ingrid weinte, als sie Petters Brief las. Wie konnte sie Petter nur verständlich machen, daß dies die schwierigste und traurigste Entscheidung war, die sie in ihrem ganzen Leben zu treffen hatte? Sie wollte ihm doch nicht weh tun. Die Vorstellung, Pia unglücklich zu machen, lähmte sie fast.

Pia selbst sagt, daß sie nur eine sehr ungenaue Erinnerung an ihre frühen Kinderjahre mit ihren Eltern habe. Nur an den Tag, an dem ihre Mutter nach Italien abreiste, könne sie sich lebhaft erinnern. Entweder habe sie frühere Erinnerungen unbewußt verdrängt, oder die Familie sei tatsächlich damals nur wenig zusammen gewesen.

»Ich erinnere mich wirklich nicht, meine Mutter oft gesehen zu haben. Ich glaube, sie verließ schon sehr früh morgens das Haus. Und wenn sie abends heimkam, sagte sie mir gute Nacht oder so etwas. Ich glaube nicht, daß wir viel Zeit miteinander verbracht haben. Ich vermute, daß es so war, aber eigentlich erinnere ich mich überhaupt nicht...

Aber ich erinnere mich an das Haus in Benedict Canyon in Beverly Hills, denn dort wuchs ich auf, und wir haben bis ungefähr zu meinem zwölften Lebensjahr da gelebt...

Natürlich war meine Mutter damals dabei, ihre Karriere aufzubauen. Es waren nicht nur die Dreharbeiten, die sie fernhielten. Im Filmgeschäft hat man auch nach der eigentlichen Arbeit eine Menge zu tun – Reklamefotos, Interviews und was nicht noch alles.

Meine Eltern gingen beide sehr in ihrer Arbeit auf. Ich weiß, daß wir Personal hatten und ein Mädchen, das sich um mich kümmerte. Aber im großen und ganzen war ich allein. Wir hatten Hunde, aber ich erinnere mich nicht, viel Zeit mit ihnen verbracht zu haben. Ich hatte keine Brüder oder Schwestern, und es gab nicht viele Kinder in der Gegend, in der wir wohnten. Aber ich glaube, man kann auch zu einem Haus enge Beziehungen entwickeln. Ich liebte das Haus, ich liebte den Garten. Aber eigenartig – ich sehe in meiner Erinnerung weder Menschen im Haus noch im Garten. Irgendwie ist es ein menschenleeres Haus.

Unser Haus war eine kleine Festung. Es war von einer Mauer umgeben, mit einer Sprechanlage am Eingang. Wer hineinwollte, mußte draußen zunächst seinen Namen nennen. Aber das war ja nicht ungewöhnlich für Leute, die im Filmgeschäft arbeiteten. So wuchs auch Maria Cooper, Gary Coopers Tochter, auf, genau wie die Kinder anderer berühmter Filmstars. Wir waren gut bewacht. Das ist ja auch verständlich, denn täglich fuhren Touristenbusse durch die Wohngegenden der Filmschauspieler, und die Fremdenführer erklärten, wer in welchem Haus wohnte. Man wollte natürlich nicht, daß diese Touristen plötzlich vor der Haustür standen und sagten: ›Hallo, wir wollten nur einmal hereinschauen und sehen, wie Sie wohnen, wie Ihr Schlafzimmer aussieht...‹

Morgens stand ich auf, jemand fuhr mich zur Schule, oder ich nahm den Schulbus. Ich war den ganzen Tag in der Schule. Wenn ich zurückkam, war niemand da. Ich spielte draußen im Garten, und dann ging ich ins Bett. Ich hatte von dem, was vorging, keine Ahnung. Nie hörte ich einen Streit. Ich war von meinen Eltern total abgeschnitten. Ich wußte überhaupt nichts von ihnen, spürte nichts von den Ereignissen.

Ich erinnere mich genau an den Tag, an dem meine Mutter nach Italien abreiste, denn es war ein großer Abschied. Ich sehe sie noch, wie sie die Auffahrt hinunterfuhr. Es war eine sehr lange Auffahrt, und ich sehe sie winken. Es war sehr traurig. Natürlich dachte ich, sie würde zurückkommen. Ich weiß nicht, aber ich glaube, sie wußte selbst nicht, daß sie nicht mehr zurückkehren würde.

Dann erinnere ich mich, daß mein Vater versuchte, mir zu erklären, daß sie nicht zurückkäme. Das war ein ungeheurer Schock. An die Reihenfolge der Ereignisse danach kann ich mich nicht gut erinnern. Aber ich weiß, daß meine Gouvernante fast zur gleichen Zeit gekündigt hatte. Ich hatte das Gefühl, daß mich alle verlassen würden...«

Rossellini schrieb an Petter:

Lieber Petter,
Du weißt, daß ich versprochen habe, immer aufrichtig zu Dir zu sein.
Ich bin der Meinung, daß nun der Moment gekommen ist, wo wir –
Du, Ingrid und ich – uns alle ehrlich und verständnisvoll begegnen
sollten.

In den drei Wochen, die ich nach meiner Rückkehr aus Amerika in
Italien verlebte, war meine Qual, die Verpflichtung, zu Anna zurück-
kehren zu müssen, der Maßstab meiner Empfindungen für Ingrid.
Jener Empfindungen, von denen ich Dir erzählt habe. Nach Ingrids
Ankunft gaben uns unsere Gefühle und ihre Tränen die endgültige
Gewißheit. Und nun, Petter, möchte ich von Mensch zu Mensch mit
Dir sprechen.
Was tun? Wenn ich Dich nicht so schätzen würde, nicht so tiefen
Respekt für Dich hätte, wäre alles ganz einfach. Aber Ingrid und ich
sind vor allem entschlossen, Dich nicht zu betrügen, Dich nicht mehr
zu verletzen als notwendig. Dir nichts sagen, Zeit gewinnen? Nein,
das wäre sicherlich ein Verrat an Dir und unmenschlich. Zwischen
den Zeilen Deines Briefes und Deines Telegramms werden Deine
Zweifel, Deine Qualen deutlich. Daher ist es besser, wenn Du alles
erfährst. Das ist gut für Dich und gut für uns. Ich weiß, daß ich Dir
großen Kummer bereitet habe, aber glaube mir, Dein Schmerz ist
auch für mich eine Pein. Ich erinnere mich sehr genau an das, was wir
an jenem Abend miteinander besprochen haben. Du sagtest, daß
Ingrid sehr leicht zu begeistern, sensibel, aber nicht intelligent sei
und daß sie ein sorgloses Temperament habe. Glaub mir, Du machst
einen großen Fehler, wenn Du das meinst. Zwei Monate lang haben
wir unsere Liebe verborgen, weil wir sofort, als wir uns in Beverly
Hills getroffen hatten, wußten, daß uns etwas sehr Großes und Tiefes
verbindet. Wir wußten, wenn wir uns diese Gefühle gestehen, würden wir für immer gebunden sein. Und um Dich nicht zu verletzen,
sagten wir nichts, bevor die Situation ganz klar war – auch ohne
Worte. Und zur Zeit sind wir machtlos, weil wir beide von dieser
außergewöhnlichen Liebe beherrscht werden, und wir leiden darunter, Dir Schmerzen zufügen zu müssen. Es ist nicht recht von Dir,
Ingrid so zu verurteilen, wie Du es getan hast, und es ist falsch, so

hart und autoritär ihr gegenüber zu sein. Sie hat Angst vor Dir, und diese Angst treibt sie von Dir fort. Ich sage Dir ganz offen, daß ich Ingrid beschützen werde. Du wirst verstehen, daß man eine große Liebe nicht verdammen kann und daß es unmöglich ist, etwas dagegen zu tun.

Ich habe meine Scheidung eingereicht. Und nun bitte ich Dich, Petter, laß uns menschlich und respektvoll miteinander sein.

Roberto

Petter Lindström ist sicher, diesen Brief nie erhalten zu haben. Die Zeitungen schrieben, er habe erklärt, Ingrid müsse unter dem Einfluß von Drogen stehen, und sie wisse nicht, was sie tue. Das verärgerte sie:

»Es gibt keinen Menschen auf der Welt, der Drogen mehr verabscheut als Roberto. Er war wütend über Leute, die so etwas nahmen – er selbst lehnte sogar Schlaftabletten ab. Er trank nicht – nicht einmal Wein.«

Die italienische Presse spielte die Affäre weiter hoch – mit übertriebener Entrüstung und reinem Entzücken. Die Illustrierte »Travaso« veröffentlichte eine ganzseitige farbige Karikatur. Sie zeigt Ingrid als Johanna, in voller Rüstung, auf einem Scheiterhaufen aus Filmstreifen. Davor Rossellini, der Anna Magnani davon abhalten will, das Freudenfeuer in Brand zu stecken: »Willst du etwa eine Million Dollar verbrennen?« Die Magnani antwortet: »Das ist mir egal. Zur Hölle mit Stromboli!«

Im »France Soir« erschien ein Foto von Anna Magnani bei ihrer Ankunft in Paris, mit ihrem berühmten breiten Lachen, das ihre herrlichen Zähne zeigte. Und darüber die riesige Schlagzeile: »Rossellini und Bergman – daß ich nicht lache!«

In Paris über die Affäre befragt, soll sie gesagt haben: »Ich war nie wirklich die Geliebte dieses Regisseurs. Aber in keinem Fall habe ich mich in sein Liebesleben eingemischt. Meine Beziehung zu ihm war immer ein veritabler Alptraum. Das einzige, was ich wirklich bedaure, ist die Tatsache, daß er mich bei seinem hastigen Aufbruch nach Amerika ohne einen Regisseur für meinen nächsten Film zurückgelassen hat.«

»Wie waren Ihre Beziehungen zu ihm, als er in Amerika war?«

»Er rief mich täglich an. Als er im Hause von Ingrid Bergman wohnte, schickte er mir heimlich Telegramme.«

»Und als Sie in London waren?«

»Er telefonierte jeden Tag mit mir, bis zu dem Zeitpunkt, an dem Ingrid Bergman bekanntgab, daß sie sich scheiden lassen würde.«

»Aber sollten nicht eigentlich Sie nach Stromboli fahren?«

»Das habe ich niemals erwartet. Und alles, was ich jetzt will, ist, für meine Arbeit und mein Kind zu leben. Und ich bin sicher, daß Ingrid und ich die besten Freundinnen werden.«

Sie wurden es nicht. Sie sind sich nie begegnet.

Ercole Graziadei, einer der bekanntesten Anwälte Roms, ein Freund von Rossellini, Anna Magnani und später auch von Ingrid Bergman, betonte immer wieder, wie fair sich Anna Magnani verhalten habe. »Sie schwieg. Nie hat sie Roberto und Ingrid kritisiert. Sie war eine großartige Schauspielerin, ein großartiger Mensch, und sie hat sich großartig in dieser Situation verhalten.«

Diesem Urteil stimmt auch Ingrid Bergman zu:

Für mich steht außer Frage, daß Roberto die große Liebe im Leben von Anna Magnani gewesen ist.

Sie haben, soweit ich weiß, viele Jahre nicht miteinander gesprochen. Aber als sie in den siebziger Jahren krank wurde und Roberto erfuhr, wie schlecht es um sie stand, schrieb er ihr einige Zeilen und schickte Blumen ins Krankenhaus. Sie antwortete und fragte, ob er sie besuchen würde. Er kam, und er besuchte sie von da an bis zu ihrem Tode regelmäßig.

Als ich davon erfuhr, rief ich ihn aus London an und sagte ihm, wie glücklich ich sei, daß er das täte. Der Kreis hatte sich geschlossen. Sie hatte den Mann, den sie mehr als jeden anderen in ihrem Leben geliebt hatte, wieder an ihrer Seite.

Die Trauerfeier war außergewöhnlich. Menschenmassen drängten sich in den Straßen und vor der Kirche, und sie hatten Tränen in den Augen. Anna wurde von den Italienern sehr geliebt. Es waren so viele Menschen, daß sie alle gar nicht in die Kirche hineingingen. Als der Sarg herausgetragen wurde, applaudierten sie. Ich finde das sehr bewegend. So etwas geschieht wohl nur in Italien. Ich meine, Schweden zum Beispiel würden sich doch nicht einfallen lassen, bei einer

Trauerfeier zu klatschen. Und dann, dann hatte sie kein Grab – sie hatte nie daran gedacht, eine Stelle auf einem Friedhof zu kaufen. Also ließ Roberto Anna in sein Familiengrab bringen, und dort liegt sie nun – in der Nähe von Rom, zusammen mit Roberto und den anderen Mitgliedern der Rossellini-Familie.

Die Dreharbeiten zu *Stromboli* waren voller Komplikationen. Es gab kein Hotel, kein Telefon – nur ein winziges Post- und Telegrafenbüro –, kein fließendes Wasser, keine Transportmöglichkeit außer den eigenen Füßen, und es gab Scharen von Fliegen und Mücken. Die zahlenmäßig geringe Bevölkerung bestand in der Hauptsache aus Kindern und alten Leuten. Viele der jungen Männer verdienten ihren Lebensunterhalt auf dem Festland, in Deutschland oder Frankreich und schickten einen großen Teil ihres Lohnes nach Hause an ihre Frauen und Eltern. Es war eine seltsame Insel – ernst, streng, ohne jede Fröhlichkeit. Die alten Männer hatten ihr ganzes Leben damit verbracht, das, was sie zum Überleben brauchten, dem kargen Boden und dem ausgebeuteten Meer abzuringen. Sie kannten nichts anderes als endlose, rückgratzerbrechende Schufterei. Die Frauen, jung und alt, paßten sich dem vulkanischen Hintergrund an mit ihren schwarzen Kleidern, Augen und Haaren.

Die Filmgemeinschaft, die auf Sizilien und auf dem Festland noch so lebhaft und fröhlich gewesen war, wurde von der düsteren Atmosphäre Strombolis beeinflußt. Es bildeten sich wachsame, teilnahmslose oder streitsüchtige Gruppen. Roberto, Ingrid, Robertos Schwester Marcella und Ellen Neuwald, Ingrids Sekretärin (Ingrid selbst hatte nie so recht gewußt, was sie eigentlich mit einer Sekretärin anfangen sollte, aber sie wurde nun einmal von RKO bezahlt, und so half Ellen in vielen Dingen aus), teilten sich ein bescheidenes rosafarbenes, stuckverziertes Haus mit vier Räumen nahe am Meer. Roberto war aus Hollywood mit der festen Überzeugung zurückgekehrt, daß ein Filmstar unbedingt ein eigenes Bad braucht – also wurde an das alte Haus ein Anbau mit Bad, Toilette und Bidet angefügt. Die Inselbewohner hatten solche Errungenschaften der Neuzeit noch nie gesehen. In das Dach von Ingrids Badezimmer wurde ein Luftschacht eingebaut, der als Dusche diente. Wollte sie duschen, schüttete ein auf dem Dach stationierter Arbeiter Eimer für Eimer Seewasser durch den Schacht ins Bad.

Die Interessen Hollywoods wurden von Art Cohn, einem RKO-Autor, vertreten, der beauftragt war, ein Minimum an erkennbaren Dialogen in Rossellinis Bearbeitung zu bringen. Arts Frau Marta war ebenfalls Schriftstellerin, und beide mochten Ingrid und Rossellini auf den ersten Blick und stellten sich ostentativ vor die beiden.

RKO hatte außerdem einen englischen Pressebetreuer entsandt. Der warf nur einen Blick auf das Ganze und zog sich dann in sein kleines Haus am Meer zurück. Dort mixte er Gin und Tonic, schwamm in der warmen See, ging allen aus dem Weg und – sammelte fleißig Notizen für künftige Verwendung.

Er sollte uns helfen, aber er spionierte nur. Die gesamte Weltpresse kam nach Stromboli, um zu sehen, was eigentlich vorging. Der Film? Der war doch nebensächlich... Was war mit unserer Liebesaffäre? Das waren doch die wirklich interessanten Neuigkeiten. Als unser Pressebetreuer schließlich Stromboli verließ, schrieb er Artikel für eine englische Sonntagszeitung. Als ich sie las, glaubte ich, meinen Augen nicht zu trauen. Sie waren von A bis Z erlogen. Sie enthielten unter anderem auch erfundene Gespräche zwischen Roberto und mir. Er war es übrigens, der in meinem Badezimmer die Zahnbürsten gezählt hatte. Praktisch alles war erfunden. Ich war so aufgebracht, daß ich zu einem Anwalt ging, um ihn zu verklagen. Aber der Anwalt sagte, daß die Zeitungen doch genau auf so etwas lauern würden, auf eine große gerichtliche Auseinandersetzung. Ich würde in London vor Gericht erscheinen und unangenehme Fragen beantworten müssen. Ob ich das denn auf mich nehmen wolle? Ich dachte zwei Sekunden lang nach und sagte nein. Also wurden die Artikel weiter veröffentlicht, und die Welt glaubte, was sie da las.

Für Rossellini wurde die RKO-Filmgesellschaft nun zum Feind Nummer eins. Die Gesellschaft schickte aus Angst, der Skandal könne den Film ruinieren, ihre Abgesandten, um zu retten, was zu retten war. Bei allen seinen früheren Produktionen war Roberto derjenige gewesen, der allein bestimmte, was zu geschehen hatte. Und er bestand darauf, daß dieser glückliche Zustand erhalten blieb. Schreibern würde vielleicht erlaubt werden, die Grundvoraussetzung der kreativen Arbeit in groben Zügen festzuhalten, aber er, Roberto, schrieb mit der Kamera. Durch seine Nebeneinanderstellung von Blickwinkeln, Licht, Schatten und gefühlsmäßigen Reaktionen erhellte und beleuchtete er den Konflikt, Mitleid und Leidenschaft der menschlichen Natur. Wozu also brauchte er Schreiber? Allerdings mochte er Art Cohn sehr und vergaß fast, daß er ein Drehbuchautor war, aber auch Art wurde niemals erlaubt, auch nur irgendeinen Einfluß auf den Film auszuüben. Presse- und Werbeleute? Reklameagenten gehörten bei Hollywoodfilmen so selbstverständlich zu den Voraussetzungen einer Produktion wie das Zelluloid. Er konnte sie vergessen. Aber ein Produktions-Manager! Produktionsdetails und der zeitliche Ablauf der Dreharbeiten waren das absolute Vorrecht von Roberto; sie hingen von seinem persönlichen Geschmack, seinen Kopfschmerzen, seiner Langeweile, seiner Begeisterung oder seinem Wunsch nach Beschaulichkeit ab. Robertos Credo: Es mußte völlige Ausgewogenheit zwischen Leben und Filmarbeit bestehen! Die Wichtigkeit, zum Fischen zu gehen, mußte sorgsam gegen die Notwendigkeit abgewogen werden, auf den Gipfel des Vulkans zu klettern, um dort ein paar Meter Film abzudrehen – besonders, wenn es sehr heiß war und das Wasser sehr klar.

Ed Killy, der erste Produktions-Manager, der von RKO geschickt wurde, blieb einen Monat. Er wurde durch Harold Lewis ersetzt, einem gewieften Hollywood-Recken, groß, kräftig, robust und aggressiv. Harold war bekannt dafür, Erfolg zu haben – zur Hölle mit der Kunst! Er hatte die Voraussetzungen, die Arbeit voranzutreiben und die Drehzeiten einzuhalten, so daß sich abgedrehte Filmrollen zur Verschiffung nach Amerika stapeln konnten.

Für Roberto waren wirklich große Filme ein Produkt der Phantasie und der Seele. Wenn seine Seele von der Muse geküßt war, konnte er wie ein Wahnsinniger arbeiten; aber täglich am laufenden Band? Nein! Roberto umging Harolds Gebrüll nach Leistung mit der Eleganz und Finesse eines talentierten Matadors. Blitzartig dachte er sich immer wieder Tausende von Gründen aus, damit kein fertiges Film-Fleisch in Harolds Suppe kam. Mit vollendeter Höflichkeit warb er um Harolds Unterstützung. Vielleicht könnte sich Harold darum bemühen, daß es täglich frisches Wasser auf dem Gipfel des Vulkans gab, damit sich die erschöpfte Filmmannschaft erfrischen konnte? Vielleicht könnte er die Thunfischschwärme, die vom Atlantik durchs Mittelmeer bis nach Sizilien schwammen, darum bitten, sich zum Fang bereitzuhalten, um dabei gefilmt zu werden? Habe Harold unter Umständen eine persönliche Nachrichtenverbindung zum lieben Gott, um so Vulkanausbrüche in Serie und Sonnenschein im richtigen Augenblick zu bekommen?

Roberto war ein Mann von unendlicher Vielfalt: voller Ausflüchte, Streitlust, Ausbrüche, leidenschaftlicher Gesten, ungeheurem Zorn und unglaublicher Verständigkeit. Niemand konnte mit ihm fertig werden, es sei denn, er gab ihm nach. Es war auch bisher niemand mit ihm fertig geworden, allerdings versuchte es Ingrid in dieser ersten Zeit auf Stromboli angestrengt.

Viele der zahlreichen Unterbrechungen der Dreharbeiten waren das Ergebnis von Robertos Vorliebe, Einwohner von Stromboli als Darsteller zu engagieren. Roberto nannte sie seine Amateure.

Die Tatsache, daß Roberto Schauspieler nicht leiden konnte, wurde mir nun klar. Oh, ja, er hatte viele Schauspieler unter seinen Freunden, er fand sie amüsant, aber er weigerte sich zu glauben, daß ein richtiger Mann so eitel sein könnte, auf einer Bühne aufzutreten, sich wie ein Gockel das Haar frisieren zu lassen und Make-up zu benutzen. »Du mußt sie nur mal beobachten«, sagte er. »Sie können an keinem Spiegel vorbeigehen, ohne sich immer und immer wieder zu betrachten.«

Vom ersten Tag der Dreharbeiten an hatte ich keinerlei Schwierigkeiten mit Roberto. Er hatte manchmal etwas Mühe klarzumachen, was er wollte, aber das war ein reines Sprachproblem. Später verständigten wir uns fast durch Gedankenübertragung. Ich konnte in seinen Augen lesen, was er wollte. Selbst wenn er es mündlich nicht erklären konnte, fühlte ich, was er sich vorstellte...

Aber während dieser ersten Zeit auf Stromboli – allmächtiger Gott! Wir hatten keine professionellen Schauspieler, wir hatten nur seine Amateure. Und nie werde ich den ersten großen Krach vergessen, den ich mit ihm hatte. Tagelang duldete ich still, aber dann hielt ich es nicht mehr aus. Ich zitterte förmlich vor Wut. Ich schrie, er könne sich seine realistischen Filme an den Hut stecken. Zur Hölle mit ihnen! »Diese Leute wissen doch nicht einmal, was ein Dialog ist; sie haben keine Ahnung, wo sie stehen müssen; ihnen ist es doch absolut egal, was sie machen. Ich ertrage es nicht, auch noch einen Tag länger mit dir zu arbeiten!«

Schweigen. Soviel zum Thema: zwei große Liebende. Sogar die Italiener waren eine Minute lang still. Was ich sagen will – diese Leute waren Bauern. Ich habe nichts gegen Bauern, erwarte doch aber auch nicht, daß sie Schauspieler sind...

Sie waren einfach nicht bei der Sache. Wenn Roberto zum Beispiel sagte: »Jetzt an dieser Linie entlang dorthin. Dort ist die Kamera. Verstanden?«, und die Laiendarsteller sagten: »Oh, ja. Diese Linie? Ist das richtig?«, dann erklärte Roberto ihnen, was sie sagen sollten. Sie gingen los, und ich stand da wie ein Idiot, weil ich doch kein Wort Italienisch verstand. Ich wußte nicht, wann sie fertig waren. Sie wußten es ja selbst nicht, denn aus irgendeinem geheimnisvollen Grund reden und schwatzen Italiener pausenlos. Also mußte ich dauernd fragen, ob sie fertig seien. Oh, es war das absolute Chaos!

Und dann der Vulkan! Dieser Vulkan...! Als ich ihn das erste Mal bestieg, brauchten wir vier Stunden. Nach zwei Stunden ließ ich mich einfach fallen, kämpfte um Atem und sagte: »Tut mir leid, ich kann nicht mehr!« Aber nach einer Verschnaufpause kletterte ich doch weiter. Als ich schließlich oben war, hätte ich mich einfach hinwerfen und sterben mögen...

Roberto hielt meine Ausbrüche für die Launen eines Filmstars. Und ich hatte mich schließlich in ihn verliebt, weil er so ungewöhnlich war. Jemand wie ihn hatte ich nie erlebt, niemals hatte ich einen Menschen kennengelernt, der seine Art von Freiheit besaß. Er machte alles für mich größer, weiter... Mein Leben bekam durch ihn neue Dimensionen, neue Freuden, neue Horizonte. Er gab mir eine Kraft, die ich nie zuvor hatte. Immer hatte ich Angst vor allem gehabt, aber er fragte: »Wovor Angst? Wovor soll man sich denn fürchten?« Roberto hatte vor nichts und niemandem Angst – allerdings war er manchmal ein bißchen abergläubisch: Freitag der dreizehnte, zum Beispiel, oder eine Katze, die vor ihm über die Straße lief. Wenn eine schwarze Katze vor unserem Wagen die Straße überquerte, wartete er, bis uns ein Wagen überholt und damit den Bann gebrochen hatte.

Trotz dieser Stürme hat Ingrid niemals an Roberto gezweifelt, nie aufgehört, ihn zu lieben. Am Ende eines harten Arbeitstages nahmen sie sein Charme, seine Güte und seine Verletzbarkeit immer wieder gefangen. Mehr als das. Ihrer Meinung nach – und mit ihr stand sie nicht allein – gehörte Rossellini zu den führenden Filmpionieren dieses Jahrhunderts. Sie glaubte besessen an sein Genie.

Ingrid Bergman wußte, daß für Rossellini nichts wichtiger war als das Leben selbst, das tägliche Abenteuer des Lebens. Seine Abneigung gegen Filmstudios, Ateliers und Make-up entstammte der Überzeugung, alles »Künstliche« sei unwahr. Sie verstand seine Meinung, daß professionelle Schauspieler mit ihrer Ausbildung und ihrem teilweise festgefahrenen Image die Charaktere verwischen würden, die er darstellen wollte. Und noch wichtiger für sie war, daß er ihre tiefe Abneigung gegen das Hollywood-Konzept teilte, ein Schauspieler dürfe – um wirklich erfolgreich zu sein – nie aus seiner Rollenschablone entlassen werden.

Vielleicht lebte Rossellini sogar in seinen ersten Jahren als Regisseur in dem glücklichen Mißverständnis, die ganze Welt bestünde nur aus Italienern, also aus Menschen, für die das Leben eine große Bühne ist. Kein Italiener hat Schauspielunterricht wirklich nötig – sie sind Naturtalente.

»Neorealismus ist keine oberflächliche Angelegenheit«, pflegte Roberto zu sagen. »Er sucht die feinsten Aspekte der Seele zu ergründen.« Er sagte auch: »Ich bin absolut kein Pessimist. Ich bin nur realistisch; und ich bin durchaus bereit, eine Welt voller Glück und Freude festzuhalten, doch so eine Welt muß erst einmal geschaffen werden. Deshalb gehe ich zurück in die Welt des Heiligen Franz von Assisi, der trotz der Bosheit in der Welt Freude dort fand, wo sie niemand suchte – in Demut und Nächstenliebe.«

Dennoch gab es während der Filmarbeiten auf Stromboli mehr aufregende und hektische Situationen als Momente nachdenklicher und tiefsinniger Betrachtungen.

Roberto schenkte mir einen Hund, eine kleine schwarze Bulldogge. Das hatte mir gerade noch gefehlt! Ich setzte ihn auf den schwarzen Lavasand, und er war praktisch verschwunden... Der liebe kleine Stromboli – wie hätten wir ihn anders nennen können? – blieb viele Jahre lang bei mir und kläffte alle Fotografen lautstark an.

Weil ich oft so erschöpft war, ließ Roberto zwei Esel vom Festland kommen. Viele Bewohner von Stromboli hatten noch nie einen Esel gesehen. Sie hatten auch noch nie einen Film gesehen, und so ließ Roberto einige Filme herüberholen und zeigte sie auf einer improvisierten Leinwand auf dem Marktplatz. Die armen alten Leute konnten einfach nicht verstehen, was da vor sich ging. Oh, es war schon eine primitive Insel!

Aber Roberto und ich hatten jetzt jeder einen Esel, während alle anderen zu Fuß gingen. Die armen Leute, die die Generatoren zum Vulkan hochschleppen mußten! Oft weinten sie vor Erschöpfung, sie weinten wirklich! Es tat weh, ihnen zusehen zu müssen; noch nie hatte ich Menschen so hart arbeiten sehen. Aber die Italiener auf diesen Inseln schienen in jenen Tagen nichts anderes von ihrem Leben zu erwarten; sie arbeiteten wie die Sklaven. Es brach mir fast das Herz.

Die beiden Männer, die Roberto am Hafen von Salerno aufgesammelt hatte, arbeiteten genauso hart wie alle anderen. Sie hatten keine Ahnung, daß Roberto einen von ihnen zu meinem Partner machen wollte. Roberto pflegte zu sagen: »Nun siehst du, weshalb ich so gern mit Amateuren arbeite. Hätte ich Schauspieler verpflichtet, würden sie sich bestimmt nicht so abplagen, die Sachen durch die Gegend zu schleppen.«

Beide jungen Männer waren Fischer. Sie dachten, daß sie auch im Film Fischer spielen würden. Also trugen sie Scheinwerfer und Kameras herum. Roberto ließ sie die unterschiedlichsten Arbeiten verrichten und beobachtete sie dabei genau. Zunächst wollte er dem größeren, besser aussehenden der beiden Männer die Rolle geben, aber dann meinte er, der Kleinere sei intelligenter, also würde er mein Partner werden.

Mario Vitale wurde fast ohnmächtig, als ihm Roberto die Neuigkeit mitteilte. Aber im nächsten Augenblick fragte er, wann er mich küssen könne.

»Du küßt sie überhaupt nicht«, antwortete Roberto sauer. »Aber du bekommst fünfundsiebzig Dollar in der Woche. Das ist genauso gut.«

Und der andere Fischer bekam auch eine Rolle.

Das wöchentliche Boot aus Neapel brachte Briefe von Freunden, Feinden und jede Menge Glückwünsche. Ingrid erhielt unter anderem einen Brief von J. Fred Coots. Er versicherte ihr, daß die Feindseligkeit, die ihrer Liebesbeziehung entgegengebracht werde, von Millionen anderer nicht geteilt werde. Er habe ein Lied für Roberto und sie geschrieben. Sobald er Text und Musik fertig habe, würde er beides an sie abschicken. Der Titel des Liedes sei: »Mein Sizilianer ist einmalig, kein Wunder, daß ich ihn so liebe.« Ingrid hob den Brief auf.

Am 22. April 1949 erhielt sie einen Brief von der Motion Picture Association of America, einer Organisation, die von Filmemachern ins Leben gerufen worden war, um als Zensur-Institution zu fungieren. Sie sorgte unter anderem dafür, daß – bevor die letzten Kredite rollten – der Gute den Bösen besiegte und daß Moral und Ethik einer christlichen Gesellschaft gewährleistet waren. Der Brief war unterschrieben von Joseph I. Breen, dem Direktor und Vizepräsidenten der Production Code Administration, und was Ingrid zu lesen bekam, versetzte ihr einen Schock:

Sehr geehrte Miss Bergman,
in diesen Tagen wird in den amerikanischen Zeitungen viel darüber geschrieben, daß Sie sich von Ihrem Mann scheiden lassen, Ihr Kind verlassen und Roberto Rossellini heiraten wollen.

Ich brauche Ihnen nicht erst zu sagen, daß diese Berichte große Bestürzung bei unendlich vielen unserer Landsleute hervorgerufen haben, die in Ihnen die »First Lady der Leinwand« sehen – sowohl persönlich wie künstlerisch. Von allen Seiten höre ich nur Äußerungen größten Entsetzens über Ihre Pläne.

Mit diesem Brief verfolge ich die Absicht, Sie auf Ihre Situation hinzuweisen. Ich glaube, daß diese Berichte nicht der Wahrheit entsprechen, daß sie vielmehr dem Überschwang der Phantasie gewisser Presseleute entsprungen sind, die irrtümlicherweise angenommen haben, auf diese Weise Ihrer Publicity dienlich zu sein.

Aber jeder, der so etwas glaubt, befindet sich in einem tragischen Irrtum. Berichte dieser Art schaden nicht nur Ihrem Film, sondern können auch leicht Ihre Karriere als Filmschauspielerin zerstören. Sie können dazu führen, daß sich das amerikanische Publikum so erregt, daß es Ihre Filme ignoriert und daß Ihr Kassenwert gleich Null ist.

Die Situation ist inzwischen so ernst, daß ich Ihnen nahelegen möchte, so schnell wie möglich diese Gerüchte zu widerlegen, frank und frei zu erklären, daß sie nicht der Wahrheit entsprechen, daß Sie nicht im geringsten daran denken, Ihr Kind zu verlassen oder sich von Ihrem Mann scheiden zu lassen, und daß Sie nicht beabsichtigen, irgend jemanden zu heiraten.

Ich unterbreite Ihnen diesen Vorschlag mit großem Ernst und allein in der Absicht, diese Berichte aus der Welt zu schaffen, die einen enormen Skandal und eine persönliche Katastrophe verursachen könnten.

Ich hoffe, Sie nehmen es mir nicht übel, mich so offen ausgedrückt zu haben. Aber das alles ist so wichtig, daß ich Ihnen meine Überlegungen nicht vorenthalten wollte. Mit der Versicherung meiner größten Hochachtung bin ich

Ihr Joseph I. Breen

Der Brief bedrohte nicht nur ihre Karriere als Schauspielerin, ihr Auskommen, sondern auch den Erfolg des Films *Johanna von Orleans*, der gerade in die amerikanischen und europäischen Kinos gekommen war. Er bedrohte auch den Film *Sklavin des Herzens*, der im Herbst uraufgeführt werden sollte, und – vor allem – die Zukunft des Films, der den Skandal erst verursacht hatte und an dem sie gerade auf Stromboli arbeiteten. Wenn man an die Macht dachte, die die Hollywood-Bosse und die von ihnen geschaffenen Organisationen hatten, war es gut möglich, daß alle drei Filme verboten oder vom Verleih zurückgezogen werden würden.

Auch Walter Wanger, der Produzent von *Johanna von Orleans*, unternahm nichts, um Ingrid zu beruhigen:

Liebe Ingrid, die arglistigen Artikel über Dein Verhalten erfordern eine sofortige Gegendarstellung von Dir. Wenn Du schon nicht an Dich und Deine Familie denkst, so mache Dir bitte klar, daß ich – im Vertrauen auf Dich und Deine Aufrichtigkeit – eine riesige Investition gemacht habe, die meine Zukunft und die meiner Familie gefährdet. Du setzt das alles aufs Spiel, wenn Du Dich nicht endlich so benimmst, daß diese schmutzigen Gerüchte, durchs Radio und durch die Zeitungen in alle Welt verbreitet, widerlegt werden.

Wir beide sind Victor Flemings Andenken und all den Leuten verpflichtet, die an uns glauben. Vermutlich bist Du Dir nicht darüber im klaren, welches Ausmaß die Presseberichte inzwischen angenommen haben und zu welchen Konsequenzen sie führen können. Mach Dir selbst nichts vor, indem Du vielleicht annimmst, daß Deine Handlungen so außergewöhnlich mutig oder so »künstlerisch« sind, daß Du glaubst, Dich über die Meinung des einfachen Volkes hinwegsetzen zu können. Bitte bestätige mir den Erhalt dieses Schreibens.

Ingrid kam es so vor, als würde man ihre wahre Lage nicht mehr verstehen. Sicher, sie hatte das alles selbst heraufbeschworen, aber hatte sie nicht wenigstens Anspruch auf ein bißchen Privatleben? Konnten die Menschen denn nicht verstehen, wie sie darüber dachte? Schließlich hatte sie doch kein Verbrechen begangen! Die Nachrichten, die nach Stromboli kamen, irritierten, schockierten und verletzten sie, und ihr Schuldgefühl wurde fast unerträglich. In äußerster Verzweiflung schrieb sie einen Brief an Pater Doncoeur, den französischen Geistlichen, der bei *Johanna von Orleans* als Berater tätig gewesen war und vor dem sie große Hochachtung hatte:

Lieber Pater Doncoeur,
wie sehr habe ich Sie verletzt und enttäuscht! All Ihre guten Worte über mich habe ich ins Gegenteil verkehrt! Und wieviel tiefer ist der Sturz, wenn die Menschen eine gute Meinung von einem hatten, wenn sie einen durch ihre Liebe erhöht haben! Von all den Gerüchten und dem Klatsch, der zur Zeit über mich um die Welt geht, ist sicher vieles gelogen und die Erfindung boshafter Menschen, aber

manches auch Wahrheit. Ich bin schockiert, daß mein Privatleben so breitgetreten wurde, daß alles, was ich gesagt habe, daß meine Telegramme und Telefongespräche an die Presse weitergegeben wurden. Ich kann mir vorstellen, wie sehr mein Mann gelitten hat, wie sehr ich ihn und Pia verletzt habe. Es ist wahr, daß ich meinem Mann geschrieben und ihn um die Scheidung gebeten habe. Ich glaubte, es wäre besser und ehrlicher, wenn ich es ihm sofort sagte. Ich habe nie gedacht, daß ich der Welt diesen sensationellen Skandal schenkte, als ich ihm meine Gedanken anvertraute. Petter wird jetzt in Italien von der Presse gejagt. Ich konnte ihn bisher noch nicht treffen, weil ich wegen des Sturms die Insel nicht verlassen kann. Ich bin tief betroffen von der Tragödie, die ich über meine Familie und die Menschen, die an meinen Filmen mitgearbeitet haben, gebracht habe. Ich begreife, wie sehr ich unsere Johanna verletzt habe. Ich kann keinen Respekt erwarten, und es ist unmöglich, diese Gerüchte abzuleugnen. Es ist zu schwierig für mich, diese Probleme zu lösen, zu schwierig, im Licht der Öffentlichkeit zu stehen. Daher hoffe ich, wenn ich meine Karriere aufgebe und mich ins Privatleben zurückziehe, Johanna ersparen zu können, in Ungnade zu fallen. Ich habe Mr. Breen nach Hollywood geschrieben, ihm meine Entscheidung mitgeteilt und die Hoffnung geäußert, daß meine Filme nicht verboten werden und daß die Menschen, die mit mir an ihnen gearbeitet haben, nicht meinetwegen zu leiden haben.

Alle meine Liebe, Ingrid

FÜNFZEHNTES KAPITEL

Aus Gründen, die ihr bis heute ein Geheimnis sind, hat Ingrid die Briefe an Pater Doncoeur und Joseph Breen nie abgeschickt. Zwei Jahre später fielen sie ihr wieder in die Hände. Sie heftete sie zusammen und schrieb eine Bemerkung dazu: »Zwei Jahre später. Ich fühlte mich wie ein Hund. Wie gut, daß diese Briefe nie abgeschickt wurden, denn ich habe heute eine ganz andere Ansicht über das, was damals geschah.«

Es trafen aber auch Briefe ein, die ihr Mut machten, Briefe von Freunden. Aus New York schrieb Irene Selznick:

Ich weiß, daß man seinen Gefühlen keinen Zwang antun kann, aber es ist ungeheuer wichtig für Deine Selbstachtung, für den Schutz, den Pia braucht, und für Dein Wohlergehen, daß Dein Auftreten von Zurückhaltung und Gleichförmigkeit geprägt ist. Ich meine das unabhängig von dem Weg, den Du wählen wirst. Wenn es nicht endgültig und dauerhaft ist, wird der Preis unnötig hoch. Wenn es aber der Weg ist, der Dein Leben ausmachen soll, dann beschreite ihn nicht unter den Voraussetzungen eines Skandals. Wenn es Dir so wichtig ist, dann bitte ich Dich, diesen Weg so würdevoll und besonnen wie möglich zu beschreiten. Verzeih mir, daß ich Dir das alles predige, aber ich habe Dich so gern, daß ich nur das will, was Dein Glück ist – aber in einer Art, die Deiner würdig ist.

Du hast ein so reines Herz und so gesunde Gefühle, daß das, was für Dich gut ist, sich auch durchsetzen wird. Ich weiß, daß ich Dir nicht erst zu sagen brauche, daß ich alles für Dich tun werde – früher, jetzt und künftig...

Und aus Cortina d'Ampezzo schrieb Ernest Hemingway:

Liebe Ingrid! Hier ist Deine Anlaufstelle, Tochter. Wie ist Stromboli? Wie ist Kalabrien? Ich habe da so eine Ahnung, wie (wunderschön und sehr schmutzig). Aber wie geht es Dir? Nur das ist wichtig (vielleicht bist Du auch wunderschön und sehr schmutzig?).

Dein Brief mit Petters herrlichem PS kam hier ins Krankenhaus in Padua, wo ich mit einer Augeninfektion lag. Ich bekam ihn an dem Tag, als Du in Italien eintrafst.

Ich habe meine fünfmillionste Einheit Penicillin bekommen (sie mißhandeln meinen Hintern wie ein Uhrwerk alle drei Stunden), aber das Fieber ist jetzt normal, und die Infektion wurde zur Eresipelis (keine Beziehung zu Syphilis), aber es ist endlich bekämpft...

(Fortgesetzt am 5. Juni in Finca Vigia, San Francisco de Paula, Kuba:)

Mir ging es schlechter, nachdem ich den ersten Teil geschrieben hatte, ich mußte noch mehr Penicillin bekommen, und mein Auge war zu schlimm, um schreiben zu können.

Dann habe ich all das Zeug über Dich und Rossellini und Petter gelesen und wußte nicht, was schreiben... Inzwischen hatte ich Zeit genug, um nachzudenken (immer noch nicht wissend, was eigentlich vorgeht), was ich weiß, ist, daß ich Dich sehr liebe. Ich bin immer noch Dein treuer Freund, egal, was Du auch tust oder entscheidest oder wo Du auch hingehst. Das einzige: Ich vermisse Dich.

Hör zu, Tochter, jetzt halte ich eine Rede. Wir haben nur ein Leben, wie ich Dir schon einmal erklärt habe. Kein Mensch ist berühmt oder berüchtigt. Du bist eine große Schauspielerin. Das weiß ich aus New York. Große Schauspielerinnen geraten immer in Schwierigkeiten – früher oder später. Wenn nicht, sind sie keinen Scheiß wert (ungezogenes Wort, Du kannst es streichen). Alle Dinge, die große Schauspielerinnen tun, werden vergeben.

Zweiter Teil der Rede: Jeder trifft falsche Entscheidungen. Aber oft ist die falsche Entscheidung die richtige. Ende der Rede.

Neue Rede: Mach Dir keine Sorgen. Das hat noch niemals geholfen.

Schluß mit den Reden! Tochter, mach Dir bitte keine Sorgen, sei ein tapferes und gutes Mädchen und denk daran, daß Du – nicht weit weg – zwei Menschen hast, Mary und mich, die Dich lieben und zu Dir stehen.

Laß uns fröhlich sein wie früher, wenn wir miteinander getrunken haben... Denke daran, es ist Heiliges Jahr, und jedem werden seine Sünden vergeben. Vielleicht kriegst Du Fünflinge. Bring sie in den Vatikan, und ich werde zum erstenmal Pate...

Wenn Du Roberto wirklich liebst, sag ihm, daß wir ihn gern haben, und es sei besser für ihn, Dir ein guter Junge zu sein, oder Mister Papa wird ihn eines Morgens umbringen, wenn er mal einen Morgen frei hat.   Ernest

P.S. Dies ist ein lausiger Brief, aber wir leben in den lausigsten Zeiten, die ich mir vorstellen kann. Doch wir haben nur ein Leben, also ist es besser, sich nicht über den Park zu beschweren, in dem wir spielen müssen.

Italien hat uns sehr gefallen. Ich liebe Venedig außerhalb der Touristensaison und seine Umgebung. Die Dolomiten sind die herrlichsten Berge, die ich kenne. Ich wünschte, Du hättest nicht arbeiten müssen und hättest zu uns nach Cortina d'Ampezzo kommen können. Ich habe versucht, Dich aus dem Krankenhaus anzurufen, aber man sagte, da, wo Du wärst, gäbe es kein Telefon.

Vielleicht wird Dich dies hier nie erreichen. Ganz bestimmt nicht, wenn ich es nicht endlich abschicke. Viel Glück, meine Liebe. Mary läßt Dich grüßen.   Ernest (Mister Papa)

Die Briefe ihrer Freunde halfen ihr sehr. Aber sie konnten ihre Reaktion auf die Kritik an ihrem Verhalten nicht mildern. Petters Briefe – aufrichtig, ehrlich, verzweifelt – hatten sie am meisten getroffen. Und sie wurde fast krank bei dem Gedanken, wie sich das alles auf Pia auswirken würde. Sie hatte sich in eine Beziehung gestürzt, die eine Antwort auf ihre Probleme zu sein schien, nur, um sich nun in einem herzzerbrechenden Dilemma wiederzufinden.

Es war die reine Hölle. Ich weinte so viel, daß ich schon glaubte, keine Tränen mehr zu haben. Ich war der Meinung, die Zeitungen hätten recht. Ich hatte meinen Mann im Stich gelassen und mein Kind. Ich war eine schreckliche Frau. Aber das hatte ich doch nicht gewollt. Ich hatte Petter einen Brief geschrieben, um ihm zu sagen, daß ich ihn nicht an der Nase herumführen wolle, daß ich nicht zu ihm zurückkehren würde. Er wolle mich ja auch nicht mehr. Es wäre das beste, sich scheiden zu lassen. Es gab Telefongespräche, Telegramme, und dann kam Petter nach Italien, um mit mir zu sprechen. Schließlich wurde eine Begegnung in Messina verabredet.

Es gab aber Probleme mit Roberto. Ich weiß auch nicht warum, aber als der Sturm losging, wollte mich Roberto nie wieder zu Petter zurückgehen lassen, nicht einmal für eine einzige Stunde, wenn er es verhindern konnte. Natürlich weiß ich heute, daß das dumm war. Hätte ich mich mit Petter getroffen, hätten wir wie zwei vernünftige Leute über alles gesprochen – wieviel Unglück wäre verhindert worden! Aber Roberto malte sich in seiner Phantasie aus, daß mich Petter glatt entführen würde. Er konnte sich einfach nicht vorstellen, daß ein Mann nur deshalb nach Italien käme, um sich mit mir auszusprechen.

Vermutlich hatte Robertos Sorge gewisse Berechtigung. Er wußte, daß ich Angst vor Petter hatte. Er hatte meine Tränen gesehen. Alle Welt dachte, ich würde auf Stromboli eine wunderbare Zeit verleben, zusammen mit meiner großen Liebe, doch in Wirklichkeit weinte ich nur, weil mich meine Schuld zu Boden drückte. Ich fühlte mich allen diesen Leuten gegenüber schuldig, die mir geschrieben hatten, daß ich ihre Filme ruiniert hätte. Ich hatte mich selbst ruiniert, meine Karriere war für immer vorbei... Jedermann wollte mich belehren, und ich war gefangen, wußte keinen Ausweg.

Petter wollte, daß ich den Film beendete, wie es vertraglich vereinbart war, um dann nach Amerika zurückzukehren und die ganze Situation mit ihm gemeinsam zu klären. Und aus Vernunftsgründen war ich dazu auch bereit.

Aber es war nicht vernünftig, sich mit Petter in jenem Hotel in Messina zu treffen. Sofort herrschte offene Konfrontation. Wenn ich mit Roberto sprach, widerlegte Petter meine Behauptung. Wenn ich mit Petter sprach, widerlegte Roberto meine Worte, so daß ich schließlich dachte, es wäre am besten, wenn wir uns alle drei zusammensetzten.

Es war schrecklich. Es war so schrecklich, daß ich mich gar nicht mehr richtig daran erinnere. Ich habe alles verdrängt, den Vorhang fallen lassen. Dann war es Abend. Petter hatte ein Doppelzimmer gebucht, und er war schließlich den ganzen weiten Weg von Amerika gekommen, um mit mir zu sprechen. Also gingen wir in sein Zimmer, Petter verschloß es – und Roberto wurde verrückt.

Kay Brown war auch da. Sie arbeitete für die Agentur MCA in New York, die auch Ingrid unter Vertrag hatte. Sie berichtet:

»Es war auf dem Höhepunkt des Skandals, als mich mein Vorgesetzter aus Hollywood anrief und mir sagte, ich solle meinen Koffer packen und nach Stromboli fahren. Ingrid sei dort dabei, sich selbst zu ruinieren. Ich solle hinfahren und verhindern, daß sie noch mehr Schaden anrichtet.

Also flog ich nach Italien, erwischte ein Schiff, das mich nach Stromboli brachte. Früh um sechs Uhr kam ich an. Roberto stand am Strand, streckte die Arme aus und begrüßte mich. Ich watete an Land und kam mir vor wie eine Missionarin, die gekommen war, die Eingeborenen zu bekehren.

Es war bedrückend. Ingrid war nicht mehr die Frau, die ich kannte. Sie war sehr verschlossen, überhaupt nicht begeistert, mich zu sehen. Ich wußte nicht, daß RKO und MCA, für die ich arbeitete, die Hauptfeinde von Rossellini und damit auch von Ingrid geworden waren. Ich saß zwischen den Stühlen. Natürlich war ich der Meinung, daß Ingrid tun und lassen konnte, was immer sie wollte. Wenn sie beschlossen hätte, auf den Salomoninseln mit dem Eingeborenenhäuptling zu leben, hätte ich sie nicht weniger gern gehabt. Aber das heißt nicht, daß ich auch überzeugt war, daß sie die richtige Entscheidung getroffen hatte. Unsere Gespräche waren sinnlos. Ich erinnerte sie daran, daß sie ihren Mann, ihre Tochter und ihre Karriere verlieren würde, und sie sagte einfach: ›Ich weiß, ich weiß.‹ Sie wirkte auf mich so verloren, so schwach und so verwirrt.

Ich fuhr kurze Zeit später nach Rom und kam dann nach Messina, wo sich Petter und Ingrid treffen wollten. Es war höchst bühnenreif. Es war der 1. Mai. Der ganze Ort voll von Kommunisten, und ich kam gerade aus Amerika, wo McCarthy die Kommunisten als Teufel an die Wand malte. Ich war überzeugt davon, daß sie alle Hörner und einen Pferdehuf hätten...«

Roberto hat mir dutzendemal gesagt, daß er sich umbringen würde, wenn ich ihn verließe, und er spielte oft mit einem Revolver herum. Eine andere fixe Idee von ihm war, daß er sich mit dem Auto zu Tode fahren würde. Er zeigte mir immerzu Bäume in den Straßen, gegen die er mit seinem Auto rasen würde. Ich war mir nie sicher, ob er nur scherzte, mich in Angst versetzen wollte oder ob er die Wahrheit sagte. Wenn er sich etwas in den Kopf gesetzt hatte, konnte er eine Energie entwickeln, die einfach unglaublich war.

Manchmal wurde er so wütend, daß er mir Angst machte, mir wirklich Angst machte. Aber genauso schnell, wie er böse werden konnte, verrauchte seine Wut auch wieder. Er war so friedlich wie ein Lamm, wenn er guter Laune war, wenn alles so lief, wie er es wollte. Dann war er die Liebenswürdigkeit in Person. Einmal sagte ich zu ihm: »Wie soll ich dieses italienische Temperament je verstehen? In den Straßen springen sie aus ihren Autos, schreien und brüllen und sehen so aus, als würden sie einander an die Gurgel gehen, und im nächsten Moment steigen sie wieder ein und fahren weiter, als wäre nichts geschehen. Solche Dinge erschrecken mich wirklich, weil ich immer denke, daß sie es ernst meinen.«

Später, als wir in Rom lebten, ging ich – durch Lärm aufgeschreckt – in die Küche. Mir blieb fast das Herz stehen, als ich sah, daß sich Koch und Dienstmädchen mit Messern bedrohten. Ich begriff nicht, daß das einfach nur Spaß war, Spaß auf italienisch.

Einmal, als Roberto besonders guter Laune war, meinte ich: »Weißt du eigentlich, wie sehr du mich erschreckst, wenn du so wütend wirst?« Er sagte: »Du wirst mir helfen müssen. Oder glaubst du, ich will so wütend werden?« Ich fragte ihn, was ich denn tun solle. »Nimm mich einfach in die Arme«, sagte er. »Halt mich fest, halt mich so fest, daß ich dich, deine Wärme und deine Liebe spüre.« Ich versprach es.

Nun, beim nächstenmal, als er einen seiner Ausbrüche hatte, lief ich sofort auf ihn zu, legte meine Arme um ihn und wollte gerade zu sprechen beginnen... da stieß er mich gegen die Wand, daß ich fast in Stücke gegangen wäre. Ich konnte also wirklich nichts tun. Selbst ihm nahe zu kommen, hatte durchaus Risiken...

Und in jener Nacht in Messina hatte Roberto einen ganz besonderen Plan. Er war sicher, daß Petter alles versuchen würde, um mich umzustimmen oder mich zu kidnappen. Es gab drei Hoteleingänge. Also postierte er an jedem Eingang einen Freund und umrundete dann mit seinem Wagen pausenlos das Hotel – bereit, jeden Moment die Verfolgung aufzunehmen, falls nötig. Petter und ich waren im Hotelzimmer, und Roberto fuhr immerzu um das Hotel herum, und alle dreißig Sekunden sagte ich: »Da ist er wieder!« Das Aufheulen des Motors war unüberhörbar. Stunde um Stunde ging das so. Ich saß am Fenster, starrte hinaus und hörte Petters Vorschlägen zu, bis der Morgen dämmerte. Es war ein Alptraum.

Petter betonte, daß er von mir verlange, sofort nach Beendigung der Dreharbeiten zurückzukommen. Das müsse ich ihm versprechen, und dann würden wir endgültig entscheiden. Ich hielt das für einen Vorschlag, den ich akzeptieren konnte.

Kay Brown erinnerte sich: »Man erwartete von mir, daß ich Öl auf die Wogen gießen würde – aber in ganz Italien gab es nicht genug Öl für diese hohen Wellen. Ich versuchte zu helfen, indem ich eine Erklärung für die Presse abfaßte, die sie ruhighalten sollte. Darin hieß es, daß sich Ingrid mit Petter geeinigt habe, daß sie nach Stromboli zurückkehren und den Film beenden würde und daß sie danach mit ihrem Mann in Schweden oder in Amerika zusammentreffen würde. Alles, was ich schrieb, schrieb Art Cohn um, und das Ergebnis wirkte nicht sehr glaubwürdig. Wir kamen auch zu der Auffassung, daß es besser sei, wenn Ingrid nicht mit Rossellini unter einem Dach lebte, und daß sie sich beide so verhalten sollten, als wäre nichts anderes zwischen ihnen als die normale Arbeitsbeziehung zwischen Regisseur und Schauspielerin. Später sah ich ein, daß das eine Milchmädchenrechnung war. Roberto würde sich nie danach richten. Dennoch wurde die Abmachung getroffen. Und damit wurde das Drama zur Farce. Doch es mußte alles versucht werden, um die Reporter und Fotografen auf den Leim zu führen. Aber die Presse hatte noch nicht einmal mitbekommen, was in Messina vor sich ging. Dennoch wurden Pläne entworfen, wie wir Hotel und Stadt unbemerkt verlassen könnten. Jeder war informiert, nur Petter Lindström nicht! Als man das endlich bemerkte, erklärte Petter kühl, er denke gar nicht daran, das Hotel durch irgendeine Hintertür zu verlassen. ›Meine Frau und ich sind gewohnt, ein Hotel durch den Haupteingang zu verlassen.‹ sagte er. Also flitzte Roberto herum und traf neue Arrangements. Als sie hinunterkamen, war der einzige Fotograf, der vor dem Hotel wartete, ein sechzehnjähriger Knabe. Ingrid und Roberto sprangen in Rossellinis roten Sportwagen und jagten davon. Ich zwängte mich in den kleinen Fiat des italienischen Rechtsanwalts und bat ihn, betont langsam zu fahren. Nach ein paar Kilometern entdeckten wir Ingrid und Roberto am Straßenrand. Ich weiß nicht, ob der Wagen einen Defekt hatte oder ob Rossellini das Benzin ausgegangen war, nachdem er die ganze Nacht ums Hotel gefahren war. Fiasko! Also zwängten sich die beiden auch noch in unsere Sardinenbüchse. Ich saß auf Robertos Schoß und Ingrid auf den Knien des Rechtsanwalts. Ich hatte große Mühe, mir das Lachen zu verkneifen, aber Ingrid war natürlich viel zu unglücklich, um die Komik der Situation zu erkennen.«

Ich haßte alles an dem Treffen in Messina, und ich war wütend über Roberto, weil ich fand, daß er sich unmöglich benahm. Ich beobachtete, wie diese beiden Männer um mich kämpften. Ich fand sie beide gräßlich. Auf der Rückfahrt nach Stromboli sprach ich mit Roberto kein Wort. Ich sagte mir: Ich spreche nie wieder mit jemandem ein Wort. Ich spreche einfach überhaupt nicht mehr...

Sie war verwirrt und tief unglücklich über die Ereignisse. Petter war überzeugt, daß er in bestimmten grundsätzlichen Punkten ein Einverständnis erzielt hatte. Wenn Ingrid nach Amerika zurückkehrte und Pia gegenübertrat, würde er in die Scheidung einwilligen. In ihren Briefen versuchten sie, sich aller Sentimentalität zu enthalten und so vernünftig wie möglich zu argumentieren. Aber Briefe brauchen länger als Tageszeitungen. Und die überraschten die Welt jeden Morgen mit neuen Variationen des Stromboli-Skandals.

Petter schrieb regelmäßig, mitunter mißbilligend aus Rom und Paris. Er habe ihr keine Ratschläge mehr zu erteilen, meinte er. Sie sei nun auf sich gestellt. Er sei froh, nicht mehr in ihre beruflichen Dinge eingreifen zu müssen. Jetzt sei der Moment gekommen, wo sie

31 Bonjour Tristesse: Als Joan Madou in der Verfilmung von Erich Maria Remarques *Triumphbogen* (1948).

32 Ankunft in Rom: Umjubelter Empfang in der italienischen Hauptstadt im Frühjahr 1949.

34 Gruppenbild mit Dame in der Pariser Oper: Paul Claudel, der Choreograph Serge Lifar, Arthur Honegger, Ingrid Bergman und Roberto Rossellini (von links) in einer Probenpause zu *Johanna auf dem Scheiterhaufen*.

33 Der Film, der ihr Leben veränderte: Mit ihrem Partner Mario Vitale bei den Aufnahmen zu *Stromboli* (1950).

35 Glückliche Mutter: Mit den Zwillingstöchtern Isabella und Ingrid.

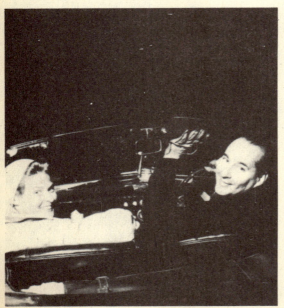

36 Die Rolle ihres Lebens: Als Johanna von Orleans in der Bühnenaufführung von *Johanna auf dem Scheiterhaufen*. Die Rossellini-Inszenierung wurde später auch verfilmt.

37 Unterwegs: Mit Roberto Rossellini im Ferrari. Rossellini war ein leidenschaftlicher Autofahrer und nahm auch an Autorennen teil.

38 Besuch in Stockholm:
Mit Sohn Robertino im
Fotogeschäft ihres Vaters.

39 Familienglück: Mit Roberto Rossellini und den Kindern Robertino, Ingrid und Isabella (von links).

40 (links unten) Wiedersehen mit Deutschland: Mit Mathias Wieman und ihrer Filmtochter in einer Szene der Stefan-Zweig-Verfilmung *Angst*, die Roberto Rossellini 1954 in München drehte.

41 (rechts unten) Ankunft in Paris: Filmregisseur Jean Renoir erwartet sie zu den Dreharbeiten für *Elena und die Männer* (1956).

42 Umjubeltes Comeback: Als Anastasia im gleichnamigen Film, der zur Versöhnung mit Amerika beitrug.

43 Rückkehr nach Amerika: Von Verehrern umjubelte Ankunft in New York, wo Ingrid Bergman den Preis der New Yorker Filmkritiker für die Titelrolle in *Anastasia* entgegennehmen sollte.

44 China in England: Robert Donat, Curd Jürgens und Ingrid Bergman (von links) in einer Szene des Films *Die Herberge zur sechsten Glückseligkeit* nach dem Buch *The Small Woman* von Alan Burgess.

45 Die Autoren: Alan Burgess besucht Ingrid Bergman bei den Dreharbeiten zu *Die Herberge zur sechsten Glückseligkeit* (1958).

46 Glück in Schweden: Mit Lars Schmidt auf ihrer Insel Danholmen.

47 Einsatz für Françoise Sagan: Regisseur Anatole Litvak mit seinen Hauptdarstellern Ingrid Bergman, Yves Montand und Anthony Perkins bei den Dreharbeiten zu der Bestseller-Verfilmung *Lieben Sie Brahms?* (1961) (links oben).

48 Filmstar als Bühnenstar: Mit Michael Redgrave in einer Szene des Theaterstücks *Ein Monat auf dem Lande* (1965) (links unten).

49 Verfilmtes Bühnenstück: Mit Anthony Quinn in *Der Besuch* nach dem Theaterstück *Der Besuch der alten Dame* von Friedrich Dürrenmatt.

50 Drei Generationen auf dem Rad: Mit Tochter Pia und Enkel Justin Christopher in New York.

51 In voller Blüte: Mit Walter Matthau in der Komödie *Die Kaktusblüte*. Ingrid Bergman wollte diese Rolle zunächst nicht übernehmen, da sie bereits die Fünfzig überschritten hatte.

52 Freundschaft fürs Leben: Ingrid Bergman und Kay Brown.

53 Fröhlich im Rollstuhl: Bei der Theatertournee mit *The Constant Wife* mußte Ingrid Bergman wegen einer Verletzung die Vorstellung im Rollstuhl zu Ende führen. Hinter ihr: Griffith James.

54 Familienfoto in Choisel: Eingerahmt von Isabella, Ingrid, Robertino, Pia und Fiorella (von links).

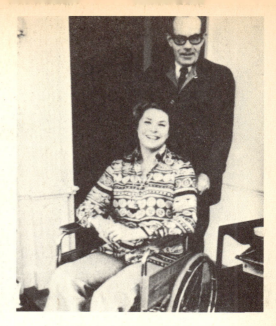

55 Der dritte Oscar: Auszeichnung als beste Darstellerin einer Nebenrolle für die Interpretation der schwedischen Missionarin in der Agatha-Christie-Verfilmung *Mord im Orient-Express* (1974).

56 Mutter und Tochter: Isabella Rossellini spielte neben ihrer Mutter eine Ordensschwester in dem Film *A Matter of Time* (1976).

57 Rückkehr nach Schweden: Liv Ullmann, Ingmar und Ingrid Bergman bei Synchronarbeiten zu *Herbstsonate* (1979).

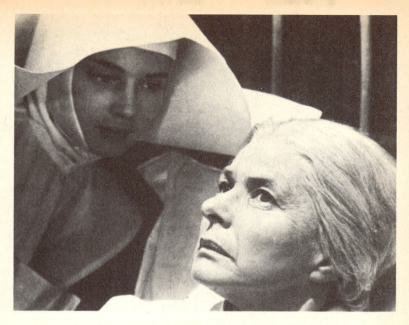

58 Ein Star für jede Jahreszeit: Ingrid Bergman in einer Drehpause des Films *Der gelbe Rolls-Royce*.

erwachsen werden müsse. Manchmal enthielten seine Briefe Erinnerungen an die Vergangenheit, so erinnerte er sie an den Jahrestag ihrer Verlobung und entschuldigte sich für seine Depressionen ausgerechnet zu einem Zeitpunkt, wo sie seinen Beistand am meisten gebraucht hatte. Was immer auch geschah – sie müßten versuchen, gute Freunde zu bleiben, und in der Lage sein, ihre Probleme persönlich und vernünftig zu lösen.

Ingrid antwortete:

Wir warten. Es regnet auf Stromboli. Niemand wird je die körperlichen Anstrengungen begreifen, die wir alle für den Film auf uns nehmen. In Messina habe ich Dir drei Versprechen gegeben:

1. Roberto zieht aus dem Haus aus.
2. Ich beende den Film.
3. Ich erkundige mich in Rom über R. Außerdem versprach ich, keine Informationen mehr an die Presse zu geben und keine weiteren Erklärungen abzufassen.

Aber ich konnte viele Erklärungen von Dir lesen: »Keine Scheidung – weder jetzt noch in Zukunft!«

Es tut mir weh, daß Du verletzt bist, aber eine Tatsache bleibt bestehen: Du verlangst, daß ich erwachsen werde. Du hoffst, diese schreckliche Situation, die ich selbst verursacht habe, werde mir eine Lehre sein und mir helfen, erwachsen zu werden. Ich hätte gern schon früher versucht, erwachsen zu werden, aber das hast Du nie erlaubt. Ich weiß, daß wir versuchen wollen, unsere Beziehung nicht zu zerstören, bevor ich mir nicht sicher bin und bevor der Film nicht beendet ist, aber das erscheint so unsinnig und hart für alle, die davon betroffen sind.

Ich will nicht hart sein, weil ich weiß, daß Du leidest, aber ich muß jetzt mit Deinen Waffen kämpfen. Ich schicke einen Anwalt nach London, der eine Trennung durchsetzen soll. Ich habe nachgedacht, Petter, ich habe hin und her überlegt, aber ich sehe keinen anderen Weg. Deine letzten beiden Briefe waren so traurig und lieb und haben mich sehr gerührt, nach den anderen, die ich gelesen hatte. Wir haben viele, viele gute Erinnerungen. Ich danke Dir von ganzem Herzen und mit allen Tränen, die mir gekommen sind, als ich an unsere Vergangenheit dachte. Und wir haben Pia. Ich weiß nicht, weshalb Du so lange in London bleibst. Ich fürchte, Du planst ein zweites Messina. Ich fürchte, das könnte ich nicht durchstehen. Ich glaube, ich habe keine Kraft mehr für weitere Auseinandersetzungen. Ich habe Angst vor noch mehr Tränen, und ich habe Angst, verrückt zu werden.

Pia ist schon so lange allein. Ich wünschte, sie wäre bei Dir. Sie mußte noch nie so lange auf uns beide verzichten. Kümmere Dich um sie, fahre zu ihr nach Hause oder hole sie nach London. Nimm sie mit, wenn Du nach Schweden fährst. Oder laß mich sie ein wenig sehen. Ich habe sie nicht vergessen, wie Du vielleicht annimmst. Ich schreibe ihr ein- oder zweimal in der Woche. Ich bin froh, daß Du mit ihr telefoniert und ihr die Sache erklärt hast. Aber vielleicht bekommt sie meine Briefe gar nicht. Ich habe ja auch nur einen von den zwanzig erhalten, die sie geschrieben haben soll.

Lieber Petter, laß uns nicht länger in diesem Zustand. Meine Entscheidung ist gefallen. Was geschehen ist, kann nicht ungeschehen gemacht werden. Es ist unmöglich, wieder zusammen zu leben, als sei nichts geschehen. Tu schnell das, was getan werden muß. Dann können wir über die Zukunft nachdenken. Dann können wir vielleicht auch wieder Frieden finden. Bitte sieh ein, daß aussichtslose Kämpfe und sture Weigerungen uns nur weiter verletzen.

Das ist meine Sehnsucht, und auch ich bin müde.   Katt

Petters Antwort vom 23. Juni 1949 sagt, daß er Zeit zum Nachdenken brauche. Er bittet sie, die Situation nicht voranzutreiben. Aber er versichert ihr, daß er vor der Presse keinen Kommentar abgegeben, daß er nie eine Scheidung erwähnt und niemals »keine Scheidung« gesagt habe. Und er erinnert sie daran, daß es keinen Grund gäbe, weshalb man ihn glaubwürdiger zitieren solle als sie selbst. Er werde »Pias Mutter« immer verteidigen, wenn sie von der Presse angegriffen würde.

Außerdem versichert er ihr noch einmal, daß er sie nicht zwingen werde, mit ihm zusammen zu leben, daß er versuchen werde, ihren Standpunkt zu verstehen. Aber bevor er Europa verlasse, wolle er sie sehen – »allein und friedlich, daß wir wie zwei Freunde voneinander Abschied nehmen können«. Er werde keine harten Worte äußern, keine Vorwürfe, und seine Tränen würde sie nicht zu sehen bekommen. Sie brauche ihm nur zu sagen, wie sie die Dinge geregelt haben möchte und was er Pia sagen solle. Er selbst wolle Ingrid immer als das »kleine Mädchen mit dem grauen Kragen« in Erinnerung behalten.

Ich versuchte, Roberto zu erklären, daß ich mich mit Petter treffen und mit ihm reden würde, daß ich es haßte, davonzulaufen und nicht zurückzukommen.

»Nein«, sagte Roberto. »Petter läßt dich dann nicht mehr zu mir zurück. Er wird dich einsperren, in eine Irrenanstalt oder so was stecken. Nie wieder wirst du nach Italien zurückkommen«, sagte er. Und natürlich hatte ich Angst, daß ich zusammenbrechen würde, wenn ich Pia sah. Und ich kam zu der Überzeugung, daß es das beste war zu bleiben, wo ich war. Früher oder später würde es zur Scheidung kommen. Petter fuhr nicht nach Amerika, er blieb in London, im Haus unseres Freundes Sidney Bernstein, und schrieb Briefe, in denen er fragte, weshalb wir uns denn nicht treffen könnten. Ich schrieb zurück, und es war die Hölle, die reine Hölle...

Liebster Petter,
zunächst: Ich hasse Dich nicht. Wie kannst Du das annehmen? Niemand redet mir ein, Dich zu hassen, das könnte niemand tun. Er würde nichts erreichen. Mach Dir nicht so viele Gedanken. In Deiner Einsamkeit hast Du Dir eine Menge Phantasien zusammengebastelt. Zum Beispiel: Ich werde Dir niemals Pia wegnehmen. Wie kannst Du glauben, daß ich so unmenschlich sein könnte? Dir beide Mädchen wegzunehmen, die Du so liebst! Wenn sie mit mir ihre Ferien verleben dürfte, wäre ich Dir sehr dankbar, und das wäre sicher auch gut für sie.

Du solltest auch nicht denken, daß Roberto so grausam sein könnte, Dich zu töten. Natürlich ist er wütend und sauer über die Sachen, die in den Zeitungen stehen, und manche Leute sagen, auch über die Art, wie man versucht hat, ihn zu ruinieren. Er weiß, daß Du, Kay Brown und RKO Eure Köpfe zusammensteckt, daß Ihr sagt, was für ein Schwein er sei. Er hat, durch mich, sein ganzes

Prestige als Mensch und als Künstler verloren. Ich bekomme täglich Zeitungsausschnitte aus Amerika, die so ungeheuer gemein und unfair ihm gegenüber sind. Erinnerst Du Dich, was für wunderbare Kritiken er in Hollywood für *Paisa* erhielt? Wie wir ihn den »kleinen Giganten« nannten? Jetzt sagen sie, daß er den Film gar nicht selbst gemacht hätte, daß Burstyn einen Haufen unbrauchbarer Wochenschauberichte zusammengeschnitten hat! Und *Rom, offene Stadt* ist plötzlich auch nicht mehr sein Werk! Und er habe Anna Magnani nur auf der Tasche gelegen, obwohl er ihr in Wirklichkeit doch den ganzen Film *Amore* geschenkt hat! Ich habe nie von einem größeren Geschenk an eine Schauspielerin gehört.

Auch hier in Italien hat er Freunde und Arbeitsmöglichkeiten verloren. Und Du solltest nach all diesen Jahren, die wir zusammen verbracht haben, wissen, wie sehr wir armen Tiere, die Schlagzeilen machen, darunter leiden, wenn Dinge nur gemacht und geschrieben werden, um jemandem die Ehre abzuschneiden. Das ist der Grund, weshalb ich meine, daß wir uns trennen und versuchen müssen, diese Flut der Beschuldigungen zu beenden. Es tut mir sehr leid, aber der Film ist längst noch nicht beendet, und ich habe schon oft befürchtet, daß er nie beendet wird. Wir haben zu viele Probleme – persönlich und beruflich...

Du sagst, Du verteidigst mich, aber verteidige ich Dich denn nicht auch? Du mußt ja denken, ich hätte mich in ein Ungeheuer verwandelt.

Ich bin einverstanden, ich möchte, daß Du Pia behältst, wenn die Trennung ausgesprochen ist. Aber weißt Du, wir werden nicht lange in Rom sein. In der Zwischenzeit warten und leiden wir alle. Wenn ich Dich noch einmal treffe, werden wir uns die Seele aus dem Leib heulen und am Schluß in Verzweiflung enden.

Ich werde Dir schreiben, ich werde Pia schreiben. Aber bevor wir verrückt werden, laß uns versuchen, uns sofort zu trennen, und sehen, was wir aus der Zukunft machen. Ich will keinen weiteren Skandal. Wenn alles in Freundschaft und ohne Auseinandersetzung geregelt werden kann, ist es am besten.

Mein Lieber, mach Dir um mich keine Gedanken. Weißt Du, mir geht es gut. Versuche, Dich an den Roberto zu erinnern, den Du in Hollywood kennengelernt hast. Ich sehe soviel Gutes in ihm. Natürlich hat er Fehler gemacht wie wir alle, und vielleicht reagiert er zur Zeit nicht immer vernünftig, aber er fühlt sich nun mal wie ein verwundetes Tier.

Denk an Deine eigene Zukunft. An Deine Arbeit, die so wichtig und bedeutend ist. Bleib im Haus, bis das Geld alle ist, wenn Du magst, oder zieh um, wohin Dich Deine Arbeit führt. Alles, was wir in Kalifornien besitzen, gehört Dir und Pia. Fahr nach Hause, so schnell Du kannst, nach Hause zu Kind und Hund. Geh in die Sauna, da kannst Du am besten denken. Viele Menschen erleiden großen Kummer, aber sie leben weiter, und manchmal werden sie dadurch sogar menschlicher.

Die Zeit heilt alle Wunden, und ich bin immer Deine   Katt

Sie grämte sich um Petter, aber sie war verliebt. Sie drehte einen Film mit dem Mann, den sie liebte. Sie lebten auf einer einsamen Insel, und täglich schien die Sonne, und alles sah sehr romantisch aus. Ingrids Spendenliste während dieser Monate wirft vielleicht ein klareres Licht auf diese Periode als alles andere:

»Für zwei Kirchen auf Stromboli 50 000 Lire; Beitrag für ein kaputtes Fischernetz 20 000; Kleidung für zwei Kinder 70 000; Krankenhauskosten für das Mädchen 15 000; Holzbein für einen Mann 30 000; bettlägerige Frau 10 000; alleinstehende Frau mit mehreren Kindern 20 000; Beitrag zu einer Augenoperation für ein Kind 30 000; Kerzen, Zigaretten für Internierte und Kinder im Vertriebenen-Lager in Farfa, wo wir filmten; Beitrag für Beerdigungskosten eines Mitarbeiters, der auf dem Vulkan starb 60 000 (er hatte die Gase eingeatmet und starb an einer Herzattacke); Beitrag für seine Familie 600 000 Lire.«

Petter schrieb, er sei enttäuscht, daß sie seine ausgestreckte Hand nicht ergreife. Er erinnerte sie daran, daß Robertos Scheidung nicht vorankam, daß sie zwei Jahre oder länger dauern könne und daß auch sie noch verheiratet sei. Sie müsse an Pia denken. Er erklärte ihr erneut seine Liebe, sagte ihr in seiner stillen Art, daß er sie so sehr geliebt habe, wie ein Mann seine Frau nur lieben könne. Aber er sei nun einmal im hohen Norden von Schweden geboren, und die Natur da oben sei karg... Und er fragte sich selbst, warum sie jemals

Schweden verlassen hätten, um nach Hollywood zu gehen, einem »eher unnatürlichen Ort für uns«. Es war ein schmerzlicher Brief, der mit den Worten endete: »Wir armen kleinen Kreaturen.«

Ingrid antwortete:

Lieber Petter,
immer und immer wieder habe ich Dir von meiner freien und endgültigen Entscheidung geschrieben, unsere Trennung herbeizuführen und diese Situation zu klären, auf welche die ganze Welt zu blicken scheint. Was kann ich sagen oder tun, um Dir klarzumachen, daß es keinen Sinn hat, Zeit zu gewinnen? Eine klare Trennung ist die einzige Möglichkeit, die uns retten kann. Die Presse wird damit aufhören, Dich zu Hause und in Deinem Büro zu belästigen. Pia wird ihre Ruhe haben, wenn sie wieder zur Schule geht, und auch wir werden hier nicht mehr wie wilde Tiere gejagt werden...

Ich weiß, daß es tragisch ist, eine Ehe zu beenden, aber es hat auch noch niemanden umgebracht. Ich finde es schon ganz amüsant, daß in den vier Monaten, seit ich fort bin, Paulette Goddard geschieden wurde, Ann Todd in England nach zwölf Jahren von ihrem Ehemann geschieden wurde und jetzt den Regisseur David Lean geheiratet hat. Viveca Lindfors, Ginger Rogers, Joan Fontaine und Alida Valli haben die Scheidung eingereicht. Glaube doch nicht, das sei das Ende der Welt, Deines Lebens und Deiner Arbeit.

Was glaubst Du, wie lange Du Pia »beschützen« kannst? Sprich ernsthaft mit ihr, gib ihr meinen Brief, bitte sie zu schreiben, und ich werde sofort antworten. Wir werden uns gemeinsam um sie kümmern. Du glaubst zur Zeit vielleicht nicht, daß das möglich ist, aber Du wirst sehen, es wird gehen. Wir sprechen, diskutieren und helfen einander, Petter. Es liegt nur an Dir, den ersten Schritt zu tun, der natürlich der schwerste ist: einzusehen und zu akzeptieren, daß unsere Ehe zu Ende ist...

Sie schrieb an Pia:

Mein Liebling, ich wünschte, ich könnte mit einem großen Vogel zu Dir fliegen und Dir alles erzählen, anstatt zu schreiben. Aber ich werde zu Deinem Foto sprechen, das vor mir steht.

Unser Leben, liebste Pia, wird sich verändern. Das ist schwer zu erklären, weil wir so ein schönes und glückliches Leben geführt haben. Der Unterschied wird sein, daß Du nun mehr mit Papa zusammen sein wirst und Mama fort sein wird, wie schon früher so oft. Doch dieses Mal noch ein bißchen länger. Du erinnerst Dich an Mr. Rossellini und daß wir ihn alle sehr mochten, als er bei uns wohnte. Während wir diesen Film drehten, stellte ich fest, daß ich ihn mehr und mehr mochte und bei ihm bleiben wollte. Das heißt nicht, daß wir uns nicht mehr sehen werden. Du wirst in den Ferien zu mir kommen. Wir werden viel Spaß zusammen haben und viel herumreisen. Du darfst nie vergessen, daß ich Papa liebhabe und daß ich Dich liebhabe und immer für Dich dasein werde. Schließlich gehören wir zusammen, und das wird sich nicht ändern. Aber manchmal möchten Menschen mit jemandem zusammen leben, der nicht zu ihrer eigentlichen Familie gehört. Das nennt man Trennung oder Scheidung. Ich weiß, daß wir darüber gesprochen haben, wie viele Deiner Freunde geschiedene Eltern haben. Es ist nichts Ungewöhnliches, aber es ist sehr traurig. Du wirst für Papa beides sein müssen, Tochter und »Frau«, und Du wirst die ganze Zeit mit ihm verbringen, die ich sonst mit ihm verbracht habe. Paß gut auf ihn auf. Deine Freunde werden mit Dir darüber sprechen, denn man schreibt über mich in den Zeitungen. Aber es gibt nichts, worüber Du beschämt sein müßtest. Sage einfach, ja, meine Eltern haben sich getrennt. Du warst immer so gut, wenn es darum ging, Leuten zu antworten, die zu weit gingen und dumme Fragen stellten. Schreib mir, und ich werde Dir antworten, und so wird die Zeit schnell vergehen, bis – so hoffe ich – bis wir uns wiedersehen. Alles Liebe   Mama

Inzwischen erreichte die Krisensituation auf Stromboli ihren Höhepunkt. Am 21. Juni 1949 erhielt Ingrid einen Brief ihres Anwalts Mendel Silberman, in dem er schrieb:

Wie Sie sich sicher erinnern, schlugen wir in der ersten Besprechung vor, daß der Film in sechs Wochen abgedreht sein könnte... Da Sie nun bereits die Zehn-Wochen-Grenze überschritten haben, werden Sie verstehen, wie verunsichert die RKO-Gesellschaft über diese Tatsache ist...

Ingrid antwortete am 5. Juli:

Es macht uns alle unglücklich, daß der Film so lange dauert, aber es gibt keinen Weg, ihn voranzutreiben. Ich glaube nicht, daß RKO einen Grund hat, in großer Sorge zu sein, denn am Ende werden sie einen Film für 600000 Dollar haben – vielleicht werden wir etwas über dem Budget liegen, aber nicht viel, und Sie wissen, wieviel meine letzten drei Filme gekostet haben! Und sie bekommen einen Film, der das genaue Gegenteil von *Johanna von Orleans* ist. Der Skandal war unter Umständen sogar ganz hilfreich, so daß es kaum einen Mann, eine Frau oder ein Kind geben wird, die den Film nicht sehen wollen, nach allem, was auf Stromboli geschehen ist, selbst falls der Film schlecht werden sollte. Wir haben einige außergewöhnliche Szenen von Vulkanausbrüchen gedreht, vom Thunfischfang und ein sehr dramatisches Ende in der sehr ungewöhnlichen Atmosphäre auf dieser gottverlassenen Insel.

Wir arbeiten hier so hart wie irgend möglich... Übermitteln Sie meinem Agenten Lew Wasserman die besten Grüße und diesen Hinweis: Ich werde lange Zeit nicht mehr arbeiten. Ich fürchte, er hat seine Mitarbeiter in England und Amerika vergeblich beauftragt, nach Stoffen für mich zu suchen. Es ist völlig überflüssig, denn wie ich jetzt herausgefunden habe, kann die Tatsache, eine erfolgreiche Filmschauspielerin zu sein, einen fast umbringen...

Mitte Juli war die Geduld von Harold Lewis und die des europäischen RKO-Büros erschöpft. »Beendet den Streifen in einer Woche, oder die Gelder werden gestoppt und der Film abgebrochen.«

Ingrid und Roberto setzten sich mit den Cohns und Joe Steele, der gerade angekommen war, zusammen, um ein Telegramm zu formulieren. In Ingrids Namen wurde es an Silberman abgeschickt.

UNGÜNSTIGES WETTER KRANKHEITEN UND VERLETZUNGEN HABEN DIE PROBLEME AUF DIESER PRIMITIVEN INSEL VERGRÖSSERT. ICH KANN MIR NICHT VORSTELLEN DASS RKO VON DIESEN SCHWIERIGKEITEN WEISS DENN SONST WÜRDE MAN UNS NICHT SO ANTREIBEN OBWOHL WIR BEREITS TAG UND NACHT ALLES DARANSETZEN SO SCHNELL WIE MÖGLICH FERTIG ZU WERDEN. WIR KAMEN HER UM DEN FILM SO GUT ZU MACHEN WIE ES UNS

MÖGLICH IST. TROTZ VIELER VERZÖGERUNGEN HABEN WIR DAS ITALIENI-
SCHE BUDGET KAUM ÜBERZOGEN OBWOHL WIR ZWEI KOMPLETTE VERSIO-
NEN DES FILMS DREHEN MÜSSEN DIE ZEIT UND GELD KOSTEN. WIR HABEN
NIEMALS DIE GENAUE AUFRECHNUNG DES AMERIKANISCHEN BUDGETS
BEKOMMEN UND WURDEN AUCH ÜBER VIELE ZUSÄTZLICHE AUSGABEN
NICHT INFORMIERT. DAS GESAMTE TEAM ARBEITET UNTER VIELEN ENTBEH-
RUNGEN. EINER UNSERER MÄNNER IST DURCH DIE SCHWEFELDÄMPFE DES
VULKANS GESTORBEN. MEINES WISSENS WAR NOCH KEIN TEAM DERARTI-
GEN HÄRTEN UNTERWORFEN. NIEMAND VON UNS VERLANGT DAFÜR
IRGENDEIN LOB ABER WIR HABEN AUCH MIT DERARTIGEN VERLEUMDUN-
GEN NICHT GERECHNET. BITTE UNTERRICHTEN SIE LEW WASSERMAN VON
DIESEM TELEGRAMM UND RICHTEN SIE MIR BITTE AUS OB ICH EINE KOPIE
AN HOWARD HUGHES SENDEN SOLL. GRÜSSE INGRID BERGMAN.

Am 26. Juli kam Mendel Silbermans besänftigende Antwort: RKO
habe Lewis vorgeschlagen, die Dreharbeiten für *Stromboli*, falls
nötig, bis zum folgenden Samstag weiterlaufen zu lassen. Sie würden
zwar auf die Verzögerungen verweisen, aber er habe das sichere
Gefühl, man wolle keine weiteren Kontroversen. Und – RKO sei
sich der ungeheuren Schwierigkeiten und unvorhersehbaren Zwischenfälle während der Dreharbeiten durchaus bewußt...

Am 2. August 1949 schrieb Ingrid Bergman kurz in ihr Tagebuch:
»Stromboli verlassen.« Nie trennte sie sich von einem Drehort
erleichterter als von dieser Insel. In vier kurzen Monaten hatte sie
ihren Thron als Hollywoods First Lady verspielt, sie fühlte sich
erbärmlich und niedergeschlagen. Sie war überzeugt, alle Freunde
enttäuscht zu haben, die ihr in der Vergangenheit dabei geholfen
hatten, ihre Filme zu realisieren. Sie hatte ihren Mann und ihre
Tochter verlassen. Petters Verwandte mußten sie hassen – ihre
Depressionen schienen kein Ende zu finden.

Sie gab außerdem eine Presseerklärung ab, in der sie feststellte,
ihre Filmkarriere sei nunmehr beendet. Es kam häufiger vor, daß
Filmstars derartige Erklärungen abgaben, um dann nach einer Weile
doch wieder vor die Kamera zu treten, wenn es ihnen paßte. Doch
Ingrid Bergman war davon überzeugt, daß ihre Entscheidung endgültig und unabwendbar war. Außerdem wußte sie etwas anderes mit

Sicherheit – sie war schwanger, und zwar von einem Mann, der von seiner Frau noch nicht geschieden war. Sie sah keinen Weg, wie sie das ihrer zehnjährigen Tochter erklären sollte. Eine Scheidung würde Monate oder sogar Jahre dauern. Sie hatte gerade die Erfahrung eines Riesenskandals gemacht. Die Geburt eines Kindes schien die Krönung dieses Skandals zu sein. Und sie sollte mit dieser Vorahnung recht behalten.

An dem Tag, an dem die New Yorker Presse in die Welt hinausposaunte, daß Ingrid einem unehelichen Sohn das Leben geschenkt hatte, kaufte sich der Schriftsteller Robert Anderson, dessen Lebensweg sich in naher Zukunft fast dramatisch mit dem Ingrid Bergmans kreuzen sollte, eine Zeitung. Am Kiosk sah er, wie ein Mann kopfschüttelnd die Schlagzeile betrachtete. Dabei murmelte er vor sich hin: »Also ist sie doch nur eine gottverdammte Hure!«

SECHZEHNTES KAPITEL

Am 5. August 1949 gab Ingrid Bergmans Pressevertreter Joe Steele in Rom im Namen seiner Klientin folgende Erklärung ab: »Es war nicht mein Wunsch, irgendeine Erklärung abzugeben, bevor der Film, den ich jetzt drehe, nicht wirklich beendet ist. Aber die anhaltenden und bösartigen Gerüchte haben einen Punkt erreicht, an dem ich mir wie eine Gefangene vorkommen würde, wenn ich nicht mein Schweigen brechen und meinen freien Willen äußern würde. Ich habe meinen Anwalt beauftragt, sofort meine Scheidung einzuleiten. Außerdem ist es mein Wunsch, mich ins Privatleben zurückzuziehen, wenn mein Film beendet ist.«

Einen Tag später schrieb die römische Zeitung »Giornale Della Sera«, daß Ingrid Bergman ein Kind erwarte. Drei Tage später landete Hollywoods Klatschbase Hedda Hopper auf dem römischen Flughafen, mietete sich im Hotel »Excelsior« ein, nahm Verbindung mit Joe Steele auf und verlangte gebieterisch ein Interview mit Ingrid Bergman.

Roberto verweigerte jedes Interview. Joe sah in dem Auftauchen Hedda Hoppers die Möglichkeit, vieles richtigzustellen, was über Ingrid und Rossellini geschrieben worden war, außerdem glaubte er nicht an Ingrids Schwangerschaft. Schließlich erklärte sich Ingrid zu dem Interview bereit. Hedda Hopper wurden zwar nicht gerade die Augen verbunden, aber sie wurde auf umständlichen und geheimen Wegen in die Räume von Rossellini gebracht. Ingrid lächelte freundlich, beantwortete alle Fragen, sagte all die »richtigen Worte«, hoffte, daß ihre Scheidung von Petter in Ruhe arrangiert werden könnte, und errötete nicht einmal, als Hedda Hopper kurz vor ihrem Abschied die provokative Frage stellte, ob Ingrid schwanger sei. Noch immer lächelnd stand Ingrid Bergman auf, zeigte ihre gertenschlanke Figur und fragte zurück: »Mein Gott, Hedda – sehe ich etwa so aus?«

Hedda kehrte nach Hollywood zurück und versicherte ihren Lesern, daß an den Gerüchten über die Schwangerschaft kein wahres Wort sei und daß Rossellini und Ingrid die betreffende Zeitung verklagen würden. Natürlich gab es einen wichtigen Grund, daß Ingrid die Frage nach der Schwangerschaft umging, ohne direkt zu lügen. Wenn die Nachricht ihrer Schwangerschaft durch die Presse ging, wäre Petters Reaktion die aller Ehemänner – Ungläubigkeit, Entsetzen und dann Wut. Und wenn er die Neuigkeiten noch dazu aus den Schlagzeilen erfahren müßte, würde er ihr vielleicht überhaupt nicht verzeihen können. Daher mußte Ingrid alles tun, um Petter dazu zu bringen, die Scheidungsprozedur mit ihr gemeinsam so schnell wie möglich abzuwickeln – möglichst noch, bevor das Kind geboren wurde.

Rossellini war der Ansicht, daß so etwas nur durch Anwälte zu erledigen sei. Sie müsse Petter zum Handeln zwingen. Ingrid war schließlich einverstanden. Schnell hatte man den, wie man meinte, geeigneten Mann für einen so delikaten Fall gefunden: Munroe MacDonald, ein Amerikaner, der in der Rechtsabteilung der amerikanischen Besatzungsmacht arbeitete, mit einer Italienerin verheiratet und vierzig Jahre alt war. Alles, was er brauche, sei totale Offenheit, erklärte er, bevor er in die Vereinigten Staaten reise, um die Sache in Angriff zu nehmen. Also stellte ihm Ingrid ein Dokument zusammen, in dem sie ihn über ihre Herkunft, ihr Leben mit Petter und ihre Begegnung mit Rossellini aufklärte. Munroe MacDonald machte sich auf den Weg.

Nur wenige Stunden nach seiner Landung in New York traf er, oder ein Beauftragter, mit dem Klatschkolumnisten Cholly Knickerbocker zusammen, und innerhalb von vierundzwanzig Stunden waren die Zeitungen des Hearst-Verlages im Handel, die zum erstenmal »Ingrids wahre Liebesgeschichte« berichten konnten. Die Artikel enthielten so viele Einzelheiten, vertrauliche Mitteilungen und aus dem Zusammenhang gerissene und neu wieder zusammengefügte Ereignisse, daß die Quelle nur MacDonalds Unterlagen sein konnten. Rossellini erklärte er unverblümt am Telefon, er sei sicher gewesen, ihnen so am besten helfen zu können. Aus Ingrids Unterlagen wurde auch ein Umstand sichtbar, den sie bisher verdrängt hatte: »Tief in meinem Herzen war ich noch immer Petters Frau, und er wußte das. Er hatte mir oft gesagt, daß kein Mann seiner Frau jemals mehr Freiheiten gelassen hatte. Das stimmt, aber ich war immer nur weit weg von ihm ›frei‹, nicht in seiner Nähe.«

MacDonald fuhr unbeschwert nach Hollywood und begann mit der Großzügigkeit eines Presseagenten, Erklärungen abzugeben. Im wesentlichen erklärte er, daß Ingrid bereit sei, die Hälfte ihres Vermögens Petter zu überlassen, wenn er endlich in die Scheidung einwillligen und sie das Recht erhalten würde, ihre Tochter zeitweise sehen zu können. MacDonald berichtete auch, daß Rossellini ihn beauftragt habe klarzustellen, daß er an Ingrids Vermögen überhaupt nicht interessiert sei, daß er noch nie vom Geld einer Frau gelebt habe und dieses auch in Zukunft nicht zu tun gedenke.

Sidney Bernstein berichtete Ingrid im September über die Premiere ihres Films *Sklavin des Herzens* in New York: Geteilte Meinung in der Presse... von der Geschichte enttäuschter als von den Schauspielern... Warner Brothers sehr optimistisch, sagen, es sei einer ihrer besten Filme... Warum sie nicht zur Galapremiere nach London komme?... Das würde ihr sicherlich persönlich helfen... Ihr Besuch in England könnte eine Brücke zwischen Italien und Amerika schlagen.

Für ihr Fernbleiben gab Ingrid zwei Gründe an. Es gäbe noch zuviel Aufregung bei RKO über *Stromboli*. Zweitens erklärte sie: »Ich lehne es ab, einem Journalisten gegenüberzutreten, mit ihm zu sprechen oder auf seine Fragen zu antworten. Sollte ich jemals wieder mit einem Journalisten zusammenkommen, wäre das purer Zufall. Es gibt ein Sprichwort in Schweden, daß gebrannte Kinder das Feuer scheuen. Ich weiß, daß gerade die englische Presse immer anständig und diskret war – dennoch: Ich bin ein gebranntes Kind. Im Augenblick befinde ich mich im Zentrum eines ungeheuren amerikanischen Presse-Sturms. Schlimmer kann es eigentlich kaum noch werden, aber ich bin überzeugt davon, daß er mich vernichten wird. Ich bin bereit, für meine Fehler zu zahlen, brauche aber keine Brücke nach Amerika. Ich habe nicht die Absicht, jemals wieder dorthin zurückzukehren...«

Am 14. Dezember 1949 kam ein Brief des belgischen RKO-Repräsentanten. Am Abend zuvor hatte er eine Kopie von *Stromboli* gesehen. Er war begeistert:

Stromboli ist überwältigend. Hier ist ein Film, der den Geschmack der anspruchsvollsten Kinogänger (die hochgestochensten Kritiker eingeschlossen) trifft. Auch das allgemeine Publikum wird sich seiner Ausstrahlung nicht entziehen können. *Stromboli* ist Rossellinis bester Film. *Stromboli* ist Ingrid Bergmans bester Film. *Stromboli* ist der Film des Jahres 1950. Ingrid Bergmans Darstellung in *Stromboli* ist fraglos bei weitem die beste ihrer gesamten Laufbahn... Kurzum, *Stromboli*, die erste unserer Premieren der Saison 1950/51, ist eine Sensation für Europa, und ich werde sofort mit den Verleihern sprechen...

Leider befand sich der belgische RKO-Mann im Irrtum.

Was Munroe MacDonald auch immer tat – in einer Richtung hatte er einen überwältigenden Erfolg: Die Sensationsberichte, die er lanciert hatte, befremdeten Petter Lindström außerordentlich. Von nun an trat er Ingrid und Rossellini mit äußerster Vorsicht entgegen. Er war überzeugt, daß sie unwahre und geschmacklose Behauptungen aufstellten und gegen ihn einen Pressekrieg anzettelten. Er hatte mit Ingrid telefoniert, bevor er die MacDonald-Neuigkeiten gelesen hatte. Nun schrieb er ihr, er habe sich gefreut, ihre Stimme zu hören, und daß er mit Bedauern von ihren Schwierigkeiten erfahren habe. Also habe er sich dazu entschlossen, ihr – wie früher – zu helfen.

Dann schrieb er weiter, MacDonald habe berichtet, daß Ingrid ihm persönlich versichert habe, Pia sei von ihr davon unterrichtet, daß sie nicht zurückkommen würde. Das fand Petter untragbar. Wie konnte sie jemanden engagieren, der alle ihre privaten Dinge sofort an die Presse weitergab?

MacDonald habe doch tatsächlich den traurigen Mut gehabt, einen ausführlichen Bericht über ihr Eheleben zu veröffentlichen, und dabei sein Bestes getan, Petter zu verunglimpfen. Ob das zu ihren neuen Taktiken gehöre, jetzt, wo sie doch ihre eigenen Entscheidungen treffen wolle.

Petter hatte davon gehört, daß Rossellini in Stromboli herumer-
zählen würde, daß Ingrid ohne jeden Pfennig nach Italien gekommen
sei, daß Petter ihr niemals Pelze, Juwelen oder Kleider gekauft habe.
MacDonalds Berichte enthielten den gleichen Unsinn. Was wolle sie
damit erreichen, ihn derart mit Schmutz zu bewerfen? Wolle sie ihn
einfach nur wütend machen?

Ingrid versuchte, Petter davon zu überzeugen, daß diese Äußerungen gegen ihren Willen veröffentlicht worden seien, daß sie sie
ebenso geschmacklos fände wie er:

Ich fühle mich wie Don Quichotte. Du bist meine Windmühle, und
wahrscheinlich hoffst Du, mich eines Tages mit dem Flügel zu treffen
und umzubringen.

Zugegeben, MacDonald hat seinen großen Mund nicht halten
können und geschmacklose Geschichten erzählt, zu denen er nicht
berechtigt war. Aber er *ist* mein Repräsentant, wie ich Dir schon am
Telefon gesagt habe. Warum glaubst Du es nicht? Weil ich einen
Amerikaner engagiert habe? Es war schwer genug, ihn in Italien zu
finden. Deinetwegen wollte ich keinen Italiener, selbst wenn er
fließend Englisch gesprochen hätte. Aber nun gibt es natürlich
wieder einen riesigen Wirbel in der Presse, der Dir schlaflose Nächte
bereitet. Aber wessen Schuld ist das? Sage ja nicht, daß ich schuld
daran bin, weil MacDonald nun einmal »mein Mann« ist! – Ich weiß,
daß er mich als Sprungbrett benutzt, aber ist das mein Fehler? Nach
diesen sechs Monaten, in denen ich Dich immer wieder um eine
Scheidung gebeten habe, in denen ich Dir immer wieder schrieb, mit
Dir telefonierte, hattest Du doch nur noch ein sarkastisches Lachen
für mich übrig. Natürlich, hast Du gesagt, wärst Du bereit, Dich mit
meinem Anwalt zu treffen. Du weißt sehr gut, daß wir uns die Kosten
nicht leisten können, die entstehen, wenn all diese Leute um die
halbe Welt reisen, nur um mit Dir zu sprechen, während Du Verstekken spielst.

Du sagst, meine Anwälte hätten Dir ein Vermögen für meine
Freiheit geboten, und das in Schlagzeilen. Du kannst den Leuten
doch nicht verdenken, daß sie sich das nicht entgehen lassen und
Schlagzeilen daraus machen. Wahrscheinlich waren die Zeitungen
darüber genauso überrascht wie die Anwälte. Es ist eben nicht

üblich, daß eine Frau keine Abfindung verlangt. Wahrscheinlich halten sie mich für blöd, Dir alles zu geben, was ich habe. Schließlich gehört die Hälfte dessen, was ich verdient habe, mir. Aber ich lasse es Dir und Pia.

Ich bin es so leid, immer wieder schreiben zu müssen, aber mein Zorn läßt mich durchhalten. Du glaubst nur Dir, Petter. Und Du akzeptierst nichts und niemanden anders. Wie Du schon sagtest: »Wann habe ich je einen Fehler gemacht?« Gute Nacht und schlaf gut...

Ingrid war entsetzt, als MacDonald Gregson Bautzer als ihren Anwalt in Hollywood anwarb. Sie hatte auf einen klugen, älteren Rechtsexperten gehofft. Alles, was sie über Bautzer wußte, war, daß sein Name oft im Zusammenhang mit berühmten Leinwandstars wie Ginger Rogers, Lana Turner und Joan Crawford genannt wurde und daß er der »begehrteste Junggeselle in der Filmwelt« sein sollte. Er war nicht gerade jemand, den sie sich als ihren Vertreter und Berater wünschte.

Aber die Ereignisse zeigten, daß sie ihn falsch beurteilt hatte. Greg Bautzer gelang es, den komplizierten und scheinbar endlosen Fall klug und tüchtig abzuwickeln. Am Ende der traurigen Affäre schrieb ihm Ingrid einen Brief, in dem sie sich nicht nur für seinen Einsatz, sondern auch für seine ungewöhnlich bescheidene Honorarforderung bedankte.

Es gab ein Problem mit Joe Steele, meinem Pressebetreuer. Er war in Rom, als die Zeitungen die ersten Vermutungen über meine Schwangerschaft anstellten. Er erregte sich sehr und bestand darauf, die Zeitungen zu verklagen. Ich glaube, es hat ihn entsetzt, daß Roberto alles so ruhig hinnahm. Dann fuhr er nach Hollywood, und die Berichte gingen weiter. Er war dabei, eine Klage in die Wege zu leiten, und so schrieb ich ihm: »...nur für Dich zur Information: Ich will Dich und alle anderen aus dieser Geschichte heraushalten. Sag einfach, daß Du von nichts weißt, daß aber nichts unmöglich sei. Und Du wußtest ja auch nichts, als Du aus Italien abfuhrst...« Dann schrieb ich ihm die Wahrheit...

Joe Steele reagierte so, als solle ihm das Kind höchstpersönlich untergeschoben werden. »Die Nachricht traf mich wie ein Schlag«, sagte er.

Ein paar Tage lang trug er schwer an der Last, die ihm da aufgebürdet worden war. Von allen Seiten wurde er zu den Gerüchten befragt, um Bestätigung oder Dementi gebeten. Schließlich wurde es ihm zuviel. Er mußte mit jemandem darüber sprechen. Aus den ehrenhaftesten Motiven heraus beschloß er, sich Howard Hughes anzuvertrauen. Er habe, sagte er zu Hughes am Telefon, eine absolut vertrauliche Mitteilung zu machen. Wenn Ingrid davon erfuhr, würde sie ihm nie verzeihen. Aber er habe lange nachgedacht, Alpträume deswegen gehabt... nun, Ingrid sei schwanger!

Howard Hughes war interessiert. Wann es denn soweit sei? Joe vermutete im März und kam dann zum Kernpunkt. Howard müsse unbedingt sofort eine Entscheidung treffen. Zweifellos würden die allerneuesten Neuigkeiten den Film nun endgültig ruinieren. Sehr wahrscheinlich würde er verboten werden. Ingrid und Roberto Rossellini wären am Ende. Wenn nun Howard dafür sorgen würde, den Film so schnell wie möglich zu beenden, ihn freizugeben – sagen wir, in fünfhundert Kinos überall in Amerika –, hätten Ingrid und Roberto die Chance, wenigstens etwas Geld zu machen. Und zumindest Ingrid habe das verdient.

Howard Hughes dankte Joe und sagte, er würde seinem Rat folgen. Doch am nächsten Morgen wurde Joe Steele mit den Zeitungsberichten konfrontiert: »Ingrid Bergmans Kind kommt in drei Monaten in Rom zur Welt«, »Ingrid Bergmans Kind schockiert Filmwelt«, »Rossellini: Baby-Story greift in Intimsphäre ein« hieß es in dicken Schlagzeilen.

Howard Hughes war zu der Überzeugung gekommen, daß Enthüllungen mehr Geld bringen als Diskretion. Und Hollywoods Klatschbase Louella Parsons schrieb: »In der Geschichte hat es nur wenige Frauen – und Männer! – gegeben, die ihrer Liebe so viel geopfert haben wie der schwedische Star...« Und dann erging sie sich in romantischen Vergleichen mit Maria Stuart und Bothwell, Lady Hamilton und Lord Nelson, dem Prinzen von Wales und Mrs. Simpson.

Es ist zweifelhaft, ob es in neuerer Zeit einen Menschen gegeben hat, der – ohne Titel, ohne eine Million Dollar gestohlen oder einen ruchlosen Mord begangen zu haben – Ähnliches zu erdulden hatte wie Ingrid Bergman in jenen Jahren. Das war nicht der fast übliche Einbruch in die Intimsphäre – das war viel mehr. Das war ein Belagerungszustand rund um die Uhr, hinter verschlossenen Türen und Fenstern... Alle anderen aktuellen Tagesmeldungen schienen neben dem Bergman-Skandal zweit- und drittrangig.

Dann meldete sich Ernest Hemingway telefonisch. »Was ist denn das?« fragte er. »Amerika dreht ja völlig durch. Skandal, weil ein Kind geboren wird! Unglaublich! Ich wünsche dir Zwillinge. Ich werde ihr Pate und verspreche dir, sie in den Petersdom zu tragen, auf jedem Arm einen. Was kann ich für dich tun?«

Ich sagte: »Sieh zu, daß deine Worte veröffentlicht werden, Ernest. Alle Zeitungen sind so voller Haß gegen mich. Sag es Ihnen. Sonst tut es ja doch niemand.«

»Ich werde es tun«, sagte er. Und er tat es. Es erschien ein Foto von ihm auf einer Titelseite. Und darunter wurde er zitiert: »Was soll dieser Unsinn? Sie bekommt ein Kind. Na und? Frauen bekommen nun einmal Kinder. Ich bin stolz auf sie und freue mich mit ihr. Sie liebt Roberto, und er liebt sie, und sie freuen sich auf das Kind. Wir sollten mit ihr feiern, anstatt sie zu verdammen.«

Das Telefon klingelte. Es ging auf Mittag zu, es war der 2. Februar 1950. Daran erinnere ich mich genau. Lydia Vernon war am Apparat, die Frau unseres Managers. Sie rief aus Beverly Hills an und beschwor mich, nach Amerika zu kommen und Pia zu besuchen. Sie frage dauernd nach mir, weine ständig und sei sehr unglücklich. Ich regte mich so auf, daß mir die Tränen kamen. Ich sagte ihr, daß ich unmöglich kommen könne, und versuchte, das Gespräch zu beenden. Aber sie bedrängte mich weiter. Schließlich gelang es mir doch, den Hörer aufzulegen. In diesem Augenblick spürte ich die ersten Wehen. Ich hatte eine schreckliche Vorahnung. Ich glaubte, in die Klinik zu müssen und nicht wieder lebend herauszukommen. Das mochte wohl irgend etwas damit zu tun haben, daß ich als Kind zu viele Filme gesehen hatte, glaube ich. Ich hatte für meine Sünden zu bezahlen: Entweder würde ich ins Gefängnis kommen oder sterben.

Ich mußte Pia schreiben, mußte ihr schreiben, daß ich sie liebte – und wenn es das letzte wäre, was ich noch tun konnte. Also holte ich meine Schreibmaschine, legte einen Bogen und Kohlepapier ein. Wenn der Brief verlorenginge, wäre wenigstens noch die Durchschrift vorhanden und würde irgendwie in ihre Hände gelangen. Aber wie erklärt man einem zehnjährigen Kind, daß ich ein weiteres Baby bekäme und warum ich nicht nach Hause kommen könnte, um das Baby bei ihr und ihrem Vater zu erwarten?

Dann hastete Elena herein. Sie hatte sich seit meiner Ankunft in Italien um mich gekümmert. Sie warf mir nur einen Blick zu und rief: »Um Himmels willen, wir können das Baby doch nicht hier bekommen! Ich werde mit so was nicht fertig! Wir müssen den Arzt rufen! Bitte, lassen Sie einen Arzt rufen!« Aber ich entgegnete: »Nein, ich muß erst den Brief schreiben!«

Ich sah auf die Uhr. Ich wußte, daß die Schmerzen in regelmäßigen Abständen kommen und daß man dazwischen seine Ruhe hat. So schrieb ich, bis die nächste Wehe kam, machte eine Pause, schrieb weiter... Elena hopste außer sich um mich herum und stöhnte. Sie flehte mich an, endlich den Arzt zu rufen. Aber ich blieb fest. Erst als der Brief an Pia wirklich fertig war, riefen wir an.

Roberto war bei Außenaufnahmen zu seinem neuen Film *Franz von Assisi*, also wurde er telefonisch benachrichtigt. Ich vermutete, er würde in seinen Ferrari springen und noch vor mir in der Klinik sein.

Schließlich kam der Wagen, und wir fuhren los. Auf halbem Wege stellte ich fest, daß ich meinen Smaragdring nicht trug, den mir Roberto geschenkt hatte. Offenbar hatte ich ihn nach dem Händewaschen im Bad vergessen. Das brachte mich fast um. Vom Krankenhaus aus rief ich Elena an und sagte ihr, daß ich das Kind nicht ohne meinen Ring bekommen könne, er läge im Bad. Sie solle sich in ein Taxi werfen und ihn mir so schnell wie möglich bringen.

Das letzte, an das ich mich erinnere, ist, daß mir Elena den Smaragd an den Finger steckte und mich anlächelte. Dann wurde ich in den Kreißsaal gebracht, und Robertino wurde um sieben Uhr abends geboren.

Der Brief an Pia ist, wenn man die Umstände in Betracht zieht, unter denen er geschrieben wurde, eine erstaunliche Leistung.

Mein einziger Liebling,
heute ist es zehn Tage her, seit wir miteinander telefoniert haben, und ich habe Dir seitdem nicht geschrieben. Ist das nicht einfach schrecklich? Seit einigen Tagen fühle ich mich nicht besonders wohl. Ich glaube, ich habe zu viele Bonbons gegessen. Jemand hat mir eine Schachtel aus Amerika geschickt, und da ich so lange keine amerikanischen Bonbons mehr gesehen hatte, habe ich sie alle auf einmal verputzt. Vermutlich hätte das Papa gar nicht gefallen, aber sie haben so gut geschmeckt.

Liebe Pia, ich verstehe, daß die Kinder in der Schule eine Menge Fragen stellen. Ich hatte Dich schon gefragt, was sie eigentlich gesagt haben, aber vermutlich hattest Du keine Zeit, meinen Brief zu beantworten. Ich möchte Dir so gern helfen. Ich will versuchen, Dir einige Dinge zu erklären. Erstens: Du weißt, daß schon lange bevor ich nach Italien ging, Zeitungsleute neugierige Fragen stellten und über uns eine Menge geschrieben haben. Damals haben wir darüber gelacht, weil sie so viele alberne Geschichten schrieben, wahre und erfundene. Sie konnten aber niemals wirklich etwas Schlechtes über Papa und mich schreiben, weil wir immer zu Hause waren, weil wir glücklich miteinander waren und es schwer war, etwas Interessantes über uns herauszufinden. Aber sie haben wohl auf den Tag gewartet, an dem sie etwas Sensationelles über Deine Mama schreiben konnten, und jetzt sind sie vor lauter Freude alle übergeschnappt. Ich weiß nicht warum, aber die Menschen scheinen böse und traurige Geschichten lieber zu lesen als die guten. Nur sehr wenige Zeitungsleute haben über die vielen Künstler geschrieben, die im Krieg die Soldaten unterhalten haben, die unter den schwierigsten Bedingungen versuchten, ein paar Soldaten ein bißchen fröhlicher zu machen. Wir alle sind in die Krankenhäuser gegangen, um die Patienten zu besuchen, wir alle haben Geld für Bedürftige gespendet. Aber das interessiert die Zeitungen nicht. Daß ich nach all den Jahren Papa verlassen und Mr. Rossellini heiraten will, ist für ihre Leser viel interessanter, und deshalb schreiben sie über uns alles mögliche, ohne nachzuprüfen, ob es wahr ist oder nicht.

Hier vor meiner Wohnung stehen immer viele Leute herum. Ich habe versucht, wie ich Dir früher schon schrieb, meine Adresse geheimzuhalten. Aber das ist einfach nicht möglich. Der Müllmann erzählt es dem Kolonialwarenhändler. Der sagt es seiner Frau, die ihrem Friseur, der es wiederum seinen Kindern erzählt, und die berichten es ihren Freunden in der Schule und so weiter. Der Hauswart ist ein lieber Mann. Er ist klein und dünn, manchmal tut er mir leid, wenn diese großen forschen amerikanischen Zeitungsleute ihn bedrängen und ihm fast die Polizei auf den Hals hetzen, weil er sie nicht zu mir lassen will. Aber der kleine Hauswart versucht alles, was er kann.

Ich habe seit fünf Wochen die Wohnung nicht verlassen, weil draußen immerzu Fotografen in ihren Autos warten. Ich bringe Stromboli auf die Dachterrasse. Da hat er Auslauf, und ich kann lesen oder sonnenbaden. Ich brauche also nicht auf die Straße. Manchmal sehen wir über die Terrassenbrüstung hinunter. Und wenn wir dann Fotografen entdecken, spucken wir – natürlich nur ganz wenig! – auf sie hinunter. Das heißt, ich spucke – Stromboli kann das nicht, obwohl ich weiß, wie gern er es täte. Eines Tages habe ich sie nicht mehr gesehen. Ich dachte, sie hätten endlich aufgegeben. Ich wollte nur um die Ecke, um ein bißchen Luft zu schnappen. Ich trat vor die Tür. Sekunden später richtete sich eine Kamera auf mein Gesicht, und ein Mann fotografierte mich. Ich schrie ihn auf englisch an, aber er lächelte nur. Stell Dir vor, es war ein Italiener. Ich mußte auch lächeln, weil er so fröhlich war. Man stelle sich vor – da hatte er die ganze Zeit gewartet, und dann kam ich wirklich heraus. Die Sonne schien, und sein Foto würde sicher etwas werden. Jetzt war sein Chef bestimmt zufrieden, und er bekam wahrscheinlich noch ein bißchen Geld extra für seine Arbeit. Ich lächelte, als mir das durch den Kopf ging, aber schon wenig später habe ich angefangen zu weinen wie ein Baby.

Pia, Du mußt wissen, daß all die Geschichten über das, was ich angeblich gesagt oder getan habe, erfunden sind. Ich habe niemals gesagt, daß ich mein Kind – das heißt Dich – aufgebe oder daß ich Dich nie wiedersehen wolle. Ich weiß nicht, weshalb sie das schreiben, vielleicht, weil sie zeigen wollen, daß ich eine schlechte Mutter bin. Ich liebe Dich, Pia, auch wenn es schon eine lange Zeit her ist, seit wir uns gesehen haben. Aber das heißt nicht, daß wir uns nie mehr sehen werden. Ich ziehe hier bald in ein kleines Haus. Dort wird es ein Zimmer geben, das ich Pias Zimmer nennen werde. Wenn Du kommst, steht es für Dich bereit – mit Deinen Spielsachen, und Du wirst bald feststellen, daß es gar nicht so seltsam ist, zwei Zuhause zu haben, eins bei Papa und eins bei Mama. Wir werden zusammen reisen, denn jetzt bist Du groß genug, um mit mir zu verreisen, und wir werden viel von der Welt sehen. Ich werde auch nach Amerika kommen, damit nicht nur Du immer herumreisen mußt. Wir werden uns das teilen.

Warte ab, Du wirst es sehr aufregend finden, zwei Zuhause zu haben. Ich sage damit nicht, mein Liebling, daß das besser ist, als nur eins zu haben. Nein, ich weiß sehr gut, daß für Dich ein Zuhause mit Papa und Mama das beste wäre. Aber da wir nicht immer nur das Beste haben können, müssen wir versuchen, das Beste aus allem zu machen. Glaub mir, das ist gar nicht so schlimm. Du wirst hier Freunde finden. Es gibt hier eine englische Schule, in der nur englische Kinder sind. Du wirst Dich nicht einsam fühlen. Und wenn ich noch ein Kind bekomme, wirst Du mit ihm spielen, und wir werden ihm ordentliches Englisch beibringen. Mein Italienisch ist noch schlechter als mein Französisch, und Du weißt, wie schlecht mein Französisch ist!

Ich sagte Dir schon, daß Papa Papa bleibt und daß wir uns nicht hassen. Während einer Scheidung gibt es immer viele Dinge zu klären und zu diskutieren. Natürlich diskutieren wir, aber wir streiten nicht miteinander. Ich würde gern wissen, was an Bösem über Papa gesagt wird, denn dann könnte ich Dir erklären, was wirklich dahintersteckt und warum gewisse Dinge behauptet werden.

Bitte schreibe mir. Hab keine Angst, zu mir so offen zu sein wie zu Mrs. Vernon. Sie hilft uns sehr, aber vielleicht gibt es Dinge, die Du lieber von mir direkt erfahren willst.

Es tut mir so schrecklich leid, daß Du das alles mit durchstehen mußt. Aber das Leben ist lang, und dies ist nur eine kurze Zeitspanne im Schatten. Die Sonne wird wieder scheinen, und wir werden alle wieder glücklich sein.

Alle meine Liebe und viele Küsse

Mama

Ingrid ließ ganz unbeabsichtigt die Premiere von *Vulcano* platzen, Anna Magnanis Gegenstoß gegen Rossellinis *Stromboli*. Der »Fiamma«-Palast war bis auf den letzten Platz gefüllt. Auch Journalisten waren zahlreich erschienen. Der Vorspann lief; dann ertönte ein dumpfer Ton und – die Leinwand wurde dunkel. Im Projektor war eine Lampe durchgebrannt, und es gab keinen Ersatz. Ein Junge wurde mit dem Fahrrad losgeschickt, um eine neue zu besorgen. Die Lampe wurde ausgetauscht, der Film begann erneut, aber Anna Magnani stellte verdutzt fest, daß die Hälfte der Zuschauer – alle Journalisten – das Kino verließ. »Was ist los?« fragte sie entsetzt.

»Ingrid Bergman hat einen Sohn bekommen«, flüsterte einer ihrer Freunde. »Die Presse rast ins Krankenhaus.«

»Das ist Sabotage«, murmelte die Magnani. Sie war eine viel zu erfahrene Schauspielerin, um mit einem neugeborenen Baby in Wettstreit zu treten. Sie bemühte sich um einen würdevollen Abgang.

In Rom wurde auch die erste Version von *Stromboli* einer ausgewählten Gruppe von ein paar hundert Priestern und einigen Bischöfen vorgeführt, um zu beweisen, daß der Schluß des Films durchaus anregend und erbaulich war und nur wenig mit der hastig zusammengeschnittenen Version zu tun hatte, die von RKO in die Kinos der Vereinigten Staaten gebracht worden war.

Die normalerweise ruhige und friedliche Geburtsklinik, von lächelnden Nonnen geleitet, verwandelte sich in kürzester Zeit in ein Tollhaus. Innerhalb von Sekunden erfuhren die italienischen Journalisten, daß die Stunde der Wahrheit gekommen war. Überall im Krankenhaus klingelten die Telefone wie bei einem kleineren Feueralarm. Auf Anweisung von Roberto, der wußte, was zu erwarten und was dagegen zu unternehmen war, wurden alle Eisentore zum Grundstück versperrt und das Personal angewiesen, Eindringlinge abzuwehren. Auch die amerikanische Presse gierte nach Bestätigung. Einem Angehörigen von Associated Press gelang es, einer Nonne habhaft zu werden, die keine Ahnung hatte, welche Berühmtheit sich unter ihrem Dach befand. Als der Journalist sie aufforderte, auf die Bibel zu schwören, daß Miss Ingrid Bergman nicht unter den Patienten sei, sagte sie: »Ah – Sie meinen Borghese! Ja, die Principessa Borghese hat am Abend bezaubernden Zwillingen das Leben geschenkt. Aber es gibt keinen Grund, deshalb die Türen zu verbarrikadieren.«

In der Nacht wurden die Schwangeren, die jungen Mütter, die Babys und das Personal durch den unglaublichen Lärm am Schlafen gehindert. Der Chef der Klinik rief die Polizei. Mit Blaulicht und Sirengeheul erschien sie auf der Szene. Ihre Stahlhelme brachten eine besonders pikante Note in das Ganze. Journalisten und Fotografen zogen sich ein paar Zentimeter zurück. Es war eine bitterkalte Februarnacht, und sie sammelten Holz in einem nahe gelegenen Park und zündeten kleine Feuer an. Wärme vereint: Gemeinsam wärmten sich Polizisten und Journalisten die klammen Finger.

Am Morgen kam der Krankenhausdirektor zu der Überzeugung, daß er die einzigartige Gelegenheit zu kostenloser Reklame nicht vorübergehen lassen dürfe. Er gab – vorsichtig – bekannt, daß er am Nachmittag Journalisten – keine Kameras! – in die im Souterrain des Krankenhauses gelegenen Empfangsräume lassen würde, damit sie die medizinische Ausrüstung dieses Hauses bewundern könnten. Es war, als würde einem Rudel hungriger Wölfe eine Fleischerei geöffnet. Höfliche und beeindruckte Herren in schweren Mänteln tröpfelten herein, um – erst einmal drinnen – Fotoapparate unter den Mänteln hervorzuzerren und in alle Richtungen davonzustürmen, verfolgt von ängstlichen Nonnen und wütenden Assistenten.

Einem Fotografen von »Life« gelang es tatsächlich, in den zweiten Stock und vor die verschlossene Tür von Zimmer 34 zu kommen, in dem Ingrid lag, Robertino in einem kleinen Kinderbett an ihrer Seite. Der Fotograf wurde eingefangen, die Treppen hinuntergeführt, und danach wurden alle Journalisten hinauskomplimentiert.

Draußen bezogen die Fotografen Posten und warteten auf ihre Chance. Sie blieben zwölf Tage lang. Sie hockten in Bäumen und kletterten wie Affen auf der Mauer herum, die das Haus umgab, während die Polizei versuchte, sie wieder herunterzuholen. Einer fiel hinunter und brach sich einen Arm. Ingrid und Roberto empfanden kein übertriebenes Mitleid. Andere mieteten sich eine Wohnung gegenüber dem Krankenhaus und hingen aus jedem Fenster, in der Hoffnung, von dort aus etwas Brauchbares schießen zu können. Sie versuchten, Angestellte zu bestechen, Briefe zu transportieren. Ihre

Vorwände waren vielfältig: »Mein Job ist gefährdet«, »Meine Aussichten auf Beförderung sinken«, »Meine Frau hat es nicht gern, wenn ich nachts fort bin, vielleicht sucht sie sich einen Liebhaber«. Einer kam mit Blumen von Maxwell Anderson – »Sehen Sie, hier ist seine Unterschrift« – und wollte sie natürlich persönlich übergeben. Der erste Preis für Unverschämtheit gebührte demjenigen, der behauptete, er habe gehört, das Baby sei eine Mißgeburt. Aus reiner Menschenliebe wolle er – wenn Ingrid Bergman ihn für nur wenige Sekunden empfangen würde – der Welt den Gegenbeweis liefern.

Sie versuchten, unschuldige Nonnen zu bestechen, ein italienischer Kameramann brachte seine schwangere Frau zur Entbindung. Er trug ihren Koffer in ihr Zimmer. Dort öffnete ihn eine Nonne, und – o Wunder! – darin waren Kameras anstelle von Babysachen. Ein anderer kletterte die Regenrinne zu meinem Balkon empor, konnte dann aber die Fensterläden nicht öffnen. Die Zeitungen veröffentlichten alte Fotos von mir und brachten sie in irgendeinen Zusammenhang mit der Geburt.

Und dann erschien ein Foto auf der Titelseite einer Zeitung, das uns die Sprache verschlug. Da saß ich glücklich im Wochenbett, mit Robertino im Arm. Roberto stand stolz an meiner Seite. Das Foto zeigte auch einen Arzt mit einer Sprechblase vor dem Mund: »Es ist ein Junge.« Auf den inneren Seiten stand – ganz klein gedruckt –, daß es sich bei dem Titelbild um eine Montage handele. Dieser Hinweis sollte sie vor einer Klage bewahren. Sie hatten ein Foto aus *Stromboli* genommen, hatten meinen Kopf auf den Körper einer im Bett liegenden Frau montiert, dann den Kopf von Roberto auf den Körper eines Mannes und so weiter. Natürlich verkauften sie Millionen Exemplare dieser Ausgabe. Aber es war keineswegs nur ein übler Scherz. Viele Leute schrieben, Tausende in aller Welt sagten: »Jetzt lassen sie sich mit dem Kind auch noch im Krankenhaus fotografieren! Haben die Nerven! Wie schamlos! Und dabei sind sie nicht einmal verheiratet!«

Aber eine sehr großzügige Geste kam von einer Frau, die ich kaum kannte. In Amerika schrieben die Zeitungen des Verlegers Hearst die widerlichsten und verlogensten Geschichten über mich. Zusammen mit einem Blumenkorb kam ein Telegramm: »Ich liebe und bewundere Sie.« Blumen und Telegramm kamen von Marion Davies, der Geliebten von William Randolph Hearst.

Natürlich wollten wir unser Kind nicht der Presse zum Fraß vorwerfen. Es hatte genauso ein Recht auf ein Privatleben wie wir. Also entwarf Roberto einen Schlachtplan, wie wir ungesehen aus dem Krankenhaus kommen könnten. Mitten in der Nacht erschien er und erklärte: »Wir gehen!« Also stand ich um ein Uhr auf, nahm Robertino und raste mit Roberto die Treppen hinunter. Nicht einmal die Nonnen wußten Bescheid. Sie kamen hinter uns hergelaufen, riefen, wir könnten doch nicht einfach fortgehen. Doch wir sprangen in Robertos Auto und rasten davon. Hinter unserem Auto fuhr ein Freund. Wenig später stellte er den Wagen quer, die Straße war für die uns verfolgenden Reporter blockiert. So kamen wir unbehelligt nach Hause.

SIEBZEHNTES KAPITEL

Am 14. März 1950 stand der ehrenwerte Edwin C. Johnson aus Colorado im Senat der Vereinigten Staaten auf und lieferte die erstaunlichste und giftigste Attacke gegen eine Schauspielerin und einen Filmregisseur, die diese erlauchte Versammlung je erlebt hatte. Er hob an, daß dieser dumme Film über eine schwangere Frau und einen Vulkan nicht wie jeder andere schlechte Film einfach vergessen werden dürfe. In der Zukunft müsse das amerikanische Publikum vor derartigen Machwerken geschützt werden.

Er sprach von einem geschmacklosen Reklamerummel um einen Film, der an Schamlosigkeit und Unmoral nicht mehr zu überbieten sei. In Zukunft müßten Schauspielerinnen, Produzenten und Filme von Institutionen überwacht werden, um derartige Vorkommnisse zu verhindern. Weiter führte er aus, daß Ingrid Bergman die heilige Institution der Ehe angegriffen habe. Er bezeichnete sie als eine »Anhängerin der freien Liebe«, die einen »machtvollen und teuflischen Einfluß« habe.

Frau Lindström habe zwei Kinder in die Welt gesetzt – eines habe heute keine Mutter mehr, das andere Kind sei unehelich. Er zitierte Zeitungsberichte zur Untermauerung seiner Worte, und er verlas eine Kritik über *Stromboli* aus dem »Washington Star«: »...es ist eine schrecklich abgeschmackte Arbeit, eine bedeutungslose Geschichte, grotesk in der Darstellung, eine konfuse Regie und absolut geistlos... Ingrid Bergmans Schwanengesang, den man am besten so schnell wie möglich vergessen sollte.«

Senator Johnson gab zu, daß Ingrid Bergman früher seine Lieblingsschauspielerin gewesen sei, doch jetzt müsse sie von Schizophrenie befallen sein. Oder stehe sie etwa unter hypnotischem Einfluß? Ihr unnatürliches Verhalten gegenüber ihrer kleinen Tochter deute auf eine geistige Anomalie hin. Nach »unserem Recht kann kein

Fremder, der sich Verworfenheit zuschulden kommen ließ, je wieder unser Land betreten«. Mrs. Petter Lindström habe sich selbst aus dem Land ausgebürgert, das so gut zu ihr gewesen sei. Aber Ingrid Bergman habe ihre Karriere nicht umsonst zerstört, denn »aus ihrer Asche möge ein besseres Hollywood erwachsen«.

Da war ich also im Heiligen Jahr in Rom mit einem neugeborenen Baby. Und überall – besonders in Amerika – wurden Haßtiraden gegen Roberto und mich geschleudert. Rom war voller Touristen und Pilger, Fahnen hingen aus jedem Fenster, und ich – die Verworfene, die Sünderin – war mitten unter ihnen.

Ich versuchte, mich körperlich und geistig zu erholen. Ich hatte eine neue Familie, ein neues Leben. Ich war entschlossen, wie eine ganz normale Frau zu leben, die nur noch für ihren Mann und ihre Kinder da ist. Außerdem hatte ich auch noch Robertos Familie. Da waren seine Schwester Marcella und Fiorella, Marcellas Tochter, die ein wenig älter als Pia war und mir so lieb wie eine eigene Tochter wurde.

In diesem kochend heißen Sommer war Fiorella mit mir in die Berge außerhalb Roms gefahren, um der Hitze zu entkommen. Sie beschützte uns großartig. In Windeseile hatte sie gelernt, Steine nach den Fotografen zu werfen, die uns auch dort auflauerten. Sie wurde in dieser Disziplin so perfekt, daß ich ihr sagen mußte, daß die Leute schließlich nur ihren Beruf ausübten und sie besser aufhören sollte. Aber Fiorella warf weiterhin Steine.

Roberto, der noch immer an *Franz von Assisi* arbeitete, hatte »Santa Marinella« gekauft, ein großes Haus am Meer, sechzig Kilometer von Rom entfernt. Aber ich durfte nicht dorthin, weil alle erfahrenen italienischen »Mammas« darauf bestanden, daß es nicht gut sei, Kinder an der See großzuziehen. Es schade ihren Ohren, ihrem Gehirn oder sonst was... Ich fand das zwar alles albern, wollte aber als Neuling nicht sofort einen Streit vom Zaune brechen.

Petter hatte amerikanischer Staatsbürger werden müssen, um eine Praxis eröffnen zu können, und er wurde im November 1949 eingebürgert. Ich hatte nie meine schwedische Staatsbürgerschaft aufgeben wollen, und Petter hatte das nicht verstanden, als er seinen

Antrag stellte. »Aber du willst doch nicht nach Schweden zurückkehren, du liebst doch Amerika, warum willst du also nicht Amerikanerin werden?« Ich hatte erklärt, daß ich das eigentlich auch nicht recht wisse. Daß ich aber glaube, keine überzeugte Amerikanerin werden zu können, solange es Schweden gebe. Wir hatten die Diskussion dann bis zum Ende der Dreharbeiten von *Stromboli* vertagt, und dann? Ja, dann sah die Welt ganz anders aus.

Ich war eine verheiratete Schwedin, die auf ihre Scheidung wartete, um einen Italiener heiraten zu können, dessen Ehe annulliert worden war, und mein Ehemann war nun ein amerikanischer Staatsbürger, der in Kalifornien lebte. Ich glaube, für derart komplizierte Familienverhältnisse mußten Anwälte erst erfunden werden.

Da war zum Beispiel das Problem mit der Geburtsurkunde. Schließlich wußte die ganze Welt, daß ich einen sieben Pfund schweren Sohn geboren hatte, dessen Vater, wie in großen Schlagzeilen nachzulesen war, Roberto Rossellini war. Aber konnten wir das in eine Geburtsurkunde setzen? Nein! Schließlich war ich immer noch mit Petter verheiratet. Wenn also mein Name erschienen wäre, hätte Petter ganz automatisch als Vater eingetragen werden müssen, und Roberto hätte das Standesamt auseinandergenommen. Wenn wir die Scheidung erreichen könnten, bevor die Frist für die Eintragung ins Geburtsregister abgelaufen sei, wäre alles in Ordnung. Also versuchten wir unser Möglichstes.

Petter hatte es absolut nicht eilig. Er würde seine Scheidung in Kalifornien bekommen, wenn er sicher war, daß alle Vereinbarungen so getroffen waren, wie es ihm paßte. Petter konnte außerdem jede Scheidung in Europa als illegal anfechten lassen. Wir versuchten alles mögliche, aber unsere einzige Hoffnung für eine schnelle Scheidung schien in Mexiko zu liegen. Also wieder zu den Anwälten, und durch sie ersuchte ich um eine Scheidung wegen seelischer Grausamkeit, Vernachlässigung und Unvereinbarkeit der Charaktere. Am 9. Februar erhielt ich ein Telegramm, in dem mir mitgeteilt wurde, daß die Scheidung gewährt sei und daß ich heiraten könne, wen immer ich wolle.

Aber der 9. Februar war zu spät für die Geburtsurkunde. Also trug sich Roberto als Vater des Kindes ein. Als Angabe zur Person der Mutter hieß es: »Die Identität der Mutter wird später ergänzt.«

Das nächste Problem war die Heirat. Schweden akzeptierte eine mexikanische Stellvertreter-Scheidung ebensowenig wie Amerika. Folglich war ich in Schweden immer noch mit Petter verheiratet. Italien würde keine standesamtliche Eheschließung gestatten, bevor ich keine schwedischen Scheidungspapiere vorweisen konnte. Das war im Moment unmöglich. Also hing wieder alles von Mexiko ab und von den Anwälten. Ein guter Freund von uns, der römische Filmproduzent Marcello Girosi, flog an meiner Stelle nach Mexiko, und ein Anwalt erschien für Roberto bei der mexikanischen Hochzeit. So kam es zu der absurden Szene, daß zwei Männer als Braut und Bräutigam vor einen Standesbeamten traten. Der eine sagte: »Ich nehme dich, Ingrid Bergman, zu meiner mir rechtlich angetrauten Ehefrau«, und der andere erwiderte: »Ich nehme dich, Roberto Rossellini, zu meinem mir rechtlich angetrauten Ehemann.«

Am Tag der Hochzeit rief mich Marcello an, um mir die genaue Uhrzeit der Zeremonie zu sagen, denn ich wollte zur selben Zeit die Worte »Ja, ich will« aussprechen, um wenigstens in Gedanken bei meiner eigenen Hochzeit anwesend zu sein. Ich hatte mir dafür bereits eine kleine Kirche ausgesucht, ein ganz besonders hübsches Gotteshaus.

Ich hatte Freunde für diesen Abend eingeladen, aber sie wußten nichts von der besonderen Bedeutung dieses Tages. Liana Ferri kam, Amedei und Federico Fellini. Das Telefon klingelte, Roberto rief aus dem Studio an und sagte, er würde sich verspäten – wie üblich. Ich wurde fast hysterisch, denn wir mußten die Kirche erreichen, bevor sie für die Nacht geschlossen wurde. Als Roberto endlich kam, war es natürlich zu spät. Aber wir fanden eine andere Kirche, eine sehr schöne kleine Kirche in der Nähe der Via Appia, und in dieser Kirche kniete ich nieder. Roberto hielt meine Hand. Dann fuhren wir heim, erzählten allen Freunden, daß wir nun richtig verheiratet seien, und tranken Champagner.

Natürlich hatte ich dauernd Sprachschwierigkeiten. Roberto und ich sprachen Französisch miteinander, auch wenn ich es nicht allzu gut beherrschte. Ich sprach auch mit seinen Freunden und seiner Schwester Französisch. Aber natürlich wurden sie es nach einer Weile leid und fielen ins Italienische zurück. Ich ließ sie eine Weile reden, dann beschwerte ich mich: »Hört mal, ich möchte auch wissen, worum es geht...« Sie sprachen Französisch, aber bald begann es wieder von vorn...

Doch eines Tages stellte ich zu meiner größten Verblüffung fest, daß ich ihrer Unterhaltung folgen konnte. Ich glaubte es selbst kaum, aber sie sprachen nicht Französisch, sie sprachen Italienisch!

Ich nahm Grammatikunterricht bei Marcella, und schließlich wagte ich es auch, Italienisch zu sprechen. Ich nahm nie ordentlichen Sprachunterricht, lernte die Sprache nach Gehör.

Ich habe Robertos Mutter sehr geliebt. Sie war klein, trug eine starke Brille, konnte nur schlecht hören, aber sie mochte mich sehr, weil sie meine kräftige Stimme verstehen konnte – ihre anderen Schwiegertöchter konnte sie nicht immer so gut verstehen. Wir wurden außergewöhnlich gute Freundinnen. Sie war eine bezaubernde Frau, sehr gebildet, und sie hatte Robertos Vater, einen gutaussehenden Architekten, sehr jung geheiratet. Sie hatten sich in Venedig kennengelernt. Sie waren sehr wohlhabend, und der Vater verwöhnte seine vier Kinder über alle Maßen, vor allem Roberto, den ältesten. Roberto hatte eine ganze Reihe englischer Gouvernanten, die ihn Englisch lehren sollten. Aber Roberto blieb Sieger: Alle Gouvernanten fuhren mit perfekten Italienisch-Kenntnissen nach England zurück, während Roberto kein einziges englisches Wort kannte. Geld war für alles da: für Reisen, für Gouvernanten, für alles mögliche.

Eines Tages kam Roberto nach Hause und fragte, ob er Geld für das Taxi haben könne, das vor dem Haus warte. »Selbstverständlich«, sagte Papa Rossellini. »Wo kommst du denn her?«

»Aus Neapel«, antwortete Roberto. Sein Vater lachte und gab ihm das Geld.

Roberto liebte einen aufwendigen Lebensstil. Er war verrückt nach Rennwagen und wurde ein leidenschaftlicher Fahrer. Als sein Vater sehr jung starb, gaben die Kinder, die nie gelernt hatten, wie man selbst seinen Lebensunterhalt verdient, weiterhin Geld mit vollen Händen aus, bis das Vermögen des Vaters praktisch aufgebraucht war.

In früheren Zeiten bewohnte die Familie ein großes Haus an der Via Veneto, mit Kutschen und Dienern und Gästen zu jeder Mahlzeit. Mamma Rossellini kannte oft genug nicht einmal die Hälfte der

Leute, die zum Frühstück, Mittag- oder Abendessen kamen. Roberto war ganz sein Vater, und in »Santa Marinella« wußte auch ich oft genug nicht, wer eigentlich unsere Gäste waren. Robertos Mutter pflegte zu sagen: »Du machst das sehr gut. Ich konnte es manchmal nicht mehr ertragen und wäre am liebsten zurück zu meiner Mutter nach Venedig gelaufen.«

Robertos Mutter war sehr lieb und mir eine große Hilfe. Sie war eine strenggläubige Katholikin, die jeden Sonntag zur Kirche ging, morgens und abends betete. Als kleiner Junge wurde Roberto sehr krank und mußte operiert werden; er hatte eine gefährliche Rippenfellentzündung. Seine Mutter war damals achtundzwanzig Jahre alt. Sie ging in die Kirche und legte das Gelübde ab, bis an ihr Lebensende schwarze Kleidung zu tragen, wenn nur Roberto wieder gesund wurde... Er wurde gesund, und sie trug Schwarz bis ans Ende ihres Lebens!

Sie glaubte unbedingt an die Macht Gottes und die Kraft der Kirche. Als Roberto und RKO ihre große Auseinandersetzung miteinander hatten, die auf Stromboli damit begann, daß Roberto Filmmaterial zurückhielt, dann mit Robertos Klage gegen die Gesellschaft fortgesetzt wurde und damit endete, daß die Firma durch ein allzu emsiges Zusammenschneiden den Film ruinierte, versuchte seine Mutter, Roberto auf ihre Weise zu helfen. Sie ging in die Kirche und legte ein weiteres Gelübde ab: Sie würde nie wieder Obst essen, wenn Roberto gewann. Und sie liebte Obst! Wir sagten ihr, sie solle doch das Ganze vergessen und Früchte essen, wenn ihr der Sinn danach stand, denn wir waren ziemlich sicher, daß RKO gewinnen würde. Und so war es schließlich ja auch. Wenigstens konnte Mamma Rossellini ruhig ihr Obst essen...

Sie war es, die mir eines Tages sagte, sie hoffe, unsere Kinder würden katholisch erzogen, denn schließlich würden sie in einem katholischen Land aufwachsen. Ich stimmte zu, schon ihretwegen. Ich sah auch keinen Grund, die Kinder lutherisch oder calvinistisch taufen zu lassen. Die Unterschiede zwischen den Konfessionen waren noch nie ein Problem für mich gewesen. Und Roberto dachte ähnlich.

Ich erinnere mich, wie er im Heiligen Jahr versuchte, seinen Ferrari durch die endlosen Menschenmengen zu dirigieren. Ich fragte ihn, was denn los sei, und er antwortete brummend: »Wahrscheinlich machen sie gerade einen neuen von diesen verfluchten Heiligen!« Ich mußte lachen. Er trat der Religion mit einer Art von praktischem Realismus gegenüber. Viele seiner engsten Freunde waren Priester und Mönche. Er bewunderte sie, mochte sie und diskutierte gern mit ihnen. »Ich bewundere Menschen, die den Willen haben, an Wunder zu glauben«, sagte er. »Das ist fast schon eine Religion für sich.«

Im Winter lebten wir in einer Zehn-Zimmer-Wohnung an der Viale Bruno Buozzi in Rom und im Sommer an der Küste, in unserem Haus »Santa Marinella«. Ich hatte nicht viel zu tun, wir hatten viele Angestellte, ich kam mir fast ein bißchen überflüssig vor. Aber ich konnte meine schwedische Gründlichkeit nicht überwinden und es nicht unterlassen, Böden nachzuschrubben, denn ich sah selbst dort immer noch Schmutz, wo fast keiner war. Roberto lebte wie ein Millionär. Er verkaufte diese Filmrechte und jene Filmrechte; er nahm Geld hier ein und gab es dort wieder aus. Fiorella erzählte mir einmal von einem Bankier, der Roberto beim Essen gegenüber gesessen hatte. Roberto fixierte den Bankier mit seinen hypnotischen Augen, und nach dem Essen hatte er es geschafft und einen Kredit von zwanzig Millionen Lire für irgendein Projekt zugesichert bekommen. Danach allerdings achtete der Bankier peinlich darauf, nie wieder in Robertos Nähe zu sitzen...

»Santa Marinella« hatte einen riesigen Garten mit Palmen und Pinien. Es gab große Terrassen, um der Sonne entfliehen zu können, normalerweise vier oder fünf Autos in den Garagen, Hunde, Hühner und überall Angestellte. Und endlose Gästescharen. Hinter »Santa Marinella« führte eine Eisenbahnstrecke entlang. Die Reisenden ballten sich oft auf »unserer« Seite der Waggons an den Fenstern zusammen, winkten und riefen uns fröhlich zu, wenn der Zug vorüberdonnerte. Wir waren Bestandteil der Touristen-Szene, und wir winkten zurück.

Ich weiß nicht, wie Roberto es geschafft hat, immer den finanziellen Überblick zu behalten. Er war großzügig zu jedermann. Jeden Montag ließ ich mir von Roberto Haushaltsgeld geben. Wenn ich einmal sagte, daß ich ein Paar Schuhe brauche, gab er mir Geld und antwortete: »Warum nur ein Paar? Kauf sechs! Auf die Dauer spart das Zeit.«

Er war sehr großzügig, wenn er Geld hatte, leider aber auch, wenn wir keines hatten. Er hätte sein letztes Hemd weggegeben. Das Problem war nur, daß er auch die Hemden anderer Leute weggab. Er fühlte sich den Arbeitern nahe, drehte über sie und ihre Lebensbedingungen viele Filme, aber wenn es galt, Rechnungen zu bezahlen, etwas zu tun, was für die kleinen Leute wirklich wichtig war, hatte er unendlich viel Zeit. Was mich aber am meisten überraschte, war die Tatsache, daß die Leute nichts gegen ihn unternahmen.

Wenn ich die Geschäftsleute fragte, weshalb sie ihm keine Rechnung schickten oder ihn nicht verklagten, antworteten sie, das könnten sie dem Commendatore Rossellini doch nicht antun! Roberto wurde wütend, wenn man ihn Commendatore nannte. »Ich bin kein Commendatore«, sagte er. »Aber Sie verdienen es, Commendatore, Sie verdienen, einer zu sein.« Also würden sie lieber hungern, als dem »Commendatore« eine Rechnung, geschweige denn eine Mahnung zu schicken. Ich wurde sehr wütend. Ich lief herum und versuchte, hier oder dort einige der Rechnungen zu bezahlen, denn viele Händler waren davon abhängig.

Natürlich lag etwas in Robertos Persönlichkeit, das alle Menschen für ihn einnahm. Er konnte herrlich aufmerksam, sehr bezaubernd, sehr lustig, sehr loyal sein. Er setzte diesen Charme nie bewußt ein, aber er war immer spürbar, man konnte sich ihm nicht entziehen.

Eine Episode, die ich in diesem Zusammenhang nie vergesse, ist der Besuch von Arthur Rubinstein. Er war in Kalifornien Petters und mein Nachbar. Pia und ich waren tief beeindruckt gewesen. Bei Proben in seinem Haus haben wir ihn oft von unserem Garten aus beobachtet. Dann lud er Petter und mich zu einem Essen ein, und wir lernten uns kennen. Jetzt gab er in Rom ein Konzert, und ich besuchte ihn nach der Vorstellung in seiner Garderobe. Er und seine Frau schienen so erfreut, mich wiederzusehen, daß ich es wagte, ihn zu fragen, ob sie beide denn nicht Roberto und mich besuchen wollten. Zu meiner größten Überraschung sagte er zu. Ich lud Robertos Bruder Renzo, der die Musik zu Robertos Filmen komponierte, ebenfalls ein. Roberto war hocherfreut, als er hörte, daß Rubinstein kommen würde. Ich bereitete ein Essen vor und gab mir viel Mühe dabei. Renzo und seine Frau kamen. Arthur Rubinstein und seine Frau kamen. Wer nicht kam, war Roberto. Wir tranken etwas, wir tranken noch etwas... Dann wurde ich nervös und rief Roberto im Studio an.

»Ja, was ist?« fragte er.

»Hast du etwa vergessen, daß der berühmteste Pianist der Welt unser Gast ist?« erkundigte ich mich. »Du mußt heimkommen!«

»Heim!« schnaubte Roberto. »Ich habe zu tun! Ich schneide den Film. Ich komme, so schnell ich kann.«

Also ging ich zurück, setzte das Lächeln einer guten Gastgeberin auf, die alles unter Kontrolle hat, entschuldigte Roberto und schlug vor, schon mit dem Essen zu beginnen, denn lange könne es ja nicht mehr dauern.

Wir begannen mit dem Essen. Wir beendeten das Essen, und Roberto war immer noch nicht da. Ich rief ihn wieder an, sagte ihm, daß er sich unmöglich benehme, daß er den Film vergessen und sofort nach Hause kommen solle. Wieder ging ich zurück zu den Gästen, lächelte verlegen, entschuldigte Roberto, sagte, ich könne mir auch nicht erklären, was ihn aufhalte, und wie schade, ausgerechnet heute abend, aber der Verkehr sei manchmal entsetzlich – ich stammelte eine Entschuldigung nach der anderen... Da hörte ich Roberto kommen und atmete auf. Er ging schnurstracks durch die Halle und verschwand im Schlafzimmer.

Ich machte Kaffee, aber kein Roberto erschien. Nach einer Weile ging ich zu ihm. Er lag im Bett! »Ich sterbe«, erklärte ich entnervt. »Ich kann ihnen doch nicht sagen, daß du im Bett liegst!«

»Ich bin krank! Sag, ich sei krank«, antwortete er. »Ich habe furchtbare Kopfschmerzen.«

Also nahm ich all meinen Mut und meine schauspielerischen Fähigkeiten zusammen. »Es tut mir schrecklich leid«, sagte ich, »aber Roberto fühlt sich absolut nicht wohl.«

»Um Gottes willen«, sagten sie, »hoffentlich ist es nichts Ernstes! Wir wünschen ihm gute Besserung.«

Ich saß da, lächelte verlegen, ahnte, daß mir meine Lügen an der Nasenspitze abzulesen waren. Da öffnete sich plötzlich die Tür, und herein trat Roberto! Er streckte die Arme weit aus, ging auf Rubinstein zu und rief: »Maestro!«

Sie lagen sich in den Armen und saßen schließlich bis in die frühen Morgenstunden hinein zusammen, ohne auch nur einen Moment der

291

Erschöpfung zu zeigen, sie bewunderten einander, liebten sich vom ersten Moment an. Und ich saß da, konnte sie nicht mehr voneinander trennen und dachte, jetzt sei die Reihe an mir, einen Herzanfall zu bekommen.

Eine andere unvergessene Episode ist der zweite Besuch von Hedda Hopper. Sie wollte uns in »Santa Marinella« besuchen. Ich besprach die Angelegenheit mit Roberto, sagte, daß ihr Besuch eine Chance sei, alle diese Lügen, wie unglücklich ich in Rom sei, zu beenden. Sie würde selbst erleben, daß er kein Ungeheuer sei, das meine Karriere zerstört habe. Sie könne selbst sehen, was für ein herrliches Haus wir hätten, was für ein schönes Leben wir auf dem Land führten...

Er ließ sich überreden. Ich bat ihn, besonders nett zu ihr zu sein und seinen ganzen Charme aufzubieten. Ja, ja, sagte er und nickte.

Er schickte ihr seinen Rolls-Royce, um sie abzuholen, sah sie dann kurz an, und ich wußte, daß er sie nicht leiden konnte. Ganz und gar nicht. Und er entschloß sich zu absolutem Schweigen. Er saß mit uns zusammen, sah aufs Meer hinaus, als sei dort etwas ungeheuer Interessantes am Horizont zu sehen. Sie sprach mit mir, und dann versuchte sie, mit ihm zu reden. Aber alles, was er von sich gab, war ein unverständliches Brummen. Dann sah er wieder aufs Meer. Was immer sie versuchte, um eine Unterhaltung mit ihm in Gang zu bringen – Fragen nach unserer Ehe, nach unserer privaten und beruflichen Situation, ob wir sehr verletzt seien durch das, was in Amerika über uns geschrieben würde –, er machte den Mund nicht auf. Schließlich ging er einfach fort.

Natürlich schrieb sie einen sehr unfreundlichen Artikel. Sie schrieb wieder einmal, wie unglücklich ich sei, daß ich immerzu weinen würde, wie gern ich nach Amerika zurückkehren würde. Als sie davonfuhr, habe sie eine bekümmerte Ingrid hinter den Gardinen zurückgelassen ...

Das war nun alles andere als wahr: Ich war im Garten und tobte mit Roberto, weil er seine Rolle so schlecht gespielt hatte.

Aber er sagte nur: »Mit solchen Frauen unterhalte ich mich nicht!«

ACHTZEHNTES KAPITEL

Mitte des Jahres 1950 wurde mir klar: Ich mußte wieder zurück zum Film, weil wir Geld brauchten. Ich würde wieder arbeiten – und Roberto mit mir. Man kritisierte ihn, weil er mich vom Filmen abhielt. »Bist du verrückt?« fragten sie. »Du kommst uns vor wie ein Mann, der vor einem großen, saftigen Steak sitzt – das war ich! –, aber alle Zähne verloren hat. Dabei könntest du doch alles Geld dieser Welt verdienen, wenn du mit Ingrid zusammen arbeiten würdest!«

Während die langen, heißen Monate des Heiligen Jahres dahingingen, entwickelte sich Ingrid vom Kassen-Magneten zu einer Art lebenden Beweises für den totalen Mißerfolg. Sie stellte einen wahren Rekord auf: Unzählige Gesellschaften, mit denen sie gearbeitet hatte, machten Bankrott oder fusionierten. *Johanna von Orleans* wurde ein Mißerfolg. Nach *Triumphbogen* mußten »Enterprise Studios« liquidieren. »Sierra Pictures«, gegründet von Walter Wanger und Victor Fleming, assoziierten mit Ingrids eigener Gesellschaft, der EN. »Transatlantic Pictures«, eigens für *Sklavin des Herzens* ins Leben gerufen, versank ohne Aufsehen in den Wellen. Und keiner aus der Umgebung Rossellinis verdiente sich eine goldene Nase an *Stromboli*.

Anfang 1950 hatte sie ihrer Agentur MCA den Vertrag gekündigt, weil sie – da sie ohnehin nie wieder nach Amerika zurückkehren wollte – keine Notwendigkeit mehr darin sah, amerikanische Agenten zu beschäftigen. Sie hatte hinzugefügt: »Niemand von RKO hat es für nötig befunden, mich oder Mr. Rossellini darüber zu informieren, welche Meinung man eigentlich wirklich von *Stromboli* hatte. Ins Gesicht sagte man uns, wie großartig der Film doch sei, aber dann hat man ihn zerschnitten und verstümmelt und eine Art RKO-Hamburger daraus gemacht.«

Als die zusammengeschnittene Version von *Stromboli* in New York uraufgeführt wurde, nannte ihn die »New York Times« »...unglaublich schwach, unzusammenhängend und schmerzlich banal«. Die Meinung des »Herald Tribune«: »...keine Tiefe in Ingrid Bergmans Darstellung, keine Vitalität in Rossellinis Regie. Ein Film ohne Sinn und Gefühl. *Stromboli* hebt sich nur durch eine Tatsache heraus: Er ist ein Beweis vergeudeten Talents und vergeudeter Zeit.«

»Variety« schrieb, daß amerikanische Verleiher erklärt hätten, sie würden *Stromboli* in die Kinos bringen. Spiele er Geld ein, würden sie ihn weiterzeigen. Wenn nicht, würden sie ihn aus »moralischen Gründen« zurückziehen.

»Diese Welt ist unglaublich«, sagte Ingrid zu Rossellini.

Ihr Hauptinteresse lag jedoch in erster Linie bei Pia und ihrem kleinen Sohn. Sie wußte, daß sie in den Augen der Öffentlichkeit ihre Tochter im Stich gelassen hatte, und sie hatte nur ein Ziel, Pia wieder glücklich zu sehen. Aber das würde schwierig sein, denn Petter hatte inzwischen eine amerikanische Scheidung in Los Angeles in die Wege geleitet, und die Zeitungsberichte hörten nicht auf.

Peter Wegner, ein Freund von Ingrid und Petter, schrieb ihr aus Amerika, daß Pia ihre wahren Gefühle verberge, daß sie nicht darüber spreche, aber eines Abends nach einem schönen Ausflug geweint habe, weil sie nicht mit »Papa und Mami« zusammen sein könne. Wenig später schrieb ihr Wegner, daß er ihr Pias letzten Brief nicht schicken wolle, denn er sei voller Anklagen, weil jede Zeitung, die Pia lese, neue Geschichten über ihre Mutter enthalte.

Ingrid versuchte, ruhig zu bleiben, und schrieb zurück:

Ich wünschte, ich könnte Dir meine Gefühle für Pia erklären. Ich habe keine Angst vor ihrer Bitterkeit oder ihren harten Worten. Ich habe nicht einmal Angst vor ihrem Haß. Sie ist Pia, sie ist meine Tochter. Es gibt im Zusammenhang mit ihr nichts, was ich nicht ertragen könnte. Verstehst Du, Du brauchst mich also nicht vor ihr zu beschützen. Wenn ich die Möglichkeit hätte zu erfahren, was in ihrem Kopf vorgeht, könnte ich ihr vielleicht helfen. Ihr »bitterer«

Brief, den Du nicht abgeschickt hast, hätte vielleicht der erste Schritt zu einem wirklichen Kontakt zwischen uns sein können. Wir hätten versuchen können, wie Erwachsene miteinander zu reden...

Du schreibst, früher sei ich doch immer so sensibel gegenüber den Ansichten anderer Menschen gewesen, nun aber so gleichgültig geworden. Ja, das stimmt, und ich danke Gott, daß er mir eine so dicke Haut gegeben hat, denn sonst wäre ich sicher längst tot. Ich habe genug Feinde, die mir jeden gemeinen Artikel schicken, der in Amerika über mich erscheint. Gerade eben kam wieder ein ganzer Packen Ausschnitte... Ich weiß nicht, ob meine Haut dick genug für alles ist, aber vielleicht schenkt mir Gott dann einen Pelz...

Es gibt in jeder Scheidung einen wichtigen Faktor – das Kind. Ich werde versuchen, so großzügig zu sein, wie eine Mutter nur sein kann. Aber es ist unnötig zu versuchen, sie mir wegzunehmen. Ich habe niemals daran gedacht, Pia ihrem Vater wegzunehmen. Eigentlich sollte er doch genauso denken: Wenn nicht, wird es ihn auf die Dauer nur unnötig quälen. Ein Kind vergißt seine Mutter nicht. Was eine Mutter auch getan haben mag, sie bleibt die Mutter. Ich habe großes Vertrauen, daß all unser Elend doch noch gut enden wird. Ohne diese Hoffnung wäre es sehr schwer, dies alles zu ertragen. Wenn wir alles überstanden haben, werden wir wohl durch die Hölle gegangen sein, aber vielleicht haben wir gerade das nötig gehabt.

Wenn Du es erreichen könntest, daß Pia mir schreibt, wäre ich Dir dankbar. Aber bedränge sie nicht. Laß die Zeit entscheiden. Laß sie spielen und tanzen, und der Tag wird kommen, an dem sie mir schreiben will...

Schließlich fragte sie Petter in einem Brief, ob er Pia einen Besuch in Italien erlauben würde:

Natürlich müssen wir genau besprechen, wie und wann Pia kommen kann. Sicher wäre es nicht gut, während ich Dreharbeiten habe. Ich möchte Zeit für sie haben. Wenn es in Rom zu heiß wird, gehe ich mit dem Baby hinauf in die Berge. Das wäre die beste Zeit für Pias Besuch. Wir müssen nur darüber sprechen, und dabei solltest Du wissen, daß ich nur Pias Wohl im Auge habe. Ganz egal, ob Pia jetzt oder erst in zehn Jahren kommt: Die Fotografen werden immer hinter uns her sein. Aber in den Bergen kann man ihnen am besten entkommen.

Sollte ich erfahren, daß jemand aus Hollywood nach Italien kommt, werde ich Dich vorher bitten, ihm ein paar Dinge für mich mitzugeben. Die Bilder von Papa und Mama vermisse ich sehr, und ich liebe das von Pia. Irgendwann werde ich Dich auch um die Preise und Auszeichnungen bitten, ich habe viele leere Regale hier. Ich hätte auch gern die Madonna, die mir Pater Doncoeur gegeben hat. Aber das hat Zeit, genau wie die Kleider und die anderen persönlichen Dinge. Das einzige, was ein Problem sein könnte, ist unser Sechzehn-Millimeter-Film. Aber vielleicht darf ich ihn mir einmal ausborgen, damit ich sehen kann, wie ich in meiner Jugend ausgesehen habe...

Die Fotografen und Journalisten waren immer noch hinter uns her. Saßen wir zum Beispiel in einem Restaurant, ging irgend jemand auf Roberto zu und flüsterte ihm etwas ins Ohr... Es ist leicht in Italien, einen Streit vom Zaun zu brechen. Und noch leichter war es, Roberto zu provozieren. Jeder Fotograf wußte das. Sie fotografierten ihn viel lieber, wenn er wütend war und herumbrüllte, anstatt ihn gemütlich beim Essen mit mir aufzunehmen.

Einige Briefe aus Amerika waren einfach nicht zu beantworten. Wie hatte ich ihnen so etwas antun können? Sie hätten mich auf einen Sockel gehoben, hätten mich als Vorbild für ihre Töchter hingestellt. Was sollten sie denn jetzt ihren Töchtern sagen? Ich hatte mich in einen Italiener verliebt, und sie wußten nicht, was sie ihren Töchtern sagen sollten! Ich fand nicht, daß ich alle Verantwortung auf mich nehmen mußte. Es war eine hysterische Atmosphäre. Jemand, der mich aufmuntern wollte, schrieb mir, das alles sei nur deshalb so unfaßbar für Amerika, weil ich so geliebt worden wäre. Jetzt sei diese Liebe in Haß umgeschlagen. Vielleicht war es Ruth, die mir das schrieb. Sie schrieb mir in jener Zeit einige sehr kluge Briefe:

Ingrid, Liebes... in jedem Brief erregst Du Dich über all diese Berichte... Ich weiß, daß es schlimm war, aber es ist nicht gut für Dich, es so schwer zu nehmen... Menschen beenden eine Liebe genauso schnell, wie sie sie beginnen. Die beste Medizin ist wirklich, sich neben sich selbst zu stellen. Und da Du Schauspielerin bist, dürfte Dir das nicht schwerfallen. Das heißt nicht, daß Du etwas verändern sollst... bis auf Deine Einstellung... Ich rate Dir, die ganze Sache mit Deiner sonstigen Fairness, Klarsichtigkeit und Toleranz zu betrachten... und Du wirst glücklicher sein.

Du fragst mich, wie es Petter geht... Ich kann es Dir sagen: sehr gut... er ist ruhiger... gesetzter und sehr mit seiner Arbeit beschäftigt... Ich habe ihn einige Male kurz gesehen... er sprach auch über Pia... und er versuchte nicht, mich in irgendeiner Weise zu beeinflussen. Er weiß, wie ich zu Dir stehe, und respektiert das...

Liebe Ingrid... ich weiß, es ist im Moment sehr hart, aber es wird vorübergehen. Ein Tag folgt dem anderen, und auf diesem Weg kann uns alles mögliche begegnen.

Roberto und Ingrid besuchten die Filmfestspiele von Venedig. Während die schwedische Presse sich darüber ausließ, daß der Skandal eine Schande für die ganze schwedische Nation sei, gab es für *Stromboli* und *Franz von Assisi* großen Applaus.

Am 6. Oktober 1950 schrieb Ingrid an Petter:

Du weißt so gut wie ich, daß ich, auch wenn Du mir gewisse Rechte auf Pia absprichst, sie doch niemals verlieren kann. Sie ist zu alt, um mich vergessen zu können. Je mehr Du versuchst, uns zu trennen, desto stärker wird sie sich danach sehnen, mich zu treffen und mit mir zusammen zu sein. Ich habe meine Rechte auf dem Papier, genauso wie Du Deine hast. Man kann sie deuten wie Du – oder aber auch anders herum. Es macht nichts, Petter. Auf lange Sicht verliert man das Kind, das man zu halten versucht. Das hat sich doch immer wieder bewiesen. Ich habe Deine Briefe. Wann immer sie möchte, kann sie die ganze Geschichte lesen. Du sagst, sie sei unabhängig, intelligent und könne Wahrheit und Motive hinter Worten und Aktionen spüren. Das ist sehr gut, und ich bin froh darüber.

Am 1. November 1950 wurde in Los Angeles Petter Lindströms Scheidungsklage ausgesprochen. Als man ihn fragte, ob er Ingrid gegenüber Bitterkeit hege, antwortete er: »Nein, nur Mitleid mit der mißlichen Lage, in die sie sich gebracht hat. Sie hat außer ihrer Schönheit viele andere Qualitäten.« Und er sagte außerdem: »Ich war natürlich auf ihren Erfolg stolz, aber nie eifersüchtig auf ihre Freunde. Neun Filme von ihr in Schweden und einer in Deutschland wurden mit Sicherheit ohne jede Einmischung ihres Ehemannes gedreht. Während ihrer ganzen Zeit in Hollywood habe ich nie den Fuß in ein Studio gesetzt, bis auf zweimal, wo ich ihr kurz etwas Wichtiges auszurichten hatte. Von 1943 bis 1949 hat sie kaum mehr als drei bis sechs Monate hintereinander in unserem Hause in Kalifornien verbracht. Sie hatte alle Freiheiten, sie konnte zusammen sein, mit wem sie wollte. Sie hat nicht viel Zeit mit ihrer Tochter verbracht, seit ich mich um Pia kümmerte. Ich war es auch, der regelmäßig Elternabende und ähnliches besuchte.«

Als er gefragt wurde, ob er Pia erlauben würde, ihre Mutter zu sehen, erklärte er, daß er Pia nach Europa begleiten werde, damit sie ihre Mutter besuchen könne, daß er sie aber nicht nach Italien bringen werde. Außerdem führen ja auch Schiffe von Europa nach Amerika. Es sei also ganz leicht für Ingrid, mit einem von ihnen zu kommen, um ihre Tochter zu besuchen.

Der Spruch des Gerichts in bezug auf Pia war einfach. Sie würde unter der Vormundschaft ihres Vaters in Kalifornien bleiben und dort ihre Ausbildung erhalten. Ingrid bekam die Erlaubnis, für die Hälfte ihrer Ferienzeit mit Pia zusammen zu sein, allerdings nur in den Vereinigten Staaten. Die andere Ferienhälfte würde Pia mit ihrem Vater verbringen. Das war eine Entscheidung, über die Ingrid nicht glücklich war, an der sie im Augenblick aber nichts ändern konnte.

Sie schrieb an Petter: »Ich höre, daß Du unser Haus in Kalifornien verkaufst. Wie schade! Aber vielleicht ist es das Beste für Dich, obwohl Du es so geliebt hast. In unserer alten Umgebung ein neues Leben beginnen zu wollen, muß einem wohl auf die Nerven gehen...«

Ihre Anwälte setzten sich nun mit Petter über ihr Vermögen auseinander. Die Verhandlungen wurden zunächst dadurch kompliziert, daß John Vernon, der Ingrids geschäftliche Angelegenheiten bis zu ihrer Abreise nach Italien geführt hatte, wie vom Erdboden verschwunden schien. Schließlich entdeckte man ihn in einem Krankenhaus in San Francisco, wo er mit einem Nervenzusammenbruch und Gedächtnisschwund eingeliefert worden war. Wenig später stieß das Büro von Greg Bautzer auf eine Schuldverschreibung von 80 000 Dollar unter dem Namen John Vernons bei einer obskuren Bank von Los Angeles. Das war viele Monate, bevor ein Mann – als John Vernon identifiziert – in einem schäbigen Hotel tot aufgefunden wurde. Er hatte einen bitteren Abschiedsbrief hinterlassen und Selbstmord begangen.

Ingrid bestürmte Petter mit Briefen und Anrufen, ein Treffen zwischen ihr und Pia zu gestatten. Aber es wurde Juli 1951, bevor er ankündigte, er werde Urlaub in Schweden machen. Nach weiteren Telefonanrufen erklärte er sich bereit, Pia nach London zu bringen, wenn Ingrid es nicht einrichten könne, nach Schweden zu kommen.

Aber es gab noch weitere Schwierigkeiten zu überwinden. Pia war ein Teil der gerichtlichen Scheidungsauseinandersetzung gewesen. Um ihr ein Verlassen der Vereinigten Staaten zu gestatten, mußte zuvor ein Gesuch beim zuständigen Gericht eingereicht werden. Es war auch eine gerichtliche Genehmigung erforderlich, zweitausend Dollar aus dem Treuhandfonds abzuziehen, der von Petter und Ingrid eingerichtet worden war, um Pias Lebensunterhalt zu sichern. Die Richter, die über das Gesuch entschieden, wollten auch wissen, ob garantiert sei, daß das kalifornische Gericht nicht etwa die Entscheidungsgewalt über die Aufsichtspflicht des Kindes verliere. Petters Anwalt erklärte, daß man bestimmte Vorkehrungen treffen werde, um alle Eventualitäten auszuschließen, und daß Petter Lindström seine Tochter nach Schweden und England begleiten werde.

Petter verbot mir, über diesen Besuch mit irgend jemandem zu sprechen, damit die Presse nichts von unserem Treffen erfuhr. Noch schwieriger erschien mir, unerkannt Italien zu verlassen und quer durch Europa nach London zu reisen. Aber meine Freunde Sidney Bernstein, Ann Todd und ihr neuer Mann David Lean, die wir in Rom kennengelernt hatten, wollten mir helfen. Ich fuhr mit dem Zug von Rom aus bis zur Kanal-Fähre. Dann schloß ich mich in meiner

Kabine ein, nachdem ich den Kapitän gebeten hatte, meine Anwesenheit geheimzuhalten. In Dover holte mich Sidney Bernstein mit seinem Wagen ab und fuhr mich direkt zur Wohnung von Ann Todd und David Lean am Ilchester Place in London. Petter und Pia kamen nur wenig später. Zwei Jahre waren vergangen, seit wir uns das letzte Mal gesehen hatten, und Pia und ich waren sehr befangen, aber auch sehr glücklich. Doch das Glück dauerte nicht lange an.

Ein Jahr später, als es um Besuchsrechte in bezug auf Pia ging, machte David Lean folgende Aussage:

»Mrs. Rossellini, Dr. Lindström, Pia Lindström, meine Frau und ich aßen in unserem Haus zu Abend. Wir hatten vereinbart, daß sich Ingrid und ihre Tochter ein Zimmer teilten. Dr. Lindström fragte, ob es auch einen Raum für ihn gebe, denn er denke nicht daran, Pia allein zu lassen. Ich erwiderte, daß wir keinen Platz hätten, daß wir aber sicher etwas für ihn finden würden und daß er Pia ohne Besorgnis die Nacht über bei uns lassen könne. Dr. Lindström erwiderte, er fürchte, nicht wieder eingelassen zu werden, wenn er das Haus erst einmal verlassen habe. Er fürchtete, das Sorgerecht zu verlieren, falls es zu irgendeinem Zwischenfall käme. Ich bot ihm einen Hausschlüssel an, so daß er jederzeit Zutritt zum Haus hätte. Dr. Lindström nahm den Schlüssel und stimmte zu, daß Pia die Nacht bei ihrer Mutter in unserem Haus verbrachte.

Irgendwann in der Nacht kam er zurück, und morgens um sieben Uhr entdeckte ihn der Koch in der Diele. Von da aus hat man einen Überblick über Treppen und Eingangstür.

Gegen halb acht ging ich hinunter und fragte Dr. Lindström, ob er mit mir im Wohnzimmer frühstücken wolle, doch er bestand darauf, in der Diele zu bleiben.«

Offensichtlich vertraute Petter Lindström weder seiner geschiedenen Frau noch deren Freunden. Er war überzeugt, daß Pia nach Italien entführt werden sollte.

Auch Ann Todd gab eine eidesstattliche Erklärung über dieses erste Zusammentreffen ab:

»Auf Bitten von Mrs. Roberto Rossellini setzte ich mich mit Dr. Petter Lindström in Verbindung und fragte ihn, ob Pia noch einmal ihre Mutter sehen dürfe oder ob er ihr gestatte, mit ihr zusammen den Film *Alice im Wunderland* zu besuchen.

Dr. Lindström erlaubte es, nachdem ich ihm ausdrücklich versprochen hatte, daß es keine ›Tricks‹ geben und daß Ingrid Pia nach dem Kino sofort zurückbringen würde. Er erlaubte es allerdings nur, wenn Pia und Ingrid gemeinsam mit meiner Tochter, meiner Sekretärin, mir selbst und einer Freundin von Pia, die gerade in London angekommen war, ins Kino gingen.

Also aßen wir am nächsten Tag zusammen, gingen ins Kino, fuhren wieder nach Hause, und kurz darauf erschien Dr. Lindström, um Pia abzuholen, denn draußen wartete ein Taxi...«

Ich fragte Petter, ob ich mit Pia allein sein könne. Er sagte, wir könnten zu Sidney Bernstein aufs Land fahren, dort könne ich mit Pia allein sein. Also fuhren wir nach Kent und besuchten Sidney und seine Frau, die bereits Besuch hatten. Sie hatten Verständnis und ließen uns allein. Schließlich gingen Pia und ich in ein Zimmer und sahen uns an, was im Fernsehen lief. Petter sagte, daß wir dort allein sein könnten. Er würde im Nebenzimmer warten. Ich meinte, daß Pia das sicher seltsam finden würde. Ich wollte, daß unser Treffen so natürlich und selbstverständlich wie möglich verlief, damit Pia keine Angst bekam. Aber nun sahen Pia und ich fern – und Petter saß im Nebenraum... Schließlich ging ich zu ihm und sagte, daß es doch ziemlich albern sei. Eine oder zwei Minuten später kam er zu uns und erklärte ganz ruhig, daß er Pia jetzt fortbringen würde. Ich solle mich von ihr verabschieden.

»Aber du hast mir doch eine Woche mit ihr versprochen«, protestierte ich. »Nach zwei Jahren ist das wohl nicht zuviel verlangt.«

»Ich habe meine Meinung geändert«, erwiderte er.

»Das kannst du doch nicht machen! Laß uns das draußen besprechen, nicht vor Pia«, bat ich ihn.

Aber Petter blieb hart. Er habe seine Meinung geändert, er fahre nach Schweden. Er habe mir von Anfang an gesagt, ich solle nach Schweden kommen.

Ich fragte ihn, wie er sich das denn vorstelle! Da würde ich doch seinen Vater treffen! Es wäre die reine Tragödie für ihn. Ich könnte das nicht ertragen. Ich kämpfte gegen die Tränen, denn ich wollte nicht, daß sich Pia aufregte.

Schließlich fuhren wir alle nach London zurück. Petter und Pia wohnten in einem Hotel in Mayfair und ich nahebei in einem anderen. Ich besuchte sie – Petter erinnert sich nicht an diesen Besuch, aber ich –, und die ganze Situation war einfach unmöglich. Ich erinnere mich an das letzte Mal, als ich Pia sah. Sie versuchte, so lieb und unbeschwert zu sein, als wäre nichts geschehen. Sie versuchte, ihre Gefühle zu überspielen, und ich versuchte es auch. Ich küßte sie und sagte, daß wir uns bald wiedersehen würden. Ich weiß, daß ich damals fest davon überzeugt war, aber es sollten sechs lange Jahre vergehen, bevor wir uns wirklich wiedersahen.

Es war alles so unnötig. Heute sage ich jedem, der sich scheiden läßt: »Bleibt freundlich zueinander. Laßt es nicht an den Kindern aus. Ihr könnt euch trennen, aber laßt nicht die Kinder unter euren Auseinandersetzungen leiden.«

Ingrid schrieb am 10. September aus »Santa Marinella« an Irene Selznick:

Das Kind war einfach wundervoll. So ruhig, trotz allem. Sie sprach mit mir ganz ungezwungen über Roberto und das Baby. Wenn man Pia zuhört, scheint alles ganz natürlich und einfach zu sein. Sie liebt mich (flehe ich), aber sie liebt ihren Vater vielleicht ein bißchen mehr, weil sie auf ihn achten muß. Und wie hübsch sie ist! Mir sind fast die Tränen gekommen, als ich sah, wie niedlich sie ist. Sie hat überhaupt nichts dagegen, hierher zu kommen, sie würde sogar sehr gern kommen. Aber sie weiß, daß das ihren Vater verletzen würde, deshalb hat sie mich um Geduld gebeten!

Durch all die Jahre habe ich Pia immer wieder geschrieben, ohne zu wissen, ob sie die Briefe überhaupt erhielt. Ich behielt Durchschläge der Briefe, vielleicht würde sie die eines Tages lesen und alles verstehen; Briefe über mein Leben damals, über Robertino und die Zwillinge.

Ich hörte dann und wann von ihr. Im Dezember schrieb sie mir über ihr Weihnachtsfest in der Schule, daß sie ein neues Kleid bekommen, daß sie ihrem Vater ein Weihnachtsgedicht vorgelesen und daß Walter Wanger den Mann erschossen habe, den er für den Liebhaber seiner Frau gehalten hatte. Manchmal enthielten ihre Briefe Anklagen, aber das fand ich verständlich.

Im Februar 1952 beklagte sich Pia, daß ich indiskrete Informationen und sogar einen persönlichen Brief an das »Look«-Magazin geschickt hätte. Sie sagte, im Artikel sei es so dargestellt, als sei alles, was geschehen sei, Petters Schuld, und sie erinnerte mich daran, daß ich es schließlich gewesen sei, die fortgegangen wäre. Sie schrieb, ich solle daran denken, was man in der Schule sagen würde. Und am Muttertag hatte Pia sich offenbar an das gehalten, was man in der Schule besprochen hatte. Auf einer Karte teilte sie mit, daß ihr Vogel vier Eier gelegt habe und ihre Kätzchen nun so groß seien, daß man sie Katzen nennen müsse.

Im kalten Herbst 1951 begann Roberto mit Rückendeckung einer Ponti-de Laurentiis-Produktion die Dreharbeiten zu *Europa '51*. Der Film erzählt die Geschichte von Irene (Ingrid Bergman) und George (Alexander Knox), einem amerikanischen Ehepaar in Rom, dessen Sohn Selbstmord begeht, weil er glaubt, von seiner Mutter nie geliebt worden zu sein. Die Kritiken waren zurückhaltend, und der Film half weder Ingrids noch Rossellinis Karriere. Und Ingrid wußte, daß sie wieder schwanger war.

Wir beeilten uns sehr, damit der Film fertig wurde, bevor man es mir anmerkte. Ich wurde immer dicker und sah schließlich aus wie ein Elefant. Ich ging zum Arzt und wurde geröntgt, weil die Mediziner keine zwei Herztöne hören konnten. Man hatte den Verdacht, das Kind sei mißgebildet. Dann stand es fest: Ich würde Zwillinge bekommen. Roberto rief vor lauter Freude ganz Rom an. Aber ich hatte Angst: Wie sollte ich auf zwei Babys zur gleichen Zeit aufpassen?

Ich wurde so dick, daß ich nicht einmal mehr schlafen konnte. Ich paßte in kein Kleid mehr, und schließlich konnte ich nichts mehr essen und verbrachte den letzten Monat im Krankenhaus. Ich wurde intravenös ernährt, machte Gymnastik auf dem Dach oder lief dort in einem Zeltgewand umher, während die Journalisten unten Wache standen und winkten – ich winkte zurück. Sie konnten mich nur mit Teleobjektiven aufnehmen, wenn ich mich über das Geländer lehnte, und sie riefen herauf: »Wann ist es denn soweit?« Und ich rief hinunter: »Hoffentlich bald, denn ich habe es satt!«

Aber die Zwillinge ließen sich Zeit. Die Ärzte bekamen es mit der Angst zu tun. Der errechnete Geburtstermin war längst überschritten. Also sollte die Geburt eingeleitet werden. Ich war dagegen, denn ich war der Überzeugung, daß im Datum der Geburt ein tieferer Sinn steckt, daß das ganze Leben der Kinder durcheinandergeraten würde, wenn man sie mit Gewalt ins Leben holte. Doch ich mußte nachgeben, denn die Ärzte befürchteten ernsthafte Komplikationen. Als die Schwester mit der Spritze kam, fragte ich Roberto, ob der 18. Juni ein guter Geburtstag sei, und er antwortete: »Nur zu! Das ist ein wunderbares Datum, um das Licht der Welt zu erblicken.«

Währenddessen ging in Los Angeles der Kampf um Pia weiter. Die Londoner Erfahrung hatte Ingrid so erschreckt, daß sie der Ansicht war, ihre Position müsse vor Gericht geklärt werden. Sie bat Greg Bautzer, den Antrag zu stellen, daß Pia während ihrer Sommerferien 1952 bei ihr in »Santa Marinella« wohnen könne. Für Ingrid war das eine einfache, normale mütterliche Bitte. Für Petter war es der mögliche erste Versuch, ihm Pia wegzunehmen. Er traute Roberto einfach nicht. Wie sollte er Pia jemals zurückbekommen, wenn sie erst einmal in Italien war? Er legte Widerspruch ein. Die Verhandlung fand im Juli 1952 statt. Der Richter war eine Frau – Mildred T. Lillie. Das Urteil sollte ganz allein von Pias Reaktion abhängen. Gregson Bautzer befragte Pia:

»Als du in London sagtest, du würdest deine Mutter lieben und sie vermissen, wolltest du da nur höflich zu ihr sein?«

»Ich glaube nicht, daß ich gesagt habe, daß ich sie vermisse. Aber vielleicht doch... Wir waren ein paar Tage zusammen. Mutter fragte, ob ich glücklich sei.«

»Du hast also nicht gesagt, daß du sie vermißt hast und sie gern wiedersehen würdest?«

»Ich glaube nicht, daß ich das gesagt habe. Sie hat mich nicht wirklich gefragt: ›Vermißt du mich?‹ Und ich habe nie gesagt: ›Ja.‹ Und selbst wenn sie das gefragt hätte, hätte ich doch wohl schlecht antworten können: ›Nein, ich liebe dich nicht.‹«

»Hast du deiner Mutter jemals geschrieben, daß du sie liebst?«

»Ich unterschreibe immer mit: Viel Liebe, Pia.«

»Und drückt das deine Gefühle für sie aus?«

»Nein, es ist nur meine Art, den Brief zu beenden.«

»Weißt du, worum es hier geht und was deine Mutter möchte?«

»Ja. Sie möchte, daß ich zu ihr nach Italien komme. Aber ich möchte nicht nach Italien.«

»Aber du weißt doch sicher, daß deine Mutter dich nicht bittet, bei ihr in Italien zu leben, sondern nur möchte, daß du sie dort besuchst.«

»Aber ich habe sie doch erst im letzten Sommer gesehen.«

»Du weißt, daß deine Mutter nicht gerichtlich durchsetzen will, daß du bei ihr lebst?«

»Ja.«

»Wenn du deine Briefe mit ›Viel Liebe, Pia‹ unterschreibst, dann heißt das wohl nicht, daß du sie wirklich liebst? Verstehe ich das richtig?«

»Ich liebe meine Mutter nicht. Ich mag sie.«

»Und du vermißt sie nicht?«

»Nein.«

»Du hast also keine Sehnsucht, sie zu sehen?«

»Nein. Ich lebe lieber bei meinem Vater.«

»Du liebst deinen Vater sehr?«

»Ja.«

»Hast du Mr. Rossellini kennengelernt, als er in eurem Haus lebte?«

»Ja.«

»Hast du dich damals mit ihm unterhalten?«

»Er lebte bei uns, also haben wir sicher miteinander gesprochen. Aber ich kann mich an keins dieser Gespräche erinnern.«

»Hattest du den Eindruck, er sei ein rücksichtsvoller, anständiger Mann?«

»Ich kann mich nicht erinnern. Ich hatte gar keinen Eindruck.«

305

»Hast du damals irgend etwas an ihm festgestellt, was dir nicht gefallen hat?«

»Ich habe nicht mit ihm zusammen gegessen. Ich aß allein, ging früher schlafen als er, also konnte ich nicht viel beobachten.«

»Aber in der Zeit, in der du ihn gesehen hast, hast du ihn nicht unsympathisch gefunden?«

»Ich fand ihn nicht sympathisch, aber auch nicht unsympathisch.«

»Was hat dein Vater allgemein über Mr. Rossellini gesagt, und was hast du über Mr. Rossellini gesagt?«

»Ich weiß nicht mehr, was wir über ihn gesagt haben. Wir haben darüber gesprochen, daß er oft vor dem Kamin gestanden und uns erzählt hat, wie religiös er sei. Er hat sich Geld von Vater geliehen und mir von diesem Geld Geschenke gekauft.«

Nun stellte auch die Richterin Fragen:

»Hast du das Gefühl, daß sich deine Mutter jetzt nicht sehr um dich kümmert?«

»Ich denke, sie macht sich zumindest keine übertriebenen Gedanken um mich.«

»Warum sagst du das?«

»Nun, ich scheine sie doch nicht sehr interessiert zu haben, als sie fortging. Erst als sie wieder verheiratet war und Kinder hatte, stellte sie plötzlich fest, daß sie mich haben will.«

Gregson Bautzer fragte weiter:

»Egal, wie gut du deine Mutter jetzt kennst oder ob du in Zukunft die Möglichkeit haben wirst, sie besser kennenzulernen – liebst du deine Mutter?«

»Nein, nicht sehr. Ich meine, ich habe sie gesehen, aber ich habe sie nicht oft genug gesehen, um sie wirklich lieben zu können. Hauptsächlich hat sich mein Vater um mich gekümmert, und ich habe fast ausschließlich mit ihm gelebt.«

Die Richterin faßte zusammen, beklagte die weltweite Berichterstattung über diesen Fall und wog die Reaktionen der Eltern ab. Sie warf beiden Stolz und Egoismus vor. Sie kritisierte Dr. Lindström, daß er sich allzu eng an die Buchstaben des Gesetzes gehalten habe, und warf Ingrid Bergman vor, daß sie allzusehr auf ihren Rechten beharre. Sie zog auch Pias wenig schmeichelhafte Meinung über

Rossellini in Rechnung. »Es gibt keinen gesetzlichen Grund, der Miss Bergman davon abhalten könnte, ihre Tochter Pia hier zu besuchen, wenn sie es wünscht. Miss Bergman ist 1949 freiwillig nach Italien gegangen und seither dort geblieben, und es gibt keine Anzeichen dafür, wann – und ob überhaupt – sie in die Vereinigten Staaten zurückzukehren gedenkt.« Es sei eine Kaution zu hinterlegen, wenn ein Kind ein Elternteil im Ausland besucht, besonders, wenn das Kind noch minderjährig ist und die Reise gegen seinen eigenen und den Willen des Elternteils, in dessen Obhut es lebt, erfolgt. »Kinder sind nicht dazu da, um zwischen Eltern hin- und hergeschoben zu werden, nur um deren Stolz, Bequemlichkeit und deren Wünsche auf Kosten der Kinder zu erfüllen.«

Richterin Lillie entschied wie folgt: »Das Gericht ist der Überzeugung, daß es so bald wie möglich zu einer Aussöhnung zwischen dem Kind und der Mutter kommen sollte. Zum augenblicklichen Zeitpunkt wäre es allerdings nicht im Interesse des unmündigen Kindes, wenn es vom Gericht gezwungen würde, sein Heim in den Vereinigten Staaten zu verlassen und am 15. Juli 1952 zu seiner Mutter nach Italien zu reisen. Aus diesem Grunde ist das Gesuch der Antragstellerin abgelehnt.«

Wegen der Schwangerschaft war es Ingrid nicht möglich, in den Verlauf der gerichtlichen Ereignisse einzugreifen. Rossellini war bereit, an Ingrids Stelle an der Verhandlung teilzunehmen, wenn er auch wütend war, keine eidesstattliche Erklärung von Rom aus abgeben zu können. Aus dem Krankenhaus schrieb Ingrid an ihre alte Freundin Mollie Faustman in Schweden:

Roberto hat sich um ein Visum für die Vereinigten Staaten bemüht. Wir sahen keinen anderen Ausweg. In Washington hieß es, es gäbe keine Hindernisse, aber es würde einige Zeit dauern. Petter sagte sofort, daß er bestimmt nicht hereingelassen würde.

Natürlich kann Roberto kaum vor Ende der Verhandlung dort sein. Petters Anwalt hat Einspruch gegen jede Vertagung eingelegt – der Fall sei sowieso schon verzögert! Selznick und eine Menge anderer Freunde haben Aussagen über unser Zuhause und Roberto gemacht. Selznick hat von Roberto gesprochen, als wäre er ein Gott – oder zumindest doch Superman! Alle waren außergewöhnlich

307

hilfsbereit. Die Richterin lehnte Robertos schriftliche Aussage oder die von Freunden hier in Italien ab. Sie verlangte, daß er und jeder andere Zeuge persönlich erscheine. Aber natürlich kann er nicht halb Italien mit nach Hollywood nehmen, um zu beweisen, daß er kein Kokain nimmt. Mit anderen Worten – Dein lieber, wundervoller Brief wird wahrscheinlich nicht viel helfen. Egal, ich hebe ihn auf und danke Dir von ganzem Herzen – vielleicht werden wir ihn doch noch brauchen. Ich wünschte, Papa Lindström könnte ihn lesen.

Roberto hat in zehn Tagen zwei Millionen Lire für Telefonate und Telegramme ausgegeben. Ein Telegramm an die Richterin kostete allein eintausend Dollar! Es tut mir leid, daß ich so viele traurige Dinge berichte, aber mein Herz ist schwer.

Alles Liebe,

Ingrid

Ich wünschte mir so sehr ein Mädchen, weil Roberto schon zwei Söhne aus seiner ersten Ehe und einen Sohn mit mir hatte. Also sollte es jetzt ein Mädchen werden, und ich hatte mich für den Namen Isabella entschieden. Aber nun bekam ich Zwillinge. Ich wurde in den Entbindungssaal gefahren, Isabella wurde geboren, und ich bat den Arzt, sofort Roberto anzurufen, um ihm zu sagen, er habe eine Tochter. Der Arzt kam zurück und richtete mir aus, Roberto sei glücklich. Dann zog er sich einen Stuhl neben mich und meinte, nun müßten wir auf das nächste Baby warten. ›Allmächtiger Gott‹, dachte ich, ›das Ganze noch einmal von vorn?!‹

Dann sagten sie: »Noch ein Mädchen!« Zwei kleine Mädchen! Wie herrlich! Roberto wählte den Namen – Isotta-Ingrid. Aber vom ersten Augenblick an riefen wir sie nur Ingrid.

Ich war traurig, als ich erfuhr, daß Pia im Sommer nicht kommen würde, denn ich vermißte sie sehr. Aber ich tröstete mich ein wenig mit dem, was mir Freunde sagten: »Warte. Warte nur ab. Kinder kommen wieder; sie kommen wieder.«

Sie schrieb sofort an Pia, um ihr die Neuigkeiten mitzuteilen:

Mein liebes großes Mädchen – jetzt ist es überstanden. Denke Dir, zwei Babys auf einen Streich – es ist wirklich kaum zu glauben. Es geht ihnen gut, sie essen, schlafen und schreien – genau wie sie es sollten, und ich habe es nicht schwer mit ihnen. Als das erste Baby geboren war, sah es so lustig aus, wie die Ärzte und Schwestern um mich herumsaßen, um auf das zweite zu warten. Es war wie im Theater – in der Pause zwischen dem ersten und dem zweiten Akt. Die beiden Mädchen sehen sich überhaupt nicht ähnlich. Ich glaube, sie werden das gut finden. Dann werden sie später nicht dauernd miteinander verwechselt.

Hast Du mein Telegramm bekommen? Du warst natürlich die erste, der ich es erzählen wollte. Aber da ich kaum erfahre, was Du von mir erhältst, muß ich Dich eben dann und wann fragen.

Ich sah einen Zeitungsausschnitt von Deiner Prüfung, und Du trugst hochhackige Schuhe! Ich fiel fast aus dem Bett. Und Deine Mutter trägt noch immer keine Schuhe mit hohen Absätzen! Ich hoffe, Du schickst mir ein Foto. Weißt Du eigentlich, daß Du mir seit England noch kein Foto geschickt hast? Ich las, daß Papa Fotos von Dir gemacht hat. Bitte schick mir eines. Gefiel Dir das Kleid, das ich Dir geschickt habe? Wirst Du mir eines Tages sagen, Schätzchen, ob Du die Blumen bekommen hast, die ich Dir zur Prüfung geschickt habe, und den Brief zur Konfirmation? Es gibt Briefe, die zu besitzen Du froh sein wirst, wenn Du groß bist. Ich weiß das, denn ich wuchs ohne Mutter auf, und als mir ihre Freunde die Briefe schickten, die sie ihnen geschrieben hatte, war ich sehr glücklich. Durch sie habe ich meine Mutter kennengelernt.

Ich wünschte, Du könntest die kleinen Babys sehen. Ich weiß, daß Du sie gern kennenlernen würdest, wenn sie noch so winzig sind. Robin ist schon ein großer Junge. Deshalb wollte ich so sehr, daß Du dieses Jahr kommst. Ich glaube fast, ich werde später noch ein Baby bekommen müssen. Hoffentlich bist Du dann bei mir. Ich bin schrecklich traurig, daß Du nicht kommst – ich bin sicher, Du verstehst das alles, und Du sollst wissen, daß ich Dich auch verstehe. Ich glaube nicht, daß irgend jemand irgend etwas zwischen uns erklären muß. Was Du der Richterin gesagt hast, konnte mich nicht tief treffen, es tat nur einige Zeit etwas weh. Ein Kind kann seiner Mutter nicht weh tun, dafür ist die Liebe zu groß und zu beschützend. Aber ich muß weiter für mein Recht kämpfen, Dich hier zu haben. Ich hasse nichts mehr als Ungerechtigkeit, und ich werde kämpfen bis zum letzten Atemzug. Ganz viel Liebe, ich hoffe, bald von Dir zu hören.   Deine Mama

PS. Was ist mit dem goldenen Kreuz zu Deiner Konfirmation? Trägst Du es zusammen mit dem Medaillon?

Im Juli schrieb Pia, daß sie das Kreuz bei ihrer Konfirmation getragen habe und daß sie nach Pittsburgh umziehen würden. Sie wolle den Sommer über in Pittsburgh bleiben, um sich einzugewöhnen. Sie wolle nicht nach Italien kommen. Ihretwegen hätte es deshalb keine Gerichtsverhandlung geben müssen. Sie hätte ihrer Mutter einfach sagen können, daß sie in diesem Sommer nicht kommen wolle. Aber sie hielt Ingrid auf dem laufenden, erzählte von ihren Haustieren und von ihren vielen Hobbys.

Wenn ich heute darüber nachdenke, weiß ich, daß ich nach Amerika hätte fahren sollen. Erstens, um Petter zur Scheidung zu überreden, und zweitens, um Pia zu besuchen. Aber niemand wird die Kraft und Entschlossenheit von Robertos Willen je begreifen können. Marta Cohn hat mir einmal gesagt: »Natürlich hättest du fahren können. Du hättest dir Geld borgen, dir ein Flugticket kaufen und dir weiteres Geld in Amerika leihen können.« Das stimmt natürlich. Der springende Punkt aber ist, daß ich es nicht gegen Robertos Willen hätte tun können. Geld borgen oder stehlen – schön und gut, aber was wäre geschehen, wenn ich wirklich zurückgefahren wäre? Aufstände wären ausgebrochen! Natürlich wäre ich zu Roberto zurückgekehrt, aber das hätte er mir doch nie geglaubt! Wäre ich nach Amerika gefahren, wäre das für ihn einem Verrat gleichgekommen...

Den Sommer 1952 verbrachte Ingrid wieder in ihrem Haus »Santa Marinella« und trat in dem Episodenfilm *Siamo Donne* auf, der Liebe, Leben und Alltagsprobleme berühmter Schauspielerinnen aufzeigte: Ingrid, Anna Magnani, Alida Valli, Isa Miranda und andere. Ingrid Bergman startet darin einen Rachefeldzug gegen die

Henne einer Nachbarin, weil das dreiste Federvieh einen unstillbaren Appetit auf Ingrids wunderbare Gartenrosen hat.

Im August kam ein Geburtstagsbrief von Pia. Sie berichtete von einem Geschirrhandtuch, das sie selbst gemacht und ihrer Mutter geschickt hatte. In Pittsburgh gefiele es ihr – bis auf die schlechte Luft –, die Kinder seien netter als in Beverly Hills.

Ingrid hatte viel Zeit. Sie schrieb allen ihren Freunden, aber am häufigsten schrieb sie an Pia. Am 25. August befragte sie sie über ihren Tennisunterricht, ihre Fortschritte im spanischen Tanz, über Politik, Pittsburgh und alle Haustiere. Sie beendete den zwei Seiten langen Brief mit: »Ich habe Dich schrecklich lieb und hoffe, der Winter geht schnell vorbei. Dann kommt der Sommer – und Du mit ihm. Jetzt gehe ich los und springe ins Meer – platsch!«

Am 13. September:

Schätzchen, meine liebe Tochter, ich hoffe, Du verlebst einen wunderbaren Geburtstag, und ich hoffe, daß alle Deine Wünsche in Erfüllung gehen. Du wirst immer älter, mein kleines Mädchen, und so groß. Ich muß selbst schon sehr alt geworden sein, um eine so erwachsene Tochter haben zu können. Ich erinnere mich, als ich neunzehn wurde, fühlte ich mich uralt und hatte Angst, zwanzig zu werden. Ich erinnere mich, daß ich mir wünschte, mich nie älter als neunzehn zu fühlen, und ich glaube, dieser Wunsch ist in Erfüllung gegangen. Bis heute fühle ich mich nicht älter – abgesehen von meinem Aussehen. Ich hoffe, das wird auch noch so sein, wenn ich graue Haare habe. Am 20. werde ich den ganzen Tag an Dich denken und die Vase neben Deinem Bild mit Blumen füllen. Ich und alle Deine Freunde hier werden Dir Küsse zuwerfen.

Du hast mich mit Deinen Geschenken an meinem Geburtstag sehr glücklich gemacht. Das Handtuch hast Du so wunderschön bestickt, daß es viel zu schade zum Benutzen ist. Es wird einen Ehrenplatz an einer Wand bekommen.

Am 27. Oktober:

Liebe schweigsame Pia! Ich warte und warte! Ich weiß nicht einmal, wo Du wohnst, habe nur die Adresse des Krankenhauses. Kannst Du mir nicht bald Deine Adresse und Deine Telefonnummer schreiben, damit ich Dich wieder anrufen kann? Ich habe so lange nicht mit Dir gesprochen, und ich wüßte gar nicht, was ich sagen soll. Du weißt doch, wie das ist – man weiß nicht, wo man anfangen soll, weil man einfach zu viel sagen möchte. Kannst Du diese komische Erklärung verstehen? Wenn ich jeden Tag mit Dir sprechen könnte, hätte ich Millionen Dinge mit Dir zu bereden. Jetzt werde ich von Deiner Stimme überwältigt werden und zu weinen anfangen. Egal, gib mir in jedem Fall Deine Telefonnummer...

Silvester 1952:

Meine liebe Pia! Es ist elf Uhr, Silvesterabend. Wir haben die ganze Familie mit allen Kindern hier, und ich bin in mein kleines Arbeitszimmer gerannt, um Dir meine Gedanken zu schreiben. Ich denke immerzu an Dich, egal, wie viele Menschen hier sind. In einer Stunde werde ich ein Glas Champagner trinken auf Dich und auf meine anderen Kinder, auf alle Menschen, die ich liebe, auf die ganze Welt und hoffen und beten, daß es ein gutes Jahr werden wird, gut für die Welt und gut für Dich. Erinnerst Du Dich, daß Papa und ich Dich immer um zwölf Uhr geweckt haben? Später warst Du größer und konntest mit uns aufbleiben. Jetzt bist Du schon so groß, daß es fast unglaublich ist. Um Mitternacht sagen wir alle: »Auf Pia.« Und ich sage voller Liebe: »Auf meine geliebte Tochter in der Ferne.«

Deine Mama

22. Januar 1953, Rom:

Es war wunderbar, mit Dir zu telefonieren. Ich hätte immer weitersprechen können, und die Verbindung war so gut. Ich war zwar traurig über das, was Du gesagt hast, aber ich werde auf Dich warten... immer. Und Du weißt es. Ich kann für die Dinge nicht, die veröffentlicht werden, Pia. Ich habe Dir gesagt, daß es solche Dinge geben wird, solange ich Ingrid Bergman bin. Du kannst nicht erwarten, daß sie nicht über mich schreiben oder mich nicht fotografieren. Du hast ja keine Ahnung, wie oft ich nein sage, wenn man mich interviewen will. Ich versuche, sehr vorsichtig zu sein, und bin selbst überrascht, daß sie noch immer über mich schreiben wollen, aber das wird wohl so lange so weitergehen, bis ich als Schauspielerin so schlecht geworden bin, daß niemand mehr von mir spricht.

Ich muß Dir aber auch das noch sagen – ich habe meine Anwälte in Kalifornien zurückgerufen. Du weißt, es waren drei. Keiner von ihnen wird mehr etwas unternehmen. Hab keine Angst. Ich will Dich nicht verletzen. Ich möchte Dich nur manchmal bei mir haben. Aber was soll ich da machen? Wenn Du meinst, es könnte sein, wäre das wunderbar.

Unser letzter Anwalt ist ein netter Mensch. Er ist genau so, wie ich mir alle gewünscht hätte. Er hat vier Kinder und ist sehr verständnisvoll. Ich bat ihn, auf seinem Rückweg in Pittsburgh vorbeizufahren. Aber er schickte mir eine Nachricht, daß Papa keine Zeit für ihn hatte. Ich wünschte, er hätte sie – eines Tages... Aber Du mußt wissen, Pia, daß ich nie etwas tun werde, was Du nicht willst. Weshalb sollte ich, wo ich Dich liebe und nur alles Gute für Dich will? Ich kämpfe deshalb, weil ich glaube, daß Du glücklicher wärst, wenn Du mein Leben hier kennen würdest, damit es nicht nur etwas ist, worüber Du von anderen Leuten hörst, sondern etwas, das Du selbst erlebt hast und beurteilen kannst. Und ich wünschte sehr, Du könntest Deine Stiefgeschwister kennenlernen. Ich glaube, es würde Dich sehr froh machen. Du würdest zu Deinem Vater nach Pittsburgh viel glücklicher zurückkehren, weil Du spüren würdest, daß wir sehr eng miteinander verbunden sind...

Pia erinnert sich an diese Zeit ganz genau:

»Es war sehr schwer für meinen Vater durchzuhalten. Und es war sehr traurig, mit ansehen zu müssen, was er durchmachte. Er arbeitete sehr hart und gewissenhaft. Dann kam er nach Hause und las all dieses Zeug über sich, seine Familie und die neue Familie meiner Mutter, den widerlichsten und unglaublichsten Klatsch. Es war wie in einem schlechten Film. Unser ganzes Leben war ein einziger Witz, und das war besonders schlimm, weil er einen so ernsthaften und wichtigen Beruf hat. Wäre er im Showgeschäft tätig gewesen, im Theater oder beim Film, oder wäre er Schriftsteller gewesen, hätte das vielleicht weniger ausgemacht. Aber wenn man Gehirn-Chirurg ist, lebt man in einer Art geschlossenen Gesellschaft. Ein Krankenhausbetrieb verläuft in geregelten Bahnen und hat einen bestimmten Ehrenkodex. Ich erlebte, was in ihm vorging, wenn er heimkehrte. Ich sah seine Depressionen. Die ganze Affäre hatte sein Leben zerstört und unendlich viel für ihn verändert. Ich liebte ihn wegen so vieler Dinge. Er war sehr stark, sehr intelligent, er konnte sehr witzig und charmant sein, und er war der beste Tänzer, den ich mir vorstellen kann. Und er hat aus eigener Willenskraft unendlich viel erreicht. Ich meine, schließlich kam er von einem Bauernhof in Nordschweden und wurde dann dieser ausgezeichnete Gehirn-Chirurg. Vor kurzem wurde die Psycho-Chirurgie im Staat Kalifornien gesetzlich verboten, für ihn haben sie aber eine Ausnahme gemacht. Er hat seine eigene Klausel in diesem Gesetz, die besagt: Mit Ausnahme der Praxis von Dr. Lindström. Er hat Patienten aus der ganzen Welt, sie fliegen zu ihm von überall her; er operiert häufig Leute, die erfolglos bei anderen Spezialisten gewesen waren.

Ich kann es nicht ändern, aber ich sehe viele Dinge, die geschehen sind, mit seinen Augen. Ich blieb bei ihm, als Mutter fortging. Eine ganz neue Welt öffnete sich ihr, es war aufregend und herrlich mit dieser leidenschaftlichen Liebesaffäre – so unbeschreiblich romantisch. Das war großartig für sie. Was sie zurückließ, war nicht so großartig. Und ich hatte mich damit einzurichten. Ich war ein Teil dessen, was zurückgeblieben war, und ich konnte nicht umhin, mich mit meinem Vater zu solidarisieren: Ich fühlte, daß meine Mutter *uns* verlassen hatte.«

Pias Antwort war mit drei grünen Wachssiegeln verziert.

Sie dankte ihrer Mutter für die Geschenke, die sie ihr geschickt hatte, und bat sie dann, kein »weiteres Geschrei in der Öffentlichkeit« mehr anzustimmen, mit »Verfolgungen und Anwälten« aufzuhören. Sie habe im Fernsehen gehört, daß ein neuer Anwalt kommen werde. Pia beschwerte sich über den »andauernden Skandal, der gegen meinen Vater angezettelt worden ist«. Sie fragte ihre Mutter, warum sie ihn überhaupt geheiratet habe, wenn er so schlecht sei. Sie wolle nicht nach Rom und wolle dazu auch nicht gezwungen werden. Sie beendete ihren Brief mit dem Hinweis, daß Ingrid drei weitere Kinder habe, um die sie sich kümmern könne. Pia bat Ingrid, sie und ihren Vater in Ruhe zu lassen.

3. März 1953:

Meine liebe Pia, ich habe einige Zeit gebraucht, bis ich die Kraft fand, auf Deinen letzten Brief zu antworten. Es tut fast genauso weh, ihn zu beantworten, wie ihn zu lesen.

Hätte Dich mein Brief etwas früher erreicht, wäre vieles vielleicht nicht so schlimm gewesen. Der Anwalt kam doch in guter Absicht, und ich hörte, daß er in aller Ruhe mit Papa am Telefon gesprochen hat. Also gibt es doch gar keinen Grund zur Aufregung. Ich habe keinen weiteren Anwalt und auch nicht die Absicht, mir einen zu nehmen.

Ich habe Dir oft gesagt, daß ich vieles, was du liest, im Radio oder im Fernsehen hörst, nicht verhindern kann. Ich kann mich weigern, über mein Privatleben zu sprechen, und das habe ich getan, wie ich es Dir versprochen habe. Aber wenn man einen Film dreht, gibt es immer Reklame, eine Menge Publicity. Ein Film verkauft sich nicht nur aufgrund seiner Meriten – auch aufgrund der Werbung, die für ihn gemacht wird. Ich kann es also nicht verhindern, daß Journalisten zu mir ins Studio kommen. So war es mein Leben lang. Was du liest oder hörst, ist Klatsch. Papa ist anderer Meinung, seit ich ihn verlassen habe. Wenn Du es nun auch nicht glauben willst, dann kann ich wirklich nichts weiter tun, als mich zu wiederholen.

Ich werde Dich nicht mehr belästigen, Pia. Es scheint mir unmöglich, Dich davon zu überzeugen, daß ich Dich zu nichts zwingen will. Wärst Du jünger, hätte ich es vielleicht versucht. Aber Du bist alt genug, Dich selbst zu entscheiden. Du bittest mich, Dich in Ruhe zu lassen. Gut, ich werde es tun. Ich habe fast vier Jahre lang hart dafür gekämpft, wenigstens einen winzigen Anteil an Deinem Leben zu haben. Ich habe nie um mehr gebeten, um Papa nicht weh zu tun. Ich habe verloren. Aber Du bist noch immer mein Kind, und ich liebe Dich genauso sehr wie die anderen. Ein Kind kann ein anderes nicht ersetzen, wie Du zu denken scheinst. Ich liebe Dich, und ich küsse Dich. Ich liebe Dich von ganzem Herzen, und ich werde Dir immer nahe sein, auch wenn Du mich nicht siehst...

NEUNZEHNTES KAPITEL

Ingrid war durch Pias Brief tief verletzt und schrieb an den Anwalt, der versucht hatte, in Pittsburgh zu vermitteln:

Sie muß doch wissen, daß ich sie liebe und für sie gekämpft habe. Sie kann nun nicht behaupten, was ich am meisten gefürchtet habe: daß ich sie böswillig verlassen habe. Sie will mich nicht. In Ordnung. Ich werde in den Wald gehen und meinen Schmerz herausschreien. Sie hat mich zurückgestoßen. Aber ich werde ihr nicht zu Füßen fallen. Sie will in Ruhe gelassen werden. Ich werde sie in Ruhe lassen.

In der zweiten Hälfte des Jahres 1953 wurde das Geld knapper, und Roberto erklärte, er wolle viele Filme und eine Menge Geld machen. Zunächst planten sie ein weiteres Werk von großartigem Zuschnitt und mit hohen Ambitionen: eine Film-Version der Novelle *Duo* von Colette, eine Ehegeschichte. Dafür brauchte er einen internationalen Star als Partner für Ingrid, der mit ihr zusammen vor der italienischen Kulisse spielen sollte.

Rossellini war schon immer von George Sanders angetan, dem in Rußland geborenen Schauspieler, der schon in Ingrids drittem Hollywoodfilm, *Gefährliche Liebe*, ihr Partner gewesen war und der später einen Oscar für seine Darstellung als zynischer Theaterkritiker in *Alles über Eva* bekam. Als Rossellinis Telegramm ihn erreichte, war er mit Zsa-Zsa Gabor verheiratet, der hübschen Ungarin, die bis dahin noch keinen Film in Hollywood gedreht hatte; als George den Oscar erhielt, war sie sehr gekränkt, daß sie nicht gleich auch einen bekommen hatte.

317

George Sanders hörte von Roberto, daß er geradezu ideal für die Rolle des Ehemannes in *Duo* sei. Aber als George in Rom ankam, hatte Roberto inzwischen leider feststellen müssen, daß die Filmrechte des Buches bereits verkauft waren. Nun hatte er also einen Schauspieler, aber keine Story. Natürlich störte das Roberto überhaupt nicht. Er würde einfach eine neue schreiben.

George Sanders sah mich an und fragte: »Was ist denn das? Ich komme her, um in *Duo* zu spielen, und nun soll es ein ganz anderer Film werden? Hat er seine Meinung geändert?«

Ich nickte, denn ich wußte, Roberto wollte George auf keinen Fall verlieren. Ich hielt George also hin. Ich beruhigte mich mit dem Gedanken, Roberto sei eben Roberto! Vielleicht würde er ein weiteres Meisterwerk wie *Rom, offene Stadt* machen. Schließlich würden wir nach Neapel fahren, und dort kämen ihm sicherlich die herrlichsten Einfälle.

Aber selbst Ingrid bekam nach den ersten zwei Wochen der Dreharbeiten leise Zweifel: Sie hatte nichts anderes zu tun, als die antiken Statuen im Museum von Neapel anzustarren, begleitet von einem ähnlich antiken Fremdenführer, der über die glorreichen Zeiten der Griechen und Römer berichtete.

Roberto schrieb jeden Tag an seinem Drehbuch, und George hatte einen Nervenzusammenbruch nach dem anderen. Jeden Abend telefonierte er mit seinem Psychiater in Hollywood.

Roberto konnte das nicht fassen. Fünfzig Dollar, nur um mit einem Psychiater zu sprechen! In Italien ging man statt dessen zur Beichte. Der Priester würde befinden, man habe fünfundzwanzig »Ave Maria« zu sprechen, und dann: »Gehe hin, mein Sohn...«

Roberto wollte George aufheitern. Sollte er nun den Psychiater oder Zsa Zsa Gabor kommen lassen? Er entschied sich für Zsa Zsa Gabor. Sie sah wunderschön aus, spielte Klavier, und wir fuhren mit ihnen nach Ravello, wo John Huston gerade *Schach dem Teufel* mit Jennifer Jones, Robert Morley und Humphrey Bogart drehte. Wir glaubten, George würde sich in der Hollywoodgesellschaft wohler fühlen. Er tat es nicht.

Natürlich konnte er sich nicht an Robertos Arbeitsweise gewöh-

nen. Er war von Hollywood her anderes gewöhnt: festgelegte Drehzeiten, vorbereitete Dialoge, Leistung, Geschwindigkeit. Als ich mit
Roberto zum erstenmal in einem italienischen Atelier drehte, war ich
auf die Minute pünktlich. Roberto nicht. »Du kannst sowieso nicht
beginnen, bevor ich dort bin«, sagte er. »Egal. Ich warte lieber im
Studio als in unserem Korridor«, erwiderte ich. Ich gewöhnte mich
an diese Dinge. George Sanders niemals.

Aber als wir *Liebe ist stärker (Viaggio in Italia)* abgedreht hatten
und George sein Flugzeug bestieg, gestand er, daß er zu seiner
eigenen Überraschung die neue Arbeitserfahrung sogar genossen
habe. Wo sonst gebe es denn schon einen Regisseur, der einen
väterlich umarme und sage: »Aber lieber Freund, es ist doch nicht
der erste schlechte Film, in dem du mitspielst, und es wird auch nicht
dein letzter sein. Also, Kopf hoch!« Er bewundere Ingrid, er schätze
jetzt sogar die Assistenten, die pausenlos und scheinbar sinnlos durch
die Gegend hasten. Ja, im Rückblick könne er durchaus sagen, er
habe sich sehr wohl gefühlt.

Die Kritiker verrissen den Film – wie mittlerweile schon üblich.

Ingrid war dennoch recht glücklich. Die Dinge zwischen Pia und
ihr schienen sich zu klären, man korrespondierte wieder miteinander. Ingrid erzählte ihrer Tochter von ihrem neuen Vorhaben, dem
Oratorium *Johanna auf dem Scheiterhaufen*.

Ich glaube, es begann während der Dreharbeiten zu *Liebe ist stärker*
in Neapel und auf Capri. Das Oratorium von Paul Claudel und
Arthur Honegger ist Mitte der dreißiger Jahre uraufgeführt worden.
Der Direktor der San Carlo Opera Company, Pasquale Di Costanza,
schickte Roberto Partitur und Libretto und fragte ihn, ob er das
Oratorium nicht mit mir in der Titelrolle inszenieren wolle. Nun, das
war eine echte Herausforderung. Ich kannte das Stück. Ich hatte es
auf Platten gehört, als ich *Johanna von Orleans* drehte. Es hatte mich
damals beeindruckt, es beeindruckte mich auch heute. Ich würde die
Worte des italienischen Librettos studieren und jede Musikphrase
auswendig lernen.

Aber was wäre mit Roberto? Wie sollte er mit einer Truppe von
einhundert Opernleuten zurechtkommen, Chor und Ballett noch

dazu? Er schien sich darüber überhaupt keine Sorgen zu machen. Ich fragte ihn, ob es nicht langsam Zeit würde, sich ein paar ausführlichere Gedanken über die Inszenierung zu machen. Ja, ja – sobald er Zeit dazu habe!

Die Zeit verging. Dann erinnerte ich ihn daran, daß sich meines Wissens Regisseure über die Art der Inszenierung klar sind, bevor die Bühnenproben beginnen. Sie würden ihre Hausaufgaben rechtzeitig machen. Seine Antwort: Er denke...

Also gut, er dachte. Eines Tages bat er mich um einen alten Briefumschlag. Ich gab ihn ihm. Wir hatten Dutzende davon. Er lehnte es ab, Briefumschläge zu öffnen, er weigerte sich auch, Briefe zu beantworten. Also waren unsere Papierkörbe voll von ungelesenen Briefen und ungeöffneten Briefumschlägen. Nun kritzelte er die Rückseite des Kuverts voll und reichte es mir: »Das ist mein Scenario.«

»Was?« Ich war erschüttert. »Auf diesem Umschlag?«

Natürlich. Genau so werde er es machen.

Ich besah mir das Ganze, konnte überhaupt nicht schlau daraus werden. Aber als wir mit den Proben begannen, war mit einemmal alles ganz klar. Er hatte die Idee, mit Filmprojektoren zu arbeiten. So konnten wir schneller die Szenen wechseln – innerhalb weniger Sekunden von der Kirche in eine Landschaft und so weiter. Roberto war außer sich vor Begeisterung, und das Schönste daran war, daß wir in Neapel ausreichend Zeit für die Proben hatten.

Paul Claudels Bühnenanweisungen verlangen, daß Johanna bereits auf dem Scheiterhaufen steht, wenn sich der Vorhang hebt. Und da bleibt sie auch stehen. Sie redet, erinnert sich an ihre Kindheit, während der Prozeß und alle anderen Ereignisse von Solisten und Chor dargestellt werden.

Ich beschwerte mich bei Roberto, daß ich unmöglich eine ganze Stunde auf dem Scheiterhaufen festgebunden sein könnte! Ich wollte mich bewegen können! Und da kam ihm eine großartige Idee. Der Vorhang hebt sich, und auf dem Scheiterhaufen ist ein kleines Mädchen festgebunden – sie ist die Heilige Johanna. Die Flammen züngeln hoch, sie stirbt; und aus der Dunkelheit werde ich mit einem Aufzug emporgehoben. Ich bin ganz in Schwarz, nur mein Gesicht ist zu sehen. Es drückt meine Gefühle aus, meine Überzeugungen, meine Erfahrungen. Überall gibt es angehobene Gehsteige. Auf einem kommt mir Bruder Dominique entgegen, der mir sagt, was mir vorgeworfen wird. Dann senken sich die Gehsteige auf den Bühnenboden, und ich kann mich frei bewegen.

Das hört sich kompliziert an, aber es ging sehr gut, und zusammen mit den Sängern und Tänzern entstand viel Bewegung auf der Bühne. Die Vorstellungen in Italien waren ein großer Erfolg beim Publikum und bei den Kritikern. Wir spielten in der Oper von Palermo, in der Mailänder Scala, in Paris, Stockholm, Barcelona und in London. Ich spielte die Johanna in vier Sprachen und in fünf Ländern.

Roberto, der schon Schauspieler nicht leiden konnte, konnte Opernsänger erst recht nicht ausstehen. »Sie reden nur über ihre Stimmen«, lamentierte er, »über Tonlagen und Noten. Sie langweilen mich entsetzlich. Es ist ihnen egal, was in der Welt geschieht. Alles, was sie interessiert, ist ihr Tralala. Von einer Arie zur nächsten. Das ist ihr ganzes Leben.«

Zu dieser Zeit erfuhr Ingrid, daß Bob Capa gestorben war. 1954 war er für »Life« als Kriegsberichterstatter nach Indochina gegangen. In der ersten Juniwoche nahmen er und zwei weitere Korrespondenten an einem Vorstoß französischer Truppen teil. Capa saß mit einer Feldflasche Eistee und einer Flasche Whisky neben dem Fahrer im Jeep. Das Vorstoßkommando wurde beschossen. In einer Feuerpause lief er mit seiner Kamera nach vorn und rief: »Paßt auf mich auf, wenn ihr wieder anfangt!« Sie taten es. Sie fanden ihn tot im Straßengraben. Er war auf eine Mine getreten.

Bei der Trauerfeier verlieh ihm General René Cogny posthum das »Croix de Guerre« und sagte: »Er war der erste Kriegsberichterstatter, der in diesem Kampf gefallen ist. Er fiel wie ein Soldat, also verdient er auch die Ehrungen eines Soldaten.« Er ist vierzig Jahre alt geworden.

Ingrid schrieb an Ruth:

Ich bin für *Johanna auf dem Scheiterhaufen* dankbar. Wir haben jetzt für Spanien abgeschlossen. Zu dumm, daß es nur wenig Geld einbringt, also müssen wir mal wieder einen Film machen. Seltsam, wie wenige Menschen heute schreiben. Unsere Generation ist wohl völlig damit ausgelastet, Atombomben zu entwickeln...

Danke für die Ausschnitte über Capa. Wie seltsam und grausam hat er doch sterben müssen! Und eigenartig ist es auch, daß sie hier in den Zeitungen und Illustrierten seine Fotos veröffentlichen, über sein Leben schreiben, und gleich auf der nächsten Seite wird über *Johanna auf dem Scheiterhaufen* und über mich berichtet...

Wir bekamen Angebote von Opernhäusern in ganz Europa. Da wir das Geld dringend benötigten, begaben wir uns auf die Reise durch den ganzen Kontinent. Barcelona wird mir immer unvergeßlich bleiben. Es war nicht gerade der glücklichste Monat meines Lebens, denn alles in Spanien beginnt spät und endet noch später, und im Theater war es staubig und schmutzig. Wir konnten uns nicht erklären, was mit der Beleuchtung los war, bis Roberto die Scheinwerfer mit seinem Taschentuch abwischte. Meine Garderobe war wunderschön, mit allen möglichen Dekorationen, aber alles war völlig verstaubt.

Ich konnte die Tür nicht verschließen. Die Toilette roch so entsetzlich, daß ich keinen Fuß hineinsetzte. Jeden Tag schüttete jemand ein Desinfektionsmittel in die Toilette, aber ich sagte, es wäre vielleicht besser, sie mit Seife und Wasser zu säubern. Dann bekam ich eine Augeninfektion und konnte morgens kaum die Lider öffnen. Ich ging jeden Tag zu einem Spezialisten, und am Premierenabend sah ich aus wie eine Eule, weil ich kein Make-up benutzen konnte. Egal, ich spielte ja eine Heilige, dazu noch eine tote Heilige, also war das ganz passend.

Nie konnten wir eine Probe mit dem gesamten Ensemble abhalten. Die Beleuchter arbeiteten tagsüber in anderen Berufen, weil sie so schlecht bezahlt wurden. Die Solisten traten mal in diesem, mal in jenem Konzert auf. Wenn wir endlich einen Pianisten hatten, fehlte ein Teil des Balletts. Oder die Solosänger waren da, aber der Chor fehlte. Noch nie hatte ich so etwas erlebt. Und ich möchte es auch nie wieder erleben.

Der Dirigent, Señor Mendoza, konnte nie sein Orchester zusammenbekommen. Es spielten immer einige Musiker in Nachtklubs oder in Cafés. Er arbeitete mit allen einzeln – mit den Solisten, dem Chor, dem Ballett, mit mir.

Am Abend der Premiere saß ich in meiner Garderobe und hatte mich nie zuvor in meinem Leben elender gefühlt. Die Toilette stank, meine Augen schmerzten, keine Probe! Ich sagte mir, daß ich alles hinnehmen müsse wie ein Pferd mit Scheuklappen – immer geradeaus, auch wenn die halbe Kulisse einstürzte! Wichtig war nur, meinen Text zu behalten, den Dirigenten im Auge zu haben, egal, was passiert...

Die Oper von Barcelona ist riesig, und sie war bis unters Dach mit Menschen gefüllt. Kaum hatte ich die Bühne betreten, sah ich, daß da ein neuer Mönch herumlief, den ich nie zuvor gesehen hatte. Er sauste immerzu herum, mal in diese, mal in jene Richtung. Als er in meine Nähe kam, sah er unter seiner Kutte auf, grinste mich an und zischte mir zu: »Du bist übrigens heute nicht besonders gut!« Der Mönch war Roberto. Er inszenierte noch in der Premiere! »Mehr fortissimo!... Schon besser... Ballett, bitte mehr Bewegung... Bewegung!«

Dem Publikum schien es trotzdem zu gefallen. Vielleicht lag es auch am großzügigen Herzen der Spanier. Sie applaudierten wie wild und riefen immerzu ihre Bravos, aber es war das reine Chaos.

Wir hatten die Kinder mit. Und da wir nun einmal in Spanien waren, mußte Roberto natürlich Robertino zu einem Stierkampf mitnehmen. Ich hasse Stierkämpfe! »Er ist viel zu jung, um sich so ein Spektakel anzusehen«, sagte ich. »Ich verstehe nicht, wie man diese wunderschönen Tiere töten kann, nur zum Vergnügen des Publikums. Sie fragen den Stier nicht, ob er es mag, abgeschlachtet zu werden. Gut, der Stierkämpfer weiß, daß er sein Leben riskiert, und er ist sicher sehr mutig – aber niemand fragt den Stier, was er von der ganzen Sache hält.« Ich wußte von dem Blut, der Erregung der Pferde... Das spanische Verhältnis zum Tod, zum Drama, zum Zorn – sogar ihre Tänze, wenn sie mit ihren Hacken aufstampfen, hören sich wütend an – entspricht nicht meinem Charakter. Ich kann es kaum über mich bringen, eine Mücke zu töten. Ich sage immer »Entschuldigung«, wenn ich eine erschlage. Also bereitete ich

323

Robertino auf das vor, was ihn da erwartete. Wahrscheinlich habe ich dabei übertrieben. Ich machte aus dem Stier so eine Art Drachen mit feuerspeienden Nüstern. Als Robertino zurückkam, wirkte er völlig unbeeindruckt, spielte mit seinem Auto und machte Krach wie ein richtiger Ferrari. Er war überhaupt nicht verunsichert und sagte kein Wort über den Stierkampf. Also fragte ich ihn, was er denn von dem Schauspiel gehalten habe. Er reagierte überhaupt nicht, sondern ging mit seinem »Ferrari« in die nächste Kurve.

»Hat es dir gefallen?« fragte ich noch einmal.

»Mama«, sagte er schließlich. »Weißt du eigentlich, was ein Stier ist? Ich meine den, der da aus der Tür geschossen kommt? Der Mann von der Kuh!«

Das war also seine größte Erfahrung – ein Stier ist der Mann einer Kuh.

Jahre später fuhr ich mit Isabella und Ingrid wieder nach Spanien. Die Fotografen waren wie wild hinter uns her. Sie ruinierten fast den Prado, weil sie uns in Horden nachstürmten. Wir wollten einen Velázquez betrachten, aber die Blitzlichter blendeten uns. Es machte den Fotografen gar nichts aus, daß Fotografieren im Museum verboten war. Abends wollten wir uns eine Vorführung spanischer Tänze ansehen. Doch kaum hatten wir den Saal betreten, wurden *wir* die Show: Scheinwerfer flammten auf, und ich wurde gebeten, auf die Bühne zu kommen. Ich ging, verbeugte mich artig, lächelte und winkte. Aber das war dem Publikum nicht genug. Sie wollten auch noch meine Töchter sehen. Das war mir nun doch zuviel: »Ich kam hierher, um mich unterhalten zu lassen, aber nicht, um selbst das Unterhaltungsprogramm zu bestreiten.« Also blieb uns nichts anderes übrig, als zu gehen.

Dann ging es zur Pariser Oper. Es sollte eine ganz große Premiere werden. Wir wußten aber auch, daß es Ärger geben konnte, denn Paul Claudel lebte in Paris, und wir hatten uns nicht genau an seine Bühnenanweisungen gehalten.

Er bat uns zum Tee. Er war sehr ernst. Ausführlich unterhielt er sich mit Roberto über die Absicht des Oratoriums, erklärte ihm, wie bedeutsam es für den Erfolg des Stückes sei, daß Johanna die ganze

Zeit auf dem Scheiterhaufen festgebunden sei, eine Stunde lang vor den Augen der Zuschauer sterbe. Als ich ihm gestand, daß ich eigentlich die ganze Zeit herumlief, war er bestürzt. Er könne sich gar nicht vorstellen, daß ich einen solchen Fehler mache. Ihm gefalle das nicht. Wir könnten doch sein Oratorium nicht »so« in der Pariser Oper aufführen! Das gestatte er nicht. Wir waren sehr bedrückt. Wir schlugen ihm vor, eine Probe zu besuchen. Wenn es ihm dann nicht gefiele, dann... ja, was dann? Die absolute Katastrophe! In wenigen Tagen sollte die erste Vorstellung stattfinden. Wir waren für die gesamte Dauer der Spielzeit bis auf den letzten Platz ausverkauft. Wenn nun Claudel seine Zustimmung wirklich verweigern würde? Der Intendant wurde fast hysterisch bei dieser Vorstellung...

Jedermann wußte, was auf dem Spiel stand. Es wurde eine Probe des großen Zitterns! Claudel saß da, den Kopf auf die Hände gestützt. Ich spürte, daß seine Augen mich in der Dunkelheit verfolgten, jede Bewegung von mir nachvollzogen. Und schließlich sprach ich meine letzten Sätze: »Die Freude ist stark, die Liebe stärker, aber Gott ist am stärksten!« Wir standen da und warteten auf Claudels Urteil. Die Sekunden verstrichen wie Jahre. Er stand auf, kam auf uns zu und sagte: »Und Ingrid ist die Allerstärkste.«

Wir wußten, daß wir gewonnen hatten. Claudel überschüttete uns mit Komplimenten. Später, als wir uns besser kannten, fragte ich ihn, weshalb er Johanna die ganze Zeit über gefesselt auf der Bühne stehen ließe. Er lächelte und sagte: »Aus Rache!«

Dann erzählte er die Entstehungsgeschichte des Oratoriums. 1933 probten einige Studenten an der Sorbonne verschiedene mittelalterliche Mysterienspiele. Ida Rubinstein, die berühmte Schauspielerin, Tänzerin und Pantomimin, sah sie und war beeindruckt. Gabriele d'Annunzio und Claude Debussy hatten für Ida Rubinstein das *Martyrium des heiligen Sebastian* geschrieben, Ravel hatte ihr seinen *Bolero* gewidmet, und André Gide und Strawinsky hatten *Persephone* für sie geschaffen. Ida überredete Honegger, ihr die Musik für ein Mysterienspiel zu komponieren. Als Thema wählten sie die Heilige Johanna. Zuerst weigerte sich Claudel, den Text dafür zu schreiben – zu jener Zeit war er Botschafter in Brüssel –, aber dann änderte er seine Meinung. Wenn Ida so berühmt für ihren Ausdruck, ihren Tanz und ihre statuarische Haltung war, dann würde er genau das auf die Probe stellen, indem er sie das ganze Stück hindurch an den Scheiterhaufen fesselte. So würde man herausfinden, ob ihre Stimme ebenso gut war wie ihre Tänzerinnenfüße...

Arthur Honegger war damals krank. Er schrieb aus der Schweiz, daß er wohl nicht zur Premiere kommen könne. Aber er schickte mir seine Fotografie – ein großer, gutaussehender, dunkelhaariger Mann mit einem herrlichen Gesicht –, und auf der Rückseite stand: »Der Interpretin meiner Oper.«

Ich schickte ihm Fotos des Oratoriums, um ihm zu zeigen, was wir in Neapel und Mailand bereits aufgeführt hatten, und er schrieb, er habe sich entschlossen, trotz seiner Krankheit zu kommen, denn ich hätte ihn mit diesen Fotos länger am Leben gehalten.

Ich vergesse nie, wie er zu einer der Proben kam. Das Orchester stand auf und applaudierte ohne Ende. Es war sehr bewegend. Und dann mußte man diesem kleinen zusammengefallenen Mann auf einen Platz helfen. Wo war nur der große kräftige Mann von dem Foto geblieben? Ich ging zu ihm, schüttelte ihm die Hand, küßte ihn auf die Wange. Dann machte ich eine Bemerkung über das Foto. Er lächelte. Nie habe er geglaubt, mich doch noch zu treffen. Da habe er ein Foto geschickt, das ihn als Fünfunddreißigjährigen zeigte. »Ich wollte nicht, daß Sie sehen, was für ein alter Mann ich bin.«

Ich habe ihn während seines Pariser Aufenthalts oft in Montmartre besucht, denn er wollte mich in meiner Arbeit unterstützen. »Ich liebe Ihre natürliche Stimme, Ihre selbstverständliche Aussprache. Alle anderen Schauspielerinnen deklamierten so heroisch, aber Sie sprechen wie ein einfaches Mädchen. Und Sie tanzen auch diesen kleinen Tanz und singen mit den Kindern. Das ist die richtige Johanna.«

Es war ein wundervoller Premieren-Abend, und anschließend gingen wir alle ins »Tour d'Argent« zum Essen. Honegger fühlte sich sehr wohl, er lachte, aß und trank. Nach dem Essen rauchte er sogar eine Zigarre, was seine Frau zutiefst erschreckte: »Seine Gesundheit. Er sollte so etwas wirklich nicht tun.«

Ich erwiderte, er sei aber so glücklich. »Warum sind Sie so vorsichtig? Warum sollte er sich nicht amüsieren, seine Zigarre rauchen, etwas trinken? Das ist doch besser, als zu Hause zu bleiben und auf den Tod zu warten.«

Ich weiß nicht, ob sie meinen Standpunkt teilen konnte. Honegger starb nur kurze Zeit später.

Dann kam Jack Hylton aus England. Ich kannte ihn nicht, wußte aber, daß er ein Bandleader war, der sich nun als Theaterveranstalter versuchte. Er wollte uns nach England holen. Wir waren sicher unklug, als wir akzeptierten, aber wir wollten gern nach Großbritannien.

Dort war alles sehr schwierig. Die Übersetzung war kompliziert. Das Oratorium ist ursprünglich französisch geschrieben, und die englische Sprache hat ganz andere Vokale als Französisch oder Italienisch. Wir spielten im Stoll-Theater. Die Bühne war nicht groß genug für unser riesiges Orchester und die vielen Instrumente. Wir mußten einige Musiker in Kästen setzen. Dadurch wurde der Klang ziemlich einseitig. Hier im Parkett hörten die Leute nur die Violinen, dort nur die Schlaginstrumente. Wir hätten in Covent Garden spielen sollen, aber wir waren nun einmal mit einer Oper in einem Schauspieltheater gelandet...

Natürlich konnte Jack Hylton kein Geld mit uns verdienen. Aber es schien ihn nicht zu stören. Er hatte es wohl auch nicht erwartet. Als ich ihn fragte, warum er uns nach England geholt habe, sagte er: »Das ist die würdigste Inszenierung meiner Theaterkarriere, die Feder an meinem Hut.«

Das Publikum war angetan, aber die Kritiken unterschiedlich. Doch was die Produktion in Schweden erlebte, ließ die Aufnahme durch die kühle englische Presse wie Freudenfanfaren in ihren Ohren klingen.

Ich war überglücklich, nach all diesen Jahren wieder auf einer schwedischen Bühne stehen zu können, noch dazu mit diesem Oratorium, das ich sehr liebte. Nachdem ich in drei Fremdsprachen gespielt hatte, würde ich jetzt endlich wieder in meiner Muttersprache auftreten. Die Leute standen Schlange vor den Kassen. Sie standen die ganze Nacht im Schnee, nur um Karten zu bekommen. Der Applaus bei unserer Premiere im Opernhaus war einfach überwältigend. Ich spürte die Anteilnahme, die Herzlichkeit des Publikums. Mein Glück schien vollkommen. Meine Träume hatten sich erfüllt. »Jetzt kann ich mich friedlich hinlegen und sterben«, sagte ich zu Roberto.

Vielleicht hätte ich das auch tun sollen. Die Kritiker befanden, es sei die schlimmste Aufführung gewesen, die sie je erlebt hätten. Am Tag nach der Premiere gab es nicht eine Zeitung, keine Illustrierte, die nicht entschlossen war, mir den künstlerischen Garaus zu machen.

Aber abgesehen von den Kritiken fanden wir in Schweden eine überaus herzliche Aufnahme. Wir wurden zu einem Ball eingeladen, den der König von Schweden gab. Aber Roberto hatte keinen Frack. Er beschloß, sich hinter einer Topfpalme oder einer Säule zu verstekken, denn er wollte nicht versäumen, wie ich dem König vorgestellt wurde. Zusammen mit zwei anderen Damen trat ich vor den König, machte meinen Knicks, der König lächelte mich an, und das war's denn auch. Später allerdings, als das Defilee vorbei war, sagte man mir, der König wolle noch einen Moment mit mir sprechen. Aber es stellte sich schnell heraus, daß er eigentlich Roberto und nicht mich sprechen wollte, denn er fragte mich sofort, wo mein Mann wäre. Ich zeigte auf die Säule, hinter der Roberto stand, und erklärte, er habe leider keinen Frack mitgebracht. »Zu dumm«, meinte der König, »ich habe mich so darauf gefreut, mit ihm über Ferraris reden zu können. Auf der Stelle gehen Sie hinüber und bringen ihn her.« Und dann plauderten der König und Roberto über Ferraris, bis es Zeit zum Aufbruch war.

Die Pressekampagne hatte eingesetzt, kaum daß die Rossellinis mit ihren Kindern in Stockholm eingetroffen waren. Die Zeitungsseiten waren voll von ihnen – angefangen von Berichten über Ingrids Garderobe und Juwelen, über Robertos Statur und seine fliehende Stirn, bis hin zu der Feststellung: Ingrid verlangt mehr Geld als Jussi Björling für ihren Auftritt in der Oper und kann noch nicht einmal singen. Die Kritiken waren durchweg schlecht und oft gehässig. Ingrids Darstellung wurde als zu robust, aufgesetzt fröhlich, zu wenig durchgeistigt, billig und unfreiwillig komisch bezeichnet. »Diese

egozentrische Frau sieht nicht einen Augenblick lang so aus, als
würde sie leiden – so würde es mir allerdings auch gehen, wenn ich
pro Auftritt so viel bekäme wie sie.« – »Sie läßt Anziehungskraft und
Intensität vermissen«, hieß es in einer anderen Zeitung. Andererseits
lobte man Ingrids Partner, den Schweden Anders Näslund, über den
grünen Klee. Auch Rossellini bekam sein Fett ab: Seine Regie sei
oberflächlich und banal. Man stellte auch nicht gerade schmeichelhafte Vergleiche zwischen Ingrid und anderen Schauspielerinnen an,
die die Johanna gespielt hatten. »Warum sollten wir Ingrid Bergman
importieren und so teuer bezahlen, wenn wir doch X und Y haben,
die das in jeder Hinsicht viel besser machen?«

Ein Kritiker benutzte die Aufführung des Oratoriums dazu, mit
Ingrid persönlich abzurechnen. Im »Vecko Journalen« schrieb Stig
Ahlgren unter der Überschrift: »Selbstdarstellung gegen bare
Münze«:

Ingrid Bergman ist keine Schauspielerin im herkömmlichen Sinne.
Ihre Karriere spielt sich auf einer ganz anderen Ebene ab. Es ist
einfach boshaft und unfair, sie mit professionellen Schauspielerinnen
zu vergleichen, wie es geschehen ist.

Die Wahrheit sieht doch so aus, daß Rossellini und Ingrid Bergman nach pausenlosen Film-Mißerfolgen gar nichts anderes übrig-
bleibt, als von einer Stadt zur anderen zu reisen und Ingrid Bergman
für Geld vorzuzeigen.

Sollte man sie aber deshalb durchhecheln? Natürlich nicht! Wenn
man eine Ware hat, nach der die Leute verlangen...? Ingrid Bergman ist eine Handelsware, eine gefragte Handelsware – dargeboten
auf dem offenen Markt. Sie hat ihren Preis, und der wird bezahlt,
genau wie für Fisch oder Roheisen...

Die Provinzzeitungen berichteten hämisch, daß Ingrid Bergmans
Stockholmer Premiere ein Fast-Fiasko gewesen sei. Es wurde auch
erwähnt, daß am frühen Morgen nach der ersten Vorstellung ein
Journalist in die Hotelsuite eingedrungen sei und die schlafenden
Kinder fotografiert habe. Rossellini alarmierte die Polizei, und die
Zeitung behauptete, seine Reaktion sei lediglich ein Racheakt für die
schlechten Kritiken gewesen, mit denen sie gerechnet hätten. Die

Rossellinis hätten sich aber an derartige Zwischenfälle zu gewöhnen. Worum ginge es ihnen denn sonst, wenn nicht um Publicity?

Ingrid trug das alles mit Fassung:

Natürlich haßte ich schlechte Kritiken, aber das ist eine andere Sache. Ich bin der Meinung, wenn man sich einem Publikum stellt, dann hat dieses Publikum das Recht zu sagen, was ihm nicht gefällt. Kritiker haben auch das Recht zu sagen, daß man ein Stück oder einen Film besser nicht besuchen sollte. Es waren ja auch nicht die Kritiken, die mich beleidigten. Es waren die Angriffe auf mein Privatleben.

In Spanien, Frankreich und England waren wir mit unseren Kindern gereist wie Zigeuner, mit viel Gepäck, einem Hausmädchen und einem Kindermädchen. Die schwedische Presse fand das unbescheiden. »Sie kam mit nur zwei Personen, die auf ihre Kinder aufpassen. Sie hat drei Kinder, sie sollte drei Kindermädchen haben –« So und ähnlich lauteten die Berichte, die ich über uns las.

Ich wurde kritisiert, weil ich die Kinder nicht fotografieren lassen wollte. Warum denn nicht? Sind sie vielleicht Mißgeburten? Also wollten wir einlenken und ließen Fotos mit den Kindern machen. Und was stand in den Zeitungen? Ist es nicht geschmacklos, wie sie mit ihren Kindern posiert, um zu beweisen, was für eine gute Mutter sie ist? Alles nur für Publicity...

Wirklich, es war unglaublich. Ich ging mit Mollie Faustman meine ehemalige Schauspiellehrerin Anna Norrie an ihrem 90. Geburtstag besuchen. Ich brachte ihr eine Flasche Champagner mit. Die Fotografen warteten schon auf uns. »Keine Fotos, bitte«, sagten wir.

»Bitte nur eines, Ingrid«, riefen sie und umdrängten uns. Als das Foto erschien, wurde ich wieder angegriffen, weil ich mich auf Kosten anderer in die Zeitung gebracht hätte.

Dann hörte ich kurz nach Honeggers Tod, daß auch Paul Claudel gestorben war. Ich hatte diese beiden Männer wirklich gern gehabt. Ich schlug der Operndirektion vor, irgend etwas zu Claudels Gedenken zu tun. Zuerst wollten wir Blumen mit einem Trauerband an der Bühne anbringen. Ach nein, das ging nicht. Wer hatte schon je von Blumen mit Trauerflor gehört? Albern. Dann kamen wir auf die

Idee, daß jemand auf die Bühne gehen und einige Worte sagen sollte. Die Wahl fiel auf mich. Also trat ich hinaus, nachdem sich der Vorhang gehoben hatte, und sagte: »Heute früh ist der Dichter Paul Claudel gestorben. Er hat den Text dieses Oratoriums geschrieben. Wir empfinden seinen Tod als tiefen Verlust, wir trauern um ihn. Aber in unserer Erinnerung wird er als ein großer Dichter, ein Mann voller Witz, voller Poesie und Geist weiterleben. Er hat uns jetzt verlassen, aber er hat uns seine Werke hinterlassen. Wir widmen diese Vorstellung seinem Gedenken.«

Was stand am nächsten Tag in der Zeitung? Ich hätte doch tatsächlich die Nerven gehabt, Krokodilstränen zu vergießen und vorzugeben, wie unglücklich ich sei – in Wahrheit wäre es mir aber nur darum gegangen, ein bißchen mehr Reklame herauszuschinden. Nie zuvor ist so etwas über jemanden gesagt worden. Doch es sollte noch besser kommen.

Eine Stockholmer Zeitung rief mich an und bat mich, an einer sonntäglichen Aktion für Opfer der Kinderlähmung teilzunehmen. Sie sollte in einem großen Konzertsaal stattfinden, viele Künstler hätten sich bereit erklärt, unentgeltlich aufzutreten. Ich sagte zu, und sie fragten mich, was ich beisteuern wolle. Ich sagte, ich wolle nichts aus dem Oratorium vortragen. Vielleicht könne der Moderator nur ein paar Fragen stellen. »Also gut, dann erzählen Sie ein paar Witze«, hieß es.

Alles war also abgemacht. Aber was lese ich an dem betreffenden Sonntag in jener Zeitung, die mich angerufen hatte? Einen Leitartikel gegen mich, einen persönlichen Angriff, der alles bisher Dagewesene weit in den Schatten stellte. Ich rief Mollie Faustman an und sagte ihr, was ich mir inzwischen als »Gegenschlag« überlegt hatte. Sie war entsetzt und warnte, daß ich damit meine letzte Kartoffel in Schweden pflanzen würde.

Ich erwiderte, daß ich genau das vorhätte, und bat sie, im Königscafé auf mich zu warten, bis ich meinen Auftritt beendet hatte.

Ich ging also zu der Wohltätigkeitsveranstaltung. Mein alter Freund Edvin Adolphson sollte als Moderator die Gäste vorstellen. Ich sagte zu ihm: »Sage einfach nur, Ingrid sei wieder in Schweden, frage mich, wie ich mich fühle, wieder in meiner Heimat zu sein. Mehr nicht, den Rest erledige ich!«

Ich ging auf die Bühne und begann. Ich sagte, ich würde mich nicht an das Publikum wenden, das diesen Saal fülle, das nachts im Schnee vor der Oper warte, um Karten zu bekommen, sondern ich würde mich an die Journalisten wenden, an die Zeitungen im allgemeinen. »Was habe ich denn getan, daß ich diese Schläge erhalte? Es ist nicht mein Fehler, daß ich zu so vielen Partys eingeladen werde. Es ist nicht mein Fehler, daß ich immerzu fotografiert werde. Das wollen die Zeitungen.«

Ich sprach über die Fotos, die heimlich gemacht wurden, über alles, was sich in mir aufgestaut hatte. »Ich wehre mich nicht gegen Kritik an meiner Leistung, aber ich werde es nicht mehr zulassen, daß pausenlos mein Privatleben auseinandergenommen wird. Viele meiner Kollegen sagen, ich soll das alles nicht zu tragisch nehmen. Was heute geschrieben wird, ist morgen vergessen, und niemand erinnert sich daran – aber ich erinnere mich! Niemand steht auf und sagt, daß er genug von diesen Geschichten hat. Nun, ich habe genug davon.«

Ich weiß, daß ich sehr emotionell gesprochen habe. Ich sah ins Publikum. In den ersten Reihen wischten sich ein paar Besucher verstohlen über die Augen. Ich dankte ihnen, sagte, ich sei dankbar, daß sie zugehört hätten. Nun wüßten sie, wie es sei, in sein Heimatland zurückzukommen. Und wahrscheinlich würde ich nie mehr nach Schweden zurückkehren.

Dann verließ ich die Bühne, verabschiedete mich von niemandem, nahm meinen Mantel und ging immer noch zitternd hinaus auf die Straße, direkt ins Königscafé, in dem Mollie auf mich wartete. Und zu unser beider Überraschung waren die Zeitungsberichte am nächsten Tag wesentlich freundlicher, als wir erwartet hatten.

Ihre berufliche Situation spiegelt sich in einem Brief wider, den Ingrid Bergman am 19. März 1955 an Ruth Roberts schrieb:

Roberto war die meiste Zeit nicht in Stockholm. Ich glaube, er plant einen Film in Spanien, danach einen in Frankreich. Ich weiß nicht, was mit mir wird.

Ich würde gern in Frankreich arbeiten. Ich hoffe, jemand hat ein gutes Buch für mich. Komischerweise habe ich in den letzten Tagen vier Angebote aus Amerika bekommen. Einen Film mit Gary Cooper und Billy Wilder... oh, wie gern würde ich den machen, aber nicht in Hollywood. Leo McCarey rief mich an, immer noch wegen *Adam und Eva*, aber jetzt mit John Wayne. Ich sehe nicht, wie das ein guter Film werden soll. Ich werde das Drehbuch sorgfältig lesen, wenn ich mal Zeit habe, was ich bezweifle. Kay Brown möchte mich für *Anastasia*, und Bob Hope hat eine Story mit dem Titel *Nicht für Geld*. Die beiden Filme werden in Europa gedreht, aber ich glaube, es wird nichts für mich klappen.

Es hat sehr viele Angebote für mich gegeben, für Filme und fürs Theater, aber die Presse ist so widerlich, daß ich nicht hierbleiben will. Es ist ein ganz mieses Presseklima um mich. Das Publikum dagegen ist wunderbar. Ich habe Tausende von guten Briefen bekommen und jeden Tag Blumen. Das Theater hat schon zweiundzwanzig ausverkaufte Vorstellungen statt der ursprünglichen zehn. (Ich bin so reich, daß ich Möbel bei Svensk Tenn, dem herrlichsten Geschäft der Welt, gekauft habe, zu viermal so teuren Preisen wie üblich.) Wir könnten noch weitere zwanzig Vorstellungen machen, aber wir müssen nach Palermo, um Ostern die Oper zu eröffnen. Das Publikum hier ist genauso begeistert wie in Italien, aber die Presse schreibt weiter: »Höflicher Applaus!« Hoffnungslos! Ich habe alle aus meiner Jugend wiedergetroffen. Meinen Klavierlehrer, damals war ich zehn! Freunde meiner Mutter, Schulfreunde, Freunde von der Schauspielschule und aus meiner frühen Filmzeit. Meine Tante aus Deutschland ist hier. Wir haben eine ganze Zimmerflucht im Hotel. Selbst Petter kam nach Stockholm. Riesige Schlagzeilen, aber er rief mich nicht an, auch keinen seiner Freunde. Schade, nun kann ich Pia nicht einmal einen Gruß schicken. Sie wäre glücklich, wenn ihr Vater ihn ihr bringen würde. Was für eine Erleichterung für sie, wenn Papa und Mama wieder Freunde wären. Aber nein! Also schreiben wir uns weiter Briefe.

Alle meine Liebe, Ingrid

Die Europatournee der Rossellinis wurde von zwei Filmen unterbrochen. Zuerst drehte Rossellini eine Filmversion von *Johanna auf dem Scheiterhaufen*, weil er der Meinung war, das Claudel-Honegger-

Werk müsse für alle Zeiten festgehalten werden. Aber er hatte große Schwierigkeiten, den Film in die Kinos zu bringen, so daß er seine Kosten nie einspielte. Der zweite Film hieß *Angst*, war eine deutsche Minerva-Produktion und wurde in München gedreht.

Wir hatten die Kinder zu den Dreharbeiten nach Deutschland mitgenommen. Wir stellten von *Angst* eine deutsche und eine englische Fassung her. Ich fühlte mich unglücklich, denn Roberto erlaubte mir nicht, mit anderen Regisseuren zu arbeiten. Da waren diese guten anderen Regisseure in Italien – Zeffirelli, Fellini, Visconti, de Sica –, die alle mit mir arbeiten wollten. Ich hätte auch gern mit ihnen gearbeitet... Sie waren außer sich, daß Roberto es nicht erlaubte. Aber in seinen Augen war ich sein Besitz.

Roberto konnte mit Schauspielerinnen nicht arbeiten. Anna Magnani war die einzige Ausnahme. Vielleicht weil sie aus dem gleichen Holz geschnitzt waren, ein gutes Gespann. Wir waren kein so gutes Team. Die Öffentlichkeit verabscheute die Rossellini-Version von mir. Da konnte einfach nichts klappen. Und er war an mich gebunden. Wofür brauchte er schon einen internationalen Star? Für nichts. Er wußte nicht, was er für mich schreiben sollte. Natürlich war uns das beiden längst klar. Aber es war etwas, über das wir nicht sprachen. Das Schweigen zwischen uns wurde immer größer – jene Stille, in der ich kein Wort zu sagen wagte, weil ich befürchtete, seine Gefühle zu verletzen. Roberto würde alles falsch verstehen, egal, was ich auch sagen würde. Unglücklich, wie er nun einmal war, würde er einen Krach heraufbeschwören.

Mathias Wieman, mein Partner in *Angst*, fühlte wohl, wie verzweifelt ich war. Eines Tages sagte er zu mir: »Sie werden zerbrechen. Sie werden wahnsinnig, wenn Sie so weitermachen. Warum verlassen Sie Roberto nicht?«

Ich starrte ihn entsetzt an. »Roberto verlassen? Wie könnte ich?« fragte ich. »Das ist unmöglich!« Und es war unmöglich.

Angelo Solmi, einer der angesehensten Kritiker Italiens, schrieb in der Illustrierten »Oggi« über *Angst*, den letzten Film, den Roberto

Rossellini mit Ingrid Bergman zusammen drehte, unter anderem: »Ingrid Bergman und Roberto Rossellini sollten entweder ihren Stil ändern, und zwar radikal, oder sie sollten sich stillschweigend ins Privatleben zurückziehen. Ingrid Bergman war einmal ohne Frage der größte Filmstar der Welt, die Nachfolgerin von Greta Garbo, aber in ihrem letzten Film ist sie nur noch ein Schatten ihrer selbst.«

ZWANZIGSTES KAPITEL

Es gab nicht wenige Leute, die Roberto Rossellini vorwarfen, Ingrid Bergmans Karriere fast zerstört zu haben. In Ingrids Augen sah die Sache umgekehrt aus: In jenen Jahren hatte sie ihn ruiniert. Um mit ihr zu arbeiten, stellte sich Rossellini gegen seine eigenen Überzeugungen und Anschauungen und baute einen Hollywood-Star in seinen neorealistischen Filmstil ein. Das konnte einfach nicht gutgehen.

Durch die Jahre mit Rossellini wurde Ingrid erwachsen. Sie hatten sehr glückliche Zeiten miteinander. Aber als Filmpartner mit der Hoffnung auf geschäftlichen Erfolg – den Roberto immer nur halbherzig und widerwillig anstrebte – waren sie ein Reinfall. Jeder Film, den Rossellini mit Ingrid in der Hauptrolle drehte, blieb ohne Erfolg. Das goldene Öl Italiens ließ sich mit dem reinen, perlenden Schneewasser Schwedens absolut nicht mischen.

Es war mein alter, lieber Freund Jean Renoir, der mich rettete. Während der großartigen Zeit unserer Freundschaft in Hollywood hatte ich oft zu Jean gesagt, daß wir unbedingt miteinander arbeiten müßten. Wann wir endlich beginnen würden. Jean hatte mich weise angesehen und gemeint: »Die Zeit ist noch nicht reif, Ingrid. Du bist mir ein viel zu großer Star. Aber ich warte, bis du die Leiter ein wenig herunterfällst. Das geht allen in Hollywood so. Wenn es bei dir soweit ist, komme ich mit einem Netz und fange dich auf.«

Jetzt besuchte uns Jean Renoir in »Santa Marinella« und sagte: »Ingrid, es ist Zeit. Ich habe das Netz bereit. Ich möchte in Paris einen Film mit dir drehen.«

Ich sagte ihm, daß das ganz unmöglich sei. Roberto würde mir nie erlauben, mit einem anderen Regisseur zu arbeiten.

Doch Jean ließ nicht locker und meinte, er werde mit ihm sprechen. Und was antwortete Roberto? Er sagte, das sei ja eine wundervolle Idee von Jean. Selbstverständlich solle ich mit ihm arbeiten. So fuhr ich also nach Paris, um *Elena und die Männer (Elena et les Hommes)* zu drehen. Roberto steckte in langfristigen Vorbereitungen für einen neuen Film, den er in Indien drehen wollte. Vielleicht hatte das etwas mit seinem Sinneswandel zu tun? Allerdings war Jean Renoir einer der wenigen Regisseure, die er bewunderte.

Es war anregend, in Paris mit Renoir zu filmen. Jean Marais, Mel Ferrer und Juliette Greco waren meine Partner. Sie sagten, es sei der kälteste Winter in Europa seit hundert Jahren. Ich hatte die Kinder mitgenommen und genoß die Gemeinsamkeit.

Der Film war in Frankreich ein Erfolg – die Kritiker waren sehr angetan –, doch als er nach Amerika kam, erklärten ihn die Kritiker für eine Katastrophe.

Roberto und Ingrid hatten inzwischen ernste Eheprobleme. An einem Abend in Paris schrieb Ingrid ihrem Freund Gigi Girosi einen Brief. Das Schreiben ist vom 19. Januar 1956 datiert:

Paris, spät in der Nacht.
Mein lieber Gigi, dies ist ein Brief, mit dem ich Dich bitte, mein Zeuge zu sein. Roberto ist gerade nach Italien gefahren und hat gesagt, er würde nie wiederkommen. Er hat einen Brief von mir dabei, in dem steht, daß ich mit der Trennung einverstanden bin und daß die Kinder nur in Italien oder Frankreich leben dürfen. Er hat die Pässe der Kinder mitgenommen. Wie ich Dir schon früher sagte, weiß ich nicht, ob er es ernst meint oder nicht. Es ist schon so oft passiert, daß ich nicht mehr weiß, was ich glauben soll. Aber ich habe Angst. Ich denke, daß er es dieses Mal vielleicht ernst meint.

Heute sagte er mir, wenn ich ihm diese Erklärung nicht unterschriebe, würde er mit den Kindern wegfahren, bevor ich aus dem Studio käme. Natürlich habe ich das nicht geglaubt, aber ich fürchtete doch, er könnte sie in sein Auto setzen und mit ihnen losbrausen. Ich versprach ihm zu unterschreiben. Sag es bitte, falls es nötig ist, auch Robertos Mutter, damit sie weiß, daß ich niemals wirklich damit einverstanden bin, wie ich es ihr früher auch schon sagte. Aber Roberto erpreßte mich damit, daß er einen riesigen Skandal machen würde. Ich weiß nicht, was für einen Skandal, aber ich mußte ins Studio und konnte nichts mehr tun.

Nachdem Du uns verlassen hattest, war für einige Zeit Friede eingekehrt. Dann entschied er, wir würden diesen Brief am Sonntag schreiben. Wir würden den ganzen Tag damit verbringen, um herauszufinden, wie es in Zukunft weitergehen sollte. Ich wartete den ganzen Tag. Er kam überhaupt nicht zur Sache, und schließlich schlug ich vor, ins Kino zu gehen. Und tatsächlich – er ging mit mir. Ich kann mich nicht erinnern, wann wir zuletzt gemeinsam im Kino waren. So hört es immer auf. Die Woche ging vorüber, eine weitere Woche – er war ein bißchen brummig, aber nichts Ernstes. Eines Abends haben wir unsere Probleme besprochen, und ich dachte, wir könnten uns vielleicht verstehen, wenn wir uns aussprechen. Aber heute lief alles schief.

Heute abend habe ich alles mögliche versucht, ich habe gebettelt, gelacht, und ich wurde wütend. Während er packte, versuchte ich, ihm zu helfen. Er wollte keine Hilfe! Ich holte die Karten hervor, weil ich dachte, er wollte vielleicht spielen. Er wollte nicht. Er ging und legte sich aufs Bett. Ich ging zu ihm, legte meinen Kopf auf seine Brust und weinte. Dann, glaube ich, fand ich meinen Humor wieder, als ich mir der ganzen Situation bewußt wurde. Ich begann zu lachen. Ich scheine, gottlob, nie meinen Humor zu verlieren, nicht einmal in der tragischsten Situation. Ich glaube, das hat mich in all diesen Jahren gerettet.

Vorher war ich unten und sah mir seinen neuen Ferrari an. Es ist ein Ungetüm, das mehr als 300 Stundenkilometer fährt. Ich sagte ihm, er würde wie eine fliegende Untertasse aussehen, und das stimmt. Ich setzte mich für einen Moment hinein und bekreuzigte mich über dem Steuer. Ich bin sicher, Roberto weiß gar nicht, was er in mir auslöst, wenn er in einem dieser Monster losbraust.

Ich möchte, daß Du diesen Brief aufhebst, zusammen mit dem Umschlag, damit man sieht, daß er heute geschrieben und abgeschickt wurde. Ich weiß nicht, wovor ich Angst habe. Ich glaube, vor Dingen, die ich nicht verstehe. Ich habe keine Angst davor, allein zu sein, aber ich habe Angst, meine vier Kinder zu verlieren...

Für Roberto liefen die Vorbereitungen seines Indienfilms nicht so gut. Er hatte große Probleme, Gelder aufzutreiben, weil wir so wenig Erfolg gehabt hatten. Doch dann erhielt er ein Angebot, in Paris ein Stück zu inszenieren. Das gab ihm Aufschwung. Das Thema war Judas Ischariot, und er begann bereits, sich mit der Gestalt zu beschäftigen. Doch es kam zu Schwierigkeiten. Er hatte keine Erfahrung mit dem Theater, und die Schauspieler lehnten Roberto ab. So wurde ihm nahegelegt, die Regie abzugeben, und Roberto willigte ein. Es tat mir leid für ihn, denn es wäre für ihn die Chance gewesen, endlich wieder etwas Gehaltvolles, Wichtiges zu tun. Die Vorstellung, in Paris zu leben, reizte mich; ich liebte die Stadt. In Paris war einfach viel mehr zu sehen, zu erleben und zu tun als in Rom.

Doch das Théâtre de Paris wollte Roberto nicht so einfach gehenlassen. Man schlug ihm vor, *Tee und Sympathie* oder *Die Katze auf dem heißen Blechdach* für sie zu inszenieren. Und sie fragten auch, ob ich nicht in einem der Stücke auftreten wolle. »Mit meinem Französisch?« fragte ich entsetzt. »Unmöglich!« Aber Madame Popesco, die Theaterbesitzerin, sagte: »Hören Sie, ich komme aus Rumänien. Wenn ich es kann, können Sie es auch!« Sie hatte wirklich einen sehr harten Akzent, und sie versuchte gar nicht erst, ihn loszuwerden, und alle Welt liebte sie. Also ging ich nach Hause und las beide Stücke.

Ich hatte natürlich Bedenken, weil Roberto bisher noch kein Theaterstück inszeniert hatte. Vermutlich schoß mir auch der Gedanke durch den Kopf: Ein amerikanisches Stück mit einem italienischen Regisseur und einer schwedischen Hauptdarstellerin vor einem Pariser Publikum? Aber kommt Zeit, kommt Rat.

Doch zunächst kam *Anastasia*.

Meine gute Freundin Kay Brown hatte beschlossen, mir zu helfen und mich nach Hollywood zurückzubringen. Sie hatte mir das Stück *Anastasia* schon vor einiger Zeit angeboten. Twentieth Century-Fox hatte die Filmrechte für eine Riesensumme erworben, und Anatole Litvak sollte Regie führen. Damals wußte ich noch nicht, daß er zur Bedingung gemacht hatte, daß ich die Titelrolle spielte. Wir waren uns häufiger in Hollywood begegnet, und er hatte mit mir *Die Schlangengrube* drehen wollen, aber mir gefiel die Rolle nicht. Olivia de Havilland erhielt sie und bekam für ihre Darstellung einen Oscar.

Litvak stichelte daraufhin: »Sieh an, und darauf haben Sie verzichtet!« Ich lehnte auch die Rolle des schwedischen Mädchens in *Die Tochter des Farmers* ab, für die Loretta Young einen Oscar erhielt. Ich wollte kein schwedisches Mädchen spielen – nein, das war nichts für mich. Und ich habe es auch nie bereut, diese Rolle abgelehnt zu haben.

Eine kanadische Freundin, Elaine Kennedy, rief mich an und fragte, ob ich mich mit Anatole Litvak in der Bar des »Plaza Athénée Hotel« treffen könne. Es sei sehr, sehr wichtig. Also setzten wir uns in eine Ecke der Hotelbar und sprachen über *Anastasia*.

Ob ich die Rolle spielen wolle? Wenn ja, würde er die anderen Leute überzeugen. Die »anderen Leute« war die Twentieth Century-Fox, und nach deren Meinung war ich Gift in den Kinokassen. Der Film würde in England gedreht. Ob ich nun interessiert wäre? Ich war. Es war eine himmlische Rolle. Fox diskutierte den Fall hin und her, aber schließlich erhielt ich ein Telegramm: Man war einverstanden. Ich mußte nun Roberto erklären, daß ich den Film machen wollte, noch dazu in England.

Roberto gefiel das ganz und gar nicht. Wir gerieten aneinander, und er drohte, mit seinem Ferrari gegen den nächsten Baum zu fahren. Früher hatte er mich mit seinen Selbstmordideen immer erschreckt, jetzt aber glaubte ich ihm nicht mehr. Ich sagte ihm, daß ich diesen Film unbedingt drehen wolle. Es sei eine gute Rolle, und außerdem brauchten wir das Geld. Ich müßte wieder die Filme drehen, die meinem Stil entsprachen, die erfolgreich waren. Ich nannte ihm alle meine Gründe – auch die finanziellen –, aber es war sehr schwer, ihn zu überzeugen.

Ingrid spielte Anna Tschaikowsky, eine geistig verwirrte junge Frau, die nach einem Selbstmordversuch 1920 aus dem Berliner Landwehrkanal gerettet wird. Aber wer war Anna? War sie eine einfache polnische Landarbeiterin, oder war sie tatsächlich die Großfürstin Anastasia, die jüngste Zarentochter und einzige Überlebende der russischen Herrscherfamilie? Yul Brynner spielte einen brutalen und skrupellosen Oberst, der sie zwingt, die Rolle der Zarentochter zu spielen, um so an das Vermögen der Familie Romanow zu kommen,

341

bis in ihm langsam der Verdacht aufsteigt, sie könne vielleicht tatsächlich die echte Zarentochter sein.

Es war ein schöner Film, und ich hatte eine ausgezeichnete Partnerin – Helen Hayes spielte die Mutter des Herrschers aller Reußen – und einen großartigen Regisseur. Yul Brynner stand am Beginn seiner Karriere. Er hatte gerade einen riesigen Erfolg in *Der König und ich* gehabt, war sehr verständnisvoll und hilfreich und wurde mir ein guter Freund.

Roberto besuchte mich während der Dreharbeiten nur einmal kurz, und sicher spürten viele Leute damals, daß unsere Ehe auseinanderzubrechen drohte.

Anatole Litvak und ich kamen gut miteinander aus, obwohl er mitunter etwas beunruhigt war, weil ich meinen Text zu langsam lernte. Eines Tages sah er mich mit einem Textbuch in der Hand in einer Ecke sitzen. Er war begeistert und lobte meinen Fleiß. Ich hatte nicht die Nerven, ihm zu gestehen, daß ich dabei war, meinen Text für *Tee und Sympathie* auf französisch zu lernen.

Als *Anastasia* abgedreht war, fuhr ich nach Paris zurück und wußte, daß ein Krach mit Roberto unumgänglich war. *Tee und Sympathie* erzählt die Geschichte eines jungen Internatsschülers, der glaubt, homosexuell zu sein. Und Roberto war ein Mensch, dem Homosexualität zuwider war! Als ich Robertino in ein Schweizer oder englisches Internat schicken wollte, ging er hoch wie eine Rakete. Was? In diesen Internaten fängt das doch an, tobte er. So erhielt Robertino nie eine Internatsausbildung, aber ich schaffte es wenigstens, ihn in einem Sommer nach England in ein Ferienlager in der Nähe von Oxford zu schicken, damit er Englisch lernte. Als er zurückkam, fragte ich ihn in meinem besten Oxford-Englisch, wie es ihm gefallen habe. Er starrte mich entgeistert an. »Eh?« Ich fragte – nun auf italienisch –, ob er denn kein Englisch gelernt habe. Nicht viel, entgegnete Robertino ungerührt. In dem Ferienlager seien fast nur italienische Jungen gewesen.

Ich übte bereits regelmäßig mit einem französischen Sprachlehrer die Dialoge von *Tee und Sympathie*, als sich Roberto endlich entschloß, das Stück auch zu lesen. Nachdem er wenige Seiten überflogen hatte, brummte er vor sich hin, daß das ja alles höchst merkwürdig sei. Ob ich das verstehen würde.

»Ja«, sagte ich. »Lies nur weiter.«

Das Thema war ihm einfach zuwider. Es war nicht etwa der Autor oder der Stil. Außerdem gefiel ihm gar nicht, daß ich in dem Stück die Frau spielen sollte, die dem Jungen beweist, daß er nicht homosexuell ist, die ihn mit der Liebe und dem Sex bekannt macht. Er las zu Ende, stand auf, warf das Textbuch gegen die Wand und sagte, es sei das mieseste Stück, das er je gelesen habe. Käme ja gar nicht in Frage, daß ich so etwas spiele.

Ich erinnerte ihn daran, daß auch er einen Vertrag für das Stück unterschrieben habe.

Was bedeute das schon, fragte er. Noch nie in seinem ganzen Leben habe er ein solches Stück gelesen.

»Tut mir leid, ich werde mein Wort nicht brechen. Ich mag meine Rolle, ich arbeite an ihr, und in wenigen Tagen beginnen die Proben. Du hättest es lesen sollen, bevor du diesen Vertrag unterschrieben hast«, meinte ich.

Doch Roberto blieb hart. Ich würde nicht in dem Stück spielen, und er würde es nicht inszenieren. Basta!

Zwei oder drei Jahre früher wäre ich vielleicht noch die ergebene italienische Ehefrau gewesen, obwohl ich das doch nicht ganz glaube, denn wenn es um meinen Beruf ging, bin ich nie unterwürfig gewesen. Ich stellte klar, daß ich nicht nur meinen Vertrag erfüllen würde, sondern daß mir Stück und Rolle sehr zusagten. Ich würde auf jeden Fall in *Tee und Sympathie* spielen!

»Du magst das Stück, pah! Man wird dich glatt von der Bühne lachen! Spätestens nach einer Woche wird es abgesetzt!«

»In Ordnung«, sagte ich, »dann werde ich es eine Woche lang spielen. Es gibt viele Schauspieler, die nie die Gelegenheit erhalten, in Paris Theater zu spielen. Im Vergleich dazu ist eine Woche viel.«

Er schaffte es nicht, mir das Stück auszureden. Aber er sagte der Theaterleiterin Elvire Popescu, daß er das Stück nicht inszenieren würde, da es schrecklich sei. Auch Elvire ließ sich nicht erschüttern. Sie sagte nur, es täte ihr leid, aber man würde sicher einen anderen Regisseur finden. Sie fand Jean Mercure, und die Proben begannen.

Aber Roberto nörgelte weiter. Ich würde blindlings in einen Mißerfolg laufen, das Stück sei so idiotisch, daß es niemand sehen wolle. Das Publikum würde schon vor der ersten Pause das Theater verlassen.

Am Premierenabend saß er in meiner Garderobe und orakelte in italienischer Sprache. Ich bat ihn, mir das alles wenigstens auf französisch zu erzählen, denn ich stünde gleich auf einer französischen Bühne. Er folgte meiner Bitte natürlich nicht. Munter ging's in seiner Muttersprache weiter: Ich brauche nichts zu befürchten, denn ich würde sowieso nicht lange auf der Bühne stehen. Zehn Minuten, allerhöchstens...

Ich reagierte nicht. Ich zeichnete ein kleines Kreuz auf seine Stirn, unser übliches Zeichen für Glück, und ging hinaus, fast versteinert – auch wie üblich – vom Lampenfieber. Aber es lief alles sehr gut.

Als ich zurückkam, um mich umzuziehen, fragte Roberto anzüglich, wie viele Leute das Theater denn schon verlassen hätten. Ich sagte, ich hätte keine Zeit gehabt, mich auch noch darum zu kümmern.

»Warte bis zur Pause«, unkte er sibyllinisch. Der letzte Akt war zu Ende, und ich sah Roberto in der Kulisse stehen. Ich stand mit meinen Partnern auf der Bühne, und wir nahmen wahre Ovationen entgegen. Seit *Johanna von Orleans* in New York hatte ich nie wieder einen solchen Beifall erlebt. Das Haus wurde vom Beifall geradezu erschüttert. Das Publikum hörte nicht auf zu klatschen. Die Zuschauer standen auf, klatschten, schrien, riefen Bravo und wollten uns einfach nicht von der Bühne lassen. Als ich mich einmal allein zeigte, um meinen Solo-Applaus in Empfang zu nehmen, sah ich zu Roberto hinüber. Unsere Blicke begegneten sich. Wir sahen uns direkt in die Augen, und in diesem Moment wußte ich, daß meine Ehe zu Ende war, auch wenn wir weiter zusammenbleiben würden.

Ich ging mit Roberto und einigen italienischen Freunden nach der Vorstellung auf eine Party. Wir lachten viel. Niemand sprach über das Stück. Niemand sagte auch nur ein Wort über den Erfolg. Am nächsten Tag packte Roberto im »Raphael Hotel« seine Koffer, und ich brachte ihn zum Zug. Seine Koffer waren bis an den Rand mit Spaghetti gefüllt. Wir standen dort in dem Lärm, in dem Qualm, inmitten der vielen anderen Menschen. Und ich hatte dieses eigenartige Gefühl, daß ein Kapitel beendet war und unser Verhältnis zueinander nie mehr so sein würde wie früher.

Tee und Sympathie füllte die zwölfhundert Plätze des Theaters jeden Abend mit leidenschaftlichen Zuschauern. »Gestern abend kehrte der Zauber wieder ins Theater zurück«, hieß es in einer der vielen hervorragenden Kritiken.

Eines Abends leistete ich mir auf der Bühne einen herrlichen Versprecher. Ich spiele die Frau des Rektors und will den Jungen beschützen, der als Homosexueller verdächtigt wird. Dabei habe ich zu sagen: »Aber er ist ein Tennischampion, er ist der Champion der ganzen Schule...« Vor lauter Aufregung machte ich aus dem Champion einen Champignon! Das Theater brach vor Lachen fast zusammen. Ich sah fassungslos meine Partner an, die nur mühsam ihr Lachen verbargen. Endlich begriff ich selbst, was ich da eben gesagt hatte, und fing auch zu lachen an. Wir lachten einfach alle: im Zuschauerraum und auf der Bühne. Dann stand das Publikum auf wie ein Mann und begann zu klatschen. Wir mußten die Vorstellung fünf Minuten lang unterbrechen, bis wir uns wieder gefangen hatten.

Anastasia kam in die Kinos, während Ingrid Bergman noch in Paris auf der Bühne stand. Mit *Anastasia* war Ingrid an einem Wendepunkt – künstlerisch und privat. Die »New York Times« schrieb: »Ingrid Bergmans Leistung ist schlicht superb. Es ist eine Leistung, die Oscar-reif ist.« In den »Daily News« war zu lesen: »Wenn Hollywood mehr Zeit, Geld und Talente in Filme wie *Anastasia* stecken würde, brauchte man sich keine Sorgen mehr um die Filmindustrie zu machen.« Ohne viel Widerspruch vergaben die New Yorker Kritiker ihren Preis für die beste Schauspielerin des Jahres 1956 an Ingrid Bergman.

Twentieth Century-Fox wollte, daß ich zum Empfang des Preises nach New York käme. Die Gesellschaft hatte viel Geld in *Anastasia* investiert und wollte weitere Filme mit mir machen. Aber sie verlangte meine Anwesenheit in Amerika, um mein Image in der Öffentlichkeit zu testen. Würde mich das Publikum lynchen oder lieben? Sie waren bereit, drei Vorstellungen von *Tee und Sympathie* aufzukaufen, nur damit ich am Wochenende nach New York fliegen, meinen Preis entgegennehmen und am Montag wieder in Paris auf der Bühne stehen konnte.

Ich wußte nicht, ob es richtig war, nach Amerika zu fahren, besonders weil Roberto und sein Bruder Renzo dagegen waren. Roberto war zur Zeit in Indien, und so nahm es Renzo auf sich, mich daran zu erinnern, daß ich mit einer Reise nach Amerika mein Versprechen brechen würde. Aber ich hatte so ein Versprechen nie gegeben. Ich war so verletzt gewesen, daß ich es für selbstverständlich gehalten hatte, nie wieder nach Amerika zu fahren. Jetzt streckte mir Amerika seine Hand entgegen. Ich hatte das Gefühl, daß viele Amerikaner mich sehen wollten; ich hatte ja seinerzeit eine große Gefolgschaft und eine Menge Verehrer in den Vereinigten Staaten gehabt.

Ich wußte, daß ich mit der amerikanischen Presse zusammentreffen würde. Ich wußte auch, daß die Fragen alles andere als zurückhaltend sein würden. Yul Brynner rief mich in Paris an und riet mir, auf jeden Fall Beruhigungstabletten mitzunehmen. Und zum erstenmal in meinem Leben tat ich das auch. Ich nahm sogar eine. Am meisten überraschte mich Leonard Lyons, der amerikanische Kolumnist, der immer sehr fair zu mir gewesen war, obwohl wir uns kaum kannten. Auch er rief mich an und erklärte, er sei bereits unten in der Bar meines Hotels. Er habe einen hingebungsvollen Bewunderer bei sich, der jeden k.o. schlagen wolle, der sich mir in den Weg stelle. Ob sie kommen dürften?

Sie durften. Und wer war der Bewunderer? Papa Hemingway! Wir fielen uns in die Arme und küßten uns. Ernest sah über seine Brille hinweg und sagte ernst: »Tochter, ich möchte mit dir nach New York kommen, um dich zu beschützen. Kein Problem. Ich springe morgen zu dir ins Flugzeug und bleibe an deiner Seite. Wenn einer dieser amerikanischen Reporter dir auch nur eine unverschämte Frage stellt, dann schlag' ich ihn nieder. Niemand wird sich dir in den Weg stellen, wenn ich bei dir bin.«

Ich dankte Ernest für sein liebes Angebot, bestand aber darauf, allein zu fahren. Wenn ich eine Sekretärin, einen Pressesprecher, einen Freund, Ehemann oder selbst ihn bei mir hätte, würden sie doch alle sagen, daß ich Angst hätte, daß ich einen Beschützer mit mir herumschleppte. Natürlich hatte ich Angst, aber das brauchten sie ja nicht zu wissen. Nein, nein, ich mußte allein fahren. Egal, was passieren würde. Das war die einzige Möglichkeit für mich, nach Amerika zurückzukehren. Ganz allein.

Am 20. Januar 1957, einem Sonntag, kam es zur großen Wiedersehensfeier auf dem Idlewild-Flughafen. Ingrid verließ das Flugzeug und sah sich sofort einer riesigen Menschenmenge gegenüber. Und da – sie glaubte ihren Augen nicht trauen zu können, als sie zwischen all den Verehrern, die auf sie warteten, die Alvin-Gang entdeckte. Nach all den Jahren war auch die Alvin-Gang erschienen. Sie hielten große weiße Plakate hoch: »Wir lieben Dich, Ingrid! Willkommen zu Hause, Ingrid Bergman!«

Leiter der Alvin-Gang war Warren Thomas, ein junger Mann, der sein ganzes Leben Ingrid Bergman gewidmet hatte. Er erzählte, wie es zur Alvin-Gang gekommen war:

»Ich war zwölf, als ich zum erstenmal von Ingrid Bergman hörte. Meine Schwester nahm mich – es sollte ein Weihnachtsgeschenk sein – eines Tages in die Radio City Music Hall in New York mit, wo der Film *Die Glocken von St. Marien* gezeigt wurde. Wir kamen nicht einmal bis an die Kasse heran, so viele Menschen wollten Ingrid Bergman sehen. Das war eine entsetzliche Enttäuschung für mich.

Kurze Zeit später hörten meine Freundin Adaire und ich, daß sie im Alvin Theater *Johanna von Orleans* spielen würde. Sie war bereits in New York und wohnte im ›Hampshire Hotel‹. Also nichts wie hin. Als sie eines Tages das Hotel verließ, folgten wir ihr eine ganze Weile. Sie bemerkte, daß wir sie verfolgten, drehte sich um und fragte, weshalb wir hinter ihr hergingen. ›Weil wir Sie lieben‹, sagte ich schnell. Es war das erste, was mir einfiel. Meine Mutter ist früh gestorben, und viele meiner Freunde meinten später, ich hätte mir Ingrid Bergman als eine Art Mutterersatz ausgewählt. ›Ich mag es nicht, wenn man mir folgt. Also laßt das‹, sagte sie.

Ich war abgrundtief enttäuscht, ließ aber nicht locker. Ich fand schnell heraus, wo ich sie am besten wiedertreffen konnte – an den Tagen nämlich, an denen sie in Matinee-Vorstellungen auftrat. Ich sah sie um zwei Uhr mittags, wenn sie das Theater betrat, dann wieder um fünf, wenn sie es verließ. Mehr verlangte ich nicht vom Leben.

Zusammen mit Adaire und mir warteten noch andere Kinder regelmäßig vor dem Alvin Theater, dazu ein paar Frauen zwischen dreißig und fünfzig – wir alle waren die Kerntruppe der Alvin-Gang. An den Samstagnachmittagen ließen sie die Tür nach der Pause offen und erlaubten uns Kindern, hinten im Zuschauerraum zu stehen und das Stück zu sehen. Ich glaube, den zweiten Teil von *Johanna von Orleans* habe ich zwischen dreißig- und vierzigmal gesehen. Schließlich gelang es uns irgendwie, die vier Dollar zusammenzukratzen, um das ganze Stück sehen zu können, aber – um ehrlich zu sein – es war die zweite Hälfte, die uns am meisten begeisterte.

Nach der letzten Vorstellung kam Joe Steele zu uns heraus. Ingrid hatte ihm gesagt, sie wolle sich von uns verabschieden. Sie kam auf die Bühne und hielt eine kleine Ansprache, bedankte sich für unsere Treue, und falls sie anfangs ein wenig irritiert gewesen sei, mögen wir ihr doch bitte verzeihen. Wir waren selig. Endlich waren wir anerkannt.

Von da an waren wir immer in der Nähe, wenn sie in New York war. Dann ging sie nach Italien, und es kam zu dieser Explosion. Ich glaube, in dieser Zeit bin ich um zehn Jahre gealtert. Wir standen weiter zu ihr, versuchten, mit ihr Kontakt aufzunehmen, um ihr den Rücken stärken zu können. Ich schrieb sogar an Pia nach Kalifornien.

Natürlich spaltete sich die Alvin-Gang bald in zwei Lager – eins für sie, eins gegen sie. Ich wurde eingezogen. Es gab zwei Möglichkeiten – Korea oder Europa. In Europa wäre ich ihr nahe gewesen. Natürlich hatte ich Pech. Ich mußte nach Korea. Aber dann kam der Tag, an dem sie zurückkehrte. Ich brachte die Alvin-Gang wieder auf die Beine; Adaire und noch ein paar andere. Wir fuhren gemeinsam zum Flughafen. Wir hatten Plakate bemalt und beschrieben, und da sie jetzt in Italien lebte, stand auf einem Plakat sogar: ›Viva La Regina!‹ Sie ließ sich mit uns fotografieren, aber richtig kennengelernt habe ich sie erst sieben Jahre später.«

Auf dem Flughafen gab es eine Pressekonferenz, und mir wurde jede nur erdenkliche Frage gestellt. Ob ich wieder in den Vereinigten Staaten leben würde? Ich sagte, ich sei Europäerin, mein Mann sei Europäer und meine Kinder auch. Warum also sollte ich in Amerika leben? Und sie fragten, ob ich mit Roberto glücklich sei. Wir würden getrennt leben, sagte ich und gab ihnen zwei Sekunden für ihre Verblüffung, dann fuhr ich fort, daß Roberto einen Film in Indien drehe und ich in Paris Theater spiele. Sie fragten nach Pia. Ob ich sie treffen würde? Ich sagte, das wisse ich nicht. Es sei jedoch zweifelhaft, denn am Montag müsse ich schon wieder in Paris sein. Wenn ich Pia wiedersehe, wolle ich mehr Zeit für sie haben. Sie nur für einige Minuten nach all diesen Jahren wiederzusehen wäre zu qualvoll. Diese Worte waren sicher wahr, aber wohl auch der größte Fehler meines Lebens.

Ich fuhr zu Irene Selznick. Bei ihr las ich in einer Zeitung, daß der Sohn von Signe Hasso bei einem Autounfall ums Leben gekommen war. Signe und ich hatten zusammen die Schauspielschule besucht. Sie kam später durch einen Vertrag mit einem der großen Studios nach Hollywood. In Schweden hatte sie zuvor hauptsächlich auf der Bühne gearbeitet, und sie war großartig gewesen. In Hollywood hatten wir viel Zeit miteinander verbracht; Petter und Signe wurden gute Freunde. Dann zog sie nach New York. Sie wohnte in Harlem, weil sie mit Schwarzen leben wollte, erfahren wollte, wie Amerikas schwarze Bevölkerung lebte. Sie war eine sehr warmherzige und großzügige Frau.

Schon immer hatte sie große Probleme mit ihrem Sohn gehabt. Er mußte oft ins Krankenhaus. Sie gab viel Kraft und Geld für seine Gesundheit. Dann war er endlich erwachsen, einundzwanzig Jahre alt, gutaussehend, gesund und fuhr im Auto eines Freundes mit. Es kam zu einem Unfall, und er war sofort tot.

Ich sagte Irene, daß ich Signe unbedingt anrufen müsse. Sie spielte damals in New York Theater. Irene schlug vor, ich sollte Viveca Lindfors anrufen, eine andere Kollegin und Freundin aus Schweden. Sicher habe sie Signes Telefonnummer. Ich folgte ihrem Rat, und Viveca sagte mir, Signe wäre bei ihr.

Ich sprach mit Signe, sagte ihr, wie tragisch das Leben mitunter verlaufen würde. Sie äußerte ihr Mitleid mit dem Freund ihres

Sohnes, dem Fahrer des Wagens. Er mache sich die schwersten Vorwürfe. Aber sie habe ihn gebeten, zu ihr zu kommen. Sie würde sich um ihn kümmern, sie wolle nicht, daß er sich Vorwürfe mache. Fast nebenbei erklärte Signe, in wenigen Stunden müsse sie ins Theater, um zu spielen.

Ich glaubte, nicht richtig verstanden zu haben. Wolle sie wirklich heute Theater spielen? Schließlich sei ihr Sohn verunglückt! Selbstverständlich, antwortete sie einfach. Sie müsse doch spielen, sonst würde sie wahnsinnig.

Ich war es, die zu heulen begann. Dieses Gespräch mit Signe habe ich nie vergessen. Ich erinnerte mich oft an das, was sie sagte, und ihre Stärke hat mir in vielen dunklen Momenten meines Lebens sehr geholfen.

Dann rief ich Pia an. Sie wußte, daß ich in New York war. Ich hatte ihr geschrieben, daß ich sehr glücklich wäre, sie wiedersehen zu können. Aber jetzt wußte ich, daß es nicht möglich sein würde. Ich wußte, daß überall die Fotografen und Journalisten darauf lauerten mitzuerleben, wie ich Pia vor lauter Glück heulend in die Arme fiel. Das würde ich einfach nicht durchstehen. Ich rief sie an und versuchte, es ihr zu erklären. Ich sagte, ich wisse nicht, wie und wo ich es einrichten solle, mich mit ihr zu treffen. Ich sagte ihr, daß ich fürchte, es nicht durchstehen zu können, wenn wir uns sehen würden, wohl wissend, daß es nur kurz sein könnte, denn ich müsse Montag wieder in Paris sein. Vielleicht hätte ich es trotzdem versuchen müssen. Aber ich hatte all meinen Mut gebraucht, um überhaupt diese Reise zu unternehmen. Jetzt war mir für ein Wiedersehen mit Pia keine Kraft mehr übriggeblieben.

Pia verstand mich nicht. Sie war überzeugt davon, daß ich sie nicht sehen wollte. Sie glaubte, meine Karriere wäre mir wichtiger, ich wollte nur meine Freunde sehen und meinen Preis abholen. Also packte sie ihren Koffer wieder aus. Reportern, die sie anriefen, erklärte sie, sie habe keine Zeit, mich in New York zu besuchen. Ihre Leistungen in der Schule würden sonst nachlassen.

Es war eine Wunde, die lange Zeit nicht heilen wollte. Erst später in Frankreich, in Choisel, haben wir über diesen Vorfall gesprochen. Sie sagte, daß sie wirklich geglaubt habe, meine Karriere sei mir wichtiger. Ich erklärte ihr, daß ich ein so kurzes Treffen nicht durchgestanden hätte, daß sie nicht ihre Mutter wiedergesehen hätte, sondern nur ein heulendes Stück Elend.

Ich mußte ein halbes Jahr warten, bis wir uns allein, ohne Journalisten, wiedersahen. Ich weiß, daß es ihr sehr schwer fiel, meine Gefühle zu verstehen, daß sie sie heute zwar vom Verstand her akzeptiert, aber – wie ich fürchte – nicht mit dem Herzen.

Das Wiedersehen fand am 8. Juli 1957 statt. Petter Lindström hatte wieder geheiratet und besuchte Stockholm mit seiner zweiten Frau Agnes und ihrem kleinen Sohn Peter. Auch Pia war mitgefahren. Sie war jetzt achtzehn, studierte an der Universität von Colorado und wollte Ingrid in Paris treffen.

Ich wußte, daß es ein sehr gefühlsbeladenes Treffen werden würde. Und natürlich wollte ich nicht, daß unser Wiedersehen von Fotografen festgehalten wurde. Die Fluggesellschaft SAS war zur Mithilfe bereit. Wenn alle Passagiere das Flugzeug verlassen hätten, dürfte ich in der Maschine Pia unter vier Augen begrüßen. Also ging ich an Bord, und da war Pia. Wir fielen einander in die Arme, und sofort zuckte ein Blitzlicht auf!

»Paris Match« hatte einen Fotografen aus New York mitgeschickt, um ein Foto von unserem ersten Wiedersehen zu schießen. Er hatte mitbekommen, daß Pia im Flugzeug zurückblieb. Daraufhin hatte er sich in der Maschine versteckt. Nun, er wurde entdeckt und von Bord gewiesen. Pia sah mich neugierig an und sagte zuallererst, daß ich sehr jung aussähe...

Sie waren zwölf Minuten allein. Dann verließen Mutter und Tochter das Flugzeug und stellten sich den Fotografen. Ingrids einziger Kommentar war, daß sie sehr glücklich sei. Nein, sie wisse noch nicht, was sie in Paris unternehmen würden.

Pia erinnert sich an dieses Treffen:

»Unser Treffen in Paris war kein Trauma. So etwas ist vielleicht ein Trauma, wenn man zehn Jahre alt ist. Ich fand Paris sehr aufregend. Auch die Fotografen störten mich nicht, die vielen Menschen, die Mutter und mich sehen wollten. Es war eine Mischung aus Freude und Angst. Aber ich war überhaupt nicht mehr schockiert. Wahrscheinlich war ich inzwischen erwachsen geworden.«

Pia blieb zwei Monate in Europa. Ingrid wollte ihr soviel wie möglich zeigen. Sie besuchten auch Sizilien.

Sie kamen auch nach »Santa Marinella«, und Pia wohnte in dem Zimmer, das ihre Mutter für sie eingerichtet hatte. Und sie lernte ihre Stiefgeschwister kennen.

An Irene Selznick schrieb Ingrid:

Meine Liebe,
die jungen Leute tanzen auf der Terrasse, und ich muß so tun, als sei ich zu alt und zu müde, um dabeizusein. Natürlich fühle ich mich nicht so, aber es gehört einfach mit zum Spiel, weißt Du? Wie auch immer – ich bin glücklich.

Alles ging viel besser, als wir dachten. Pia ist glücklich hier, ganz offen, ihr gefällt alles. Sie ist sehr lieb mit den kleinen Kindern. Am ersten Tag sagte sie mir, daß sie im nächsten Sommer nicht kommen könnte, aber schon einen Tag später meinte sie: Warum in aller Welt soll ich in Amerika bleiben, wo es hier so herrlich ist? Natürlich versucht jeder, aus jedem Tag für sie ein Fest zu machen. Sie ist so fröhlich, sensibel und intelligent. Sie versucht, ein paar Worte Italienisch zu lernen. Ich kann Dir gar nicht sagen, wie glücklich ich bin. Es scheint unfaßbar, und ich kann es noch immer nicht recht glauben. Ich lasse sie gern mit den Kleinen zusammen sein und ziehe mich mit einem Buch zurück. Ich will nichts forcieren, aber ich warte auf die Momente, in denen wir uns richtig unterhalten können...

Später erfuhr ich, daß ich für meine Gage in Frankreich Steuern zahlen mußte. Ich verstand nichts davon. In Italien hatte sich Roberto um diese Dinge gekümmert; er zahlte kaum Steuern. Ich erkundigte mich nun bei meinem Anwalt, und er fragte mich, was ich denn mit meiner Gage in Frankreich gemacht hätte.

»Ich habe die Hotelrechnung, den Aufenthalt meiner Kinder, die Kosten des Kindermädchens und ihr Gehalt bezahlt. Was soll ich aber bloß den Leuten von der Steuer sagen?«

»Das ist doch ganz einfach«, meinte mein Anwalt. »Sie sagen, Sie hätten einen Liebhaber, den Sie unterhalten müßten.«

»Was? Ich soll einen Liebhaber haben und dann auch noch für ihn zahlen?«

»Ganz richtig. Er hat Ihr ganzes Geld durchgebracht. Das ist doch normal, üblich. Die Leute von der Steuer werden das verstehen, und Sie kommen mit einem blauen Auge davon.«

»Die Idee gefällt mir aber gar nicht.«

»Machen Sie sich keine Sorgen. Warten Sie ab, bis sie sich bei Ihnen melden, dann können wir uns immer noch entscheiden.« Also unternahm ich nichts. Ich zahlte keine Steuern, sondern wartete, bis man mir auf die Schliche kommen würde. Es geschah aber nichts. Wieder fragte ich meinen Anwalt.

»Wunderbar«, meinte er fröhlich. »Wenn die Steuerfahnder Sie in zehn Jahren nicht aufgespürt haben, brauchen Sie keinen Pfennig zu zahlen.« Im neunten Jahr tauchten sie auf. Ich war wieder verheiratet und mußte eine Menge Geld nachzahlen. Seitdem versuche ich, um Anwälte einen großen Bogen zu machen.

Ich flog zurück nach Paris, zurück ins Theater. Und ich begann ein neues Leben. Die Kinder waren bei mir, und Roberto würde für viele Monate fort sein – es sollten neun Monate werden. Ich war jetzt allein auf mich angewiesen. Zum erstenmal nach vielen Jahren. Ich mußte meine eigenen Entscheidungen treffen. Aber ich war glücklich. Das Stück war ein Erfolg. Ich fühlte mich wohl. Meine Kollegen saßen mit mir in meiner Garderobe während der Pausen zusammen und erzählten sich schmutzige Witze. Sie machten sich lustig über mich, weil ich noch immer einen roten Kopf bekam. Aber von Tag zu Tag ließ meine Befangenheit nach, und zuletzt lachte ich genauso wie sie. Ich hatte viel Spaß bei den Aufführungen, und ich freute mich über meinen Erfolg in Paris.

Kay Brown rief mich an und sagte mir, daß Robert Anderson, der Autor von *Tee und Sympathie*, nach Paris kommen würde. Er habe gerade seine Frau verloren, sie sei an Krebs gestorben. Ich kümmerte mich, so gut es ging, um ihn, und wir wurden gute Freunde. Ich stellte sehr schnell fest, daß er ein Mann war, der mit vielen Dingen nicht fertig wurde, und ich versuchte, ihm den Mut zum Leben wiederzugeben. Er stand mir in jener Pariser Zeit sehr nahe. Vielleicht war es für mich gut, jemandem helfen zu können. Wahrscheinlich tat es uns beiden gut, zusammmen zu sein.

Zu der Zeit lernte ich auch Lars Schmidt kennen. Ein Theaterproduzent, der wie ich aus Schweden stammte.

Lars Schmidt konnte sich genau erinnern, wie und wann sie einander begegnet waren:

»1956 konnte ich Peter Brook dafür gewinnen, in Paris *Die Katze auf dem heißen Blechdach* zu inszenieren. Wir hatten eine gute Besetzung und viel Erfolg. Dann erfuhr ich kurz vor Weihnachten, daß Ingrid Bergman, die in Paris in *Tee und Sympathie* auftrat, an ihrem spielfreien Abend kommen würde, um sich die Vorstellung anzusehen. Ich spielte den Gastgeber und ging vor der Vorstellung zu ihr, lud sie und Robert Anderson zu einem Glas Champagner in der Pause ein.

Wenig später rief mich Kay Brown an, die inzwischen in Paris war. Kay war Ingrids Freundin und meine amerikanische Agentin. Sie fand es komisch, daß wir uns nur so flüchtig begegnet waren, zwei Schweden, die in einer fremden Stadt arbeiteten und sogar im selben Hotel lebten. Also wurden wir einander noch einmal vorgestellt. Ich lud Ingrid zum Abendessen ein. Wir gingen in das Restaurant ›Coq d'Or‹. Ingrid sah mich an und meinte, es sei seltsam, daß wir uns nie zuvor begegnet seien. Ich erwiderte, daß wir uns schon im Theater begegnet wären. Sie war überrascht, sagte, sie habe nicht gewußt, daß ich der Produzent sei, aber wir hätten nicht miteinander gesprochen. Nun erinnerte ich sie daran, daß ich ihr ein Glas Champagner eingegossen hätte. Sie lachte. ›Sie waren das? Ich dachte, das wäre ein Kellner...‹

An jenem Abend saßen wir lange zusammen und unterhielten uns. Danach fuhr ich viel herum, um meine Produktionen auf die Beine zu stellen. Wir wohnten zwar noch immer im selben Hotel, aber sie hatte zu tun, ich hatte zu tun, wir begegneten einander nicht. Eines Tages rief ich sie an und lud sie zum Mittagessen ein. Doch sie sagte ab. Sie erklärte, sie müsse sich um ihre Kinder kümmern.

Das sah ich ein und ging mit einem Freund essen. Wir gingen in ein kleines Restaurant im Bois de Boulogne, und wen sah ich da ganz in unserer Nähe an einem kleinen Tisch direkt am See sitzen – Ingrid Bergman! Ich ging zu ihr hinüber und sagte zu ihr auf schwedisch, denn sie saß dort mit Robert Anderson zusammen: ›So kümmern Sie sich also um Ihre Kinder.‹

Sie sah mich an und wurde krebsrot im Gesicht. Noch nie habe ich einen Menschen so rot werden sehen. Und sie sah mich mit einem himmlischen Lächeln an. An jenem Abend rief ich sie wieder an. Da war das Eis endlich gebrochen.«

Zu dieser Zeit erhielt ich für *Anastasia* meinen zweiten Oscar.

Cary Grant hatte versprochen, bei der Verkündung des Preises bereitzustehen, für den Fall, daß ich einen Oscar gewinnen würde. Er würde ihn für mich in Empfang nehmen. Ich trat abends wie gewöhnlich auf, fuhr ins »Raphael Hotel«, ging schlafen und wurde morgens um sieben von der Twentieth Century-Fox geweckt. Jemand jubelte mir über den Atlantik hinweg zu, daß ich den Oscar gewonnen hätte.

Ich nahm ein Bad, leistete mir ein Glas Champagner, und dann kam Robertino angelaufen. Er schleppte sein kleines Radio an und sagte, daß man im Radio über mich sprechen würde. Er habe zwar nicht alles, aber auf jeden Fall meinen Namen verstanden. Die Verleihungszeremonie wurde übertragen, und ich hörte Carys Danksagung: »Liebe Ingrid, wo immer du bist...« Und ich antwortete: »Ich bin im Badezimmer, Cary...« Dann wieder er: »Wo du auch bist, wir, deine Freunde, gratulieren dir, und ich habe deinen Oscar hier für deine wunderbare Leistung, und ich hoffe, du bist ebenso glücklich, wie wir es für dich sind.«

Dann begann ein neues Drama mit Roberto. Ich hatte nie daran gedacht, mich von ihm scheiden zu lassen. Ich wäre immer bei ihm geblieben, nachdem wir durch die Hölle gegangen waren, um zueinander zu kommen. Ich hätte ihn nie verlassen, weil ich immer das Gefühl gehabt hätte, jemanden im Stich zu lassen, nachdem ich ihn ruiniert hatte. Ich schrieb ihm nach Indien, daß wir wieder zusammen arbeiten, daß wir wieder einen Film drehen sollten, sobald er aus Indien zurück sei.

Eines Nachts im Frühling 1956 rief mich Roberto aus Indien an. Er sagte, mir seien sicher Gerüchte zu Ohren gekommen, daß er eine Romanze mit einer Inderin habe. Aber daran sei kein wahres Wort. Das solle ich auch der Presse sagen, wenn man mich fragen sollte.

»Gut, wenn du es sagst«, erwiderte ich. Dann schwatzten wir noch ein bißchen miteinander und verabschiedeten uns schließlich.

Jemand hatte einmal über mein Leben mit Roberto geschrieben, daß ich, obwohl ich wahrscheinlich immer durch meine puritanische Erziehung gehandicapt bleiben würde, bei ihm ein erfüllteres Leben gefunden hätte, als viele von uns erwarten dürften. Das ist wahr. Ich war unendlich glücklich mit Roberto, aber es gab auch große Probleme. Aber Probleme sind ein Teil des Lebens. Wenn man nie Schwierigkeiten hatte, nie verzweifelt war, wie soll man dann andere Menschen und ihre Probleme verstehen können? Man könnte ihnen nicht helfen, hätte keine Geduld mit ihnen. Niemand lebt ein Leben, das nur aus einer Reihe von glücklichen Tagen besteht. Ich bin sicher, daß derjenige, der immer nur froh und glücklich war, auch sehr gelangweilt ist.

Das Leben mit Roberto war nie langweilig.

Ich habe auf vielerlei Arten versucht, mit ihm zu leben. Als wir tief in Schulden steckten, sagte ich beispielsweise zu ihm, daß ein Bankrott doch nicht das Ende der Welt sei. Was könne denn schon passieren? »Wir müssen nicht ins Gefängnis, laß uns also mit dem leben, was uns bleibt«, sagte ich. »Sie können uns das Haus nehmen, schön, sollen sie. Dann fangen wir ganz neu an. Wir nehmen eine kleine Wohnung. Ich mache sauber, ich koche. Wir brauchen keine Angestellten, solange wir nur glücklich sind.« Aber Roberto sah mich an, als sei ich durchgedreht. So könne er nicht leben, sagte er empört. So ein Leben sei nicht lebenswert! Das war für mich wie ein Schlag ins Gesicht. Leben konnte man seiner Ansicht nach also nur im ganz großen Stil.

Ich dachte an alle diese Dinge, nachdem ich mit ihm telefoniert hatte. Und ich überlegte, wie es nun weitergehen sollte, was ich tun würde. Denn ich wußte, wenn er mich so anrief, mir so etwas erzählte, gab es tatsächlich eine andere Frau. Er hatte sich wieder verliebt. Bestimmt würde sie ihn auch lieben, sich um ihn kümmern, ihn glücklich machen.

Er hatte mich also verlassen. Ich saß auf dem Bett und merkte plötzlich, daß ich lächelte. Ich war froh. Für ihn und für mich. Jetzt waren unsere Probleme gelöst.

Wenig später klingelte mitten in der Nacht das Telefon. Wieder Roberto. Der Ehemann der Frau, mit der er angeblich eine Affäre habe, sei ein wichtiger Produzent. Er sei so wütend über die ganze Sache, daß er an allen möglichen Fäden ziehe. Er habe nicht nur Robertos Dreharbeiten gestoppt, er wolle Roberto auch daran hindern, das bisher gedrehte Filmmaterial mit nach Italien zu nehmen. Der einzige Mensch, der ihm jetzt noch helfen könne, sei Premierminister Nehru selbst. Der sei gerade in London. Ich würde doch viele Leute in London kennen. Ob ich ihn nicht um Hilfe bitten könne? Ich versprach es.

Ich rief Ann Todd in London an. Sie verkehre doch in diesen Kreisen, ob sie nicht einen Weg wisse, mit Pandit Nehru ins Gespräch zu kommen? Ann kannte tatsächlich die in London lebende Schwester Nehrus. Ich flog nach London, fuhr zu Ann, und wen treffe ich an? Nehru und seine Schwester! Wir aßen zusammen Mittag, aber ich war zu schüchtern, Nehru auf Roberto anzusprechen. Erst nach dem Essen, als wir im Garten spazierengingen, wagte ich es, dieses Thema anzuschneiden. Er habe bereits von der Geschichte gehört, sagte er ruhig. Aber er sei sicher, daß Roberto bald Indien verlassen könne.

Ja, erwiderte ich, aber auch mit seinem Film, in den er soviel Arbeit investiert habe?

Nehru antwortete ausweichend. Er wisse, daß es in diesem Fall viele Probleme gäbe, Skandale, Geldgeschichten...

Ich verwies darauf, daß Roberto ein großer Künstler sei. Und die hätten häufiger derartige Probleme. Es wäre sehr großzügig von der indischen Regierung, wenn sie Roberto gestatteten, den Film mitzunehmen. »Ja, ja«, sagte Nehru, »das wird sicher geschehen...«

Am nächsten Tag erhielt Roberto die Erlaubnis, den Film ausführen zu dürfen. Er verließ Indien sofort.

In den Zeitungen wurde jetzt unverblümt geschrieben, daß Roberto sich in die Frau eines indischen Produzenten verliebt hätte, daß er mit ihr durchbrennen würde. Für mich war nur wichtig, daß er mit seinem Film zurückkommen würde. Vielleicht war dieser Film der wichtigste in seinem Leben? Vielleicht war er auch der schlechteste! Wer konnte das wissen? Vielleicht hatte er eine Liebesaffäre – na und? Das war unwichtig. Roberto hatte großes Talent, war fast genial. Niemand konnte ihm das nehmen. Und sein Talent war wichtiger als alles andere.

Ich fuhr zum Flughafen, als er ankam. Ich wurde von Reportern gefragt, was ich zu der Affäre zu sagen hätte. Ich erwiderte, daß ich nichts wüßte, denn ich würde Roberto ja gerade erst abholen.

Roberto kam an, und ich warf mich in seine Arme. Dieses Foto ging um die Welt, und genau das war beabsichtigt. Ich wollte zeigen, daß ich zu ihm hielt. Egal, was man über ihn sagte und schrieb.

Aber es war gut, daß keine Reporter im »Hotel Raphael« waren. Wir saßen in meinem Zimmer, und wir hatten uns neun Monate lang nicht gesehen. Roberto spielte mit einer Haarsträhne hinter seinem Ohr und fragte schließlich: »Spielst du immer noch dieses idiotische Stück?«

»Selbstverständlich«, sagte ich. »Es läuft noch immer, ist ständig ausverkauft. Aber ich kann dir einen Platz reservieren lassen.«

»Ich glaube nicht, daß ich kommen werde«, meinte er.

Ich ging ins Theater, spielte meine Rolle, kam wieder zurück. Vielleicht war Roberto ausgegangen, aß mit Freunden? Aber nein, er war immer noch da. Saß immer noch im Sessel und spielte mit seiner Haarsträhne. Ich dachte: ›Vielleicht ist jetzt der richtige Zeitpunkt?‹

Ich brachte es nicht über mich, ihm geradeheraus zu sagen, daß ich Sonali bereits kannte. Sie war ein paar Tage früher als Roberto nach Paris gekommen. Ein entfernter Freund hatte mich angerufen und gesagt, daß sie sich gern mit mir treffen würde. In Ordnung, hatte ich gesagt, ich komme.

Ich fand sie sehr hübsch, sehr freundlich und sehr ernsthaft. Sie hatte ein kleines Baby in ihren Armen. O Gott! War das möglich? Wie lange war Roberto eigentlich weg? Neun Monate? Nein, es war nicht möglich! Das Kind war bestimmt schon ein paar Monate alt.

Also sprachen Sonali und ich miteinander. Das Baby war ihr jüngster Sohn, den älteren hatte sie in Indien bei ihrem Mann gelassen. »Die Zeitungen waren fürchterlich«, beklagte sie sich. »Sie haben alles zu einem riesigen Skandal aufgebauscht, eine Menge Lügen erzählt.«

Ich nickte. Auf diesem Gebiet hatte ich auch Erfahrungen machen müssen. Wie seltsam, fuhr es mir durch den Kopf, diese arme Frau hat genau wie ich Robertos wegen ein Kind zurückgelassen.

Nun saß ich also mit Roberto in meinem Hotelzimmer zusammen. »Sieh mal, Roberto«, begann ich ganz freundlich. »Willst du vielleicht die Scheidung?«

Er saß stumm im Sessel und spielte mit dieser Haarsträhne. Hatte er mich vielleicht nicht gehört? Noch einmal fragte ich: »Wäre es nicht das beste, wenn wir uns scheiden ließen?«

Kein Wort. Er sah auf die Lampe. Aber zum drittenmal würde ich meine Frage nicht stellen. Ich wartete also ab. Robertos Gesicht war sehr traurig, als er leise sagte: »Ich habe es so satt, Mr. Bergman zu sein.«

Ich fand das unglaublich. Er hatte selbst einen so großen Namen, hatte so viel geleistet, war immer nur Roberto Rossellini und nie Mr. Bergman gewesen.

»Also gut«, sagte ich, »dann lassen wir uns scheiden.«

Wir hatten es überstanden. Wir hatten unsere schwierigen Jahre gemeinsam hinter uns gebracht. Wir waren frei. Wir waren sogar glücklich. Wir küßten uns, und ich wünschte ihm Glück mit Sonali.

Er sagte, daß die Kinder bei mir bleiben würden. Sie gehörten zu ihrer Mutter. Aber es gäbe zwei Dinge, um die er mich bitten müsse. Und er sagte, die Kinder dürften nie nach Amerika!

Ich mußte lachen, fragte ihn, wie ich sie davon abhalten sollte, wenn sie als Erwachsene nach Amerika gehen wollten. Ich schlug vor, daß wir sie in Europa erziehen lassen würden. Und später, wenn sie achtzehn Jahre wären, könnten sie natürlich selbst über ihr Leben entscheiden.

Roberto war einverstanden. »Was ist die zweite Bitte?« wollte ich wissen.

»Du darfst nie wieder heiraten«, sagte er, »das gehört sich nicht in deinem Alter!«

Ich war völlig sprachlos. Mein Alter? Er war fast zehn Jahre älter als ich und hatte sich gerade in eine junge Inderin verliebt. Aber mir wollte er verbieten, wieder zu heiraten?

»Du mußt dich um die Kinder kümmern. Du hast vier Kinder. Was willst du mehr?« erklärte er im Brustton der Überzeugung.

Ich begann schallend zu lachen. »Dieses Versprechen kann ich dir nicht geben«, sagte ich. Ich konnte einfach nicht mehr aufhören zu lachen. Ich fand das zu komisch! Aber so war Roberto...

EINUNDZWANZIGSTES KAPITEL

An einem Sonntag ging ich mit Lars zum Montmartre. Wir betraten die Kirche Sacré-Cœur und zündeten eine Kerze an. Lars stand sehr feierlich da, und ich fragte ihn, ob er bete.

»Ja. Ich bete, daß du eines Tages mir gehörst.«

»Wie kannst du so etwas wünschen? Ich bin verheiratet.«

Lars lächelte. »Nun, deshalb kann ich doch ruhig beten, oder?«

Am Anfang war ich nicht sicher, ob Lars und ich wirklich heiraten sollten. Vielleicht hatte Roberto gar nicht so unrecht – zwei Ehen, vier Kinder. Sollte das nicht reichen?

Die Kinder waren nun meistens mit mir zusammen. Roberto schien diese Regelung ganz in Ordnung zu finden, denn er wußte nichts von Lars. Für Roberto stand fest, daß ich arbeiten wollte, dennoch für die Kinder Zeit hätte und unser Leben – wenn auch getrennt und bald geschieden – damit geregelt wäre. Ich spielte in Paris immer noch *Tee und Sympathie*, danach sollte ich in London den Film *Indiskret* mit Cary Grant drehen. Es gab auch ein Filmangebot für *Die Herberge zur sechsten Glückseligkeit (The Inn of the Sixth Happiness)*. Die Scheidung würde drei Monate dauern, meinte mein Anwalt, wir wollten die mexikanische Trauung annullieren lassen. Danach könnte die Scheidung ausgesprochen werden. Ob wir so lange Zeit hätten, fragte der Anwalt, und ich nickte.

Weihnachten verbrachten Roberto und ich mit den Kindern in der Wohnung an der Viale Bruno Buozzi. Wir hatten ein sehr schönes, sehr fröhliches Fest. Aber die Presseleute standen wieder draußen auf der Straße und fragten, weshalb wir Weihnachten zusammen feierten, wenn wir uns doch scheiden lassen wollten. Und wir sagten, daß wir mit den Kindern gemeinsam das Fest begingen, weil wir sie nicht enttäuschen wollten, nur weil wir uns scheiden ließen.

Ich flog nach London, um *Indiskret* zu drehen. Die Presse erwartete mich bereits am Flugplatz. Ich wurde gefragt, ob ich nun zum zweitenmal meine Karriere wegen Rossellini zerstören wolle, und Cary Grant war auch dabei. Er rief durch die Halle: »Ingrid, warte nur, bis du meine Probleme hörst!«

Damit war das Eis gebrochen. Alles lachte. Cary griff immer wieder ein: »Hört mal her, Freunde«, sagte er zu den Journalisten, »so etwas könnt ihr eine Dame doch nicht fragen. Fragt mich das gleiche, und ich gebe euch eine Antwort. So, ihr seid an meinem Privatleben nicht interessiert? Es ist mindestens doppelt so bunt wie Ingrids!«

Sidney Bernstein hatte uns mit seinem Wagen abgeholt und fuhr uns zu unserem Hotel. Ich erzählte von Roberto und unseren Problemen, Cary erzählte von sich, und plötzlich meinte Sidney: »Ist nicht irgend jemand auch an meinen Problemen interessiert?«

Indiskret war eine leichte, sehr amüsante Komödie. Cary spielte einen Millionär, der vorgab, schon verheiratet zu sein, um sich nicht dem Ansturm heiratswilliger Damen auszusetzen. Als ich die Wahrheit erfuhr, mußte ich sagen: »Wie kann er es wagen, mich zu lieben, wenn er nicht einmal verheiratet ist...?« Wir hatten sehr viel Spaß bei den Dreharbeiten. Viel von dieser Freude ist auch im Film spürbar. Und es gab Lars, den ich liebte und heiraten wollte.

Lars hatte ähnliche Erfahrungen gemacht wie ich. Auch er war in Schweden geboren und aufgewachsen und hatte später sein Leben fast immer im Ausland verbracht, immer in anderen Sprachen gelebt und gedacht. Während des Krieges arbeitete er in New York an verschiedenen Theatern und kaufte schließlich die Rechte an *Arsen und Spitzenhäubchen*, seinem ersten amerikanischen Stück. Er produzierte weitere Stücke und eröffnete Büros in New York, London, Paris, überall in Europa. Die Ähnlichkeiten unserer Lebenswege brachten uns einander sehr nahe. Wir verstanden uns auch ohne Worte, und ich brauchte ihn nur anzusehen, um zu wissen, ob ihm etwas gefiel oder nicht gefiel. Und ebenso erging es ihm mit mir.

Etwas sehr Wichtiges in seinem Leben war seine Insel Danholmen. Falls ich die Sommer lieber in St. Tropez, Capri oder Monte Carlo verbringen wollte, käme eine Ehe nicht in Frage. Wenn ich seine Insel lieben könnte, würden wir wirklich zusammengehören. So fuhren wir mitten im schwedischen Winter nach Danholmen. Die Insel liegt ein paar Kilometer vor der schwedischen Westküste, inmitten anderer Felseninseln. Lars hatte sich vor vielen Jahren auf den ersten Blick in Danholmen verliebt, als er sie zusammen mit einem Freund besucht hatte. Damals hatte er den erstaunten Besitzern erklärt, sie sollten ihm Bescheid sagen, wenn sie je die Absicht hätten, das Eiland zu verkaufen. Zehn Jahre später, gerade als er mich kennengelernt hatte, hat Lars Danholmen dann tatsächlich gekauft.

Wir brauchten ein ziemlich großes und solides Fischerboot, um durch das Eis zur Insel zu gelangen. Ich genoß jede Minute dieser Reise, und die Insel liebte ich vom ersten Augenblick an. Sie war so einsam; unendlicher Himmel, unendliches Meer. Eine Insel voller großer abgerundeter Felsen und kleiner Buchten – und überall ist die See. Im Sommer ist dort alles so leuchtend und schimmernd — Meer, Felsen und Himmel. Und dann dieses Gefühl der Einsamkeit.

Damals gab es weder Strom noch Telefon. Das Wasser mußte aus einem Brunnen gepumpt werden. Wenn wir ein Feuer machen wollten, mußten wir uns das Holz zusammensuchen. Fische fingen wir ebenfalls selbst. Dieser Flecken schien von der übrigen Welt total abgeschirmt. Ich verstand, daß Lars diese Insel über alles liebte. Ich sagte ihm, daß auch ich Danholmen liebte. Und er sagte, daß wir heiraten sollten. Es hörte sich alles sehr einfach an. Aber es war alles andere als leicht.

Zunächst mußte ich jedoch noch eine Missionarin werden. Alan Burgess, der mit mir an diesem Erinnerungsbuch gearbeitet hat, hat *The Small Woman* (Die kleine Frau) geschrieben. Die Twentieth Century-Fox wollte es mit mir in der Hauptrolle unter dem Titel *Die Herberge zur sechsten Glückseligkeit* verfilmen.

Mark Robson sollte den Film machen. Er sagte dem Produzenten Buddy Adler, daß er nur Ingrid Bergman in der Rolle des englischen Hausmädchens Gladys Aylward sehen könne, die 1930 nach China ging, um Missionarin zu werden, und die während des Chinesisch-Japanischen Krieges Hunderte von chinesischen Kindern über die Shansi-Berge in Sicherheit brachte.

Buddy Adler war nicht überzeugt, daß Ingrid Bergman die Rolle annehmen würde. So flog Mark Robson selbst nach Paris. Als er Ingrids Hotelzimmer betrat, sah er dort das Exemplar von *The Small Woman* liegen, das er ihr geschickt hatte. Ja, die Rolle gefiele ihr, sie wolle den Film machen. Kurz vor Beginn der Dreharbeiten schrieb Ingrid Gladys Aylward nach Formosa:

Sehr geehrte Miss Aylward,
es ist ungewöhnlich für mich festzustellen, daß die Person, die ich spielen soll, wirklich existiert. Sie sind kein Produkt der Phantasie, das ich glaubhaft machen muß. Aber ich habe Sie nie getroffen, und das macht es mir schwer. Ich finde es sehr schade, daß wir nicht in Formosa filmen, damit Sie mir behilflich sein können. Aber ich möchte Sie wissen lassen, daß wir alles versuchen werden, den Tatsachen zu entsprechen, auch wenn Sie den einen oder anderen Umstand vielleicht seltsam finden werden im Film, der mit großer Hochachtung vor Ihnen und tiefem Respekt für Sie gemacht werden soll. Aber es handelt sich schließlich um einen Unterhaltungsfilm, da müssen gewisse Freiheiten erlaubt sein. Meine persönliche Bewunderung für Sie und Ihre Arbeit ist sehr groß, und ich hoffe, daß der Film Ihnen gerecht wird ...

Gladys Aylward erhielt den Brief, beantwortete ihn aber nicht. Sie hatte ihrer Meinung nach dafür einen guten Grund. Mark Robson und sein Team waren im Frühling 1958 nach Formosa gereist und hatten Gladys Aylward um Hilfe gebeten. Einer der Produktionsassistenten hatte sie im Überschwang seiner Freude gebeten, ihre Freunde zu veranlassen, Kostüme und Hüte für die Dreharbeiten anzufertigen. Sie würden außerdem als Statisten engagiert und gut bezahlt werden.

Dann aber hatte die nationalchinesische Regierung auf Formosa Einsicht in das Drehbuch verlangt. Anschließend erklärte sie, daß Armut, Raub und Ungleichheit in China unbekannt gewesen seien. Alles wäre leicht, heiter, hell und voller Wohltätigkeit gewesen, bevor die Kommunisten kamen. Wenn das Drehbuch nicht geändert würde, gäbe es sicher große Schwierigkeiten bei den Dreharbeiten.

Also entschloß sich Mark Robson kurzerhand, den Drehort zu

verlegen. Man zog sich praktisch über Nacht aus Formosa zurück, vergaß aber, Gladys Aylward zu informieren. Sie wurde mit Dutzenden wütender Einwohner zurückgelassen, die auf Bezahlung ihrer Arbeit bestanden, denn sie hatten die gewünschten Kostüme angefertigt. Kein Wunder, daß sie Ingrids Brief nicht beantwortete und sich weigerte, den Film je zu sehen. Er wurde nun in Wales gedreht, und chinesische Wäscherei- und Restaurantbesitzer und ihre Familien wurden als Statisten engagiert.

Ende März 1958 schrieb Ingrid an Ruth Roberts:

Ich habe in Lars einen großartigen Menschen gefunden, Ruth. Ich bin so glücklich, und ich denke, dieses Mal ist es der Richtige. Aller guten Dinge sind drei. Wir sind in Schweden. Es ist komisch, daß er Schwede sein soll, aber er ist wie ich, er ist gern zu Besuch dort, und gewisse Dinge sind auch einfach wunderbar in Schweden. Aber dennoch gehen wir gern wieder nach Frankreich zurück. Wir sind uns in allem so ähnlich.

Also laß uns hoffen. Wenn ich im Mai meine Scheidung bekommen sollte, werde ich bald wieder eine Braut sein. Ich denke, daß es meine kleinen Kinder sehr ruhig aufnehmen werden, aber Pia wird sicher sehr verwirrt und überrascht sein...

Ingrid Bergman informierte Pia über ihre Heiratspläne, doch Pia stand einer weiteren Eheschließung zuerst skeptisch gegenüber. Sie schrieb ihrer Mutter, sie solle sich Zeit lassen mit der Wahl eines neuen Ehemannes. Pia hielt eine Heirat von Ingrid und Lars für verfrüht, sie sollten sich erst besser kennenlernen. Sie wollte wissen, ob Lars schon einmal verheiratet gewesen sei und was zu einer eventuellen Scheidung geführt habe. Sie erinnerte Ingrid auch an ihre Verpflichtungen ihren Kindern gegenüber, daß die Leute die Kinder nach dem Verhalten der Mutter beurteilen würden. Aber sie schrieb auch, daß sie hinter ihr stehen würde, wie auch immer ihre Entscheidung ausfiele.

Kurze Zeit später kam Pia nach Paris, um uns zu besuchen. Lars und sie kamen prächtig miteinander aus. Ich wurde in die Küche geschickt, um nach dem Essen zu sehen, während sie zusammenhockten, lachten und sich über mich lustig machten. Spät am Abend, als wir allein waren, sagte Pia zu mir: »Mama, wenn du diesen Mann nicht heiratest, werde ich es tun. Wir müssen ihn in der Familie behalten!«

Pia war also überzeugt, und ich meinte, jetzt sei es an der Zeit herauszufinden, was die Zwillinge darüber dachten.

Ich drehte *Die Herberge zur sechsten Glückseligkeit*. Die beiden kleinen Mädchen waren bei mir. Eines Abends, als wir alle unsere Haare gewaschen hatten und in unseren Bademänteln auf dem Fußboden saßen, fragte ich Ingrid und Isabella, die damals sechs Jahre alt waren, was sie davon hielten, wenn ihre Mutter wieder heiratete. Sie strahlten übers ganze Gesicht und sagten: »Das wäre großartig!« Sie fragten, ob ich schon jemanden gefunden hätte. Ich erzählte von Lars, der mich in Wales besucht hatte und den sie kurz kennengelernt hatten. »O ja«, sagten sie, »wir mögen ihn. Wann kannst du ihn heiraten?«

Zu dieser Zeit war Robertino in Paris, zusammen mit Renzo, Robertos dreizehnjährigem Sohn aus erster Ehe. Ich konnte Robertino nicht besuchen, weil ich noch an dem Film arbeitete. Ich sagte den Zwillingen, sie sollten ihm nichts verraten, ich wolle es ihm selbst sagen.

Aber Roberto wußte es bereits, und er hatte es Renzo gesagt. Und Renzo erzählte es natürlich sofort Robertino. Als ich nach Paris kam, fing Robertino zu weinen an. Ingrid und Isabella konnten ihren älteren Bruder nicht verstehen, aber vielleicht gab es einen Grund, der ihn so unglücklich machte? Ich fragte Robertino, weshalb er so unglücklich sei, er habe Lars doch auch getroffen und ihn sympathisch gefunden. Er meinte: »Ich habe nichts gegen Lars. Ich mag ihn auch, aber das heißt doch nicht, daß du ihn heiraten mußt! Ich habe nichts dagegen, wenn er mit uns lebt. Aber mußt du ihn deswegen heiraten?«

Lars kam nach Paris, um uns abzuholen, denn wir wollten uns ein Landhaus in Choisel ansehen, vierzig Kilometer außerhalb von Paris, das wir vielleicht kaufen wollten. Ingrid, Isabella und ich saßen

366

hinten im Wagen. Robertino saß vorn, aber er sprach kein Wort mit Lars, schaute immer nur aus dem Fenster.

Ingrid flüsterte mir zu: »Weiß Lars, daß du ihn heiraten willst?«

»Ich glaube schon«, sagte ich.

»Hast du ihn denn nicht gefragt?« wollte sie wissen.

»Nein, ich habe ihn nicht gefragt.«

Jetzt war sie sehr besorgt, lehnte sich vor und sagte: »Lars, willst du meine Mutter heiraten?«

Lars war so überrascht, daß er kurz zu mir herübersah, aber er sagte nichts. Er war sehr gerührt. Ingrid wollte nun wissen, was er gesagt habe. Ich sagte: »Er hat nichts gesagt.« Nun war sie völlig bestürzt. Sie lehnte sich wieder zu ihm vor und sagte bestimmt: »Weißt du, Lars, meine Mutter ist noch immer jung!«

Ich hätte fast geweint, denn ich fand es sehr rührend, wie ein sechsjähriges Mädchen seine Mutter zu verheiraten versuchte.

Lars sagte lächelnd, daß er mich vielleicht heiraten würde, wenn sie es gern wollte.

Nun mischte sich auch Isabella in die Unterhaltung ein: »Ja, wir möchten sehr, daß du unsere Mutter heiratest. Hab keine Angst wegen Robertino! Wir werden mit ihm sprechen und es ihm schon erklären!«

Sie kamen nach Choisel und wußten schon nach wenigen Augenblicken, daß sie ihr Heim gefunden hatten. Am 7. Juli 1958 schrieb Ingrid an Liana Ferri nach Rom:

Um all diese Gerüchte zu beenden, vor allem, seit bekannt wurde, daß wir das Haus kaufen, habe ich der Presse gegenüber erklärt, daß ich Lars Schmidt heiraten werde, wenn ich frei bin. Seitdem spielen sie verrückt. Wir werden wie Hasen gejagt. Wann und wo wir heiraten würden? Jetzt wünsche ich, ich hätte nichts gesagt. Es ist unmöglich, Heiratspläne zu machen, wenn die Scheidung noch gar nicht durch ist. Ich habe Roberto gebeten, den Kindern zu sagen, er sei nicht unglücklich, wenn sie ihn fragen. Aber wird er es tun? Er hat alles versprochen. Aber ich fürchte, er hat Angst, daß die Kinder Lars zu sehr mögen.

Ich bin überzeugt, es ist das Beste, was mir je widerfahren ist. Dieser Mann ist der einzige, der mich je richtig verstanden hat, mit meinen guten und schlechten Seiten. Ich habe mich noch nie von einem Menschen so verstanden gefühlt...

Am 15. Juli 1958 schrieb sie an Liana:

Roberto hat noch immer die Kinder, und er will sie zwei weitere Wochen behalten. Ich hoffe, daß er schnell seine TV-Dokumentation verkauft, denn so kann es nicht weitergehen. Er versteht nicht, weshalb er so viel Pech hat. Ich versuchte, ihm zu erklären, daß es viel mit seiner eigenen Person zu tun hat, aber natürlich glaubt er mir nicht.

Zehn Tage später:

Liebe Liana,
ich fahre heute abend nach Paris und werde die Kinder wieder bei mir haben. Sie haben mir am Telefon gesagt, Papa habe die ganze letzte Nacht geweint. Es macht mich verrückt, daß er sich so benimmt. Anstatt es so natürlich wie möglich für sie zu machen, muß Roberto ein italienisches Drama aufführen. Ich habe versprochen, daß sie den Sommer mit ihm in »Santa Marinella« verbringen...

Am 5. September 1958:

Liebe Liana,
Pia liebt das Haus in Frankreich, aber noch mehr die Insel. Natürlich ist sie einmalig, aber ich bin so froh, daß Pia so glücklich ist. Am schönsten ist, daß sie Lars mag. Sie hatten viel Spaß zusammen. Jetzt sind meine drei kleinen Mädchen alle glücklich meinetwegen...
Ich mache mir keine Sorgen wegen der Kinder wie Du. Wird Roberto versuchen, sie in Italien zu behalten? Aber er ist selbst nicht dort. Er hat nicht – oder noch nicht – das Geld dafür und kein Haus, in dem sie leben könnten. Gott sei Dank habe ich das hinter mir – wenn ich zurückblicke, sehe ich einen einzigen Alptraum, und den habe ich gelebt: immer Veränderungen, Versprechungen, Durchein-

ander, Mißverständnisse, Lügen... Hilfe! Aber ich danke Gott, daß ich solche Freunde wie Dich habe. Vielleicht hast Du bald eine Möglichkeit, nach Frankreich zu kommen, damit ich Dir den Mann vorstellen kann, den ich liebe. Und unser wunderschönes Haus...

5. Oktober 1958, aus Choisel:

Liebe Liana,
es macht mir Angst, wie Du Dinge voraussiehst – entweder träumst Du sie oder ahnst sie! Natürlich hatte ich Ärger mit Roberto wegen der Kinder. Er versucht mit allen Mitteln, das Sorgerecht zu bekommen. Ich habe schließlich aufgegeben und gesagt, wenn wir uns das Sorgerecht zu fünfzig Prozent teilen, wäre ich einverstanden. Er findet pausenlos Entschuldigungen, um mir alles zu erschweren, so zum Beispiel sei das Haus in Choisel nicht auf meinen Namen, sondern auf den von Lars gekauft. Das haben wir nur getan, damit die Presse das Haus nicht sofort findet.

Ich habe Roberto das Recht zugestanden, die Kinder während der Woche zu sehen, wann immer er will, und jedes zweite Wochenende ganz, dazu zwei Monate in Italien, während ich nur einen Monat verlangt habe, um ihn glücklich zu machen. Aber er will immer noch das offizielle Sorgerecht und mit ihnen in Paris leben, obwohl alles, was er dort hat, ein Hotelzimmer im »Raphael« ist. Der Grund für all dies ist, daß ich heiraten will. Er muß doch wissen, daß ich die Kinder nie von ihm oder von Italien fernhalten würde. Ich weiß wirklich nicht, was ich sonst noch für ihn tun könnte. Es sieht so aus, als wenn ihm einfach der Kampf Spaß macht und er aus lauter Freude zum Gericht gehen will...

Viele Jahre lang habe ich nie wirklich gewußt, was um mich herum passierte – jetzt sehe ich es von außen, und ich sehe, was für Spiele er spielt. Wären meine Kinder nicht von diesem Spiel betroffen, wäre es eine interessante Studie männlicher Egozentrik. Aber so macht es mir schreckliche Angst.

Einige Wochen vor Drehschluß des Films *Die Herberge zur sechsten Glückseligkeit*, in dem Ingrid Bergman mit Curd Jürgens spielte, wurde der große englische Charakterdarsteller Robert Donat krank, der für die Rolle des Mandarin, des engen Freundes von Gladys Aylward, nach langer Zeit wieder vor die Kamera getreten war. Die Produktion stoppte alle anderen Aufnahmen und konzentrierte sich ganz auf die Synchronisation der Rolle. Robert Donat sprach unter großen Anstrengungen seine Rolle im Studio selber. Nur wenige Tage später starb er. Doch mit der Rolle des Mandarin hatte er sich ein Denkmal gesetzt.

Der Film erhielt gute Kritiken, wenn ihm mitunter auch Sentimentalität und abenteuerliche Melodramatik vorgeworfen wurde. Ingrid Bergman konnte mit ihren Beurteilungen jedoch zufrieden sein.

Rund zehn Jahre später, als Ingrid Bergman in Japan war, machte sie einen Abstecher nach Formosa, um Gladys Aylward aufzusuchen. Doch sie kam zu spät. Gladys Aylward war kurz zuvor gestorben. Ingrid schrieb an Alan Burgess:

Hier bin ich endlich, nach all diesen Jahren, und Gladys Aylward ist tot. Ich traf Kathleen Langston-Smith (ein junges englisches Mädchen, das gekommen war, um Gladys in ihrem Waisenhaus zu helfen; sie übernahm es nach ihrem Tod), und sie zeigte mir Gladys' Haus. Ich habe viele der Kinder kennengelernt, und ich konnte nicht begreifen, daß ich Gladys nicht mehr antraf. Sie hat bis zuletzt gearbeitet. Was für eine wundervolle Frau...

Kathleen Langston-Smith zeigte Ingrid Bergman auch ein Notizbuch, in dem Gladys Aylward Zeitungsausschnitte über den Film aufbewahrt hatte und Fotos, die Ingrid Bergman in der Rolle zeigten. Das Merkwürdigste aber war, daß die beiden Frauen einander wahrscheinlich in ihren Emotionen und Lebensauffassungen sehr ähnlich waren. Seit dieser Begegnung mit Kathleen Langston-Smith hat Ingrid Bergman sich sehr oft für das Waisenhaus in Formosa eingesetzt, und es ist ihrem Einsatz zu verdanken, daß der Variety Club of America einer seiner großzügigsten Wohltäter wurde.

ZWEIUNDZWANZIGSTES KAPITEL

Lars wollte, daß ich seine Eltern kennenlernte, die etwas außerhalb von Göteborg lebten. Ich flog nach Kopenhagen, um die Presseleute in die Irre zu führen, übernachtete in einem Hotel, verließ es durch einen Hinterausgang und sprang in den Wagen von Frede Skaarup, einem Freund von Lars. Lars fuhr in einem anderen Auto, damit ihm die Fotografen folgten. Doch wir wurden aufgespürt. Ich sagte zu Frede, er solle mich an der nächsten Ecke aus dem Wagen steigen lassen und weiterfahren, um die Fotografen abzulenken.

Ich ging zurück und traf mich mit Lars, und wir fuhren zur schwedischen Grenze. Aber auch dort waren Fotografen. Ich versteckte mich unter Decken. Als er seine Eltern von unterwegs anrief, sagten sie, der ganze Vorgarten sei voller Journalisten. Sie hätten ihre Scheinwerfer eingeschaltet, um jeden Wagen zu erkennen, der sich dem Haus näherte.

Lars kannte einen Seitenweg, und wir kamen bei Dunkelheit an. Wir hielten an einem Friedhof und schlichen zwischen den Grabsteinen hindurch an das Haus heran. Es hatte geregnet. Die Erde war aufgeweicht, ich war schmutzig von Kopf bis Fuß, meine Strümpfe waren zerrissen, aber wir gelangten ins Haus. Ich habe viele Auftritte im Film oder auf der Bühne gehabt, aber selten einen, bei dem ich so schmutzig und schlammbespritzt war – und so trat ich meinen künftigen Schwiegereltern gegenüber. Als erstes borgte ich mir ein Paar Strümpfe von Lars' Mutter.

Dann begann das Telefon zu läuten. Es hörte nicht auf. Der Vater von Lars war ein sehr offener und ehrlicher Mann. Es fiel ihm schwer zu lügen. So sagte er den Fotografen, er würde uns fragen, ob wir eingetroffen seien oder nicht.

Ich war längere Zeit im Zweifel, ob ich nun offiziell geschieden war oder nicht, denn der Papierkrieg mit den Ämtern in Mexiko, Kalifornien und Schweden schien kein Ende zu nehmen. Doch schließlich war es soweit, und wir wollten heiraten.

In Frankreich schien eine Heirat unmöglich. Schließlich fand Lars einen Anwalt in England. Er besah sich unsere Papiere und meinte, wir könnten in England heiraten. Kurz vor Weihnachten 1958 sollte die Trauung stattfinden. Natürlich wollten wir sie geheimhalten. Wir schafften es auch beinahe. Dann bat uns der Standesbeamte, für sein privates Album ein Foto aufnehmen zu dürfen. Wir willigten ein – und am nächsten Morgen fanden wir es in der Zeitung wieder.

Nach der Trauung fuhren wir ins Hotel zurück, um zu feiern. Wir riefen uns immer wieder »Herzlichen Glückwunsch zum Geburtstag« zu, um die Angestellten zu verwirren. Dann fragte mich Sidney Bernstein, ob er als erster die Nachricht unserer Heirat über seinen Fernsehsender Granada verbreiten dürfe. Da wir uns bereits auf der Rückreise nach Frankreich befinden würden, wenn die Nachricht publik wurde, waren wir einverstanden.

Wir waren schon in Choisel, als die französische Presse von dem Ereignis erfuhr. Es dauerte nicht lange, und sie waren vor unserem Haus. In dem kleinen, ruhigen Dorf brach die Hölle los. Die Presseleute kletterten auf Mauern und Bäume. Wir sagten, wir würden am nächsten Morgen für Fotos zur Verfügung stehen, jedoch nicht jetzt mitten in der Nacht. Aber die Invasion hielt an. Schließlich mußten wir die Polizei rufen, die bis morgens um vier Uhr mit uns Champagner trank und unsere Hochzeit feierte. Am nächsten Tag ließen wir uns fotografieren, und alle waren glücklich.

Mit Ausnahme von Roberto...

Roberto begann nun seinen Krieg. Er klagte auf das Sorgerecht und gebrauchte jede Waffe gegen mich, die er finden konnte. Ich war Protestantin, hatte keine Familie, keine Großmutter, keine Tanten oder Onkel, war mit einem Schweden verheiratet – wer würde die Kinder beaufsichtigen, wenn ich arbeitete? Diesen Umstand spielte er sehr hoch. Außerdem fiel ihm ein, daß mein Name nicht auf Robertinos Geburtsurkunde stand. Wer war ich also, daß ich seinen Sohn erziehen wollte? War ich wirklich offiziell verheiratet, oder war ich gar eine Bigamistin? Ich war mir nie sicher, ob mich Roberto nicht ins Gefängnis werfen lassen würde, wenn ich nach Italien kam.

Dann brachte er seine Mutter und seine Schwester Marcella, die ich beide sehr gern hatte, dazu, eine Erklärung zu unterschreiben, daß sie in seinem Haus in Rom leben und die Kinder versorgen könnten. Seine Mutter rief mich bestürzt an, versicherte mir, daß weder sie noch Marcella diese Erklärung wirklich unterschreiben wollten, aber daß Roberto sie dazu gezwungen hätte. Ich sagte, daß ich ihn nur allzu gut kenne und wisse, daß er alles schaffe, was er sich in den Kopf gesetzt habe...

Im Januar 1959 übertrug ein Gericht in Paris Ingrid Bergman das zeitweise Sorgerecht für ihre drei Kinder. Außerdem wurde erklärt, daß die Kinder eine italienische Schule in Paris zu besuchen hätten und daß Roberto Rossellini das Recht habe, sie an den Wochenenden zu besuchen. Jetzt fing Rossellini an, das französische Recht zu bekämpfen. »Ich bin italienischer Staatsbürger«, erklärte er, »und meine Kinder sind Italiener. Ich bin der Meinung, daß ein italienisches Gericht besser geeignet ist, über das Wohl der Kinder zu entscheiden.«

Liana Ferri meinte zu Ingrid, da sie doch eine gute Schauspielerin sei, müsse sie nur vor einem italienischen Gericht erscheinen und soviel weinen wie möglich, dann würde man ihr das Sorgerecht schon zusprechen. Doch Ingrid Bergman war der Ansicht, daß ihre Schauspielkunst auf die Leinwand oder die Bühne gehöre und nicht in ihr Privatleben.

Nach dem Erfolg ihrer Filme *Anastasia, Indiskret* und *Die Herberge zur sechsten Glückseligkeit* gehörte sie wieder zu den Filmschauspielerinnen von Weltrang. Twentieth Century-Fox hatte mit ihr Pläne. Der Chef war jetzt Spyros Skouras. Ingrid Bergman war sehr von ihm angetan.

Ich begegnete ihm das erste Mal, als wir *Anastasia* vorbereiteten. »Ich bin Ihr griechischer Onkel«, pflegte er zu mir zu sagen. Ich traf ihn in London bei einem großen Essen, an dem alle Verantwortlichen der Firma teilnahmen. Um *Anastasia* drehen zu können, mußte ich einen Vertrag brechen, der mich verpflichtet hätte, zur gleichen Zeit in Südamerika mit *Johanna auf dem Scheiterhaufen* zu gastieren.

»Ich bin glücklich über den Film«, sagte ich. »Aber er hat mich viel Geld gekostet.«

»Er hat Sie Geld gekostet?« fragte Spyros.

»Ja, ich habe 37000 Dollar zahlen müssen, um aus meinem Theatervertrag herauszukommen.«

»Sie haben das bezahlt und nicht wir?«

»Ja.«

»Wir haben Sie gefragt, ob Sie *Anastasia* drehen wollen, und wir haben Sie nicht aus dem Vertrag freigekauft?«

»So ist es.«

Spyros war sehr überrascht. Als das Essen vorbei war, kam der Ober und legte die Rechnung sehr nahe an meinen Platz. Ich warf einen Blick darauf, und Spyros sagte: »Seht euch Ingrid an. Jetzt will sie auch noch diese Rechnung bezahlen!«

Kurz danach wurde mir ein Scheck über 37000 Dollar ins Hotel geschickt. Spyros wollte damals auch Roberto helfen. Er sagte, sie würden auf Jamaica einen Film mit Richard Burton und Joan Collins drehen, und Roberto solle die Regie führen. Roberto akzeptierte. Aber es gab Schwierigkeiten.

Er hätte nach Jamaica fliegen müssen, und Roberto haßte es, ein Flugzeug zu besteigen. Er sagte, er fühle sich nicht wohl. Die Dreharbeiten wurden verschoben, und als er tatsächlich ankam, hatte man einen anderen Regisseur engagiert. Er kam sofort zurück, und als er in London war, ergab sich für ihn die Möglichkeit eines Dokumentarfilms in Indien. Hätte er den Film auf Jamaica gedreht, wäre manches vielleicht anders gekommen.

1959 bot ihr Spyros Skouras einen Vertrag an, der ihr vier Filme in einem Zeitraum von fünf Jahren garantierte. Er wollte wissen, mit welchen Regisseuren Ingrid arbeiten wolle. Unter den Regisseuren, die er ihr vorschlug, befanden sich die erfolgreichsten von Hollywood – unter anderem David Lean, Alfred Hitchcock, Elia Kazan, Sir

Carol Reed, Billy Wilder, Mark Robson, Anatole Litvak, George Stevens, Henry King, Fred Zinnemann, Joe Mankiewicz und viele andere.

Was konnte sie mehr erwarten? Eine Million Dollar! Fünfundzwanzig Prozent der Einspielergebnisse! Die freie Wahl ihrer Regisseure! Aber sie sah auch, daß der Vertrag auslegbar war, daß sie auch gezwungen werden konnte, einen Film zu machen, der ihr nicht zusagte. Wenn sie ein Drehbuch wie *Anastasia* bekommen würde, wäre alles in Ordnung. Aber würde es immer so sein? Sie wollte spielen und nicht mit einer Million versorgt werden. Sie wollte Rollen und kein Vermögen. Sie unterschrieb nicht und schlug statt dessen vor, jederzeit für Twentieth Century-Fox zu arbeiten, wenn ein Drehbuch vorlag, von dem sie überzeugt war.

In den nächsten Jahren war ein solches Drehbuch nicht vorhanden. Die Firma beschwor sie, sich selbst einen Stoff zu suchen. Eines Tages fand Ingrid Friedrich Dürrenmatts Stück *Der Besuch der alten Dame*. Spyros war einverstanden, es zu verfilmen. Doch er starb, und Darryl F. Zanuck übernahm die Firma. Ihm gefiel das Stück überhaupt nicht. Aber die Rechte waren gekauft, das Stück war ein Bühnenerfolg, und so versuchten die verschiedensten Drehbuchautoren in den folgenden drei Jahren, eine Filmfassung zu erstellen, die Ingrids Billigung fand. Sie kümmerte sich unterdessen hauptsächlich darum, den Kindern ein Heim zu schaffen.

Die Kinder lebten jetzt mit Lars und mir in Choisel und wurden jeden Tag zur italienischen Schule nach Paris gefahren. Roberto hatte das Recht, sie jederzeit zu sehen, schließlich hatten wir uns so geeinigt. Aber er hörte nicht auf, die italienischen Gerichte zu bestürmen. Er klagte, daß es für die Kinder zu gefährlich sei, jeden Tag zwischen Choisel und Paris hin und her zu fahren. Die Tatsache, daß ein Chauffeur sie fuhr, schien ihn nicht zu beruhigen. Roberto gab nicht auf. Wir hatten lange Auseinandersetzungen über diesen Punkt, und so mietete ich schließlich ein Appartement in einem kleinen Pariser Hotel. Elena di Montis, unsere Haushälterin, lebte dort ständig. Ich war tagsüber dort und fuhr abends zu Lars nach Choisel.

Dann entschied Roberto, daß er jedes Wochenende nach Paris kommen wolle, um mit den Kindern in seinem Zimmer im »Hotel Raphael« zusammen zu sein. Ich hätte sie lieber draußen in Choisel auf dem Lande in der frischen Luft gehabt, aber ich konnte Roberto nicht hindern, denn er setzte durch, was er wollte. Ich erinnere mich, daß ich einmal die Kinder vom Zug abholen wollte, als sie aus Italien von einem Besuch bei ihm zurückkehrten. Als ich zum Bahnhof kam, war auch Roberto dort. Er sagte, er würde die Kinder mit ins »Hotel Raphael« nehmen. Ich sagte, ich hätte meinen Wagen dabei, ich hätte sie zwei Wochen nicht gesehen und wollte sie mit aufs Land nehmen. Doch er beharrte darauf, sie mitzunehmen. Dann sprangen die Kinder aus dem Zug, fielen mir in die Arme und wollten mit mir fahren. Roberto sagte, die Zwillinge sollten mit mir fahren, er würde mit Robertino zum Hotel vorfahren, und ich solle folgen. Aber statt dessen fuhr ich nach Choisel, rief ihn von dort an und sagte, ich würde jetzt kommen und Robertino abholen. Als ich ankam, war Roberto mit Robertino verschwunden. Drei Tage hielt er sich mit ihm versteckt. Ich wußte nicht, wo sie waren. Dann meldete er sich und sagte, ich könne meinen Sohn abholen. Robertino weinte. Sein Vater hatte ihm gesagt, ich hätte Ingrid und Isabella gestohlen. Weshalb ich ihn nicht auch gestohlen hätte...

8. Juni 1959:

Liebe Liana,
kannst Du Dir vorstellen, daß Roberto es schaffte, mir den Sommer mit den Kindern zu verderben? Ich bat ihn für Juli um die Kinder und sagte, er könnte sie von August bis September haben. Ich erklärte ihm, daß in Schweden nur im Juli Sommer sei. Im September sei in Schweden bereits Winter, und dann müßte ich sowieso eine amerikanische TV-Sendung machen. Trotzdem hat Roberto für sich Juli und August durchgesetzt.

Unser Anwalt erklärte das so, daß Roberto zum Richter lief, sich an dessen Schulter ausweinte, wie sehr er die Kinder liebe. Ich bin außer mir. Der Anwalt sagt, ich hätte keine Chance, dieses Urteil rückgängig zu machen. Aber es ist mir egal. Ich werde selbst nach Rom fahren und dem Richter meine Version darlegen. Niemand wird mich aufhalten. Wegen der Zeitungsleute möchte ich nicht gerne in einem Hotel absteigen. Könnte ich bei Dir wohnen? Ein Stuhl für eine Nacht würde reichen. Oder hast Du eine Idee, wo ich mich verstecken kann? Ich möchte es geheimhalten. Nur der Anwalt und Lars wissen Bescheid. Du weißt, Du gehörst zu meinen engsten Freunden in Rom. Deshalb belaste ich Dich damit.

Viel Liebe, Ingrid

Im nächsten Sommer, im Juni 1960, nahm ich die Kinder mit auf die Insel. Hätte Roberto gesiegt, er hätte es nie erlaubt. In einem Holzhaus schlafen? Viel zu gefährlich! Holzhäuser können brennen! Aber dann sagte ihm jemand, daß alle Schweden in Holzhäusern lebten.

Elena kam auch mit. Es regnete die ganze Zeit, aber den Kindern machte es nichts aus. Sie eroberten die Insel, spielten in den Booten und schwammen. In Italien bleibt man im Haus, wenn es regnet, aber die Schweden kümmert der Regen nicht, denn sonst müßten sie allzu oft im Haus bleiben. Also bekamen die Kinder Regenkleidung, und sie hatten viel Spaß. Nur Elena konnte sich nicht damit abfinden, denn sie war die langen, heißen italienischen Sommer gewöhnt.

Sie bedauerte die Kinder immerzu, fand es entsetzlich kalt. Dann machte ich die Kinder mit der Sauna bekannt. Sie schrien vor Begeisterung. Aber Elena befand, es sei zu gefährlich, und das kalte Wasser nach der Hitze sei teuflisch. Und natürlich schwammen wir alle immer nackt, denn es war niemand da außer uns. Elena rief, wir sollten nur abwarten, was Signore Rossellini dazu sagen würde, wenn er erführe, daß Signore Schmidt nackt schwimmen ging. Ich antwortete, er würde es nie erfahren, wenn sie es ihm nicht sagte. Sie liebte uns alle mit echt italienischer Hingabe. Sogar Signore Schmidt. Aber nackt im schwedischen Meer zu baden ging ihr gegen die Natur.

Die Schwierigkeiten mit den Kindern nahmen zu. Immer wenn sie aus Italien zu uns kamen, waren sie erfüllt von dem Gedanken, wir wären Protestanten und sie seien Katholiken. Ihnen war eingeimpft worden, daß es eine Todsünde sei, mit ihrer protestantischen Mutter zu beten. Ich pflegte immer ein kurzes Gebet auf schwedisch zu sprechen, aber eines Tages lehnten sie es ab, es mit mir zu tun. Ich fragte warum, und sie antworteten, weil ich ein Heide sei. Ich

377

protestierte: »Ich bin doch kein Heide, ich bin eine Christin. Schließlich und endlich ist es derselbe Gott, den wir anrufen. Der einzige Unterschied besteht im Wortlaut des Gebets. Aber, bitte, wenn ihr nicht mit mir beten wollt, tue ich es allein.« Und ich begann, und sie fielen dann doch mit ein.

Mit der Religion war ich immer etwas eigen. Wenn für Fernsehinterviews vorher die Fragen besprochen wurden, bat ich mir aus, die Religion auszuklammern. Als junges Mädchen sprach ich stets ein Abendgebet. Ich sank dafür auf die Knie. Ich besuchte die Gräber meiner Eltern auf dem Friedhof, ich setzte mich unter die Birken und betete. Ich besuchte oft Kirchen, besonders vor einer Premiere, auch katholische, weil sie ständig offen sind, lutherische sind nur stundenweise geöffnet. Und da sitze ich, zünde eine Kerze an... bete für den Erfolg der Aufführung und daß alles gutgehen möge.

Natürlich blieben die Komplikationen, die ich mit Roberto hatte, den Kindern nicht verborgen, sosehr ich mich auch bemühte. Immer wenn das Telefon klingelte, dachten sie, es sei ein Anwalt. Ich fand, das ginge zu weit. Ich wollte sie selbst entscheiden lassen, ob sie in Choisel bei mir und Lars oder bei Roberto in Italien leben wollten. Doch sie wollten keine Entscheidung.

Manchmal machten sie es Lars schwer, wenn sie einander zuflüsterten, daß sie nicht mit ihm spielen oder ihm keinen Gute-Nacht-Kuß geben wollten. Ich verstand sie ja, aber es war nicht immer leicht. Roberto und ich schrieben uns unsere Ansichten, es kam jedoch zu keiner wirklichen Klärung.

Roberto schrieb:

Wir beide wollen allein das Glück unserer Kinder. Du solltest wissen, daß Kinder mit einem Fremden im Haus nicht glücklich sein können. Versuche, keine Fehler zu machen. Du mußt sehr vorsichtig sein. Du machst immer Fehler. Im letzten Jahr hatten die Kinder einen weiten Schulweg in Paris zu machen. Es war kalt. Sie waren oft krank deshalb. Hier in Rom sehen sie keinen Fremden (Lars). Sie sind glücklich und zufrieden mit mir. Zu Beginn unseres Prozesses hätte ich arrangieren können, daß Du die Kinder so oft siehst, wie Du möchtest, aber jetzt komplizierst Du alles so...

Er wollte die Kinder mit nach Sizilien nehmen, während er dort einen Film drehte. Und ich schrieb ihm:

Sie nach Sizilien mitzunehmen, damit sie Schwertfische sehen, ist nur ein weiterer Deiner Versuche, sie in Italien zu behalten, von mir fernzuhalten und mich daran zu hindern, sie mit nach Schweden zu nehmen. Ich habe Dir schon einmal gesagt, daß sie zuviel erleben, zu sehr wie Erwachsene leben. Es sind, nicht die Reisen nach Sizilien, nach Schweden und zurück nach Rom in ihren Ferien, die sie ermüden. Aber es sind all diese neuen Eindrücke und die vielen Fremden, die sie kennenlernen. Du läßt sie abends so lange auf, bis sie erschöpft sind, Du nimmst sie mit in Restaurants, ins Kino, was für Kinder unter sechzehn eigentlich verboten ist. Unsere Kinder sind acht und zehn. Sie sollten geordnet und in Ruhe leben und die Spiele von Acht- und Zehnjährigen spielen. Sie sollten nicht von Geschichten verwirrt werden wie jener, die Du ihnen über den Tod von Caryl Chessman in Amerika erzählt hast oder wie die Nazis Kinder in die Luft warfen und auf sie schossen. Begreifst Du nicht, daß solche Geschichten in ihrem Gedächtnis haftenbleiben und sie erschrecken? Ihr Kopf kann doch gar nicht soviel Horror- und Haßgeschichten verkraften, wie Du ihnen erzählst.

Ich bitte Dich, das nächste Mal die Pässe der Mädchen mit nach Paris zu bringen. Nach der Schule werden die Kinder eine Weile hier auf dem Lande bleiben, denn ich habe sie sehr selten im letzten Winter gesehen. Dann fahren sie mit mir nach Schweden, und Du kannst sie um den 20. Juli herum haben...

Aber ich mußte noch einmal nach Italien fahren, noch einmal die Gerichte bemühen. Roberto hatte die Kinder nach Sizilien mitgenommen. Sie waren drei Monate fort, und ich versuchte, sie zurückzubekommen. Der Richter sagte zu mir, daß ich sie selbstverständlich mit nach Frankreich nehmen könne...

Als wir das Gericht verließen, sagte ich Roberto, daß es nicht immer nur nach seinen Wünschen gehen könnte. Noch hätte ich das Sorgerecht. Ich würde darauf bestehen, daß sie mit mir kämen. Sie wären lange genug bei ihm gewesen. Und ich fragte nach ihren Pässen.

Pässe, meinte Roberto. Der Richter habe nichts von Pässen gesagt.

»Du willst mir also die Pässe nicht geben?« fragte ich.

»Nein«, sagte er. »Im Urteil steht nichts über Pässe. Lies es selbst.«

Also ging ich zu einem Freund im Schwedischen Konsulat in Rom.

Er sagte mir, daß die Kinder schwedische Pässe bekommen könnten, da ihre Mutter schwedische Staatsbürgerin sei. Sie dürften zwei Pässe besitzen – einen schwedischen und einen italienischen. Wir machten Fotos, und er stellte mir die Pässe für die Kinder aus. Wir fuhren zum Flugplatz, aber natürlich hatte Roberto überall seine Spione, und sie informierten ihn, daß ich für die Kinder Pässe besorgt hatte. Roberto drehte durch und alarmierte die Polizei.

Wenn Italiener die Chance wittern, ein Drama zu erleben, dann spielen sie es hundertprozentig mit. Ich erklärte der Polizei, daß ich die Mutter der Kinder sei, wies die neuen Pässe vor, erklärte, daß sie drei Monate mit ihrem Vater in Italien verbracht hätten und nun mit mir abreisen würden. Die Polizisten entschuldigten sich, sie hätten nur ihre Pflicht getan. Roberto behauptete von nun an immer, dieser Vorfall habe zu seiner ersten Herzattacke geführt...

Das waren keine gewöhnlichen gerichtlichen Auseinandersetzungen mehr. Und mitten darin befanden sich unsere Kinder. Seine Kinder, die aus seinem Land abgeholt wurden, um im Haus dieses Schweden – wie war doch gleich der Name? –, den ich geheiratet hatte, zu leben. Lars holte uns vom Flugplatz ab, weil wir nicht wußten, was Roberto vielleicht durch Freunde in Paris bei unserer Ankunft arrangiert hatte. Ich war mir nie sicher, was alles in Robertos Kopf vorging, wenn es sich um die Kinder handelte...

Weihnachten entschied ich mich, es ihm mit gleicher Münze heimzuzahlen. Lars war dabei, seine Produktion von *My Fair Lady* in Norwegen herauszubringen, und Roberto war außer Landes.

Elena war mit den Kindern in Paris, und ich wußte, sie würde nicht schweigen können, wenn ich ihr beichtete, daß ich die Kinder ohne Robertos Erlaubnis mit zu Lars nach Skandinavien zu nehmen beabsichtigte. Und es hatte keinen Sinn, Roberto darum zu bitten.

Also packte ich heimlich, immer wenn ich in dem Pariser Appartement war, warme Kleidungsstücke ein, und schließlich hinterließ ich Elena einen Brief, in dem ich ihr erklärte, was ich vorhatte, und schenkte ihr 30 000 Franc für ihre Ferien, zusammen mit einem Flugticket nach Rom. Dann fuhr ich mit den Kindern los, die sich riesig freuten. Es ging wunderbar – bis zum Silvesterabend.

Ich las vom plötzlichen Tod des Sohnes meines italienischen Kollegen Eduardo de Filippo. Das Kind hatte während der Ferien eine Infektion bekommen. Innerhalb von vierundzwanzig Stunden war es tot.

Ich bekam es mit der Angst zu tun. Was würde sein, wenn so etwas einem unserer Kinder zustieß? Es war Silvesterabend, und das ist der Zeitpunkt, an dem ich fürchterlich sentimental werde. Jedes Jahr denke ich an das, was ich getan habe. Wen ich glücklich gemacht, was ich falsch gemacht hatte. Ich hörte die Glocken läuten, und da saß ich und kämpfte um meine Kinder. Ich hatte Roberto bereits angerufen und ihm gebeichtet, was ich getan hatte. Natürlich war er empört. Wir kämpften wie die zwei Mütter, die vor Salomon um das Kind stritten.

Ich überlegte, wieviel von all dem auf mein Schuldkonto ging. Ich wollte nicht auf sie verzichten, aber sie wurden zwischen uns hin- und hergerissen. Jemand mußte nachgeben. Also rief ich Roberto wieder an und sagte ihm, daß er die Kinder bekommen könne. Ich würde aufgeben. Er könne sie in Italien erziehen lassen. Ich würde sie ihm selbst bringen.

Mein Anwalt war außer sich. Er sagte, daß die italienischen Gerichte niemals anders als die französischen entscheiden würden. Es würde nicht ausreichen, daß Roberto eine große Familie besäße, die auf die Kinder achten und sie erziehen könnte. Aber ich hatte mich entschieden. Es würde in diesem Prozeß keinen Gewinner geben, und ich wollte nicht länger kämpfen.

Von dem Moment an, wo er die Kinder bei sich hatte, war Roberto wie ausgewechselt. Ich war jederzeit willkommen. Wir hatten niemals mehr auch nur die kleinste Unstimmigkeit. Reisen zwischen Rom und Paris wurden für mich in den kommenden Jahren das Selbstverständlichste auf der Welt. Ich war drei oder vier Wochen in Paris und dann zehn oder zwölf Tage in Rom, dann zurück in Paris, und bald ging es wieder nach Rom. Ich versuchte, den Kindern unter diesen Umständen so nahe wie möglich zu bleiben. Es war schwer, aber ich wurde von Argenide Pascolini, einer wunderbaren und typisch italienischen Mamma unterstützt, die sich um die Kinder kümmerte, nachdem Elena uns verlassen hatte. Argenide blieb vierzehn Jahre bei uns. Sie wurde die zweite Mutter der Kinder. Wenn es Probleme gab, rief sie mich an, und schon war ich auf dem Wege.

Sie war der Fels in der Brandung. Ich weiß nicht, was ich ohne sie gemacht hätte. Die Kinder haben sie immer vergöttert. Sie war eine der Trauzeuginnen bei Isabellas Hochzeit, sie ist die erste, bei der meine Tochter Ingrid ihr Herz ausschüttet, und Robertino ist nie in Rom, ohne sie zu besuchen.

DREIUNDZWANZIGSTES KAPITEL

»In vieler Hinsicht waren die späten fünfziger und die frühen sechziger Jahre sehr hart für Ingrid«, sagt Lars Schmidt. »In ihrer Ehrlichkeit sprach sie offen zu Roberto über alles und war überrascht, wenn sie auf Gegenargumente stieß. Sie wollte den Kindern alles recht machen, und sie wollte auch unser Glück nicht zerstören.

Auch wenn ihr Heim sich in Italien befand, waren die Kinder oft bei uns. Sie verbrachten ihre Ferien auf der Insel, und wir waren alle sehr glücklich miteinander. Wenn eine Wolke am Himmel aufzog, dann lag das meist an Roberto. Aber unsere Sommerwochen waren eigentlich immer harmonisch und schön.«

Von Anfang an wußte ich, daß Lars und ich viele Dinge gemein hatten, daß wir prinzipiell gleicher Ansicht waren. Unsere Leben waren so ähnlich verlaufen. Wir hatten beide Schweden verlassen, weil es uns beengte. Wir brauchten die Weite der Welt mit all den Möglichkeiten, die sie bot. Nun wollten wir auch zusammen arbeiten.

Als erstes ergab sich etwas für das Fernsehen. 1959 machte ich für die NBC *The Turn of the Screw* in New York, die Gespenstergeschichte von Henry James über die beiden Kinder, die von dem Geist zweier toter Diener bedroht werden. Ich spielte die Gouvernante, die die Kinder vor den übersinnlichen Kräften zu beschützen versucht und in deren Armen der kleine Junge stirbt. Ich bekam meine erste Fernsehauszeichnung, den *Emmy,* für diese Rolle.

Einige Monate lang stand auch Anatole Litvak, mit dem sie *Anastasia* gedreht hatte, mit ihr in Verhandlung. Ingrid sollte die Rolle der

Paula in der Verfilmung von Françoise Sagans Bestsellerroman *Lieben Sie Brahms? (Aimez-vous Brahms?)* spielen.

Am 16. August 1960 schrieb sie an Liana:

Jetzt habe ich das Drehbuch. Es ist nicht so gut, wie ich gehofft habe. Ich habe einen drei Seiten langen Beschwerdebrief an Anatole geschickt. Françoise Sagan ist sicher eine Künstlerin. Nur passiert nicht viel in dem Buch, und es ist deshalb schwierig, viel Action auf die Leinwand zu bringen. Aber ich hoffe, daß es Anatole und dem Team gelingen wird. Yves Montand steht nicht vor dem 15. September zur Verfügung, also muß ich meinen Vertrag verlängern...

Danke für die Briefe und Zeitungsausschnitte. Sie haben mich also endlich im Badeanzug geknipst. Solche Fotos habe ich immer zu vermeiden gesucht, aber mit einem Teleobjektiv ist es ihnen in »Santa Marinella« geglückt, mich als Fünfundvierzigjährige halbnackt zu erwischen. Ich hätte nicht geglaubt, daß man ein solches Foto von der Straße aus aufnehmen kann. Mein Gott, eines Tages werden sie uns noch im Haus fotografieren...

Schweden war wunderbar. Ich habe Ingmar Bergman getroffen, der gern mit mir arbeiten will. Neulich sah ich *Die Jungfrauenquelle* von ihm. Es begann so beschaulich, und dann diese Brutalität. Aber seine Filme behält man im Kopf, während man andere eine Minute später schon vergessen hat...

Er ist ein ungewöhnlich sensibler Mensch. Sein Vater ist Pfarrer. Er hat mich konfirmiert und Pia vor einundzwanzig Jahren getauft.

7. Oktober 1960:

Liebe Liana,
heute herrscht bei den Dreharbeiten von *Lieben Sie Brahms?* ein totales Durcheinander. Aus meiner Ecke sehe ich sechzig Zeitungsreporter an einer Bar stehen und trinken. Fernsehkameras surren, und wir drehen eine Szene, die in einem Nachtklub spielt. Man hat den populärsten Nachtklub von Paris, den »Epic-Club« kopiert. Viele Berühmtheiten agieren als Statisten – Marcel Achard und Yul Brynner zum Beispiel. Auch Françoise Sagan ist mit von der Partie. Sie spielt sich selbst – alles ohne Gage, aber für freie Getränke. Es ist

eine sehr lustige Szene, in der Anthony Perkins zu uns an den Tisch kommt, an dem ich mit Yves Montand sitze. Anthony muß sehr betrunken sein. Meine beiden Partner sind wunderbar in ihren Rollen. Es ist lange her, daß ich mit zwei so exzellenten Partnern gleichzeitig arbeitete, und ich habe soviel Spaß dabei. Sie sind beide sehr charmant, großartige Persönlichkeiten, sehr unterschiedlicher Natur, aber man versteht schon, weshalb ich mich im Film in beide verlieben muß...

Die Kritiken über die Verfilmung von *Lieben Sie Brahms?* waren geteilt. So hieß es in einer, Ingrid Bergman habe mit ihren sechsundvierzig Jahren eine zu große Ausstrahlung und Dynamik, um in der Rolle einer alternden Frau überzeugen zu können...

»Ich glaube, am Anfang meiner Ehe mit Ingrid hatte ich etwas Angst«, berichtet Lars Schmidt. »Der Preis, eine Frau wie Ingrid zu lieben und zu heiraten, war sehr hoch und hieß eigentlich, sein Privatleben aufzugeben. Oder zumindest teilweise. Ich war immer ein Mensch, der sehr zurückgezogen gelebt hatte, vielleicht eine schwedische Charaktereigenschaft. Aber durch die Heirat mit Ingrid wurde ich zu einer öffentlichen Person. Ich weiß nicht, wie das alles funktionierte. Es war ja kein tägliches Problem, aber es war immer gegenwärtig. Vor unserer Heirat hatte Ingrid noch weit mehr im Lichte der Öffentlichkeit gestanden und war von der Presse verfolgt worden. Wir versuchten, alles Aufsehen möglichst zu vermeiden. Es war nicht immer leicht. Dennoch – wir waren glücklich miteinander. Und wir wollten uns dieses Glück von Reportern und Fotografen nicht zerstören lassen.

All diese Jahre arbeiteten wir beide sehr viel. Ich hatte verschiedene Produktionen laufen, und besonders *My Fair Lady* kostete viel Zeit und Nerven. Ingrid begleitete mich durch ganz Europa zu fast allen Aufführungsorten. Wir waren viel unterwegs. Und dazu hatte sie ihre eigene Arbeit, und da waren auch die Kinder. Nein, wir führten kein normales Durchschnittsleben, aber wir versuchten es, so gut es ging...«

Am 16. August 1961 schrieb Ingrid an Ruth Roberts:

Was die Arbeit betrifft, ist nicht alles perfekt. Ich kann nichts Brauchbares finden. Die Drehbücher enthalten nur noch eine Geschichte – eine alte Frau und ein junger Mann. Ich kann das nicht noch einmal machen.

Der Besuch der alten Dame ist voller Drehbuchtücken. Sie versuchen immer noch, die Geschichte hinzukriegen. Ich glaube nicht mehr daran. Ich könnte *Die Frau vom Meer* von Ibsen in Paris spielen, aber ich zögere, das Stück scheint mir zu altmodisch. Der freie Wille einer Frau – das ist doch heute kein Problem mehr. Lars ist mit zahlreichen Aufführungen von *My Fair Lady* sehr beschäftigt. Aber Du kennst mich, ich bin leicht deprimiert, wenn ich keine Arbeit habe. Ich sollte *Trauer muß Elektra tragen* am Broadway spielen. Es fiel mir schwer abzulehnen, das hätte mir gelegen.

Laß uns nicht darüber sprechen, daß Gary und Hemingway von uns gegangen sind. Es tut so weh. Es ist merkwürdig, wie sie es gemeinsam geschafft haben. Ich glaube, sie haben es geplant. Ich habe von einem Freund gehört, daß sie während ihrer Krankheit immer miteinander telefonierten, und die ganze Zeit haben sie gelacht und zueinander gesagt: »Ich gewinne das Rennen, ich bin vor dir im Grab.«

Im November 1961 drehte sie für das amerikanische Fernsehen *Vierundzwanzig Stunden aus dem Leben einer Frau* nach einer Novelle von Stefan Zweig. Ingrid Bergman spielt die Rolle einer Großmutter, die erkennen muß, daß sich ihre Enkeltochter in einen jungen Playboy verliebt hat und dabei ist, ihr Leben zu ruinieren. Um sie aufzuklären und zu beschützen, berichtet die Großmutter der Enkelin von ihrer Liebesaffäre, die dann in Rückblenden erzählt wird. Lars Schmidt produzierte diese TV-Inszenierung. Dann folgte eine englisch-amerikanische Co-Produktion von Henrik Ibsens *Hedda Gabler* für das Fernsehen. Michael Redgrave, Ralph Richardson und Trevor Howard waren ihre Partner. Sie erhielt ausgezeichnete Kritiken und war so von der Rolle der Hedda Gabler angetan, daß sie sie auch auf der Bühne in Paris verkörperte. Raymond Rouleau führte Regie, und die Kritik war sehr positiv.

Im Herbst 1963 kam Ingrid Bergman nach Rom, um mit Anthony Quinn in *Der Besuch* zu spielen. Das Stück von Friedrich Dürrenmatt, *Der Besuch der alten Dame*, war auch am Broadway ein großer Erfolg mit Alfred Lunt und Lynn Fontanne in den Hauptrollen.

»Die Welt hat aus mir eine Hure gemacht, jetzt mache ich die Welt zu einem Bordell«, hatte Ingrid in ihrer Rolle als Gräfin Karia Zachanassian auszurufen. Die reichste Frau der Welt kommt zurück in die kleine mitteleuropäische Stadt Guellen, um sich an Serge Miller, gespielt von Anthony Quinn, zu rächen.

Als sie siebzehn war, hatte er sie verführt, ihr Kind verleugnet, sie in die Prostitution getrieben und aus der Stadt jagen lassen. Jetzt kehrte Karia zurück. Die Stadt war arm. Sie versprach, sie wohlhabend zu machen, aber nur unter der Bedingung, daß man Serge Miller jetzt für schuldig befand und ihn hinrichtete. Nach und nach sind die Stadtväter bereit, ihrer Forderung zu entsprechen. Sie wollen das Geld. Sie überzeugen einander davon, daß es ihre moralische Pflicht sei, Serge für schuldig zu befinden.

In New York war Dürrenmatts Bühnenstück über das Thema, daß jedermann seinen Preis hat und Gerechtigkeit erkauft werden kann, als Horrorgeschichte über Geldgier und Verrat bezeichnet worden. Von der Filmversion erhoffte man sich eine noch größere Dramatik.

Auf der Bühne wurde Serge hingerichtet. Im Film schien eine solche Vergeltung undenkbar. Also änderte Karia im letzten Moment ihren Willen, und Serge wurde auf freien Fuß gesetzt.

Nunnally Johnson arbeitete eine Filmversion aus, die zu einem Western geriet. Ich sollte in die Stadt geritten kommen. Am Ende werde ich erschossen, weil ich so eine gemeine Person bin. Ich lehnte ab. Ich bestand auf der Dürrenmatt-Version. Ich war immer bemüht, mich getreu an den Text eines Autors zu halten. Ich sagte, ich hätte das Stück gewählt, und so müsse es verfilmt werden. Dennoch wurde viel geändert.

Sie wollten keine schwarze Komödie, sie dachten mehr an einen konventionellen Film. Und Anthony Quinn sollte am Schluß auch nicht sterben. Als Quinn eintraf, erzählte ich ihm, daß er in dem Stück hätte sterben müssen, und Tony antwortete, vermutlich hätte eigentlich Cary Grant die Rolle spielen sollen. Denn wenn die gewußt hätten, daß er den Part spielte, hätten sie ihn ohne Zögern töten lassen.

Weil Dürrenmatt Schweizer ist, fand die Filmpremiere in Genf statt. Dürrenmatt weigerte sich zu kommen, obwohl sein Landsmann Bernhard Wicki Regie führte. Statt dessen erklärte er in einem Zeitungsinterview, wir hätten sein Stück zerstört. Er hatte mich für die Rolle nicht haben wollen, sondern an Bette Davis gedacht. Also sei mit ihm bei der Premiere nicht zu rechnen. Und die Kritiken waren auch nicht sehr förderlich.

Im Jahr darauf, 1964, erhielt ich einen Anruf aus Schweden, daß man einen Film drehen und mich für eine Rolle verpflichten wolle. Inzwischen war es dreißig Jahre her, seit ich in einer schwedischen Produktion mitgewirkt hatte. Es handelte sich um einen Film mit sieben Episoden, und jede Episode sollte von einem anderen berühmten Regisseur inszeniert werden. Ingmar Bergman war für eine Episode vorgesehen, und man versuchte auch, Gustav Molander für einen Beitrag zu gewinnen.

»Was?« soll er ausgerufen haben. »Ich bin doch schon siebzig und habe seit zehn Jahren keinen Film mehr gedreht!« Aber zum Schluß war er einverstanden, unter der Bedingung allerdings, daß ich in seiner Episode mitwirke. Sie fragten mich am Telefon, ob ich irgendwelche Bedingungen stelle, ob ich das Drehbuch lesen wolle, doch ich sagte, sie sollten Gustav nur ausrichten, daß ich käme.

Es war himmlisch, wieder mit ihm zu arbeiten. Er verfilmte *Das Halsband*, eine Geschichte von Guy de Maupassant, und Gunnar Björnstrand, mein alter Freund von der Schauspielschule, war mein Partner. Nach Abschluß der Dreharbeiten hatten wir eine kleine Party. Wir wurden von den Reportern über unsere nächsten Pläne befragt, und jeder von uns berichtete von Filmen oder Stücken, die er gerne machen würde. Als sie Gustav fragten, ob er Pläne für die Zukunft habe, antwortete er lächelnd, seine Zukunft sei der Friedhof.

1964 entschied sich Pia, nach Rom zu kommen und mit den Kindern zu leben. Sie war als Einzelkind aufgewachsen, und nun wollte sie mit uns zusammen sein. Sie war jetzt Mitte Zwanzig und dachte, eine Abwechslung würde ihr guttun. Jedenfalls eine Zeitlang. Ich unterstützte sie dabei. Robertino oder Robin, wie wir ihn nannten, war jetzt vierzehn, und die Zwillinge waren zwölf.

»Mein Vater und ich hatten drei Jahre in Pittsburgh gelebt«, berichtet Pia. »Ich ging auf eine Mädchenschule. Dann zogen wir nach Salt Lake City, wo mein Vater Agnes heiratete. Ich lebte mit ihnen ein Jahr zusammen, dann besuchte ich die Universität von Colorado. Ich war dort ungefähr eineinhalb Jahre, dann wechselte ich nach San Francisco über und machte dort meinen Abschluß. Und ich heiratete. Es geschah aus Liebe, Fluchtgedanken und dem Wunsch nach einem eigenen Leben. Mein Mann war acht Jahre älter als ich und schon einmal verheiratet gewesen. Ich dachte, acht Jahre seien ein großer Unterschied, wahrscheinlich dieselbe Reaktion, die meine Mutter gezeigt hatte. Acht Jahre sind, wenn man zwanzig ist, ungeheuer viel. Er besaß einen Wagen, er wußte, wie man in einem Restaurant den Wein auswählt. Das machte großen Eindruck auf mich – ein krasser Gegensatz zu den zwanzigjährigen Jungen, die ich bisher kannte. Er wirkte sehr erwachsen. Ich war dabei, meinen Abschluß zu machen. Er war da, sah gut aus, verdiente Geld, und er wollte mich heiraten. Es sah vielversprechend aus, aber es ging nicht gut. Wir reisten viel. Die ersten sechs Monate unserer Ehe verbrachten wir ständig unterwegs. Wir reisten zusammen, aber wir kamen einander nicht näher, wir entfremdeten uns. So blieben wir nicht lange zusammen. Nur ein Jahr.

Dann ging ich nach Paris. Allein. Ich war einundzwanzig und einsam. Ich hatte all diese Bücher über das freie Leben in Paris gelesen, Hemingway zum Beispiel. Ich kannte die Cafés und das fröhliche Treiben aus diesen Büchern. Aber die Wirklichkeit war anders. Ich arbeitete einige Zeit für die UNESCO. Ich ging zur Schule, lernte Französisch. Aber ich konnte keine Arbeit finden, die mir Spaß machte.

Ich lebte bei Mutter und Lars. Ich holte die Zeit nach, die ich ohne meine Mutter verbracht hatte. Ich blieb ungefähr sechs Monate in Choisel, dann nahm ich mir ein eigenes Zimmer in Paris. Dort blieb ich weitere sechs oder acht Monate. Natürlich lernte ich meine Mutter nun aus einer ganz anderen Perspektive kennen. Ich liebte sie. Einem jungen Menschen konnte sie ungeheuer viel geben. Sie war so fröhlich, so voller Ideen, sie wollte immer ausgehen, Dinge erleben und Neues sehen, ins Kino gehen, ins Theater oder zum Essen. Sie war viel unterwegs. Sie liebte es, spazierenzugehen und einzukaufen. Sie war voller Energie. Ich fand sie wundervoll. Ich wollte auch immer unterwegs sein, ich wollte sein wie sie. Ich fand sie einfach hinreißend und wunderschön.

Dann ging ich nach London, aber ich fand keinen Job. Ich hatte mein Examen in Geschichte und Politik, hatte für die UNESCO gearbeitet, und die Leute fragten mich, ob ich nicht Schauspielerin werden wollte. Ich hatte nie daran gedacht, aber ich meinte, ich könnte es ja mal versuchen. Ich versuchte es. Ich bekam eine Rolle, aber ich glaube, ich war nicht gut. Ich war bestimmt nicht gut. Ich hätte mich besser nach einem anderen Job umsehen sollen, aber ich wußte nicht, nach welchem.

So konnte es nicht weitergehen. Ich fuhr also nach Italien. Die Großmutter der Kinder, Robertos Mutter, war gestorben, und Mutter schlug vor, ich sollte mich um Ingrid, Isabella und Robin kümmern, die zu der Zeit mit einer Köchin und einem Kindermädchen allein im Haus waren.

Und das tat ich. Ich hatte endlich das Gefühl, als würde ich etwas zu tun bekommen, als würde ich vielleicht sogar gebraucht. Ich blieb etwa dreieinhalb Jahre bei ihnen. Mutter schickte mir Geld. Ich bezahlte die Rechnungen, brachte die Kinder zum Zahnarzt, ließ sie Reitstunden nehmen, brachte Robin Ski fahren bei und hielt die Familie zusammen.

Roberto war sehr charmant, ein großer Geschichtenerzähler. Er liebte es, Konversation zu machen. Ich lernte Italienisch. Als ich ankam, sprach niemand ein Wort Englisch. Weder die Köchin noch das Kindermädchen oder eines meiner Stiefgeschwister. Ich saß die ersten sechs Monate beim Abendessen und verstand kein Wort von der Unterhaltung. Dann besuchte ich eine italienische Schule. Nach Französisch lernte ich nun auch Italienisch. Es machte Spaß.

Diese Zeit war eine sehr gute Erfahrung für mich. Ich hatte keine amerikanischen Freunde in Italien. Ich kannte niemanden dort. Ich hatte keinen Platz auf der Welt. Ich war nicht verheiratet, war an einem toten Punkt angelangt. Ich wußte nicht, welchen Beruf ich ergreifen sollte. Ich brauchte Wurzeln, einen Platz für mich, das Gefühl, gebraucht zu werden, für jemanden wichtig zu sein. Und das Gefühl bekam ich sehr schnell.

Manchmal sagte ich mir, daß es albern sei und daß ich selbst nicht wußte, was ich tat. Was wollte ich in Rom? Was würde mein Vater davon halten? Ich war sicher, daß es meinem Vater nicht gefiel, wie ich lebte. Es mußte furchtbar für ihn sein, daß ich nach Italien gegangen und bei den Kindern war. Egal, ich tat es, aber es kam mir manchmal absonderlich vor. Die Kinder waren vierzehn und zwölf, als ich kam, und als ich ging, waren sie siebzehn und vierzehn.

Roberto kam meist zum Mittagessen. Wir hielten ihm immer einen Platz frei. Manchmal kam er, manchmal nicht. Aber wir waren immer bereit für ihn. Sobald er da war, ging er zum Telefon und führte lange Gespräche. Dann setzte er sich zum Essen. Wenn das Telefon klingelte, führte er wieder lange Gespräche. Meistens ging es um Geld. Danach küßte er alle, versprach wiederzukommen, und schon klingelte erneut das Telefon, aber dann lief er fort.

So lebten wir. Ich liebte Italien. Ich war glücklich, dort zu sein. Ich war froh, die Kinder besser kennenzulernen. Ich war froh, Roberto kennenzulernen, ihn mit eigenen Augen zu erleben und nicht nur durch die Geschichten, die andere über ihn erzählten. Ich war auch froh, Sonali kennenzulernen, denn es war für mich wichtig, all diesen Menschen zu begegnen, die auch mit meinem Leben verbunden waren. Es war wichtig mitzubekommen, wie sie alle lebten, was sie dachten und wie sie zueinander standen.

Roberto sah nicht eigentlich gut aus, aber er war sehr charmant. Er konnte wunderbar erzählen – die Geschichte der Welt, der Hunger in der Welt. Er kannte diese großen, ewigen Themen. Er allein schien über alles Bescheid zu wissen, denn er konnte ohne Ende über diese Dinge reden. Es war faszinierend. Ich kannte ihn nicht zu der Zeit, als er mit seinem Wagen nachts noch Autorennen fuhr, gemeinsam mit Anna Magnani. Ich lernte ihn kennen, als seine Zeit eigentlich schon vorbei war. Er hatte große Schwierigkeiten, Geld aufzutreiben. Er hatte seit langem keinen guten Film mehr gemacht. Er begann, Fernsehserien zu drehen, die kein Mensch sehen wollte und die er nicht verkaufen konnte. Ich lernte ihn kennen, als er an einem Tiefpunkt seines Lebens angelangt war. Eines seiner Hauptprobleme war, daß er so viele Kinder zu ernähren hatte und es so viele Haushalte zu unterhalten gab. Er hatte für seine erste Frau und seinen ersten Sohn zu sorgen, dann für die drei Kinder, die er mit meiner Mutter hatte, und jetzt für Sonali und zwei Kinder, und sie alle brauchten Geld, und der einzige Weg, diese Menschen zu versorgen, war, Filme zu drehen.

Ich liebe die Zeit, die ich in Italien verbrachte, weil ich einsam gewesen war, weil ich allein aufgewachsen bin, und diese ganze Atmosphäre, das ganze Chaos um mich herum faszinierte mich. Es hatte etwas Faszinierendes, daß alle diese Kinder zusammen lebten, obwohl ihre Eltern ständig unterwegs waren, um zu arbeiten. Es war wundervoll, denn außerdem waren da auch die Kinder von Sonali und Vettern und Cousinen und immerzu andere Verwandte, Menschen, zu denen auch ich gehörte.

Roberto war ein Egozentriker, und Kinder waren der Ausdruck seines Ego. Das ist meine Meinung. Er war kultiviert, intelligent. Aber er nahm sich selbst am allerwichtigsten, wie es viele kreative Menschen tun. Er nahm sich und sein eigenes Leben enorm wichtig. Seine eigenen Bedürfnisse mußten immer zuerst befriedigt werden. So lief er einfach herum und tat, was ihm gefiel. Ich glaube nicht, daß er sich dabei viele Gedanken um andere Menschen machte. Ich glaube nicht, daß er sich je um bürgerliche Gesetze gekümmert hat, um das, was andere Leute dachten. Das war seiner Person einfach nicht würdig.

Ich wollte eigentlich in Italien bleiben. Aber ich traf einen Mann, der eine Reklameagentur in New York leitete. Er bot mir einen Job an, eine dreimonatige Werbekampagne für die Fiat Motor Company für dreihundert Dollar pro Woche, was damals sehr viel Geld war.

Drei Monate fuhr ich mit einem Wagen quer durch Amerika, machte Reklame für Fiat, im Fernsehen und im Radio. Dann kam ich nach San Francisco, wo mein Vater lebte, und dachte, jetzt wollte ich wieder etwas länger in seiner Nähe bleiben. Ich ging zur Fernsehstation in San Francisco und fragte, ob sie für mich für einige Wochen eine Arbeit hätten. Sie sagten, es sei gerade jemand für die morgendlichen TV-Sendungen ausgefallen, und sie könnten einen Ersatz gebrauchen. Sie wollten mich für zwei Wochen engagieren, bis sie einen Ersatz hätten. Also nahmen sie mich für zwei Wochen. Das war vor zehn Jahren, und ich habe seitdem nicht aufgehört, für das Fernsehen zu arbeiten.«

John O'Gorman war über zehn Jahre mein Maskenbildner. Ich mochte ihn gern, besonders seinen Humor, denn es tut gut, jemanden am frühen Morgen in der Garderobe um sich zu haben, der einen zum Lachen bringen kann. Mit einem Lachen beginnt der Tag leichter. Er machte mich für die Aufnahmen zu *Der gelbe Rolls-Royce (The Yellow Rolls-Royce)* zurecht. Ich saß vor dem Spiegel, als ein kleiner, in einen schäbigen blauen Kittel gekleideter Mann meine Garderobe betrat, einen Strauß Blumen in den Händen, und zu mir sagte: »Willkommen. Ich bin glücklich, Sie zu sehen.« »Vielen Dank«, erwiderte ich. »Das ist sehr lieb.« Er ging weiter, und ich drehte mich zu John um und fragte, wer dieser aufmerksame Techniker sei, der mir die Blumen überreicht hatte.

John erwiderte, daß es sich um meinen Regisseur gehandelt habe, um Anthony Asquith.

Fast jeder Schauspieler, der mit Anthony arbeitete, schenkte ihm zu Beginn der Dreharbeiten einen neuen Overall, aber er hielt an seinem alten, schäbigen fest, weil er ihn für einen Glücksbringer hielt. Und er trug ihn die ganze Drehzeit über, damit uns alle das Glück nicht verließ. Er war der freundlichste und höflichste Regisseur, den ich kennengelernt habe. Wenn er die Statisten brauchte, sagte er: »Meine Damen und Herren, ich will Sie nicht stören, trinken Sie in Ruhe Ihren Tee aus, aber wenn Sie dann einen Moment Zeit haben, würden Sie bitte zu mir kommen, weil ich einige Leute hier benötige. Aber nur keine Eile!«

Der Film bestand aus drei Episoden. Der gelbe Rolls-Royce war der Hauptdarsteller. Ich spielte eine reiche amerikanische Witwe, die im Rolls-Royce durch Europa reist und Omar Sharif trifft, der einen jugoslawischen Partisanen darstellt. Wir verstecken die Verwundeten im Auto, geraten in die Kriegswirren und erleben eine Liebesaffäre. Dann mußte ich meinen einsamen Weg allein fortsetzen, aber ich würde mich immer an dieses Glück erinnern – besser, zu lieben und zu verlieren, als nie geliebt zu haben. So oder so ähnlich war das Motto des Films, das Thema vieler Filme jener Zeit.

Dann rief mich Michael Redgrave aus London an und fragte, ob ich mit ihm Turgenjews *Ein Monat auf dem Lande* spielen wolle. Mit dem Stück sollte ein neues Theater in Guildford eröffnet werden.

Ich sagte, daß es mir leid täte, aber Lars und ich würden uns den Sommer immer freihalten. Wir hätten einander versprochen, den Sommer stets gemeinsam auf der Insel zu verbringen, deshalb arbeiteten wir möglichst im Winter, aber nie mitten im Sommer.

Lars kam dazu und hörte, was ich sagte. Er nahm mir den Hörer aus der Hand und bat Michael, mir das Stück zu schicken. Er sagte, er wolle nicht, daß es eines Tages hieße, er hätte mich an diesem oder jenem gehindert oder mich eingeengt. Das Stück sei gut und die Rolle wie für mich geschaffen, und von Guildford würden wir vielleicht nach London überwechseln. Diese Chance solle ich mir nicht entgehen lassen.

In dem Stück geht es um eine Frau in mittleren Jahren, die sich in einen jungen Mann von einundzwanzig verliebt. Lars wußte, daß es mir gefallen würde. Er wollte mir nicht im Wege stehen. So ging ich nach Guildford. Dort traf ich Dirk Bogarde, der mir anbot, statt im Hotel in seinem Haus auf dem Lande zu wohnen, das er mit seinem Manager und Freund Tony Forwood teilte. Ich nahm an, und mein Aufenthalt in Guildford gehört zu den glücklichsten Wochen meines Lebens.

Auch die Kritiken trugen zu Ingrid Bergmans Wohlbefinden bei.

»Kurz bevor sich im Guildford-Theater der Vorhang hob, flog ein Schwan vom Fluß auf und zog in der Abendsonne davon. Das war ein wunderschöner, stimmungsvoller Auftakt, und diese Symbolszene wiederholte sich am Ende des ersten Aktes noch einmal«, schrieb Felix Barker in den Londoner »Evening News«. Und er fuhr fort: »Und so elegant wie ein Schwan, den Kopf hoch aufgereckt, erschien Ingrid Bergman auf der Bühne, ganz in Weiß gekleidet als Natalja Petrowna. Und als sie die Sätze sprach: ›Was geschieht mir? Arme unglückliche Frau. Zum erstenmal in deinem Leben bist du verliebt‹ – da bekam das Stück Flügel, erhob sich und flog dem Erfolg entgegen.«

Auch der »New Yorker« zeigte sich angetan: »Von der Optik her war Ingrid Bergman absolut perfekt, wunderschön, alterslos und elegant.«

Aber es gab auch weniger schmeichelhafte Kritiken. Pia und Lars, die zur Premiere gekommen waren, versuchten, die schlechten Kritiken vor mir zu verstecken. Aber ich wollte auch die weniger positiven lesen, denn von dem Gesamteindruck der Presse hing es ab, ob wir mit dem Stück nach London gehen würden oder nicht.

Lars sagte, wir sollten es unbedingt tun. Dirk und Tony rieten mir ab. Was für Guildford gut ist, muß nicht für London gut sein, meinten sie. Dann sprach ich mit Michael Redgrave. Michael war für London, und schließlich siegte auch meine Sehnsucht, zum erstenmal wieder im Londoner West End in einem Theaterstück aufzutreten, denn *Johanna von Orleans* war ja als Oratorium für ein Opernhaus gedacht gewesen. Ich verließ das Haus meines Gastgebers, als Dirk noch schlief, aber ich hinterließ ihm eine Notiz: »Ich bin ein ungezogenes Mädchen. Gegen Deinen Rat gehe ich mit dem Stück nach London.«

Wir füllten das Cambridge-Theater acht Monate lang, und anschließend sagten Dirk und Tony zu mir, daß ich sie nie wieder um Rat fragen solle. Sie hätten mir abgeraten, nach London zu gehen, und dabei hätte ich hier endlos spielen können...

Der Londoner Erfolg hatte natürlich auch etwas damit zu tun, daß viele Menschen mich von meinen Filmen her kannten. Viele hatten *Intermezzo* und *Casablanca* gesehen und fragten sich, wieso ich immer noch spielen konnte. Ich müßte doch hundert Jahre oder mehr alt sein. Sie kamen aus Neugierde. Als mir zum erstenmal ein Autogrammjäger sagte, daß ich die Lieblingsschauspielerin seiner Mutter gewesen sei, fühlte ich mich im Nu zwanzig Jahre älter.

Während unserer Londoner Spielzeit kam es zu einem kuriosen und überraschenden Ereignis. Eines Abends gab es einige leere Plätze im Parkett, und gerade, als die Lichter ausgingen, kam ein Paar herein und nahm dort Platz. Und die Platzanweiser flüsterten: »Das ist die Queen!«

Natürlich erreichte uns das Gerücht auch hinter der Bühne. Aber es hatte keinen Telefonanruf gegeben, keine Unterrichtung aus dem

Buckingham Palast, auf der Straße keine Polizei und keine Leibwächter. Die Queen erscheint doch nicht wie jeder normale Bürger im Theater, sagte ich mir, und hielt das Ganze für einen Scherz.

Emile Littler, der Theaterleiter, rief im Buckingham Palast an und erkundigte sich. Die Queen habe heute Zeit zu ihrer freien Verfügung, sei ohne offizielle Verpflichtungen, wurde ihm geantwortet, und könne daher nach Belieben verfahren. Niemand wußte etwas davon, daß sie ein Theater besuchen wollte, aber möglich wäre es immerhin. Littler alarmierte für alle Fälle die Presse.

Es war die Queen. Emile Littler führte sie in der Pause in seine Privaträume im Theater. Die Queen erklärte, er möge den Schauspielern ausrichten, daß sie wegen des privaten Anlasses nicht hinter die Bühne kommen könne, aber er solle uns allen mitteilen, wie sehr ihr die Aufführung gefiele. Sie blieb, bis der Applaus verklungen war, und wir waren alle sehr stolz, daß sie ihren freien Abend mit uns verbracht hatte.

Meine Zeit in England war voll schöner Erinnerungen. Was mich jedoch irritierte, war die Tatsache, daß sich auf dem Theater ein Wandel vollzog, der Trend zur Brutalität. Sicher gab es große Begabungen unter diesen zornigen jungen Männern, die jetzt von sich reden machten. Aber sie ängstigten mich auch. Ich glaube, daß Sadismus und Perversion ein Teil des Lebens sind, aber ich hatte das Gefühl, daß diese Dinge jetzt benutzt wurden, um auf sich aufmerksam zu machen. Ich halte die meisten Menschen für ganz gewöhnlich in ihren Bedürfnissen. Vielleicht sind sie nicht alle so gut, wie ich annehme, aber sie sind auch nicht alle so brutal, wie sie jetzt auf der Bühne oft dargestellt werden. Vielleicht waren diese Ängste ein Grund dafür, daß ich mich lieber Stücken wie jenem von Turgenjew zuwandte. Aber ich stellte auch fest, daß England ein guter Boden für neue Talente war. Viel mehr als Frankreich oder Amerika.

Wenn ich mich jetzt erinnere, erkenne ich auch all diese Zeichen, die mir sagten, daß es nicht ungefährlich war, was ich tat. Das Theater entführte mich von Choisel und von Lars für Monate, und das ist für eine Ehe nicht bekömmlich. Meine erste Reaktion war richtig, als ich Lars sagte, daß wir einander versprochen hatten, uns den Sommer freizuhalten, daß der Sommer unserer Insel gehörte. Aber ich schlug diese Warnzeichen in den Wind.

VIERUNDZWANZIGSTES KAPITEL

Ich fuhr nach Rom, um die Kinder zu besuchen, und sah mich plötzlich vor eine erschreckende Tatsache gestellt. Ich sollte Isabellas und Ingrids Schularzt aufsuchen.

Er zeigte mir Röntgenaufnahmen von Isabellas Rücken. Ich sah eine leichte Verkrümmung des Rückgrats, aber ich hatte keine Vorstellung davon, was das zu bedeuten hatte. Er sagte, es handele sich um Skoliose, um eine Verbiegung der Wirbelsäule, und wir sollten sie sofort von einem Spezialisten untersuchen lassen. Wir müßten verhindern, daß es sich verschlimmerte.

Ich verstand zuerst nicht. Ich betrachtete meine dreizehnjährige Tochter. Sie sah fröhlich und gesund aus. Was sollte ihr fehlen? Aber mein Herz begann ängstlich zu pochen.

Roberto und ich fragten bei Freunden nach, ob sie einen Spezialisten wüßten. Ich brachte sie zu einem Arzt, der uns Einlegesohlen für ihre Schuhe empfahl. Und wir sollten ihr ein Kopfkissen ins Kreuz legen. Ich tat es, aber ich merkte selbst, daß das unsinnig war. Ein anderer Arzt schlug ein Lederkorsett vor. Es wurde für sie angefertigt. Aber es tat ihr so weh, daß wir es ihr wieder abnehmen mußten. Ich fuhr mit ihr nach Schweden. Man empfahl gymnastische Übungen. Ich rief Ärzte in Amerika an. Ob ich sie hinüberbringen sollte? Gab es etwas, das ihr helfen könnte, gab es Fachleute? Natürlich hätten sie Spezialisten, hieß es. Ich solle nur kommen.

Peter Viertel, dessen Tochter ebenfalls einen Rückgratfehler hatte, sagte, daß es sich bei ihr nicht verschlimmert hätte. Aber wenn nun doch...?

Wir gingen wieder zu einem italienischen Arzt. »Die Skoliose hat sich verschlimmert«, erklärte er.

Ich wurde von Panik ergriffen. Gab es eine Rettung? Da erzählte Isabella, sie habe ein Mädchen getroffen, das mit dem gleichen

Leiden im Scaglietti-Krankenhaus in Florenz operiert worden sei. Alles sei gut verlaufen.

Wir fuhren hin. Isabella, Roberto und ich gingen durch diese wunderschöne Stadt, aber wir sahen nichts von der Pracht. Wir waren nur von Angst erfüllt. Isabella wurde untersucht. Wir warteten. Dann zeigte uns der Arzt die Aufnahmen und meinte, es könne der Beginn eines Buckels werden. Wir müßten Isabella operieren lassen.

Isabella war es, die die Entscheidung traf. »Ich will operiert werden«, beschloß sie.

Im Krankenhaus erklärte man uns, man könne mit der Operation nicht beginnen, bevor die gekrümmte Wirbelsäule nicht so weit wie möglich geradegebogen wäre. Dies könne jedoch nicht in einer einzigen Sitzung erfolgen. Bis zur Operation könnten gut sechs Monate vergehen. Ich wurde hinausgebeten. Man wollte keine weinende Mutter dabeihaben...

Ich wartete draußen. Ich hörte Isabella schreien, und ich konnte nichts tun. Man hatte mir gesagt, daß man sie nicht betäuben könne, denn man müsse die Schmerzgrenze erkennen, um rechtzeitig mit der Prozedur aufzuhören.

Als ich sie endlich sah, war sie vom Hals bis zu den Hüften in Gips. Ich blieb bei ihr im Krankenzimmer, aber ich konnte nur ihre Hand halten oder ihr über den Kopf streichen. Endlich schlief sie ein, und ich blieb neben ihrem Bett sitzen.

Sie erholte sich überraschend schnell. Bald fing sie an zu essen, lachte wieder, sah fern. Andere Mädchen, ebenfalls in Gipsverbänden, besuchten sie in ihrem Zimmer – sie kamen in Rollbetten oder Rollstühlen. Sie spielten miteinander, unterhielten sich. Schon bald lief sie wieder herum, und kurze Zeit später durfte sie nach Hause.

Eines Tages bekam sie einen Anruf von einem Freund aus dem Krankenhaus. Er lud sie zu einer Party ein. Doch Isabella hatte Angst. Wie sollte sie in ihrem Gips tanzen? Aber ich redete ihr zu, sagte, daß nicht jeder Junge die Chance hätte, mit einem Mädchen in einem Gipsverband zu tanzen. Wir kauften ihr ein besonderes Kleid, das den Verband kaschierte, und schließlich nahm sie die Einladung an. Sie tanzte, und natürlich gab es einen Jungen, der sich in sie verliebte.

»Mama hörte auf zu arbeiten«, berichtete Isabella. »Ich war sehr gerührt, denn ich wußte, wie sehr sie an ihrer Arbeit hängt. Achtzehn Monate lang lehnte sie alles ab, mit Ausnahme der Verfilmung von Jean Cocteaus Einakter *Die geliebte Stimme* fürs Fernsehen.«

In dieser Zeit war Lars sehr viel allein. Er war es gewesen, der mich überredet hatte, das Cocteau-Stück zu spielen, jenen berühmten Monolog einer Frau, die mit ihrem Liebhaber telefoniert, der sie verlassen will. Es ist ein großartiger dramatischer Monolog, und ich hatte ihn bereits für eine Schallplatten-Produktion gesprochen. Der Vertrag war lange Zeit vor Isabellas Operation unterzeichnet worden.

Ich hatte mit dem Regisseur Ted Kotcheff und den Kameraleuten viele Proben, denn ich würde fünfzig Minuten lang ganz allein auf dem Bildschirm erscheinen. Als es an die Aufnahmen ging, für die wir nach all den Proben nur zwei Tage zur Verfügung hatten, war ich mit meinen Nerven am Ende. Ich fühlte mich von den vier Kameras gehemmt und wußte nie, auf welche ich zu achten hatte; vor lauter Nervosität konnte ich meinen Text nicht behalten. Ich war völlig aus dem Geleis. Am Ende des ersten Drehtages hatten wir von den fünfzig Minuten ganze drei abgedreht. Natürlich waren wir alle sehr besorgt, unsere Drehzeit nicht zu schaffen, aber wir konnten auf keinen Fall überziehen. Und am nächsten Tag, dem einzigen Tag, der uns für die Restaufnahmen noch verblieb, klappte alles wunderbar. Wir beendeten die Aufnahmen pünktlich.

Dann fuhr ich mit Isabella erneut in die Klinik nach Florenz, um die Prozedur zu wiederholen. Isabella war wie versteinert. Der Gips wurde abgenommen. Die Wirbelsäule hatte auf die Behandlung angesprochen. Jetzt mußte sie weiter geradegebogen werden...

Isabella erholte sich abermals schnell. In dem Alter sind erstaunliche Dinge möglich. Ich hätte das nicht durchgehalten. Wir fuhren zurück nach Rom. Isabella ging wieder zur Schule, aber ich glaube, sie arbeitete kaum. Was gemacht werden mußte, erledigte Ingrid für sie beide. Und die Lehrer zeigten Verständnis.

Insgesamt gab es drei dieser Prozeduren. Dann kam der Tag der Operation. Wir mußten Blut spenden, denn das Krankenhaus war auf die eventuell erforderliche Menge nicht vorbereitet. Die ganze

Familie, Eltern, Cousinen, Freunde, sogar die Kinder aus der Schule gaben freiwillig Blut für Isabella.

Die Operation sollte fünf bis sieben Stunden dauern, hieß es. Also warteten wir. Roberto löste Kreuzworträtsel. Er hatte vorgesorgt. Ich konnte weder lesen noch schreiben und hatte mein Strickzeug vergessen. So wanderte ich den Flur auf und ab. Dann verschwand ich in der Toilette.

»Was machst du denn da so lange?« fragte Roberto durch die Tür.

»Ich wasche mir die Haare.«

Er konnte das nicht begreifen. Ich hatte etwas tun müssen, um nicht durchzudrehen. Immer, wenn ich deprimiert oder überarbeitet bin, wasche ich mir die Haare. Ich habe dann das Gefühl, daß alles Bedrückende von mir abfällt. Ich muß mich dabei nicht konzentrieren, es geschieht mechanisch. Es ist etwas, bei dem man sofort den Erfolg sieht.

Es hieß, daß alles normal verlaufe. Ihr Herz sei stark. Ich ging auf den Balkon hinaus und ließ meine Haare von der Florentiner Sonne trocknen. Roberto löste weiter seine Kreuzworträtsel. Ich ging wieder hinein und fragte, ob es im Krankenhaus eine Kapelle gäbe. Man zeigte mir den Weg. Da saß ich dann im Halbdunkel und betete. Es ist mir unangenehm, daß ich nur bete, wenn ich Kummer habe. Warum bete ich nicht, wenn ich glücklich bin? Ich haderte mit mir. Wenn ich glücklich bin, sage ich nur: »Vielen Dank, Gott« und bin tatsächlich dankbar für die vielen guten Dinge in meinem Leben. Ich erinnere mich daran, daß Robertino mich, als er noch klein war, fragte: »Wer ist Gott?« Das war eine schwierige Frage. Schließlich sagte ich: »Nun, eines Tages wirst du vielleicht ein krankes Kind haben, und dann wirst du auf die Knie fallen und beten.«

Robertino sah mich an und erwiderte: »Ich glaube, dann falle ich eher vor den Ärzten auf die Knie.«

Dann war es überstanden. Doktor Ponti sagte, daß alles gut verlaufen sei. Wir durften Isabella sehen. Sie war noch betäubt, ihr Gesicht aschfahl, und überall an ihrem Körper waren Kanülen angeschlossen. Roberto und mir schossen die Tränen in die Augen. Ich starrte Roberto hilflos an und fiel dann nach vorn in seine Arme. Ich wurde bewußtlos.

Als ich wieder zu mir kam, war es finster. Ich wußte zunächst nicht, wo ich war. Dann sah ich eine Gestalt an der Tür. Roberto. Man habe mich in ein Zimmer neben Isabella gebracht, sagte er. Ob es mir auch gutginge. »Ja«, erwiderte ich mühsam. »Aber ich fühle mich so nutzlos. Ich kann wohl nicht mehr viel ertragen.«

»Mach dir keine Sorgen. Versuch, wieder einzuschlafen. Ich wecke dich, wenn etwas passiert.«

Der arme Roberto. Er hatte eine schlaflose Nacht, lief zwischen Isabellas und meinem Bett hin und her.

Die nächsten Tage waren sehr schwer für uns alle. Isabella hatte große Schmerzen, aber sie war sehr tapfer. Die Tage schienen endlos. Ich las ihr Geschichten vor, fütterte sie, rückte ihr die Kissen zurecht und versuchte, ihre Beschwerden zu lindern, indem ich kleine Wattestäbchen eincremte und unter ihren Gipsverband schob. Es fiel mir unglaublich schwer, mein Kind in diesem Zustand zu sehen. Manchmal mußte ich einfach auf den Korridor hinausgehen, damit sie meine Tränen nicht bemerkte. Ich traf dort andere Eltern, die alle voller Verständnis waren, mir eine Zigarette anboten oder ein freundliches Wort für mich hatten.

»Wein nicht soviel«, sagte Isabella einmal zu mir. »Ich bin nicht traurig darüber, daß mir das passiert ist. Wenn künftig jemand zu mir über Schmerzen spricht, weiß ich, wovon er redet. Vielleicht bringt mich das in die Lage, anderen Menschen helfen zu können, wenn sie leiden.«

Diese Worte meiner vierzehnjährigen Tochter ließen mich wieder in Tränen ausbrechen. Erneut flüchtete ich auf den Flur.

So gingen die Tage dahin; sie erschienen mir endlos. Roberto mußte schließlich zurück nach Rom. Fiorella kam zu Besuch, und es kamen andere Mädchen, die im Krankenhaus lagen, zu Stippvisiten. Eines Tages kam ein junger Mann, der mit einem Freund zusammen aus Rom angereist war, um Isabella zu besuchen. Es war der Junge, den sie beim Tanzen getroffen hatte, und er fragte, ob er sie sehen dürfe.

Ich fragte Isabella, ob sie die beiden sehen wolle. Ihr Gesicht begann zu strahlen. Ich wartete ihre Antwort nicht ab, sondern ließ die beiden zu ihr. Isabella freute sich, war überglücklich, und ich verließ leise den Raum.

Dann durfte sie zurück nach Rom. Ihr Rumpf und ihr rechtes Bein steckten in einem Gipsverband und würden es für weitere sechs Monate bleiben. Wir mußten ihr Bett umrüsten. Sie bekam einen kleinen Tisch, an dem sie essen und schreiben konnte. Sie hatte viel Besuch, und ihr Freund schenkte ihr eine Beatles-Platte, die sie den ganzen Tag spielte. Im Sommer nahmen wir sie mit in Fiorellas Haus in den Bergen von Circeo. Wir kauften ein Bett mit Rollen. Jetzt konnte sie sich im Garten aufhalten, und wir veranstalteten Picknicks unter den Bäumen.

Dann kam endlich der Tag, an dem der Gips abgenommen werden konnte. Ich hatte panische Angst. Nach achtzehn Monaten erschien es mir unvorstellbar, daß alles gutgegangen sein sollte, daß sie sich wieder normal würde bewegen können. Wir wußten, daß sie Narben auf dem Rücken und am rechten Bein zurückbehalten würde, aber was war das schon gegen das, was sie sonst erwartet hätte...

Der Gips wurde abgenommen. Sie sah so zerbrechlich aus, daß ich Angst um sie hatte. Dann konnte sie zum erstenmal nach achtzehn Monaten baden. »Himmlisch«, seufzte sie und streckte sich im warmen Wasser aus.

Danach wurde sie in ihr Bett zurückgebracht. Doktor Ponti kam und lächelte sie an. »Na, nun ist es ja überstanden. Du kannst aufstehen, Isabella.«

»Nein, nein«, flüsterte sie. »Ich kann nicht allein aufstehen. Ich trau' mich nicht.«

»Doch, du kannst. Steh auf.«

Mir fiel es schwer, meine Tränen zurückzuhalten, als ich ihr Gesicht sah – die Hoffnung, die Ungläubigkeit, die Furcht. Niemals zuvor hatte ich etwas so Wunderschönes gesehen. Sie hing an Doktor Pontis Augen, als habe er sie hypnotisiert. Und dann stand sie ganz langsam auf.

Arzt und Patientin sahen einander an.

»Siehst du, du kannst es«, sagte Doktor Ponti. »Willst du nicht schwimmen gehen?«

Und ob sie wollte! Wenig später war sie im Swimmingpool und schwamm, als wolle sie eine olympische Medaille erringen.

Sie erholte sich zusehends. Wir gaben eine große Party für sie. Die ganze Familie war versammelt, um Isabella zu feiern, und auch ihr Freund rief an. Er fragte, ob er sie sehen dürfe. Natürlich durfte er. Aber Isabella war schrecklich schüchtern. Sie hatte Angst vor dieser Begegnung. Jetzt war der Gips ab, jetzt war sie ein Mädchen wie alle anderen. Als ich ihm die Tür öffnete, wußte ich, daß er nicht weniger Angst hatte als sie. Sie standen sich gegenüber und sahen sich endlos lange an. Und ich mußte wieder flüchten, weil mir die Tränen kamen.

FÜNFUNDZWANZIGSTES KAPITEL

Wenige Wochen nach Isabellas Genesung war ich drauf und dran, einen Vertrag für *Anna Karenina* zu unterschreiben, als José Quintero in mein Leben trat. Tolstois *Anna Karenina*, der Traum jeder Schauspielerin, war für eine Theateraufführung in Paris dramatisiert worden. Ich hätte die Rolle liebend gern gespielt. David O. Selznick wollte immer, daß ich sie spiele, aber die Garbo hatte sie verkörpert, und ich wollte nicht in Konkurrenz zu ihr treten.

Aber nun kam José Quintero und fragte mich, ob ich in Eugene O'Neills *Alle Reichtümer dieser Welt (More Stately Mansions)* spielen wolle. Es war, als würde sich O'Neills Geist bei mir melden und sagen: »Du hast dich vor fünfundzwanzig Jahren geweigert, für mich zu spielen. Jetzt hast du noch eine Chance. Ergreife sie!«

Ich bin Eugene O'Neill in den frühen vierziger Jahren begegnet, als ich sein Stück *Anna Christie* spielte. Die Premiere fand in Selznicks Sommertheater in Santa Barbara statt, und kurz darauf wechselten wir nach San Francisco über. Eines Abends wurde mir gesagt, daß O'Neills Frau Carlotta im Zuschauerraum säße und mich gern sprechen würde.

Sie war eine sehr schöne dunkelhaarige Frau. Sie sagte, daß ihr Mann sehr krank sei und deshalb die Vorstellung nicht besuchen könne. Er würde mich aber gern kennenlernen. Ob ich am nächsten Sonntag mit ihnen essen wolle?

Sie lebten in der Nähe von San Francisco am Meer, sehr abseits gelegen. Die Begegnung war ziemlich mysteriös. Als ich ankam, wurde ich in eine große Halle gebeten. Dann erschien Carlotta und sagte: »Ich gebe Ihnen ein Zeichen, wenn Sie wieder gehen müssen, denn er wird sehr schnell müde. Und nun folgen Sie mir bitte.«

Wir stiegen eine breite Treppe hinauf, und da stand er plötzlich, so gutaussehend, daß man es gar nicht glauben wollte, mit durchdringenden dunkelblauen Augen, einem wunderschönen Gesicht, sehr dünn, sehr groß. Er begrüßte mich und gratulierte mir zu meinem Erfolg in *Anna Christie*. Er bat mich in sein Arbeitszimmer, wo er an neun Theaterstücken arbeitete. Sie behandelten eine Zeitspanne von hundertfünfzig Jahren amerikanischer Geschichte. Im Mittelpunkt sollten mehrere Generationen irischer Einwanderer stehen.

Seine Handschrift war so winzig, daß selbst ich mit meinen jungen Augen sie kaum entziffern konnte. Carlotta erzählte mir, daß sie seine Manuskripte nur mit Hilfe eines Vergrößerungsglases entziffern könne. O'Neill berichtete, er wolle eine ganze Schauspieltruppe zusammenstellen, um alle neun Stücke von dieser Truppe aufführen zu lassen – jeder Schauspieler sollte mehrere Familienmitglieder der verschiedensten Generationen darstellen. Es war eine faszinierende Idee. Er fragte mich, ob ich zur Truppe stoßen wolle. Ich fragte ihn, wie lange das dauern würde. Vier Jahre, sagte er. Ich mußte es leider ablehnen, da ich einen Vertrag mit David O. Selznick hatte und mich nicht für vier Jahre an eine Theatergruppe binden konnte.

Ich sah ihn nie wieder. Seine Parkinsonsche Krankheit machte es ihm bald danach unmöglich, seine Stücke selbst zu schreiben. Er wollte diktieren. Es ging nicht. Und da beschloß er, sein Werk zu vernichten. Er wollte nicht, daß irgend jemand anders die Stücke bearbeitete oder zu Ende führte. »Es war, als hätten wir unsere Kinder verbrannt«, sagte mir Carlotta später.

Aber O'Neill hatte vergessen, daß eine Kopie von *Alle Reichtümer dieser Welt* in der Bibliothek der Yale-Universität deponiert war, zusammen mit Korrekturen, Notizen und Skizzen für zukünftige Arbeiten. Diese Unterlagen wurden 1958 entdeckt, und schließlich gab Carlotta die Erlaubnis zur Übersetzung ins Schwedische. 1962 wurde das Stück in Schweden aufgeführt.

José Quintero war von O'Neills Werk fasziniert. Er hatte schon *Der Eismann kommt* in New York inszeniert, und Carlotta erteilte ihm die Genehmigung für weitere Produktionen, darunter auch *Eines langen Tages Reise in die Nacht*. Für die Inszenierung von *Alle Reichtümer dieser Welt* arbeitete er sich durch den Wust der Unterlagen in der Yale-Universität und war besessen, dieses Puzzle aus Notizen und Anmerkungen in O'Neills Sinne zusammenzusetzen. Mit seiner Inszenierung sollte das neue Ahmanson Theater in Los

Angeles eröffnet werden. Er wollte mich für die Rolle der eleganten Deborah Harford, und Colleen Dewhurst sollte meine irische Schwiegertochter Sara spielen.

Ich sagte zu. Aber das hieß auch, daß ich nach Amerika gehen, in Los Angeles und anschließend in New York spielen mußte. Alles zusammen würde etwa ein halbes Jahr dauern. Ich wollte Ingrid mitnehmen. Sie war so sehr in den Hintergrund gedrängt worden, als Isabella krank war. Jeder hatte sich nur um Isabella gekümmert, und Ingrid war darüber fast vergessen worden. Ich dachte, ihr würde die Reise nach Amerika Spaß machen. Aber zunächst einmal mußte ich Roberto überreden.

»Kommt nicht in Frage!« sagte er. »Keine Diskussion!«

Natürlich war Ingrid enttäuscht, doch ich versprach ihr, nicht aufzugeben. Wenn ich nach Rom zurückkehrte, würde ich noch einmal mit Papa sprechen und nicht nachlassen, bis er die Erlaubnis erteilt hätte.

Als ich zurückkam, fragte ich ihn also wieder.

»Was ist denn?« meinte Roberto. »Ich denke, du nimmst sie mit nach Amerika!«

Ich war sprachlos.

Er sagte, daß er selbst nach Amerika fahren und Ingrid mitnehmen werde. Er würde sie mir nach Los Angeles bringen.

Roberto! Er fiel immer noch von einem Extrem ins andere. Aber jetzt war er bereit, mit Amerika Frieden zu schließen und Ingrid bei mir in Los Angeles zu lassen. Er selber wollte nach Houston weiterreisen, um dort zu arbeiten.

In den folgenden Jahren war Ingrid viel bei mir. Sie war dabei, als ich *Alle Reichtümer dieser Welt* spielte, und sie begleitete uns jeden Sommer auf unsere schwedische Insel. Sie machte mit mir Ferien in Frankreich und England – wo immer ich war, war sie dabei. Sie hatte in Amerika einen Privatlehrer und absolvierte ihre Prüfungen in Italien. Natürlich gab es auch schwierige Momente, Momente der Tränen, der Abschiede. Ich erinnere mich, daß sie, als sie nach Rom zurückfahren sollte, während ich die letzten Vorstellungen von *Alle Reichtümer dieser Welt* spielte, sich an mich klammerte und nicht weg wollte. Ich mußte mich von ihr losreißen und kam mir fast brutal vor.

Aber ich mußte zur Vorstellung, und sie mußte zum Flughafen. Ich fühlte mich schrecklich in solchen Augenblicken, aber dieses Leben hatte ich nun einmal gewählt. Sosehr ich meine Familie liebte, sosehr brauchte ich auch meine Arbeit.

Während der Proben zu *Alle Reichtümer dieser Welt* kam es zu Meinungsverschiedenheiten zwischen José Quintero und mir. Bei meinem ersten Auftritt treffe ich meinen Sohn im Wald. José meinte, ich solle auf die Bühne gelaufen kommen und dann wie vom Schlag getroffen stehenbleiben.

Ich verstand das nicht. Diese Mutter hatte ihren Sohn seit Jahren nicht gesehen. Sie trifft ihn, und natürlich hat sie Angst, ist sie nervös, aber sie kommt doch nicht atemlos auf die Bühne gerannt...?

»Doch«, sagte José. »Ich sehe geradezu, wie sie hereingeflogen kommt.«

Ich wollte nicht diskutieren, aber als nächstes sollte ich vorn ganz dicht an die Rampe treten und meinen Text sprechen. Jetzt war ich völlig durcheinander. Erst komme ich atemlos auf die Bühne gehetzt, dann stehe ich ganz still, und gleich darauf sitze ich dem Publikum in der ersten Reihe fast auf dem Schoß...?

»Ja«, sagte José.

Ich brachte meine Einwände vor, sagte, ich könne das nicht tun. Man würde mein Herz schlagen hören. Ich hätte während der ersten Minuten auf der Bühne immer noch Lampenfieber, könnte dann nicht so dicht ans Publikum heran. Ich würde die Zuschauer hören, wie sie über mich sprächen, wie sie sagten, daß ich für mein Alter immer noch ganz gut aussähe und wie alt ich denn eigentlich jetzt sei... Nein, nein, nein, so könne ich das nicht spielen.

Von diesem Moment an sprach José kaum noch mit mir. Er fragte höchstens, was ich vorzuschlagen hätte.

Sie schrieb an Lars:

Mein Liebling,
wir hatten eine Revolution hier im Theater, aber ich wollte Dir nicht eher davon berichten, bevor es nicht vorbei war, denn ich wußte, daß es irgendwie gut enden würde.

Ich habe den armen José ganz verrückt gemacht. Ich gebe es zu. Er schrie mich an, und ich dachte zuerst, er würde jemand anderen meinen. Du weißt, wie sicher ich meiner selbst bin. Er sagte, er könne mit mir nicht weiterarbeiten. Das geschah am Vormittag; am Nachmittag kam er zu mir, bat mich um Verzeihung und brach fast zusammen, als ich ihm dankte, daß er so mit mir umgesprungen war. Er sagte, er müsse jetzt nach Hause gehen, denn er könne es nicht weiter ertragen. Also gingen wir alle nach Hause. Gott sei Dank ist die Luft jetzt gereinigt, und alles ist gut. Ich akzeptiere Josés Regieauffassung, und er sagte gestern, nachdem wir uns wiedergesehen hatten: »Alles von dir ist mir recht.«

Nun muß ich zur Probe. Es ist alles unglaublich interessant – was für ein Stück! Danke für Deinen Brief, der gestern eintraf. Ich kann mir vorstellen, was für Schwierigkeiten Du mit Deinen Monstern im Theater hast, und ich bin sicher, sie mögen Dich auch nicht, weil Du sie anschreist. Da ergeht es Dir mit mir besser, denke ich. Ich küsse Dich, mein kleiner Alter, ich liebe Dich sehr. Darauf kannst Du Dich verlassen. Jeder denkt, ich sei so fügsam, dabei kämpfe ich wie verrückt um alles mögliche...

José äußerte sich später sehr komisch über mein Verhalten. Er hätte Angst gehabt, seinen Mund aufzumachen. Immer wenn er etwas sagte, hätte ich das Gegenteil behauptet. Dann nach einigen Tagen Proben mit Arthur Hill und Colleen Dewhurst habe er mitbekommen, wie ich seine Einfälle lobte. Und statt mir eine runterzuhauen, wäre er am liebsten auf die Knie gesunken und hätte sich bei mir bedankt. Er wäre fast verrückt geworden, denn er wäre ja schließlich der Regisseur gewesen und nicht ich. Doch ich gab ständig meine Kommentare ab, lobte oder tadelte, und er hätte sich sogar noch bei mir bedankt.

Aber wir wurden noch gute Freunde, waren beide zu Kompromissen bereit. Ich hetzte auf die Bühne, wie er es wünschte. Dann durfte ich mich etwas hinsetzen, um Luft zu schnappen, dann trat ich an die Rampe, vor das Publikum. Und natürlich sah ich am Premierenabend Sam Goldwyn direkts ins Gesicht, und das steigerte meine Leistung absolut nicht.

Wie erwartet wurde ich von Lampenfieber geschüttelt. An diesem

Abend besonders. Das Stück war schwierig, nicht eines der besten von O'Neill. Im Zuschauerraum war ganz Hollywood versammelt, um mich anzustarren. Sechzehn Jahre war es her, daß ich das letzte Mal hier aufgetreten war, und im Publikum saßen nicht nur meine Freunde.

Ich stand in der Kulisse und neben mir José. Schließlich gab er mir einen Schubs und sagte, ich solle es für *ihn* tun, für Eugene O'Neill natürlich, und ich rannte los, mitten auf die Bühne, wie er es wollte. Ich stand da und schnappte nach Luft, und das Publikum begann zu klatschen. Es applaudierte und applaudierte, schien nicht aufhören zu wollen. Und auf einmal kamen mir alle diese Jahre ins Gedächtnis... die Tränen auf Stromboli, die Agonie und Verzweiflung, all das. Ich spürte, wie mich die Rührung übermannte und mir die Tränen kamen. Ich konnte mich an kein Wort erinnern, das ich gleich zu sprechen hatte, an kein einziges Wort.

Ruth stand in der Kulisse und flüsterte mir mit ihrer lieben kleinen Stimme etwas zu. Ich konnte es nicht verstehen. Ich ging dicht an sie heran, aber ich verstand sie immer noch nicht, und schließlich rief mir der Inspizient meinen Satz zu. Ich wußte, auch das Publikum hatte das mitbekommen, aber es verhielt sich großartig, verstand, daß ich sprachlos war. Und endlich fand ich meine Worte wieder...

Von Los Angeles ging es im Oktober 1967 nach New York in das Broadhurst Theater. Die Kritiken waren nicht alle gut, aber mir war das egal. Für mich war es eine große persönliche Erfahrung, in diesem O'Neill-Stück aufzutreten. Die Kritiken beeinflußten mich kaum.

Ich sah auch Carlotta wieder, als wir das Stück in New York aufführten. Ich wollte, daß sie es sich ansah. Aber sie sagte, daß sie ihre Wohnung nicht mehr verlasse. Sie habe nichts anzuziehen, und sie könne auch nicht mehr sehen.

Es war die Wahrheit. Sie hatte sich ihre Augen in all den Jahren verdorben, in denen sie getreulich die kleinen Buchstaben von O'Neills Handschrift entziffert und auf die Schreibmaschine übertragen hatte. Ich besuchte sie so oft wie möglich, brachte ihr etwas zum Anziehen, Blumen, kleine Geschenke. Sie sagte mir, daß sie Frauen eigentlich nicht leiden könne, und sie wisse selbst nicht, weshalb sie mich möge. Sie zeigte mir eine Buchveröffentlichung, die alle Postkarten enthielt, die ihr O'Neill einst geschrieben hatte. Auf den meisten war von Verzeihung die Rede. »Vergib mir, ich habe mich schrecklich benommen... Ich verstehe nicht, wieso Du es mit mir aushältst...«

Und es kam der Tag, an dem sie die Vorstellung besuchte. Ruth holte sie ab, und anschließend kam sie in meine Garderobe. Sie sagte, daß sie nicht viel habe sehen können, aber sie habe meine Stimme gehört, und sie hätte so sehr gewünscht, Eugene hätte mich auch hören können.

SECHSUNDZWANZIGSTES KAPITEL

Lars und ich wußten von Beginn unserer Ehe an, daß wir kein normales Ehepaar sein würden. Er war in der ganzen Welt unterwegs, um seine Theaterproduktionen auf die Beine zu stellen, ich war in London, um in *Ein Monat auf dem Lande* zu spielen, das nächste Jahr fast ganz in Rom, um bei Isabella zu sein, und dann kamen sechs Monate mit *Alle Reichtümer dieser Welt* in Amerika. Natürlich blieben wir die ganze Zeit über in Verbindung. Wir telefonierten und schrieben einander. Lars flog nach London, New York oder Hollywood, um bei mir zu sein, aber diese kurzen Begegnungen waren kein Eheleben. Wir akzeptierten es beide, waren uns der Gefahren eines solchen Lebens nicht bewußt.

Es war Liana Ferri, die mir sehr direkt sagte, daß ich dabei sei, meine Ehe zu gefährden, und mich fragte, ob ich das wirklich wolle.

Ich sagte, daß ich ohne Arbeit nicht leben könne. Mein Leben würde nun einmal durch meine Arbeit bestimmt.

Aber wenn ich ehrlich zu mir selbst war, mußte ich die Gefahren sehen. Es hatte mit *Ein Monat auf dem Lande* begonnen. Natürlich sah ich Lars oft. Er kam zur Premiere. Er kam nach London, um mich zu besuchen. Und ich flog manchmal übers Wochenende nach Choisel. Aber es war anstrengend und nervenaufreibend, denn das englische Wetter ist ziemlich tückisch. Man konnte nie sicher sein, rechtzeitig zurück zu sein. Mir waren diese Flüge eigentlich nicht gestattet. In meinem Vertrag stand, wie viele Kilometer ich mich am Wochenende von London entfernen durfte. Ich hätte wegen Vertragsbruch verklagt werden können, wenn ich nicht pünktlich zurückgekommen wäre. Als ich 1971 *Kapitän Brassbounds Bekehrung* spielte, wußte Binkie Beaumont über meine Weekendausflüge Bescheid. Er rief mich jeweils am Montag nachmittag an, und wenn ich mich meldete, hörte ich geradezu, daß ihm ein Stein vom Herzen fiel.

Ich dachte ausführlich nach. Wollte ich tatsächlich in Choisel sitzen und warten, daß Lars von seiner Arbeit nach Hause kam? Oder wollte ich Theater spielen und auf der Bühne stehen? Nun, ich war ein Bühnennarr und entschied mich für das Theater.

Aber ich war gewarnt, und ich las aus jeder Zeile, die Lars mir schrieb, wie einsam er sich fühlte. Es brach mir das Herz, wenn er betonte, wie allein er sei. »Du bist immer so weit weg, und es ist kein Vergnügen, hier allein zu sitzen und auf Deine Besuche zu warten« oder »Bitte bleib doch bei mir.« Aber er kannte mich auch gut genug, um zu wissen, daß ich die Arbeit brauchte. Und natürlich war er selbst auch viel auf Reisen: Er hatte zahlreiche Produktionen in der Bundesrepublik, in Schweden und in Dänemark. Ich glaube, er war kaum mehr als eine Woche zu Hause.

Während ich noch in New York *Alle Reichtümer dieser Welt* spielte, schickte mir Kay Brown einen Roman von Rachel Maddux, *A Walk in the Spring Rain*, der mir sehr gefiel. Es war die Geschichte einer Frau von Fünfzig, die verheiratet ist und sich in einen Mann verliebt, der noch etwas älter ist als sie.

Kay sagte mir, daß Stirling Silliphant, der für sein Drehbuch zu *In der Hitze der Nacht* mit einem Oscar ausgezeichnet worden war, an dem Stoff interessiert sei. Er wolle mich besuchen. Wir beide waren von der Story sehr angetan. Stirling wollte den Film selbst produzieren. Er hatte so etwas noch nie gemacht, wollte aber nicht, daß ihm jemand zuvorkam.

Ich beendete also *Alle Reichtümer dieser Welt* und kehrte nach Frankreich zurück, um danach mit Lars auf die Insel zu fahren. Wir luden Stirling und seine Frau ein, uns zu begleiten.

Stirling liebte die Boote und das Fischen, aber er war damit so beschäftigt, daß er mit dem Drehbuch nicht vorankam. Schließlich sagte ich: »Hör mal, wir müssen darüber reden. Hast du den Text bei dir?«

»Ja«, sagte er. »Aber er ist noch nicht endgültig. Alles, was du willst, kann geändert werden.«

Das Drehbuch war weniger als unvollständig. Ich sagte: »Du hast geschrieben, bis es schwierig wurde, dann hast du aufgehört!« Aber zu diesem Zeitpunkt mochte ich ihn schon so sehr und hatte absolutes Vertrauen in ihn, daß ihm ein gutes Drehbuch gelingen würde. Die Columbia war bereit, die Sache zu finanzieren, und wir fanden auch die geeignete Gegend für die Außenaufnahmen. Der Produktionsbeginn war für 1969 vorgesehen.

Als wir nach Choisel zurückkehrten, erhielt ich einen Anruf von Mike Frankovich aus Beverly Hills. Er hatte die Filmrechte für *Die Kaktusblüte (Cactus Flower)* erworben und wollte, daß ich die weibliche Hauptrolle spielte. Ich schwieg erst einmal.

Er sagte, er habe Walter Matthau für die Rolle des Zahnarztes und Goldie Hawn für die seiner Freundin engagiert. Ob ich einverstanden sei? Mir war das Stück bereits für eine Aufführung in London angeboten worden, aber ich hatte abgelehnt. Ich hatte damals Lars nicht so lange allein lassen wollen.

»Die Rolle, die ich spielen soll, ist doch die einer Frau von fünfunddreißig Jahren«, sagte ich schließlich.

»Na und?« meinte Mike unbeeindruckt.

»Ich bin vierundfünfzig«, antwortete ich.

Doch er ließ nicht locker. Also sagte ich ihm lachend, er solle nach Paris kommen und mich genau betrachten, bevor er sich entscheide.

Mike kam mit seinem Regisseur Gene Saks nach Paris. Ich empfing sie bei sehr grellem Licht. Mike beäugte mich von allen Seiten, grinste und sagte, ich wäre die Richtige, und ich könne ganz beruhigt sein, er habe auch einen ausgezeichneten Kameramann verpflichtet.

Das stimmte. Er hatte Charles Lang engagiert, den ich mir danach auch für den Film *Die Frau des anderen (A Walk in the Spring Rain)* ausbedingen sollte, bei dem Anthony Quinn mein Partner war. Und damit war das Jahr 1969 ausgefüllt; ich würde zwei Filme drehen und kaum Zeit für irgend etwas anderes haben.

»Walter Matthau läßt sich nicht so leicht aus der Ruhe bringen«, erinnerte sich Mike Frankovich, »doch als Ingrids Ankunft bevorstand, war er recht nervös. Er fragte mich immerzu, ob er ihr gefallen würde. Nun, Ingrid war von ihm begeistert. Alle drei – Ingrid, Walter und Goldie – kamen wunderbar miteinander aus. Als der Film beendet war, sagte Goldie Hawn, sie sei von Ingrid sehr beeindruckt. Sie sei, wie man sich eine Frau wünsche – warmherzig und offen, habe Haltung und Ausstrahlung, und es sei zu schade, daß sie nicht die Königin irgendeines Landes sei.«

Der Film wurde ein Welterfolg und erhielt exzellente Kritiken. »Time«-Magazin schrieb: »Repräsentiert er das Amerika unserer Tage? Und kann Goldie Hawn wirklich spielen? Ja, sie kann, und desgleichen Ingrid Bergman und Walter Matthau... *Die Kaktusblüte* wurde ein Filmerfolg dank der Könnerschaft zweier alter Meister – und einer neuen Meisterin –, die in der Komödie brillieren.«

Es gab aber auch Ärger – der Anlaß war Lauren Bacall.

Lauren hatte meine Rolle am Broadway verkörpert und einen Riesenerfolg damit gehabt. Dann erwarb Mike Frankovich die Rechte, und Lauren beauftragte ihren Agenten, dafür zu sorgen, daß sie auch die Filmrolle erhielt. Es sei sicher nicht schwierig, dank der großartigen Kritiken, die sie vorweisen könne. Aber es wäre möglich, daß sie an eine Schauspielerin dächten, die jünger sei als sie.

Als Lauren erfuhr, daß ich die Rolle erhalten hatte, drehte sie durch. Sie erklärte in Interviews, daß sie nichts dagegen gehabt hätte, die Rolle an eine Schauspielerin zu verlieren, die zehn Jahre jünger wäre als sie. Aber daß man Ingrid Bergman gewählt habe, die zehn Jahre älter sei als sie, fand sie unmöglich. Lauren war der Überzeugung, es sei ihre Rolle, und man könne sie ihr nicht einfach wegnehmen oder vorenthalten. Ich konnte sie gut verstehen.

Aber ich fühlte mich unschuldig. Auch ich fand die Rolle phantastisch. Ich hatte auf die Chance verzichtet, sie auf der Bühne zu verkörpern. Und ich war der Meinung, sie jetzt verdient zu haben.

Viele Jahre zuvor hatte man mir die Rolle von Anne Bancroft in *Licht im Dunkel* angeboten, nachdem Anne am Broadway damit einen ungeheuren Erfolg gehabt hatte. Ich liebte den Part, und ich wollte das Stück in Frankreich spielen. Doch Lars fand keinen Interessenten für die Geschichte eines blinden, taubstummen Kindes und seiner Lehrerin. Dann kam ein Anruf aus Hollywood, und man fragte, ob ich die Rolle im Film verkörpern wolle. Damals lehnte ich ab, weil ich der Meinung war, die Rolle gehöre Anne Bancroft. Jedenfalls in Amerika. »Aber sie ist kein Star«, entgegneten die Hollywoodleute. »Gebt ihr die Rolle, und sie ist ein Star«, antwortete ich. Sie bekam sie tatsächlich, und Anne Bancroft gewann den Oscar.

Lauren Bacall war so wütend auf mich, daß sie zu Pia, die sie für das New Yorker Fernsehen interviewen sollte, sagte: »Sprich nicht mit mir über deine Mutter! Erwähne bloß nicht ihren Namen!« Pia antwortete ihr, daß sie gekommen sei, um mit ihr über sie zu sprechen und nicht über mich. Und so geschah es. Monate später befand ich mich wieder in New York, und Lauren hatte einen weiteren Riesenerfolg am Broadway. Sie spielte die Hauptrolle in dem Musical *Applaus* nach dem Film *Alles über Eva*. Ich sagte Pia, daß ich mir die Vorstellung ansehen und Lauren anschließend in ihrer Garderobe besuchen wolle. Pia beschwor mich, Lauren nicht aufzusuchen. Auch Kay Brown, die mit mir die Vorstellung besuchte, meinte, es sei nicht klug, mit Lauren zu sprechen.

Ich ging also zu ihrer Garderobe, klopfte an die Tür, und ihre Garderobiere fragte, wen sie anmelden dürfe. Ich sagte, sie solle Lauren ausrichten, daß die Frau, die sie am meisten hasse, sie gern gesprochen hätte.

Ich konnte Lauren durch die offene Tür im Spiegel sehen, und ich sah plötzlich ihr berühmtes breites Lachen und ihre Augen, die zu funkeln begannen. Sie kam auf mich zu, breitete die Arme aus, und seitdem sind wir sehr gute Freundinnen.

Die Frau des anderen drehten wir in den Bergen von Tennessee, einer wunderschönen Landschaft Amerikas mit riesigen bewaldeten Bergen und glasklaren Seen. Es schien die perfekte Kulisse für unseren Film. Die Geschichte ist ganz einfach. Ich bin die Frau eines Hochschullehrers, den Fritz Weaver darstellt. Er entschließt sich, für ein Jahr seinen Dienst zu quittieren, um ein Buch zu schreiben, das er schon immer schreiben wollte. So gehen wir also nach Tennessee und leben in einem kleinen Landhaus. Dort treffe ich einen anderen Mann, ungebildet, aber sehr naturverbunden: Anthony Quinn. Wir verlieben uns ineinander. Doch sein Sohn ist gegen uns. In einem

Kampf mit seinem Vater wird er aus Versehen getötet. Wir erkennen, daß alles vorbei sein muß. Mein Mann begreift, daß er als Schriftsteller ein Versager ist, und wir kehren nach New York zurück.

Das Buch von Rachel Maddux ist von sehr dichter, eindringlicher Atmosphäre, und wir bemühten uns, diese Atmosphäre auch auf die Leinwand zu bringen.

Seit unserer gemeinsamen Arbeit an dem Film *Der Besuch* waren wir miteinander befreundet, aber das hieß nicht, daß Anthony Quinn und ich nicht mitunter verschiedener Auffassung waren. Ich war nie sehr diplomatisch, ich sprach Dinge aus, ohne vorher darüber nachzudenken. So geschah es, daß ich plötzlich bei einer Probe zu Anthony sagte, er könne die Szene niemals so spielen, wie er sie gerade erklärt habe. Er sah mich völlig entgeistert an und fragte, wer denn hier eigentlich der Regisseur sei, ich oder Guy Green.

Er hatte genug von meinen Einmischungen, ging zu Guy Green und erklärte, daß Burt Lancaster gerade frei sei und sicher gern den Film mit mir machen würde. Er jedenfalls hätte von mir die Nase voll.

Schließlich blieb mir nichts anderes übrig, als zu Anthony zu gehen und mich zu entschuldigen. Er hatte ja recht. Weshalb mußte ich mich einmischen? Von nun an würde ich den Mund halten, versprach ich ihm.

Am 13. Mai 1969 schrieb sie aus Knoxville:

Lieber Lars,
wir sind in Gattlinburg und werden die ganze Zeit Leuten vorgestellt, müssen Konversation machen und Autogramme geben. Dies ist nun schon der zweite Tag, und ich hoffe, auch der letzte. Du mußt mir noch mehr über Dein Abendessen mit André Malraux in Choisel erzählen. Was für interessante Gäste Du doch hast, wenn ich nicht zu Hause bin! Aber es ist nur gut so, denn ich wäre sicherlich total hysterisch geworden, wenn die Bewirtung nicht mindestens so gut wie bei Hofe gewesen wäre.

Ich bin jetzt etwas ruhiger geworden. Ich verstehe, daß ich anderen manchmal auf die Nerven gehen kann. Wenn Du das sagst, meine ich, Du sagst es, weil Du müde und gereizt bist. Du bist lange allein gewesen und hast Dich daran gewöhnt, Deine Entscheidungen allein zu treffen. Aber jetzt haben Guy Green und Tony Quinn mir das auch gesagt, und nun weiß ich, daß ich etwas falsch mache. Ich höre nie zu, und ich rede dazwischen, während sich andere über etwas unterhalten; Du kennst das ja. Dieser Tony Quinn sah mich an, ohne ein Wort zu sagen, bis ich mich bei ihm entschuldigte.

Mein lieber Alter, ich hab mich schon sehr gebessert, wart's nur ab.

Es fanden viele Voraufführungen des Films für ein ausgewähltes Publikum statt, und ich glaube, man folgte dabei noch immer der alten Masche, Karten zu verteilen, auf denen das Publikum seine Meinung über den Film bekanntgeben sollte: »Mir gefiel die Geschichte nicht... Die ganze Sache ist einfach albern... Ich verstehe den Film nicht... Ich denke, dieses oder jenes war schlecht.« Nach solchen Beurteilungen wurden schon viele Hollywood-Filme neu geschnitten und verändert.

Ich habe das stets als töricht empfunden. Ich meine, es sollte immer die Entscheidung eines einzigen sein; einer hat die Geschichte geschrieben, sie verfilmt, er sollte dafür geradestehen, den Film so präsentieren, wie er es für richtig hält, und dann die Verantwortung für Erfolg oder Mißerfolg übernehmen. Aber Hollywood richtete sich immer danach, was das Publikum angeblich wollte. Und nach dieser Methode konnte ein Film so verändert und geschnitten werden, daß das Ergebnis am Schluß ganz anders aussah, als am Anfang erwartet. Ich sah meinen Film erstmals bei der Premiere in Knoxville.

Die Uraufführung wurde zu einer Gala-Veranstaltung. Eine Weltfilmpremiere hatte es in Knoxville noch nicht gegeben. Die Kritiker kamen von überall her, doch ihre Begeisterung für *Die Frau des anderen* war gedämpft. Die Geschichte kam nicht »rüber«, wie man so sagt.

Ich saß während der Vorstellung neben Rachel Maddux, und dauernd fragte sie mich, was diese oder jene Szene zu bedeuten habe. Da würde etwas fehlen, und dort sei etwas hinzugefügt worden, was gar nicht im Buch stehe...

Ich verstand ihre Reaktion sehr gut. Aber das ist nun einmal so. Hollywood hatte ein Buch gekauft. Man veränderte es. Passagen wurden hinzugefügt, andere eliminiert. Ich wußte nicht, wie ich ihr helfen konnte. Das Buch war exzellent geschrieben, es gab die Atmosphäre der Landschaft und die Gefühle einer Frau genau wieder, und jetzt erlebte Rachel Maddux, daß ihr Roman verwässert worden war. Ich versuchte, sie zu trösten.

Der Film war ein ehrlicher Versuch. Wir waren so hoffnungsvoll an die Arbeit gegangen. Aber irgend etwas hatte nicht geklappt, der Funke sprang nicht über, und niemand konnte sagen, was es genau war. Wir hatten unser Bestes versucht, aber alles, was wir erreichten, war, Rachel Maddux zum Weinen gebracht zu haben...

Der Kritiker von »Variety« überschrieb seinen Kommentar vom 15. April 1970: »Eine Rührstory für alte Weiber«, und Howard Thompson schlug in der »New York Times« in die gleiche Kerbe: »langweilig, zähflüssig, das nicht überzeugende Drama eines älteren Liebespaares...«

Die Liebe zwischen Menschen, die nicht mehr ganz jung sind, mag nicht jedermanns Sache sein, aber es gibt sie nun mal, nicht nur im Film, und sie kann sehr wohl ergreifend, dramatisch und interessant sein.

Es war ein herrlicher Sommertag, als das Flugzeug auf dem Flugplatz Orly landete und Ingrid zu Lars zurückbrachte. Bei der Fahrt nach Hause war es diesmal Ingrid, die viel zu erzählen hatte über die letzten sechs Monate in Hollywood, denn in der ganzen Zeit hatte sie Lars nur einmal gesehen.

An diesem Abend erzählte ihr Lars von einer anderen Frau – Kristina. Lars und Ingrid waren zu diesem Zeitpunkt zwölf Jahre verheiratet.

Zuerst konnte ich mich nicht beruhigen. Ich wußte, daß ich mir selbst diesen Schlag versetzt hatte. Es war meine eigene Schuld. Liana hatte mich schon lange gewarnt. Ich konnte Lars nicht verurteilen. Aber ich konnte mich nicht damit abfinden. Ich war wütend. Wir sprachen über Scheidung. Aber es blieb bei der Diskussion. Ich dachte, ich würde ihn verlassen. Einfach fortgehen. Dann dachte ich, daß seine neue Beziehung vielleicht von selbst ausklingen würde. Es gab so viel, was Lars und mich verband. Vielleicht konnten wir noch einmal von vorn anfangen. Aber das ist natürlich nicht möglich. Man versucht es, aber es wird niemals wie zuvor.

Da stand ich also wieder vor dem alten Dilemma: Was war wichtiger, was war stärker – der Wunsch, meine Ehe aufrechtzuerhalten, oder der Wunsch, wieder zu spielen? War es besser, Filme zu drehen, das Publikum zu unterhalten, oder war es besser, zu Hause zu sitzen und eine liebe, gelangweilte Ehefrau zu mimen? Bisher hatten wir versucht, mit unseren Problemen zu leben, aber jetzt schien alles so verändert.

Wir taten nichts. Die andere Frau blieb. Wir setzten unser Leben fort und machten einander unglücklich. Meine Triebkraft war immer die Arbeit gewesen. Und wieder einmal, wie schon so oft, kam auch in diesem Moment ein Angebot, das mich interessierte. Binkie Beaumont schickte mir *Kapitän Brassbounds Bekehrung* von George Bernard Shaw.

Ich las das Stück. Ich fand es nicht sehr gut. Aber es hatte eine wunderbare Frauenrolle – sehr ungewöhnlich, sehr intelligent, voller Humor; eine Frau gegen vierundzwanzig nicht besonders kluge Männer...

Ich nahm die Rolle an. Die Premiere war in Brighton. Joss Ackland spielte den Kapitän Brassbound und Kenneth Williams den Drinkwater. Laurence Olivier kam zur Premiere, und wenig später trafen sich Joss, Sir Laurence und ich zu einem kleinen Abendessen. Fast den ganzen Abend über unterhielt sich Sir Laurence mit Joss sehr kollegial über die verschiedensten Dinge. Kurz bevor wir uns verabschiedeten, wandte sich Laurence Olivier an mich und sagte: »Wenn Sie erst einmal Ihren Text beherrschen, werden Sie sehr gut sein.«

In London spielten wir im Cambridge Theatre. Die Kritiken waren sehr unterschiedlich. Ich wurde kritisiert, weil ich keine Engländerin war. Weshalb hatte man eine Ausländerin nach London geholt, um die Lady Cecily in einem Shaw-Stück zu spielen!

Doch das britische Publikum störte das nicht. Es wollte Ingrid Bergman auf der Bühne sehen, und es stand in langen Schlangen vor der Kasse, das Theater war immer ausverkauft.

Während der Arbeit an *Kapitän Brassbounds Bekehrung* lernte Ingrid Bergman den Theatermanager Griffith James kennen, mit dem sie bis heute befreundet ist.

»Ich erinnere mich genau an unsere erste Begegnung«, erzählt er. »Es war bei der ersten Probe. Das ganze Ensemble war versammelt, um Ingrid Bergman, den Star der Aufführung, zu empfangen. Sie kam pünktlich, sah großartig aus, betrat die Bühne, und wir waren alle von ihr hingerissen. Auf der Bühne war in der Mitte ein Stuhl postiert. Er war sehr wichtig. Die anderen Stühle waren im Umkreis aufgestellt, denn in der Mitte sitzt allein der Star. Ingrid kam, begrüßte jeden einzelnen, und dann sah sie den Stuhl, schüttelte den Kopf und nahm auf einem der anderen Stühle Platz. Typisch Bergman!

Ich erinnere mich auch, daß sie nie genug frische Luft bekommen konnte. Es war sehr heiß. Wir hatten keine Klima-Anlage im Theater. Wir öffneten alle Fenster, aber es schien nie kühl genug zu sein. Immer, wenn Ingrid von der Bühne kam, öffneten wir eine Bühnentür, die ins Freie führte. Es kamen Passanten vorbei, und da stand Ingrid Bergman in ihrem viktorianischen Kostüm, und die Vorbeigehenden kamen aus dem Staunen nicht heraus. Taxis fuhren nur im Schrittempo vorbei.«

Griffith James war früher selbst Schauspieler gewesen, aber eines Tages entschied er sich, daß er nicht länger andere Menschen darstellen wollte. Er wollte sein eigenes Leben leben, und er wechselte den Beruf.

Mit einer neu zusammengestellten amerikanischen Truppe stellte Ingrid Bergman *Kapitän Brassbounds Bekehrung* im Kennedy Center in Washington vor. Die amerikanische Premiere hatte in Wilmington stattgefunden, und man wollte noch in Toronto und dann am Broadway auftreten. Der Erfolg war sehr groß. Ingrid bekam hervorragende Kritiken. Die Rezensenten waren der gleichen Meinung wie ihre englischen Kollegen – sie hatten viel am Stück auszusetzen und waren sich über die Leistung der Hauptdarstellerin einig. Die Vorstellungen waren ausverkauft. Und es sollte sich später herausstellen, daß von sechsundfünfzig neuen Broadway-Inszenierungen in jenem Jahr nur *Kapitän Brassbounds Bekehrung* seine Kosten wieder eingespielt hatte.

In Washington wurde Ingrid Bergman von der »National Press Association« zu einer Pressekonferenz eingeladen. Auf eine solche Gelegenheit hatte sie seit zwanzig Jahren gewartet. Nie hatte sie die Möglichkeit gehabt, auf den Angriff von Senator Johnson zu antworten, der 1950 unter anderem gesagt hatte, daß er hoffe, Ingrid Bergman habe mit der Übernahme der Rolle in *Stromboli* ihre Karriere nicht umsonst zerstört, aus ihrer Asche möge ein besseres Hollywood erwachsen.

Diese Worte hatten sie getroffen und tief verletzt. Sie war dazu erzogen worden, ein anständiges, ehrbares Leben zu führen und aufrichtig zu sein. Die Tatsache, daß sie und Roberto Rossellini einander liebten und ein Kind miteinander hatten, gab keinem das Recht, sie für unehrbar zu halten. Die Attacken der Presse war eine Sache, aber Senator Johnson hatte diese Worte im Senat der Vereinigten Staaten gesprochen, in der Hauptstadt des Landes, das für Freiheit und Gleichheit aller Menschen eintritt. Das empfand sie als unfair ihr gegenüber.

Im April 1972 war auch klar, daß es nicht Ingrid Bergman war, die zu Asche zerfallen war, sondern Hollywoods Filmindustrie. Hollywood war vom Fernsehen überrollt worden, während Ingrid Bergman wie Phoenix aus der Asche eine neue Karriere gestartet hatte. Jetzt wollte sie die Gelegenheit ergreifen. Sie wußte, daß es ein heißes Eisen war. Aber sie wollte die Stunde der Wahrheit nutzen. Alles, was sie brauchte, war die richtige Frage eines Reporters, um ihre Erklärung abzugeben.

Das Treffen mit der »National Press Association«, mit all den Kritikern, Journalisten, Rundfunk- und Fernsehreportern, war eine große Ehrung. Unter jenen, die die Möglichkeit gehabt hatten, vor dieser Versammlung zu sprechen, waren Chruschtschow und die Astronauten, die als erste auf dem Mond gelandet waren. Die Tatsache, daß Ingrid Bergman eingeladen wurde, mag vielleicht in der Erkenntnis gelegen haben, daß die Medien diese Schauspielerin, deren Anliegen ihr ganzes Leben lang war, anderen Menschen Freude zu bereiten, ziemlich böse behandelt hatten. Ingrid wurde von einem erwartungsvollen Publikum herzlich begrüßt. Die Fragen waren fair und vernünftig. Viele hatte sie schon Dutzende von Malen zuvor beantwortet. Ist es schwerer, Komödien zu spielen als Tragödien? Was halten Sie vom Kennedy Center im Vergleich zu anderen Theatern? Wie gelingt es Ihnen, so jung auszusehen? Kann ein Schauspieler auch andere Interessen als das Theater haben, Politik, zum Beispiel?

»Ich bin Künstlerin«, antwortete sie. »Ich habe nur Talent zu spielen. Alles andere ist Glück, Zufall oder harte Arbeit. Ich versuche, für andere Menschen dazusein. Aber das ist kein politisches Engagement. Das ist menschliches Interesse. Wenn ich mich für Kriegsgefangene und Waisen einsetze, so entspringt das meinem privaten Anliegen.«

Sie wurde gefragt, wie sie eine Rolle einstudiere, von welcher Seite sie eine Bühnenfigur anpacke.

»Ich habe nicht viele Bücher über Schauspielkunst gelesen. Ich habe versucht, mich durch Stanislawski durchzuarbeiten. Ich glaube, ich erfasse eine Figur ganz instinktiv, wenn ich das Drehbuch lese. Ich lehne viele Rollen ab, weil ich sie nicht auf Anhieb verstehe. Ich muß die Rolle und den Charakter total begreifen; es muß etwas in mir sein, das auch diese Figur hat, dann fühle ich es sofort. Ich lasse mich mehr vom Gefühl als von jeder Technik leiten. Ich suche Personen, ich sehe mich um. Immer, wenn ich spazierengehe, finde ich Menschen, die man beobachten kann. Ich sage mir dann, daß ich mich daran erinnern muß, wie diese oder jene Person gegessen hat oder wie sie sich bewegte. Ich muß mich an ihre Kleidung erinnern, für den Fall, daß eines Tages eine Rolle auf mich zukommt, die dieser Person entspricht. Ich nehme diese Dinge mehr aus dem Leben, von dort beziehe ich meine Kenntnisse, nicht aus dem Kopf.«

Es heißt, Hollywoods Goldene Jahre seien vorbei. Ist das ein großer Verlust? war eine andere Frage.

»In gewissem Sinne ist es ein Verlust. Es war herrlich, als Hollywoods Star-System noch funktionierte. Man hatte die richtigen Studios, die Techniker. Aber die Zeit schreitet voran. Ich glaube, alles muß sich einmal verändern. Alles war so schillernd, so unrealistisch. Das war einer der Gründe, weshalb ich fortging...«

Und plötzlich ging ihr auf, daß ihr diese Frage die Möglichkeit gab, ihr Anliegen loszuwerden.

»... Ich war der Meinung, Hollywood sei wunderbar, und ich hatte keinen Grund zur Beschwerde, denn es war für mich eine sehr gute Zeit, und die Leute schienen mich zu mögen, und ich hoffte, wir würden gute Filme machen. Aber ich wollte in realistischen Filmen spielen. Als ich *Rom, offene Stadt* sah, wußte ich, welche Art von Filmen ich meinte, und ich ging...«

Jetzt war der Moment gekommen, jetzt konnte sie endlich den Schlag parieren, der ihr vor zwanzig Jahren versetzt worden war: »... Als ich fortging, hat ein Senator hier in Washington eine Rede gegen mich gehalten, und er schloß mit den Worten, daß aus Hollywoods Asche ein besseres Hollywood erwachsen möge...«

Ihr wurde nicht bewußt, daß sie die Pointe vermasselt hatte. Sie hatte gesagt »aus Hollywoods Asche« und nicht »aus Ingrid Bergmans Asche«. Sie hatte die ganze Ironie und die Spitze einfach verpatzt. Sie wunderte sich nur, daß niemand Fragen stellte, nachhakte. Erst als sie wieder in Frankreich war und das Tonband der Pressekonferenz abhörte, stellte sie ihren Fehler fest und begann zu lachen: »Ein Satz, den ich seit Jahren loswerden wollte! Und dann muß ich alles vermasseln!« Sie lacht noch heute darüber.

Aber ihr wurde dennoch Gerechtigkeit zuteil. Im April 1972 erhob sich Senator Charles H. Percy im Senat der Vereinigten Staaten und sagte, daß eine der bezauberndsten und talentiertesten Schauspielerinnen vor zweiundzwanzig Jahren an dieser Stelle scharf angegriffen worden sei. Und heute würde er gern die längst überfällige Ehrung für Ingrid Bergman vornehmen, denn die amerikanische Kultur wäre ohne ihre Kunst sehr viel ärmer. Das amerikanische Publikum hätte sich immer einen Platz in seinem Herzen für sie bewahrt, und es gäbe Millionen Bürger, die seiner Meinung seien und gemeinsam mit ihm Ingrid Bergman ihre Entschuldigung dafür aussprechen wollten, was man ihr hier in ihrem privaten und beruflichen Leben angetan habe.

Er sei sicher, daß diese Millionen Amerikaner seine Bewunderung für diese Künstlerin teilten. Ingrid Bergman sei nicht nur willkommen in Amerika, sondern Amerika fühle sich durch ihren Besuch geehrt.

Ingrid schrieb ihm:

Lieber Senator Percy,
mein Krieg mit Amerika ist seit langem vorüber. Die Wunden waren jedoch geblieben. Jetzt, nach Ihrer großzügigen Geste, sind sie für immer verheilt.

Lars und ich arbeiteten voller Freude. Lars war immer bemüht, neue Stücke und neue Autoren zu finden. Er produzierte Stücke von Arthur Miller, Tennessee Williams, Arnold Wesker und Alan Ayckbourn. Die letzte Produktion, an der wir gemeinsam arbeiteten, war 1967 *Die geliebte Stimme*.

Er nannte mich oft im Scherz seine goldene Gans. Ich legte goldene Eier, denn ich konnte spielen, was ich wollte, ich hatte Erfolg. Ich war außerdem mit einem Produzenten verheiratet, was konnte es also für Probleme geben? Aber Lars suchte nie wirklich ein Stück für mich.

Wir hatten Auseinandersetzungen deswegen. Als ich feststellte, daß er niemals etwas für mich fände, meinte Lars, daß ich seinen Standpunkt verstehen müsse. Er wolle mich nicht für sich benutzen, denn Ingrid Bergman nur in irgendeinem Stück einzusetzen, das wäre zu einfach.

Wir unternahmen einen letzten Versuch, zusammen zu leben. Wir versuchten es wirklich, aber es ging nicht. Unsere Ehe war zu Ende.

Also suchte ich wieder Arbeit. Kreatives Rauschgift nennt man das wohl. Binkie Beaumont rief mich in Choisel an und fragte, was ich mache. Ich sagte ihm, ich sei allein. Also lud er mich ein, zu ihm zu kommen. Weshalb sollte ich irgendwo mitten in Frankreich auf dem Lande herumsitzen, wo er ganz allein mitten in England auf dem Lande, in Kent, herumsaß?

So flog ich oft zu ihm nach Kent. Wir saßen zusammen, oft waren

426

andere befreundete Schauspieler bei ihm zu Gast. Wir hockten vor dem Kamin und gruben in unseren Erinnerungen, Wünschen und Hoffnungen herum. Theaterleute haben immer ein Thema für eine Unterhaltung. Ich fand viel Wärme und Freundschaft in diesem Kreis. Binkie war ein perfekter Gastgeber. Er liebte das Theater, war ungeheuer kreativ und einfallsreich. Wenn er an etwas glaubte, behielt er meistens recht. Selbst wenn ich Zweifel hatte, konnte ich mich auf sein Urteil oder seine Intuition verlassen.

1973 drehte ich einen Film mit dem Titel *From the Mixed-Up Files of Mrs. Basil E. Frankweiler* nach einem preisgekrönten Kinderbuch. Ein kleines Geschwisterpaar läuft von zu Hause fort und versteckt sich im New Yorker Metropolitan Museum. Dort will das kleine Mädchen herausfinden, ob eine Engels-Skulptur von Michelangelo wirklich echt ist. Die Kinder treffen eine geheimnisvolle alte Dame, die die Sehnsucht im Herzen der Kinder nach der Welt von Gestern versteht. Es war kein bedeutender Film. Aber es machte mir Spaß, die alte Dame zu spielen, und das Metropolitan Museum erlaubte erstmals, daß in seinen Räumen gefilmt werden durfte.

Während der Dreharbeiten traf ich Arthur Cantor wieder, und er sollte eine große Rolle in meiner weiteren Theaterlaufbahn spielen. Er hatte als junger Mann im Alvin Theater gearbeitet, als ich *Johanna von Orleans* dort spielte. Er war damals so eine Art »Mädchen für alles« – zum Beispiel war er es, der mir ein Sandwich holte, wenn ich Hunger hatte.

Er machte Karriere, arbeitete mit Binkie Beaumont zusammen, trieb die Gelder für die verschiedensten Produktionen auf. Eines Tages rief er mich an und sagte, daß er ein Stück von Somerset Maugham gefunden habe, das Binkie aufführen wolle, und ich solle es doch lesen. Es war *The Constant Wife (Finden Sie, daß Constanze sich richtig verhält?)*.

Ich nahm an, obwohl ich es ein wenig altmodisch fand. Ethel Barrymore hatte es zuvor in Amerika gespielt. Sie hatte bei der Premiere ihren Text total durcheinandergebracht. Somerset Maugham, der sie in der Garderobe besuchte, war sehr irritiert, doch bevor er etwas sagen konnte, meinte sie, er solle sich nicht aufregen, sie würden das Stück sicherlich ein Jahr lang spielen. Und so war es auch.

Das war im Jahr 1927 gewesen. Doch jetzt hatten wir 1973, und ich war mir nicht sicher, ob wir einen ähnlichen Erfolg erringen würden. John Gielgud, der das Stück inszenierte, versuchte, mich zu beruhigen. Er sagte, das einzige, was daran altmodisch sei, wäre sein Charme.

Doch während der Vorbereitungen zu dem Stück starb Binkie Beaumont. Obwohl er sich nicht wohl fühlte, ging er zu einer Party. Er kam zurück, rief Arthur Cantor an und erzählte ihm, daß er mit mir darüber gesprochen habe, die Premiere irgendwo auf dem Kontinent zu veranstalten, vielleicht in Amsterdam. Er werde am Morgen weiter darüber nachdenken. Binkie Beaumont ging zu Bett und stand nie mehr auf.

John sagte schließlich zu mir, daß wir weitermachen müßten. Binkie würde es uns nie verzeihen, wenn wir aufgeben würden. Wir spielten zwei Wochen in Brighton und wechselten im September 1973 ins Albery Theatre nach London.

SIEBENUNDZWANZIGSTES KAPITEL

Wir waren sehr erfolgreich mit *The Constant Wife*, wenn es auch wieder Stimmen gab, wie z. B. Harold Hobson von der »Sunday Times«, die der Meinung waren, daß ich als englische Lady nicht überzeugen könnte, da ich wie eine gebildete Ausländerin englisch spräche. Doch es gab auch sehr gute Kritiken, und wir hatten einen erstaunlichen Kassenerfolg.

Aber ich saß in meiner Garderobe und sah die Schäbigkeit des Raumes. In den ersten zwei Wochen sagte ich nichts, doch als ich erfuhr, wie erfolgreich wir waren, meinte ich, es sei an der Zeit, meine Garderobe zu renovieren. Schließlich sei sie seit Erbauung des Theaters nicht einmal neu angestrichen worden. Der Teppich war schmutzig, das Sofa nicht zu benutzen, weil die Sprungfedern herausragten. Wenn wir schon einen solchen Erfolg hätten, sollten wir uns etwas mehr Komfort leisten.

In einem Interview erklärte ich, daß ich wirklich achtundfünfzig sei und auch dazu stünde. Natürlich sei es traurig, wenn man bedenke, was man alles machen könnte, wenn man nur jünger wäre. Aber ich würde voller Freude noch zweimal Geburtstag feiern, dann allerdings damit aufhören... Als Gerüchte über meine Ehe erwähnt wurden, entgegnete ich: »Wir sind dabei, Schwierigkeiten auszubügeln. Mehr möchte ich nicht sagen.«

Zu dieser Zeit las ich viel über Brustkrebs in den Zeitungen: über die Operation, die Betty Ford, die Frau des amerikanischen Präsidenten, über sich ergehen lassen mußte, und über die von Mrs. Rockefeller, und wie wichtig es sei, sich frühzeitig untersuchen zu lassen. Während ich wieder einmal etwas über dieses Thema las, betastete ich instinktiv meine Brust. Dann hielt ich inne und dachte:

›O Gott! O Gott! Das darf doch nicht sein, das kann doch nicht mir passieren! Das passiert doch nur den anderen!‹

Ich rief sofort Lars in Paris an. Er sagte, ich solle zum Arzt gehen, sofort am nächsten Tag.

Doch ich mußte ja spielen. Ich verdrängte meine Ängste. Dann fragte ich Griffith, ob ich eigentlich für den Fall versichert sei, daß ich nicht weiterspielen könne.

Er war überrascht, fragte, ob ich krank sei, und ich sagte ihm, daß ich nicht krank sei, sondern nur wissen wolle, was passieren würde, falls ich krank werden sollte. Er sagte, daß ich nicht versichert sei, denn wenn Ingrid Bergman nicht spielen könnte, würde das Stück abgesetzt.

Ich spielte weiter. Aber ich suchte einen Spezialisten auf, der mich beruhigte. Er sagte, da wäre zwar etwas, aber das hätte keine Eile. Ich sollte mich nicht aufregen.

Ich regte mich also nicht auf, sondern erhielt ein Angebot, in Sidney Lumets Verfilmung von Agatha Christies Roman *Mord im Orient-Express* mitzuwirken. Albert Finney spielte den berühmten belgischen Detektiv Hercule Poirot, und Sidney hatte ein gutes Dutzend berühmter Schauspieler engagiert, die kleine, aber erstklassige Rollen spielen sollten: Lauren Bacall, Vanessa Redgrave, Jacqueline Bisset, Richard Widmark, Sean Connery, Anthony Perkins, John Gielgud, Wendy Hiller und andere.

Ich sollte die Rolle einer russischen Prinzessin übernehmen. Er schickte mir das Drehbuch, und je mehr ich las, desto besser gefiel mir die Rolle einer schwedischen Missionarin. Ich rief Sidney zurück und fragte ihn, weshalb ich mich als russische Prinzessin in tolle Kleider und ein anstrengendes Make-up stürzen sollte, wenn es doch die Rolle der schwedischen Missionarin gäbe, die eigentlich für mich als Schwedin wie geschaffen sei.

Sidney versuchte, mir den Part auszureden. Er wollte mich schön und elegant sehen. Ich sollte eine außergewöhnliche Erscheinung abgeben und eine ebenso außergewöhnliche Persönlichkeit darstellen. Aber ich blieb hart. Ich fand die Missionarin nicht weniger ungewöhnlich.

Sidney sagte, die Rolle sei längst nicht so gut. Ich erwiderte, die eigentliche Rolle hätte sowieso nur Albert Finney als Poirot. Alle anderen würden doch bloß Silhouetten abgeben. Ich sei überzeugt, als Missionarin sehr gut zu sein. Und ich hatte schon viele Ideen, wie ich die Rolle spielen wollte, außerdem konnte ich mit schwedischem Akzent sprechen.

Schließlich lenkte er ein. Wendy Hiller übernahm die Rolle der russischen Prinzessin. Sie spielte sie fabelhaft.

»Eines der ersten Dinge, die ich über Ingrid herausfand«, sagte Griff, »ist die Tatsache, daß sie immer bereit ist, etwas anderes auszuprobieren. Es gibt viele Schauspieler und Schauspielerinnen, die an ihren Rollenklischees festhalten. Ingrid nicht. Sie spielte schon monatelang *The Constant Wife,* und am Freitag, bevor das Stück abgesetzt wurde, kam John Gielgud und sagte, daß ich alle Schauspieler bitten möge, nach der Vorstellung noch etwas zu warten, denn er wolle sich von ihnen verabschieden.

Er kam nach der Vorstellung hinter die Bühne und sagte, daß er noch etwas ändern wolle. Und das nach acht Monaten Laufzeit und mit nur noch zwei geplanten Vorstellungen.

Viele Schauspieler hätten zu ihm gesagt: ›Also, beruhige dich! Ich spiele die Rolle in dieser Form seit acht Monaten. Worum geht es eigentlich?‹ Aber nicht Ingrid. Sie war sofort interessiert, etwas Neues auszuprobieren, etwas zu verändern, nur eine Nuance vielleicht. Und wenn es nur für die letzten zwei Vorstellungen sein sollte! Sie war bereit, ihre Spielweise zu ändern. Sie hörte nie auf, sich zu verbessern, etwas Neues zu lernen.«

Nachdem *The Constant Wife* beendet war, flog ich nach Amerika, um Pia zu besuchen. Pia arbeitete beim New Yorker Fernsehen. Sie hatte wieder geheiratet, Joe Daly, und sie hatten ein Kind. Ich war sehr glücklich für sie beide. Justin war mein erstes Enkelkind, und die beiden einzigen Verwandten, die das Kind bisher gesehen hatten, waren Pias Stiefväter, Roberto und Lars. Beide waren zufällig zum selben Zeitpunkt in New York, und sie waren sich nie zuvor begegnet. Wenn man Roberto hörte, waren sie die erbittertsten Feinde in der Welt. Jetzt starrten sie beide ihr Stief-Enkelkind durch die

Glasscheibe an. Auch Isabella war dabei und berichtete mir davon. Ein Fernsehteam von *NBC* traf ein, um Pias Baby aufzunehmen. Doch die Fernsehleute erkannten nicht, welches brisante Zusammentreffen sich vor ihren Kameras abspielte.

Lars und Roberto waren so freundlich zueinander, daß es kaum zu fassen war. Sie hielten einander die Tür auf, einer wollte dem anderen den Vortritt lassen, sie waren einander behilflich, Taxis aufzutreiben. »Bitte, das ist Ihr's, Mr. Schmidt!«

»Nein, nach Ihnen, Mr. Rossellini!«

»Nun, wenn Sie darauf bestehen!«

Als das Taxi losfuhr, grinste Roberto Isabella an und brummte: »Hoffentlich holt er sich eine Lungenentzündung!«

Es war sicherlich die lustigste Begegnung an diesem Tag in New York.

Weniger lustig war es, als ich einen amerikanischen Arzt aufsuchte. Er wollte, daß ich mich sofort operieren ließe. Ich wehrte ab, sagte, daß ich am 11. Juni zu Lars' Geburtstagsfeier fahren müsse, daß ich den siebzigsten Geburtstag unseres Freundes, des Reiseschriftstellers Hans Ostelius, nicht versäumen dürfe und mich erst danach operieren lassen könne. Der Arzt wurde sehr böse. Er beschimpfte mich, daß ich zu leichtsinnig sei, daß es einfach albern sei, zwei Geburtstage vorzuschützen. Ich müsse mich noch heute einer Operation unterziehen. Ich weigerte mich. Der Arzt bestand dann auf einer sofortigen Operation in England. Er rief meinen Arzt in London an, und der sagte mir, es sei das beste, sofort zurückzukommen.

Ich feierte Lars' Geburtstag, und wir reisten für einen Tag in die Schweiz. Ich fuhr nicht mehr zu Ostelius' Geburtstag nach Portugal, sondern ging in London ins Krankenhaus, um mich operieren zu lassen.

Roberto schickte alle drei Kinder zu mir, Pia kam aus Amerika geflogen, Lars reiste an.

Immer noch benommen sagte ich nach der Operation: »Oh, diese Frau ist schrecklich. Sie weint andauernd vor sich hin. Lars, bitte sie doch, damit aufzuhören. Sie weint und weint.« Man sagte mir, daß ich es selbst war, die dauernd weinte. Ich hatte meine Hände fest über der Brust verschränkt. Es war mir unmöglich, sie zu lösen.

Wahrscheinlich ist das so eine Schutzgebärde. Der Arzt kam. Ich konnte in seinem Gesicht lesen wie in einem offenen Buch. Er tat mir sehr leid. Es muß eine grauenhafte Aufgabe sein, den Frauen zu sagen, daß sie verstümmelt sind. Wie auch immer – auch davon erholt man sich...

Es war nicht so schlimm für mich, wie ich anfangs gedacht hatte. Ich hatte alle meine Kinder bei mir. Natürlich ist es traurig, das kann ich nicht bestreiten. Ich wollte mich nicht im Spiegel betrachten. Ganz bestimmt nicht. Aber ich glaube, ich hätte sicher noch mehr gelitten, wenn ich jünger gewesen wäre.

Ich kehrte nach Choisel zurück, um mich zu erholen, bevor die Bestrahlungen beginnen würden. Als ich das Krankenhaus verließ, kamen die Kinder, um mich abzuholen. Ich hatte mir am Flughafen einen Rollstuhl bereitstellen lassen, denn ich dachte, ich würde die langen Gänge niemals schaffen. Wir kamen zum Flughafen und stellten fest, daß mit Isabellas und Ingrids Flugscheinen etwas nicht in Ordnung war; beide waren für einen Direktflug nach Rom ausgestellt. Auch Pias Ticket hatte keinen Aufenthalt in Paris vorgesehen. Sie mußten umbuchen. Sie lief in die eine Richtung, die Zwillinge in eine andere, und ich lief los, um zu verhindern, daß das Flugzeug ohne uns abflog. Es schien einfach nicht klappen zu wollen. Die Koffer wurden bereits eingecheckt, und während ich herumlief, rief ich Robin zu: »Macht nichts. Es fliegen noch mehr Maschinen nach Paris!« Isabella und Ingrid kamen angerannt und riefen: »Wir haben unsere Tickets!« Ich suchte Pia und sagte: »Nimm das nächste Flugzeug. Wir fliegen schon los, weil Lars in Orly auf uns wartet. Wir brauchen sein Auto für all das Gepäck. Wir warten da auf dich.« Ich raste durch die langen Gänge und sprang in den Zubringerbus, kurz bevor sich die Türen schlossen. Drinnen saß Robin und sah mich verschmitzt an. »Nun, Mama, was ist eigentlich mit dem Rollstuhl?«

Ich rang nach Atem. »Ach, der? Für den hatte ich doch gar keine Zeit!«

Der Bus ruckte an. In diesem Augenblick sprintete auch noch Pia heran. »Stop! Stop!« schrie ich dem Fahrer zu. So kamen wir alle doch noch in einer Maschine nach Paris.

Zwei Wochen danach flog ich zu den Bestrahlungen nach London.

Ich war fast krank vor Angst. Die Ärzte hatten mir erklärt, daß sich Nebeneffekte einstellen könnten, daß man schnell müde würde, Magenbeschwerden und Depressionen bekäme, daß man einfach nicht mehr würde weiterleben wollen. Ingrid und Isabella waren bei mir, und nach den Bestrahlungen ging ich nach Hause und ruhte mich erst einmal aus. Aber nach und nach wurde mir bewußt, daß ich eigentlich gar nicht krank oder müde war. Ich hatte nur Angst. Und so sagte ich eines Tages, ich wolle hinaus und einkaufen gehen.

Es klappte gut. Wir gingen zur Regent's Street und zum Piccadilly Circus. Ingrid und Isabella waren die ganze Zeit über sehr besorgt. Ob ich nicht müde sei? »Nein, laßt uns nach Hause laufen.« Schließlich sagte ich, es sei albern von mir, mich wie ein Invalide zu benehmen. Wir sollten ins Theater gehen. Wir taten es, und das Leben und mein Alltag normalisierten sich wieder.

Dann konnte ich zurück nach Choisel. Ich war noch sehr schwach und konnte am Anfang nicht einmal einen Löffel halten. Aber ich machte gymnastische Übungen. Nach und nach wurde es besser. Ich malte Striche an die Schranktür, um zu verfolgen, wieviel höher ich jeden Tag meinen Arm heben konnte. Ich schwamm viel. Die Zeichen an der Tür stiegen höher und höher. Zwei Monate später konnte ich den Arm fast wieder normal bewegen.

Ich erzählte nur wenigen Menschen von meiner Operation.

ACHTUNDZWANZIGSTES KAPITEL

Im Januar 1975 hatte sich Ingrid so weit erholt, daß sie mit *The Constant Wife* nach Amerika gehen konnte. Griffith begleitete das Unternehmen als Company-Manager. Er wußte nichts von ihrer Operation. Die Premiere sollte in Los Angeles stattfinden, aber die Proben mit den amerikanischen Schauspielern fanden in New York statt.

»Wir probten irgendwo an der Ninth Avenue«, erinnerte sich Marti Stevens, einer von Ingrids Partnern. »Sir John Gielgud führte Regie, und Ingrid stürmte herein, überhaupt kein Make-up, aber dieses herrliche Lachen im Gesicht.

Sie war sehr herzlich. Sie kehrte niemals die große, berühmte Schauspielerin hervor, die sie war. Sie blieb immer mit uns allen zusammen, aß mit uns, wo wir gerade Platz fanden, gehörte ganz selbstverständlich zum Ensemble.

Was kann ich von ihr sagen? Wie kann man sie beschreiben? Wann immer sie auf einer Bühne erschien, war es ein Ereignis. Genauso ist es im Film oder wenn man sie persönlich trifft. Sie ist ein Naturwunder, das ihren Rollen einen Teil ihres Selbst verleiht. Zuerst denkt man, das kann doch nicht stimmen, es müßte etwas geben, das beweist, daß sie nicht so echt und rein ist. Das denkt man einfach, wenn man so zahlreiche Stars und Schauspielerinnen kennengelernt hat. Aber in ihrem Fall stimmt das nicht. Man wird von ihr gefangengenommen. Es gibt keinen Platz, an dem sie sich nicht so benimmt wie immer oder an dem sie ihre Natürlichkeit verliert.

Ingrid ist voller Fröhlichkeit, ja sogar Albernheit. Sie braucht keinen besonderen Grund für eine Feier. Sie entdeckt immer die Komik einer Situation, ist immer zu einem Lachen bereit, zu einem Scherz. Sie freut sich über jeden kleinen Streich, über jedes Abenteuer, in das man sich stürzen kann – wie ein Kind. Jetzt haben wir unsere Arbeit gemacht, laßt uns ein Picknick am eisernen Vorhang abhalten, wenn kein Restaurant mehr geöffnet hat! Oder: Trinkt alles aus, dann brauchen wir nichts mit nach Hause zu schleppen. Warum freuen wir uns nicht jetzt, wer weiß, was morgen ist? Sie kann aus vollem Herzen lachen. Ihr Lachen kommt von ganz unten, und es dringt nach oben, bis es herausknallt – wie eine Explosion. Mit ihr auf eine Tournee zu gehen, heißt Freude haben...«

Auch für Griffith blieb diese Amerika-Tournee unvergeßlich: »Ingrid regte sich nie auf. Wir hatten ein antikes Sofa auf der Bühne. Im zweiten Akt mußte Ingrid auf dem Sofa sitzen. Es war nicht ganz in Ordnung, wir hätten es längst reparieren lassen sollen, hatten aber nicht die Zeit dazu gefunden. Jedenfalls löste sich plötzlich die Halterung, und es sackte mit Ingrid nach hinten ab. Sie lachte vor Überraschung und konnte gar nicht damit aufhören. Natürlich begann nun auch das Publikum zu lachen. Sie erhob sich, spielte weiter, aber ich wußte, daß sie sich noch einmal hinsetzen mußte, und ich hoffte, sie würde es nicht tun, da sie gemerkt haben mußte, daß mit dem Sofa etwas nicht stimmte. Aber sie hielt sich immer sehr genau an die Regieanweisungen, und so setzte sie sich abermals, und es geschah erneut – sie sackte wieder auf den Boden. Das Publikum kreischte vor Vergnügen. Es dachte wohl, das gehöre zum Stück. Andere Schauspieler hätten einen Riesenkrach gemacht und nicht eher Ruhe gegeben, bis jemand dafür verantwortlich gemacht und hinausgeworfen worden wäre. Aber Ingrid fand es lustig, ja, sie dachte sogar, wir hätten ihr absichtlich einen Streich spielen wollen, und fand die Idee hinreißend.

Eines Nachmittags, zwischen zwei Vorstellungen an einem Sonnabend, wollten wir in einem französischen Restaurant essen. Wir machten uns auf den Weg, und plötzlich stolperte Ingrid, verstauchte sich den Fuß, und wir mußten sie zurücktragen. Es war schwer, am Sonnabendabend einen Arzt aufzutreiben. Schließlich fanden wir einen, und er stellte fest, daß sich Ingrid einen Fußknochen gebrochen hatte. Er begann, ihren Fuß einzugipsen.

Natürlich wollte er sie nicht auf die Bühne lassen, und natürlich ließ Ingrid sich das nicht verbieten. Wir besprachen uns mit dem Ensemble, nahmen kleine Änderungen vor und erklärten dem Publikum, was geschehen war. Doch niemand wollte seine Karten zurückgeben. So begannen wir die Vorstellung mit eineinhalbstündiger Verspätung.

Ingrid spielte im Rollstuhl. Aber die anderen Schauspieler waren an ein Zusammenspiel gewöhnt. So kam es immer wieder zu kleinen Konfusionen, doch das Publikum schien sich bei dieser Aufführung innerhalb einer Aufführung gut zu unterhalten. Ingrid machte es einen Riesenspaß.

Wir spielten weiter, reisten weiter, Ingrid erschien überall in ihrem Rollstuhl auf der Bühne. Fünf Wochen lang. Dann konnte ihr endlich der Gips abgenommen werden, und die Ärzte meinten, sie könne jetzt wieder unbesorgt laufen. Doch sie hatte sich so sehr an ihr Spiel im Rollstuhl gewöhnt, daß sie dabei bleiben wollte. Erst in der zweiten Woche in Washington spielte sie ihre Rolle wieder normal.

Natürlich wußte das Publikum von ihren Auftritten im Rollstuhl. Obwohl sie jetzt wieder in Ordnung war und nichts Ungewöhnliches passierte, war der Erfolg doch nicht so groß wie zu der Zeit, als sie noch im Rollstuhl agierte. Also nahm sie ihren Applaus im Rollstuhl entgegen, und das Haus brach fast zusammen. Sie ist ein sehr verspieltes Mädchen. Ich kann mich an keinen Star erinnern, mit dem ich je zusammengearbeitet habe, der in einer solchen Situation weiterhin aufgetreten wäre.«

Während der Aufführungsserie von *The Constant Wife* hatte Ingrid Bergman einen ihrer berühmtesten Versprecher. In einer Szene hatte sie zu sagen: »Du bist ein Lügner, ein Betrüger, ein Humbug!« Sie sagte: »Du bist ein Lügner, ein Betrüger, ein Hamburger!«

Wir spielten in Boston, als ich hörte, daß Jean Renoir bei der Oscar-Verleihung in Hollywood besonders geehrt werden sollte. Jean lag krank in seinem Haus in Beverly Hills. Er sagte, er würde die Auszeichnung nur annehmen, wenn ich sie für ihn in Empfang nähme. Arthur Cantor ließ ein paar Aufführungen ausfallen, damit er, Lars und ich nach Hollywood fahren konnten. Während der Verleihung, die vom Fernsehen übertragen wurde, hielt ich eine kleine Ansprache, die Jean zu Hause verfolgen konnte. Ich sagte, daß er seine Filme mit intensiver Individualität mache, daß sein lyrisches Auge, poetischer Realismus, vor allem aber sein Erbarmen sein Werk auszeichne. Er sei ein Freund der Menschen trotz ihrer Narrheiten. Und dann überreichte ich ihm symbolisch die Auszeichnung – »in Dankbarkeit für all das, was du den vielen jungen Filmemachern beigebracht hast, und für dein Publikum in aller Welt stehe ich hier, um mit ihnen allen zu sagen: Vielen Dank, wir lieben dich, Jean.«

Dann nahm ich wieder Platz. Nie hätte ich erwartet, auch einen Oscar zu erhalten. Ich wußte natürlich von meiner Nominierung für die Rolle der schwedischen Missionarin in *Mord im Orient-Express*, aber ich war bereits fünfmal nominiert worden und mit dem Oscar für *Das Haus der Lady Alquist* und für *Anastasia* ausgezeichnet worden. Und ich fand es überhaupt eigenartig, für eine so kleine Nebenrolle nominiert zu werden. In *Mord im Orient-Express* hatte ich fast nur eine Szene zu spielen, aber Sidney hatte die ganze Zeit über die Kamera nicht von meinem Gesicht gelassen. Ich war der Meinung, daß der Oscar für die beste Nebenrolle des Jahres Valentina Cortese gebühre, die in dem Film *Die amerikanische Nacht* von François Truffaut hinreißend und großartig war. Ich war sicher, sie würde den Oscar erhalten. Und dann wurde verkündet: »Beste Darstellerin des Jahres in einer Nebenrolle: Ingrid Bergman in *Mord im Orient-Express*.«

Ich eilte auf die Bühne und sagte, was ich dachte: »Das ist unfair. Valentina Cortese gebührt dieser Preis... sie hätte ihn bekommen sollen!«

Vermutlich war das nicht ganz richtig, denn die Filmindustrie, die über die Oscars entscheidet, soll unparteiisch entscheiden. Die Kameras richteten sich alle auf Valentina. Sie erhob sich und warf mir Kußhände zu. Alle Anwesenden applaudierten.

Valentina blieb den ganzen Abend mit mir zusammen. Ich war wirklich traurig, daß sie den Preis nicht bekommen hatte, denn sie hatte ihn meiner vollen Überzeugung nach tatsächlich verdient.

Später war mir klar, daß ich wieder einmal zu impulsiv gehandelt hatte. Es waren außerdem noch drei andere Schauspielerinnen nominiert worden. Auch sie hatten ausgezeichnete Leistungen in ihren Filmen gezeigt. Sie waren ziemlich außer sich, als ich nur Valentina erwähnte. Es wäre besser gewesen, ich hätte den Mund gehalten.

438

Lars hatte mich zur Preisverleihung begleitet, wie schon zu vielen anderen Veranstaltungen zuvor. Aber unsere Ehe bestand nur noch auf dem Papier. Wir waren gute Freunde geworden, aber längst kein Ehepaar mehr.

Ich wollte klare Verhältnisse. Ich wollte die Scheidung. Ich wußte, daß sich Lars nach einem Kind sehnte, und ich wollte nicht, daß mich dieses Kind beschuldigen konnte, seinen Vater nicht freigegeben zu haben. Lars' erster Sohn war bei einem tragischen Unfall ums Leben gekommen, und als wir heirateten, fühlte ich mich zu alt für eine abermalige Schwangerschaft. Er schlug vor, ein Kind zu adoptieren, aber ich glaubte, vier eigene reichten aus. Nun war unsere Ehe also am Ende. Aber ich hatte immer noch meine Arbeit.

»Wir gingen mit *The Constant Wife* nach New York«, erzählte Marti Stevens. »Es war Ingrid, die diese Entscheidung traf. Die Vorstellungen waren ausverkauft, wo immer wir spielten, auch wenn die Kritiken manchmal nicht so gut ausfielen. Sie waren okay, aber nicht überragend. Zu Beginn der Tournee waren keine Aufführungen in New York vorgesehen. Weshalb sollten wir also dorthin? Ingrid war früher dort aufgetreten. Sie hatte genug Geld. Sie würde freundliche, aber vielleicht auch gehässige Kritiken bekommen. Doch sie bestand auf New York. Und warum? Weil zur Truppe viele Schauspieler gehörten, die noch nie in New York aufgetreten waren und sonst vielleicht nie diese Chance erhalten hätten. Also spielten wir einen Monat im Shubert Theater.«

In einem Interview äußerte sich Ingrid Bergman über ihr Verhältnis zur Kritik: »Ich bin wie eine Zigeunerin. Die Hunde bellen, und die Karawane zieht vorbei. Ich bin schon für alles mögliche kritisiert worden – für meine Filme, meine Theaterrollen, mein Privatleben. Kritik tut weh, aber wenn ich mich davon beeinflussen ließe, dürfte ich überhaupt nichts mehr tun. Es stimmt, daß ich über *The Constant Wife* selbst im Zweifel war, ob wir es zum Broadway bringen sollten. Aber nicht, weil ich die Kritik fürchtete. Die Kritiker haben recht, wenn sie sagen, das Stück sei altmodisch. Aber das Thema ist es überhaupt nicht. Es ist heute genauso aktuell wie vor neunundvierzig Jahren. Die Hauptperson, Constance Middleton, muß nicht fünfunddreißig oder sechsunddreißig sein. Romantik ist für eine Frau von heute nicht mit vierzig Jahren vorbei. Constance könnte fünfzig, eventuell sogar sechzig sein. Ich weiß es nicht, aber vielleicht heutzutage sogar siebzig...«

Im Herbst 1975 drehte Ingrid Bergman in Rom den Film *A Matter of Time* nach dem Bestsellerroman *The Film of the Memory* von Maurice Druon. Es ist die wahre Geschichte einer alten Gräfin, die in ihrer Jugend als große Schönheit viele Künstler inspirierte und jetzt arm und verlassen in einem römischen Hotel lebt und nur noch von ihren Erinnerungen am Leben gehalten wird.

Metro-Goldwyn-Mayer hatte die Filmrechte erworben, aber den Film nie gedreht. Nun hatte Vincente Minelli sie gekauft, und seine Tochter Liza Minelli, Ingrid und Charles Boyer sollten die Hauptrollen spielen. Ingrid mochte Liza Minelli sehr, und Charles Boyer verehrte sie seit der Arbeit an *Das Haus der Lady Alquist*. Auch zwei von Ingrids Töchtern waren mit von der Partie: Isabella spielte eine kleine Rolle als Ordensschwester, und Ingrid half als Make-up-Assistentin aus. Die Dreharbeiten dauerten vierzehn Wochen, aber der Film wurde kaum gezeigt.

Kathleen Carroll schrieb in »Movies«, was die Meinung vieler ihrer Kollegen wiedergab: »... da man ihn schon einmal gedreht hatte, wäre es besser gewesen, den Film nie in die Kinos zu bringen...«

Anfang Mai 1976 war ich für eine Woche in Rom. Roberto hatte am 8. Mai Geburtstag. Als wir uns am 7. Mai trafen, bedauerte er sehr, daß ich an seinem Siebzigsten nicht dabeisein würde. Ich sagte, ich könne meine Rückreise auf keinen Fall verschieben, aber wir könnten doch das Ereignis »vorfeiern«.

Er war enttäuscht, aber seine Stimmung änderte sich, als am 8. Mai die Zeitungen mit Lobeshymnen über ihn voll waren. Man hatte ihn nicht vergessen, und er war glücklich. Morgens um 9 Uhr brachte ich ihm noch gemeinsam mit den Zwillingen einen Blumenkranz, den wir ihm wie eine Krone aufs Haupt setzten. Er war ganz überrascht, daß ich doch noch nicht abgefahren war. Wir sangen: »Happy birthday to you!« Und er setzte sich aufs Sofa, umrahmt von seinen Töchtern. Den Kranz hat er übrigens nie weggeworfen.

Aber anstatt Rom zu verlassen, hatte ich eine Feier in einem Nebenraum seines Lieblingsrestaurants vorbereitet. Auf der hufeisenförmigen Tafel lag ein Tischtuch aus falschen Dollar- und Lirescheinen.

Als ich fort war, meinten die Zwillinge, sie würden gern mit ihm an seinem Geburtstag in seinem Lieblingsrestaurant zu Abend essen.

So geschah es. Die drei kamen zur Tür herein, und erst als Roberto an den Tisch trat, wurde er gewahr, daß alle versammelt waren, um mit ihm zu feiern – seine Schwester und seine Nichten, sein ältester Sohn, die Enkelkinder, seine erste Frau, die ganze Familie. Ich auch. Er sah mich an und sagte: »Ah, du steckst dahinter!«

Wir hielten eine Ansprache, die Ingrid und Isabella aufgesetzt hatten. Sie war ein bißchen kess. Sie enthielt viele seiner Aussprüche, die er im Zorn von sich gegeben hatte – zum Beispiel, daß er sich für seine Kinder das Brot vom Munde abspare. Die Mädchen hatten ein wenig Angst, daß Roberto ärgerlich werden könnte, doch ich lachte und sagte, daß ich ihn gut genug kenne, um zu wissen, daß er begeistert sein würde.

Isabella las die Rede vor. Roberto lachte, daß ihm die Tränen nur so die Wangen herunterliefen. Sie mußte alles noch einmal vorlesen. Er nahm die Rede mit nach Hause, rahmte sie ein und hängte sie an die Wand.

Natürlich war Robertino nicht in Paris, wie Roberto vermutete. Ich hatte ihn kommen lassen und als Kellner verkleidet. Er servierte das Essen. Roberto kümmerte sich überhaupt nicht um den Kellner. Weshalb auch? Aber Robertino war so enttäuscht, daß er nicht länger an sich halten konnte und rief: »Aber Papa, ich bin es doch – Robin!« Roberto sprang auf, nahm ihn in seine Arme und sah mir über die Schulter hinweg gerade in die Augen. Dieser Blick – nun, dieser Blick war die ganze Mühe wert gewesen...

Es war ein unvergeßlicher Abend. Wir erinnerten uns an so viele Dinge. Es schien mir unfaßbar, daß wir jetzt hier alle zusammen saßen und glücklich waren. Aber das ist Italien – voller Warmherzigkeit und Generosität...!

Wer in Schweden ein großes, teures Auto fährt, bekommt von

niemandem ein Lächeln oder ein freundliches Wort. In Italien ist das anders. Ich erinnere mich, daß Roberto einmal seinen roten Ferrari vor einem kleinen Fischrestaurant geparkt hatte, bevor wir einkaufen gingen. Als wir zurückkamen, lag ein riesiger prachtvoller Hummer auf dem Fahrersitz. Wir brachten ihn ins Restaurant zurück. Das sei doch sicher ein Mißverständnis, wir hätten keinen Hummer kaufen wollen. Nein, nein, sagte man. Das sei schon in Ordnung. Der Hummer sei ein Geschenk für die Ehre, die wir ihnen erwiesen hätten, diesen herrlichen Wagen vor dem Restaurant zu parken...

Roberto nahm mit seinem Ferrari an Autorennen durch ganz Europa teil. Ich erinnere mich, daß ich einmal ein solches Rennen am Radio verfolgte und in Tränen ausbrach, weil ich schreckliche Angst hatte. Robertino war bei mir. Er war vielleicht vier oder fünf. Roberto gewann nicht, aber er kam nach Hause wie ein Held. Es hatte Champagner gegeben, alle seine Freunde hatten ihn beglückwünscht, nur weil er dabeigewesen war und gezeigt hatte, was für ein toller Kerl er doch war. Robertino ging auf seinen Vater zu, gab ihm eine Ohrfeige und sagte: »Das ist dafür, daß du Mama zum Weinen gebracht hast...«

Etwa neun Monate nach seinem siebzigsten Geburtstag sah ich Roberto wieder, im Frühjahr 1977. Es war ganz zufällig. Ich war in Choisel gewesen und hatte einige Dinge zusammengepackt. Das Haus war leer, und die Jahre zogen an mir vorbei – Erinnerungen, die Fehler, Auseinandersetzungen, die Freuden. Ich konnte es nicht aushalten, in Choisel zu bleiben. Ich fuhr nach Paris und zog ins »Raphael Hotel«. Und wer war dort? Roberto!

Er lud mich zum Abendessen ein. Er wußte, wann ich unglücklich war. Er kaufte mir eine Wärmflasche und einige Aspirintabletten. Er verstand mich, ohne daß ein Wort über meine Scheidung oder über meine Verzweiflung fiel. Am nächsten Tag sagte er beim Mittagessen: »Schau nie zurück. Du wirst ein nervöses Wrack, wenn du über die Vergangenheit nachgrübelst. Zur Hölle mit der Vergangenheit! Blick nach vorn – geh voran!«

Er küßte mich auf die Wange und fuhr zum Flughafen. Ich ahnte nicht, daß ich ihn nie wiedersehen würde.

Roberto rief mich zwei Monate später an, als ich *Waters of the*

Moon in Chichester spielte. Er war zum Jurypräsidenten des Filmfestivals von Cannes berufen worden.

»Und ich muß mir alle Filme ansehen! Kannst du dir das vorstellen?« fragte er ungläubig.

»Natürlich«, sagte ich. »Ich bin 1973 Jurypräsidentin gewesen und habe es sehr genossen, all diese Filme zu sehen. Für mich war es das Schönste am ganzen Festival.«

Doch Roberto fühlte sich müde, wollte nichts als nach Rom, in seine Wohnung. Wir plauderten noch eine Weile, dann legten wir auf.

Ruth und ich hatten in Chichester ein kleines Landhaus gemietet, von wo aus wir in einer halben Stunde das Theater erreichen konnten. Meine Partnerin Wendy Hiller kam eines Tages in meine Garderobe und sagte, sie müsse eigentlich sehr böse mit mir sein, denn sie würde andauernd von Leuten auf der Straße angesprochen, ob nicht auch sie von Ingrid Bergman hingerissen sei. Aber Wendy zeigte Humor...

Am 3. Juni 1977 kamen Ruth und ich ins Haus zurück und fanden eine Nachricht vor. Sie stammte von Fiorella aus Rom: Sofort anrufen. Kinder aber in Ordnung.

Ich fand das sehr rücksichtsvoll von ihr, denn mein Herz setzte fast immer aus, wenn ich ein Telegramm erhielt, weil ich stets dachte, einem der Kinder sei etwas zugestoßen...

Ich rief Fiorella sofort an. Sie teilte mir mit, daß Roberto gestorben sei. Eine Herzattacke... Er hatte seine erste Frau angerufen, die ihm gegenüber wohnte. Sie war losgelaufen, kam aber zu spät. Er war schon tot. Ich saß da und starrte auf das Telefon. Ich rief die Kinder an. Ich rief Pia und Lars an, alle Menschen, von denen ich dachte, daß sie es wissen müßten.

Roberto hatte immer einen großen Platz in meinem Leben eingenommen. Auch nach der Scheidung. Und sein siebzigster Geburtstag – war das nicht erst gestern gewesen?

Ruth sagte, es sei Zeit, ins Theater zu fahren. Ich wollte nicht. Roberto war tot, und ich sollte diese fröhliche, amüsante Komödie spielen...

Aber wir fuhren. Keiner sagte etwas. Doch sie wußten es alle. Dann kam jemand und drückte mir die Hand. Danach erschienen sie alle, einer nach dem anderen. Sie wollten mir helfen an diesem Abend, ich sollte keine Angst haben.

Mir fiel Signe Hasso ein. Jener Abend in New York, als ihr Sohn verunglückt war und sie auf die Bühne ging und spielte. Jetzt wußte ich, was das hieß. Jetzt wußte ich, was sie empfunden hatte. Jetzt wußte ich, weshalb sie auf die Bühne gegangen war, trotz allem. Ich hatte geahnt, weshalb sie es tat. Jetzt wußte ich es aus eigener Erfahrung.

Es ging. Ich brachte die Vorstellung hinter mich. Ich war nicht Ingrid Bergman, sondern jene fröhliche, lustige Person, jene Helen Lancaster, die vergnügt und ausgelassen war, weil sie die Realitäten ihres Lebens verdrängte.

Morgens um vier rief Robertino an. Er hatte die ganze Zeit am Telefon anderen Leuten Mut zugesprochen. Jetzt rief er mich an, und wir weinten miteinander. Ich bat die Kinder, zu mir zu kommen, wenn das Begräbnis vorüber wäre. Sie kamen. Ich selbst nahm an der Trauerfeier nicht teil. Ich wollte kein Aufsehen am Ende eines Weges, der soviel Aufsehen verursacht hatte. Ich weinte um Roberto, aber ich weinte allein.

Tod und Leben wechseln einander ab. Am 4. Juni rief mich Lars aus New York an und teilte mir mit, daß Kristina Belfrage einem Jungen das Leben geschenkt habe. Das hatte er die ganzen Jahre über vermißt. Ich war glücklich für ihn. Meine Beziehung zu Lars, die vor so langer Zeit begonnen hatte, sollte auch weiterhin die wichtigste in meinem Leben bleiben.

Im Sommer fuhr ich nach New York und ließ mich wieder untersuchen. Der Arzt sagte, ich hätte eine geschwollene Drüse. Nichts Besorgniserregendes, aber ich solle in London meinen Arzt aufsuchen. Inzwischen hatte ich einen weiteren Filmvertrag unterschrieben: Ingmar Bergman wollte mit mir *Herbstsonate* drehen.

Ich hatte Ingmar Bergman etwa fünfzehn Jahre zuvor kennengelernt. Lars kannte er länger, als sich beide erinnern konnten. Sie hatten zusammen am Theater von Malmö in Südschweden begonnen. Eines Abends waren Lars und Ingmar in Kopenhagen, um sich ein Theaterstück anzusehen, denn von Malmö nach Kopenhagen dauert es mit der Fähre nur eine halbe Stunde. Nach Beendigung der

Vorstellung sagte Ingmar, daß er nicht in Dänemark übernachten, sondern nach Schweden zurückfahren wolle.

»Aber du kannst Schweden von hier aus sehen, und es ist bereits Nacht«, meinte Lars.

Doch Ingmar blieb fest. Er wolle nicht im Ausland übernachten, sondern mit der Fähre heimfahren...

Als ich Ingmar bei einem Empfang in der Schwedischen Botschaft in Paris traf, hatte er gerade *Die Sage* von Hjalmar Bergman für die Bühne inszeniert. Außerhalb seiner Heimat fühlte sich Ingmar nie besonders wohl. Ich dachte, er ist wie ein guter Wein, der keine Reise verträgt. Wir sahen uns alle zusammen im Sarah-Bernhardt-Theater Bibi Andersson an, aber nach der Vorstellung flog Ingmar sofort zurück nach Schweden, und wir hatten eigentlich kein Wort miteinander gewechselt.

Später traf ich ihn zusammen mit Lars bei einem Mittagessen in Stockholm. Dieses Mal fanden wir uns sympathisch. Ingmar meinte, wir sollten einen Film zusammen machen. Ich hätte nie gewagt, ihm das vorzuschlagen, denn ich wußte, daß er nur mit seinem festen Team zusammenarbeitete. Er sprach über das Buch *Der Boss Ingeborg* von Hjalmar Bergman und fand es lustig, daß drei Bergmans an diesem Stoff beteiligt sein würden.

Wir wechselten ein paar Briefe. Dann entschied er sich, ein ganz neues Drehbuch für unseren Film zu schreiben, und verwarf den Roman. Und schließlich wurde er zum Direktor des Königlich Dramatischen Theaters ernannt.

Ich gratulierte ihm und schrieb, daß ich verstehen könnte, wenn er nun keine Zeit mehr hätte, sich mit unserem Projekt zu beschäftigen. Doch er antwortete, daß er einen Film mit mir machen würde. Der Stoff sei in Flammenschrift auf seine Stirn geschrieben. Danach hörte ich nichts mehr von ihm.

Zehn Jahre später war ich Jurypräsidentin des Filmfestivals in Cannes. Bevor ich abreiste, ging ich meine persönlichen Dinge durch und fand den Brief mit seinem Versprechen. Ich wußte, daß er in Cannes seinen neuen Film *Schreie und Flüstern* außer Konkurrenz vorführte. Ich fertigte eine Kopie an und schrieb darauf: »Ohne Zorn oder Bitterkeit gebe ich Dir diesen Brief zurück, aber Du siehst, wie die Zeit vergeht.«

Ich traf ihn in Cannes, umringt von Fotografen und Journalisten, und sagte ihm, ich würde ihm einen Brief in die Tasche stecken. Er lachte, fragte, ob er ihn lesen dürfe. Nein, sagte ich, erst wenn er zu Hause sei. Und er verschwand in der Menge.

Zwei Jahre später rief er mich auf der Insel an, wo ich mich mit Lars aufhielt.

»Ich habe jetzt den Stoff für unseren Film. Es geht um eine Mutter und ihre Tochter. Die Frage ist nur, ob du die Mutter von Liv Ullmann spielen willst.«

»Natürlich.«

»Ich war mir nicht darüber klar, denn viele Freunde sagten mir, du würdest es nicht tun, weil Liv zu alt ist, um deine Tochter zu sein.«

»Ist sie nicht«, antwortete ich. »Pia ist so alt wie sie.«

»Es handelt sich um eine schwedische Produktion, ist dir das klar?« fragte er.

»Selbstverständlich.«

»Meine Freunde bezweifelten auch das«, erwiderte er. »Sie glauben, du willst deine Dialoge für den internationalen Markt stets in Englisch sprechen.«

»Sie irren sich«, sagte ich. »Nach all diesen Jahren mache ich es sogar mit besonderer Freude. Und wenn ich auch in allen möglichen Sprachen gearbeitet habe – die Muttersprache verlernt man nicht ...«

Als ich das Drehbuch erhielt, erschrak ich. Es war so dick, als sollte es sich um einen Sechs-Stunden-Film handeln. Ich mochte die Geschichte, ganz ohne Frage, aber sie war einfach zu umfangreich. Ich rief Ingmar an. Er sagte, daß er alles niederschreibe, was ihm einfalle. Natürlich würden wir kürzen. Ob ich zu ihm auf seine Insel kommen wolle, um das Ganze zu besprechen ...?

Ich war einverstanden, aber ich hatte auch Angst, ihn zu stören. In Schweden ist man sehr eigen, was den Urlaub anbelangt. Jeder Schwede ist glücklich, wenn er sagen kann, er habe in seinem Urlaub kein anderes Haus und keinen anderen Menschen gesehen. Meine Kinder konnten das nie verstehen – in Italien ist es genau umgekehrt: Je mehr, desto besser.

Ingmars Insel Farö ist wesentlich größer als Lars' Insel. Es ist ein

446

flaches Eiland mit Bäumen, Schafen, einer Kirche und einem Gemischtwarenladen. Und in der Nähe von Ingmars Haus ist ein Marinestützpunkt. Ingmar holte mich vom Flughafen ab...

»Sie begann sofort, mit mir über das Drehbuch zu sprechen«, erzählt Ingmar Bergman. »Wir waren noch nicht richtig losgefahren, als sie mir schon sagte, was ihr alles mißfiele. Warum mußte die Mutter sich so schroff benehmen? Weshalb sprach sie so hart zu ihrer Tochter? Sie sei viel zu brutal in ihrer Ausdrucksweise!

Ich versuchte, ihr meinen Standpunkt klarzumachen. Ich gebe zu, von ihrem Ausbruch etwas schockiert gewesen zu sein. Doch dann erklärte Ingrid, mir etwas sagen zu müssen, bevor wir mit der Arbeit anfingen – sie würde immer erst sprechen und danach überlegen.

Ich hielt das für eine bemerkenswerte und wunderbare Offenbarung. Sie wurde der Schlüssel zu unserer Beziehung, weil ihre absolut spontanen Reaktionen – selbst wenn sie nicht immer ganz taktvoll sind – der Schlüssel für ihren ganzen Charakter sind. Man muß zuhören, wenn Ingrid etwas sagt. Manchmal, anfangs mag man ihre Bemerkungen als unsinnig oder albern empfinden, aber das sind sie ganz und gar nicht. Man muß ihr zuhören, weil ihre sofortige Reaktion sehr wichtig ist.

Ich hatte alle Filme gesehen, die Ingrid in Amerika gedreht hatte. Der einzige, den ich nicht kannte, war die Neuverfilmung von *Intermezzo* mit Leslie Howard. Damals war ich ein blutjunger Regisseur, und wir waren alle vom amerikanischen Kino fasziniert. Wir mochten auch die düsteren, poetischen französischen Filme, aber es war uns wichtig, die Techniken des amerikanischen Films zu studieren. Natürlich waren Ingrids Filme nicht alle Meisterwerke, aber ich weiß genau, daß mich ihr Gesicht stets faszinierte. In ihrem Gesicht – der Haut, den Augen, dem Mund, besonders dem Mund – war ein eigenartiges Strahlen und eine enorme erotische Anziehungskraft.

Das hatte nichts mit ihrem Körper zu tun, dieser Reiz lag in dem Gesamteindruck von Mund, Haut und Augen. Ich fühlte mich immer von ihr als Schauspielerin angezogen. Als ich sie einmal mit Lars Schmidt in Stockholm traf, kam sie vom Einkaufen zurück. Lars und ich saßen im Hotelzimmer, und sie kam herein – vollbepackt mit

Paketen und Tüten, und ich spürte wieder diese starke erotische Ausstrahlung, die von ihr ausging. Sie war wunderschön, wie sie da auf uns zukam...

Ich habe es immer als unfair empfunden, wie sie in Schweden mit *Johanna auf dem Scheiterhaufen* empfangen wurde. Ich glaube nicht, daß der Regisseur ihr bei ihrer Rolle sehr geholfen hat. Ich bin überzeugt, sie hat sie aus sich selbst heraus geschaffen. Und es war ein Skandal, wie die versammelte Kritikerschaft sie fertiggemacht hat. Das war nicht nur absolut ungerechtfertigt, es war eine Art von Rache. Ingrid hatte große Erfolge gehabt und das auch nicht verheimlicht. Das hat einigen Leuten in Schweden nicht gefallen. In Schweden ist es üblich, Erfolg geheimzuhalten. Man mag es nicht, wenn sich Menschen ihres Erfolges freuen. Und so kam es in Ingrids Fall zu einer typisch schwedischen Reaktion: Man wollte sie in die Schranken weisen.

Natürlich war das Oratorium kein Meisterwerk. Als ich es sah, hatte ich mitunter das Gefühl, es steuere direkt auf eine Katastrophe zu. Aber in meiner Wahrheit – ich bin davon überzeugt, daß es die objektive Wahrheit nicht gibt – waren fünfzig Prozent von Ingrids Darstellung absolut überzeugend, absolut hinreißend, zwanzig Prozent waren akzeptabel und dreißig Prozent absolut katastrophal. Und es war sehr ungerecht von den Kritikern, diese dreißig Prozent dazu zu benutzen, sie abzuqualifizieren. Ich war leider nicht dabei, als sie in unserer Konzerthalle die Kritiker heruntergeputzt hat. Das ist schade, denn sie war sicherlich ganz fantastisch. Ich bewundere die Art, mit der sie die ganze Angelegenheit in einen Triumph verwandelt hat. Es ist doch seltsam. Man hat in aller Welt Erfolg, lebt längst nicht mehr in Schweden, aber wenn dort gemeine Dinge über einen veröffentlicht werden, tut das sehr weh. Man kümmert sich nicht um die Presseberichte in aller Welt, nur um die in Schweden. Ich kenne das aus eigener Erfahrung.«

Herbstsonate ist die Geschichte einer weltberühmten Pianistin, die nach langer Abwesenheit nach Norwegen zurückkommt, um ihre beiden Töchter zu besuchen. Liv ist mit einem Landpfarrer verheiratet, die andere Tochter ist geistig zurückgeblieben und lebt bei ihrer

Schwester. Den Höhepunkt des Films bildet die Diskussion zwischen Liv und ihrer Mutter zu mitternächtlicher Stunde, eine der erschütterndsten emotionalen Abrechnungen, die je im Film gezeigt wurden.

Ingmar war überzeugt, es sei ein Film über die Liebe, über das Fehlen oder Vorhandensein von Liebe, die Sehnsucht, das Verlangen nach Liebe, aber auch Abarten von Liebe und Liebe als die einzige Möglichkeit, um zu überleben. Und ich glaube, er hatte recht damit. Aber ich fand die Geschichte auch sehr bedrückend und sagte ihm das. Ich erklärte, ich hätte auch drei Töchter, und wir hätten uns in all den Jahren manches gesagt, aber das hier sei einfach zu deprimierend. Ob wir nicht auch einmal zwischendurch etwas heiter sein könnten?

Nein, beharrte Ingmar. Keine Witze. Er würde nicht meine Geschichte verfilmen, sondern die einer weltberühmten Pianistin.

»Aber sie soll ihre Töchter sieben Jahre nicht gesehen haben?« erwiderte ich ungläubig. »Und die eine dämmert dem Tod entgegen – das ist einfach unwahrscheinlich. Die Menschen, wie du sie siehst, sind ja wahre Monster.«

Aber er ließ sich nicht erweichen...

»Ich war sehr froh, als ich erfuhr, daß Ingrid Bergman die Rolle angenommen hatte«, sagte Liv Ullmann. »Ingmar fand unsere Kombination ideal, weil wir so viele Gemeinsamkeiten hätten. Er versucht auch immer, Gemeinsamkeiten zwischen sich und seinen Schauspielern zu finden. Ich war sehr gespannt auf Ingrid, obwohl ich glaubte, sie schon gut zu kennen. Ich hatte viel über sie gelesen. Ich hatte sogar einen ähnlichen Skandal hinter mir wie sie. Ich habe ein Kind von Ingmar, ohne mit ihm verheiratet gewesen zu sein. Mein Heimatland Norwegen war damals sehr konservativ. Ich wurde von Priestern im Fernsehen angegriffen, und ich konnte nicht einmal einen Pfarrer finden, der meine Tochter taufte, bevor sie drei Jahre alt war.

Ingrid kennenzulernen war eine sehr große Erfahrung für mich, weil sie in meinen Augen eine Frau ist, die sehr vieles erlebt und erlitten hat in ihrem Leben. Ich hatte befürchtet, sie könnte vielleicht durch ihre Vergangenheit sentimental geworden sein. Aber genau das Gegenteil war der Fall. Sie war die aufrichtigste, offenste Person, die mir je begegnet ist.

Am Anfang gab es viele Diskussionen zwischen ihr und Ingmar. Ich und die anderen Mitarbeiter kannten Ingmar seit Jahren. Wir führten mit ihm Dialoge ohne Worte. Wir wissen, was er will, ohne zu fragen. Aber Ingrid in ihrer direkten Art stellte das Drehbuch vom ersten Augenblick an in Frage. ›Hör mal, wir können doch nicht soviel reden. Wir müssen eine Menge von den Dialogen herausstreichen. Glaubst du denn wirklich, daß diese Frau soviel sagt? Ich werde das alles jedenfalls nicht von mir geben.‹ Zum Schluß hätten wir uns alle, alle, die Ingmar kannten, am liebsten unter dem Tisch verkrochen. Wir glaubten, das sei der erste und letzte Tag der Dreharbeiten. Ich erinnere mich, daß ich den Raum verlassen und mich irgendwo ausgeheult habe. Ich war sicher, daß das alles nur ein böses Ende nehmen konnte. Ingmar war an so etwas nicht gewöhnt. Und Ingrid, falls sie weiter so direkt sein würde und seine Stellungnahme verlangte, würde dabei auch nicht glücklich werden. Mir taten beide leid, am meisten aber Ingmar, weil ich weiß, wie verletzlich er in bezug auf seine Arbeit ist. Er fragt sich so oft, ob das, was er da geschrieben hat, nicht unsinnig ist. Und wenn dann jemand kommt und ihm auch noch sagt, es sei tatsächlich unsinnig, dann ist er total zerschmettert. Ich schluchzte immer noch, als Ingmar hereinkam. Er sah aus wie ein begossener Pudel. Er sagte: ›Ich weiß nicht mehr, was ich machen soll. Ist das Drehbuch denn wirklich so schlecht?‹ Ich erwiderte: ›Nein, es ist nicht schlecht. Und ich bin sicher, daß auch Ingrid es nicht für schlecht hält. Doch ihr sprecht nicht dieselbe Sprache. Aber vielleicht werdet ihr euch aneinander gewöhnen.‹«

Wir hatten also am Anfang unsere Probleme. Mein Problem war immer, daß ich die Person, die ich darzustellen hatte, in ihrer Handlungsweise verstehen mußte. Ich mußte die Persönlichkeit und den Charakter erfassen. In *Der Besuch* spielte ich zum Beispiel eine Frau, die von einer ungeheuren Rache angetrieben wird. Diese Rache ist auf den Tod des Mannes gerichtet, der sie ruiniert hat. Solche Gefühle entsprechen zwar nicht meinem Charakter, aber ich verstehe sie und kann sie deshalb spielen. In *Herbstsonate* gab es Momente, die ich nicht verstand, bei denen mein Gefühl mir sagte, daß sie falsch seien. Ingmar erklärte, daß es nun einmal Menschen gäbe, die anders empfinden würden als ich.

Ich diskutierte mit ihm. Ich sagte ihm, daß keine Mutter ihrer Karriere wegen ihre Kinder sieben Jahre lang nicht sehen würde. Um seine Ruhe zu haben, machte Ingmar aus den sieben Jahren fünf – im fertigen Film waren es dann doch wieder sieben –, aber sonst blieb er hart. Es gäbe Frauen, die ihre Kinder so lange allein ließen, sie mieden die Konfrontation, sie wollten ihre Probleme nicht kennen. Sie seien mit ihren eigenen Dingen beschäftigt, ihrer Karriere, ihrem Leben. Alles andere würden sie abblocken. Darum handele es sich in diesem Film. Es sei ein Film über diese Mütter. Es machte ihm nichts aus, daß es hieß, nun würde ich mich selbst spielen.

»Es gibt eine Szene in *Herbstsonate*«, sagte Ingmar Bergman, »in der die Mutter absolut besiegt ist. Sie ist völlig gebrochen und kann ihre Tochter nur noch anflehen. Sie sagt: ›Ich kann nicht mehr. Hilf mir. Berühre mich. Kannst du mich nicht lieben? Kannst du nicht versuchen, zu verstehen?‹ Sie sagt das ganz ausdruckslos, ganz nackt in jeder Hinsicht. Wir hatten diese Szene in Stockholm geprobt, bevor wir sie dann in Oslo drehten. Ingrid und ich hatten beide das Gefühl, daß ihr gerade diese Szene nicht leichtfallen würde.

Dann sollte sie gedreht werden. Es war alles vorbereitet. Wir machten gerade eine kleine Kaffeepause. Ich saß mit Sven Nykvist zusammen, als plötzlich Ingrid erschien. Sie baute sich vor mir auf und sagte außer sich vor Zorn: ›Ingmar, du mußt mir jetzt diese Szene erklären! Du kannst mich doch nicht so hängenlassen! Du mußt sie mir erklären!‹ Sie war wütend. Sehr wütend.

Ich weiß nicht mehr, was ich darauf antwortete. Wahrscheinlich nichts Wichtiges. Aber die Tatsache, daß Ingrid wütend wurde, zeigte mir, daß sie versuchte, auf ihre Art hinter die Motivationen und den Ausdruck der Szene zu kommen. Davon bin ich absolut überzeugt.«

Ich erinnere mich genau an diesen Moment. Ich stand da und schrie Ingmar an, er müsse sie mir begründen, sonst könne ich die Szene nicht spielen. Liv saß neben ihm. Sie erhob sich sehr schnell und verschwand. Dann kam sie aber ebenso schnell zurück und lächelte. Sie wollte beobachten, wie weit ich ihn treiben konnte.

Ingmar war außer sich. Er sprang vom Stuhl hoch und kam geradewegs auf mich zu. Er war wütend und aufgebracht, aber instinktiv wußte ich, daß er mich verstand. Er fand die richtigen Worte: »Wenn du in einem Konzentrationslager gewesen wärst, hättest du alles gesagt, nur um Hilfe zu bekommen.« Diese Worte trafen mich sehr. Ich fing an zu begreifen. Er hatte mich genau da, wo er mich haben wollte, und ich konnte die Szene spielen...

Ingmar liebt Schauspieler und Schauspielerinnen. Er hat sein ganzes Leben im Theater verbracht. Er behandelt die Schauspieler wie seine Kinder. Er achtet darauf, daß sie glücklich sind. Man kann sicher sein, daß er als Regisseur mit leidet. Wenn man sich eine schwierige Szene erkämpft, kämpft er mit. Man sieht ihm in die Augen und liest darin: Da war gar nicht gut. Aber das – nun das... Und in seinen Augen sind Tränen.

Seine Anweisungen erfolgen mit wenigen Worten, denn er ist nicht wie andere Regisseure, die einem ganze Szenen vorspielen, so daß man sich fragt, weshalb sie die Rolle nicht selbst übernehmen. Er gibt einem nur kleine Hilfen, die Rolle muß man selbst entwickeln, um so zu werden, wie er sich das wünscht. Er verschwendet nie die Energie seiner Schauspieler, er sieht sofort, wenn jemand überfordert ist, und bricht ab, wenn etwas falsch läuft. Oder er sagt, daß weitere Proben nicht mehr erforderlich seien, oder fragt einen nach dem persönlichen Eindruck. Er mag dem zustimmen oder nicht, man erhält von ihm immer den Anstoß, den man braucht. Und nie erhebt er seine Stimme, bei unserem Film wenigstens tat er es nicht.

Ingmars besondere Eigenschaft ist, ganz dicht an den Charakter des Menschen, den er schaffen will, heranzugehen und sich ganz in ihn zu vertiefen. Er arbeitet viel mit Großaufnahmen, die Kamera geht ganz dicht an das Gesicht heran. Jede Hebung der Augenbraue wird registriert, jedes Zucken der Augen, der Lippen, des Kinns. In gewisser Weise war das neu für mich. Ich war ein alter Theaterhase und an große Gesten und lautes, deutliches Sprechen gewöhnt. Das Publikum hat für die Karten gutes Geld gezahlt, also muß es dafür auch etwas bekommen. Es kann nicht von jedem Platz aus gleich gut sehen, aber es soll zumindest hören können, auch vom Rang aus. Aber ich wußte natürlich, was Großaufnahmen bedeuten und was man in sie hineinlegen kann, auch wenn gar nichts passiert. In *Casablanca* war meinem Gesicht oft gar nichts zu entnehmen, aber das Publikum entdeckte viel mehr, als wirklich zu sehen war. Das Publikum legte sich selbst die Gedanken zurecht, es »spielte« für mich . . .

»Ich begann langsam zu begreifen, daß Ingrid Sicherheit brauchte, Vertrauen und Zärtlichkeit«, berichtete Ingmar Bergman. »Sie fühlte sich bei uns nicht geborgen. Sie vertraute mir nicht. Also mußte ich sie überzeugen. Das war großartig, denn nun hatte ich das Gefühl, nicht mehr höflich oder strategisch und diplomatisch sein zu müssen, und ich mußte nicht mehr nach den richtigen Worten suchen. Ich konnte mich geben, wie ich war. Ich wurde wütend, wenn ich so empfand. Ich war oft sehr hart zu ihr, mitunter sogar brutal, aber zugleich zeigte ich ihr, wie sehr ich sie liebte.

Unsere Mißverständnisse lagen ganz am Anfang, während der Probenzeit, vielleicht zwei Wochen lang. Dann gab es keine Schwierigkeiten mehr, keine Komplikationen. Wir hatten einen gemeinsamen Blutkreislauf geschaffen, unsere Emotionen flossen in unsere Arbeit ein. Es gab keine Probleme.

Ich glaube auch, sie machte in dieser Zeit ganz neue Erfahrungen. Im Team befanden sich viele Frauen, die ganz unterschiedliche Positionen innehatten. Ich glaube, sie hatte zum erstenmal während der Dreharbeiten an einem Film eine Schwester-Beziehung zu anderen Frauen, insbesondere zu Liv, und das hat zu ihrer emotionalen Ausgeglichenheit beigetragen.

Ich kannte sie eigentlich nur drei Jahre, aber mir war, als würde ich sie ein Leben lang kennen. Wir sprachen wie Bruder und Schwester miteinander. Das ist kein dummer Spruch, denn mitunter habe ich wirklich das Gefühl, sie sei meine Schwester. Manchmal ist sie meine kleine Schwester, auf die ich aufpassen muß, und dann wieder ist sie meine große Schwester, die auf mich achtgibt und mit mir schimpft, weil ich mich nicht richtig benommen habe.

In ihrem Privatleben trägt sie keinerlei Masken. Das ist einfach wunderbar. Während der Arbeit setzt sie manchmal eine Maske auf, die ihr nicht so gut steht, aber sie spielt nun einmal zu gerne. Sie spielt so gern, daß man merkt, wie gern sie spielt, und das ist nicht immer gut. Sie weiß, daß sie es tut, weil sie einfach alles weiß, aber wenn ein Regisseur ihr das durchgehen läßt, kann sie sehr böse werden.

Die Tatsache, daß sie so oft in fremdsprachigen Produktionen gearbeitet hat, ist ebenfalls schwer zu begreifen. Ich war immer der Überzeugung, daß ein Schauspieler in einer fremden Sprache nicht hundertprozentig glaubwürdig sein kann. Ingrid hat – wenn sie gut ist – eine phantastische Art, Dinge auszusprechen – alles kommt ihr wie neugeschaffen über die Lippen, als würde es zum erstenmal auf Erden gesagt. Selbst wenn man perfekt in einer Sprache ist, selbst wenn man sie ohne Akzent spricht, bleibt immer noch eine Scheibe – der Film – zwischen einem und der Sprache, gibt es immer kleine und kleinste Nuancen im Ton, im Rhythmus des Sprechens. Aber Ingrid überbrückt dies. Nicht zuletzt diese Tatsache stellt ihr ungeheures Charisma unter Beweis, das sie auf der Leinwand ausstrahlt...

Jemand hat einmal über Ingrid gesagt, daß sie mit der Kamera verheiratet sei und daß die Kamera Ingrid liebe. Das stimmt. Die Kamera liebt echte Filmschauspieler – die Kamera hungert nach ihren Gesichtern, ihren Emotionen, der Art, wie sie ihre Köpfe und Körper bewegen. Die Kamera hat ihre Lieblinge, kann aber auch sehr grausam zu Menschen sein, die sie nicht mag. Man kann das nicht erklären. Es ist einfach so. Ein Schauspieler kann wundervoll sein, großartig auf der Bühne, aber wenn er die gleiche Szene vor einer Filmkamera zu spielen hat, kann sie ungerührt bleiben. Sie gähnt.

Ich bedauere es sehr, daß wir nicht schon viel früher miteinander gearbeitet haben, denn Ingrid hat etwas sehr Anregendes an sich, das mich dazu bringen könnte, für sie Rollen zu schreiben. In *Herbstsonate* ist für mich eine der schönsten Szenen die, in der sie sich hinsetzt und über den Tod ihres Freundes im Krankenhaus berichtet und über ihre letzte Nacht. Immer wenn ich diese Szene sehe, finde ich sie großartig und wunderbar, einfach perfekt, wie sie diesen Moment ausbalanciert und abgerundet hat. Für mich ist es überhaupt eine der schönsten Filmszenen in meiner Laufbahn als Regisseur.«

Zwei Jahre später, im Sommer 1979, besuchte ich Ingmar erneut auf seiner Insel. Ich sah mir den Dokumentarfilm an, den er über die Dreharbeiten zu *Herbstsonate* hergestellt hatte. Die meiste Zeit über hatte ich gar nicht gewußt, daß sie so einen Film machten, denn die Kameramänner und Beleuchter waren dauernd beschäftigt, und die Kamera war verborgen.

Ich sah mich in diesem Film wie nie zuvor. Es war eine ungeheure Erfahrung. Ich sagte zu Ingmar, ich wünschte, ich hätte den Film gesehen, bevor wir mit der Arbeit begannen. Vielleicht wäre ich dann weniger schwierig gewesen.

Ich war mir nie bewußt gewesen, so schwierig zu sein. Ich redete ja immerzu, diskutierte die ganze Zeit. Ich fand es erschreckend. Aber vielleicht ist es gut, wenn man sieht, wie man wirklich ist. Ich hoffe, ich war umgänglicher, als ich jünger war. Aber ich bezweifle es.

Der Film fängt mit einer Szene an, in der Ingmar auf einem Tisch sitzt, die Füße auf einem Stuhl. Er begrüßt alle Mitarbeiter. Dann beginnen wir mit dem Lesen des Drehbuchs, und ich fange an herumzunörgeln: »Das ist das Dümmste, was ich je gelesen habe. Es ist viel zu lang. Und diese Passage verstehe ich überhaupt nicht...«

Jetzt zeigt die versteckte Kamera die Gesichter der anderen Mitarbeiter und bleibt auf dem Gesicht einer Frau stehen, die mich anstarrt, als wolle sie mich umbringen. Sie wirft mir einen Blick zu, der sagt, daß mit mir dieser Film nie fertig werden wird. Ich kann ihr das nicht übelnehmen. Wenn ich bereits in den ersten fünf Minuten so loslegte, wie sollten sie mich dann sechs Wochen ertragen? Später sagte mir die Frau, daß sie mich absolut nicht hasse, nur sei sie sehr überrascht gewesen, denn noch nie habe jemand so mit Ingmar gesprochen.

Ingmar beruhigt mich, verspricht, mir die Szene bei den Proben zu erklären, später darauf zurückzukommen.

Dann im Studio mit all den Positionsmarkierungen lamentiere ich

455

weiter. »Was, ich soll mich auf den Boden legen? Wofür denn? Bist du närrisch? Die Zuschauer werden sich ja totlachen!« Aber schließlich konnte mit dem Drehen begonnen werden.

Obwohl ich an dem Film beteiligt war, kam er mir beim Betrachten wie ein Thriller vor. Würde alles gut ausgehen? Würde es klappen? Es war aufregend. Der beste Dokumentarfilm, der jemals über die Arbeit an einem Spielfilm gedreht worden ist, selbst wenn er für mich persönlich nicht sehr vorteilhaft war. Ingmar will den Film dem Schwedischen Filminstitut überlassen...

»Etwas, was mich sehr an ihr überraschte, war die Tatsache, daß sie immer ihren Text konnte«, berichtete Liv Ullmann. »Sie hatte diese endlosen Monologe zu sprechen, und Ingrid führte das gleiche Leben wie wir alle – sie sah sich Filme an, nahm an Partys teil, verbrachte ihre Zeit mit dem Team. Sie sonderte sich nie ab, um ihre Rolle zu studieren. Es gab nicht einen Moment, wo wir eine Szene neu hätten drehen müssen, weil sie ihren Text nicht beherrschte.

Ich liebe und bewundere sie sehr. Ich glaube, das ist es, wofür Women's Liberation kämpft; hier ist eine Frau, die es lebt, und das Tag für Tag. Ich meine, daß mir die Befreiung der Frauen zumindest eines gegeben hat: daß ich auf eine andere Frau stolz sein kann. Ich betrachte Ingrid mit Stolz auf mein Geschlecht, und ich liebe sie sehr. Ich kann nicht sagen, daß ich mir wünsche, sie wäre meine Mutter oder meine Schwester. Aber ich hätte mir in frühester Jugend eine Freundin gewünscht wie sie, von der ich vieles hätte lernen können...«

Ich genoß meine Arbeit mit Ingmar und Liv und all den anderen. Aber ungefähr zwei Wochen vor Drehschluß verspürte ich ein merkwürdiges Gefühl unter meinem anderen Arm. Ich glaubte, da würde etwas wachsen, und wurde entsetzlich unruhig und nervös. Das blieb natürlich nicht verborgen. Ingmar fragte mich, was los sei.

Ich sagte es ihm. Er war sofort bereit, den Film zu kürzen, mir zu helfen. Er würde mich von den Außenaufnahmen befreien, ein Double verwenden, alle restlichen Szenen ins Studio verlegen, damit ich auf dem schnellsten Wege nach London zurückkehren konnte. Der Arzt sagte, er müsse sofort operieren.

Sie entfernten es. Es war die gleiche Geschichte. Es war bösartig. Es war wirklich nur eine kleine, einfache Operation. Ich blieb nur drei Tage im Krankenhaus. Aber ich hatte Angst, denn ich wußte, daß es jetzt von einer Seite zur anderen gewandert war.

Ich bekam wieder Bestrahlungen. Morgens fuhr ich ins Krankenhaus, anschließend direkt zu den Proben zu *Waters of the Moon*. Wir eröffneten in Brighton im Januar 1978 und sollten nach zwei Wochen für eine Saison im Haymarket Theatre in London spielen.

Ich erinnere mich an einen Taxifahrer, der mich eines Tages vom Hotel abholte und mich erkannte. Er sagte, bisher habe er geglaubt, Filmstars blieben immer bis mittags im Bett liegen.

Ich antwortete ihm, daß einige auch schon morgen Proben hätten, und er wird sich sicher gefragt haben, zu welcher Art Probe ich wollte, als er mich vor dem Middlesex-Krankenhaus absetzte.

Wir spielten also in London im Haymarket. Es ist ein sehr schönes historisches Theater, das seit 1720 existiert. Ich hatte schon immer darin spielen wollen. Am Premierenabend stand ich in der Kulisse, die Hände gefaltet. Die Musik setzte ein, und ich sagte mir: Ich habe es erreicht, hier bin ich nun, in London, im Haymarket Theatre. Griff rief mir zu: »Nun kann uns nichts mehr aufhalten!«

Wir hatten einen wunderbaren Erfolg. Ich fühlte mich wohl und glücklich. Aber eine Woche vor Saisonschluß, als ich gerade mein Kleid anzog, hatte ich wieder dieses Gefühl, und ich wußte, es hatte wieder angefangen! Es war, als habe man für seinen Erfolg zu zahlen, und dieser Erfolg war vielleicht der größte meines Lebens...

Ich setzte mich in meinen Stuhl und sagte zu Louie, meiner Garderobiere: »Ist es nicht seltsam – ich habe noch eine Woche zu spielen, und dann muß ich schon wieder ins Krankenhaus...« Louie brach in Tränen aus, und ich mußte sie trösten.

EPILOG

Die letzte Vorstellung eines Stückes ist immer traurig, und die Wehmut bricht einem fast das Herz. Wir waren eine wunderbare, fest verschworene Gemeinschaft und hatten einen großen Erfolg in einem schönen, traditionsreichen Haus erlebt.

Und dann fällt der letzte Vorhang. Man verläßt seine Garderobe, und schon das ist schrecklich. Man nimmt seine Telegramme, Briefe, die kleinen Glücksbringer und Tierchen, die man geschenkt bekommen hat. Schauspieler sind so abergläubisch. Man bewahrt alles bis zum letzten Augenblick auf. Dann folgt die Abschiedsparty, entweder in der Theaterkantine, oder man geht von Garderobe zu Garderobe, jeder küßt jeden, und alle sind in Tränen aufgelöst. Man fühlt sich so einsam, wenn man auseinandergeht. Es ist ein Abschied von Menschen, die man lieben lernte, und man fragt sich, ob man sich je wiedersehen wird. Und für mich war es doppelt schmerzhaft. Ich dachte: Vielleicht ist es diesmal das allerletzte Mal?...

Der Wagen, der mich heimfahren sollte, kam nicht. Ich sagte zu Griffith, es sei mir egal, ich würde hier sitzen bleiben und mir noch einmal das herrliche Theater ansehen. Ich hatte das Gefühl, es sei mein Schwanengesang, als ich dort in der fünften Reihe dieses verlassenen Theaters auf einem Sessel saß, den Vorhang betrachtete und die goldglänzenden Figuren. Damit übertrieb ich sicherlich. Ich erinnere mich, daß Griff einmal sagte: »Immer wenn sie ins Krankenhaus geht, denkt sie, sie stirbt. Sie wird sehr enttäuscht sein, wenn es nicht so ist.«

Griffith mahnte mich zum Aufbruch. Er fragte, weshalb ich nicht nach Hause fahren wolle, er würde mir schon ein Taxi besorgen. Aber ich wollte nicht fort. Wenn ich gehen würde, wäre ein Kapitel abgeschlossen. Ich sah die Bühnenarbeiter die Dekorationen abmontieren und wegtragen. Dann begannen sie, die Bühne zu fegen und zu säubern.

Ich wartete bis zum Schluß, bis sie fertig waren. Am Sonntag würde eine neue Szenerie aufgebaut werden. Am Montag hatte das nächste Stück Premiere – so als hätte man nicht existiert. Ich fühlte, daß *Herbstsonate* und *Waters of the Moon* mein Leben abgerundet hatten. Vielleicht würde ich noch weitere Filme machen, noch weitere Stücke spielen können, aber wenn nicht, wäre ich mit diesem Finale zufrieden.

Ich ging zum Arzt. Er stellte einen Tumor in der anderen Brust fest. Ich sollte mich sofort operieren lassen. Ich lehnte ab. Ich hatte bis zuletzt gearbeitet. Ich wollte zwei Wochen Ferien in Frankreich machen – wie wichtig auch immer die Operation sein mochte.

Ich lag in der Sonne und schwamm und lachte mit Griffith und Alan Burgess, dem ich die Unterlagen für dieses Buch gab – alle meine Zeitungsausschnitte, meine Notizen, Tagebücher, Briefe. Dann fuhr ich nach London zur Operation.

Es tat mir leid, auf die amerikanische Tournee von *Waters of the Moon* verzichten zu müssen. Einer meiner Freunde riet mir, als Erklärung einfach anzugeben, ich sei zu erschöpft. Aber ich wollte meinen Produzenten nicht so abspeisen. Ich schrieb ihm, erklärte, was los war. Aber bevor ich den Brief abschickte, rief ich ihn an und bat ihn, mich im Krankenhaus zu besuchen.

Er kam und sagte: »Ich wußte doch, daß Sie keine Tournee absagen, nur weil Sie etwas Besseres vorhaben oder erschöpft sind. Ich hörte, daß Sie krank seien, aber niemand wollte mir sagen, was es ist.« Er steckte den Brief in die Tasche und erklärte: »Ich werde ihn nicht lesen. Ich lege ihn in meinen Safe.«

Dann setzte er sich mit Roger Stevens in Verbindung, dem Leiter des Kennedy Center in Washington. Und der erklärte: »Sie ist krank. Mehr kann ich dazu nicht sagen.« So – vermute ich – hat all das Gerede über meine Krebserkrankung begonnen.

Als *Herbstsonate* in die Kinos kam, waren sich die Kritiker einig: Die Zusammenarbeit von Ingmar Bergman, Ingrid Bergman und Liv Ullmann hatte einen außergewöhnlichen Film ergeben. Stanley Kaufman schrieb in »The New Republic«: »Die Überraschung ist die

Leistung von Ingrid Bergman. Wir haben sie seit Jahrzehnten bewundert, aber nicht alle haben sie immer für eine überragende Schauspielerin gehalten... in der Regie eines Meisters entfaltet sie ihr ganzes Können...« Und in dem Tenor ging es weiter von »Newsweek« bis zur »Times«, von »Playboy« bis zum »Christian Science Monitor«.

Für ihre schauspielerischen Leistungen in *Herbstsonate* erhielten Ingrid Bergman und Liv Ullmann den Preis der New Yorker Filmkritiker und Italiens höchste Filmauszeichnung, den Donatello.

Im Frühling 1979 wurde ich nach Hollywood eingeladen, um an einer Fernsehsendung zu Ehren Alfred Hitchcocks teilzunehmen. Ich sollte als eine Art Maître de plaisir durch die Sendung führen. Ich fühlte mich sehr geehrt, denn ich habe Hitch immer geliebt.

In diesem Jahr bekamen meine Tochter Ingrid und ihr Mann Alberto Acciatrito einen Sohn, Tomasso; Isabella heiratete den Filmregisseur Martin Scorsese; Pia, glücklich mit ihrem Mann Joe Daly und ihren beiden Söhnen Justin und Nicholas, arbeitete weiter beim Fernsehen; und Robin hatte als Grundstücksmakler in Monte Carlo viel zu tun.

Im November 1979 war ich erneut in Hollywood, als Ehrengast des Variety Club of America, der mit einer Fernsehshow einen Wohltätigkeitsfonds für behinderte Kinder ins Leben rufen wollte. Die Veranstaltung wurde in den Warner-Brothers-Studios aufgenommen, in jenem Atelier Nr. 9, wo wir vor Jahren *Casablanca* gedreht hatten, und die Dekoration von Rick's Café Américain existierte immer noch.

Da war ein großes Orchester, viele Ehrengäste wie Helen Hayes, Signe Hasso, Victor Borge und Joseph Cotten, und ich sitze mit Cary Grant, der braungebrannt und gesund wie immer aussieht, etwas nervös in meiner Garderobe. Ich trage ein langes weißes Kleid wie damals und bin froh, daß der weite Rock verbirgt, wie mir die Knie zittern. Die Tür öffnet sich, und Paul Henreid kommt herein, mein Ehemann aus *Casablanca,* und sagt: »Willkommen in Rick's Café! Laß uns ein Glas Champagner trinken...« Der Champagner wird von demselben Kellner wie vor siebenunddreißig Jahren serviert. Paul erhebt sein Glas und sagt: »Auf Bogey.« Wir stoßen

461

an, und ich setze hinzu: »Und auf Mike Curtiz und all die anderen...«

Teddy Wilson sitzt an Dooley Wilsons Stelle am Klavier – Dooley ist vor einiger Zeit gestorben – und lächelte mich an. Er bittet mich, »As Time Goes By« mitzusummen. Ich beginne, und plötzlich höre ich hinter mir eine Stimme – Frank Sinatra. Ich habe immer mit ihm arbeiten wollen, aber wir waren nie zusammengekommen und kannten uns kaum. Jetzt hatte er aus heiterem Himmel Mike Frankovich angerufen, der diesen Abend mit Paul Keyes inszenierte. Er sagte ihm, daß er unbedingt an meiner Ehrung teilnehmen wolle, weil er schon immer »As Time Goes By« singen wollte. So war er am Vorabend der Premiere seiner eigenen Show in Atlantic City 3000 Meilen zu mir geflogen, hatte ein Lied gesungen und war wieder davongeflogen.

Ich hatte immer die Absicht weiterzuspielen, weiter und immer weiter, denn ich gehöre zu diesen Leuten von Film und Theater, zu dieser Welt der Illusionen, die wir alle versuchen, glaubhaft zu machen. Ich weiß, daß Premierenabende eine einzige Pein sein können, aber selbst das schließt uns nur noch fester zusammen. Wie es auch sei – man wird immer eine alte Hexe da oder dort brauchen können, besonders zur Weihnachtszeit. Und auch am Ende meines Lebens bin ich da und bereit.

INGRID BERGMANS FILM-, THEATER-
UND FERNSEHAUFTRITTE

Munkbrogreven (Der Graf von der Mönchsbrücke)
1934
Svensk Filmindustri. Produziert von AB Fribergs Filmbyra. Regie: Edvin Adolphson und Sigurd Wallen. Drehbuch: Gösta Stevens nach dem Stück *Greven fran Gamla Sta'n* von Arthur und Siegfried Fischer.
Darsteller: Sigurd Wallen, Valdemar Dahlquist, Eric Abrahamson, Weyler Hildebrand, Edvin Adolphson, Tollie Zellman, Julia Caesar, Arthur Fischer, Emil Fjellström, Victor Andersson.

Branningar (Die Brandung)
1935
Svensk Filmindustri. Produziert von Film AB Skandinavien. Regie: Ivar Johansson. Drehbuch: Ivar Johansson nach einer Idee von Henning Ohlssen.
Darsteller: Tore Svennberg, Sten Lindgren, Carl Strom, Brof Ohlsson, Knut Frankman, Carin Swenson, Weyler Hildebrand, Henning Ohlssen, Georg Skarstedt, Vera Lindby.

Swedenhielms (Die Swedenhielm-Familie)
1935
Svensk Filmindustri. Produziert von AB Svensk Filmindustri. Regie: Gustav Molander. Drehbuch: Stina Bergman nach dem Stück von Hjalmar Bergman.
Darsteller: Gösta Ekman, Karin Swanström, Björn Berglund, Hakan Westergren, Tutta Rolf, Sigurd Wallen, Nils Ericsson, Adele Söderblom, Mona Geijer-Falkner, Hjalmar Peters.

Valborgsmassoafton (Walpurgisnacht)

1935

Svensk Filmindustri. Produziert von AB Svensk Filmindustri. Regie: Gustav Edgren. Drehbuch: Oscar Rydquist und Gustav Edgren. Darsteller: Lars Hanson, Karin Carlsson, Victor Seastrom, Erik Berglund, Sture Lagerwall, Georg Rydeberg, Georg Blickingberg, Rickard Lund, Stig Jarrel, Marie-Louise Sorbon.

Pa Solsidan (Auf der Sonnenseite)

1936

Svensk Filmindustri. Produziert von Aktiebolaget Wivefilm. Regie: Gustav Molander. Drehbuch: Oscar Hemberg und Gösta Stevens nach dem Stück von Helge Krog.
Darsteller: Lars Hanson, Karin Swanström, Edvin Adolphson, Einar Axelson, Marianne Lofgren, Carl Browallius, Erik Berglund, Eddie Figge, Olga Andersson, Viktor Andersson, Eric Gustafsson.

Intermezzo (Schwedische Version)

1936

Svensk Filmindustri. Produziert von AB Svensk Filmindustri. Regie: Gustav Molander. Drehbuch: Gustav Molander und Gösta Stevens nach einer Story vðn Gustav Molander.
Darsteller: Gösta Ekman, Inga Tidblad, Hans Ekman, Britt Hagman, Erik Berglund, Hugo Björne, Emma Meissner, Anders Henrikson, Millan Bolander, George Fant.

Dollar

1938

Svensk Filmindustri. Produziert von AB Svensk Filmindustri. Regie: Gustav Molander. Drehbuch: Stina Bergman und Gustav Molander nach der Komödie von Hjalmar Bergman.
Darsteller: Georg Rydeberg, Kotti Chave, Tutta Rolf, Hakan Westergren, Birgit Tengroth, Elsa Burnett, Edvin Adolphson, Gösta Cederlund, Eric Rosen, Carl Strom.

En Kvinnas Ansikte (Ein Frauenantlitz)
1938
Svensk Filmindustri. Produziert von AB Svensk Filmindustri. Regie:
Gustav Molander. Drehbuch: Gösta Stevens nach dem Bühnenstück
Il était une Fois von François de Croisset.
Darsteller: Anders Henrikson, Erik Berglund, Magnus Kesster,
Gösta Cederlund, Georg Rydeberg, Tore Svennberg, Göran Bern-
hard, Gunnar Sjöberg, Hilde Borgström, John Ericsson.

Die vier Gesellen
1938
UFA-Produktion. Regie: Carl Froelich. Drehbuch: Jochen Huth
nach seinem Theaterstück.
Darsteller: Sabine Peters, Ursula Herking, Carsta Löck, Hans Söhnker, Leo Slezak, Heinz Weizel, Willi Rose, Erich Ponto, Karl
Haubenreiber, Wilhelm P. Krüger.

En Enda Natt (Nur eine Nacht)
1939
Svensk Filmindustri. Produziert von AB Svensk Filmindustri. Regie:
Gustav Molander. Drehbuch: Gösta Stevens nach der Erzählung *En
Eneste Natt* von Harald Tandrup.
Darsteller: Edvin Adolphson, Olof Sandborg, Aino Taube, Erik
Berglund, Marianne Lofgren, Magnus Kesster, Sophus Dahl, Ragna
Breda, John Eklof, Tor Borong.

Intermezzo: A Love Story (Amerikanische Neuverfilmung)
1939
Selznick International – United Artists. Produzent: David O. Selznick. Regie: Gregory Ratoff. Drehbuch: George O'Neill nach dem
schwedischen Drehbuch von Gösta Stevens und Gustav Molander.
Darsteller: Leslie Howard, Edna Best, John Halliday, Cecil Kellaway, Enid Bennett, Ann Todd.

Juninatten (Eine Juninacht)
1940
Svensk Filmindustri. Produziert von AB Svensk Filmindustri. Regie:

465

Per Lindberg. Drehbuch: Ragnar Hylten-Cavallius nach einer Story von Tora Nordström-Bonnier.
Darsteller: Marianne Lofgren, Tollie Zellman, Marianne Aminoff, Olof Widgren, Gunnar Sjöberg, Gabriel Alw, Olof Winnerstrand, Sigurd Wallen, Hasse Ekman.

Liliom

1940

Theaterstück von Franz Molnar. Bearbeitung: Benjamin Glazer. Produktion und Regie: Vinton Freedley.
Forty-Fourth Street Theatre, New York.
Darsteller: Burgess Meredith, Margaret Wycherly, John Emery, Ann Mason, Elia Kazan, Beatrice Pearson, Elaine Perry.

Adam Had Four Sons

1941

Columbia. Produzent: Robert Sherwood. Regie: Gregory Ratoff. Drehbuch: William Hurlbutt und Michael Blankfort nach dem Roman *Legacy* von Charles Bonner.
Darsteller: Warner Baxter, Susan Hayward, Fay Wray, Richard Denning, Johnny Downs, Robert Shaw, Charles Lind, Helen Westley, June Lockhart.

Rage in Heaven (Gefährliche Liebe)

1941

Metro-Goldwyn-Mayer. Produzent: Gottfried Reinhardt. Regie: W. S. Van Dyke II. Drehbuch: Christopher Isherwood und Robert Thoeren nach dem Roman von James Hilton.
Darsteller: Robert Montgomery, George Sanders, Lucile Watson, Oscar Homolka, Philip Merivale.

Dr. Jekyll and Mr. Hyde (Arzt und Dämon)

1941

Metro-Goldwyn-Mayer. Produktion und Regie: Victor Fleming. Drehbuch: John Lee Mahin nach dem Roman von Robert Louis Stevenson.

Darsteller: Spencer Tracy, Lana Turner, Ian Hunter, Donald Crisp, Barto MacLane, C. Aubrey Smith, Sara Allgood.

Anna Christie
1941
Theaterstück von Eugene O'Neill. Produzent: The Selznick Company. Regie: John Houseman und Alfred de Qiagre, Jr.
Lobero Theater, Santa Barbara.
Darsteller: Damian O'Flynn, Jessie Bosley, J. Edward Bromberg.

Casablanca
1942
Warner Brothers. Produzent: Hal B. Wallis. Regie: Michael Curtiz. Drehbuch: Julius J. und Philip G. Epstein sowie Howard Koch nach dem Theaterstück *Everybody Comes to Rick's* von Murray Burnett und Joan Alison.
Darsteller: Humphrey Bogart, Paul Henreid, Claude Rains, Conrad Veidt, Sydney Greenstreet, Peter Lorre, S. Z. Sakall, Dooley Wilson, Curt Bois, Madelaine Le Beau, Joy Page, John Qualen, Leonid Kinsky, Helmut Dantine.

For Whom the Bell Tolls (Wem die Stunde schlägt)
1943
Paramount. Produktion und Regie: Sam Wood. Drehbuch: Dudley Nichols nach dem Roman von Ernest Hemingway.
Darsteller: Gary Cooper, Akim Tamiroff, Katina Paxinou, Joseph Calleia, Vladimir Sokoloff, Arturo de Cordova, Mikhail Rasumny, Eduardo Ciannelli, Fortunio Bonanova, Duncan Renaldo, George Coulouris.

Swedes in America
1943
Office of War Information. Produziert von The Office of War Information's Overseas Motion Picture Bureau. Regie: Irving Lerner.
Darsteller: Die Charles Swenson-Familie in Minnesota und Nachbarn.

Saratoga Trunk (Spiel mit dem Schicksal)
1943
Warner Brothers. Produzent: Hal B. Wallis. Regie: Sam Wood.
Drehbuch: Casey Robinson nach dem Roman von Edna Ferber.
Darsteller: Gary Cooper, Flora Robson, Jerry Austin, Florence
Bates, John Warburton, John Abbott, Curt Bois, Ethel Griffies,
Minor Watson.

Gaslight (Das Haus der Lady Alquist)
1944
Metro-Goldwyn-Mayer. Produzent: Arthur Hornblow, Jr. Regie:
George Cukor. Drehbuch: John van Druten, Walter Reisch und
John L. Balderston nach dem Theaterstück *Angel Street* von Patrick
Hamilton.
Darsteller: Charles Boyer, Joseph Cotten, Dame May Whitty,
Angela Lansbury, Ralph Dunn.

The Bells of St. Mary's (Die Glocken von St. Marien)
1945
RKO Radio. Produktion und Regie: Leo McCarey. Drehbuch: Dudley Nichols nach einer Story von Leo McCarey.
Darsteller: Bing Crosby, Henry Travers, William Gargan, Ruth
Donnelly, Joan Carroll, Martha Sleeper, Rhys Williams, Una
O'Connor, Dickie Tyler.

Spellbound (Ich kämpfe um dich)
1945
Selznick-United Artists. Produzent: David O. Selznick. Regie:
Alfred Hitchcock. Drehbuch: Ben Hecht nach Angus MacPhails
Bearbeitung des Romans *The House of Doctor Edwards* von Francis
Beeding.
Darsteller: Gregory Peck, Michael Chekhov, Jean Acker, Donald
Curtis, Rhonda Fleming, Leo G. Carroll, Norman Lloyd, John
Emery, Paul Harvey, Steven Garey.

Notorious (Weißes Gift; später: Berüchtigt)
1946
RKO Radio. Produktion und Regie: Alfred Hitchcock. Drehbuch: Ben Hecht.
Darsteller: Cary Grant, Claude Rains, Louis Calhern, Mme. Leopoldine Konstantin, Ivan Triesolt, Reinhold Schünzel, Moroni Olsen.

Joan of Lorraine
1946
Theaterstück von Maxwell Anderson. Produziert von The Playwright's Company. Regie: Margo Jones.
Alvin Theater, New York.
Darsteller: Sam Wanamaker, Kenneth Tobey, Gilmore Brush, Ronney Brent, Roger De Koven, Kevin McCarthy, Joseph Wiseman.

Arch of Triumph (Triumphbogen)
1948
Enterprise-United Artists. Eine David Lewis Produktion. Regie: Lewis Milestone. Drehbuch: Lewis Milestone und Harry Brown nach dem Roman von Erich Maria Remarque.
Darsteller: Charles Boyer, Charles Laughton, Louis Calhern, Roman Bohner, Stephen Bekassy.

Joan of Arc (Johanna von Orleans)
1948
Sierra Pictures-RKO Radio. Produzent: Walter Wanger, Regie: Victor Fleming. Drehbuch: Maxwell Anderson und Andrew Solt nach dem Theaterstück *Joan of Lorraine* von Maxwell Anderson.
Darsteller: José Ferrer, George Coulouris, Richard Derr, Selena Royle, Jimmy Lydon, Francis L. Sullivan, Irene Rich, Gene Lockhart, Nicholas Joy, Richard Ney, Colin Keith-Johnston, Leif Erickson, John Emery, John Ireland, Ward Bond, J. Carrol Naish, Hurd Hatfield, Cecil Kellaway, Philip Bourneuf, Sheppard Strudwick, Taylor Holmes.

Under Capricorn (Sklavin des Herzens)

1949

Warner Brothers. Eine Transatlantic Pictures Produktion. Regie: Alfred Hitchcock. Drehbuch: James Bridie nach Hume Cronyns Bearbeitung des Theaterstücks von John Colton und Margaret Linden und dem Roman von Helen Simpson.

Darsteller: Joseph Cotten, Michael Wilding, Margaret Leighton, Cecil Parker.

Stromboli

1950

RKO Radio. Produktion und Regie: Roberto Rossellini. Drehbuch: Roberto Rossellini, Art Cohn, Renzo Cesana, Sergio Amidei und G. P. Callegari.

Darsteller: Mario Vitale, Renzo Cesana, Mario Sponza.

Europa '51

1951 (USA 1954)

Ponti-de Laurentiis. I. F. E. Releasing Corporation. Produktion und Regie: Roberto Rossellini. Drehbuch: Roberto Rossellini, Sandro de Leo, Mario Pannunzio, Ivo Perilli und Brunello Rondi nach einer Geschichte von Roberto Rossellini.

Darsteller: Alexander Knox, Ettore Giannini, Giulietta Masina.

Siamo Donne

1953

Fünfteiliger Episodenfilm. Dritte Episode: *The Chicken*.

Titanus. Regie: Roberto Rossellini. Drehbuch: Cesare Zavattini und Luigi Chiarini.

Darsteller: Anna Magnani, Isa Miranda, Alida Valli, Emma Danieli, Anna Amendola.

Joan of Arc at the Stake (Johanna auf dem Scheiterhaufen)

1953

Oratorium von Arthur Honegger. Text: Paul Claudel. Produktion und Regie: Roberto Rossellini.

San Carlo Opera, Neapel.

Darsteller: Tullio Carminati, Marcella Pobbe, Florence Quartarar, Miriam Pirazzini, Giacinto Prandelli.

Viaggio in Italia (Liebe ist stärker; später: Reise nach Italien)
1954
Titanus. Produktion: Roberto Rossellini und Sveva-Junior Films. Regie: Roberto Rossellini. Drehbuch: Roberto Rossellini und Vitaliano Brancati.
Darsteller: George Sanders, Paul Muller, Anna Proclemer.

Giovanna D'Arco al Rogo (Johanna auf dem Scheiterhaufen)
1954
ENIC. Regie: Roberto Rossellini. Drehbuch: Roberto Rossellini nach dem Oratorium von Arthur Honegger und Paul Claudel (Text).
Darsteller: Tullio Carminati, Giacinto Prandelli, Augusto Romani, Plinio Clabassi, Saturno Meletti. Mit den Stimmen von Pina Esca, Marcella Pillo, Giovanni Acolati, Miriam Pirazzini.

Angst
1955
Minerva Films. Regie: Roberto Rossellini. Drehbuch: Roberto Rossellini, Sergio Amidei und Franz Graf Treuberg nach der Novelle von Stefan Zweig.
Darsteller: Mathias Wieman, Renate Mannhardt, Kurt Kreuger, Elise Aulinger.

Elena et les Hommes (Weiße Margeriten; später: Elena und die Männer)
1956
Franco-London Film/Films Gibé (Paris) Electra Compania Cinematografica (Rom). In den USA: Warner Brothers. Produktion, Regie und Drehbuch: Jean Renoir.
Darsteller: Jean Marais, Mel Ferrer, Juliette Greco.

Anastasia

1956

Twentieth Century-Fox, Produzent: Buddy Adler. Regie: Anatole
Litvak. Drehbuch: Arthur Laurents nach dem Theaterstück von
Marcelle Maurette in der Bearbeitung von Guy Bolton.
Darsteller: Yul Brynner, Helen Hayes, Akim Tamiroff, Martita
Hunt, Felix Aylmer, Sacha Piteoff, Ivan Desny, Natalie Schäfer.

Tee und Sympathie

1956

Theaterstück von Robert Anderson. Regie: Jean Mercure. Bearbei-
tung: Roger-Ferdinand.
Théâtre de Paris, Paris.
Darsteller: Jean-Loup Philippe, Yves Vincent, Georges Berger.

Indiscreet (Indiskret)

1958

Warner Brothers. Produktion und Regie: Stanley Donen. Drehbuch:
Norman Krasna nach seinem Theaterstück *Kind Sir*.
Darsteller: Cary Grant, Cecil Parker, Phyllis Calvert.

The Inn of the Sixth Happiness (Die Herberge zur sechsten Glückseligkeit)

1958

Twentieth Century-Fox. Produzent: Buddy Adler. Regie: Mark
Robson. Drehbuch: Isobel Lennart nach dem Roman *The Small
Woman* von Alan Burgess.
Darsteller: Curd Jürgens, Robert Donat, Michael David.

The Turn of the Screw

1959

NBC-TV. Produzent: Hubbell Robinson, Jr. Regie: John Franken-
heimer. TV-Bearbeitung: James Costigan nach der Novelle von
Henry James.
Darsteller: Hayward Morse, Alexandra Wager, Isobel Elsom, Lau-
rinda Barrett, Paul Stevens.

Goodbye Again (Aimez-vous Brahms?) (Lieben Sie Brahms?)
1961
United Artists. Produktion und Regie: Anatole Litvak. Drehbuch:
Samuel Taylor nach dem Roman von Françoise Sagan.
Darsteller: Yves Montand, Anthony Perkins, Jessie Royce Landis.

24 Hours in a Woman's Life (Vierundzwanzig Stunden aus dem
Leben einer Frau)
1961
CBS-TV. Produzent: Lars Schmidt. Regie: Silvio Narizzano. Fern-
sehspiel von John Mortimer nach der Novelle von Stefan Zweig.
Darsteller: Rip Torn, John Williams, Lili Darvas, Helena de Crespo,
Jerry Orbach.

Hedda Gabler
1963
CBS-TV. Produktion: David Susskind, Lars Schmidt und Norman
Tutherford. Regie: Alex Segal. TV-Bearbeitung von Phil Reisman,
Jr. nach dem Theaterstück von Henrik Ibsen. Übersetzung: Eva
LeGallienne.
Darsteller: Michael Redgrave, Ralph Richardson, Trevor Howard,
Dilys Hamlett, Ursula Jeans, Beatrice Varley.

Hedda Gabler
1963
Theaterstück von Henrik Ibsen. Produzent: Lars Schmidt. Überset-
zung: Gilbert Sigaux. Regie: Raymond Rouleau.
Théâtre Montparnasse Geston Baty, Paris.
Darsteller: Claude Dauphin, Jean Servais, Jacques Dacomine.

The Visit (Der Besuch)
1964
Twentieth Century-Fox. Produzent: Julian Derode. Regie: Bernhard
Wicki. Drehbuch: Ben Barzman nach dem Theaterstück *Der Besuch
der alten Dame* von Friedrich Dürrenmatt.
Darsteller: Anthony Quinn, Irina Demick, Valentina Cortese, Ernst
Schröder.

The Yellow Rolls-Royce (Der gelbe Rolls-Royce)
1965
Metro-Goldwyn-Mayer. Produzent: Anatole de Grunwald. Regie:
Anthony Asquith. Drehbuch: Terence Rattigan.
Darsteller: Omar Sharif, Joyce Grenfell, Wally Cox.

A Month in the Country (Ein Monat auf dem Lande)
1965
Produktion und Regie: Michael Redgrave. Nach dem Theaterstück
von Ivan Turgenjew.
Yvonne Arnaud Memorial Theatre, Guildford, England.
Darsteller: Michael Redgrave, Fay Compton, Daniel Massey, Max
Adrian, Jennifer Hilary, Geoffrey Chater, Peter Pratt.

Stimulantia
1967
Achtteiliger Episodenfilm. Gustav Molander führte Regie in der
Episode mit Ingrid Bergman:
Smycket (Das Halsband)
Omnia Film. Drehbuch: Gustav Molander nach der Novelle von Guy
de Maupassant.
Darsteller: Gunnar Björnstrand, Gunnel Broström.

The Human Voice (Die geliebte Stimme)
1967
ABC-TV, Produktion: David Susskind und Lars Schmidt. Regie:
Ted Kotcheff. Fernsehbearbeitung von Clive Exton nach der Über-
setzung von Carl Wildman des Theaterstückes von Jean Cocteau.
Darsteller: Ingrid Bergman.

More Stately Mansions (Alle Reichtümer dieser Welt)
1967
Theaterstück von Eugene O'Neill. Produzent: William Weaver.
Regie: José Quintero.
Broadhurst Theater, New York.
Darsteller: Colleen Dewhurst, Arthur Hill, Fred Stewart.

Cactus Flower (Die Kaktusblüte)
1969
Columbia. Produzent: M. J. Frankovich. Regie: Gene Saks. Drehbuch: I. A. L. Diamond nach dem Theaterstück von Abe Burrows.
Darsteller: Walter Matthau, Goldie Hawn, Jack Weston.

A Walk in the Spring Rain (Die Frau des anderen)
1970
Columbia. Produktion: Stirling Silliphant–Guy Green. Regie: Guy Green. Drehbuch: Stirling Silliphant nach dem Roman von Rachel Maddux.
Darsteller: Anthony Quinn, Fritz Weaver, Katherine Crawford.

Captain Brassbound's Conversion (Kapitän Brassbounds Bekehrung)
1972
Theaterstück von George Bernard Shaw. Produktion: Roger Stevens und Arthur Cantor. Regie: Stephen Porter.
Opera House, Kennedy Center, Washington.
Darsteller: Leo Leyden, Geoff Garland, Yusef Bulos, Eric Berry, Zito Kozan.

From the Mixed-Up Files of Mrs. Basil E. Frankweiler
1973
Cinema 5. Eine Westfall-Produktion. Produzent: Charles G. Mortimer, Jr. Regie: Fielder Cook. Drehbuch: Blanche Hanalis nach der Novelle von E. L. Königsburg.
Darsteller: Sally Prager, Johnny Doran, George Rose, Georgann Johnson, Richard Mulligan, Madeline Kahn.

Murder on the Orient Express (Mord im Orient-Express)
1974
Paramount Pictures. Produktion: John Brabourne und Richard Goodwin. Regie: Sidney Lumet. Drehbuch: Paul Dehn nach dem Roman von Agatha Christie.
Darsteller: Albert Finney, Lauren Bacall, Martin Balsam, Jacqueline Bisset, Jean-Pierre Cassel, Sean Connery, John Gielgud, Wendy

Hiller, Anthony Perkins, Vanessa Redgrave, Rachel Roberts, Richard Widmark, Michael York, Colin Blakely, George Coulouris, Denis Quilley.

The Constant Wife (Finden Sie, daß Constanze sich richtig verhält?)
1975
Theaterstück von Somerset Maugham. Produzent: Arthur Cantor. Regie: John Gielgud.
Shubert Theater, New York.
Darsteller: Jack Gwillim, Brenda Forbes, Carolyn Lagerfelt, Marti Stevens.

A Matter of Time
1976
American International Pictures. Produktion: Jack H. Skirball und J. Edmund Grainger. Regie: Vincente Minelli. Drehbuch: John Gay nach dem Roman *The Film of the Memory* von Maurice Druon.
Darsteller: Liza Minelli, Charles Boyer, Spiros Andros, Tina Aumont, Fernando Rey, Isabella Rossellini.

Höstsonaten (Herbstsonate)
1978
New World Pictures. Produktionsfirma: Personalfilm GmbH, München. Produktion, Regie und Drehbuch: Ingmar Bergman.
Darsteller: Liv Ullmann, Lena Nyman, Halvar Bjork, Georg Lokkeberg, Gunnar Björnstrand.

Waters of the Moon
1979
Theaterstück von N. C. Hunter. Produktion: Duncan C. Weldon und Louis Michaels. Regie: Patrick Garland.
Haymarket Theatre, London.
Darsteller: Wendy Hiller, Doris Hare, Frances Cuka, Derek Godfrey, Charles Lloyd Pack, Paul Hardwick, Brigitte Kahn, Carmen Silvera, Paul Geoffrey.

BILDNACHWEIS

American International Pictures 56 · Associated Press, Frankfurt/M. 32, 33 · Bild-Service, Göteborg 46 · Dominic Photography, London 48 · Marcel Fournes, Paris 41 · Daniel Frasnay, Paris 34 · Foto Civirani, Rom 36 · Lo Hertzman-Ericson, Stockholm 39 · Metro-Goldwyn-Mayer Inc., Culver City 21, 58 · RKO Radio Pictures 26 · Carl Samrock, New York 53 · David Seymour-Magnum, Paris 35 · Svensk Filmindustri, Stockholm 9, 13, 14 · Stiftung Deutsche Kinemathek, Berlin 22 · Lilo Tessmer-Osten, Berlin 16, 24, 27, 30, 40 · Twentieth Century-Fox, Los Angeles 42, 44, 45, 49 · United Artists, New York 18, 20, 29, 31, 47 · US Army, Washington 19, 23 · Ullstein Bilderdienst, Berlin 25, 51

Alle übrigen Fotos stammen aus dem Privatbesitz von Ingrid Bergman.

Skandinavische Literatur bei Ullstein

Knut Hamsun

Im Märchenland
Ullstein Buch 20133

Die Novellen (2 Bde.)
Ullstein Bücher 20172
und 20173

Per Christian Jersild

Das Haus zu Babel
Ullstein Buch 20222

Halldór Laxness

Das wiedergefundene Paradies
Ullstein Buch 20103

Atomstation
Ullstein Buch 20115

Auf der Hauswiese
Ullstein Buch 20138

Das Fischkonzert
Ullstein Buch 20307

Die Litanei von den Gottesgaben
Ullstein Buch 20388

Seelsorge am Gletscher
Ullstein Buch 20427

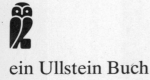

ein Ullstein Buch

Skandinavische Literatur bei Ullstein

Selma Lagerlöf

Der Weg zwischen Himmel und Erde
Ullstein Buch 20105

Jerusalem
Ullstein Buch 20163

Anna, das Mädchen aus Dalarne
Ullstein Buch 30150

Liljecronas Heimat
Ullstein Buch 20509
(Februar 1985)

Gun-Britt Sundström

Die andere Hälfte
Ullstein Buch 20361

Sigrid Undset

Frühling
Ullstein Buch 20431

Dagfinn Grönoset

Das verkaufte Leben
Ullstein Buch 30160

ein Ullstein Buch

Christine Brückner

Ehe die Spuren verwehen
Ullstein Buch 436

Ein Frühling im Tessin
Ullstein Buch 557

Die Zeit danach
Ullstein Buch 2631

Die Zeit der Leoniden (Der Kokon)
Ullstein Buch 2887

Wie Sommer und Winter
Ullstein Buch 3010

Das glückliche Buch der a.p.
Ullstein Buch 3070

Die Mädchen aus meiner Klasse
Ullstein Buch 3156

Überlebensgeschichten
Ullstein Buch 3461

Jauche und Levkojen
Ullstein Buch 20077

Nirgendwo ist Poenichen
Ullstein Buch 20181

Kassette mit fünf Romanen
Ullstein Buch 20078

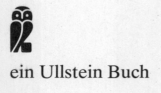

ein Ullstein Buch